U0636152

20 世纪儒学研究大系

主编：傅永聚　韩钟文

儒学传播研究

本卷主编　刘德增

中　华　书　局

20 世纪儒学研究大系
编辑委员会

中国文化的基本精神(代序)

在现今时代,做一个中国人,最重要的是具有爱国意识。爱国意识有一定的思想基础。必须感到祖国的可爱,才能具有爱国意识。而要感到祖国的可爱,又必须对于中国文化的优秀传统有正确的理解。中国文化,从传说中的羲、农、黄帝以来,延续发展了四五千年,在15世纪以前一直居于世界文化的前列。15世纪,中国的四大发明传入欧洲,促进了西方近代文明的发展,于是西方文化突飞猛进,中国落后了。19世纪40年代之后,中国受到资本主义列强的侵略凌辱,中国各阶层的志士仁人,奋起抗争,努力寻求救国的道路,经过一百多年的艰苦斗争,终于取得了胜利,于1949年建立了新中国,"中国人民站起来了!"中国文化虽然一度落后,但又能奋发图强,大步前进。这不是偶然的,必有其内在的思想基础。中国文化长期延续发展,虽曾经走过曲折的道路,但仍能自我更新,继续前进。这种发展更新的思想基础,就是中国文化的基本精神。

何谓精神?精神即是思维运动发展的精微的内在动力。中国文化中的基本精神,在中国历史上确实起到了推动社会发展的作用,成为历史发展的内在思想源泉。当然,社会发展的基本原因在于生产力的发展,但是思想意识在一定条件下也有一定的积极作用。文化的基本精神必须具有两个特点:一是具有广泛的影响,为大多数人民所接受领会,对于广大人民起了熏陶作用;二是具有激励进步、促进发展的积极作用。必须具有这两方面的表现,才可以称为文化的基本精神。

我认为,中国几千年来文化传统的基本精神的主要内涵有四项基本观念,即(1)天人合一;(2)以人为本;(3)刚健有为;(4)以和为贵。

一　天人合一

天人合一即肯定人与自然的统一,亦即认为人与自然界不是敌对的,而具有不可割裂的关系。所谓合一指对立的统一,即两方面相互依存的关系。天人合一思想在春秋时即已有之。《左传·昭公二十五年》记载郑大夫子大叔述子产之言说:"夫礼,天之经也,地之义也,民之行也。天地之经,而民实则之。"又记子大叔之言说:"礼,上下之纪,天地之经纬也,民之所以生也,是以先王尚之。"这是认为礼是天经地义,即自然界的必然准则,"天经"与"民行"是统一的。应注意,这里天是对地而言,天地相连并称,显然是指自然之天。子产将天经地义与民则统一起来,但也重视天与人的区别,他曾断言:"天道远,人道迩,非所及也,何以知之?"(《左传·昭公十八年》)当时占星术利用所谓天道传播迷信,讲天象与人事祸福的联系,子产是予以否定的。孟子将天道与人性联系起来,他说:"尽其心者,知其性也。知其性,则知天矣。"(《孟子·尽心上》)孟子认为人性是天赋的,所以知性便能知天。但孟子没有做出明确的论证。《周易大传》提出"裁成辅相"之说,《象传》云:"天地交,泰。后以裁成天地之道,辅相天地之宜,以左右民。"《系辞》云:"范围天地之化而不过,曲成万物而不遗。"《文言》提出"与天地合德"的思想:"夫'大人'者,与天地合其德,与日月合其明,与四时合其序，与鬼神合其吉凶。先天而天弗违，后天而奉天时。”这里所谓先天指为天之前导，后天即从天而动。与天地合德即与自然界相互适应，相互调谐。

汉代董仲舒讲天人合一，宣扬“天副人数”，陷于牵强附会。宋代张载明确提出“天人合一”的四字成语，在所著《西铭》中以形象语言宣示天人合一的原则。《西铭》云：“乾称父，坤称母，予兹藐焉，乃混然中处。故天地之塞，吾其体；天地之帅，吾其性。民吾同胞，物吾与也。”所谓天地之塞指气，所谓天地之帅指气之本性，就是说：天地犹如父母，人与万物都是天地所生，人与万物都是气构成的，气的本性也就是人与万物的本性，人民都是我的兄弟，万物都是我的朋友。这充分肯定了人与自然界的统一。但张载也承认天与人的区别，他在《易说》中讲：“鼓万物而不与圣人同忧者，此直谓天也，天则无心……圣人所以有忧者，圣人之仁也。不可以忧言者天也。”天是没有思虑的，圣人则不能无忧，这是天人之别。所谓天人合一是指人与自然界既有区别，而又有统一的关系，人是自然界所产生的，是自然界的一部分，人可以认识自然并加以改变调整，但不应破坏自然。这“天人合一”的观念与西方所谓“克服自然”、“战胜自然”有很大区别。在历史上，中西不同的观点各有短长，西方近代的科学技术取得了改造自然的辉煌成绩，但也破坏了自然界的生态平衡。时至今日，重新认识人与自然的统一，确实是必要的了。

二　以人为本

以人为本是相对于宗教家以神为本而言的，可以称为人本思想。孔子虽然承认天命，却又怀疑鬼神。他说：“务民之义，敬鬼神而远之，可谓知矣。”（《论语·雍也》）认为人生最重要的是提高道德觉悟，而不必求助于鬼神。孔子更认为应重视生的问题，而不必考虑死后的问题。《论语》记载:“季路问事鬼神,子曰:‘未能事人,焉能事鬼?’曰:‘敢问死!’曰:‘未知生,焉知死?’”(《先进》)孔子更不赞成祈祷,《论语》载:“子疾病,子路请祷。子曰:‘有诸?’子路对曰:有之,诔曰:‘祷尔于上下神祇。’子曰:‘丘之祷久矣。’”(《述而》)孔子对于鬼神采取存疑的态度,既不否定,亦不肯定,但认为应该努力解决现实生活中的问题,而不必向鬼神祈祷。孔子这种思想观点可以说是非常深刻的。

这种以人为本的思想,后汉思想家仲长统讲得最为鲜明。仲长统说:“所贵乎用天之道者,则指星辰以授民事,顺四时而兴功业,其大略也,吉凶之祥,又何取焉?……所取于天道者,谓四时之宜也;所壹于人事者,谓治乱之实也。……从此言之,人事为本,天道为末,不其然与?”(《全后汉文》卷八十九)这里提出“人事为本”,可以说是儒家“人本”思想最明确的表述。所谓以人为本,不是说人是宇宙之本,而是说人是社会生活之本。

佛教东来,宣传灵魂不灭、三世轮回的观念,一般群众颇受其影响,但是儒家学者起而予以反驳。南北朝时何承天著《达性论》,宣扬人本观念。何承天说:“人非天地不生,天地非人不灵……安得与夫飞沈𫈉蠕,并为众生哉?……至于生必有死,形毙神散,犹春荣秋落,四时代换,奚有于更受形哉!”这完全否定了灵魂不灭、三世轮回的迷信。范缜著《神灭论》,提出形为质而神为用的学说,更彻底批驳了神不灭论。

宋明理学中,不论是气本论,或理本论,或心本论,都不承认灵魂不灭,不承认鬼神存在,而都高度肯定精神生活的价值。气本论以天地之间“气”的统一性来论证道德的根据,理本论断言道德原于宇宙本原之“理”,心本论则认为道德伦理出于“本心”的要求。这些道德起源论未必正确,但是都摆脱了宗教信仰。受儒家影响的中国知识分子,宗教意识都比较淡薄,在中国文化中,有一个以道德教育代替宗教的传统。虽然道德也是有时代性的，但是这一道德传统仍有其积极的意义。

三 刚健自强

先秦儒家曾提出“刚健”、“自强”的人生准则。孔子重视“刚”的品德，他说：“刚毅木讷近仁。”(《论语·子路》)刚毅即是具有坚定性。孔子弟子曾子说：“可以托六尺之孤，可以寄百里之命，临大节而不可夺也。君子人与？君子人也。”(《论语·泰伯》)临大节而不可夺，即是刚毅的表现。《周易大传》提出“刚健”、“自强不息”的生活准则。《大有·彖传》云：“大有，柔得尊位大中，而上下应之，曰大有。其德刚健而文明，应乎天而时行，是以元亨。”《乾·文言传》云：“大哉乾乎！刚健中正，纯粹精也。”《乾·象传》云：“天行健，君子以自强不息。”乾指天而言，天行即日月星辰的运行。日月星辰运行不已，从不间断，称之曰健，亦曰刚健。人应效法天之运行不已，而自强不息。自强即是努力向上、积极进取。《系辞下传》又论健云：“夫乾，天下之至健也，德行恒易以知险。”这是说，天下之至健在于能知险而克服之以达到恒易(险指艰险，易指平易)。所谓自强，含有克服艰险而不断前进之意。儒家重视“不息”，《中庸》云：“故至诚无息。不息则久，久则征；征则悠远，悠远则博厚，博厚则高明。……《诗》云：‘维天之命，於穆不已。’盖曰天之所以为天也。‘於乎不显，文王之德之纯！’盖曰文王之所以为文也，纯亦不已。”儒家强调不懈的努力，这是有积极意义的。

在古代哲学中，与刚健自强有密切联系的是关于独立意志、独立人格和为坚持原则可以牺牲个人生命的思想。孔子肯定人人都有独立的意志，他说：“三军可夺帅也，匹夫不可夺志也。”(《论语·子罕》)又赞扬伯夷叔齐“不降其志，不辱其身”(《论语·微子》)，即赞扬坚持独立的人格。孔子更认为，为了实行仁德可以牺牲个人的生命，他说："志士仁人，无求生以害仁，有杀身以成仁。"(《论语·卫灵公》)孟子进而提出："生亦我所欲也，义亦我所欲也，二者不可得兼，舍生而取义者也。生亦我所欲，所欲有甚于生者，故不为苟得也；死亦我所恶，所恶有甚于死者，故患有所不辟也。"(《孟子·告子上》)这里所谓"所欲有甚于生者"即义，其中包括人格的尊严。他举例说："一箪食、一豆羹，得之则生，弗得则死。呼尔而与之，行道之人弗受；蹴尔而与之，乞人不屑也。"不受嗟来之食，即为了保持人格的尊严。坚持自己的人格尊严，这是则健自强的最基本的要求。

先秦时代，儒道两家曾有关于刚柔的论争。与儒家重刚相反，老子"贵柔"。老子提出"柔弱胜刚强"(《老子》三十六章)，认为"天下之至柔，驰骋天下之至坚"(《老子》四十三章)。他以水为喻来证明柔能胜强："天下柔弱莫过于水，而攻坚强，莫之能先，其无以易之。故弱胜强，柔胜刚，天下莫能知，莫能行。"(《老子》七十八章)老子贵柔，意在以柔克刚，柔只是一种手段，胜刚才是目的，贵柔乃是求胜之道。孔子重刚，老子贵柔，其实是相反相成的。

在中国古代哲学中，儒家宣扬"刚健自强"，道家则崇尚"以柔克刚"，这构成中国文化思想的两个方面。儒家学说的影响还是大于道家的，在文化思想中长期占有主导的地位。刚健自强的思想可以说是中国文化思想的主旋律。《周易大传》"天行健，君子以自强不息"的名言，在历史上，对于知识分子和广大人民，确实起了激励鼓舞的积极作用。

四　以和为贵

中国古代以"和"为最高的价值。孔子弟子有若说："礼之用，和为贵。先王之道斯为美,小大由之。”(《论语·学而》)孔子亦说:“君子和而不同,小人同而不和。”(《论语·子路》)区别了“和”与“同”。按:和同之辨始见于西周末年周太史史伯的言论中。《国语》记述史伯之言说:“夫和实生物,同则不继。以他平他谓之和,故能丰长而物归之。若以同裨同,尽乃弃矣。”(《郑语》)这里解释和的意义最为明确。不同的事物相互为“他”,“以他平他”即聚集不同的事物而达到平衡,这叫做“和”,这样才能产生新事物。如果以相同的事物相加,这是“同”,是不能产生新事物的。春秋时齐晏子也强调“和”与“同”的区别,他以君臣关系为例说:“君所谓可而有否焉,臣献其否,以成其可。君所谓否而有可焉,臣献其可,以去其否。”这称为“和”。如果“君所谓可”,臣亦曰可;“君所谓否”,臣亦曰否,那就是“同”,而不是“和”了。晏子说:“若以水济水,谁能食之?若琴瑟之专一,谁能听之?同之不可也如是。”(《左传·昭公二十年》)这是说,必须能容纳不同的意见,兼容不同的观点,才能使原来的思想“成其可”、“去其否”,达到正确的结论。孔子所谓“和而不同”也就是能保留自己的意见而不人云亦云。“和”的观念,肯定多样性的统一,主张容纳不同的意见,对于文化的发展确有积极的促进作用。

老子亦讲“和”,《老子》四十二章:“万物负阴而抱阳,冲气以为和。”又五十五章:“知和曰常,知常曰明。”这都肯定了“和”的重要。但是老子冲淡了“和”与“同”的区别,既重视“和”,也肯定“同”。五十六章:“塞其兑,闭其门,挫其锐,解其忿,和其光,同其尘,是谓玄同。”这“和光同尘”之教把西周以来的和同之辨消除了。

墨子反对儒家,不承认和同之辨,而提出“尚同”之说。墨家有许多进步思想,但是尚同之说却是比和同之辨后退一步了。

儒家仍然宣扬和的观念,《周易大传》提出“大和”观念,《乾·彖传》说:“乾道变化,各正性命,保合大和,乃利贞。”这里所谓大和指自然界万物并存共育的景况。儒家认为,包含人类在内的自然界基本上是和谐的。《中庸》云:"万物并育而不相害,道并行而不相悖。"这正是儒家所构想的"大和"景象。

孟子提出"人和",他说:"天时不如地利,地利不如人和。三里之城,七里之郭,环而攻之而不胜。夫环而攻之,必有得天时者矣;然而不胜者,是天时不如地利也。城非不高也,池非不深也,兵革非不坚利也,米粟非不多也,委而去之,是地利不如人和也。故曰:域民不以封疆之界,固国不以山溪之险,威天下不以兵革之利。得道者多助,失道者寡助。寡助之至,亲戚畔之;多助之至,天下顺之。"(《孟子·公孙丑下》)这里所谓人和是指人民的团结,人民的团结是胜利的决定性条件。"得道多助,失道寡助",这是今天仍然必须承认的真理。

儒家以和为贵的思想在历史上曾经起了促进民族团结、加强民族凝聚力,促进民族融合、加强民族文化同化力的积极作用。在历史上,得民心者得天下,失民心者失天下,已成为长期起作用的客观规律。在历史上,汉族本是由许多民族融合而成的;在近代,汉族又和五十几个少数民族融合而成中华民族。中华民族内部密切团结而成为一个统一的整体。中华民族是多元的统一体,中国文化也是多元的统一体。多元的统一,正是中国古代哲学家所谓"和"的体现。所谓"和",不是不承认矛盾对立,而是认为应该解决矛盾而达到更高的统一。

以上所谓"天人合一"、"以人为本"、"刚健自强"、"以和为贵",都是用的旧有名词。如果采用新的术语,"天人合一"应云"人与自然的统一",或者如恩格斯所说"人与自然的一致"(《自然辩证法》,人民出版社1971年版第159页)、"自然界与精神的统一"(同上第200页)。"以人为本",应云人本主义无神论。"刚健自强",应云发扬主体能动性。"以和为贵",即肯定多样性的统一。这些都是中国古代哲学中的精湛思想,亦即中国文化基本精神之所在。

以上,我们肯定“天人合一”、“以人为本”、“刚健自强”、“以和为贵”等思想观念在历史上曾经起了促进文化发展的积极作用。但是,历史的实际情况是非常复杂的,许多思想观念的含义也不是单纯的。正确的观念与荒谬的观念、进步的现象与反动的落后的现象,往往纠缠在一起。所谓天人合一,在历史上不同的思想家用来表示不同的含义。例如董仲舒所谓天人合一主要是指“人副天数”、“天人感应”,那完全是穿凿附会之谈。程颐强调“天道人道只是一道”,认为仁义礼智即是天道的基本内容,也是主观的偏见。在董仲舒以前,有一种天象人事相应的神学思想。认为天上星辰与人间官职是相互应合的,所以《史记》的天文卷称为“天官书”,但这不是后来哲学家所谓的“天人合一”。如果将上古时代天象与人事相应的神学思想称为天人合一,那就把问题搞乱了。这是应该分别清楚的。儒家肯定“人事为本”,表现了无神论的倾向,但是这并不意味着宗教迷信在中国社会并无较大的影响。事实上,中国旧社会中,多数人民是信仰佛教、道教以及原始的多神教的。但是这种情况也不降低儒家人本思想的价值。“以和为贵”是儒家所宣扬的,但是阶级斗争、集团之间的斗争、个人与个人的斗争也往往是很激烈的。我们肯定“和”和观念的价值,并不是宣扬调和论。

中国文化具有优秀传统。同时也具有陈陋传统。简单说来,中国文化的缺陷主要表现于四点:(1)等级观念;(2)浑沦思维;(3)近效取向;(4)家族本位。从殷周以来,区分上下贵贱的等级,是传统文化的一个最严重的痼疾,辛亥革命推翻了君主专制,但等级观念至今仍有待于彻底消除。中国哲学长于辩证思维,却不善于分析思维。事实上,科学的发展是离不开分析思维的。如何在发扬辩证思维的同时学会西方实验科学的分析方法,是一个严肃的课题。中国学术向来注重人伦日用,注重切近的效益,没有“为真理而求真理”的态度，表现为一种实用主义倾向，这也是中国没有产生自己近代实验科学的原因之一。中国近代以前的社会可以说是以家族为本位。西方近代社会可以说是“自我中心、个人本位”，而中国近代以前则不重视个人的权益，这是一个严重的缺陷。五四运动以来，传统的家族本位已经打破了。在社会主义时代，应该是社会本位、兼顾个人权益。

我们现在的历史任务是创建社会主义的新文化，正确认识中国传统文化的长短得失，是完全必要的。

傅永聚、韩钟文同志主编的《20世纪儒学研究大系》，循百年思想学术发展的脉络，以现代学术分类的原则，择选有学术价值、文献价值的代表文章，以“大系”的形式编纂而成，共有21卷，每卷附有专题研究的“导言”一篇。这部《20世纪儒学研究大系》是由曲阜师范大学、孔子研究院、山东大学、复旦大学等单位的中青年学者合力编纂而成，说明了儒学研究事业后继有人。《大系》被列入国家社会科学基金规划项目，又由中华书局出版，这是在弘扬和培育中华民族精神方面做出了一件非常有意义的事情，我感到十分欣慰。编者征求我的意见，于是略陈关于中国文化的基本精神和儒家文化传统的一些感想，以之为序。

張岱年

前　言

傅永聚　韩钟文

儒学犹如一条源远流长的大河，导源于洙泗，经过二千五百多年生生不息的奔腾，从曲阜、邹城一带流向中原，形成波澜壮阔的江河，涉及整个中国，辐射东亚，流向全球，泽惠万方。儒学曾经是中华文化的主流，东亚文明的精神内核。但是进入20世纪后的儒学，遭遇到空前严峻的挑战，也面临着再生与复兴的历史机遇。一百多年来，儒学几经曲折，备受挫折，又有贞下起元、一阳来复之象，至20、21世纪之交成为参与"文明对话"的重要角色。

牟宗三先生说："察业识莫若佛，观事变莫若道，而知性尽性，开价值之源，树价值之主体，莫若儒。"(《生命的学问》)儒、道、释及西方的哲学、耶教等都指示人的生命意义的方向，但就中国人特别是中国古代知识分子而言，儒学是安身立命之道。孔子、儒家追求的"内圣外王之道"，一直是中国人的人格修养与经世事业的价值理想。"士不可以不弘毅，任重而道远。仁以为己任，不亦重乎？死而后已，不亦远乎？"(《论语·泰伯》)从孔子、曾子、子思、孟子至康有为、梁启超、梁漱溟、熊十力、牟宗三，中国的儒学代表人物就是怀抱志仁弘道的精神去实践自己的生命价值，开拓教化天下的事业与创建文化中国的理想的。中华文化历尽艰难，几经跌宕，却如黄河、长江一样流淌不息，且代有高潮，蔚成奇观，与孔子及其所创建的儒家学派所做的贡献是分不开的。

儒学一直对中华文化各个层面产生着巨大而又深远的影响。儒学统摄宗教、哲学、伦理、政治、教育、艺术等人文社会科学的学术品格及关怀现世人生的精神，使它成为一套全面安排人间秩序的思想体系，从一个人的生存方式，到家、国、天下的构成，都在儒学关怀与实践的范围之内。经过二千多年的传播、积淀，儒学一直影响着中华民族的民族性格、心理结构的形成。然而，进入 20 世纪，又出现类似唐宋之际“儒门淡泊，收拾不住”的危机，陷入困境之中。唐君毅以“花果飘零”、余英时以“游魂”形容儒学危机之严峻，张灏则称这是现代中国之“意义危机”、“思想危机”。

从 19 世纪中后期开始，中国社会、文化进入从传统农业社会向现代工业社会、从传统文化向现代文化转型的时代。1905 年废除科举制度，1911 年辛亥革命推翻了帝制，“五四”新文化运动的兴起，西方各种思潮、主义潮水般地涌入，风起云涌的政治革命、文化革命、社会转型、文化转型，导致了传统士阶层的解体与分化，新型知识分子的诞生与在文化思想领域倡导“新思潮”、“新学说”，激进的反传统思潮的勃兴，现代化进程的启动和在动荡不安中急遽推进，使 20 世纪中国处于“三千年未有之大变局”的境遇之中，儒学的危机也由此而生。

一个世纪以来，儒学的命运与中国现代化的历史进程相消长，也与学术界、思想界及政治界对儒学与现代化的关系、儒学与西方文化的关系、儒学与全球的“文明对话”的关系所形成的认识有关。从 19 世纪末至 21 世纪初，一百多年来，中国的学术界、思想界与政治界围绕着孔子、儒家及儒学的命运、前景问题展开了广泛的、持久的争鸣，而这类争鸣又直接或间接地同传统文化与现代化、中学与西学、新学与旧学、科学主义与人文主义、全球化与中国化、文明冲突与文明对话、西方智慧与东方智慧等等论题交织在一起，使有关儒学的思想争鸣远远超出中国儒学史的范围，而成为20世纪中国思想史、学术史的有机组成部分。

百年儒学的历史大致沿着两个方向演进：一、儒学精神的新开展，使儒学于危机中、困境中得以延续、再生或创造性转化；二、儒家学术思想的研究，包括批判性研究、诠释性研究、创造性研究在内。由于20世纪中国是以“革命”为主潮的世纪，学术研究与政治革命的关系特别密切，故批判性研究常常烙上激进的政治革命的烙印，超出学术研究的范围，并形成批判儒学、否定儒学的思潮，酿成批判论者、诠释论者与复兴论者的百年大论争，并一直延续到21世纪。

回顾百年儒学精神新开展与儒学研究的历程，有一奇特现象值得重视。活跃于20世纪中国思想界、学术界、政治界、教育界的精英或代表人物，都不同程度地介入或参与了有关孔子、儒家思想的争鸣。如：早期马克思主义者陈独秀、李大钊、瞿秋白、李达、郭沫若、范文澜、侯外庐等，三民主义者蔡元培、陶希圣、戴季陶等，自由主义的代表人物严复、胡适、殷海光、林毓生等，无政府主义者吴稚晖、朱谦之等，现代新儒学的代表人物梁漱溟、熊十力、唐君毅、牟宗三、徐复观等，学衡派的代表人物梅光迪、吴宓、陈寅恪、汤用彤等，东方文化派的杜亚泉、钱智修等，新士林学派的罗光等，以及张申府、张岱年等，都参与了有关儒学的争鸣，并在争鸣中形成思想的分野，蔚成中国近代思想文化史上最壮观的一幕。

20世纪中国思想史的复杂性、丰富性远远超出了唐宋之际和明清之际，其思想争鸣具有现代性或现代精神的特色。美国学者列文森在《儒教中国及其现代命运》中以“博物馆化”象征儒学生命的终结，有些中国学者也说儒学已到“寿终正寝的时节”。但从百年儒学的精神开展与儒学研究的种种迹象看，儒学的生命仍然如古老的大树一样延续着。儒学曾经创造性地回应了印度佛教文化的挑战，儒学也正在忧患之中奋然挺立，回应西方文化的挑战。这是儒学传统现代创造性转换的契机。人们在展望“儒学第三期”或“儒学第四期”的来临。百年儒学的经历虽曲折艰难，时兴时衰，但仍是薪火相传，慧命接续，间有高潮，巨星璀璨，跨出本土，落根东亚，走向世界，成为一种国际性的思潮，在全球性的“文明对话”中扮演着重要角色，为人类重建文明秩序提供了可资汲取的智慧。儒学并没有“博物馆化”，儒学的新生命正在开始。因此，对百年儒学作系统的全面的反思与总结，是一项具有历史意义与现实意义的学术课题。

纵观百年儒学的历程，大致经历了五个阶段，在这五个阶段中，儒学的命运、所遭遇的景况不尽相同，分述如下：

19世纪末至1911年辛亥革命为第一阶段　洋务运动、戊戌变法导致儒家经世思想的重新崛起，晚清今文经学的复兴，特别是康有为《新学伪经考》、《孔子改制考》的出版，托古改制，以复古为解放，既开导儒学的新方向，又开启“西潮”的闸门，如思想“飓风”，如“火山火喷”。章太炎标举古文经学的旗帜，与以康有为为代表的今文经学派展开经学论争，而这场思想学术争鸣又与政治上的革命与改良、反清与保皇、君主立宪与民主共和等论争交错在一起，显得格外严峻与深沉。诸子学的复兴，西学输入高潮的到来，政治革命的风暴席卷神州，社会解体与重建进程加速发展，传统士阶层的分化与新型知识分子的诞生，预示后经学时代的降临。思想界、学术界先觉之士以“诸子学”、“西学”为参照系，批判儒学或重新诠释儒学，传统儒学向现代儒学转型已初见端倪。

以辛亥革命至1928年南京政府成立为第二阶段　康有为、陈焕章等仿效董仲舒的“崇儒更化”运动创建孔教会，“五四”新文化运动兴起，吴虞、胡适等提倡“打孔家店”，《新青年》派陈独秀、胡适与文化保守主义者梁启超、梁漱溟、杜亚泉等，学衡派梅光迪、吴宓等展开思想文化争鸣，以张君劢、梁启超等为代表的人文主义与以丁文江、胡适、王星拱等为代表的科学主义的论辩，马克思主义者李大钊、瞿秋白等也积极参与思想争鸣，各大思潮的冲突与互动，不论是批判儒学，还是重释儒学及复兴儒学，都有一个共同的特点，就是将儒学的研究纳入现代思想学术的领域之中，使思想争鸣具有了现代性，从而导致儒学向现代思想学术转型。20世纪中国人文社会科学的学科建制、研究方法深受"西学"的影响，有关孔子、儒学的论争已不同于经学时代，且与国际上各种思潮的论争息息相通。以现代西方哲学、科学、政治等学科的范畴、概念、方法去解读、分析、批判或重新诠释儒学，成为一时的学术风气，并出现了"援西学入儒学"的现象。有些思想家、哲学家试图摄纳西学、诸子学及佛学中有价值的东西重建儒学，如梁启超的《儒家哲学》及《欧游心影录》，梁漱溟的《东西文化及其哲学》，冯友兰的《人生哲学》，已透露出现代新儒学即将崛起的消息。

1928年至1949年中华人民共和国建立为第三阶段　30年代后，中国思想界、学术界出现"后五四建设性心态"。吸取西学的思想、方法，以反哺儒学传统，创造性地重建传统儒学，如张君劢、冯友兰、贺麟等；或者回归儒学传统，谋求儒学的重建，如熊十力、钱穆、马一浮等；即使是"五四"时期反传统的学者，在胡适提倡"研究问题，输入学理，整理国故，再造文明"之后，也将儒学作为"国故"的重要组成部分，作为学术史、思想史、文化史的思想资料加以系统的研究。胡适的《说儒》就是一篇以科学方法研究孔子、儒学的示范之作。"后五四建设性心态"的形成，对中国现代学术的建构起了积极的作用。一大批专家、学者参照西方人文社会科学学科建制的原则与方法，分哲学、宗教学、政治学、经济学、伦理学、社会学、法学、史学、美学、文学艺术、教育学、心理学等等，对儒学进行系统的研究,还对不同学科的发展史作深入的探讨。如中国哲学史、中国教育思想史、中国政治思想史、中国学术史、中国伦理学史、中国文化史、中国通史等等,儒学研究也纳入分门别类的学科及学科发展史的研究之中。钱穆在《现代中国学术论衡》中说:"民国以来,中国学术界分门别类,务为专家,与中国传统通人通儒之学大相违异。"将数千年经学、儒学作为学术思想的资源或资料,分门别类地纳入学科专题研究之中,虽然使儒家"内圣外王之道"的"道"变为"学术",由"专门之学"代替"通儒之学",但恰恰是这种转变,才促使了儒学由传统形态向现代形态转型。这一阶段是中国社会动荡不安的年代,令人惊异的是,在动荡的岁月中出现了一个学术繁荣期,学术研究的深度与广度并不亚于乾嘉时代,儒学研究也是如此。"专门之学"代替"通儒之学"乃大势所趋,是现代学术的进步。

抗日战争的爆发、救亡运动的高涨,把民族文化复兴运动推向高潮,为儒学精神的新开展或创造性重建提供了历史机缘。儒学在民族文化复兴的大潮中获得再生并走向现代。1937 年沈有鼎在《中国哲学今后的开展》,1941 年贺麟在《儒家思想之开展》,1948 年牟宗三在《鹅湖书院缘起》中,都强调中国进入一个"民族复兴的时代"。民族复兴应该由民族文化复兴为先导,儒家文化是中华文化的主流,儒家文化的命运与民族文化的命运血脉相连、息息相关。他们认为,如果中华民族不能以儒家思想或民族精神为主体去儒化或汉化西洋文化,则中国将失掉文化上的自主权,而陷于文化上的殖民地。他们期望"儒学第三期"的出现,上接宋明儒学的血脉,对儒学作创造性的诠释,或者会通儒学与西学,使古典儒学向现代思想学术形态转换。以熊十力、贺麟、牟宗三等为代表的新心学,以冯友兰、金岳霖等为代表的新理学,是儒学获得现代性并走向成熟的重要标志。此外,王新命、何炳松等十教授发表

《中国本位的文化建设宣言》(1935 年 1 月 10 日),新启蒙运动倡导者张申府、张岱年等提出“打倒孔家店,救出孔夫子”的口号及综合创造论,都体现了“后五四建设性心态”,都有利于儒学的学术研究之开展。

1949 年至 1976 年“文革”结束为第四阶段　余英时在《现代儒学论》序言中指出:20 世纪中国以 1949 年为分水岭,在前半个世纪与后半个世纪,中国的文化传统特别是儒家命运截然不同。1949 年以前,无论是反对或同情儒家的知识分子大部分曾是儒家文化的参与者,他们的生活经验中渗透了儒家价值。即使是激进的反传统者,他们并没有权力可以禁止不同的或相反的观点,故批判儒学或复兴儒学之争可以并存甚至互相影响。1949 年以后,儒家的中心价值在中国人的生活方式中已退居边缘,知识分子无论对儒学抱着肯定或否定的态度,已失去作为参与者的机会了,儒学和制度之间的联系中断,成为陷于困境的“游魂”。

就实际状况而言,这一阶段的儒学研究或者儒家思想之开展,比余英时分析的还要复杂。其中值得注意的是分化现象:大陆出现批判儒学的新趋向,50 年代至 60 年代中期,以批判性研究为主,除梁漱溟、熊十力、陈寅恪等少数学人外,像冯友兰、贺麟、金岳霖等新理学与新心学的代表人物,都在思想改造、脱胎换骨之后批判自己的学说,即使写研究孔子、儒学的文章,也离不开批判的框框。当时思想界、学术界的儒学研究,多以“苏联哲学”为范式,进行“唯心”或“唯物”二分式排列,批判与解构儒学成为当时的风潮。70 年代中期出现群众性的批孔批儒运动,真正的学术研究根本无法进行。儒学已经边缘化了。在港台地区和海外华人社群中,儒学却得到不同程度的认同,移居港台、海外的学者,如张君劢、钱穆、陈荣捷、唐君毅、牟宗三、徐复观、方东美等,继续以弘扬儒家人文精神为己任,立足于学术界、教育界,开拓儒学精神的新方向,成就了不少持之有据、言之成理的“一家之言”。

70年代后期至21世纪初为第五阶段 中国大陆的改革开放，思想解放运动，传统文化与现代化的论争，“文化热”的出现，以及日本、韩国、新加坡等国与香港、台湾地区经济腾飞所产生的影响，东亚现代化模式的兴起，全球化进程中形成的文化多元格局，文明对话，全球伦理，生态平衡，以及“文化中国”等等课题的讨论，使人们对孔子、儒学的研究逐渐复苏，重评孔子、儒学的论文、论著陆续出版，有关孔子、儒学、中国文化的学术会议频繁举行，中国孔子基金会、国际儒学联合会、中华孔子学会、中国文化书院、孔子研究院等学术团体和研究机构的建立，历代儒家著作及其注解、白话文翻译、解读本的大量出版，有关儒家的人物评传、思想研究、专题研究以及儒学与道、释、西方哲学及宗教的比较研究，成为学术界关注的课题。还有分门别类的人文社会科学及自然科学，也将儒学纳入其中作专门研究，如儒家哲学思想、儒家伦理思想、儒家美学思想、儒家史学思想、儒家政治思想、儒家教育思想、儒家宗教思想、儒家科学思想、儒家管理思想等等。专门史的研究也涉及儒学，如中国哲学史、中国经济思想史、中国教育思想史、中国伦理思想史等等，一旦抽掉孔子、儒家与儒学，就会显得十分单薄。此外，原来处于边缘化的港台、海外新儒家，乘改革开放的机遇，或者进入大陆进行学术交流，或者将其思想、学说传入大陆。至90年代，出现当代新儒家、自由主义与马克思主义重新论辩、对话与互动的格局，有关“儒学第三期”、“儒学第四期”的展望，儒学在国际思想界再度引起重视，说明儒学的确在展示着其“一阳来复”的态势。

纵观百年儒学的历程，不论在哪一个阶段，不论是儒家思想之新开展，或者是有关儒学的学术研究，都积有丰富的思想资源或文献资料，已经到了对百年儒学进行系统研究、全面总结的时候了。站在世纪之交的高度，我们组织编纂《20世纪儒学研究大系》，就是为了完成这一学术使命。

《20世纪儒学研究大系》是孔子研究院成立后确定的一项浩大的学术工程,现已列入2002年国家社会科学基金项目。《大系》的编纂与出版,实为孔子、儒学研究的一大盛事,必将对21世纪的儒学研究产生积极而又深远的影响。

编选原则及体例

《20世纪儒学研究大系》是一部大型的相对成套的专题分卷的儒学研究丛书，力求通过选编20世纪学术界研究儒学的代表性论文、论著，全面反映一百年来专家、学者研究儒学的学术成果及水平，为进一步研究儒学提供一部比较系统的学术文献。

一、将20世纪海内外专家、学者研究儒学的代表性论文、论著按研究专题汇集成册，共分21卷。所选以名家、名篇及具有代表性的观点为原则，不在多而在精，力求反映20世纪儒学研究的全貌。

二、所选以学术性讨论材料、思想流派性材料为主，兼收一些具有代表性并产生过重大影响的批判性文章。

三、每一卷包括导言、正文、论著目录索引三个主干部分。

四、每卷之始，撰写导言，综论20世纪该专题研究的大势及得失，阐发本专题研究的学术价值和意义，为阅读利用本卷提示门径。

五、一般作者原则上只入选一篇具有代表性的成果，重要代表人物可选2—3篇。

六、所收文章均加简要按语，介绍作者学术生平及本文内容。合作创作的论著，只介绍第一作者。

七、每卷所收文章，原则上按公开发表或正式出版的时间先后为序。

八、所收文章，尽量使用最初发表的版本，并详细注释文章出处、发表或写作时间。

九、入选文章、论著篇幅过长者，适当予以删节，并予以注明。

十、为统一体例，入选文章一律改用标准简化字，一律使用新式标点。

十一、所选文章的注释一律改为文中注和页末注，以保持丛书的整体风格。材料出处为文中注（楷体），解释性文字为页末注。

十二、每卷后均列论著目录索引，将未能入选但又有学术价值与参考价值的论著列出。论文和著作分门别类，并按公开发表和正式出版的时间先后为序。

目　录

“南学”与“北学”

区域文化与理学门派

儒学在边陲地区的传播

儒学地域化的近代形态

儒学在朝鲜、日本传播的变化

导　言

刘德增

从孔子创立儒家学派以来，儒学沿着两个方向发展：一是儒学的代际传承，构建起绵延不绝的儒学世系；二是儒学的地域传播，形成了“东亚儒学文化圈”。

文化圈（Culture-circle）指一种文化事象在地域上的覆盖面。在人类栖息、劳作的地球上，曾形成若干个文化圈，英国人阿诺尔德·汤因比说有37个，剔除那些夭折的和尚存疑的，还剩下27个（《历史研究》第146—149页，台湾桂冠图书公司1984年版）。不管文化圈如何划分，只要涉及这个问题，就不能忽视东亚儒学文化圈。

研究儒学，不仅要研究儒学的代际传承，孔子、孟子、荀子、董仲舒、郑玄、朱熹等儒学大师的思想，还应关注儒学在地域上的传播，从地域传播的角度来进一步把握、认识这一伟大文化事象。

遗憾的是，自司马迁撰写《孔子世家》、《仲尼弟子列传》、《孟子荀卿列传》与《儒林列传》起，儒学研究的重点集中在儒学传承史和儒学世系中的杰出人物身上，从而造成了这样的偏差：儒学传承史和儒学世系中的杰出人物，庶几成为儒学发展史的惟一内容，儒学发展的另一个重要方面——地域传播——被忽略了。缺少了儒学的地域传播，构不成一部完整的儒学发展史。而撇开儒学的地域传播来谈论儒学的发展史，也影响了儒学发展史的研究，有些问题难以深化。

地域传播是儒学发展的一个重要方面,也是儒学研究的一个重要方面。20世纪前期,人们十分注意从自然环境来探讨文化的发展,从区域文化来研究儒学的发生及其传播。进入20世纪50年代以后,由于批判"地理环境决定论",人文地理、区域文化等问题的研究趋于沉寂。进入80年代以后,随着人文地理、区域文化等问题研究的复苏,儒学的地域传播才逐渐引起人们的重视。

一、鲁文化与儒学的发生

儒学的学派渊源何在?自有汉以来便聚讼纷纭,入20世纪后成为学术研究的一大热点,然迄无定论,大别之,有五家之说:

1.儒为教书匠。班固首倡此说。他说:"儒家者流,盖出于司徒之官,助人君顺阴阳教化者也。"(《汉书·艺文志》)一个"盖"字表明了这位史学大家的谨慎。然后人却多奉班氏此说为至论,如傅斯年(《战国子家叙论》,《傅孟真先生全集》第二册,台湾大学出版社1952年版)、冯友兰(《原儒墨》,《中国哲学史》下册,中华书局1961年版)、童书业(《先秦七子思想研究》,齐鲁书社1982年版,第231页)、胡秋原(《古代中国文化与中国知识分子》,台湾学术出版社1988年版,第120页)、金景芳(《周礼》,《经书浅谈》,中华书局1984年版,第42—50页)等皆作如是观。

2.儒为术士。许慎始建此说。《说文》人部:"儒,柔也,术士之称。"祖述此说者亦不乏其人,如颜师古(《汉书·司马相如传》注)、俞樾(《群经平议》卷十)、钱穆(《古史辨》第四册《序》)、杨向奎(《宗周社会与礼乐文明》,人民出版社1992年版,第414页)等。

3.儒为宗教性的教士。此说出自胡适。1934年,胡适作《说儒》一文(《历史语言研究所集刊》第四本第三分)。此文倍受世人推重,胡秋原说这是胡适历史著作中最精采的一篇(《古代中国文化与中国知识分子》,台湾学术出版社1988年版,第119页)。经过一番"大胆假设"与"小心求证",胡适断定最初的儒乃殷商遗民,是从殷商祝宗卜史转化而来的教士。胡适此说一出,冯友兰作《原儒墨》,郭沫若著《借问胡适》,钱穆写《驳胡适之说儒》,加以反驳,胡氏之说一时成为众矢之的。然批驳之风过后,又不断有人皈依到胡氏门下,如徐中舒(《甲骨文中所见的儒》,《四川大学学报》1975年第4期)、赵吉惠、郭厚安、赵馥洁、潘策(《中国儒学史》,中州古籍出版社1991年版,第35页)、何光沪(《中国文化的根与花——谈儒学的"返本"与"开新"》,《原道》第二辑)等。

4.儒为相礼之人。胡适在《说儒》中说儒的职业之一是"治丧相礼",冯友兰《原儒墨》也说儒以"教书相礼"为生。其后,任继愈(《中国哲学史》第1册,人民出版社1985年版,第63页)、杜任之、高树帜(《孔子学说精华体系》,山西人民出版社1985年版,第4页)、唐满先(《论语今译·前言》,江西人民出版社1982年版)、何兆武、步近智、唐宇元、孙开太(《中国思想发展史》,中国青年出版社1980年版,第21页)等皆把相礼目为儒之本业。

5.儒为"邹鲁之士缙绅先生"的专号。此说出自郭沫若。在《借问胡适》一文中,他提出此说,但较为含糊。1942年,他又作《论儒家的发生》,此文实就前文改订而成,故多雷同,但在结尾处将"邹鲁之士缙绅先生"的内涵表述得略清楚一些:

> 过去的上层阶级,其生产能力没有,但却晓得礼乐,开始堕落后,新兴的上层阶级骂他文诌诌的,没有生产能力,现在以新兴的上层阶级要学礼乐,堕落的上层阶级的人,又被重视了。这就是儒之所以产生。(《郭沫若全集》历史编卷3,人民出版社1984年版,第396页)

如此说来,"邹鲁之士缙绅先生"即那些没落了的旧贵族。郭氏此说得到了侯外庐、赵纪彬、杜国庠(《中国思想通史》卷一,人民出版社 1957 年版，第 139—140 页）、吴江（《中国封建意识形态略考》，中共中央党校出版社 1992 年版，第 5 页）等人的赞同。

除了以上五大派外，还有不少一家之言，如何新认为儒为乡族基层官吏——胥（《“儒”的由来与演变》，载《诸神的起源》，三联书店 1986 年版，第 292—298 页）。刘忆江说儒的前身是保氏——女性保姆（《说儒》，《中国社会科学辑刊》1993 年第 2 卷）。阎步克则认为儒与商周王朝中主管乐舞的官员，在文化上有着一脉相承的关系（《乐师与“儒”之文化起源》，《北京大学学报》1995 年第 5 期）。

在学术讨论中，人们往往混淆“儒”与“儒家”两个概念。儒在孔子儒家学派产生以前便存在，孔子儒家，从儒家中来，曾是儒之一分子。孔子儒家成为“显学”后，喧宾夺主，儒逐渐成了儒家学派之专称。那个先孔子儒家而存在的“儒”是一种具有职业性身份的人，“儒家”与他们没有什么思想学术渊源。那么，儒家学派是怎样产生的？傅斯年 1927 年在中山大学的讲义《战国子家叙论》中说道：

> 鲁是西周初年周在东方文明故城中开辟的一个殖民地。西周之故城既亡于戎，南国又亡于楚，而“周礼尽在鲁矣”。鲁国人揖让之礼甚讲究，而行事甚乖戾（太史公语），于是拿诗书礼乐做法宝的儒家出自鲁国，是再自然没有的事情。

傅斯年认为儒学的发生与鲁国的礼治传统有关。郭沫若写于 1942 年的《论儒家的发生》一文中认为儒学发生于鲁国，是因为在列国诸侯中鲁国的文化发展程度最高：

> 至于儒在当时为什么不发生于其他的国家，而独发生于邹、鲁，这是值得考虑的。这有它的道理，因为邹、鲁在列国中文化最高。但又为什么不发生在周朝的王室，而发生于邹、鲁呢？周平王被犬戎从陕西赶到河南洛阳，旧的京城镐京沦陷，

过去的文化,完全失掉了。东迁以后,周室仅仅保存天子的虚位,丧失了过去统治天下之权,名虽天子,实际成为三等诸侯。所以儒不发生在周室,而发生在文化最高的邹、鲁。

进入20世纪80年代以后,论者大都认同于傅斯年的观点,认为儒学是鲁国礼治传统的产物。礼治成功地塑造了“道德型”的鲁文化,也造就了孔子(张富祥:《鲁文化与孔子》,《孔子研究》1988年第2期;李启谦:《结合鲁国社会的特点了解孔子的思想》,载中国孔子基金会、新加坡东亚哲学研究所《儒学国际学术讨论会论文集》,齐鲁书社1989年版,第539—562页;郭克煜等:《鲁文化史》第十三章《鲁国的礼乐传统》,人民出版社1994年版;杨朝明:《鲁国的经济特点与儒家的重农思想》,《孔子研究》1989年第4期;刘德增:《礼与中国文化的再探讨》,《齐鲁学刊》1989年第3期;刘德增:《山东人》,山东人民出版社1997年版)。

二、儒学传播的地域变异

在男耕女织的自然经济占统治地位的乡土社会里,人著于土,很少流动。一位语言学家对费孝通讲过这样一个村落:

> 村子里几百年来老是这几个姓,我从墓碑上去重构每家的家谱,清清楚楚的,一直到现在还是那些人。乡村里的人口似乎是附着在土上的,一代一代地下去,不太有变动。(费孝通:《乡土中国》,三联书店1985年版,第2—3页)

遇上天灾人祸,一些人也不得不背井离乡,外出讨生,但落叶归根的传统使他们辗转一段时间后,总要返回故里。这种“人的地域性”再加上各地不同的社会与自然环境,造成了中国文化的地域差别。历史上的中国文化是由若干个地域文化构成的。

在中国文化史上,春秋战国是文化区形成的轴心时代。

入春秋后，礼崩乐坏，周礼趋于崩溃。周礼的崩溃，一个重要的、然而常常为人们所忽略了的内容，是上层建筑的变革。欧阳修是为数不多的洞察到这一重大变革的先贤之一，他说：

> 由三代而上，治出于一，而礼乐达乎天下。……其岁时聚会以为朝谨、聘问，欢欣交接以为射乡、食飨，合众兴事以为师田、学校，下至里闾田亩，吉凶哀乐，凡民之事，莫不一出于礼。……由三代而下，治出于二。……其朝夕从事，则以簿书、狱讼、兵食为急，曰："此为政也，所以治民。"至于三代礼乐，具其名物而藏于有司，时出而用之郊庙、朝廷，曰："此为礼也，所以教民。"此所谓治出于二。(《新唐书·礼乐志》)

从"治出于一"到"治出于二"，是中国古代上层建筑的一场重大变革，政治、法律、军事制度脱出周礼的窠臼，成为独立的形态。抽去了这些内容，周礼剩下的就只是揖让周旋的仪式和那些用来行礼的器物了。一个叫女叔齐的晋国大夫敏锐地意识到了这一点，晋平公盛誉鲁昭公精通礼乐，他不以为然，直言："是仪也，不可谓礼。"(《左传·昭公五年》)周礼以礼仪化的民俗为框架，寓政其中。入春秋，政治、法律、军事制度从周礼中分化出来以后，周礼仅剩下了一副框架，失去了"经国家，定社稷"《左传·僖公十一年》)的政治功能，又逐步还原为民俗。可以说，从此进入了周礼的民俗化时代。这种失去了政治功能而降为民俗的周礼，其规范作用也就大不如前了。周礼不再是人们共同的行为标准，诸侯各自为政。于是，列国诸侯之间，便出现了《淮南子·要略》所说的那种局面："溪异谷别，水绝山隔，各自治其境内，守其分地，握其权柄，擅其政令。"周天子的地位一落千丈，无力号令诸侯，各国走上了独立发展的道路，从而形成了不同的文化区。

如何划分这个时期的文化区？其中最为人们所称引的，是李学勤先生的高见，他把当时的中国文化划分为七个文化圈：中原文化圈、北方文化圈、齐鲁文化圈、楚文化圈、吴越文化圈、巴蜀文化圈、秦文化圈(李学勤:《东周与秦代文明》,文物出版社1984年版,第11—12页)。齐涛、刘德增认为,可以依据《史记·货殖列传》,《汉书·地理志》关于民俗圈的划分来进一步细化春秋战国时期的文化圈。司马迁把全国划分为9个民俗区:关中民俗区、三河民俗区、赵地民俗区、燕地民俗区、齐地民俗区、邹鲁民俗区、梁宋民俗区、夏地民俗区、楚越民俗区。汉成帝时,谏议大夫刘向划定"地分",朱赣逐一条陈各地民俗,班固著《汉书·地理志》,把刘向、朱赣的研究成果收入篇末。《汉书·地理志》把全国划为13个民俗区:秦地民俗区、魏地民俗区、周地民俗区、韩地民俗区、赵地民俗区、燕地民俗区、齐地民俗区、鲁地民俗区、宋地民俗区、卫地民俗区、楚地民俗区、吴地民俗区、越地民俗区(齐涛、刘德增:《中国民俗的历史分期》,《民俗研究》2000年第2期)。

德国人卡尔·雅斯贝斯把春秋战国视为中国历史的"轴心时代",后世中国文化的主题,在这个时期确立([德]卡尔·雅斯贝斯:《智慧之路》,柯锦华等译,中国国际广播出版社1998年版,第68—70页)。他的这种"轴心时代"的说法,屡屡被中国学者所引用(如冯天瑜、何晓明、周积明合著的《中华文化史》,上海人民出版社1990年版;葛兆光:《中国思想史》第一卷《七世纪前的中国的知识、思想与信仰世界》,复旦大学出版社1998年版,都引用此说)。借用这位德国人的"轴心时代"一词,春秋战国可以称为中国文化史上文化区的轴心时代。这个时期的那十几个文化区,影响极为深远。

文化的地域性使文化传播呈现出两种方式:在某一文化区内生成的文化事象并在该文化区内传播,是文化传播的第一种方式:区内传播。一旦这种文化事象越出本文化区而传入另一个文化区,便出现文化传播的第二种方式:跨文化传播。在同一文化背景下发生的文化区内传播，传播过程中文化较少发生变异。在不同文化背景下发生的跨文化传播，将不可避免地导致传播中的文化的变异。因为跨文化传播是一个双向交融的过程，甲地文化传入乙地，势必受到乙地文化的修订、同化，从而发生变异。任何一种异域文化的介入都不可能是原版输入，都将为当地的文化所修订、同化。

儒学的跨文化传播也不例外。儒学在鲁地传播属于文化的区内传播，在传播过程中，儒学较少发生变异。一旦儒学越出鲁文化区而传入另一个文化区，便不可避免地受到该区文化的修订、同化而发生变异，形成一个个特色各异的儒学地域变体。东亚儒学文化圈是由若干个儒学地域变体构成的。

最先注意到儒学地域传播变异的是傅斯年先生。1927 年，傅斯年在中山大学的讲义《战国子家叙论》中说道："儒学一由鲁国散到别处便马上变了样。"但是，此后较长一个时期，人们对此没有予以重视，直到 20 世纪 80 年代以后，才逐渐加以关注。

我们所谓的儒学地域变体，杨念群先生谓之"儒学地域化"、"儒学地域化形态"：

> "儒学地域化"现象比较完整的概念表述应包涵三个要素：(1)从空间发展上看它是一个地理分布与分化的概念；(2)从组织形式上看它是一个民间化的过程；(3)从内容构成上看它是一个向人文话语转型的时期。(《儒学地域化的近代形态》，三联书店 1997 年版，第 59 页)

杨先生对"儒学地域化"发生的过程及表现形式还有进一步的论述：

> 儒学地域化过程大约发生于北宋年间，其催化剂是印度佛教文明的侵入，儒学的原生形态原来包含有较多的原始意象和巫祝特征，经过西汉董仲舒的改造，被纳入了一个气魄宏

大的天人宇宙论图式中而趋于官方化、结构化。儒学人文传统的复归与再建，是以官方儒学的没落与儒学传统的地域化为前提的。如果说释道的入室操戈直接导致了儒学官方形态的崩毁，那么官学化儒学的没落则催发了地域文化精英群落的萌生。在官方儒学逐渐分崩离析的过程中，我们发现了一个奇特的现象，宋明新儒学各个流派的起步与发展，都是由如群星般散落于各个地域的思想家们一手创立的，他们均"谓孟子没而圣学不传，以兴起斯文为己任"。儒学的这种地域分野并不存在某种统一的官方模式，而是呈多元并立的个体化状态。如清初奉朱熹为正统和尊湘学为道南正脉，则并非儒学官方形态的重演与复苏，而属于对地域精英文化某一支的特殊青睐。儒学的官方形态是以超越于地域与个性之上的形式和上下尊卑的政治秩序形成同构的。而宋明新儒学本身是作为官方儒学的对立面出现的，所以必然呈现出某种地域性的文化反思意识，这恰恰是和超地域性的大一统官方意识对抗的最佳格局，这就是非官方形态的宋明儒学在多元化的理论背景下，必然以各个地域为其流派的基本界定的缘故。(《儒学地域化的近代形态》，三联书店 1997 年版，第 116 页)

杨先生关于"儒学地域化"或"儒学地域化形态"的几个观点，值得商榷。

其一，儒学的地域化过程不是从北宋年间才开始的，儒学本就是地域文化的产物；孔子死后，"儒分为八"，儒学的地域化过程就已开始。北宋年间只是儒学地域化的一个发展时期而已。

其二，儒学地域化的催化剂决不是印度佛教文明的侵入，而是中国历史上不同的地域文化对儒学的修订、同化。

其三，儒学地域化并非民间化的过程，儒学的地域变体往往成为统治文化，例如儒学登上中国古代思想的统治舞台凭借的就是儒学的地域变体“齐学”。

区域文化对儒学的修订、同化及其所造成的儒学地域变体，是我们这册文集关注的核心问题。

三、区域文化与儒学门派的分化

孔子殁，弟子守丧三年，礼毕，除子贡不忍离去，又墓庐三年外，众弟子各自别去，散游诸侯。孔门弟子在思想上也分道扬镳，各立门户。《韩非子·显学》：

> 自孔子之死也，有子张之儒，有子思之儒，有颜氏之儒，有孟氏之儒，有漆雕氏之儒，有仲良氏之儒，有孙氏之儒，有乐正氏之儒。

儒学派别不止此八派，《荀子·非十二子》还指斥过“子夏氏之贱儒”、“子游氏之贱儒”。故柳诒徵说：“若合荀卿之言计之，当曰‘儒分为十’。”(《中国文化史》上册，中国大百科全书出版社 1983 年版，第 249 页)孔门弟子何以会发生如此之裂变？早在 1927 年，傅斯年先生就提出儒学门派的分化与“地方环境”有关(《战国子家叙论》)。他所说的“地方环境”实即区域文化。匡亚明在 1985 年出版的《孔子评传》中说：“孔子弟子出身不同，阅历不同，因而对孔子学说的理解逐渐产生歧异。……在儒家内部逐步形成了相互对立的一些派别。”(见该书第 358—359 页，齐鲁书社 1985 年版)李启谦先生在 1987 年出版的《孔门弟子研究》中提出了自己的看法：

> 孔子教育学生的内容有时分礼、乐、射、御、书、数；有时分文、行、忠、信；有时分德行、政事、言语、文学。不论如何分类，都说明他教育内容很多。因之，学生们也必然各有爱好和特长。……从各自的特点中，可以见到后来儒家分派的影子和因素。(见该书《前言》第 14 页，齐鲁书社 1987 年版)

匡亚明、李启谦先生所提到的两个方面无疑都是重要的因素。但是,另一个更重要的因素,是傅斯年先生提出的区域文化的修订、同化。儒学是鲁国传统文化的产物,带有鲁文化的特征。它在鲁地传播,属于“区内传播”,较少变异;一旦它越出鲁文化区而传入其他文化区,就必然要受到新文化的修订、同化而发生变异。儒学门派的分化,是儒学在跨文化传播过程中受不同区域文化的修订、同化的结果。傅斯年先生说:

> 儒者在鲁国根深蒂固,竟成通国的宗教。儒者一至他国,则因其地而变,在鲁国却能保持较纯净的正统。(《战国子家叙论》)

各派之中,可以确认开山祖的有 6 派,属于鲁籍的得其二:“子思之儒”和“孟氏之儒”。有这么一说:曾参传子思,子思或他的门人传孟子。这个世系的真伪已不可辨。但有一点是可以肯定的:“子思之儒”和“孟氏之儒”在思想倾向上相同,都是儒学门派中的“道德派”,故被称为“思孟学派”。“思孟学派”乃孔门嫡传,李启谦先生指出,“思孟学派”不仅仅继扬了孔子思想,也继扬了鲁文化中的其他内容(李启谦:《论孟子思想与邹鲁文化》,《烟台大学学报》1995 年第 4 期)。其他门派的形成也大都与区域文化有关,傅斯年先生说:

> 孔门弟子中最特别的是“堂堂乎张”,和不仕而侠之漆雕开,这两个人后来皆成显学。然上两个人是陈人,下两个人是蔡人。孔门中又有个子游,他的后学颇有接近老学的嫌疑,又不是鲁人(吴人)。宰我不知何许人,子贡是卫人,本然都不是鲁国愿儒的样子,也就物以类聚跑到齐国,一个得意,一个被杀了。这都使我们清清楚楚地认识出地方环境之限制人。(《战国子家叙论》)

“儒分为八”或“儒分为十”,大都与区域文化有关。

四、儒学的地域变体——齐学

齐是继鲁地之后兴起的一个儒学发达地区。齐地儒学，古称“齐学”。“齐学”一词，始见于汉宣帝初年。《汉书·儒林传》：

> 宣帝即位，闻卫太子好《穀梁春秋》，以问丞相韦贤、长信少府夏侯胜及侍中乐陵侯史高，皆鲁人也，言《穀梁子》本鲁学，《公羊氏》乃齐学也，宜兴《穀梁》。

对“齐学”的内涵有不同的认识，一种观点认为“齐学”包括在齐地产生、流传的一切学术思想，特别是阴阳家、黄老思想和神仙家(方士)，这一派的观点可谓之“广义的齐学”；另一种观点认为“齐学”仅指儒学在齐地传播所形成的地域变体，这一派的观点可谓之“狭义的齐学”。

对“齐学”的研究是儒学研究的一个热点问题。傅斯年、胡适二先生可谓“齐学”研究的拓荒者。1927 年，傅斯年在《战国子家叙论》中特别论及“齐儒学”，他应属于“狭义的齐学”一派；1930 年，胡适写成《中国中古思想史长编》七章，第一章就是“齐学”，胡适属于“广义的齐学”一派，他把阴阳家称之为“齐学的正统”，做了较为系统的论述，他还论述了神仙家和黄老思想。1931～1932 年，胡适在北京大学文学院讲授“中国中古思想史”，也是从“齐学”讲起。迄今关于“齐学”研究的论文已有几十篇，丁冠之、蔡德贵先生合著的《秦汉齐学》也已由齐鲁书社于 1998 年出版。

关于“齐学”的特征及其影响，傅斯年在《战国子家叙论》中说道：

> 儒者的正统在战国初汉均在鲁国，但齐国自有他的儒学，骨子里只是阴阳五行，又合着一些放言侈论。这个齐学在汉初的势力很大，武帝时竟夺鲁国之席而为儒学之最盛者，政治

上最得意的公孙弘,思想上最开风气的董仲舒,都属于齐学一派:公羊氏春秋,齐诗,田氏易,伏氏书,都是太常博士中最显之学。鲁学小言詹詹,齐学大言炎炎了。现在我们在西汉之残文遗籍中,还可以看出这个分别。

傅斯年先生的论述入木三分。在此基础上,安作璋、刘德增《汉武帝独尊儒术与齐学》一文(中国秦汉史研究会编:《秦汉史论丛》第七辑,中国社会科学出版社1998年版,第247—260页),对"齐学"的特征与历史地位作了系统的论述。他们认为"齐学"是儒学传入齐地后受齐文化的影响、同化而产生的一种地域变体。"齐学"的特征有二:一是崇尚权变。这在《公羊传》中有充分的表现。《公羊传》是"齐学"经典著作中最重要的一部著作。东汉大儒贾逵指出:"《公羊》多任于权变。"(《后汉书·贾逵传》)它评判人事往往以"权变"为尺度:懂得"权变"的是贤人智者,不懂得的便是愚者懦夫。"齐学"的第二个特征,是带有浓厚的神秘性。孔子创立的儒学是重人事而轻鬼神的。但当儒学传入齐地后,却不可避免地染上了神秘色彩。"齐学"的代表作《公羊传》即多神秘性。汉初的儒学基本上分为"齐学"和"鲁学"两大派。"齐学"与"鲁学"虽同属儒家学派,但两派的思想观念有很大差异。"鲁学"有两大特征:一是崇尚仁义。"仁"是孔子思想的核心,"鲁学"恪守孔教,崇尚伦理道德。二是因循守成。"鲁学"耻言进取,因循守成。汉初第一次取代黄老无为思想的尝试却是"鲁学"一派发动的,组织策划人是王臧和赵绾。尊儒的首次尝试以失败而告终。这虽然可以归咎于守旧的窦太后,但"鲁学"宗师申培的食古不化,不识时务,也是一个重要原因。如何取代黄老无为思想,使儒学成为统治思想,保守的"鲁学"是无能为力的。这一重任自然要落在能够迎合时变的"齐学"身上。建元六年(前135)五月,窦太后死去。元光元年(前134)五月,武帝诏举贤良对策。应征参加对策的贤良很多,其中有广川(今河北景县)人董仲舒。董仲舒是广川人,却是个“齐学”家。“齐学”一旦成为一个学派,它的划分便不仅仅以地域——齐地——为限,外地人热衷“齐学”,接受了它的观点、主张,也就成为“齐学”中人物。董仲舒亦然,他不仅是“齐学”中治《公羊传》的大家,且是“齐学”的一代宗师。“鲁学”虽然在首次尝试中受挫,但仍寄希望于这次对策。参加这次对策的“鲁学”家江公与“齐学”家董仲舒为争夺思想统治地位而相互辩难。武帝“内多欲而外施仁义”(《汉书·汲黯传》),“鲁学”作为儒学“正宗”,恪守仁义,因循守成,不合武帝口味,引不起他的兴趣。“齐学”崇尚权变,使武帝可以在仁义的外衣笼罩下,灵活地实施其“多欲”政治;齐学的神秘性,不仅有利于神化皇权,而且符合武帝求仙、追求长生不老的幻想。而董仲舒的《天人三策》则是对“齐学”的观念做了最充分的发挥,使之更合乎封建统治的需要。“齐学”特别是“齐学”中的《公羊传》博得了武帝的青睐,《汉书·儒林传》:“于是,上因尊《公羊》家,诏太子受《公羊春秋》,由是《公羊》大兴。”武帝“独尊儒术”所尊崇的实际上是儒学的地域变体“齐学”,“齐学”中又格外垂青《公羊传》。儒学是借助“齐学”才登上统治中国历史的舞台的。

《公羊传》是“齐学”的代表作,近年关于《公羊传》的研究也更加深入,蒋庆《公羊学引论》一书(辽宁教育出版社1995年版),对“公羊学”做了较为深入的研究。

五、南学与北学

儒学发展到魏晋,分化出一种变体即玄学。玄学产生于特定的社会历史条件:章句繁琐的今文经学走入死胡同,东汉名教统治出现危机,曹魏与司马氏的权力争夺加剧等。除此之外,特定的黄淮地区区域文化的影响也是不应忽视的一个重要方面。唐长孺先生在《读〈抱朴子〉推论南北学风的异同》(《魏晋南北朝史论丛》,三联书店1955年版,第351—381页)一文中,首先注意到了玄学发生的地理环境问题:

> 魏晋新学风的兴起实在河南(指黄河以南——引者)。王弼创通玄学,乃是山阳人,同时名士夏侯玄是谯郡人,阮籍是陈留人,稽康是山阳人。颖川荀氏虽然还世传经学,但荀氏的易学与王弼接近,而荀粲"独好言道",也属于新学派的开创人之一。创立行书法的钟繇、胡昭均是颖川人,而钟会也是精练名理。这些人都是河南人。

汉代,《易》传播的中心是在黄河以南、淮河以北的黄淮地区。在黄淮中间地带,《易》的发展出现一种新的趋势:从占筮发展为哲学。郑玄的《周易注》中已蕴含着这种趋向,而宋忠《周易注》中的这种倾向就更为明显了。在黄淮中间地带,儒学发展史上出现了一种趋势:援《老》入《易》,《易》《老》合流。其肇端人物是北海大儒郑玄。魏晋玄学的基本趋向在东汉末年的黄淮中间地带已经显示出来(刘德增:《玄学与黄淮地区的区域文化》,《齐鲁学刊》1994年第3期)。

由于玄学的发生与传播,出现了"南学"与"北学"之分。

最早提及"南学"与"北学"之分的是《世说新语·文学》:

> 褚季野语孙安国云:"北人学问渊综广博。"孙答曰:"南人学问清通简要。"支道林闻之曰:"圣贤固所忘言,自中人以还,北人看书如显处视月,南人学问如牖中窥日。"

在《隋书·儒林传序》中,也有类似的表述:"南人约简,得其精华;北学深芜,穷其枝叶。"褚褒(字季野)、孙盛(字安国)、支道林和《隋书·儒林传序》对"南学"、"北学"特征的表述是相同的。

"南学"与"北学"的分野,是儒学发展史上的一件大事,经学大家皮锡瑞有言:

自刘、石十六国并入北魏，与南朝对立，为南北朝分立时代；而其时说经者亦有“南学”、“北学”之分。此经学之又一变也。(《经学历史》卷六《经学分立时代》)

皮锡瑞在湖南讲学期间编写的《经学历史》，单列《经学分立时代》一章，研究“南学”与“北学”问题。这是研究“南学”与“北学”的第一篇文章，其关于“南学”与“北学”的论述多为后人所祖述。唐长孺先生《读〈抱朴子〉推论南北学风的异同》一文，从《抱朴子》外篇卷二十六《讥惑篇》入手，深入地阐释了“南学”与“北学”的学风特点及其成因，是研究“南学”与“北学”问题的代表作。

造成“南学”与“北学”分野的，是玄学的南传。

以西晋灭吴为契机，玄学南传。玄学的影响日益扩大，南方原有的儒学也染上了玄风。在南土出现了儒、玄双修的趋势，而儒玄双修，实际上是玄学打入儒学。唐长孺、何兹全、牟钟鉴等指出：“南学”就是指深受玄学熏陶的南方儒学(唐长孺：《读〈抱朴子〉推论南北学风的异同》；何兹全：《南北朝时期儒学风尚不同的渊源》，《史学评林》1983年第7—8期；牟钟鉴：《南北朝经学述评》，《孔子研究》1987年第3期)。

唐长孺先生指出：“晋室东渡之后，玄学开始在江南发展，江南成为各种新学风的移植地域，但南方土著保守旧业者还有其人。”(《读〈抱朴子〉推论南北学风的异同》)在南方土著保守的“旧业”中，礼学是个核心。《南史·儒林传》连附传在内一共29人。其中南方人占19人；19个南方籍的儒学家中，有11人重礼。他们是：严植之、孔佥、孔元素、沈峻、太史叔明、文阿、皇侃、沈洙、戚衮、郑灼、沈不害。

南方儒学推崇的礼与儒家的礼有所不同。

礼有“本”和“文”两个方面的内容，“本”是礼的内在特质，自孔子以后以仁为核心；“文”指揖让周旋的仪式和用来行礼的各种器物，是礼的外在表现形式，无此，仁就难以表达之（刘德增：《礼与中国文化的再探讨》，《齐鲁学刊》1989 年第 3 期）。然而，南方儒学关注的礼，仅仅是礼的外在表现形式，即礼仪和礼器。故南方儒学家所著之书，多是关于这一方面的。如严植之《凶礼仪注》四百七十九卷，文阿《仪礼》八十余条，沈不害《五礼仪》一百卷，等等。

永嘉乱后，晋室和士大夫南下，黄河南部的玄学也随之一块南去。入主中原的匈奴、鲜卑、氐、羯、羌，最终被征服者——汉族——的文化所征服，他们在"汉化"的同时，大都崇经尊儒，形成了可与"南学"相抗衡的"北学"。唐长孺、何兹全、孔毅、牟钟鉴、张弓等一致认为，"北学"的基本特征是固守汉儒传统，因循守成。其一，在经典上，推崇未染"玄虚之习"的郑注。其二，在治经方式上，因循汉儒的章句训诂。其三，在学术传播上，推重师说，恪守师传（唐长孺：《读〈抱朴子〉推论南北学风的异同》；何兹全：《南北朝时期儒学风尚不同的渊源》；孔毅：《魏晋南北朝时期南北经学异同论》，《云南社会科学》1983 年第 1 期；牟钟鉴：《南北朝经学述评》；张弓：《北朝儒释道论议与北方学风流变》，《孔子研究》1993 年第 2 期）。

从历史发展来看，"北学"乃"汉学"之延续，"南学"是儒学发展新阶段——玄学——的产物。"北学深芜，穷其枝叶"是它的长处，更是它的短处：烦琐冗赘；"南人约简，及其英华"，有"名言霏屑，骋挥麈之清淡；属词尚腴，侈雕虫之余枝"（《经学历史》卷六《经学分立时代》）之弊，但"说经贵约简，不贵深芜"（《经学历史》卷六《经学分立时代》），"南学"的长处更为显著。

十六国和北朝乃少数民族所建，汉家正朔在南方——北朝的中原士大夫便作如是观：

> 江东复有一吴儿老翁萧衍者，专事衣冠礼乐，中原士大夫望之以为正朔所在。（《北齐书·杜弼传》）

这样,“南学”被视为儒学正宗,汉家正统。

开皇九年(589),隋军攻入建康城,俘陈后主,陈亡,全国复归于一统。隋代杨氏皇族出身于士族高门弘农华阴杨氏,杨忠、杨坚出仕北周为高官,自然受“北学”的影响。隋统一以后,“南学”与“北学”的命运发生转折。皮锡瑞指出:“北方经学折入于南。”(《经学历史》卷七《经学统一时代》)北学衰微,南学占据了统一王朝的思想文化舞台。隋代流行的儒学,是“南学”所崇尚的王弼、孔安国、杜预注的本子;“北学”所重的郑玄注浸微。唐代隋,隋代的儒学局面为唐代所承继。至此,“南学”一统天下,遂成定局。

六、理学与区域文化

儒学发展到北宋,嬗变为理学——也有人不同意这个名称,如冯友兰先生说:“我赞成用道学这个名称。”(《儒学发展的新阶段——道学》,《文史知识》1988年第6期)理学分为众多的门派,如“关学”、“洛学”、“濂学”、“闽学”、“浙学”、“蜀学”、“湖湘学”、“陆学”、“王学”等等。从理学门派的名称来看,呈现出强烈的地域特色。杨念群先生说:“儒学地域化过程大约发生于北宋年间。”(《儒学地域化的近代形态》)程民生先生在《宋代地域文化》一书中也认为儒学的地域化始于北宋:

> 随着地域文化的发展,宋代儒学摆脱了官方超地域的一统,主要由分散的地方思想家自由阐发,分别以不同的地域界限形成各自学说。(见该书第312页,河南大学出版社1997年版)

把儒学地域化的起点定为北宋,是不合适的。对此,前已述及。但是,与以前相比,理学呈现出强烈的地域色彩,则是儒学发展史上的一大特征。各个理学门派的思想特色深受地域文化的影响。不仅如此，各个理学门派在传播过程中，也呈现出地域特征。且举一例。弘治十八年(1505)，王守仁开馆招徒，传授心学。王氏心学走向社会，门徒日众，形成一股强大的社会思潮，撼动了官方思想——程朱理学——的根基，其影响之大，罕有匹敌，就连"至圣先师"孔子也不禁黯然失色。然而，服膺王氏心学的大多为南方人，北人认同者少。这从王门高足的地域分布上即可窥见一斑。88名王门高足，南方独占81人，北方仅区区7名。黄宗羲叹道："北方之为王氏学者独少！"(《明儒学案》卷二十九《北方王门学案》)

早在19世纪末，学者们就注意从地域文化的角度探讨各个理学门派与地域文化之关系。如光绪十八年(1892)，三原(今属陕西)人贺瑞麟在为长安人柏子俊刊刻的《关学编续编》所作的序文中，指陈关学与关中文化的关系云：

> 关中之地，土厚水深，其人厚重质直，而其士风亦多尚气节而励廉耻，故有志圣贤之学者，大率以是为根本。

刘师培在1905年《国粹学报》第2、6、7、9期连载《南北学派不同论》一文，其中一节为《南北理学不同论》，论述了南北理学之不同。此后，各个理学门派与地域文化的关系，逐渐成为学者们关注的一个焦点，特别是关于"关学"、"浙学"、"蜀学"与"湖湘学"的研究尤为显著。

理学建构之时，关中崛起了一个声势显赫的学派——关学。关学的开山祖张载，凤翔县(今陕西眉县)横渠镇人，人称"横渠先生"。作为一代宗师，张载思想有两大主题：一是以气为宇宙万物本源；二是志在经济，经世致用。在第二个问题上，张载又特别推重礼义教化。张载的思想何以如此？其渊源何在？曾拜在张载门下，在张载死后投奔程颢、程颐的蓝田(今属陕西)人吕大临，还有二程的高足将乐(今属福建)人杨时、建阳(今属福建)人游辞，都说张载出自二程兄弟门下。但程颐却坚决否认有这层关系(朱熹:《伊洛渊源记》卷六《横渠张先生遗事》)。全祖望则说是范仲淹导张载以入圣人之室(《宋元学案》卷第三)。清人王梓材也说,张载的思想源出于范仲淹(《宋元学案》卷第三)。然而,从冯从吾《关学编·横渠张先生》的记述来看,范仲淹只不过劝张载不要弃笔从戎,要从他去读《中庸》罢了。检索文献,找不到张载的师承。于是,大儒朱熹断言张载的学说是张载自己苦思冥想出来的(《宋元学案》卷第十八)。光绪十八年(1892),三原(今属陕西)人贺瑞麟在为长安人柏子俊刊刻的《关学编续编》所作的序文中,指出关学与关中文化有着渊源关系。刘师培也注意到了关学与关中文化的内在联系,说:"关中之民敦厚崇礼,故横渠施教亦以礼乐为归。"(《南北学派不同论·南北理学不同论》)贺、刘之说,可谓点出了张载真正的"师承"。任大援《延绵数百年的关中学派》一文(《文史知识》1992年第6期),对关学与关中文化的内在联系作了更为深入的论述。张载之后,关中学子仍以礼义为本,冯从吾《关学编》收录的吕大钧、吕大临、段坚、张杰、王承裕、吕楠、马理、吕潜等人,无不以崇礼重礼为特征。躬行礼教成为张载之后关学最显著的特点(王晓清:《元代关学试探》,《孔子研究》1995年第1期)。

南宋中期,在浙东地区涌现出以陈亮为代表的"永康之学"和以叶适为代表的"永嘉之学",这两大学派在学术思想上非常接近,俱以讲实事、究实理、求实效、谋实功为特色,故被统称为"浙东事功学派",或称为"浙学"。近年来,在理学各门派中,关于"浙学"的研究论著尤多,异军突起,成为理学研究的一个热点。一般认为,浙东传统学术思想是南宋浙东事功学派学术思想的一个重要源头(王凤贤:《浙东学术的心学倾向及其社会意义》,《孔子研究》1992年第1期;王国轩:《宋明以来浙江学术的特色》,《孔子研究》1992年第1期;李志林:《浙东学派的豪杰精神》,《孔子研究》1992年第

1期;何隽:《永嘉事功学的形成过程》,《孔子研究》1992年第1期;潘富恩:《吕祖谦与浙东史学》,《孔子研究》1992年第1期;陈国灿:《南宋浙东事功学派学术思想渊源探析》,《孔子研究》1998年第2期;陈国灿:《论宋代"浙学"与理学关系的演变》,《孔子研究》2000年第2期)。

蜀地儒学是西汉前期由蜀郡太守文翁引进的,成为鲁、齐以外的第三个儒学兴盛地(《汉书·循吏传·文翁》)。到三国时,出现了"蜀学"一词。被陈寿誉为"一时之才士"的蜀汉士人秦宓说:"蜀本无学士,文翁遣相如东受七经,还教吏民,于是蜀学比齐鲁。"(《三国志·蜀志·秦宓传》)文翁遣司马相如东受七经一事于史无征,据《汉书·循吏传·文翁》及《华阳国志》卷十《先贤士女总赞上》,文翁派去长安学习儒学的是张宽(《汉书·循吏传·文翁》作"张叔",《华阳国志》卷十《先贤士女总赞上》说"张宽,字叔文")。在理学建构过程中,草创于苏洵,形成于苏轼、苏辙兄弟的"蜀学"成为理学的一个重要门派。在探究"蜀学"成因时,论者注意到了蜀文化与"蜀学"的关系(蒙文通:《议蜀学》,载《廖季平年谱》,巴蜀书社1985年版;粟品孝:《论苏氏蜀学衰隐的原因》,《社会科学研究》1995年第1期)。粟品孝《朱熹与宋代蜀学》(高等教育出版社1998年版)第一章《宋代蜀学概述》,对宋代"蜀学"作了深入的研究。

"湖湘学"也是理学的一个重要门派,"湖湘学"与书院这种新型的教育组织构成了一体化的教育实体,形成了以推崇性理哲学、强调经世致用、主张躬行实践为主要特征的湖湘学风。论者认为"湖湘学"的成因也与湖湘一带的文化有密切的关系(陈谷嘉:《张栻与湖湘学派研究》,湖南教育出版社1991年版;陈谷嘉:《论张栻本体论的逻辑结构体系——兼论湖湘学派理学思想的特色》,《孔子研究》1988年第4期;朱汉民:《湖湘学派与岳麓书院》第四章,教育科学出版社1991年版)。

七、儒学在朝鲜半岛传播的变异

中国文明在跨国传播过程中,最先传入朝鲜半岛。那还是在西周初年,箕子北走朝鲜,带去了先进的文明:

> 殷道衰,箕子去之朝鲜,教其民以礼义,田蚕织作。(《汉书·地理志》)

当然,对箕子北走朝鲜之事,学界尚有争论。笔者赞成顾铭学先生的观点:从中文典籍和朝鲜半岛对箕子的崇拜来看,箕子北走朝鲜是难以否定的(《先秦时期中朝关系问题初探》,北京大学韩国学研究所编:《韩国学论集》第一集,社会科学文献出版社 1992 年版,第 1—16 页)。

在韩国学者中有一种观点认为,箕子北走朝鲜带去了儒学。如韩国学者尹丝淳先生指出:

> 李珥等以朝鲜朝为代表性的学者为首的大部分儒学者,信奉韩国儒学的渊源始于箕子。
>
> 在事实与否的考证上,虽然有很多问题,但是由箕子开始形成之见解,意味着在孔子之前,儒学就已正式地发达。这是基于箕子是东夷系殷族人的事实所作立论,说明在儒学上韩国比中华族先进。其实,日帝时代代表性的儒学者张志渊也基于这种思考,明白阐明韩国是“儒教宗祖之邦”。([韩]尹丝淳:《儒教对韩国传统文化的影响》,中国孔子基金会、新加坡东亚儒学研究所编:《儒学国际学术讨论会文集》,齐鲁书社 1989 年版,第 278—288 页)

虽然孔子是殷裔,虽然箕子在朝鲜“教民以礼义”,虽然“儒”由来已久,在孔子以前便有之,但是,儒学只能自孔子始,不能追溯到箕子那里。

中国文化对朝鲜半岛影响极大。在"东亚儒学文化圈"中,朝鲜半岛最富有中国文化色彩:"其文物典章不异中华,而远超他邦也。"(《殊域周咨录》卷一《东夷·朝鲜》)就连唐玄宗也赞叹朝鲜半岛文化有类中国:"新罗号为君子之国,颇知书记,有类中华。"(《旧唐书·东夷传》)故此,朝鲜半岛古有"小中华"之称:"吾东方自箕子以来,教化大行,男有烈士之风,女有贞正之俗,史称'小中华'。"(《成宗实录》卷20壬辰三年七月乙巳)"小中华"者,"规模小的'中华'也"([韩]尹丝淳:《儒教对韩国传统文化的影响》)。日本学者也认为,朝鲜半岛文化乃中国文化之翻版:

> 以直线距离来看,在以中国文化为中心的差距上,尽管日本和朝鲜没有太大的差别,但朝鲜却由于中国文化的流入,完全变成了该文化的"殖民地"。(靳丛林等译:《外来文化摄取史论》,吉林教育出版社1990年版,第2—3页)

就儒学来说,韩国人认为历史上朝鲜半岛人比中国人更信奉儒学。韩国海外公报馆编写的一份宣传材料说:

> 儒教的箴言,成为知识与道德生活的强大推动力,儒教的伦理规范,则根深蒂固地深入韩国人的灵魂,使韩国人比中国人更笃信儒教。(韩国海外公报馆编:《大韩民国》第22页,1988年)

当代韩国著名学者金日坤教授对中、日、韩儒学作了深入研究后指出:

> 儒教的政治体制与思想教化,在李朝比其本土中国更为深入。恰如佛教虽发祥于印度,却被印度教所排挤而在其他国家发展起来一样。李朝保存并强化了纯粹儒教秩序原理,中国则由于国土辽阔,该体制难以贯彻到地方上的每一个角落。([韩]金日坤:《儒教文化圈的伦理秩序与经济》,中国人民大学出版社1991年版,第5—6页)

不独韩国人如此，世界上一些文化史学家也如是观。如美国人赖肖尔说：

> 由于李朝是个小国，比广袤的中华帝国更容易统治和保持凝聚力，因而，较中国本身而言，它为儒家思想自始至终和完全地传播提供了更好的土壤。实际上，李朝在许多方面都几乎成了儒家社会的典型。（[美]赖肖尔：《东亚文明：传统与变革》，天津人民出版社1992年版，第304页）

也有人批评朝鲜半岛儒学照搬中国，如台湾学者朱云影在《中国文化对于日韩越的影响》中写道：

> 他们非不顾儒学的内容，却更死守儒学的形式——繁琐的礼，比较起来，是泥古的，盲从的。（见该书第61页，台湾黎明文化事业股份有限公司1981年版）

日本文化史研究者也持此看法：

> 儒教的输入，脱离开中国特殊的社会条件而实行毫无意义的礼仪，就不仅仅是儒教对朝鲜的同化，而是歪曲似地将朝鲜的生活就范于儒教礼仪。（靳丛林等译：《外来文化摄取史论》）

但是，也有人认为儒学传入朝鲜半岛发生了变化。如金日坤先生说：

> 由于各国统治者对儒教的接受方式和社会背景的差异，儒教思想在中国、韩国和日本发挥了不同的社会功能，形成互有差别的儒教社会秩序。（[韩]金日坤：《儒教文化圈的伦理秩序与经济》）

这种观点是对的。儒学传入朝鲜半岛，不可能是“原版”输入，必然受到朝鲜半岛文化的影响而发生变化。一种观点认为儒学在朝鲜半岛的变异，是特别重视孝：

> 朝鲜的儒学家特别重视孝的思想，认为孝是先天的，是人

人都需要遵守的绝对准则，并主张家国一致、孝忠一致，把国家看成扩大了的家庭，以孝的精神忠于国王。（李洪淳：《孔子、儒学思想在朝鲜和日本的传播及影响的比较》，曲阜师范大学孔子研究会、曲阜师范大学孔子研究所编：《孔子儒学与当代社会文集》，齐鲁书社 1991 年版，第 472—487 页）

儒学是不是宗教？一种观点认为儒学是宗教，康有为首倡此说，遭到了梁启超、蔡元培、章太炎、陈独秀等人的批驳。二十世纪五六十年代，唐君毅、牟宗三等又提出儒学为宗教的观点。在中国大陆，任继愈于二十世纪七十年代提出儒学是一种具有中国民族形式的宗教，并始终坚持此说："儒教成为完整形态的宗教，应当从北宋算起，朱熹把它完善化了。多年来人们习惯地称为理学或道学的这种体系，我称之为儒教。"（任继愈：《具有中国民族形式的宗教——儒教》，载《文史知识》1988 年第 6 期）不过，多数人认为儒学不是宗教。但是，朝鲜半岛儒学具有宗教化倾向，崔龙水认为："朝鲜儒学的宗教化倾向非常突出，这就是朝鲜儒学与中国儒学不同的总特点。"（《朝鲜儒学的特点及其作用——中朝两国儒学之比较》，《孔子研究》1990 年第 4 期）

八、儒学在日本传播的变异

日本列岛文明起步较晚，到刘邦的子孙家天下时，日本列岛才出现部落方国。但跨入文明社会的门槛以后，日本社会发展较快，仅用六七百年时间就发展到封建社会——在中国，从部落方国到封建社会用了一千五六百年的时间。与中国古代社会相比，日本古代社会还有一个显著的特征：等级世袭。

中国奴隶社会实行"世卿世禄"，等级世袭。及至春秋战国，"世卿世禄"制度崩溃，逐步确立起封建等级制。封建等级制的特点在于:等级是固定的,人却有升降。一介布衣可以博得功名,跻身公卿;贵为公卿者也可能因犯法或失宠于君主而沦为平民。日本奴隶社会的氏姓等级制与中国的“世卿世禄”相似。推古天皇十一年(公元603年)颁布《冠位十二阶》,授予冠位的依据,是个人的才能和功绩,不看门第,这是对等级世袭制度的否定。及至大化二年(公元646年),孝德天皇颁布《改新之诏》,宣布废除等级世袭制度。然而,日本社会的等级世袭制度并没有彻底废除。幕府时代,士、农、工、商四民分业,且等级世袭;第一等级的武士,又以门第分高下。日本的天皇,也是“万世一系”。等级世袭造成了日本社会无条件、绝对服从的效忠思想:

> 在社会伦理方面,把对君主无条件服从、效劳的“忠”放在首位。不论武士或平民,对主人的反抗被看作是最严重的罪行。([日]依田熹家:《简明日本通史》,北京大学出版社1989年版,第18页)

日本人的“忠”与中国不同。在中国古代社会,“忠”的内涵是忠于伦理道德,所谓“从道不从君”。置伦理道德于不顾,一味地顺从君主,乃是奸臣。

从秦汉、特别是隋唐起,日本大规模地引进中国文化。在引进中国文化过程中,日本是有选择的,那些不符合日本国情的,他们是置若罔闻。日本著名学者小松左京在《日本文化的选择原理》一文中写道:

> 不言而喻,对日本影响最大的当然是中国文明。……但是,日本在接受这些标志着先进文明的事物时,并不是对它的体系内的所有内容全盘接受,而是由日本人自己选择,有时会发生漏掉其中一部分甚至全部的情况。(见《日本人与日本文化》,中国社会科学出版社1991年版,第94—101页)

例如日本大规模地引进唐朝文化,但作为唐代最重要的政治制度之一的科举制度，日本却有意地“漏掉”了，究其原因，是由于科举制度不符合日本等级世袭的国情。研究者指出：

> 曾经见识过中国这一文官制度的有学问的日本人，无疑都会对此制度欢喜赞叹，但要想把此制移入日本，可就是他们所无能为力的了。日本习俗传统素来即以世家望族出身为跻身世间高位的首要条件，主持大化革新的选木大员，也依然不曾违弃这一传统——他们不去考试应征者的才能，而仅去核查其出身是否确属名门之后。（乔纳森·诺顿·雷纳德：《早期日本》第18页，纽约时代公司出版）

那些传入日本的外国文化，也都不同程度地“日本化”了。日本著名学者井上靖先生说：

> 如果说我们日本人与日本民族有智慧才能的话，也许是指能把外国传入的东西以不明显的形式变成自己的东西这一点吧。（[日]井上靖：《心的文化》，载《日本人与日本文化》第25—30页，中国社会科学出版社1991年版）

儒学传入日本，也被日本文化所同化。

一种观点认为儒学是秦始皇时期由徐福传入日本的。早在北宋，欧阳修《日本刀歌》就说：“徐福行时书未焚，逸书百篇今尚存。”这种观点影响很大，直到今天仍然有人坚持此说。例如日本学者铃木贞一出版了《先古代日本之谜》、《日本古代文书之谜》、《超古代王朝之发现》三书，考证徐福携往日本的书籍共计儒家经典1850卷，其他文献1800卷。另一种观点认为，在秦末汉初，一些中国人渡海到了日本九州，他们带去了先进的技术和文献典籍，如王勇先生说：

> 徐福赍书一节，疑点甚多，显为后世伪托，但如果我们撇开具体的人物，便可以大胆推断：秦人移民集团在传播水稻技术和金属文化的同时，必定把汉文化的载体——汉籍亦携往

> 日本。(王勇:《中日关系史考》,中央编译出版社 1995 年版,第 81 页)

诚如王勇先生自己所说,这也只是一种“大胆推断”而已。文献明确记载的儒学传入日本的时间,是公元 285 年。此年,百济博士王仁应日本应神天皇之邀,携《论语》等文献东渡日本。继体天皇七年(公元 513 年),百济又派五经博士段杨尔赴日,他带去了《诗》、《书》、《礼》、《易》、《春秋》五经。此后,儒学逐渐在日本传播开来。

儒学在日本传播,不可避免地要被日本文化所同化。日本著名史学家森岛通夫说:

> 中国的儒教要以一种未经改造的形式传播是不可能的。从一开始,日本国民就或多或少地以他们自己的方式来接受儒教准则,并且对这些准则做出不同的解释。([日]森岛通夫:《日本为什么“成功”》,四川人民出版社 1986 年版,第 5 页)

日本文化对儒学的不同解释,最重要的一点是把“忠”作为日本儒学的核心。森岛通夫指出:“忽略了仁慈而强调忠诚,只能被看作是日本的儒教所独具的特征。”([日]森岛通夫:《日本为什么“成功”》第 10 页)森岛通夫又指出:“把忠诚视为核心的美德,是与日本的武士统治相一致的。”([日]森岛通夫:《日本为什么“成功”》第 21 页)

论儒家的发生

郭沫若

一、胡适《说儒》——儒为殷朝宗教,殷民族沦为奴隶,故儒教柔顺。孔子改革儒教,恢复殷朝光荣。

二、《说儒》论证——(一)三年之丧为殷制。(二)《易》之需卦即原始儒教之形容。(三)《正考父鼎铭》足证儒教之柔顺。(四)《商颂·玄鸟》乃预言孔子诞生之诗。

三、《说儒》论证的检讨——(一)三年之丧为孔子所创制。(二)《易经》为战国初年作品。(三)《正考父鼎铭》系伪作。(四)《商颂·玄鸟》系赞美成汤之诗,并非预言。

四、儒教起源——(一)儒教起源于奴隶制开始崩溃之际。(二)儒家为职业,与农工商等相同。

关于儒家的起源,胡适有一篇《说儒》,载《中央研究院集刊》(四卷之三),旋收入《胡适论学近著》,排在第一。他承认古时经过奴隶制度阶段,由这儿导引出儒家的起源。这是胡适的新看法。现在将这一篇文章的内容简单地介绍如次:

儒是殷朝的宗教,殷朝灭亡以后,作奴隶于周,奴隶无地位又无价值,因此儒教的初期是一种柔顺的宗教。后传至孔子,乃把柔顺恭敬变为刚毅中正。胡适这种思想的出发点有二:一是近年来研究中国古代社会,证明了曾经经过奴隶制度的阶段;一是用的对比方法,犹太人的宗教,因国亡人民化为奴隶而腐败,耶稣出来,加以改革,遂成为救人救世的基督教。胡适在后者找到一个对比。

《说儒》长达一万字,举证相当丰富。我们知道胡适是费了不少的工夫,是他一篇得意的著作。但我的见解却和他不一样。出发点虽然也有一点相同,然而结论不同。

胡适是鼓吹实验主义,事事讲证据。其对儒教的见解,当然不能不有证据。他的证据是什么呢?唯一的证据是"三年之丧"。胡适在他的《中国哲学史》上说,"三年之丧"是孔子创制的。别的人,也多抱这种见解。孟子的书上说,滕文公之父定公死了,孟子教行"三年之丧",说"斋疏之服,饩粥之食,自天子达于庶人,三代共之"(《孟子·滕文公上》)。似乎夏朝就实行这种制度的。但是滕国的父兄百官皆不愿意,说:"吾宗国鲁先君莫之行,吾先君亦莫之行也。"从这句话看来,就可以知道在战国时代和以前并没有实行这种制度。还有其它的事实证明"三年之丧"的确是儒家创制的。后来新的说法出来了,反对这种见解。最初提出反对说的为傅斯年。他举《论语·宪问》"子张曰书云:高宗谅阴三年不言何谓也?子曰何必高宗,古之人皆然,君薨百官总己以听于冢宰三年"。谅阴,又写成亮阖。孔子这个回答有点所答非所问。直切把疑问作为定论,把"谅阴"便作为守制讲,高宗"谅阴"三年,就用以证明殷朝即已实行三年制之丧。傅斯年就根据这个资料,说古时就有三年丧制。只是殷人行之而周人不行。所以滕国的父兄百官反对。

胡适又根据了傅斯年的这种新说,奠定他的《说儒》的基础。这种新见解,对于古书的矛盾可谓面面圆到。傅斯年又解《论语·先进》:"先进于礼乐,野人也,后进于礼乐,君子也",说古代君子小人的划分,不是精神的,而是物质的;支配者的贵族,就是君子,被支配者就是小人,也就是野人。殷灭于周,殷人成为周朝所支配的奴隶,即是野人,然而是先进于礼乐的。周武王用阴谋夺得了殷纣王的统治权,视殷人为失败的奴隶,当然不看重他的制度,不尊行他的礼乐,后来知道礼乐的重要,才渐渐采行。这也足为殷已实行“三年之丧”制的旁证。“三年之丧”是儒家的特征,“三年之丧”起于殷可以证明儒为殷朝的宗教了。

不过,我认为还须得加以研究。假设殷朝已行三年之丧制,甲骨文上一定会有记载,今甲骨文没有这种证据,而相反的记载,却发现了。《卜辞》中每有记载年月日的例子。(古时写年月日的次序,完全是西洋式的,日在前,月在日后,年又在月后。)新君即位元年的记载,虽然还没有发现。第二年有两起,第三年又有两起,内容都是王自己卜问要大规模地祭祀祖宗的事体。若“君薨百官总己以听于冢宰三年”,那第二年与第三年,就不会有殷王亲自祭祖问卜的事了。古时祭祖为大事,必用音乐。行三年之丧制,在未除服以前,不能举音乐。今天在甲骨文上发现了这些祭祖卜问等记载,可见殷代并没有三年之丧制。高宗“谅阴”三年,不应该是三年之丧的说法。而且《书经·无逸篇》所说殷王统治天下时间最长久、又能克苦耐劳者,前后有中宗、高宗及祖甲三人。假如殷朝实行“三年之丧”制,中宗的父亲死了,也应该谅阴三年。祖甲的父亲(高宗)死了,也应该谅阴三年。今只说在高宗项下,可见“谅阴”决不能解释为三年之丧。

研究古文要会读别字。“阴”字古音读 am,“闇”亦读 am(这种读法,现在广东和福建的厦门还存在),与瘖为同音字。谅阴不是守制,而是害病,害了瘖哑症。

哑症是不是有呢?是有的,学名为 Aphasia。有两种原因,一是筋肉系的关系,一是神经系的关系。前脑左太阳穴有言语中枢存在,假使这个地方生了毛病,或打仗受伤,就不能说话。(还要附带说一句,就是有些人生成左手作事,所谓左癖。作父母的人,看见儿或女是左癖,每每要强迫他或她以右手作事。这种纠正有伤言语中枢，所以千万要注意，不好纠正左癖。）

这两种哑症，有些医得好，有些没有方法治疗。譬如古代作战用刀或戈，被敌人戳破左前脑，伤得厉害时，就完全不能说话，不独自己不能讲话，人家讲话也听不懂。若受伤较轻便可以疗好。这并不是稀奇的病，诸位有时间到医院问医生，可以找出许多的证明。筋肉性致哑的，有时不用手术也可以医好。高宗当时，就害到这种哑症，而不是守“三年之丧”。从字音与医理来解释，古人对谅阴的说法可以推翻。

三年之丧实为孔子所创制。孔子认定要改变制度，怕出诸自己的见解，不为人所信从，故托言古代就有这种制度。讲中国古代社会时不是说过，孔子托于唐虞三代，墨子崇奉夏禹，最后道家以黄帝作祖宗？孔子为什么要托古呢？因为人是崇拜偶像的，宣扬一般人所没有看到的古人是怎样怎样的好，消极方面可以减少阻碍，积极方面又可使人信从。这是孔子的苦心，并不是孔子存心骗人。为了好而骗人，是没有关系的。

胡适虽改信三年之丧开始于殷朝，但所列举的证据不能成立。于是这个账又要算回来，三年之丧依然是孔子创制的。孔子创这种制度，他的弟子宰予就反对过，说“三年不为礼，礼必坏，三年不为乐，乐必崩”。孔子没有话解释而用心理上的话来反驳他：“食夫稻，衣夫锦，于汝安乎？”宰予说：“安。”孔子就说：“汝安则为之。”（《论语·阳货》）孔子这样说，也正表现着在负气，没有办法的光景。从这各方面看来，殷朝已有三年之丧的主要根据便完全被推翻了。

再说胡适的第二个根据《易经》的需卦。章太炎说：需就是儒。胡适根据这个说法，便以为儒是很古的东西，殷朝就有了。

《易经》这一部书，一般人都看得很古，就是我过去也看成为中国很古的书。但最近仔细研究后，才发现它并不是古书，而是战国初年的东西。单看它的构成组织，是有周密计划写出来的，就可判定它不是古书。由八卦演成为八八六十四卦，分划得整整齐齐，当然是有计划做出来的书，绝不是累积而成的古书。古书是零碎的在时间的流泻中自然累积成的。拿《书经》、《诗经》的构成来看，就明了了。凡是愈古的书，就愈不整齐。我讲《中国古代社会》时，曾把周礼批评了一番，《易经》与《周礼》一样的整齐，就此一点也可判断它不是很古的书。

再从思想上说：《易经》说明宇宙的原理为变化，宇宙万物时时刻刻在变，变是宇宙的原理。又说明宇宙的变化，由于矛盾，由于阴阳刚柔的对立而生变化。离开神的观念，而解释宇宙的变化，这种思想，是很进步的思想。从这里又可以断定它不是很古的书。

还有一点，天地阴阳对立的思想，春秋以前没有。他们看《书经》上可靠的几篇，都只是说天而不及地的。再看很多铜器的铭文，殷周几百年中的记载，也找不到天地对立的痕迹。当时呼天为皇帝，皇上帝，又呼为上帝，关于这样的话很多，可是没有说到地，没有把地视为与天对立的说法。天地对立、阴阳对立的观点，从思想发展过程来讲，在古代是不可能有的。

我们从新旧史料来看，《易经》是酝酿于春秋中叶以后，而成于战国初年的东西。中国的社会在春秋中叶以后，起了一个很大的变化。社会的变化当然会引起思想的变化。《易经》的思想与那个时代的精神相合。

《论语·述而》孔子说："加我数年，五十以学易，可以无大过矣！"孔子读过《易经》，可见《易经》是古书，有人或许会这样说。孔子"学而不厌，诲人不倦"，一辈子读书的精神，值得佩服。今天说《易经》是战国初年的东西，那么，对孔子读过《易经》的话，又作何解释呢？大家知道中国经学有古文今文两派吗？"五十以学"下面的"易"字，今文派是作"亦"的。就是说："加我数年，五十以学，亦可以无大过矣。"可见古文派在这儿玩了把戏。实际上孔子并没有看过《易经》,所谓“晚年好易,韦编三绝”的话,那完全是假造的。《易经》之外有《传》十翼,自来也说是孔子作的。里面有“子曰”,谓是孔子所说。其实“子”不必便是孔子,任何人的弟子称其师都可以称为子。《易传》上本来有这样的话,说“《易》之兴也,其于中古乎?”又说“《易》之兴也,其当殷之末世,周之盛德耶?”虽然把《易经》也看得古,但明明是没有肯定的疑问。从《易传》的内容说来,一多半是秦汉人的作品。秦始皇烧书没有烧掉的惟医药、卜筮、种树诸书,一般学者以环境关系,就是说为逃避现实,一切著述,都是假托于医药、卜筮、种树。《易传》的生成可以作这样解。

《易经》疑为殷末周初的东西,多少是有根据的。《易经》里面有“高宗伐鬼方(在今蒙古境内),三年克之”(《易·既济》九三)的话,还有“帝乙归妹”(《易·泰》六五、《归妹》六五),“箕子之明夷”(《易·明夷》六五),都是殷末的故事。据此,故疑为殷末周初的东西。不过现在经我考察,中间也还有春秋中年的故事。《易经》上不是有“中行告公,用圭”(《易·益》六三),“中行告公,从,利用为依迁国”(《易·益》六四),“朋亡,得尚于中行”(《易·泰》九二)吗?这些中行,作为抽象名词,解释不下,所以顾颉刚疑其中有故事。后来经我研究的结果,的的确确是有故事。中行是人。春秋晋襄公作三行,名中行、右行、左行①。荀林父将中行,屠击将右行,先蔑将左行。荀林父的子孙以祖父之官名为氏,即荀林父也称为中行桓子。中行氏到汉朝的时代还有,即汉文帝时出了一个与汪精卫、秦桧差不多的大汉奸,叫中行说。汉文帝派中行说出使匈奴,他不愿意去,勉强他去,遂投降匈奴,教匈奴以战略,嗾使匈奴攻汉。匈

① 据《左传》鲁僖公二十八年“晋侯作三行以御狄”。鲁僖公二十八年为公元前六三二年,其时为晋文公五年,而晋襄公即位于公元前六二七年(亦见《史记·晋世家》)。“作三行”的晋侯当是晋文公,而非晋襄公。

奴在汉初即横霸得与现在的希特勒差不多，汉高祖以三十万大军打匈奴，仅以身免。高祖死后，惠帝即位，吕氏当朝，匈奴下一国书说："要与你睡觉。"这可以说是世界上从来所没有的侮辱人国的国书，而中国回他的国书说："吾年老矣！恐有污下体。"这种软弱的程度，也是世界上所没有的。汉文帝时匈奴还是很强，为患日甚。后又经中行说嗾使，便愈见嚣张了。青年政治家贾谊上书有云："欲执中行说而笞之背"①，就是这位大汉奸中行说了。我们现在知道了中行是一个人。晋襄公命荀林父将中行，襄公死后，太子年少，晋人恐国家多难，欲立长君，当时襄公弟公子雍为人质于秦——古时两国交好，以国君亲人作质，大家以其好善而年又长，且为文公所喜欢的儿子，决定迎接回来做国君，并决定派左行先蔑赴秦迎接。荀林父劝蔑说；"夫人太子犹在，而外求君，此必不行，子以疾辞，若何？不然，将及。摄卿以往可也，何必子？同官为寮，吾尝同寮，敢不尽心乎？"（《左传》文公七年）简单地说这个决议案，行不通的，你不要去，找代表去好了。我与你是同事，当然要把我的看法告诉你。可是先蔑不听他的话，到秦国去迎接公子雍。迨先蔑走过后，襄公夫人怀抱着太子到朝廷上去哭，并到掌握大权的赵宣子家里说："先君奉此子也而属诸子。此子也才，吾受子之赐，不才，吾唯子之怨。今君虽终，言犹在耳，而弃之若何？"（《左传》文公七年）于是背先蔑，改立灵公，并派兵到边境，即今陕西潼关附近，截击送公子雍回国的秦军。秦人不知道这种情形，不加防备，便大吃败仗。秦军败，公子雍战死，先蔑因此逃往秦国。荀林父很同情他，把他的家眷财产派人送到秦国去，并且说我为同寮的原故。"朋亡，得尚（当）于中行"，不就是指的这一段故事吗？这一句话的

① 《汉书·贾谊传》文作"伏中行说而笞其背"。

故事,出在春秋中叶以后,可见《易经》是春秋中叶以后的东西。

《易经》六十四卦,每卦有一个说词。每卦有六爻,每一爻也有说词。这些卦爻词的来源,一面抄袭旧文献,不够就以传说的故事作填补。于是古代的民歌、恋歌都收集在里面。例如“鸣鹤在阴,其子和之。我有好爵,吾与尔靡之”(《易·中孚》九二)。这“其子”之“子”是指雌鹤,古时不独女人称丈夫为子,男子称夫人亦为子,故女子出嫁曰:“之子于归。”这个歌就是说:雄鹤在树阴下叫,雌鹤也跟着叫;我有一杯好酒,愿与你一同醉倒。这当然是一首恋歌。

有古代的故事,又有近代的故事,就是证明《易经》并不是殷末的东西。我著有《周易的构成年代》一文(即《周易之制作时代》〔一九三五年〕,见《青铜时代》一书),各位不妨拿来参考一下。我可以断定《易经》是战国初年的作品,所以《易》的需卦不能作为儒教起于殷的证据。

再其次论《正考父鼎铭》。正考父是孔子的祖先,是很谦恭的古人。《正考父鼎铭》见于《左传》鲁昭公七年,《史记·孔子世家》里也载得有。《鼎铭》说:“一命而偻,再命而伛,三命而俯,循墙而走,亦莫余敢侮。饘于是,粥于是,以糊余口。”这是多么的谦恭。古时为人臣受天子或诸侯之命,是很光荣的事,每每是意气扬扬的,现在也是一样,凡接受了政府的奖励,都是喜颜悦色,态度轩昂的。正考父不同,他受第一次命埋着头走路,受第二次命屈着腰走路,受第三次命埋头屈腰沿着墙脚走路,并说我这样谦恭,也没有人敢欺侮我。古人作鼎是用以烹调高贵食物的,所以恭维人吃好的饮食就说:“钟鸣鼎食。”何谓钟鸣呢?是奏音乐,如现在宴请外宾,便有音乐伴奏。何谓鼎食?现在冬天吃饭用火锅子,即为鼎食。今正考父不用鼎来烹调珍贵东西,而用以煮饭,故《鼎铭》说:“我用来煮稠的粥,煮稀的粥,拿粥来养我的身体。”这个《鼎铭》在中国古书上是很有名的。正考父是孔子的祖先,他是殷朝的后人,做官于宋国,同时也就是在作周朝的奴隶。胡适以此证明儒教的柔顺思想是由于奴隶根性,当然是很好的证据。不过这一篇文章有问题,是后人假造的。

第一,法诫语,现在所谓的座右铭,古时是没有的。古人铭器,不是记功勋、赏赐,便是记载契约,而精神上的法诫语,根本没有。讲到这里诸位或许要问,《汤之盘铭》上的"苟日新,日日新,又日新",不是法诫语吗?我们研究《汤之盘铭》的结果,也不是法诫语,而只是"兄日辛,祖日辛,父日辛"的脱误。古时没有法诫语,有之即是伪造。正考父的《鼎铭》是法诫语,不合体例,不能认为它是真的。这是一点。

其次,《正考父鼎铭》,前半来自《庄子·列御寇》。其文是:"一命而伛,再命而偻,三命而俯,循墙而走,孰敢不轨?如尔夫者,一命而吕钜,再命而于车上舞,三命而名诸父,孰协唐、许?"不同的是把偻换在伛的前面,讲来又有问题。伛偻是连绵字之叠韵字,颠倒过来就错了。这是《左传》露了做假的马脚。古时的伛偻,就是现在的驼背子。凡是弓背的东西,古时都叫它做伛偻。古时的车柄朝上弓,故也叫它做伛偻(字作"枸蒌",见《方言》)。还有高低不平的土地,也叫它作"欧窭",见《史记·滑稽列传》。——总之伛偻,不能颠倒成偻伛,颠倒就错了。就是作假的表现。

其次,《庄子》原文是第三者对正考父的批评赞叹,若说是正考父自己作的,那便是伪君子,因为哪有自己称赞自己谦恭的呢!况且"亦莫余敢侮",就是说也没有哪个敢来欺侮我,这种口吻又何曾是谦恭!这一点也露了马脚。

下半段的文字,也是有出处的。《礼记·檀弓》篇:"美哉轮焉!美哉奂焉!歌于斯,哭于斯,聚国族于斯。"下半段的句子,就是仿这样句子写的。

拿正考父的时代来说,就有两种不同的说法。一为宋襄公时代,《诗经·商颂》,就是他作的。《史记·宋微子世家》有这样一段话,“襄公之时,修行仁义欲为盟主,其大夫正考父美之,故追道契、汤、高宗,殷所以兴,作《商颂》。”这就是说《商颂》系宋襄公时的正考父作的。我们知道《诗经》有三家,即鲁诗、韩诗、毛诗。鲁诗、韩诗是今文派。毛诗是古文派。《史记》所根据的是鲁诗。《史记集解》言“韩诗,《商颂》亦美襄公”。又《后汉书·曹褒传》的注引《韩诗薛君章句》“正考父孔子之先也,作《商颂》十二篇”。可见韩诗也这样主张。独毛诗说《商颂》是正考父汇录殷朝的旧诗。这是根据《左传》和《国语》。但是《左传》和《国语》都是经过刘歆改编过的书。《左传》把正考父的年代改成戴公、武公、宣公三朝。这两说的年代相差一百五十年。为什么要改为戴、武、宣三朝呢?就是根据一命、再命、三命的话。殊不知三命并不一定要三朝,一朝也可以受三命。刘歆在《左传》造假又怕孤证难为人信,于是他把这个话窜入了司马迁的《孔子世家》。可是没有考虑周到,把《孔子世家》改了,而忘了改《宋世家》。所以一部《史记》,弄出两个正考父,一是宋襄公时代,一是戴、武、宣时代;而同是与《商颂》有关系的,一说是做,一说是纂集。这明明是古文派捣鬼。我们根据口气、年代的不符与其文字来源几点,判定《鼎铭》是伪造。

又正考父的故事,无论《左传》里面也好,《孔子世家》里面也好,都与孔子发生关系,成为了预言的根据。《左传》载鲁国大夫孟僖子临死的时候,以过去从鲁君出使,不能相礼,深引为很惭愧的一件事。所以要他家臣在他死后,送他二子到孔子那里去学礼,谓孔子是正考父的后人,就说出《鼎铭》一段话,说出正考父那样谦恭,其后必有达人。这明明是孔门后人编来粉饰孔子的。胡适竟以为是预言,引来证明儒教是周朝时候的奴隶宗教。起先说过,胡适的《说儒》的出发点有二,一是根据近年来的古代社会研究,已证明殷、周两代是奴隶制度,一是对比,以耶稣基督教作对比。基督教《圣经》上,有许多预言,后来就应在耶稣身上。他说儒也是这样,殷民族原是贵族,以天下的统治权被周武王夺去于是变为奴隶,但也有预言,说将来定有圣人出来,恢复固有光明。胡适就引正考父故事作为预言的一个根据,其实这根据是靠不住的。

还有《孟子·公孙丑上》说:"五百年必有王者兴,其间必有名世者",这也被胡适利用了,以为也就是殷朝亡后,必生孔子圣人来恢复殷民族光荣的预言。更有趣的,说是将生孔子来统一中国,引《商颂·玄鸟篇》为证。那诗的原文:"天命玄鸟,降而生商。宅殷土芒芒,古帝命武汤,正域彼四方。方命厥后,奄有九有。商之先后,受命不殆,在武丁孙子,武丁孙子。武王靡不胜,龙旗十乘,大糦是承。邦畿千里,维民所止。肇域彼四海,四海来假,来假祈祈。景员维河,殷受命咸宜,百禄是何。"武丁即殷高宗,紧接第二句"武丁孙子"后,为"武王靡不胜"。古时武王有两个,一个是夺取殷朝统治权的周武王,一是武丁祖人商武王,即成汤王。武王成为武丁的孙子,未免说不过去。所以郑玄和朱熹都说这个武王不是成汤,而是武丁孙子之有武功于天下者,对于这个问题,清朝的学者王引之也有一个解释。他认为"丁"字为王字的错误,"王"为丁字的错误,故改为"在武王孙子,武王孙子,武丁靡不胜"。把文字这样改了以后,事情倒说得过去,可惜没有根据。于是胡适便来了一个预言说:武丁孙子没有一个人配称武王的,这"武王"以下是预言。"武丁孙子"的"武王",是指恢复殷朝光荣的殷朝的后代,就应在孔子身上。他在下文还改了一个字,来牵就他这种说法。其实是白费气力。据我看来这一首诗,本来没有问题。自郑玄以来便弄成了问题的,是由于圈点的错误。过去圈点成"……在武丁孙子。武丁孙子,武王靡不胜"。把第二个"武丁孙子"连到"武王靡不胜"去读。胡适用新式标点圈成为"在武丁孙子。武丁孙子——武王靡不胜",也是一样。这就是弄错的根源。其实"武丁孙子"是应该连上读的，便是“商之先后，受命不殆，在武丁孙子，武丁孙子”。“武王靡不胜”以下又是另外的一节。这样圈点不仅诗调畅达，而韵脚也合，一切的问题都冰消了。古人没有圈对，胡适用新式标点也没有圈对，遂成为不可解决的大问题。“武王”指“成汤”，赞美成汤，百战百胜，以“龙旗十乘，而受天下”，把赞美事实的诗，弄成预言诗，真是牵强透顶。

胡适的《说儒》，以“三年之丧”、《易经》的需卦、《正考父鼎铭》、《商颂·玄鸟》四点为根据，证明儒为殷之宗教，充分带有奴隶根性而柔顺，迨孔子出世，始改为刚毅的宗教。今天从所引的四大证据来研究，“三年之丧”是孔子创造的，《易经》是战国初年的东西，正考父的谦恭，不能作为奴隶解释，他是殷之顽民宋国的贵族，并不是周朝的奴隶，而且正考父的《鼎铭》是后人假造的，孟僖子的故事，也是假的，《玄鸟》诗，不能作预言解释。四根大台柱，不能成立，对儒家的看法，就是根本错误，只好垮台。

我对儒的看法不同，儒是春秋时代，社会转变，生产方式变更，奴隶制度崩溃时代的产物。在社会转变以前，做上层阶级的人，没有从事生产，没有生产能力，迨奴隶制度崩溃，要能生产者，才可生存，过去的上层阶级，又偏偏的不能适合新的环境，更不能掌握新生产方式的产业权柄，再作主人翁，于是成为破落户。在这个环境里面，把新时代握着产业权柄的人，便看成为暴发户，嫉恨他，藐视他。反过来，这些暴发户对那些过去的上层贵族，也看成为不前进的落伍份子，形成为互相鄙视的对立状态。《诗经》上描写这些形状的文字很多，“彼其之子，不称其服”（《曹风》），就是西周末年的破落户对暴发户的不满了。他们失掉了主人的权柄以后，不独怨恨人，即连认为至尊无上的天，也知道不可依靠，而抱怨起来了。这可以证明当时社会的大转变。

在过去奴隶制度的时代，诗书礼乐为贵族阶级的专有品，下层人是没有资格读书习礼乐的，所谓“礼不下庶人”。社会转变后，上层阶级降落下来，代替过去上层阶级地位的即“礼不下庶人”的庶人。这一批升上来的下层阶级的庶人，没有读过书、习过礼，当然不懂，升处在社会的上层阶级后，觉得礼不可少，便拚命学礼乐。过去的上层阶级，其生产能力没有，但却晓得礼乐，开始堕落后，新兴的上层阶级骂他文诌诌的，没有生产能力，现在以新兴的上层阶级要学礼乐，堕落的上层阶级的人，又被重视了。这就是儒之所以产生。儒者柔也，但他并不是出于奴隶的精神上的柔，而是出于贵族的筋骨上的柔。儒被重视之后，儒家便成了一种职业，于是便和农工商一样，成为人选择职业的一种对象。孔子是生在这样时代的一个大人物。他本是宋国的破落贵族，迁到鲁国，竟有弟子三千人，简直形成为一个读书人的大帮口。其他的墨家、道家，也与儒家相同，各各成为了一个帮。他们的生活全赖他们的弟子之学费来维持。孔子以弟子多，到处都可以得到弟子的束脩，所以能周游天下。儒的产生成长就是这样的。

我这种说法在中国历史上，中国的社会史上，找得出很多的证据。由奴隶制度转变为封建制度，无疑的在春秋战国时代。当时各行各业工商界都有结成帮的事实，儒者也是帮口之一。所以“儒”并不是原来就已经有了，因孔子而复兴，而是春秋的末叶，社会大转变产生出来的历史成果，孔子为其代表。过去贵族垄断知识，就是读书、习礼乐为贵族的专有权，到春秋时代，乃普遍到下层阶级。这是中国文化史上一个很大的变革，也是孔子的一个很大的功绩。

至于儒在当时为什么不发生于其他的国家，而独发生于邹、鲁，这是值得考虑的。这有它的道理，因为邹、鲁在列国中文化最高。但又为什么不发生于周朝的王室，而发生于邹、鲁呢？周平王被犬戎从陕西赶到河南洛阳，旧的京城镐京沦陷，过去的文化，完全失掉了。东迁以后,周室仅仅保存天子的虚位,丧失了过去统治天下之权,名虽天子,实际成为三等诸侯。所以儒不发生在周室,而发生在文化最高的邹、鲁。

(本文原刊于《学习生活》第3卷第2期,1942年。后收入《郭沫若全集》历史编第3卷,人民文学出版社1984年版,第382—397页,本文选自该文集)

郭沫若(1892—1978),著名诗人、历史学家、考古学家、古文字学家和社会活动家。建国后曾任全国文联主席、中国科学院院长、全国人大常委会副委员长、全国政协副主席等职。

本文在批判胡适《说儒》一文的基础上,考察了"儒"的发生,进而论述了孔子儒学与鲁文化的关系,认为儒学在当时为什么不发生于其他的国家,而独发生于邹、鲁,是因为邹、鲁在列国中文化最高。

鲁文化与孔子

张富祥

先秦是中国地方文化大放异彩的时期，鲁文化即是这时众多地方文化中最富于典型性的一种，研究孔子不能不研究鲁文化——当然，反之亦然。

实际上，关于鲁文化与孔子的关系问题，历来学者已有不少论述，只是明确从文化学的角度作专门探讨的尚不多见。本文拟在这方面作些尝试，重点谈鲁文化传统与儒学宗派的形成问题，愚妄之处尚请指教。

一、早期鲁文化的源流及其发展

鲁文化的存在和延续，在中国文化史上可说是一大景观。这不仅是由于它培育了作为中国文化巨子、世界文化名人的孔子，而且由于在先秦到两汉的很长一段历史时期内，它事实上处在中国文化的中心或主导的地位上。

“鲁”字起源很早，甲骨文中已屡见此字，并且有的已用作地名，因此研究鲁文化不当局限于周初鲁立国后。根据现有考古和文献资料，宽泛意义上的鲁文化(鲁地区文化)已可间断地上溯至人类史前文化时期，前些年在兖州王因及曲阜西夏侯等地出土的一批新石器时代文化遗址和遗物，证明汶、泗流域早在远古就是人类栖息和活动的重要地区。这里地处黄河下游，田野开阔，土质肥沃，气候适宜，是理想的原始农耕文化生长之地。传说中的炎帝、黄帝及太皞、少皞、皋陶、庭坚、伯益等氏族部落或部落联盟首领，几乎无不与曲阜有关系①，这也从一个侧面反映出，鲁文化还在东夷人进入文明社会之初，就已领先于海岱之区乃至整个夷夏诸部。尤其在青铜文化高度发达的商代，鲁文化又有了长足的进步，这时曲阜作为商的属国奄，不仅始终是商王朝最重要的后方基地之一，而且在盘庚迁殷之前的四十年中，还曾一度成为商王朝的建都之地。这为鲁文化在两周时期的发展和繁荣奠定了厚实的基础。

周初鲁国建邦，标志着鲁文化（鲁国文化）的正式成立。整个西周，鲁国作为周公旦及其后裔的封地，一方面与齐、卫一起，构成周王朝统治东方的三大支柱；另一方面，其都城曲阜也和周公旦苦心经营的镐京、雒邑遥遥相对，成为著名的东方文化中心。而到西周灭亡、东周成立后，由于镐京残破、雒邑衰颓，鲁都曲阜渐次上升为华夏文化中心，直到春秋末孔子及其儒学兴起，鲁国思想和学术文化达到空前的繁荣，并成为战国诸子百家的策源地。下及秦汉，

---

①　炎帝："初都陈，又徙鲁。"（《史记·五帝本纪》正义）黄帝："黄帝生于寿丘"，"寿丘在鲁东门之北。"（《史记·五帝本纪》索隐、正义）太皞："任、宿、须句、颛臾，风姓也，实司太皞与有济之祀，以服事诸夏。"（《左传》僖公二十一年）按诸国均在曲阜附近一带。少皞："少昊……世不失职，遂济穷桑。"（《左传》）昭公二十九年）杜注云："穷桑，少昊之号也。穷桑地在鲁北。"又《史记·鲁周公世家》有"少昊之虚曲阜"之称；今曲阜城东四公里处有少昊陵。皋陶：皋陶生于曲阜（《史记·五帝本纪》索隐引《帝王世纪》）。庭坚：庭坚为高阳氏八才子之一，与皋陶同祀（见《左传》文公十八年及五年）；而"鲁之有大庭氏之库"，孔颖达释为"鲁城内有大庭氏之虚，于其上作库"，疑大庭氏即指庭坚。伯益：伯益后裔运奄氏居奄，为商的属国，故《后汉书·郡国志》谓"鲁有古奄国"。

鲁经学长盛不衰,仍保持着学术文化的优势地位。

著名地理学家陈正祥先生说,春秋战国时代,汉民族的政治和文化活动集中在由黄河及其最大支流渭河的河谷构成的东西向轴线上,“此一古文化之轴,以汉文化圈的传统范畴说,偏在西北”(《中国文化地理》,三联书店 1983 年版,第 1—2 页)。这一论断,从几个著名古都——长安、洛阳、开封等的分布着眼,无疑是正确的;但若侧重思想和学术文化而言,当时文化轴线实际偏在东方,由鲁文化与齐文化组合而成的齐鲁文化是其轴心。

二、鲁文化传统的形成与延续

正式意义上的鲁文化,严格讲只是商、周之际东西方文化大交汇的产物。周灭商以后,在西部地区已然崛起的周文化采取弹射的传播方式(“封邦建国”),迅速扩张到华夏各地;但这并没有泯灭比它自身更为发达的商文化,而是在互补与更新的意义上与商文化融合为一道,演化出一种新型的周文化。鲁文化即是在这一历史性转变过程中所生成的一个具有自己特点的地方文化型种,它既是新型周文化的一部分,又是旧时商文化的传承和延续。它的传统,粗略地说,也只是到这时才具有了鲜明的个性特征。

周人的文化品格,一是重农,二是重礼,前者是他们祖先留传下来的固有传统,后者则是对夏商以来“中国”礼乐习俗及其制度的再加工和系统化。这后一项工作始自周公旦,鲁文化传统的形成即深深地带有他“制礼作乐”的历史印痕。相传“周公始封,太公问何以治鲁? 周公曰:尊尊而亲亲”(《汉书·地理志》)。这就为周人在新形势下改造鲁文化定下了基调。根据这一基调,周公旦之子伯禽莅国后,采取了放开手脚而又谨慎耐心的改革方针和措施:“变其俗,革其礼,丧三年然后除之。”(《史记·鲁周公世家》)故而直到三年后才报政周公。可见他的变革是以推行孝道为中心的，同时以稳妥的步骤变及君臣之礼、庶民之俗。如果以此与姜太公治齐的“因其俗，简其礼”（《史记·鲁周公世家》）相较，可以显知二者大相径庭；但由姜氏的“简其君臣之礼”，也可推见齐鲁之邦旧的礼乐制度并不轻省。或许伯禽的“变革”毋宁是一种更其繁化的因循，所以动作特慢，这在一时似乎增加了鲁文化嬗变更化的运转负荷，而到头来却是铸成了鲁文化根深蒂固的礼乐传统，一直影响到久远的后世。

当然，这一传统的形成与鲁国当时的政治地位是分不开的。鲁为殷商旧地，地处要冲，土田肥饶，最为周王朝所重，因此周公旦直接派遣自己的长子伯禽受封之鲁。伯禽赴鲁时，带去大量礼器法物和典册文籍；后来又经王朝特许，鲁国可以郊祀上帝、祭祀文王，鲁君礼乐、冠服可以采用天子之制（参见《史记·鲁周公世家》及《礼记·祭统》等篇）。这些“优惠”条件，使鲁国到春秋时期成为保存“周礼”最多的诸侯国，如齐大夫仲孙湫称赞“鲁犹秉周礼”（《左传·闵公元年》），韩宣子聘鲁称说：“周礼尽在鲁”（《左传·昭公二年》），吴公子季札观鲁国周乐叹为观止（参见《左传·襄公二十九年》）——这类史实，至今仍常被人们称引。由此不难想见，当时鲁国统治者对于“周礼”文化的保存一定是极为珍视的，“季氏八佾舞于庭”可能就是出于这一目的的非常举动①。

“周礼”的保存既反映在贵族文化中，也反映在与贵族文化相

① “季氏八佾舞于庭”语出《论语·八佾》，历来学者解释有分歧。李启谦先生在《“季氏八佾舞于庭”新解》一文中（文载《学术月刊》1982年第8期），认为季氏此举是维护“周礼”的，颇有见地；但又认为这只是季氏于国君流亡在外时的迫不得已之举，似略嫌婉转。如果径直理解为季氏只是为保存“周礼”而演奏，或许更切实际一些。录以备考。

对的俗民文化中。如《礼记·士昏礼》所记载的一大套周人婚姻礼俗,很可能会在鲁国较早地传播和渗透到民间。《汉书·地理志》录有不少燕地“宾客相过,以妇侍宿”、齐地“民家长女不嫁,名曰巫儿,为家主祠”、郑卫之地“山居谷汲,男女亟聚会”以及赵和中山一带多娼妓等材料,独不见对邹鲁之地有此类记载,由此亦可推测鲁文化的礼乐传统在“化成民俗”方面的某种效应。

三、鲁文化传统与儒学的孕育

明确了鲁文化传统的性质和源流,就有可能对儒学形成的历史背景和原由作出更为合理的解释。这里先说它的社会现实基础。

从上面的分析已可看出,鲁文化传统作为特定地区、特定人群的心理积淀,并不纯是精神领域的抽象物,它同时还有着非常具体的客观实在性,就像“周礼”本身的客观实在性一样。这点对儒学的孕育和产生至关重要,因为正是这种具体的实在性——或说是一种“实用价值”,才使鲁文化传统能够通过早期“儒”者的知识中介,显示出它对当下现实政治的干预功能,并从而成为孳生儒家学派的温馨苗床。换言之,作为儒学先驱的早期“儒”者,只是在他们沟通鲁文化传统与现实政治的过程中,才得以逐步结成自己的学术团体和派别。这中间既包含了“儒”者自身在叔末之世致力谋生的实际需要,同时也反映了春秋贵族政治在动乱时期重视传统的客观要求。

“儒”的存在,大概在春秋之前已是由来已久的事。蔡尚思先生曾援引清人孙诒让的定义说,春秋时代凡能诵说《诗》《书》,能以六艺“教民”的人,便叫做“儒”(参见《孔子思想体系》,上海人民出版社1982年版,第187—188页)。其实“教民”不“教民”还是次要的事，古时婚丧嫁娶及祭祖拜神原本都有一套繁琐的仪式和程序，而这些又都与礼乐分不开，一般人又难以掌握，于是便有这样一种“儒”的行业存在。蔡先生说，这一类人应当属于“士”的行列，地位介于贵族与平民之间，可上可下。而到春秋末期，随着“礼坏乐崩”的程度日烈，“儒”的地位也跟着跌落，其中有些人虽名为“儒”，实际对传统文化已不甚了然，只能守着一点“但务卑近”的具体术艺糊口。所以《说文》解释说：“儒，柔也，术士之称。”孔子年轻时也曾靠给人吹吹打打、写写算算过活，并曾在“季氏飨士”时被拒之门外，可知当时“小人儒”已不预士林。这样的境况，当然令“儒”者寒心，他们要谋求生路，就必须作群体的奋斗。而恰恰在鲁国这样的国度里，由于“周礼”的氛围十分浓厚，“儒”的行业之间便很容易焕发出一种凝聚力，从而使“儒”者在礼乐传统的基础上逐渐统一自己的价值取向，以达到精神上的一致。这便为儒家学派的形成准备了条件。联系孔子本人来说，他对自己人生道路的选择，他的私学的成功和“学也禄在其中”的指导思想，以及他反对自己的学生一味请教怎么种五谷、种蔬菜的做法，恐怕都与当时“儒”者“忧道”也“忧贫”的谋生观念有些关系。

不过这只是问题的一面；问题还有另一面，就是礼乐传统对当时贵族政治的适用程度。逻辑的推论应当是，假如这一传统对于贵族政治毫无助益甚至有害，那么全靠“儒术”谋生的所谓“儒”者就连饭碗也保不住，当然更无由形成一个强大的儒学宗派。可是事实并非如此；事实是，自西周衰落以来相继在华夏各地出现的“礼坏乐崩”局面，虽然不可避免地会波及鲁国，却并没有千篇一律地迅速在鲁国变成现实，至迟到春秋中叶，鲁国对“周礼”的保存还相当完整，子贡所谓“文武之道，未坠于地”（《论语·子张》），倒是道出了部分实情。不仅如此，到春秋末，随着各地礼乐传统破坏程度的加剧，“周礼”文化反而在鲁国出现了某种复旧的趋势，因为鲁国统治者“无论正在上升或没落的大小贵族，都感觉到礼坏乐崩于自己不利，也就是感觉到没有文化难以保护自己的利益”(《孔子思想体系》，第 15 页)，于是客观上要求在一定限度内恢复和发扬“周礼”。从理论上来说，深层“周礼”文化所包涵的一整套氏族宗法关系、贵族等级观念、伦理道德规范以至财产分配原则等等，在任何等级制度占主导地位的社会里都会是“天经地义”的东西，虽然这些东西在春秋乱世少有人坚守不渝，但在心理上并不会造成“贬值”。而从实际情形来看，表层“周礼”文化所规定的繁琐仪式程序，从一举足、一投手直至大规模的祀典和会盟，往往更为春秋乱世的贵族活动所必需。如鲁昭公七年(前 535 年)，鲁大夫孟僖子陪同昭公访楚，在途经郑国和抵达楚国时，都曾因不懂礼节而在对方欢迎仪式上大出洋相。这使孟僖子极为惭愧，于是在回国后到处向人学礼，直到公元前 518 年，当他临终时，还召集自己的属大夫立下遗嘱，要他的两个儿子师事“圣人之后”的“达者孔丘”，虚心“学礼”，以维持和稳固自己家族的世袭地位。他在遗嘱中说：“礼，人之干；无礼，无以立。”(《左传·昭公七年》)可说是反映了当时新旧贵族的一般看法。这时孔子三十多岁，不仅正处在他自己的“而立”时期，而且也是儒家学派成立并获得普遍承认的时期。

四、“君人之道”与孔子的文化人格

研究儒学的产生，仅注意到它的社会现实基础还不够，还应注意到它的思想渊源和理论走向。从下述将会看到，这样的渊源和走向仍是和鲁文化传统相一致的。

迄今为止，人们在分析孔子学说的核心特征时，往往在“礼”字或“仁”字上面做文章，这当然都不失为有效的探讨途径。但认真追究起来，儒家学派作为一个学术团体，其理论标帜并不是“礼”或

"仁"，而是孔子所谓"君子谋道不谋食"(《论语·卫灵公》)的"道"。这点在过去似乎被忽视了。

在先秦，"道"是一个包罗万象而又被各学派普遍接受的概念。海外华裔学者余英时先生曾指出，先秦时期是中国知识分子的形成期，在理论上，知识分子的主要构成条件已不在其属于一特殊的社会阶级(如"封建"秩序下的"士")，而在其所代表的具有普遍性的"道"(参见《道统与政统之间》，载《国际汉学会议论文集·历史考古组(中册)》)。这种看法，不仅极有见地，而且尤其符合儒家学派的历史实际。前面已提到，早期"儒"者(所谓"小人儒")本是"谋道"又"谋食"的，"儒以道得民"(《周礼·天官·大宰》)，这"道"原不过指"术"而言。然而"小人儒"一旦从文武混杂的"士"阶层中分化出来，并形成独立的知识分子群体以后，非特"道"的内涵发生了变化，而且"谋道"的观念逐渐排挤了"谋食"的观念，而成为新型儒家群体(所谓"君子儒")自身存在的文化心理依据。孔子所说的"道不同，不相为谋(《论语·卫灵公》)，不妨看作是儒家学派以"道"来区分门户并用以自我标榜的一个简捷声明。

再追述上去，"道"的概念可能至迟在商代就已发生，《尚书·洪范》就载有商元老箕子论"王道"的话①。不过商代的"王道"原是权威政治的同义语，并不是后来孟子者流所指称的温和政治和中庸精神；即如"王"字，在甲骨文中就是大斧形，是以砍杀征伐来显

① 《尚书·洪范》："无偏无陂，遵王之义；无有作好，遵王之道；无有作恶，遵王之路。"又："无偏无党，王道荡荡；无党无偏，王道平平；无有反侧，王道正直。"这些话不一定真是箕子所说的，但其中反映的应该是商人的观念。这里以"道"、"路"和"义"字并举，可见"道"字确已被当作政治概念来使用；而文中表述的虽是"王道"精神的执中原则，却也透露出了偏颇、党私、反侧及商王个人专断的一些消息。

示权威的,所以有人说“儒家所鼓吹的‘王道’就其真正古意而言即‘血腥镇压之道’”(康殷《文字源流浅说》,荣宝斋 1979 年版,第 429 页)。然而商朝统治主要实行与国制[①],商代的王权和王道都还带有浓厚的部落联盟权力的色彩,而且这一格局一直维持到商朝灭亡,殆至西周巩固后始为之大变。对于这一节,王国维在《殷周制度论》一文中说得相当透彻。他认为,“自殷以前,天子诸侯君臣之分未定”,“诸侯之于天子,犹后世诸侯之于盟主,未有君臣之分”;而到周王朝“克殷践奄,灭国数十”,并大行分封后,才使“天子之尊非复诸侯之长,而为诸侯之君”,“天子诸侯君臣之分”(《观堂集林》第 466—467 页)从此确定。概而言之,由商而周,王权演化为君权,“王道”亦演化为“君道”,实开后世君主专制之先河;战国中期以前(魏惠王前),各较大诸侯国除楚国外,其首领无一人称“王”,这也反映了商周之际政治变局的历史影响之所在。

循此思路来考察孔子,便不难发现,孔子及其儒家学派所念念不忘并孜孜以求的“道”,本质上只是周代贵族政治所体现的“君人之道”,即“君道”。这从孔子有关论“道”的言论中即可清楚地发现其真谛。具体地说,孔子的这些言论(主要保存于《论语》中)所体现的“道”,有着以下几个显著的特征:

第一,秩序性特征。“道”字在《论语》中共出现 81 次,多于“礼”字(71 次),仅次于“仁”字(105 次)。其涵义约有五分之一是代表一种合理的社会秩序。如“天下有道”、“无道”,“邦有道”、“无道”,“道之将行”、“不行”,“齐一变至于鲁,鲁一变至于道”,以及有关“天道”的论述,等等,都实指儒家心目中的社会有序、无序状态,

① 商代也有“封建”,如孤竹君分封北方;但主要实行与国制,如《逸周书·世俘》篇载周武王克商后征伐四方,凡灭国者九十九,降国者六百五十二,可见商代方国之多。

在历史实际即是指西周治世与春秋乱世。为了实现自己的政治理想，使社会从无序走向有序，孔子“祖述尧、舜，宪章文、武”(《礼记·中庸》)，极力倡导“为国以礼”(《论语·先进》)，要以礼“为政”，以礼“正名”，并发愿在东方复兴“周礼”①。这一类的“礼”字，实际都是西周贵族等级制度和等级秩序的代名词，在孔子“道”的思想体系中构成它的政治层次。

第二，伦理性特征。《论语》中的“道”字，绝大多数是为表述儒家伦理观念而设的。在这一规范之内，“道”的概念极为模糊，几乎可以包容儒家心目中的一切美德在内，“道德”一词的构成即可说是很好地体现了“道”与“德”的关系。如所谓“礼道”、“仁道”、“孝道”、“直道”、“善道”、“忠恕之道”、“礼让之道”、“中庸之道”等等，都是以一种具体的“德”来体现“道”，这些“道”整合起来，便构成孔子“道”的思想体系中的伦理层次。

这一层次的“道”，看上去范畴极多，似不易把握，但若粗略归纳，也不外这样相辅相成的两大类：一类是有关君权、父权的早期纲常之道，一类是有关身心修养的自我反省之道。其中前者可称“为人”之道，后者可称“为己”之道：“为人”之道侧重纵向上下关系，其核心理论是“君君，臣臣，父父，子子”八字②；“为己”之道侧重横向人际联系，其中心范畴是一个“仁”字。不过在孔子那里，“为人”、“为己”既非绝然分途，也不是平列并重的关系；从孔子重

---

① 《论语·阳货》：“子曰：……如有用我者，吾其为东周乎！”

② 八字见《论语·颜渊》。此八字由孔子总结出来，实深得“周礼”之要旨。王国维说：“周人以尊尊之义经亲亲之义而立嫡庶之制，又以亲亲之义经尊尊之义而立庙制”，周初诸项礼制即“皆由尊尊亲亲二义出”(《殷周制度论》，见前揭王氏书第468、472页)。孔子强调“孝”，强调“三年无改于父之道”，有子谓“孝悌也者，其为仁之本”(《论语·学而》)，都是本于“尊尊亲亲”之义，吃透了“君道”对于“孝道”的依存关系而发论的。

视人生和社会的现实态度说，他所倡导的身心修养，其终极目的仍在维护两周君权、父权的等级名分，只不过凝聚这种等级名分的“道”原本缺乏具体的形式，因此以“道”为标帜的儒学知识分子才不得不以自爱自重的内心追求来体现和尊显这个“道”。孔子仁学的多样化，既反映了春秋时期统治阶级内部关系的混乱性和复杂性，也展示了儒家“道”的概念的丰富性和模糊性。

第三，知识性特征。《论语》中的“道”既是秩序，是伦理，又是一种知识。“士志于道”(《论语·里仁》)，“君子学以致其道”(《论语·子张》)，“朝闻道，夕死可矣”(《论语·里仁》)，这些都表明“道”虽属功能性范畴，却可以学习，可以研讨，可以实行；而且其本身还包涵了许多认识论和方法论的因素，所谓“谁能出不由户？何莫由斯道也”(《论语·雍也》)者即是。这又在某种程度上显示了“道”的模糊性中的明确性。不过据旧注，孔子所谓“门户”之谈，仍是“言人立身成功当由道”，与《礼记》所谓“经礼三百，曲礼三千，其致一也，未有入室而不由户者”意正相同。则知识性的“道”，在孔子学说中仍是“君父之道”与“君子之道”的附庸，并不具备任何实体性概念的特性。人们已注意到，在孔子的教学实践中，即使像“多识于鸟兽草木之名”这样的“纯知识”教育，也是与“迩之事父，远之事君”的纲常说教紧密相关联的。这正体现了中国哲学重视事物性质、功能、作用和联系的固有传统。

上述特征表明，孔子是一位拥护“君道”、倡导集权的思想家、政治家。余英时先生还说，中国的“道”源于古代的礼乐传统，而礼乐传统“基本上是一个安排人间秩序的文化传统”(《道统与政统之间》)。这实际是对周代的“君道”、亦即孔子和儒家的“道”所下的定义，并已部分地揭示了周、孔之“道”与上古集权制度的渊源关系。孔子的生平抱负和政治实践与此也是若合符节的。譬如他强调“天无二日，民无二王”(《孟子·万章上》)，主张“礼乐征伐自天子出”(《论语·季氏》),并希望有贤明的君主任用他,以便使他在东方恢复“周礼”文化;他在周游列国时也曾为各诸侯国的君主出过一些主意,同时鼓励自己的弟子到各国去做官;甚至直到晚年,他还很想帮助自己祖国的君主鲁哀公树立权威。为此,他极力反对权力下移,反对各国卿大夫乃至陪臣执国命,甚至要支持公山弗扰和佛肸在费和中牟的叛乱,以惩罚在鲁国专政的季氏,又曾“沐浴而朝”,请鲁哀公出兵讨伐“弑其君”的齐国陈氏。这些都鲜明地反映了孔子的集权观念。

要而言之,孔子是中国历史上倡导君主专制和集权的第一人,他的全部文化人格在此,后世封建统治者对他崇奉和膜拜的主要原因也在此。而且历史地看,秦汉以降步步升格的中央集权制度,其实仍是两周贵族专制制度的合理嬗变,因此汉宣帝所谓“以霸王道杂之”的种种原理和原则,我们在孔子的学说中也都不难找到相关或类似的述说及论证。

附带指出,上述有关孔子倡导君主专制的看法,早在几十年以前就已有人提出过,因而绝不是什么新鲜意见,例如“五四”时期一大批反封建礼教的斗士们就多持此种看法。不过当时的批判往往带有严重的偏激情绪,并未见得有更为深切著明的探讨和论证,因而这一问题至今仍存在很大争议。有人曾根据马克思关于君主专制制度的原则“总的说来就是轻视人,蔑视人,使人不成其为人”(《马克思恩格斯全集》第一卷,第411页)的论断,认定孔子的仁学思想重视人,要求把人当作人,从而得出结论说“孔子不是君主专制主义者”。实则中国古老的宗法关系、礼教伦常只是教人为君为臣、为父为子、为兄为弟、为夫为妻,却不准每个个人有独立的人格和地位,当然更不许伸张个人的意志和权利,因此不管孔子仁学怎样重视人、强调人,它所体现的仍是以人伦为本位的文化精神,并不能作为孔子反对君主专制的直接依据。

五、儒学产生的经济根源

众所周知，一定时代的学术文化总是同时代经济政治的反映——这在理论上应该是没有疑问的；可是在分析具体问题时，例如在分析儒学产生的经济根源时，对这一原理的实际运用就还须灵活掌握。譬如现在有一种看法，认为创立儒学宗派的早期"儒"者原本没有什么固定的经济基础，就连孔子本人，恐怕也很难用某种既成的经济地位来限定他，因此儒学的成立只是鲁文化传统作用于现实政治的产物，而并非春秋时期经济进步的直接结果。这样的看法，或许不无一定道理；但若深入分析，人们仍不得不承认，儒家学术作为一种历史的文化形态，它与上古传统的生产方式和生活方式自始至终都是密切相关联的。

关于上古经济形态的定性问题，目前学术界还存在众多的分歧，而且在短时期内还看不出有各种学说趋向一致的迹象。不过这当中有一种意见，我们认为值得重视。根据这种意见，传统的中国社会至迟到商周时代，已是典型的宗法式农业社会；在这样的社会中，占主导地位的生产者不是奴隶或封建农奴，而是从公有制向私有制过渡的农村公社土地所有制即井田制下的自由农民；先秦诸子所反映的，正是农村公社从商周到春秋由盛而衰的历史演变，其中老子希望返回农村公社，孔子强调在氏族血缘基础上建成文化制度，墨子则"背周道而用夏政"，要吸取公社传统的民主习俗，反映公社农民的要求（参见胡曲园：《从〈老子〉说到中国古代社会》，载《复旦学报》1987年第1期）。——此说是否成立，是否完全合乎历史实际，还可继续争论；但它强调春秋学术是在传统生产方式和生活方式的土壤之中生成的文化成果，并且不独儒家为然，墨家和道家亦皆然，应该是没有问题的。这里要补充说明的是，儒、墨、老三家虽然都高揭出崇古的招牌，但相比之下，它们崇古的文化间距明显地有着近、中、远之别，因此同是崇拜祖先、憧憬过去，却惟有儒家学说更讲求实际，更少些玄虚的色彩和乌托邦意识。揆诸历史，中国小农业单一的生产方式和生活方式实际到西周已大致定型，而建立在此种基础上的宗法制度同时也达到了高度的严密化和体系化。这样的社会条件，当然不能不引起传统文化的新变化：一方面，由于整个社会都是按家族血缘关系组织起来的，家族伦理规范不仅适用于贵族和平民家族的内部，而且被推广到国家和社会生活的各个领域，因而人际协调便很自然地成为社会和谐的大前提，于是重视礼教伦常也就成为传统文化的第一要义；另一方面，也由于父家长制的权威特征和小农业经济对于王权的天然依赖关系，自夏、商以来已然萌芽的专制统治此时更呈现出日益强化的趋势，并且在理论上以“君人之道”的特殊形态，与传统文化的历史变迁结下了不解之缘。以孔子为代表的儒家学派，正是借助于春秋社会变动的契机，通过对传统和现实的反思，以强化集权、突出伦理、维持等级秩序为宗旨，建立起自己的全部理论架构和体系，从而也为当时统治者设计出一整套“为政以德”的治国方案。或许这样的方案显得陈旧和不合时宜，但儒家文化作为典型的重现实、重人世的文化类型，其孕育、产生和发展的历史进程无疑比老、墨诸家具有更高程度上的必然性。自然，不应忘记，这种必然性与鲁国重农、重礼的固有传统是息息相关、未曾须臾相分离的；时至今日，研究春秋经济文化与学术文化的相互关系及其影响，鲁国当仍是理想的剖析之地。

（本文选自《孔子研究》1988 年第 2 期）

张富祥，山东师范大学齐鲁文化研究中心研究员，主要从事齐鲁文化与中国文化研究。

本文从鲁文化的渊源及其发展入手，探讨儒学起源的社会基础、经济根基、思想渊源和理论走向。

结合鲁国社会的特点了解孔子的思想

李启谦

历史上出现的任何一种思想或学说，既有时代、阶级特点，也有地域特色。春秋战国时期，三晋、荆楚、邹鲁、燕齐等地产生的各种主要思想，莫不有各自的色彩。以往研究者们比较重视这些思想的时代性和阶级性的分析，而常常忽视其地域性的探讨，因而，对于一些本来应该合理说明的问题，却没有说清楚。在孔子思想的研究中，应记取这个经验。

孔子是鲁国人，从童年到五十四岁，除了到齐国住了一年多，到周王朝的京都雒邑访问了几天以外，基本上没离开过鲁国。应该说，孔子的思想，主要是在鲁国这个特定的社会环境中产生和形成的。孔子既属于他那个时代，又属于他那个国家。或者说，他的思想既有时代的特色，又有“鲁”字的印记。因此，研究鲁国社会的历史特点，自然地便成了研究孔子及其思想的一种重要途径和方法。本文就着重它的地域性特点发表些意见。

一、鲁国的历史特点和文化传统

鲁国的历史特点的内容很多，下面仅就与产生孔子思想有联系的几点作一介绍。

（一）鲁国建国前曲阜一带的历史回顾。鲁国于公元前十一世纪在山东曲阜一带建国,其疆域时有变迁,春秋初期版图最大。据清人顾栋高考证,当时鲁国势力所及,东到今费县、沂水,与当时的莒国相接;北到今泰安、莱芜,与当时的齐国为邻;西和西南到今范县、单县,与当时的卫国、宋国接壤;南达今江苏北部,与当时的淮夷势力相连(《春秋大事表·鲁疆》)。这一带有山有水,山水之间又有大片肥美的平原,加之气候温和、雨量充沛,所以是一个适于人类生存的地方。从远古开始,人类就在这一带生息繁衍,创造着灿烂的文化。

大约六千年前左右,这里就创造了“大汶口文化”。而这种文化,“在当时整个中国来说,是处在领先地位的”(《鲁国建国前曲阜一带的历史考查》,《齐鲁学刊》1982 年第 1 期)。约在四千年前左右,这一带又出现了举世闻名的“黑陶文化”。从这时起,这一带的人们,“也已步入到了‘文明的时代’”(同上)。

在商朝建国前,曲阜一带是商族发展的根据地,商人的祖先契,就曾居于曲阜南部的“蕃”地①。商朝建国后,在很长一段时间内,这里又是商朝的大本营。曲阜当时被称作“奄”。据《竹书纪年》载,商朝的第十八王南庚、第十九王阳甲、第二十王盘庚等三代君主,皆曾以“奄”为都城。这说明曲阜曾一度是商朝的政治、文化中心。直到西周初年鲁国建国前后,曲阜一带殷人还有很大势力。以上就是鲁国建国前,曲阜一带文化发展的大体状况。

(二)鲁国建国后的特殊地位。西周灭商和平定天下后,为了控制东方,周成王就把自己最可信赖的势力、周公的儿子伯禽分封到东方,并在曲阜一带建立了鲁国。因为周公在帮助武王争夺天下和辅佐成王平定天下的活动中,均树立了极大的功劳,周成王把

① 《世本·居》:“契居蕃”,王国维说:蕃“疑即《汉志》鲁国之蕃县”,见《观堂集林》卷十二《说自契至成汤人迁》。

伯禽封在经济文化发达的曲阜，这既是为了叫他完成一项继续镇压叛乱的艰巨任务，又是一个莫大的奖赏。与此同时，鲁国也就获得了许多为其他诸侯国所没有的待遇和殊荣。

第一，鲁国在各诸侯国中的位次居长。周初天子分封诸侯，有同姓、异姓之分，异姓中又有先王后裔和周代功臣的区别。大体说来，在各诸侯国的位次序列上，同姓尊于异姓，先王后裔高于周代功臣；同时又按“尚德”（《左传·定公四年》）、“举亲”（《左传·昭公二十八年》）和“追思先圣王”（《史记·周本纪》）的原则，进行适当的调整。在史书中，各诸侯国的这种位次序列被称作“班”。虽然从古书中查考出周初全部封国的位次序列已很难做到，但是鲁国被列在首位，是有明文记载的。如《国语·鲁语上》记载：“鲁之班长”，就是说鲁国之位是列在诸侯之先的。《左传》定公四年记晋文公主持“践土之盟”时，各会盟国进行歃血仪式的次序是：晋、鲁、卫、蔡、郑、齐、宋、莒。其中除晋国因其主盟而排在前位以外，其他卫、蔡、郑等姬姓，和齐、宋、莒等异姓，均排在鲁国的后面。

春秋时代各诸侯国的位次序列尽管不一定有什么实质性的意义，但由于这是先王“为班爵、贵贱以列之”（《国语·周语上》），所以直到春秋末期还受到很大的重视。《左传》中多次记载各国会盟期间的位次之争，就是证明。

第二，鲁国享有天子之礼乐。西周初年封国很多，情况不同，待遇也不一样。宋国的开国之君微子启，对周朝的建立和政权的稳固立过大功，又是殷商的后代，所以在异姓封国中它可以袭用商代天子所用的礼乐。鲁国是姬姓，在同姓封国中，只有鲁国可以享用周天子的礼乐。所以《左传》襄公十年记晋人的话说：“诸侯宋、鲁，于是观礼。鲁有禘乐，宾祭用之。”《史记·鲁周公世家》记载：“……于是成王乃命鲁得郊祭文王。鲁有天子礼乐者，以褒周公之德也。”《礼记·明堂位》也记载：“成王以周公为有勋劳于天下，……

命鲁公世世祀周公以天子之礼乐。”按照周代的祭祀制度，天子祭天、祭先王，诸侯不得僭为；祭天、祭先王时所用的礼乐，诸侯也不得僭用。而鲁国却有特权，它不仅可以“郊祭文王”，而且也可以“祀周公以天子之礼乐”。可见周天子给予鲁国的待遇之优渥。

值得说明的是，《论语·八佾》篇记“孔子谓季氏，‘八佾舞于庭，是可忍也，孰不可忍也？’”旧注对此章多以为“八佾”天子之舞，鲁国不当为而为之，所以孔子表示反对。其实并非如此。鲁国可以用天子的礼乐，是确凿的事实。孔子所反对的，只是在使用这些礼乐的具体人、具体过程上的不当而已①。

鲁国既有天子的礼乐，与此相适应，它也必然要有天子的器物、服饰。《左传》定公四年记鲁国初受封时，得到了“大路、大旂、夏后氏之璜，封父之繁弱，……祝、宗、卜、史，备物、典策、官司、彝器”。这里面究竟有多少东西属于天子所用的，书无明载；不过，《礼记·明堂位》记载鲁国祭祀周公的材料，最后说：“凡四代之器、服、官，鲁备用之，是故鲁王礼也，天下传之久矣。”可见鲁国是有天子礼器的。

总之，鲁国在周代是享受到特殊待遇的。

（三）家族宗法组织稳固存在的社会特点。西周春秋时代，不论哪个封国都普遍存在着血缘家族组织和宗法制度，它的存在是历史发展的必然，也是统治阶级借以维护统治的工具。鲁国也不例外。所不同的是，由于鲁国有许多特权，而这些特权是周天子封给鲁国姬姓贵族的，所以它对宗族特别重视，对周朝宗法制度的执行也格外认真。与此同时，姬姓贵族也始终控制着国家政权，而使异姓贵族没有进入政权核心的机会。鲁国的这一特点使它只注重

① 参见拙作《“季氏八佾舞于庭”新解》（《学术月刊》1982 年第 8 期）及《再释“季氏八佾舞于庭”》（《学术月刊》1983 年第 9 期）。

“亲亲”,而不注意“尚贤”。

另外,关于鲁国的国家政体形式,以往人们都认为是君主专制主义政体。其实不是这样。因为在鲁国一直存在着很多以血缘为基础的家族宗法组织。这些组织不但有很大势力,而且有很强的独立性。各家族自己确定各自的贵族首领,各家族有自己的武装、都邑。与此同时,在鲁国还有会盟制、朝议制、辅贰(正卿)秉政制、大夫争谏权等等。所有这些制度都约束和限制着君权,使之不能具备君主专制主义政体的基本特征。所以,鲁国绝不是君主专制主义政体,而是在设立有君主条件下的贵族共和(或说贵族民主)专制政体。在这种政体下,国君虽有很大权力,但不是国君独裁一切。关于这个问题,我在《试论鲁国的宗法贵族共和政体》(《齐鲁学刊》1987 年第 1 期)文章中,曾作过详细论证,请参考,在此不再赘言。

(四)鲁国的思想文化传统。鲁国的社会状况与它的思想文化传统有着密切的关系。没有建国前的先进的文化作基础,就不可能有建国后发达的文化。同样,没有建国后的特殊地位和社会特点,也不可能有它的文化特色。

在鲁国建国前后,周人不仅用武力征服了殷人,而且在思想和习俗上也对之进行了改造。《史记·鲁周公世家》记载说:“鲁公伯禽之初受封之鲁,三年而后报政周公。周公曰:‘何迟也?’伯禽曰:‘变其俗,革其礼,丧三年,然后除之,故迟’。”鲁国君臣们,是用了很大气力来贯彻周朝的礼乐制度的。这和姜太公治齐“因其俗,简其礼”(《史记·齐世家》),“五月而报政周公”(《史记·鲁世家》)的简易办法,适成鲜明的对比。鲁国是借着它的特殊地位,极力用周朝的典章来改造原来的习俗的,致使鲁国的思想文化有如下特点:

第一,注重“亲亲”、孝悌观念。西周初年,齐国和鲁国的两个最高统治者,在谈论各自的治国策略时,反映了两国的不同。《汉书·地理志下》记载:“昔太公始封,周公问:‘何以治齐?’太公曰:‘举贤而上功。’周公曰:‘后世必有篡杀之臣。’迨至周公始封,太公曰:‘何以治鲁?’周公曰:‘尊尊而亲亲。’太公曰:‘后世浸弱矣。’”这段资料有预言性质,不一定是西周时人的对话,可能是后人的总结。但是确也指明了齐、鲁两国基本国策的不同。鲁国是特别注重“尊尊”和“亲亲”原则的。在宗法社会里,“尊尊”和“亲亲”是一致的。“尊尊”就是尊宗法贵族,“亲亲”既有同宗相亲的意思,也有亲爱宗族首领的内容。这是它注重家族宗法制度在思想上的必然反映。

与这个国策配合,鲁国又重视提倡“孝”的道德,有的鲁国君主以“孝”定谥号,如鲁孝公(《国语·周语上》、《左传·襄公二十四年》);有的贵族以“孝”为人名,如施孝叔(《左传·成公十一年》)、孟孝伯(《左传·襄公二十四年》)等。春秋时代以“孝”定谥号,并不是鲁国独有的现象,如齐国有齐孝公,杞国有杞孝公等等。但是查遍《左传》《国语》,以“孝”取人名者只有鲁国有,其他国家均没有这种现象。这可以说是鲁国崇尚“孝”道的反映。另外,宣传“孝”道的事和有孝道行为的人也不少。《国语·周语上》记载,周王的大臣在宣王面前就称赞鲁孝公说:“‘鲁侯孝!’王曰:‘何以知之?’对曰:‘肃恭明神而敬事耇老。’”这就是说鲁孝公对死了的祖先神和年老的长者,都能以恭恭敬敬的孝道来对待。《左传》中还有多次记载鲁国宣扬孝道的事,说“孝,礼之始也”(《左传·文公二年》);又说“孝敬忠信为吉德”,“孝子之养父母”(《左传·文公十八年》)等等。总之,鲁国是很重视和提倡亲亲、孝道思想的。

第二,崇尚先王之训。因为西周初年成王给了鲁国很多特权,为了维护这种利益,他们就言必称“先王之训”,事必尊“先人之业”。早在西周时期,鲁孝公就是以“赋事行刑,必问于遗训”(《国语·周语上》)而闻名。以后这个传统一脉相承,不绝如缕。鲁僖公会见各国诸侯时,把势力微弱的“王人”排在最前面,之所以如此,就是因为这是“先王命也”(《春秋公羊传·僖公八年》)。鲁国的大夫谈话、行事时,也是以“先王之训”,“古之制也”(《鲁语·国语上》)为立论的根据。就是鲁国贵族的夫人也是以此来教育儿女的。《国语·鲁语下》载,公父文伯的母亲敬姜,在教育儿子时的一段谈话,总共不过五百字,可是就一而再、再而三地讲到“古之制也”、“先王之训也”、“先人之业”、“必无废先人”、“昔圣王之处民也”等等,可以说是处处以“古制”为准绳。春秋时代其他国家也有以古为训者,但是没有像鲁国这么典型的。

第三,讲习礼、乐。鲁国有天子礼乐,这既是个特权,又是个荣誉。所以鲁国对周之礼乐是守而不失的。《汉书·地理志》在谈到鲁国的风俗时,说“其民有圣人之教化”。“圣人之教化”是指什么呢?当然主要是指“先王之训”和“古制”,其中很大一部分内容也是礼、乐。在鲁国至少从“士”阶层以上,几乎都要求懂礼、知礼、好礼、言语行为合于礼。用孔子的话说,是“不学礼,无以立”,“兴于诗,立于礼,成于乐”。鲁国的大夫们就相互传授礼乐,如季孙行父(季文子)就说:“先大夫臧文仲,教行父事君之礼。”(《左传·文公十八年》)。大夫们也经常引用“先君周公制周礼……”(《左传·文公十八年》)。在出国访问前,更是先温习礼。如《左传》文公六年记,季文子将聘于晋时,就“使求遭丧之礼以行”。另外,还经常以礼为尺度来褒贬人物。如批评齐侯说:“齐侯其不免是[死]乎,己则无礼而讨于有礼……”(《左传·文公十五年》)。既然如此重视礼,所以谁要不懂礼就感到是个缺陷和耻辱,孟僖子就以“病不能相礼……”(《左传·昭公七年》)而感到是个问题。

“礼”是人们言行的规范、尺度,而乐则能提炼出礼的精神,融于悦耳赏目的歌舞之中,两者精神是一致的,所以乐也得到提倡。由礼乐并举达到礼乐互补,正是鲁国思想文化的又一特点。虽然到了春秋时代，很多礼乐在鲁国也遭到破坏，但是和其他国家相比，鲁国还是能称得上是“礼乐之邦”的。所以晋国的韩宣子到鲁国时，就发出了“周礼尽在鲁矣！”(《左传·昭公二年》)的评论。吴国的季札来鲁观看鲁国的周乐时，就说出了“观止矣！”(《左传·襄公二十九年》)的看法。总之，鲁国是有讲求礼乐的习惯和传统的。

第四，注意典籍收藏。在鲁国建国之始，周王就以特权的形式赐给了很多“典策”(《左传·定公四年》)，而且也发布了《伯禽》(《左传·定公四年》)的文诰。典策到底有哪些书，《伯禽》文诰到底是什么内容，现在已说不清楚。不过，从《左传》和《国语》中可以知道，春秋时代鲁国还存在有《周礼》(《左传·文公十八年》)、《誓命》(《左传·文公十八年》)、《象》、《鲁春秋》(《左传·昭公二年》)、《伯禽》(《左传·昭公四年》)、《诗》(《左传·襄公二十九年》、《国语·鲁语下》)、《谗鼎之铭》(《左传·昭公三年文注》)、《周易》(《左传·昭公五年》，《周易》和《易》可能是一本书)等等书籍和文诰。鲁国不但存留有这么多书，而且贵族们更是特别注意保护。《左传》哀公三年记载，鲁宫发生火灾，很多人忙着抢运财物，可是贵族们注意的不是财物，而是典籍。南宫敬叔来到后，就命令某人一定把国君看的书抢救出来，否则就处死。另一贵族子服景伯来到后，就命令某人一定把礼书抢救出来，否则就治罪。季桓子来到后，就命令把文献收起来，并说“旧章不可亡也”。由此可以看出，贵族们对典籍是格外重视保护的。鲁国是重视“先王之训”和周之礼乐的，而这些又都记载在典籍之中，所以，重视典籍也就是个必然的事情了。

二、孔子时代鲁国的社会状况

孔子所处的春秋末年，是一个社会大变动的时代，各阶级之间的关系也非常紧张。但各诸侯国的情况不尽相同。和其它国家相比，鲁国的阶级矛盾和社会动荡的程度是缓和一些的。

由于鲁国有重视宗法制度和提倡亲亲、孝悌的传统，所以阶级分化和贫富分化的进程比较缓慢；又由于鲁国有尊先王之道、尊先人之训的传统，所以统治阶级也不太残暴。当很多国家的统治者极端腐败残忍的时候，鲁国的一些当政者却能过着“无衣帛之妾，无食粟之马，无藏金玉”的“廉忠”（《左传·襄公五年》、《国语·鲁语上》）生活。甚至有的贵族夫人还亲自纺线织布，以自食其力和守“先人之业”（《国语·鲁语下》）为荣。在这样的情况下，鲁国的阶级矛盾和阶级斗争就缓和一些。当很多国家大量出现役人暴动、工匠反抗、民众起义的时候，鲁国却连一次“民溃”现象也未发生过。相比之下，鲁国的社会秩序是较为稳定的。有人说“盗跖”起义是发生在鲁国的一次大的奴隶暴动。此说是不可信的。因为阶级关系不太紧张，社会较为稳定，所以原有的礼乐制度保留得就较多些。在各国礼坏乐崩的情况下，鲁国就成了一个社会稳定的礼乐之邦。

鲁国的这种稳定，是建立在原有制度基础上的，这自然有很大的保守落后性。但当时的人们并没有意识到这一点，所以，有些国家为了安定本国的局势，就到鲁国来学礼问乐。如吴国的季札来“问周乐”（《史记·鲁世家》），齐国的晏子在边境狩猎时，也“因入鲁问礼”（《史记·鲁世家》）。各国纷纷到鲁国来学礼，也促使鲁国更加讲求礼乐。大贵族孟僖子就“病不能相礼，乃讲学之”，并表示不论什么人，只要他懂礼，就跟他学，即《左传》昭公七年所记：“苟能礼者，从之。”在贵族们的提倡下，在国内外学礼空气的督促下，鲁国必然会出现一位或几位讲解礼乐的大师，这是鲁国在一段时间内的社会需要。

在鲁国，虽然统治阶级与被统治阶级之间的矛盾比较缓和，但是由于大夫和都邑势力发展得不平衡，各种势力的地位和权力就需要重新调整，在调整时各种势力互不相让，致使统治阶级内部的矛盾斗争有时还很激烈。如昭公十二年的“南蒯以费叛”，昭公二十五年的“季氏逐君”，定公五年至九年的“阳货之乱”，定公十年的“侯犯以郈叛”等等都是。因为鲁国的阶级分化不明显，当时并没有出现新兴地主阶级势力。鲁国出现的这些斗争场面，并不是新旧阶级之间的斗争，而还是原有的贵族阶级之间的矛盾的反映。这些事件有个共同特点，就是都在遵守“周礼”和“古制”的条件下展开的斗争。如南蒯失败奔齐，齐景公问他为什么叛乱时，南蒯就说：“臣欲张公室也。”(《左传·昭公十四年》)“欲张公室”就是想维护先人所建立的合乎“周礼”的宗法制政权。“季氏逐君”，也是在“周礼”所允许的范围内进行的①。正因为如此，所以就出现了谁是“真周礼”，谁是“假周礼”的问题。另外，就是在平常的生活和活动中，也有类似问题，如鲁昭公娶了个同姓女子为夫人，有人说合乎礼，也有人说不合乎礼(《论语·述而》)。鲁昭公到晋国去时，对于他的举止行动，有人评价为知礼，也有人就说他不知礼(《左传·昭公五年》)。如此等等。在这样的情况下，就需要出现知礼乐的人物，来定名份，正礼乐，明周礼，判是非。这是鲁国的一个社会需要。

不仅鲁国这样，当时其他各国也有这种需要，所以郑国的子产，晋国的叔向，齐国的晏婴，吴国的季札等知礼乐的人物就出现在社会上。但是，他们只能说是礼乐的内行，还称不上是礼乐大师。而时代需要的这位大师必然出现在有文化传统的鲁国。

① 见拙文《试论鲁国宗法贵族共和政体》(《齐鲁学刊》1987 年第 1 期)及《再释“季氏八佾舞于庭”》(《学术月刊》1983 年第 9 期)。

三、鲁国社会特点与孔子生平的关系

关于孔子的生平事迹，在此不想泛泛而谈，只想结合着鲁国史的情况，谈几个有争议的问题。孔子从小生活在保存有很多典籍的、有自己的文化传统的礼乐之邦。虽然他说："吾少也贱"，但"孔丘年少好礼"(《史记·孔子世家》)，再加上有"入太庙，每事问"(《论语·八佾》)的虚心好学精神，致使他在十七岁左右时，就成了个有些名气的知礼之士。所以季氏飨士时，他已成了邀请的对象。即《史记·孔子世家》所说："季氏飨士，孔子与往。"孔子聪明绝人①，大约到了三十多岁，他就成了鲁国懂礼的知名人物。鲁国贵族孟僖子在临死时，还嘱咐他的两个儿子专门拜孔子为师"而学礼焉"(《左传·昭公七年》)。这年孔子是三十四岁。不仅国内的人向他学礼，而且其它国家的贵族们也拜访他。如《史记·孔子世家》说："鲁昭公之二十一年，而孔子盖年三十矣。齐景公与晏婴来适鲁，景公问孔子曰……。"齐国的君臣来鲁时，还专门向孔子求问，可见这时孔子已是位博学和通晓礼乐的大师了。孔子说，"吾十有五而志于学，三十而立……。"以前对这里所说的"学"的内容和"立"的依凭究竟是什么，有不同的看法，或者至少说不明确；而结合着时代和鲁国的情况看，孔子所"志于学"的主要内容是礼，他所借以"三十而立"的依凭，也主要是礼。问题是很清楚的，这是整个时代和鲁国的社会情况决定的。

当时社会上需要一批懂"礼"的人，而鲁国既有学礼的传统，现在又出现了礼乐大师，所以人们拜孔子为师，向孔子学礼，便成了很

① 《史记·孔子世家》说他不论管牛羊还是管仓库都能管好。

自然的事。颜无由、冉伯牛、子路、闵子骞等人首先登门求教，这样，中国历史上第一个“私学”便在鲁国诞生了。他的教学内容，主要的是礼乐，其次才是射、御、书、数。这是孔子三十五岁左右的事。

孔子不仅自己博学多能，而且他的周围又有很多学生，这就引起了鲁国统治者的注意。因为孔子是讲“周礼”的，他和他的学生不是造反者，而是个社会的安定因素，所以鲁国的当政者，便想加以利用。孔子五十岁左右时，果被任用为“中都宰”，后又迁升为司空、司寇等职，以后还“摄相事”。因为这时的当政者，是处在“辅贰”地位的正卿季氏，所以孔子也被说成是季氏的家臣。

在此需要澄清一个问题，就是孔子在这期间是否掌握了鲁国的军、政大权的问题。有人看到孔子陪鲁定公参加齐鲁“夹谷之会”，并“摄相事”，就认为他当了鲁国的宰相和掌握了行政大权。以后在“堕三都”活动中，看到他指挥过一部分兵力，讨伐公山不狃，于是就又认为孔子掌握了鲁国军事大权。是否真的如此呢？我们说这是不可能的。因为，首先，当时鲁国根本就没有宰相这个官职，孔子又怎么能当宰相呢？他的“摄相事”不是当宰相，而仅是“相礼”而已。另外，更主要的是，鲁国从来是“亲亲、尊尊”、“世卿世禄”，是姬姓贵族掌握大权，一直到战国时代也没改变这一局面(后来异姓吴起在鲁国领了几天兵，很快就被赶走)。鲁国怎么会把军、政大权交给异姓孔子呢？这是绝对不可能的事，是鲁国的各大姬姓家族所不允许的，也是鲁国的传统所不允许的。对此不必再怀疑。

随之而来的问题，就是孔子杀少正卯问题。此问题已是历史的公案，自荀子提出此事后，信此事者有之，而疑此事者更多。我认为，根本就没有这回事。前人怀疑的理由和论据已经很多，不再重复。在此只补充一点，就是，孔子在鲁国既然没有掌握军、政大权，当然也就不可能掌握生杀予夺的大权。没有杀人的大权，怎么会杀少正卯呢？

关于孔子离开鲁国周游他乡的原因问题，历史有多种分析。这些分析也都各有一定道理。对此我不想一一评判。其实，仅从宏观上加以认识也能看出他出走的必然性。因为家族宗法制的稳固存在是鲁国社会的一个特点，“世卿世禄”的长期保留是鲁国政权的一个特点，尊尊、亲亲是鲁国思想文化上的一个传统。这些就组成了鲁国的一个完整体系。而孔子所办的私学，以及孔子和他的弟子以私学形式所组成的社会集团，与上面谈到的这个体系是格格不入的。因为不仅孔子本人是异姓，而且他的学生也更多地属于异姓。这个异姓组织和宗法制毫无相同之点。孔子的学生除了个别的是贵族出身外，绝大部分都是平民、贱者出身。这些人的先祖不仅不能“世卿世禄”，而且连一般官职也是不易求得的。这个集团的成员和“世卿世禄”制，更是合不起拍来。这些异姓人集合在一起相互友善，他们不是亲宗族之亲，而是亲宗族以外之人，这种“亲人”的现象又不符合“亲亲”的传统。孔子讲的是“周礼”，但是他们客观上形成的这个社会组织形式又不符合“周礼”。这个和鲁国社会结构格格不入的集团，又有势力逐渐扩大的趋势，这就是《史记·孔子世家》上说的，孔子五十岁左右时，“弟子弥众，至自远方，莫不受业焉”。如果这些人不担任重要官职的话，鲁国的当权者也可能不太计较，可是，不仅孔子当了司寇，而且他的学生冉伯牛和子路，也分别当上“中都宰”和“季氏宰”（参见拙著《孔门弟子研究》），都成了掌有一定权力的人物。这样，孔子及其弟子们，都威胁着鲁国姬姓政权的安全。姬姓贵族绝不会允许这种局面长期存在下去，所以孔子的下台和出走是必然的。至于出走的具体理由和情节，那都是次要的。

或问，事隔十四年后，鲁国又为什么把孔子接回来呢？接回后又为什么不任用呢？其实这个问题也是必然的。因为鲁国是个礼乐之邦,它需要有位博古通今的礼乐大师作它的顾问。如鲁国“季桓子穿井,得土缶”(《史记·鲁世家》),别人对所得的“土缶”,说不清楚,而孔子就能解释得很明白。再如“吴伐越,堕会稽,得骨,节专车”(《史记·孔子世家》),别人对所得的如此长的骨头解释不清楚,派人来鲁国问孔子时,孔子也是对答如流。最后吴国派来的人,对这位博学多能的孔子也佩服地说:“善哉!圣人。”(《史记·鲁世家》)。有尊先人之训传统的鲁国,太需要孔子作它的顾问了,所以要请他回来。接他回来只是为了叫他充当上面谈到的角色,而绝不是叫他代替姬姓贵族掌握大权,所以回来后不任命他官职也是必然的。

四、鲁国文化传统与孔子思想的关系

孔子思想产生于鲁国,它必然要受到鲁国传统文化的影响,而带有浓厚的鲁国色彩。这在很多方面都表现出来。

鲁国有崇尚先王之训的传统,而孔子也是“述而不作,信而好古”(《论语·述而》),“好古,敏以求之者也。”(《论语·述而》)鲁国崇尚“周礼”,孔子也说“周监于二代,郁郁乎文哉,吾从周”(《论语·八佾》)。鲁国有讲习礼、乐的传统,孔子也认为“不学礼,无以立”(《论语·季氏》)。鲁国注重亲亲、孝悌观念,孔子和他的学生,更是把孝悌当成仁的根本,说“孝悌也者,其为仁之本与”(《论语·学而》)。鲁国有注意典籍收藏的传统,孔子不仅有“读《易》,韦编三绝”,喜爱读书的精神,而且对古籍做了大量的整理工作。可以说,孔子是全面继承了鲁国的文化传统的。不过,孔子并没有仅仅停留在继承上,而是在继承的同时,对旧的也有改造和发展,使旧的文化中也有了新的内容。这在孔子的“礼”的思想和“仁”的思想中,表现得最明白。

另外，当我们联系着鲁国的政体形式来考察孔子的思想时，就明确地发现，孔子并不是位君主专制主义者。因为孔子基本上是遵从“周礼”和鲁国的文化传统的，其中也包括遵从鲁国的政体形式。如前所述，鲁国根本就没有君主专制制度，那么孔子也就不可能在鲁国的传统中继承下君主专制主义的东西来。

或说，鲁国历史上没有的事物孔子也可以创造出来。是的，可以这样提出问题，但是在孔子的思想中并没有进行这种创造。孔子是尊君的，但不是无条件的盲从，而是有条件的。条件就是君要像个君的样子，君要使臣以礼，居上要宽，其身要正，等等。假若君不像君，臣不像臣，或居上不宽，为礼不敬，孔子也就不尊这个君。当然他不会造反，但是他说过“勿欺也，而犯之”的话，孔子是会提出自己的批评意见的。如果提出意见还不听的话，那么他就主张弃官他去，绝不会奴颜婢膝，一味听从国君的指使。

总之，不论从鲁国的社会背景看，还是从孔子的实际思想看，他都不会是君主专制主义者。君主专制主义制度在历史上不全是起着坏作用，孔子不提倡它，也不能说孔子思想就多么进步，在此只是把事实搞清楚，以便为正确分析评价孔子提供真实情况。

五、孔子的“礼”和“仁”的思想

孔子是全面继承了鲁国的传统文化的，但他没有仅仅停留在继承上，而是在继承中也有发展，这主要表现在他的礼、仁的思想上。

总的看来，孔子是先讲礼而后讲仁，是先由讲礼而出名，后由讲仁而成派，是先成为礼乐大师，而后成为仁学的思想家。礼、仁都是他的思想重要部分。两者的性质和互相关系需要探讨。

（一）“礼”的思想的性质问题。孔子重视礼是大家公认的事实,不过对孔子"礼"的性质却有极不同的看法。有的说是原封不动的鲁国所故有的"周礼";有的则说不是"周礼",而是与传统相对立的新的革命的"礼";有的说,基本上是"周礼",但也有一些改良的成分。我认为后一种看法是比较符合实际情况的。

鲁国是周公后代所建立的国家,它的一个特点就是"周礼尽在鲁"。鲁国大贵族孟僖子叫儿子向孔子学习的自然是"周礼";各国来鲁国所学和向孔子求问的礼也是"周礼"。孔子肩负着传授、介绍"周礼"的使命,他本人又有"好古"、"从周"思想,所以他所讲的礼,当然基本上是"周礼"。

从孔子所谈到的礼的内容上看,也是如此。祭神之礼,过去是天子、诸侯、大夫、士,各有祭祀的范围,不允许人们乱祭。春秋时代发生了祭祀不按等级的现象。对此,孔子是不同意的,他认为"非其鬼而祭之,谄也"(《论语·为政》)。"三年之丧"是周礼的规定,孔子的一位学生想缩短一些丧期,孔子对他这一违背"周礼"的想法也给了严厉的斥责(《论语·阳货》)。类似材料很多,不必一一列举。我曾写过一篇《孔子"礼"的思想》的文章(《齐鲁学刊》1980年第6期),专门论述过这一问题,请参考。简言之,孔子是主张"从周"的,他的礼是与鲁国原有的"周礼"一脉相承的,不可能是新兴地主阶级革命的礼。

另外,遍查鲁国的史料,当时鲁国根本就没有新兴地主阶级这种社会成分,怎么会有新兴地主阶级之礼呢?这是不可能的。

再回过头来说,既然不是新兴革命之礼,是否全是原封不动的"周礼"呢?也不是,因为孔子对"周礼"也做了明显的修改。

在官府用人的办法上,孔子对周礼修改得最为突出。周礼的宗法用人原则是亲亲、尊尊、世卿世禄。在鲁国也始终贯彻着这一原则。当时有的国家已任用外姓为官,如齐、晋、秦等,然而在鲁国却是外姓受排挤,贱者受歧视。在这种情况下,孔子则明确提出

“举贤才”的主张来。而且他的“举贤才”不仅是在本姓贵族中举，而是既包括外姓也包括贱者。如齐景公问秦穆公何以称霸时，孔子就回答说：“秦，国虽小，其志大；处虽辟，行中正。身举五羖(即百里奚)，爵之大夫……以此取之，虽王可也。”(《史记·孔子世家》)。孔子认为秦国之所以能称霸，重要原因之一就是因为它敢于举用有才能的外姓贱者百里奚。基于这种认识，孔子不但本人积极参政，而且也叫他的学生去当官，如学生仲弓(雍)出身贫贱，孔子却说：“雍也可使南面。”(《论语·雍也》)这一主张，确是一项大胆的符合时代要求的改良。

按照周礼，宗法贵族被任以官爵时，就要封土地受民人。不但本姓是如此，就是异姓也是一样，如晋国的异姓就封土受民。然而，孔子及其弟子却接受着一种新的官员待遇的办法，即，只食谷禄，不受封土。《史记·孔子世家》：“卫灵公问孔子：‘居鲁得禄几何？’对曰：‘奉粟六万。’卫人亦致粟六万。”这条记录就完全说明了这一问题。这可以说是官僚俸禄制的先声。

孔子还认为，君臣关系也不是永远固定不变的，而是可以流动的，即他说的“以道事君，不可则止”(《论语·先进》)。孟子说他是“可以仕则仕，可以止则止。”(《孟子·公孙丑上》)仕和不仕的标准就是“有道”还是“无道”。他说：“邦有道，谷。邦无道，谷，耻也。”(《论语·宪问》)国家“有道”时，就做官拿谷禄；国家无道时，再拿谷禄就是耻辱的。在此情况下，就脱离原来的君臣关系，离职他去。

以上孔子的这些主张，虽然是在他的“近不失亲”(《左传·昭公二十八年》)的条件下说的，但他确是对周礼规定的世卿世禄制作了很大改良，也是后来官僚制度的历史性的尝试，进步性是明显的。

另外，在一些具体的礼节仪式上也有很多改良的内容。按照周礼的规定,童子死后只能用简单的“殇”礼来举办葬事。可是鲁国的童子汪重骑,死在抵抗齐国入侵的战场上;因为有功于国,孔子就主张打破常规为他举行丧礼(《左传·哀公十一年》、《礼记·檀弓下》)。可见孔子对过去的规定,并不是以顽固的态度去对待,而是可以变通的。类似例子还有,在此不再细举。

总之,孔子的“礼”,既不是新兴地主阶级全新的革命的礼,也不是丝毫不变的周礼,而是以周礼为基础的改良主义的半新事物。

(二)“仁”的思想和“礼”“仁”思想的相互关系。关于这个问题,过去人们已经谈论了很多,这里,只想结合着鲁国史的情况谈几点意见。

孔子受鲁国传统文化的影响,在“仁”的思想中也能体现出来。他曾说“克己复礼为仁”。他的学生也说:“孝悌也者,其为仁之本与。”这就说明,“仁”不但不否定传统文化,而且还以传统的礼乐制度和孝悌思想作为自己的立足点。那么,“仁”的思想是否和传统文化完全等同呢?也不是,因为它还有新内容。

下面先看看礼、仁的关系。

首先,孔子是早年重视礼,而后来重视仁,随之仁、礼并重。大量资料证明,孔子从小就喜欢学礼,而且很快就成了一位礼乐大师。他是由学礼、讲礼而成名的。根据资料判断,大约在他三十五岁以前,多是讲“礼”,而很少谈“仁”。在孔子所有谈仁的资料中,没有一条能确实无误地证明是他三十五岁以前谈的。然而,在这个年龄以前谈礼的事迹却是很多的,如“入太庙,每事问”,问的是“礼”;鲁国贵族的儿孙们,向孔子学的也是“礼”;晏婴来鲁时,向孔子问的是“礼”;孔子到齐国去和齐景公对答的也是“礼”。这些都是孔子三十五岁以前的事,他在什么时候又大谈起“仁”来呢?具体时间已无法确指。不过,从孔子学生问仁的材料中,可以得到有趣的启示。学生问仁的记录,在《论语》中共十三条,除了宰我、司马牛和子路问仁的时间无法推断外,其他十条都是孔子五十岁以后的事。因为一般说来,二十岁左右的人,才能提出“仁”的问题来,那么二十岁加上孔子比问仁的学生大出的年龄,就会推算出该学生提问时孔子的起码的年龄。颜渊曾问过仁,孔子比颜渊大三十岁,那么,颜渊问仁时,应是在孔子五十岁以后。樊迟多次问过仁,孔子比樊迟有的说大四十六岁,有的说大三十六岁。就按大三十六岁说,樊迟问仁时,孔子最少也要五十六岁。原宪二次问仁,孔子比原宪大三十六岁,这同样是在孔子五十六岁以后。子张问过仁,孔子比子张大四十八岁,那么子张问仁时应是孔子六十八岁以后的事,学生问仁是老师关心仁的反映,看来孔子是在五十岁以后,也就是他被迫辞职离开鲁国前后提出“仁”来的。这是一个明显的事实。这一点有的学者也已注意到了(刘蔚华:《孔子思想演变的特点》,《社会科学战线》1985年第3期)。

其次,“礼”的鲁国色彩重,“仁”的鲁国色彩轻。礼、仁虽然都有鲁国色彩,但两者相比,也有轻有重。查《论语》中有关鲁国的礼、乐、政事的叙述和评论,有十六处,如“子入太庙,每事问”,“子语鲁太师乐”,“孔子谓季氏,‘八佾舞于庭’”,“陈司败问昭公知礼乎”,“三家者以雍彻”……都是。以上的内容不论是介绍、称赞还是批评,都与鲁国有关。“仁”的情况与“礼”不同。在《论语》中,提到“仁”的地方比“礼”还要多(仁字109次,礼字74次),但是没有一处能证明是结合着鲁国的人和事说的。而联系古代和其他国家的人却有多次。结合古人说过两次,说“殷有三仁焉”,又说“伯夷、叔齐……求仁而得仁”。结合齐国管仲说过一次,说“如其仁,如其仁”。结合楚国的子文和齐国的陈文子讨论过一次。可见“仁”在很多场合是结合着整个社会的事说的。

以上两点情况是完全一致的。原来孔子只重视“礼”,后来他发现要想治国平天下,只讲传统的礼不行,还必须讲一种鲁国传统文化中所没有的新思想——“仁”,并用“仁”来补充“礼”的缺陷和不足。他认为不讲仁,只讲礼,礼也就不成其为礼。他说的“人而不仁如礼何”就是这个意思。

孔子所讲的仁是一种什么思想呢?用最简单的话说,就是“爱人”。“爱人”是有新义的。

第一,原来鲁国只重视家族宗法制度下的“亲亲”观念,现在孔子提出了“爱人”,它虽然并没有否定“亲亲”观念,但却走出了亲亲观念的狭小范围,这就有利于人们到更广阔的领域中去建立联系。

第二,在官员任用上,原来鲁国的“世卿世禄”制,使很多有才之士得不到录用。孔子既然提出也要爱宗族以外的人,那么在官员任用上,也必然走出“世卿世禄”的框架,这就为他的“举贤才”思想找到了思想依据,进而有利于“举贤才”主张的推行。

第三,原来的人伦道德体系是以“亲亲”、“孝悌’为核心建立起来的,着重是保护过时的宗法制度。现在的“仁”虽然也还重视“亲亲”、“孝悌”思想,但是他却是以“爱人”为核心,建立起了更广阔更全面的道德体系。他几乎把所有的人与人之间所建立的种种关系都看到了,并为这种关系提出了各种言、行的道德准则。这些准则对维护人际正常交往和稳定社会秩序都发生过很大的作用,有些作用对生产的正常进行是有益的。它在中国伦理学史上是有划时代的意义的。

第四,在孔子的“仁”学中,还有重民的思想,如他说的“使民以时”等都是。这是他了解下层和同情下层的一种思想反映,是孔子思想的宝贵成分。或问,西周以来的当政者,不是早就提出过“民之所欲,天必从之”、“天听自我民听”等的重民观念吗?孔子这方面的思想和西周时代思想是种什么关系呢?经考察认为,这之中是有继承关系的。不过,必须清楚,两者各自的出发点是不同的。西周当政者是在害怕人民反抗的情况下,战战兢兢提出来的,而孔子则是以思想家的身份，以同情人民的心情，从“爱人”的观点出发提出来的。这里是既有继承也有发展的关系。

人们会问，既然孔子的“仁”有如此的地位，可是，为什么春秋末年和战国时代的各个国家都不采纳这一学说呢？对此确实需要作出回答。问题很清楚，这主要是因为，当时正处在“礼坏乐崩”的社会大变动时代，这个时代最需要的是大胆破旧创新的思想体系，而不是新旧调和的以“爱”为出发点和归宿点的“爱”的思想学说。在臣弑君、子弑父不断发生，暴乱不断出现的时代，人们虽也想听听“爱”的声音，但是也确实又听不懂“爱”在当时的意义。所以就显得它迂阔而不合时代要求了。

鲁国的传统文化培养出了孔子的思想，孔子的思想又继承、改造和发展了鲁国的文化。这种文化虽然在春秋战国时代，未被各国的当政者所采用，但是却在鲁国的民间流传着，以致使鲁国一带有了一种“其民好学，上礼义，重廉耻”（《汉书·地理志》）的风尚。西汉政权稳固后，人们又发现了这个学说的价值和意义，于是稍加改造后就又提倡起来。影响越来越大，后来便逐渐成了中国人的一个传统思想。

今天我们应当以什么态度对待它呢？如何批判继承呢？这是另一个课题，在此不便展开讨论。不过我认为，全盘肯定它不对，全盘否定它也不科学，而是应当有分析地去对待。总的来看，其中可继承的内容是不少的。

以上当否，请批评指正。

（本文选自中国孔子基金会、新加坡东亚哲学研究所编《儒学国际学术讨论会论文集》，齐鲁书社1989年版，第539—562页）

李启谦，曲阜师范大学历史系教授，主要从事儒学研究。

本文从鲁国社会的特征，特别是鲁文化的特征来分析儒学的起源。作者认为孔子思想产生于鲁国，它必然要受到鲁国传统文化的影响，而带有浓厚的鲁国色彩。

鲁国的经济特点与儒家的重农思想

杨朝明

毫无疑问,重农思想是儒家思想的重要组成部分,就历代统治者对工商业的态度而言,它至少支配了长达两千年的中国封建社会,在人们的意识形态中产生了巨大影响,以至于成为构成中国传统文化思想的主要内容之一。而儒家的这种重农思想渊源何在呢?我们应当从儒家学派产生的那个时代去找寻。马克思主义认为:“意识在任何时候都只能是被意识到了的存在。”(《马克思恩格斯全集》第三卷,第29页)既然人们在一定历史时期的观念反映着该时期的社会实际,那么,剖析孕育儒学的鲁国,或许是研究儒家思想更为切实的途径。因此,为了探求儒家重农思想的来源,我们必须首先从解析鲁国的经济特点着手。

一

直接用来研究鲁国经济的材料并不多,我们只能以零散的文献记载与考古成果相结合,来陈述鲁国经济发展的表现。

鲁国位于齐、莒、卫、宋等国之间,其领地以汶河流域和泗河的中上游地区为中心。境内丘陵之间,有诸如汶阳、泗西等大片肥沃的良田,而且河流湖泊交错,是一个宜于农桑的地区。因此,鲁国的农业也较为发达。《论语·雍也》曰:“犁牛之子骍且角。”皇疏谓:

“犁或音犁，谓耕牛也。”刘宝楠《论语正义》亦谓：“犁牛，即是耕牛。”孔子的学生“冉耕字伯牛”，春秋末年鲁国人。古人的名字多与实际意义相应。由此可见，当时的鲁国牛耕已经相当普遍。

鲁国当时的农作物以麦禾为主。禾为“黍稷之属”（杨伯峻：《春秋左传注》）。“《春秋》它谷不书，至于麦禾，不成则书之，以此见圣人于五谷最重麦与禾也。”（《汉书·食货志》）《春秋·庄公二十八年》载：“大无麦禾，臧孙辰告籴于齐。”由此可见以麦禾为主要作物的农业丰欠，在鲁国经济生活中占有举足轻重的地位。

《春秋》是鲁国的一部可信的编年史。其中记城筑之土功较多，计有城二十三次、筑台囿八次、新作三次，而每每以其是否有碍农功等为记，足以看出鲁人对于农业的重视。据杨伯峻先生研究，《春秋》对于鲁事的记载虽然可信，但并不完备（《春秋左传注·前言》）。即使如此，其中也颇多地记载了如水、旱、盗、蝗、麋、蜮、蜚、螟等灾异现象。在科技落后、生产力低下的古代，自然变化对人类的生产和生活影响尤为密切，特别是农业生产。《春秋》记事的这一特点已足以说明鲁人对于农业的重视了。也正是由于农业方面的生产关系发展迅速，使鲁国在春秋列国中率先于宣公十五年（公元前 594 年）宣布了“初税亩”，按田亩的多少征税，实际上也承认了土地私有的合法性，从而改变了以前“公田不治”的被动的农业管理方式。

鲁国的手工业是比较发达的。据《考工记》，周代的手工业中，有攻木之工七、攻金之工六、攻皮之工五、设色之工五、刮磨之工五、抟埴之工二。其分工可谓精细。这时，各地也都有专精的手工业，而鲁之削，即用以削除写在木简或竹简上错字的书刀，它也同郑之刀、宋之斤、吴粤之剑一样，“迁乎其地而弗能为良”。《左传·成公二年》载，楚人伐鲁，“孟孙请往赂之，以执斫、执针、织纴皆百人”。杜预注：执斫指木工，执针指女缝工，织纴指织布帛工。一次贿赂这么多有专长的人,其手工业状况可见一斑。

鲁国的建筑和冶制也有不同程度的发展。今山东曲阜的鲁国故城乃是当年建筑方面的重要遗迹。1942 和 1943 年,日本人关野雄、驹井和爱曾对曲阜鲁故城调查发掘,发现了大型的建筑遗迹,据推测,鲁城内有一处宫室建筑群(见《曲阜鲁城遗迹》,载《考古学研究》第二册,1951 年版)。1977 年,山东省文物考古研究所等单位对鲁故城的较大规模的勘察,进一步证实了前说,并发现了许多古代建筑遗迹。宫殿、城门、"两观"、祭坛成直线,构成鲁城的一条中轴线,而且,这条中轴线在春秋以前已经存在(见《曲阜鲁国故城》,齐鲁书社版)。这充分证明了当时建筑上已达到一定成就。不仅如此,这次发掘中,还在鲁宫城内发现了许多手工业作坊。虽然"由于工作时间较短,无论是钻探还是试掘,都还存在空白",但还是发现了冶铁、铸铜、制骨和制陶等手工业作坊遗址共十一处。从试掘的一处冶炼遗迹看,其火膛体积不大,似已采用了鼓风冶炼法。当时还发掘了两组鲁人墓葬,其随葬品中有大量的陶器、铜器,也有玉、石、骨、角、蚌器等等(同上)。

与其它诸侯国相比,鲁国的丝织业似乎较为典型。《史记·货殖列传》分析各地风俗,指出鲁地"颇有桑麻之业"。原产于这里的"鲁桑",一直到元代还比较有名(见王祯:《农书·种植》)。"强弩之末,力不能穿鲁缟"(《汉书·韩安国传》),更是对鲁国出产的一种白色生绢的赞誉。鲁又生产锦,据《左传·昭公二十六年》载,鲁国的锦也可以货到齐国,其数量当不在少。成公二年赂楚的执针、织纴各百人亦为从事丝织业的人。

纵观鲁国的手工业,无论是纺织品,还是工艺品或宫殿建筑,其为贵族服务的性质较为明显,而且这些门类也多与农业或者人们的社会生活关系密切。正因如此,它很难成为社会经济的重要组成部分。所以,内部分工发展缓慢,很难突破"工商食官"的传统,以至于百工身份比较低下,甚至被作为贿赂品送给他国。

由于手工业的上述特点,决定了鲁国的商业发展的步履十分缓慢。货币经济的发展,必须有雄厚的工商业。而鲁国的工商业的发展,即使能为商业提供货源,也必然极为有限。又由于地理环境的特点,鲁国不像齐国那样带河蔽海,有渔业之利,也不像秦、晋等那样与外族接邻,因此,其交换关系很难获得充分的发展。

到了中期以后,鲁国的商业活动才有所表现。《左传·文公十八年》载鲁哀姜大归于齐时,“将行,哭而过市,曰:天乎,仲为不道,杀嫡立庶。市人皆哭”。这里的“市”当是设在鲁城里的市场。后来,对外交往增多,交通也愈加发达。如《国语·吴语》载:“夫差起师北征,阙为涂沟,通过商鲁之间,北属之沂,西属之济,以会晋公午于黄池。”这是吴越到中原各国的航路,类似这种局面,也有利于商业的发展。所以越到后来,商品交易活动越增多起来,与鲁国国力下降的同时,鲁国以商取利之风却兴盛起来,因此,司马迁这样说鲁国:“及其衰,好贾趋利,甚于周人。”(《史记·货殖列传》)

关于鲁国的货币,长期以来争论不休。有人否定鲁国存在自铸的货币;朱活先生则认为,鲁国的货币很早就有,而且一直以贝朋作货币,就是铜铸币出现后也不例外,既采贝形,又沿贝名(《鲁币新获》,载中国孔子基金会孔子故里文物研究会编《孔子故里史迹考略》第二辑)。1977年的曲阜鲁故城勘探,确实也出土有海贝、石贝,1981年又出土了588枚铜贝,以及碎片200枚。另外还发现了几枚包金贝残片。当然,这是否是鲁国自铸的货币还有待于研究,但当时的商业中已经有作为货币的贝流通,则是可以肯定的。

这样,鲁国的经济特点已经明显了:鲁人对农业特别重视,经济上以农业为主,手工业虽然有较大发展,但很少用于交换,所以,其商业也远远落后于当时的齐、楚等大国。自给自足的自然经济占据主导地位,其前期表现尤为显著。

二

孔子成长在鲁国，一生的社会活动也主要是在鲁国。李启谦先生说得好："孔子的思想，主要是在鲁国这个特定的社会环境中产生和形成的。孔子既属于他那个时代，又属于他那个国家。或者说，他的思想既有时代特色，又有'鲁'字的印记。"(《结合鲁国社会的特点认识和评价孔子的思想》，《齐鲁学刊》1986 年第 6 期)那么，鲁人在经济方面的重农传统也必然对孔子思想产生了一定影响，或者说，孔子思想必然对这种重农特点有所反映。

鲁国是周人分封的诸侯国，其文化特色也在许多方面反映出周人的传统，其重农意识则是其主要的方面之一。《汉书·地理志》记："昔后稷封邰，公刘处豳，太王徙岐，文王作酆，武王治镐，其民有先王之风，好稼穑，务本业，故豳诗言农桑衣食之本甚备。"徐中舒先生等认为《诗经》中的《豳风》为鲁诗(见《论〈豳风〉应为鲁诗》，《历史教学》1981 年第 4 期)。我们且不论《豳风》所反映的是否鲁事，但大家都认为周人有崇尚农业的传统，而且鲁人对这一传统又加以承继和光大。

周人伯禽的一支作为胜利者被分封到鲁国后，对当地民族实行统治。他采取了"启以商政，疆以周索"(《左传·定公四年》)，"变其俗，革其礼"(《史记·鲁周公世家》)的国策。所以，伯禽之鲁，"三年而后报政周公"(《史记·鲁周公世家》)，为了强化统治，他花费了很大气力改变当地人的风俗。当时，鲁城内有许多商奄遗民。鲁定公六年，"阳虎又盟公及三桓于周社，盟国人于亳社，诅于五父之衢"(《左传》)。则除了鲁公及三桓等宗室成员外，国人们显然都属商奄旧民。据童书业先生的研究，春秋时期的"国人"盖指国都中之人，它以士为主，也包括工、商以及近郊之农民(见《春秋左传研究》)。1977年对曲阜鲁国故城的考察发掘表明,鲁城内的确居住着两个不同民族。但这次对于两组墓葬的发掘也同时证明,当地人原来的墓葬制度并没改变。周人墓保持着灭商以前的作风,而另外一组墓(即当地人之墓葬)与周人墓“作风迥然有别”,随葬器物,腰坑、殉狗等等“皆与商人墓作风相似”(《曲阜鲁国故城》)。

那么,伯禽所变之俗、所改之礼,其内容到底是什么呢?孔颖达疏:“《汉书·地理志》云:‘凡民禀五常之性,而有刚柔缓急音声不同,系水土之风气,故谓之风;好恶取舍动静无常,随君上之情欲,故谓之俗。’是解风俗之事也。风与俗对则小别,散则义通。”如此,则由自然条件不同而形成的习尚叫“风”,而由社会环境不同而形成的习尚叫“俗”。商人有会作生意的传统,从以物易物的交换方式发展到以贝、玉作货币的商业活动,都是以商族为主。早在王亥时期,他们就是赶着牛羊到处去交换粮食和其他生活用品的有名的“商人”。据周公说,在殷民中有一部分人,他们“肇牵牛车远服贾,用孝养厥父母”(《尚书·酒诰》)。这些人是长途贩运,从事贸易活动的商贾。周族善于种植,以农业立国,他们看不起商族人的经商活动,谓之“胜而无耻”(《礼记·表记》)。伯禽封鲁后,其所变之俗或即商族人的这种经商习俗。杨向奎先生认为礼起源于原始的货物交往,甚至宗周时期,货物交易行为还带有浓厚的礼仪性质。到西周时的周公,春秋时的孔子,他们对往日的礼俗进行加工,才减少乃至取消了“礼仪”中的商业性质(见《礼的起源》,《孔子研究》1986年创刊号)。伯禽在变更商奄之人的旧礼时,当也在引导他们从事农桑生产,改变原来事商习俗的同时,取消其礼俗中的商业性质,使之更适合于农耕生产方式。

然而,就像任何一种文化都无法被另一种不同质的文化完全取代一样,伯禽虽然给鲁地原来居民“疆以周索”,但仍无法阻挡商人文化传统的强大惯性的冲击。更加之社会的进一步发展,所以,鲁国中期以降，特别是孔子时代，鲁人的经商活动也日渐增多。《论语》里在记孔子等言谈时，往往将“富”与“贵”连称，则当时贵族以外已出现了新兴的富裕阶层。孔子的学生子贡就是个经商能手，他“既学于仲尼，退而仕于卫，废著鬻财于曹鲁之间”(《史记·货殖列传》)。当时的洛阳为一有名的都会，在那里常有齐鲁商贾云集。鲁国与其它国家的商业往来也频繁起来。到后来，鲁人中甚至有富至巨万者，而且“贳贷行贾遍郡国”，在其影响下，许多人都“去文学而趋利”(同上)。当时，充作固定等价物的货币虽然较少，但已出现于流通领域。鲁国货币与后来各大国不同，它“既采贝形，又沿贝名”，这恐怕也与殷商之人主要以朋贝为货币不无关系。

张富祥先生认为，周人的文化风格，一是重农，二是重礼。前者是他们祖先留传下来的固有传统，后者则是对夏商以来“中国”礼乐习俗及其制度的再加工和系统化。他还进一步指出，这后一项工作始自周公旦。鲁文化传统的形成即深深地带有他“制礼作乐”的历史印痕(《鲁文化与孔子》，载《孔子研究》1988 年第 2 期)。而周人的重农风格与重礼风格，二者之间又有着内在的联系。在父系家长制基础上不断扩大和发展起来的宗法制度，是我国早期社会的基本的社会政治制度，这一制度到西周时期才得到充分发展，也与周人的重农传统紧密相联。在宗法制度下，“尊祖”和“敬宗”是其基本信条，依照宗法制度的嫡庶、亲疏、长幼等关系，确立贵族之间的贵贱、大小、上下等各种等级差异，从而形成确立伦理规范和行为准则的具体名分。“夫名以制义，义以出礼，礼以体政，政以正名”(《左传·桓公二年》)。这种情形，在游移不定的从事畜牧或工商活动的人们中间是谈不上的，只有在稳定的定居农业社会区域才得以确立。西周正是这样一种典型的宗法式农业社会，所以，其重礼风格也相伴而生。

春秋时期的鲁国既保持了周人的重农风格，又承继了周人的重礼风格，这是其统治稳定的要求使然。当时鲁国在诸侯国中的地位较高，在同姓国家中又得以独享周天子之礼乐，因而它成为保存周礼最多的国家，时人称“周礼尽在鲁矣”（《左传·昭公二年》）。这也是与其对周人重农风格的继承相适应的。按照杨向奎先生的观点，周公在对夏商以来的礼乐习俗进行加工时，已经减少了礼中的商业性质，因而也就更适应农业生产方式。所以，祖述先王之训，追忆周公之礼，就成为鲁人在发展生产、提高地位和维系统治时的重要话题。而孔子正是这类人中的典型代表。

孔子时代，社会在急剧地变化。“初税亩”实行后的第四年，即公元前590年，鲁国“作丘甲”，公元前483年，鲁国又“用田赋”。“税以足食，赋以足兵”（《汉书·刑法志》），盖上述措施都是增加聚敛的办法。这一方面是因为诸侯国之间的征战较多，另一方面也透露出鲁国在经商之风逐渐兴盛的同时，农业生产却出现了危机。土地私有化趋势冲击着原来的井田制度，生产关系中的这一变化表现在政治上则是“天下无道”，“礼崩乐坏”。因而，孔子以维护周天子的一统天下和重建文、武周公之业为己任，通过对传统和现实的反思，形成了他的一整套所谓“修身、齐家、治国、平天下”的理论。而他的理论表现为对于现实的反动，带有明显的“尚古”、“从周”特征。这也折射出当时父权家长制权威特征的丧失，以及由于农业经济的衰落，小农对于王权的依赖关系有所减弱。他的重义轻利的义利观也是在这种情形下派生的。孔子向往那种同小农业经济相联系的宗法统治秩序，维护“动不违时，财不过用”（《国语·鲁语上》）的鲁国传统。面对现实，他又不得不承认，“富与贵，是人之所欲”，“贫与贱，是人之所恶”（《论语·里仁》）。但与“道”相比这又是次要的，所以，“君子谋道不谋食”，“忧道不忧贫”（《论语·卫灵公》）。显然，他认为“道”是靠人来掌握的，治乱兴废由人来决定。但“治国之道”或“君人之道”仍不能破坏和违反等级制度或次序，应当“为国以礼”(《论语·先进》)。

孔子所谈的礼,在很大程度上是指建立在小农业生产方式和生活方式基础上的宗法制度。礼作为宗法等级社会的制度和规范,最注重的是尊卑长幼之序,以及不同名分的人们之间的区别。孔子把礼看得很重,他说:“丘闻之,民之所由生,礼为大。非礼,无以节事天地之神也;非礼,无以辨君臣、上下、长幼之位也;非礼,无以别男女、父子、兄弟之亲,婚姻疏数之交也。”(《礼记·哀公问》)他强调礼在社会政治生活中的作用,其目的则是忠君尊王和维护纲常名分。孔子在强调“君使臣以礼”的同时,更强调臣“事君尽礼”(《论语·八佾》),“事君以忠”(同上),“事君,敬其事而后食”(《论语·卫灵公》),“事君,能致其身”(《论语·学而》)。与之相应,孔子又倡导孝悌、亲亲,不但“君君、臣臣”,还要“父父、子子”(《论语·颜渊》)。“弟子入则孝,出则弟。”“事父母,能竭其力。”(《论语·学而》)殊不知,孔子的这尊尊、亲亲主张,正是周公在初封鲁国时,所确立的与其宗法农业相适应的治国方针(《汉书·地理志》:“太公曰:‘何以治鲁?’周公曰:‘尊尊而亲亲。’”)。

时下,不少学者认为“仁”是孔子思想的核心。礼作为以血缘为基础,以等级为特征的宗法性氏族统治体系,要求维护或恢复这种体系是“仁”的根本目标。孔子讲“仁”是为了释“礼”,与维护“礼”直接相关(参见《中国古代思想史论》之《孔子再评价》)。

三

从以上分析中我们看出,孔子思想深深打上了鲁国经济发展特点的烙印。我们虽然还不能说孔子已经具备了农本思想,但他对于农业的重视是十分显著的。他认为:“道千乘之国,敬事而信,节用而爱人,使民以时。”(《论语·学而》)一个国君治理国家,在役使百姓时应在农闲时间,把“以时使民”提高到了国君的为政原则高度。《春秋》一书虽不一定为孔子所作,但他至少用它作为教授学生的教材,或整理过此书。《春秋》中体现出的重农倾向,也与孔子思想是一致的。

《淮南子·要略》说:“周公受封于鲁,以此移风易俗。孔子修成康之道,述周公之训,以教七十子,使服其衣冠,修其篇籍,故儒者之学生焉。”孔子是早期儒家的代表人物,因而早期儒家必然受孔子影响至深。孔子之后,“儒分为八”(《韩非子·显学》),而“孟氏之儒”则与孔子学说较为接近,在孟子学说中,仍可看出孔子思想的影子。

孟子对农业也很重视。同孔子一样,他也反对役使人民违反农时。他认为:“不违农时,谷不可胜食也。”(《孟子·梁惠王上》)秦国、楚国“夺其民时,使不得耕耨以养其父母。……五往而征之,夫谁与王敌？故曰:‘仁者无敌。’”(同上)如不妨碍农耕生产,粮食就会食之不尽;而妨碍农耕则是不仁,也会招致败亡。孟子的重农思想显然也吸收了孔子重农思想的材料。当然,随着社会经济事实的显著发展变化,孟子重农思想的内容也有进一步充实。孟子主张民有“恒产”,认为“五亩之宅,树之以桑,五十者可以衣帛矣。鸡豚狗彘之畜,无失其时,七十者可以食肉矣。百亩之田,勿夺其时,数口之家可以无饥矣。谨庠序之教,申之以孝悌之义,颁白者不负戴于道路矣。七十者衣帛食肉,黎民不饥不寒,然而不王者,未之有也”(《孟子·梁惠王上》)。在小农有了一定的私有财产后,他们男耕女织,并教之以孝悌礼义,则农民居业安乐,天下也就太平无事。孟子维护耕织结合的小农经济,符合中国封建统治者所维护的经济基础。

孟子的重农思想又体现在他的税收理论中。他说:“王如施仁政于民,省刑罚,薄税敛,深耕易耨。”(《孟子·梁惠王上》)“易其田畴，薄其税敛，民可使富也。”(《孟子·尽心上》)他注意的是发展农业生产。这种藏富于民，国家税收以富民为前提的认识，与孔门弟子冉求“百姓足，君孰与不足”(《论语·颜渊》)的思想如出一辙。孟子又说：“市，廛而不征，法而不廛，则天下之商皆悦，而愿藏于其市矣；关，讥而不征，则天下之旅皆悦，而愿出于其路矣；耕者，助而不税，天下之农皆悦，而愿耕于其野矣。廛，无夫里之布，则天下之民皆悦，而愿为之氓矣。”(《孟子·公孙丑上》)“古之为市也，以其所有易其所无者，有司者治之耳。有贱丈夫焉，必求龙(垄)断而登之，以左右望，而罔市利。人皆以为贱，故从而征之。征商自此贱丈夫始也。”(《孟子·公孙丑下》)由此看出，孟子虽然重农，但不主张抑制商业活动。只不过他所说的商业活动只是一种初级形式的“以其所有易其所无”的交易活动，是一种沟通农业和手工业生产的中间环节，最终还是为了发展农业生产。他反对的仅是那种垄断市场，包揽买卖之利的商人。归根到底，这种重农不抑商的思想，有利于农业进步和社会安定。

孔孟之后，重农思想得到了进一步发展，到西汉中期以后，形成了儒家的农本思想。在公元前81年的盐铁会议上，儒家文学贤良们认为：“古者十一而税，泽梁以时入而无禁，黎民咸被南亩而不失其务。……是以古者尚力务本而种树繁，躬耕趣时而衣食足，虽累凶年而人不病也。故衣食者民之本，稼穑者民之务也。二者修，则国富而民安也。”(《盐铁论·力耕》)他们把农业看成本业，视工商为末业，强调了农业在社会经济中的根本意义，表现了对农业更高层次上的重视。盐铁会议上文学贤良们关于农本思想的论述，也体现了儒家对祖先传统顶礼膜拜的尚古意识，同孔子一样，其根源仍然在于中国上古农业社会和宗法制度的文化土壤。

需要指出的是，从孔孟的重农思想发展到后来儒家传统的农本思想，是与战国秦汉以来商业的进一步发展相联系的。在此之前，商品经济比较微弱，构不成对农业的威胁。而这时情况已大不相同，农民中有的人“事商贾，为技艺，皆以避农战”（《商君书·农战》），弃农经商。更有的人“连车骑，游诸侯”（《史记·货殖列传》），在诸侯国之间进行大规模的贩运贸易。为保证封建国家的财源和兵源，战国时期的许多学派，特别是主张君主专制和中央集权的法家，也具有重农抑商思想，使之与儒家的农本思想呈现出了一致性。但是，儒家却是更多地从道义伦常和教化民俗的角度着眼。西汉的文学贤良们在向桑弘羊主持的盐铁等企业官营政策进行攻击时，所打出的也是儒家学派“贵德而贱利，重义而轻财”的旗帜。虽然重视工商和轻视工商的思想同时存在，甚至在盐铁会议上又正面交锋，但重农抑商观点由于顺应了当时汉武帝加强君主集权统治，在思想意识上统于一尊的形势，农本思想遂成了后来儒家的正统思想。

（本文选自《孔子研究》1989 年第 4 期）

杨朝明，曲阜师范大学孔子文化学院教授，主要从事鲁文化研究。

本文认为，鲁国继承了周人重农的传统，形成了专重农业的经济特色。鲁国手工业虽有所发展，但多与农业有关，且为贵族服务的性质比较明显，其商品经济发展十分缓慢。孔子的重农思想就是这种时代背景的产物。

论战国诸子之地方性

傅斯年

凡一个文明国家统一久了以后，要渐渐地变成只剩了一个最高的文化中心点，不管这个国家多么大。若是一个大国家中最高的文化中心点不止一个时，便要有一个特别的原因，也许是由于政治的中心点和经济的中心点不在一处，例如明清两代之吴会；也许是由于原旧国家的关系，例如罗马帝国之有亚历山大城，胡元帝国之有杭州。但就通例说，统一的大国只应有一个最高的文化中心点的。所以虽以西汉关东之富，吴梁灭后，竟不复闻类于吴苑梁朝者。虽以唐代长江流域之文华，隋炀一度之后，不闻风流文物更炽于汉皋吴会。统一大国虽有极多便宜，然也有这个大不便宜。五季十国之乱，真是中国历史上最不幸的一个时期了，不过也只有在五季十国那个局面中，南唐西蜀乃至闽地之微，都要和僭乱的中朝争文明的正统。这还就单元的国家说，若在民族的成分颇不相同的一个广漠文明区域之内，长期的统一之后，每至消磨了各地方的特性，而减少了全部文明之富度，限制了各地各从其性之特殊发展。若当将混而未融之时，已通而犹有大别之间，应该特别发挥出些异样的文华来。近代欧洲正是这么一个例，或者春秋战国中也是这样子具体而微罢？

战国诸子之有地方性，《论语》、《孟子》、《庄子》均给我们一点半点的记载，若《淮南·要略》所论乃独详。近人有以南北混分诸子者,其说极不可通。盖春秋时所谓"南"者,在文化史的意义上与楚全不相同(详拙《论南国》),而中原诸国与其以南北分,毋宁以东西分,虽不中,犹差近。在永嘉丧乱之前,中国固只有东西之争,无南北之争(晋楚之争而不决为一例外)。所以现在论到诸子之地方性,但以国别为限不以南北西东等泛词为别。

齐燕附战国时人一个成见,或者这个成见正是很对,即是谈到荒诞不经之人,每说他是齐人。《孟子》,"此齐东野人之语也"。《庄子》,"齐谐者,志怪者也"。《史记》所记邹衍等,皆其例。春秋战国时,齐在诸侯中以地之大小比起来,算最富的(至两汉尚如此)。临淄一邑的情景,假如苏秦的话不虚,竟是一个近代大都会的样子。地方又近海,或以海道交通而接触些异人异地;并且从早年便成了一个大国,不像邹鲁那样的寒酸。姜田两代颇出些礼贤下士的侯王。且所谓东夷者,很多是些有长久传说的古国,或者济河岱宗以东,竟是一个很大的文明区域。又是民族迁徙自西向东最后一个层次(以上各节均详别论)。那么,齐国自能发达他的特殊文化,而成到了太史公时尚为人所明白见到的"泱泱乎大国风",正是一个很合理的事情。齐国所贡献于晚周初汉的文化大约有五类(物质的文化除外)。

甲、宗教 试看《史记·秦始皇本纪》和《封禅书》,则知秦皇汉武所好之方士,实原自齐,燕亦附庸在内。方士的作祸是一时的,齐国宗教系统之普及于中国是永久的。中国历来相传的宗教是道教,但后来的道教造形于葛洪寇谦之一流人,其现在所及见最早一层的根据,只是齐国的神祠和方士。八祠之祀,在南朝几乎成国教;而神仙之论,竟成最普及最绵长的民间信仰。

乙、五行论 五行阴阳论之来源已不可考,《甘誓》、《洪范》显系战国末人书(我疑《洪范》出自齐,伏生所采以入廿八篇者),现在可见之语及五行者,以《荀子·非十二子篇》为最多。荀子訾孟子子思以造五行论，然今本《孟子》、《中庸》中全无五行说，《史记·孟子荀卿列传》中却有一段，记驺衍之五德终始论最详：

齐有三驺子。其前邹忌，以鼓琴干威王，因及国政，封为成侯，而受相印，先孟子。其次邹衍，后孟子。邹衍睹有国者益淫侈，不能尚德，若《大雅》整之于身施及黎庶矣，乃深观阴阳消息，而作怪迂之变，《终始》《大圣》之篇十余万言。其语闳大不经，必先验小物，推而大之，至于无垠。先序今以上至黄帝，学者所共术，大并世盛衰，因载其机祥度制，推而远之，至天地未生，窈冥不可考而原也。先列中国名山、大川、通谷、禽兽，水土所殖，物类所珍，因而推之及海外，人之所不能睹。称引天地剖判以来，五德转移，治各有宜，而符应若兹。以为儒者所谓中国者，于天下乃八十一分居其一分耳。中国名曰赤县神州，赤县神州内自有九州，禹之序九州是也，不得为州数。中国外如赤县神州者九，乃所谓九州也，于是有裨海环之。人民禽兽莫能相通者，如一区中者，乃为一州。如此者九，乃有大瀛海环其外，天地之际焉。其术皆此类也。然要其归必止乎仁义节俭，君臣上下六亲之施，始也滥耳。王公大人初见其术，惧然顾化，其后不能行之。是以驺子重于齐；适梁，梁惠王郊迎，执宾主之礼；适赵，平原君侧行撇席；如燕，昭王拥彗先驱，请列弟子之座而受业，筑碣石宫，身亲往师之，作主运。

邹子出于齐，而最得人主景仰于燕，燕齐风气，邹子一身或者是一个表象。邹子本不是儒家，必战国晚年他的后学者托附于当时的显学儒家以自重，于是谓五行之学创自子思孟轲，荀子习而不察，遽以之归罪子思孟轲，遂有《非十二子》中之言。照这看来，这个五行论在战国末很盛行的，诸子史记不少证据。且这五行论在战国晚年不特托于儒者大师，又竟和儒者分不开了。《史记·秦始皇本纪》：

卢生说始皇曰："臣等求芝奇药仙者常弗遇，类物有害之者。方中，人主时为微行，以辟恶鬼，恶鬼辟真人至。人主所居，而人臣知之，则害于神。真人者，入水不濡，入火不爇薮，陵云气，与天地久长。今上治天下，未能恬惔，愿上所居宫毋令人知，然后不死之药殆可得也"。于是始皇曰："吾慕真人，自谓真人不称朕。"乃令咸阳之旁二百里内，宫观二百七十，复道甬道相连，帷帐钟鼓美人充之，各案署，不移徙。行所幸有言其处者，罪死。始皇帝幸梁山宫，从山上见丞相车骑众，弗善也。中人或告丞相，丞相后损车骑。始皇怒曰："此中人泄吾语。"案问，莫服。当是时，诏捕诸时在旁者，皆杀之。自是后莫知行之所在，听事群臣受决事悉于咸阳宫。侯生卢生相与谋曰："始皇为人天性刚戾自用，起诸侯，并天下，意得欲从，以为自古莫及己。专任狱吏，狱吏得亲幸，博士虽七十人，特备员弗用。相诸大臣皆受成事，倚办于上。上乐以刑杀为威，天下畏罪，持禄莫敢尽忠。上不闻过而日骄，下慑伏谩欺以取容。秦法，不得兼方，不验，辄死；然候星气者至三百人，皆良士，畏忌讳谀，不敢端言其过。天下之事无小大皆决于上，上至以衡石量书，日夜有呈，不中呈，不得休息。贪于权势至如此，未可为求仙药。"于是乃亡去。始皇闻亡，乃大怒曰："吾前收天下书，不中用者尽去之，悉召文学方术士甚众，欲以兴太平。方士欲练以求奇药。今闻韩众去，不报，徐市等费以巨万计，终不得药，徒奸利相告，日闻。卢生等吾尊赐之甚厚，今乃诽谤我，以重吾不德也。诸生在咸阳者，吾使人廉问，或为订言，以乱黔首。"于是使御史悉案问诸生，诸生传相告引，乃自除犯禁者四百六十余人，皆阬之咸阳，使天下知之，以惩后。益发谪徙边，始皇长子扶苏谏曰："天下初定，远方黔首未集，诸生皆诵法孔子,今上皆重法绳之,臣恐天下不安。惟上察之!”始皇怒,使扶苏北监蒙恬于上郡。

这真是最有趣的一段史料,分析之如下:

一、卢生等只是方士,决非邹鲁之所谓儒;

二、秦始皇坑的是这些方士;

三、这些方士竟“皆诵法孔子”,而坑方士变做了坑儒。则侈谈神仙之方士,为五行论之诸生,在战国末年竟儒服儒号,已无可疑了。这一套的五德终始阴阳消息论,到了汉朝,更养成了最有势力的学派,流行之普遍,竟在儒老之上。有时附儒,如儒之齐学,《礼记》中《月令》及他篇中羼入之阴阳论皆是其出产品;有时混道,如《淮南鸿烈》书中不少此例,《管子》书中也一样。他虽然不能公然地争孔老之席,而暗中在汉武时,已把儒家换羽移宫,如董仲舒、刘向、刘歆、王莽等,都是以阴阳学为骨干者。五行阴阳本是一种神道学(Theology),或曰玄学(Metaphysics),见诸行事则成迷信。五行论在中国造毒极大,一切信仰及方技都受他影响。但我们现在也不用笑他了,十九世纪总不是一个顶迷信的时代罢?德儒海格尔以其心学之言盈天下,三四十年前,几乎统一了欧美大学之哲学讲席。但这位大玄学家发轫的一篇著作是用各种的理性证据——就是五德终始一流的——去断定太阳系行星只能有七,不能有六,不能有八。然他这本大著出版未一年,海王星之发现宣布了!至于辨式 Dialektik,还不是近代的阴阳论吗?至若我们只瞧不起我们二千年前的同国人,未免太宽于数十年前的德国哲学家了。

丙、托于管晏的政论　管晏政论在我们现在及见的战国书中并无记之者(《吕览》只有引管子言行处,没有可以证明其为引今见《管子》书处),但《淮南》《史记》均详记之。我对于《管子》书试作的设定是:《管子》书是由战国晚年汉初年的齐人杂著拼合起来的。《晏子》书也不是晏子时代的东西,也是战国末汉初的齐人著作。

此义在下文《殊方之治术》一篇及下一章《战国子家书成分分析》中论之。

丁、齐儒学 这本是一个汉代学术史的题目，不在战国时期之内，但若此地不提明此事，将不能认清齐国对战国所酝酿汉代所造成之文化的贡献，故略说几句。儒者的正统在战国初汉均在鲁国，但齐国自有他的儒学，骨子里只是阴阳五行，又合着一些放言侈论。这个齐学在汉初的势力很大，武帝时竟夺鲁国之席而为儒学之最盛者，政治上最得意的公孙弘，思想上最开风气的董仲舒，都属于齐学一派：公羊氏春秋，齐诗，田氏易，伏氏书，都是太常博士中最显之学。鲁学小言詹詹，齐学大言炎炎了。现在我们在西汉之残文遗籍中，还可以看出这个分别。

戊、齐文辞 战国文辞，齐楚最盛，各有其他的地方色彩，此事待后一篇中论之(《论战国杂诗体》一章中)。

鲁 鲁是西周初年周在东方文明故城中开辟的一个殖民地。西周之故城既亡于戎，南国又亡于楚，而“周礼尽在鲁矣”。鲁国人揖让之礼甚讲究，而行事甚乖戾(太史公语)，于是拿诗书礼乐做法宝的儒家出自鲁国，是再自然没有的事情。盖人文既高，仪节尤备，文书所存独多，又是个二等的国家，虽想好功矜伐而不能。故齐楚之富，秦晋之强，有时很足为师，儒之学发展之阻力，若鲁则恰成发展这一行的最好环境。“儒是鲁学”这句话，大约没有疑问罢？且儒学一由鲁国散到别处便马上变样子。孔门弟子中最特别的是“堂堂乎张”，和不仕而侠之漆雕开，这两个人后来皆成显学。然上两个人是陈人，下两个人是蔡人。孔门中又有个子游，他的后学颇有接近老学的嫌疑，又不是鲁人(吴人)。宰我不知何许人，子贡是卫人，本然都不是鲁国愿儒的样子，也就物以类聚跑到齐国，一个得意，一个被杀了。这都使我们清清楚楚地认识出地方环境之限制人。墨子鲁人(孙诒让等均如此考定)，习孔子之书，业儒者之业

(《淮南·要略》),然他的个性及主张,绝对不是适应于鲁国环境的,他自己虽然应当是鲁国及儒者之环境逼出来的一个造反者,但他总要到外方去行道,所以他自己的行迹,便也在以愚著闻的宋人国中多了。

宋　宋也是一个文化极高的国家,且历史的绵远没有一个可以同他比;前边有几百年的殷代,后来又和八百年之周差不多同长久。当桓襄之盛,大有殷商中兴之势,直到亡国还要称霸一回。齐人之夸,鲁人之拘,宋人之愚,在战国都极著名。诸子谈到愚人每每是宋人,如庄子"宋人资章甫而适诸越,越人断发文身,无所用之";孟子"宋人有闵其苗之不长而揠之者";韩非子宋人守株待兔。此等例不胜其举,而韩非子尤其谈到愚人便说是宋人。大约宋人富于宗教性,心术质直,文化既古且高,民俗却还淳朴,所以学者倍出,思想疏通致远,而不流于浮华。墨家以宋为重镇,自是很自然的事情。

三晋及周郑　晋国在原来本不是一个重文贵儒提倡学术的国家,"晋所以伯,师武臣之力也"。但晋国接近周郑,周郑在周既东之后,虽然国家衰弱,终是一个文化中心,所以晋国在文化上受周郑的影响多(《左传》中不少此例)。待晋分为三之后,并不保存早年单纯军国的样子了,赵之邯郸且与齐之临菑争奢侈,韩魏地当中原,尤其出来了很多学者,上继东周之绪,下开名法诸家之盛,这一带地方出来的学者,大略如下:

太史儋　著所谓《老子》五千言(考详后)。关尹不知何许人,然既为周秦界上之关尹,则亦此一带之人。

申不害韩非　刑名学者。管晏申韩各书皆谈治道者,而齐晋两派绝异。

惠施邓析公孙龙　皆以名理为卫之辩士。据《荀子》,惠施邓析一流人;据《汉志》,则今本邓析子乃申韩一派。

魏牟　放从论者。

慎到　稷下辩士。今存慎子不可考其由来,但《庄子》中《齐物论》一篇为慎到著十二论之一,说后详。

南国　"南国"和"楚"两个名辞断不混的。"南国"包陈蔡许邓息申一带楚北夏南之地,其地在西周晚季文物殷盛(详说《论周颂篇》),在春秋时已经好多部分入楚,在战国时全入楚境之内了。现在论列战国事自然要把南国这个名词放宽些,以括楚吴新兴之人众。但我们终不要忘楚之人文是受自上文所举固有之南国的。胜国之人文,新族之朝气,混合起来,自然可出些异样的东西。现在我们所可见自春秋末年这一带地方思想的风气,大略有下列几个头绪:

厌世达观者　如孔子适陈蔡一带所遇之接舆、长沮、桀溺、荷蓧丈人等。

独行之士　许行等。

这一带地方又是墨家的一个重镇,且这一带的墨学者在后来以偏于名辩著闻。

果下文所证所谓苦县之老子为老莱子,则此一闻人亦是此区域之人。

秦国　秦国若干风气似晋之初年,并无学术思想可言,不知《商君书》一件东西是秦国自生的政论,如管晏政论之为齐学一样?或者是六国人代拟的呢?

中国之由分立进为一统,在政治上固由秦国之战功,然在文化上则全是另一个局面,大约说来如下:

齐以宗教及玄学统一中国(汉武帝时始成就)。

鲁以伦理及礼制统一中国(汉武帝时始成就)。

三晋一带以官术统一中国(秦汉皆申韩者)。

战国之乱,激出些独行的思想家;战国之侈,培养了些作清谈的清客。但其中能在后世普及者,只有上列几项。

(本文为1927年傅斯年在中山大学的讲义,后收入《傅孟真先生全集》第二册,台湾大学1952年版)

傅斯年(1896—1950),字孟真,山东聊城人,著名史学家。曾任中央研究院历史语言研究所所长、代理北京大学校长、台湾大学校长等职。

战国之时,中国学术思想文化出现了"百家争鸣"的局面。诸子百家不仅在学术思想观点方面各有不同,而且呈现出浓厚的地方性。傅斯年此文,对诸子的地方性做了深入的剖析,其中若干观点迄今仍为不易之论。

先秦儒学在中原的传播及其南渐趋势

何成轩

儒学是春秋末期孔子所创立的学说，它是一个包括哲学、政治、经济、教育等多方面内容的思想理论体系。由于这个思想体系能有效地服务于统治阶级的政教伦常，协调等级秩序人伦关系，又能“为尊者讳”，所以受到统治阶级的欢迎。孔子在世时，儒家已初具学派规模，儒学在社会上也已产生一定影响。孔子死后，孔门弟子及其后学承传其学，或借助孔子的名气，或借助于钱财权势，或以“王者师”的身份，或以传播知识的教师身份，阐扬发挥，使儒学逐渐成为显学，在中原广泛传播，并向周边地区浸润，为儒学在秦汉以后取得社会思想文化主导地位奠定了基础。因此，研究儒学的初传历史，认识到它的本质，是一项有意义的课题。本文拟对春秋战国时期儒学在中原的传播概况及其南渐趋势，作一初步探讨。

一、儒学成为显学

春秋战国时期是中国历史上大动荡、大分化、大融合的时期，社会的经济基础和上层建筑都发生了剧烈的变革。礼坏乐崩，王室衰微，政权下移，诸侯称霸，大夫执政。这一时期是我国民族大融合浪潮奔涌的时期，也是中华大地由诸侯割据列国争雄逐步走向统一的时期。与此相适应，在学术思想领域内，诸子蜂起，百家争鸣，各有创获，各具特色，异彩纷呈，造成历史上罕见之奇观。社会失序、礼崩乐坏是当时一大特征。孔子正是致力于制礼作乐，整理周公文化遗产，借鉴历史教训，并制定了一套系统的治国平天下的统治方案才崭露头角的。

孔子授徒讲学，号称弟子三千，贤人七十，已经形成学派团体的规模和气象。三千当是成数，实际上不一定就是三千，但其弟子众多则无疑问。《史记·孔子世家》就以肯定的语气说："孔子以《诗》、《书》、《礼》、《乐》教，弟子盖三千焉，身通六艺者七十有二人。如颜浊邹之徒，颇受业者甚众。"而《史记·仲尼弟子列传》则引孔子的话说，"受业身通者七十有七人"。该篇所载孔门弟子均为有名有姓者，其中三十五人有年龄有事迹，另外四十二人只有姓名而无事迹。看来，司马迁所说是有其根据的。而且该篇还说"学者多称七十子之徒"，可见这不只是他一个人的意见，而是许多人的共同看法。先秦及秦汉的其他文献，如《孟子·公孙丑上》、《韩非子·五蠹》、《淮南子·要略》等对此也有零星的记载。据此，至少可以说明两点：一是孔子有弟子三千，贤人七十，大概近乎事实，不是虚构出来的；二是战国秦汉之际，儒家学派的影响已经相当广泛，故而引起了各家的注目和评论。

孔子是主张有教无类的，弟子受业，全靠自愿，来者不拒，去者不止，是故孔门多杂。据《荀子·法行》记载，南郭惠子问子贡道："夫子之门，何其杂也？"子贡回答说："君子正身以俟，欲来者不拒，欲去者不止。且夫良医之门多病人，檃括之侧多枉木，是以杂也。"孔子弟子来自社会各领域、各阶层以及各诸侯国。其中有孟懿子、南宫敬叔这样的贵族子弟，算是地位较高的；子贡做过生意，家累千金，算是一个"大款"，但仍被称为鄙人；其余多属贫贱之士。例如，有子为卒；子张乃鲁之鄙家；子路是卞邑的鄙人，食藜藿；百里负米以养母；颜涿聚是梁父之大盗；颜回穷居陋巷，箪食瓢饮；曾参亲自耘瓜;其母亲自织布;闵子骞曾着芦衣为父推车;仲弓之父是贱人;原宪居闾巷,蓬户褐衣疏食;公冶长无罪被囚,曾在缧绁之中,蹲过监狱。孔子门下人才济济,在当时可以说是"得天下英才而教育之"(《孟子·尽心上》)了。孔子弟子众多,成分复杂,来源广泛,与社会各领域各阶层都有密切的联系,这对于扩大儒家学派的影响和促进儒学的传播,是一个有利的条件。

孔子在设教讲学的同时,还删《诗》、《书》,订《礼》、《乐》,序《易传》,修《春秋》,对古代文献做一番搜集、编次、加工、删订的工作。在孔子之前,华夏文明已经有了两三千年的历史,孔子整理古代文献,保存和传播了夏、商、周以来的珍贵文化,贡献极大。他死后,其弟子和再传弟子继续整理并传授六经,使这些文献得以流传后世,功不可没。由此也可以知道,孔子的思想学术,并非凭空而来,而是总结、继承了三代以来的文化成果,并依据当时的实际情况予以损益发明,因而具有悠久的历史渊源和深厚的社会基础。这一点,也是儒学之所以能够具有强大生命力和广泛影响力的重要原因。

孔子一生并不得志,曾周游列国,栖栖遑遑,兜售其政治主张,然而到处碰壁,未能施展抱负。屡次被人讽刺挖苦,遭受困厄,还断过粮,"累累若丧家之狗"(《史记·孔子世家》)。只好返回鲁国,集中精力从事教育和著述,成就了创立儒家学派的事业。

儒家学派内部思想观点有许多歧异甚至对立,但也有共同的特征。儒学的旨趣,是维护等级制度,重视伦理道德,追求理想人格,调节人际关系,缓和阶级矛盾,改良政治经济,建立一个理想、和谐的宗法封建社会。儒学具有多面性与灵活性,能够反映封建地主阶级的整体利益和长远利益,能够适应封建社会各个时代统治阶级的需要。

经过孔子弟子及再传弟子的传播弘扬,儒家学派发展壮大,声誉日隆。到战国时期，便成为世所公认的显学。孟子描述当时的情况说，“逃墨必归于杨，逃杨必归于儒”（《孟子·尽心下》），可以想见儒家学派的气势之盛。《韩非子·显学》也说：“世之显学，儒、墨也。儒之所至，孔丘也。墨之所至，墨翟也。”《吕氏春秋·有度》则称：“孔、墨之弟子徒属，充满天下。”这些记载，真实地反映了先秦儒家学派势力的兴盛与儒学影响的广泛。

二、儒学在中原的传播

由于孔子思想学说的多面性，以及弟子们对老师遗教的理解不同，所以孔子死后，儒家学派内部发生了分化，演变成为一些不同的派别。按照《韩非子·显学》的划分，“孔、墨之后，儒分为八，墨离为三”。比较重要的儒家流别，即有八个之多。虽然各流派对孔子思想的取舍不同，但他们都宗师孔子，崇奉儒学，各有阐扬。儒学之成为显学，是和孔子众多弟子及其他孔门后学的努力分不开的。正如司马迁所说：“孔子述文，弟子兴业，咸为师傅，崇仁厉义。”（《史记·太史公自序》）这一概括，是符合历史实际的。

至于孔门弟子及其他后学如何弘传儒学，《吕氏春秋·当染》篇有下面的记述：“此二士（孔墨）者，无爵位以显人，无赏禄以利人，举天下之显荣者，必称此二士也，皆死久矣。从属弥众，弟子弥丰，充满天下。王公大人，从而显之，有爱子弟者，随而学焉，无时乏绝。子贡、子夏、曾子学于孔子，田子方学于子贡，段干木学于子夏，吴起学于曾子。……孔、墨之后学，显荣于天下者众矣，不可胜数。”作者用“弥众”、“弥丰”、“充满天下”、“显荣于天下”、“不可胜数”等字眼来形容孔、墨后学的众多和地位的显赫，同时称誉他们热心传道的精神，还揭示了各国统治阶级欢迎、重视孔、墨学说并予以奖励提倡的史实。书中所列孔门后学师徒承传的情况，虽然极其简略,却也透露了先秦儒学发展传播的一些脉络。提到的几位弟子,都是较有名气的,对弘扬师说多所贡献,学术上也各有建树。

子贡对传播孔子学说有特殊的贡献。他能言善辩,孔子以"瑚琏"来比喻他,以示器重。子贡对孔子非常景仰,到处颂扬孔子,树立孔子的威望。说孔子温、良、恭、俭、让,与众不同。孔子学无常师,掌握了周文王、周武王之道。子贡以房屋围墙作比喻说:我的围墙只有肩膀高,孔子的围墙却有几丈高。又称孔子为光辉的太阳和月亮:"他人之贤者,丘陵也,犹可逾也;仲尼,日月也,无得而逾焉。"(《论语·子张》)甚至说孔子是高不可攀的青天:"夫子之不可及也,犹天之不可阶而升也。"(同上)子贡崇拜孔子几乎达到了迷信的程度,颂扬孔子几乎达到了神化的地步。子贡既富有又热衷政治,历相鲁、卫,曾劝阻齐国伐鲁,游说于吴、越、晋诸国之间,使之互相牵制,以利鲁国。"故子贡一出,存鲁,乱齐,破吴,强晋而霸越。"(《史记·仲尼弟子列传》)更为难得的是,在当时重义轻利的儒家氛围中,子贡居然一反潮流,一只脚踏在学术界,另一只脚"下海"经商,而且善于经营,家累千金,成为孔门中的首富。孔子虽然对子贡从事投机买卖不加鼓励,但也不得不称赞他经商手段高明,说:"赐不受命而货殖焉,亿则屡中。"(《论语·先进》)在生意场中,准确地评估和预测行情,是稳操胜券的基础。子贡能够做到"亿则屡中",那就很不简单,可见他的发财致富决不是侥幸得来的,而是生财有道。儒学的传播往往靠权势作为后盾,以金钱作为助力。子贡官、商一身而二任,气势威赫,结驷连骑,可与国君分庭抗礼,使孔子声望剧增,儒学影响大著。子贡游说越国时,越王除道郊迎,亲御至舍,对子贡备极礼敬,称子贡为大夫,而自称"蛮夷之国"。因此,司马迁无限感慨地说:"子贡结驷连骑,束帛之币以聘享诸侯,所至,国君无不分庭与之抗礼。夫使孔子名布扬于天下者,子贡先后之也。此所谓得势而益彰者乎?"(《史记·货殖列传》)

在这里,太史公几乎是把孔子扬名天下的头功,记在子贡的功劳簿上了。子贡相鲁、卫,废著鬻财于曹、鲁之间,从政经商,不废所学。那么,儒学在齐、鲁一带的兴盛,自应有他的很大劳绩。他所活动过的吴、晋、越、曹等国,可能也因此而有了儒学的气息。吴、越当时属于南蛮、百越之地,远在中原之南。子贡曾游说于吴、越,说明儒家踪迹已南下到达东南沿海的蛮夷地区。

孔子另一高足子夏,对传播儒学也很努力。他曾担任过莒父(今山东高密县东南)宰,长于文学,相传《诗》、《春秋》等经典是由他传授下来的。《史记·仲尼弟子列传》记载:"孔子既没,子夏居西河教授,为魏文侯师。"子夏不仅得到魏文侯的礼遇,而且收授弟子达三百人,名声很大。曾子因此而责备他"退而老于西河之上,使西河之民疑女于夫子"(《礼记·檀弓上》)。田子方、段干木、禽滑厘等人,都是子夏的学生,而且后来都成为"王者师"(《史记·儒林列传》)。魏文侯重视儒家,提倡儒学,礼待子夏、田子方、李克、吴起、段干木等儒家师徒,使儒学在魏国广泛传播,并随着魏国的强大而兴盛起来。所以,直到东汉时,徐防上和帝的疏中,还说"《诗》、《书》、《礼》、《乐》,定自孔子;发明章句,始于子夏。其后诸家分析,各有异说"(《后汉书·徐防传》)。可见子夏对于儒家经典的整理传授,以及对儒学的传播,都有重大的贡献。

田子方和段干木都做过魏文侯的老师,但他们都不热衷仕进,属于隐儒一流人物。据《史记·魏世家》所载,魏文侯攻取中山,以太子击为中山君(后继位为魏武侯)。但田子方不大高兴和太子击一类当权派合作,反而愿意到楚、越地区。也许在他看来,在南方蛮夷之国做事或发展儒学,会更有所作为。孔子主张"裔不谋夏,夷不乱华"(《左传·定公十年》),认为"夷狄之有君,不如诸夏之亡也"(《论语·八佾》),他的思想中有歧视少数民族的一面。但孔子同时认为夷夏的界限不是绝对不变的,因接受文化礼俗之不同,双方可以互换位置。孔子自己曾经“欲居九夷”(《论语·子罕》),甚至想到海外传道,“道不行,乘桴浮于海”(《论语·公冶长》)。可见他并不害怕和少数民族交往,也愿意到夷狄之国去。孔子这一思想,被田子方等后学所继承,成为推动儒学向周边地区和国家传播的积极因素之一。

段干木原为晋国的市侩,也做过魏文侯的老师,得到魏文侯的礼遇。魏文侯给以爵禄官职,他都没有接受。魏文侯乘车经过他的住所门口,必伏轼致敬。文侯见到他,立倦而不敢息。段干木虽然隐处穷巷,却能声驰千里,连远在西方的秦国君臣也知道魏国礼敬他,天下闻名,因而不敢轻易攻魏。

子夏的另一个弟子李克是战国初期魏国著名的政治家,既有战略眼光,又有哲学思辨头脑。《汉书·艺文志》曾著录“《李子》七篇”,列于儒家类。原书已佚,有清马国翰辑本。魏文侯任用乐羊为将攻取中山,封太子击为中山君。李克因翟璜的推荐出任中山相,将中山治理得很好。魏武侯(即太子击)曾向李克请教吴国何以灭亡之故,李克回答说“骤战而骤胜”。武侯说:“骤战而骤胜,国家之福也。其独以亡,何故?”李克进一步解释说:“骤战则民罢,骤胜则主骄。以骄主使罢民,然而国不亡者,天下少矣。骄则恣,恣则极物。罢则怨,怨则极虑。上下俱极,吴之亡犹晚。此夫差之所以自殁于干隧也。”(《吕氏春秋·适威》)李克的确看到了事物的两面性,事物有向自身反面转化的可能,指出屡战屡胜的现象当中包含着导向失败的因素。《韩非子·难二》又载:“李克治中山,苦陉令上计而入多。李克曰:语言辨,听之说,不度于义,谓之窕言。无山林泽谷之利而入多者,谓之窕货。君子不听窕言,不受窕货。子姑免矣。”这种见解属于儒家义本利末的思想,韩非从法家的立场出发,予以反驳,斥李克的话为“无术之言”。李克还用“家贫则思良妻,国乱则思良将”的话来教导魏文侯,并提出担任相国的五条标准:“居视其所亲,富视其所与,达视其所举,穷视其所不为,贫视其所不取。”这一建议被魏文侯所采纳,于是选拔魏成子为相(参见《史记·魏世家》)。

吴起向来被看作是兵家和早期法家的代表人物,诚然不错。但其学术渊源所自,却是儒家。《吕氏春秋·当染》说“吴起学于曾子”。《史记·孙子吴起列传》也说吴起“尝学于曾子”。《史记·儒林列传》还说田子方、段干木、吴起皆“为王者师”。吴起崇奉儒学,精通《春秋左传》,是一位《左传》大师。铎椒、虞卿、荀卿一系的左氏学,就是从吴起那里承传下来的。吴起是卫国左氏(今山东定陶西)人,家庭富有。初事鲁君,为鲁将。后闻魏文侯贤,去鲁至魏。先为魏文侯将,屡立战功,被任命为西河郡守二十余年,政绩卓著。在政治上,吴起受儒家德治仁政思想影响较深。据《吴子·图国第一》记载,吴起是穿着“儒服”去见魏文侯的。他以“内修文德,外治武备”进言,主张“必先教百姓而亲万民”,“绥之以道,理之以义,动之以礼,抚之以仁”,得到魏文侯的赞赏和信用。魏武侯继位后,有一次泛舟西河,游兴方浓,得意扬扬地对吴起说:“美哉乎山河之固,此魏国之宝也!”吴起却不以为然,回答说:“国之宝在德不在险。”他列举三苗、夏桀、殷纣败亡的历史经验教训,总结说:“由此观之,在德不在险。若君不修德,舟中之人尽为敌国也。”武侯点头称“善”(见《史记·孙子吴起列传》)。吴起强调修德义,行仁政,把德义、仁政放在首位,而把山河之固看作是次要的因素,这正是儒家的一贯思想。吴起著有《吴子兵法》,在历史上与《孙子兵法》齐名,并称“孙吴兵法”,在中国古代军事典籍中占有重要的地位。

相传子思受业于曾子,孟子又受业于子思之门人,这一系被称为思孟学派。孟子后车数十乘,从者数百人,周游列国,弘扬儒学。所到之处,均受诸侯礼遇。这一派的活动对战国中期儒学的发展起了巨大作用,影响深远。

战国末期儒学大师荀子曾游学于齐，议兵于赵，为政于楚，应聘于秦，在稷下学宫三为祭酒，是众望所归的学术领袖。荀子是儒学之集大成者，汉代的儒家五经传授系统，几乎都直接或间接地和他有关系。

三、儒学的南渐趋势

儒学的南渐，是伴随着华夏文化的南传潮流而展开的。

春秋战国时期，自夏、商、西周以来居住在中原地区的华夏族，经过漫长历史年代的发展演进，已经成为稳定的族体。而在其四周，则居住着许许多多大小不一的不同族体，被统称为东夷、南蛮、西戎、北狄。与过去相比，春秋战国时期中原华夏族与周边各地区各民族的联系更加密切，彼此之间的政治、经济、文化交流更加频繁。中原华夏文化向周边地区浸润传播，同时周边各族文化对华夏文化也产生不同程度的影响。先进的华夏文化给各族文化注入了丰富的营养和新鲜的活力，促进了各族文化的发展进步。各族文化也有许多创造和成就，不断被华夏族所吸收，从而丰富了华夏文化的宝库。这种双向的文化交流，推动了我国民族的大融合和社会的进步，在多民族统一国家形成的历史过程中，起了纽带的作用。

文化交流存在着类似物理学上“势能差”的现象，一种较先进的文化，往往更多地向较后进的地区或国家传播。从春秋战国的历史可以看出，中原华夏文化在双向交流中起了主导的作用，对周边各地区各民族产生了更广泛更深刻的影响，对各族文明的发展进步发挥了巨大的推动和促进作用。在少数民族中，出现了许多熟悉华夏文化典籍的知识分子；其中一些出类拔萃的人才，甚至超出中原一般人士之上。孔子曾经说过：“天子失官，学在四夷。”

(《左传·昭公十七年》)“礼失而求诸野。”(《汉书·艺文志》)这既是孔子对天子权威跌落、周礼散布民间的感叹,也是他对少数民族文明发展进步的充分肯定和高度评价。

中原华夏文化的南渐,由远古传说时期开其端绪,启其滥觞,中经夏、商、西周三代的发扬光大,至春秋战国时期而形成滔滔潮流,沛然莫之能御。青铜文化、铁文化和各种典籍大量传到南方,使南方地区社会政治、经济、文化面貌发生了显著的变化。东南一带的吴、越两国居民,分别属于蛮族和百越系统,他们自称蛮类。到春秋中、晚期,华夏文化对吴、越两国的影响已相当广泛。公元前544年,吴国公子季札到鲁国聘问,鲁国乐工为他表演了《周南》、《召南》、《邶》、《鄘》、《卫》、《小雅》、《大雅》、《颂》、《象箾》、《南籥》、《大武》、《韶护》、《大夏》、《韶箾》等等虞、夏、商、周音乐舞蹈。季札在欣赏这些高雅艺术的同时,对之一一作出评析,议论精当,鞭辟入里,而且语言生动形象,表明他对华夏文化有深刻的理解。接着季札游历齐、郑、卫、晋诸国,先后与晏婴、子产、叔向这些贤人君子交往,分析时势,评论人物,指点得失。所言多精辟独到之见,切中要害,使中原人士大为叹服。

曾为吴、越两国振兴立过汗马功劳的巫臣、孙武、伍子胥、伯嚭、范蠡、文种等人,是分别从齐、楚等国来到吴、越的。华夏文化在东南的传播,也有他们的一份贡献。巫臣由楚奔晋,再由晋入吴,教吴人用兵乘车,礼仪礼节,均以中原为范本。吴国以往和中原联系较少,自从巫臣入仕之后,和中原的交往就密切起来。孙武原为齐国人,以《兵法》十三篇见吴王阖闾,吴王以为将,“西破强楚,入郢,北威齐、晋,显名诸侯”(《史记·孙子吴起列传》)。孙武所著《孙子兵法》在我国军事史上享有盛誉,孙武是我国古代著名的军事家。在巫臣、孙武、伍子胥、伯嚭的努力下,吴国日益强大,曾经北上黄池,争霸中原。而范蠡、文种等则辅佐越王勾践,卧薪尝胆，十年生聚，十年教训，灭掉了吴国。吴、越两国居民因受华夏族影响较大，吸收华夏文化较早，所以后来大部分被华夏文化所同化而成为华夏族。

南方大国楚国是春秋五霸、战国七雄之一，最强盛时疆域几占东周天下之半。楚国统治者为祝融之后，且受封于周，故列为诸夏。但因其地属南蛮，受蛮族影响，故西周时自称“蛮夷”，中原华夏族诸侯也以蛮夷视之，称为“荆蛮”或“蛮荆”。中原华夏文化很早就传入楚国。公元前 516 年，周王子朝争夺王位失败，乃与“召氏之族、毛伯得、尹氏固、南宫嚚奉周之典籍以奔楚”（《左传·昭公二十六年》），这是周文化大规模入楚的开始。其后，华夏文化以蓬勃之势继续南下。由于楚人接受中原华夏文化较多，而且广泛吸收了蛮夷百越文化的长处，所以楚文化表现出博大精深、绚丽多彩的气象。另一方面，随着楚国疆域的扩大，楚国居民中华夏族成分增多。因此，到春秋晚期，楚国境内各民族多数已经融合成为华夏族，楚人也把自己看作是华夏族的一部分了。

楚国是南北文化交流的桥梁和媒介，中原华夏文化通过楚地而进一步传入岭南地区。楚成王时，受周天子胙命镇抚南方。楚共王“抚有蛮夷，奄征南海，以属诸夏”（《左传·襄公十三年》）。战国初期，吴起因遭人陷害，被迫于公元前 383 年离魏奔楚。楚悼王任命吴起为令尹，掌握军政大权，实行变法，成效显著，楚国迅速强盛起来。于是南平百越，占有苍梧。楚国的南界已达到广西北部地区，而其势力范围和政治影响则远及于整个岭南。中原和岭南的关系发展到了一个新的阶段，南北之间的文化交流空前活跃。

儒学正是随着中原华夏文化的南传潮流而向南方浸润传播的，这在儒学产生的初期就已经表现出来。齐之田常欲发兵伐鲁，孔子令弟子挺身而出，拯救父母之邦。子路、子张、子石请出，孔子都没有同意。子贡请行，孔子许之。其结果造成了乱齐、破吴、强晋而霸越的局面，从而达到了保全鲁国的目的。子贡说辞颇似纵横家作风，而往往依据儒家经义立论，大谈仁、义、礼、智、勇。如他对吴王说："夫勇者不避难，仁者不穷约，智者不失时，王者不绝世，以立其义。"（《史记·仲尼弟子列传》）子贡多次南下吴、越，政治目的是主要的，但在不经意间也宣扬了儒家的思想观点。

孔子的另一位弟子澹台子羽，鲁国武城人，相貌丑陋，但为人方正自守，学习勤奋。"既已受业，退而修行，行不由径，非公事不见卿大夫。南游至江，从弟子三百人，设取予去就。名施乎诸侯。"（《史记·仲尼弟子列传》）澹台子羽门徒众多，名气甚大，各国统治者对他敬重三分。子羽师徒的足迹已到达长江下游以南吴国中心地带，儒学的种子随之播往东南。

吴起学本儒家，尤精于《左传》。曾传《左传》之学于其子期，期传楚人铎椒，铎椒传赵人虞卿，虞卿传荀子。铎椒为楚威王太傅，他感觉楚威王不能尽观《左传》，因而写成《铎氏微》四十章，提供给威王作为治国的历史借鉴。据《史记·十二诸侯年表》序，铎椒著《铎氏微》四十章，虞卿著《虞氏春秋》八篇。而《汉书·艺文志》著录《铎氏微》三篇，《虞氏微传》二篇。由此看来，吴起在《左传》的传授系统中，占有重要的地位。吴起先在鲁，后居魏，再入楚，其活动轨迹由东而西，由北向南，恰与中原华夏文化和儒学南渐的趋势相一致。吴起把儒学经典、法家学说、兵家思想传往楚国，促进了楚国政治、军事、文化的发展。

铎椒能够担任楚威王太傅，是得力于高固的推荐。高固为南海越人，任楚威王相，参与高层政治活动。其先系齐国世卿，后迁越国，成为越人；再迁南海，成为南海越人。高氏先后数代，渐次由中原迁往东南和岭南，"由夏变夷"；同时，也"用夏变夷"，带来了中原华夏族的文化。他举荐《左传》专家铎椒给楚威王，尤有助于儒学的南传。由于这个缘故，不少史家把高固看作是楚地和岭南文教事业的开山功臣。明代欧大任在《百越先贤志》中说:“楚以故文教日兴,五羊衔谷,萃于楚亭。后南海绘诸郡厅,称五羊城,自固始。”清人屈大均在《广东新语》中认为:“越人以文事知名者,自高固始。”“粤处炎荒,去古帝王都会最远,固声教所不能先及者也,乃其士君子向学之初,即知诵法孔子,服习《春秋》。始则高固发其源,继则元父子疏其委。”对高固传播华夏文化,特别是儒家经典和儒学,评价甚高。

儒学南渐主要是中原人士的力量,但也有南方人士北上中原学习的情况。《孟子·滕文公上》说:“吾闻用夏变夷者,未闻变于夷者也。陈良,楚产也,悦周公、仲尼之道,北学于中国。北方之学者,未能或之先也。彼所谓豪杰之士也。”陈良是楚国土著人士,被孟子看作是蛮夷。但他虚心好学,北上中原学周公、孔子之道,成绩优异,因而得到孟子极高的赞誉。和孟子辩论过的陈相及其弟陈辛,曾经做过陈良的弟子,只是后来改信农家许行之学了。看来,陈良的门徒不少,可能已经形成一个小的儒学派别。按照梁启超的意见,陈良就是《韩非子·显学》篇中所说的“仲良氏之儒”。像陈良这样北上中原学习的楚国人士,也许还有不少。他们中的一部分人,可能学成之后返回故国,把华夏文化和儒学带到了自己的家乡。前面提到的农家代表人物许行,也是楚国人。他有弟子数十人,北上游学滕国,宣传其君民并耕而食的理论学说。在辩论交锋、争鸣切磋的过程中,必然会受到儒家思想不同程度的影响。

综观孔子儒学在中原和南方的传播,不难看出:1. 孔子一生并不得志,只是授徒甚多。2. 孔子死后才因门徒的传播,使儒学成为显学。据司马迁讲,孔子名扬天下,是靠了子贡的权势。3. 孔子儒学受到垂青之日,正是统治阶级受益之时。4. 孔门儒学的发展,并不是孔子一人的功劳,其充分展开,是历代孔门弟子共同努力,又主要是统治阶级为其张目的结果。5. 孔门弟子只当“王者师”反映了依附皇权即“人身依附”时代的特征。

（本文选自《哲学研究》1997年第8期）

何成轩，中国社会科学院哲学研究所研究员，主要从事中国哲学史研究。

儒学形成以后，逐渐向周边地区传播。先秦时期儒学在中原地区已经广泛传播，并开始向南方渗透，为儒学以后的发展奠定了基础。本文对先秦时期儒学在中原的传播及其南渐趋势作了较为深入的考察。

论孟子思想与邹鲁文化

李启谦

八十年代以来，学术界开展的地域性文化研究，取得了不少成果，从而也解决了很多疑难问题。孟子是战国时代邹国人，在他的思想中，既有战国的时代特点，也有邹国的地域特色。时代特点的研究成果，过去已有很多，但对于其地域特色的探索，却从来无人发表意见。鉴于地域特色是认识问题的重要方面，故愿就此谈些初步想法，以求教于学术界。

一、邹鲁文化的特色

邹国简称"邹"，又称"邾"或"邾娄"。邹国很有特点，但因国家较小，很难成为一个独立的文化区域。不过它靠近鲁国，在政治、经济、军事、文化等方面，都不断发生着交往，所以两者逐渐融合，以至形成了一个有特色的"邹鲁文化"系统。

《史记·货殖列传》说："泰山之阳则鲁，其阴则齐……临淄亦海岱之间一都会也，其俗宽缓阔达，而足智好议论……勇于持刺，故多劫人者。……而邹鲁滨洙泗，犹有周公遗风，俗好儒，备于礼……"司马迁在这里把滨于洙泗的"邹鲁"划为一个文化区域，而与齐国临淄一带区别开来。邹、鲁是什么时候融合成一个地域文化的呢？详查文献得知，最早记录者是《庄子·天下篇》，它说"其在于诗书礼乐者，邹鲁之士，缙绅先生，多能明之”。庄子在这里提出了“邹鲁之士”的问题。庄子是战国中期人，那么，起码在战国中期，邹、鲁就融合为一个文化区域了。之后，很多文献都谈到这个问题，除前引司马迁的《史记》之外，班固《汉书·韦贤传》也说：“济济邹鲁，礼义唯恭，诵习弦歌，于异他邦。”南北朝时代，《南史·羊侃列传》梁武帝称赞羊侃时也说：“带览曰：‘吾闻仁者有勇，今见勇者有仁，可谓邹鲁遗风，英贤不绝。’”由上可见，在很长的一段历史时期中，人们还承认和传颂着“邹鲁之风”即“邹鲁文化”的存在。

“邹鲁文化”的特点是什么呢？上面的引文已经给了我们一些启示，如“周公之遗风”、“俗好儒”、“诗书礼乐”、“礼义唯恭”、“勇者有仁”等等。我们根据这些启示，再结合其他资料，在与齐文化的比较中，可以找出“邹鲁文化”的主要特点。

（一）亲亲孝悌观念。《汉书·地理志》记有鲁国周公和齐国姜太公的一段对话：“周公始封，太公问：‘何以治鲁？’周公曰：‘尊尊而亲亲。’”周公反问姜太公曰：“何以治齐？”太公曰：“举贤而上功。”亲亲孝悌和举贤上功便成了鲁国和齐国各自的特点。

邾国和鲁国一样，也强调“孝”观念。《礼记·檀弓下》记：“邾定之时（春秋中期），有弑其父者，有司以告，公瞿然失席曰：‘是寡人之罪也！’曰：‘寡人尝断斯狱矣……子杀父，凡在宫者杀无赦。’”邾国对杀父的事件，处理是非常严厉的，不仅本人要处死，而且旁观者也要杀无赦。

（二）礼义廉耻思想。《汉书·地理志》记载鲁国的情况时说：“封周公子伯禽为鲁侯，……。其民有圣人之教化，……濒洙泗之水，其民涉度，幼者扶老而代其任……其民好学，上礼义，重廉耻。”而记载齐国时说：“初太公治齐，修道术，尊贤智，赏有功……矜功名。”由上可知，鲁国是崇尚礼义道德，而齐国则是重视技巧和功名。

（三）重民保民传统。西周在建国之初，鉴于殷朝残虐民众而亡国的教训，周朝统治者就产生了“敬天重民”和“保民而王”的思想。周公曾谆谆告诫说：“欲至于万年，惟王子子孙孙永保民。”（《尚书·梓材》）鲁国继承了这一思想，很注意民心背向问题。《左传·昭公九年》载，这年季平子要建造一处园林，而想催促民众赶快建造。叔孙氏知道后，就劝解说：“焉用速成，其以勦（劳累）民也，无囿犹可，无民，其可乎！”这种重民观念是突出的。再，《左传·庄公十年》所载的“曹刿论战”一事，曹刿所论的中心问题，就是关心民众，争取民心，只有民心齐，才能打胜仗。就是“智虽弗及”，也能收到预期效果。齐国人虽然没说民心不重要，但是它往往把智谋和个人技巧放在首位。《荀子·论兵》所说的“齐人隆（特别重视）技击”的议论，就能说明这一点。

邾国和鲁国一样，更有重民的典型事例。《左传·文公十三年》记载，邾文公和他的大臣们讨论迁移国都的利弊问题时说：“邾文公卜迁于绎，史曰：‘利于民而不利于君’，邾子曰：‘苟利于民，孤之利也。天生民而树之君，以利之也。民既利矣，孤必与焉。’左右曰：‘（不迁都，君）命可长也，君何弗为？’邾子曰：‘命在养民。死之短长，时也。民苟利矣，迁也，吉莫如之！’遂迁于绎。”迁都只要对民有利，就是邾文公自己劳累至死，他也在所不惜。这是古今中外“民为邦本”的最典型的言行事例。

（四）节俭朴实之俗。周公在《尚书·康诰》中告诫说：“无康好逸豫。”在《无逸》篇又说：“君子所其无逸，先知稼穑之艰难。”总之是告诫人们不要奢侈淫乐。鲁文化继承了这一内容，《国语·鲁语下》载，春秋时代鲁国贵族夫人，不但亲自纺织，而且教育儿子说：“居，吾语女，昔圣王之处民也，择瘠土而处之，劳其民而用之，故长王天下，夫民劳则思［俭约］，思则善心生；逸则淫，淫则忘善，忘善则恶心生……自上而下，谁敢淫心舍身。”可见，他们没有忘记周公之遗训。而且“三桓”之一的季文子，就是过着“无衣帛之妾，无食粟之马”(见《左传·襄公五年》)的生活。由此可知，鲁国是有生活俭朴的传统的。齐国与此风气不同，它是“齐俗奢侈，好末技，不田作”(《汉书·循吏传》)。齐国“阔达而足智。其失夸奢朋党，言与行缪，虚诈不情，急之则离散，缓之则放纵”(《汉书·地理志》)。齐、鲁是有明显不同的。

邾国也有俭朴的事例。战国时代的邹穆公，不仅拒绝了“楚王欲淫邹君”的试探，而且“公舆不衣皮帛，公马不食禾菽……食不重味，衣不杂采”(《新书·春秋》)，其生活也是俭朴的。

(五)宗法贵族意识。鲁国统治者是周天子的同姓——姬姓，且又是周公之后，故周天子赐给鲁国很多特权，为了保住这些特权，鲁国就形成了“世卿世禄”制和姬姓贵族世代掌权的局面，而异姓家族则没有进入核心政权的机会。

另外，鲁国一些姬姓贵族不但有很大势力，而且有很强的独立性，它们各自确定首领，各自组织武装。它们有参政的资格，甚至有废除国君错误政令的权力。这都说明，姬姓贵族有特殊地位，从而使他们的宗法贵族意识也格外浓厚。对此问题，可参考拙著《试论鲁国宗法鲁族共和政体》(《齐鲁学刊》1987 年第 1 期)一文，在此不多赘言。

(六)尊孔好儒之风。“儒”这一名词，虽然在以前就有，但自从孔子创立“仁”的学说以后，人们就称孔子及其弟子为“儒者”(见《墨子·非儒》)，而到了战国中期以后，“儒者”就成了孔子学派的专有名称。所以司马迁称“邹鲁”一带“俗好儒”，也就是说这一带的人喜好孔子的学说。其表现主要有两方面：

其一，尊崇孔子，并愿成为一名“儒士”(或说“儒生”)。据最新研究，孔子弟子九十多人，而鲁国人就有六十多位。鲁国的学生，大大超过其他国家的学生。他们尊崇孔子，如颜回、曾子等对孔子的尊敬,简直达到了无以复加的地步。

其二,容易接收孔子的"仁爱"道德学说。孔子分德行、言语、政事、文学对学生进行教育,在这四科中,也分别培养出了有名的弟子。《论语·先进》载:"德行:颜渊、闵子骞、冉伯牛、仲弓。言语:宰我、子贡。政事:冉有、季路。文学:子游、子夏。"而"德行"中的这四个人,全是鲁国人。由此可见,鲁国人在道德学说方面是容易出现突出人才的。这和齐国的"言与行缪,虚诈不情"(《汉书·地理志》),是完全不一样的。

二、孟子与"邹鲁文化"

经过考查知道,孟子与"邹鲁文化"有密切关系,这可从其先祖的家风和他本人的思想方面得到说明。

(一)孟子先祖的特点。孟子虽是邹人,但他的先祖是鲁国人。东汉赵岐在《孟子章句》题辞中说:"孟子,鲁公族孟孙氏之后,故孟子仕于齐,丧母,而归葬于鲁也。"《孟子·公孙丑下》载:"孟子自齐葬于鲁"就是说此事。孟子的先祖,就是鲁国"三桓"之一的孟孙氏。而孟孙氏家族与"邹鲁文化"是有密切关系的。

1. 继承周公之遗风,维护鲁国传统文化。这表现在很多方面。首先,周公制礼作乐,而孟献子也很重视礼乐。他曾说:"礼,身之干也,敬身之基也。"(《左传·成公十三年》)其次,周公提倡节俭,而孟献子和他的儿孙们,也是"食不二味,坐不重席,晋无衣帛之妾,居不粟马"(《国语·鲁语上》、《韩非子·外储说左下》)。再次,周公重视德义,而孟孙氏也是如此。《大学·十章》记载孟献子的话说:"百乘之家,不畜聚敛之臣……此谓国不以利为利,以义为利也。"更次,在鲁国的传统文化中,存在有宗法贵族联合参政的传统,孟孙氏本身就是宗法贵族,它当然是维护这一体制的。总之,孟孙氏对“周公之遗风”等的鲁国文化,是继承和维护的。

2. 孟孙氏和孔子关系密切。孔子的父亲叔梁纥曾是孟孙氏军队中的一名勇士,在一次战斗中立有战功,而受到孟献子的“有力如虎”的称赞(见《左传·襄公十年》)。孟孙氏家族的另一成员孟僖子,也称赞孔子的先祖既有让贤的气度,又有辅臣的才能和品德。并说孔子是“圣人”之后,其学必能显达于世(见《左传·昭公七年》)。

孔子对孟孙氏也有赞语,也乐于和孟孙氏建立联系。因为孟献子不以金玉为富,而以有贤德之士为富,孔子就赞美说:“孟献子之富,可著於春秋。”(《新序·刺奢》)孔子对孟僖子更是达到敬重的程度。孟僖子到楚国时,因有些礼仪没有应酬好而难过,之后就想方设法努力补救。对此孔子肯定说:“能补过者君子也……孟僖子可则效已矣。”(《左传·昭公七年》)

孔子与孟孙氏家族,也有学业交流关系。在孔子的学生中,只有三个是贵族出身,而孟孙氏家族的人就有两位——孟懿子和南宫敬叔(其他一个是宋国的司马耕)。孟懿子的儿子孟武伯,也向孔子求教,如《论语·为政》载:“孟武伯问孝,子曰:‘父母唯其疾之忧。’”孟武伯的儿子孟敬子和孔子弟子也联系密切,如曾子有病时,孟敬子就去看望,《论语·泰伯》说:“曾子有疾,孟敬子问之。”

在古代是很重视“家传”和“家学”的,直到南北朝时期还是如此。《陈书·江总传》说,江总是“家传赐书数千卷,总昼夜寻读,未尝辍手”。《北史·江式传》也说江式是“少专家学”。孟孙氏的家学,也会对孟子有影响。

(二)孟子全面继承了“邹鲁文化”。

1. 亲亲孝悌。邹鲁文化重视亲亲孝悌观念,而孟子也格外提倡,说“事,孰为大?事亲为大”(《离娄上》)。他重视“仁”德,又说“仁之实,事亲是也”(《离娄上》),“亲亲,仁也”(《告子下》)。他要“申之以孝悌之义”(《梁惠王上》),叫人们“永言孝思,孝思为则”

(《万章上》)。他认为,“人人亲其亲,长其长,而天下平”(《离娄下》)。他终生提倡“尧舜之道”,而“尧舜之道”的精神实质,他概括说:“尧舜之道,孝悌而已矣。”(《告子下》)当然,他并没有停留在“亲亲”的位置上,而是又将“老吾老,以及人之老,幼吾幼,以及人之幼”(《梁惠王上》)的内容补充到“邹鲁文化”之中。

2. 重民保民。在邹鲁文化中,重视民众和“保民而王”的思想格外突出。认为只要得到民众支持,什么事情都好办。如果遇有战事,只要民心齐,就是“智虽弗及”也能战胜敌人。孟子继承了这一传统,也说“保民而王,莫之能御也”(《梁惠王上》)。他认为只要“施仁政于民”,得到民众支持,就是用木棒也能抗击有坚甲利兵的敌军。结论是“仁者无敌,王请勿疑”(《梁惠王上》),更概括说:“天时不如地利,地利不如人和……得道多助,失道寡助……多助之至,天下顺之……战必胜矣。”(《公孙丑下》)他还认为君位是否能稳固,主要看是否能得到民众支持,说“民为贵,社稷次之,君为轻。是故得乎丘民而为天子”(《尽心下》)。孟子对邹鲁文化中的重民思想,是既有继承又有发展。

3. 寡欲养心。“邹鲁文化”有俭朴之风的内容,孟子对此也有所继承。他曾明确表示,“食前方丈(即菜肴满桌),侍妾数百人,我得志,弗为也;般乐饮酒,驱骋田猎,后车千乘,我得志,弗为也”(《尽心下》)。为了保住节俭的品格,他又提出“养心”的问题。说:“养心莫善于寡欲。其为人也寡欲,[善性]虽有不存焉者,寡矣。”(《尽心下》)这样就把俭朴之风,又补进了“寡欲”、“养心”的内容。这一充实,对保持俭朴之风,既有方法意义,又是理性认识问题。

4. 承认贵族地位。直到“春秋”末期,鲁国政体还保持着姬姓贵族世袭制,孟子的先祖孟孙氏就是这种体制的参与者和受益者。孟子受其影响,并明确承认和肯定了这一体制存在的价值,说:“为政不难,不得罪于巨室。”(《离娄上》)他在回答齐宣王的问题时说,

“公卿”有两类,一类是同姓世袭的“贵戚之卿”;另一类是非世袭的“异姓之卿”。这两类“卿”的作用和权力不一样。“贵戚之卿”对国君匡正的权力大,说“君有大过则谏,反复之而不听,则易位(就废弃国君而改立别人为君)”。“异姓之卿”的权力小,说:“君有过则谏,反复之而不听,则去(就离开这位国君)。”(《万章下》)孟子对贵戚之卿的存在,认为是不可少的,曾说“所谓故国者,非谓有乔木谓也,有世臣之谓也”(《梁惠王下》)。可见孟子是承袭着旧的观念来对待贵戚之卿特权地位的。

不过孟子观念中的贵戚之卿,不是欺压民众的恶徒,而是匡正君过的元勋。而且他也没有完全停留在“贵戚之卿”治国的位置上,而是还有新意见。这就是他一再强调的要“贵德而尊士”(《公孙丑上》),要“贤者在位,能者在职”,或说是“尊贤使能,俊杰在位”(《公孙丑上》)。并且主张“下士与庶人在官者同禄”(《万章下》),认为只有这样,才能“无敌于天下”(《公孙丑上》)。他还用历史上的实例说“汤之于伊尹,学焉而臣之,故不劳而王;桓公之于管仲,学焉而后臣之,故不劳而霸”(《公孙丑下》)。可见,在孟子的政治思想中,“尊贤”、“用能”是占有相当位置的。

5. 尊崇孔子,继承和发展仁学。“邹鲁”一带“俗好儒”。孟子的先祖尊敬孔子,并向孔子学习礼乐;大量鲁国士人更向孔子学习儒学。孟子继承这一传统,对孔子更加尊崇。被孟子尊之为“圣人”的人很多,如伯夷、伊尹、柳下惠、孔子等,孟子认为他们都是“百世之师”(《尽心下》)。但圣人之中,他又最尊重孔子,说“孔子,圣之时者也,孔子之谓集大成”(《万章下》)。这就把孔子的“圣人”地位更加突出出来。因为时代的关系,他未能听到孔子的直接教诲,对此他非常遗憾,便说:“予未得为孔子徒也,予私淑诸人也。”(《离娄上》)即使是这样,有时他还自称是“仲尼之徒”(《梁惠王上》)。另外,当有人说他好辩时,他回答说,不是我好辩,而是我不得已矣。说现在"圣王不作,诸侯放恣……杨朱、墨翟之言盈天下……杨、墨之道不息,孔子之道不著……岂好辩哉,予不得已也"(《滕文公下》)。这样,他就把继承和宣扬孔子的思想,提高到社会责任的高度。

在思想上他更继承和发展了孔子"仁"的道德学说,使之更系统完整。对此,下面将给以说明。

由上可见,孟子思想是产生于"邹鲁文化"之中的,它的很多特点,都可以在"邹鲁文化"中找到根据。当然他也没有停留在原来的位置上,而是在继承的同时,又有所改造、充实和发展。

(三)孟子的道德学说对邹鲁重德传统的超越和对孔子道德学说的完善。邹鲁文化的最大特点是重视道德教化。孔子与其弟子继承这一传统,并加以改造,把原来以宗法"亲亲"观念为核心的道德体系,改良成了以"仁者,爱人"为核心的道德学说。孟子思想的最大特点是接过这一事业,并完善了它。

1. 性善说。孔子虽然说仁者"爱人",但他没说明"爱人"的观念是怎么来的。孟子则回答了这一问题,他说:"仁,人心也。"(《告子上》)而人心在孟子看来都是善的,所以仁者爱人的观念,也就是从人所固有的善性中产生出来的。这种性善说是否科学且不评论,但它是为仁爱的道德学说找到了理论依据。这是对孔子"仁"学在理论上的一个补充。尽管后来又有荀子的性恶说,扬雄的善恶混合论,董仲舒的性三品说,朱熹的二元论等等,但是诸说并没有取代性善说的存在和巨大影响,直到清朝末年,启蒙读物《三字经》的第一句还是"人之初,性本善"。

2."四端"说。只说人性本善还不能说明建立什么样的价值观念体系。因为当时人们对什么是"善"有不同的看法。如老子主张自然无为,他不但不把仁、义看成是善的,而且认为是对人的一种束缚。在他看来,真正的善人并不讲仁,所以他才说出"天地不仁”、“圣人不仁”的话(《老子·第五章》)。墨子又有不同,他虽然也提倡“爱”,但他的爱是以“利”为基础的。而且爱无差等,要“兼相爱”、“交相利”。孟子既不同意自然无为,也不同意“兼爱”互利,而是有他的善恶标准。孟子认为善心的最初的萌芽,主要表现在四个方面,这就是“恻隐之心,仁之端也;羞恶之心,义之端也;辞让之心,礼之端也;是非之心,智之端也。……凡有四端于我者……苟能充之,足以保四海”(《公孙丑上》)。又说:“仁义礼智……我固有之也。”(《告子上》)这就是说,先天善心的基本内容就是“仁义礼智”。这对孔子的道德学说体系又是一个充实。

3. 五伦、教化说。孟子认为人性本善,并且认为在善性中,就有仁义礼智等“四端”的萌芽。但是,绝不是说,每个人都会自然地成为善人,更不一定人人时时都会做善事。而要做到这些,还需要社会的教化和他本人的自觉修养。所以孟子很重视教化问题,说要“谨庠序之教,申之以孝悌之义”(《梁惠王上》),又说“壮者以暇日修其孝悌忠信”(《梁惠王上》)。教化的内容就是仁义礼智,孝悌忠信。而教化的目的在于“皆所以明人伦也”(《滕文公上》)。“人伦”是指人与人之间的关系,“明人伦”就是明确人与人之间各自的地位和应当遵守的言行准则。人与人之间的关系多种多样,主要应先从哪里进行教化呢?为此孟子提出了“五伦”的问题,说要“教以人伦,父子有亲,君臣有义,夫妇有别,长幼有叙,朋友有信”(《滕文公上》)。他要在父子、君臣、夫妇、长幼、朋友等五种基本的人际关系之间,贯彻亲、义、别、叙、信的道德准则。孟子曾多次说“亲亲,仁也”(《尽心上》)等,所以这里的“亲”,有仁的意思。这里的别、叙,也和礼、智相通。亲、义、别、叙、信,也就是仁、义、礼、智、信。实际上孟子是想在五伦之间推行“五常”(仁义礼智信)之教。这在中国伦理史上,是有首发意义的,它是汉代董仲舒在《举贤良对策》中正式提出“五常之教”的先声。

4. 人格修养说。孟子在人格修养方面，更有系统、完整和高超的论述。

首先，他认为人的本性都是善的，由此而推论说："人皆可以为尧舜。"(《告子下》)在这里人们没有贵贱之分，都是平等的，都有机会和可能成为高尚的人。

其次，当有人问"士"首先要干什么时，孟子就回答说："士"首先要立下高尚的志向。问，怎样才算志向高尚呢？孟子说："仁义而已矣……居仁由义，大人之事备矣。"(《尽心上》)就是要求有行仁义的志向。孟子又提倡培养"浩然之气"，他在这里说的气，不是物质的气，而是由仁义培养起来的"至大至刚"、"塞于天地之间"的精神(《公孙丑上》)。孟子就是要求人们要成为有仁义之志，有"至大至刚"精神的人，而绝不做见利忘义或屈从强暴的人。

再次，如何养成这种精神呢？他在谈到培养"浩然之气"时说，那种气是由正义行为长期积累而成，不是突然间做一件好事就能得到，所以要持之以恒地做下去。同时孟子还看到，历史上有作为的人物，都是曾在社会下层受过艰苦熬炼后才成大事的，所以他概括说："故天将降大任于是人也，必先苦其心志，劳其筋骨，饿其体肤，空乏其身，行拂乱其所为，所以动心忍性，曾(增)益其所不能。"(《告子上》)孟子的这一论述，绝不是对鲁国"择瘠土而处之"的消极继承，而是一种培养仁德的积极的自觉活动。另外，还要求"思诚"、"至诚"(《离娄上》)，即要求自觉地按照仁义原则办事，并使这种行为成为习惯和内心的心理要求。

再次，人格修养达到什么地步呢？他在议论大丈夫时说："立天下之正位，行天下之大道。得志，与民由之，不得志，独行其道。富贵不能淫，贫贱不能移，威武不能屈，此之谓大丈夫。"(《滕文公下》)这真是顶天立地的大丈夫气概，他不仅威武不屈，贫贱不移，而且是富贵不淫，真是形象高大。

最后,他有强烈的社会责任感,他说:“如欲治平天下,当今之世,舍我其谁也。”(《公孙丑下》)为保卫天下的公利和捍卫自己的人格,必要时他甘愿牺牲自己的生命。说:“生,亦我所欲也;义,亦我所欲也。二者不可兼得,舍生而取义者也。”(《告子上》)其献身精神更增添了他的人格色彩。

5. 仁政爱民说。中国和西方的道德学说有些不同,就是“西方传统政治文化尽管有道德的内容,但从总体上看,道德与政治已作为独立的认识客体互相分开了;中国传统政治文化中的道德与政治则始终是联系在一起的”(《论中国传统政治文化》,吉林大学出版社 1978 年版,第 22 页)。在孔子的道德学说中,就有政治内容。不过孔子并没有直接说明,而孟子则直接按照他的仁爱道德思想提出了“仁政”(《梁惠王》)的学说。其“仁政”主要有三方面内容,在政治上是“以德服人”和“贵德而尊士”(《公孙丑上》),并要“省刑罚”和制止掠夺战争(《梁惠王上》),以达到“与民同乐”的地步。在经济上,通过正经界、行井田、薄税敛的措施,达到“五十者可以衣帛矣……七十者可以食肉矣……八口之家可以无饥矣”(《梁惠王上》)的要求。在文教上是设立学校,以进行道德教化(详情见上文五伦教化说)。孟子系统而完整地把道德学说和政治文化有机地结合起来,形成了一个道德治国的体系。

总之,孟子的性善说、四端说、教化说、人格修养说以及仁政说等等,大大充实了孔子的道德学说,使之形成了一个既有理性认识,又有感性内容的完整的道德学说体系。这个体系,在中国伦理史上是有划时代意义的。

三、对“邹鲁文化”和孟子思想的几点评说

如何评说邹鲁文化和孟子思想呢?今提出几点思考,以便引

起讨论。

(一)“邹鲁文化”的保守性和合理因素。在春秋战国社会大变动时代,“邹鲁文化”还在保护旧贵族的政治权益,还在提倡宗法制中的“亲亲”观念,而且不论什么问题,又要参照先王之道和古礼、遗训来处理问题,这就明显地看出,它有很大的保守性。到了战国时代,它就已是一个落后的和被改革的文化体系。

虽然总的看来,这个文化体系已经过时,但文化和政治不一样,在文化中往往积淀着一些合理的因素,并有长久存在的价值。如其中的重民保民、尊老爱幼、礼让互助、道德教化、节俭朴实等内容,至今也有存在和继承的价值。所以对它应当分别地对待,该否定的就否定,该继承的也应继承。

(二)孟子思想与邹鲁文化的关系。通过上面的叙述可知,不论从孟孙氏家学的角度,还是从整个社会文化的角度,都可看出,孟子的思想和邹鲁文化的关系是密不可分的。其密切关系可分为四个层次来认识。

1.孟子思想产生于邹鲁文化。大量事实说明在齐文化的氛围中产生军事家;在秦晋文化中多产生法家;而在邹鲁文化中多产生孔子、曾子、子思、孟子等道德教育家,因之可以说没有邹鲁文化就没有孟子思想,它们之间是一种产生与被产生的关系。

2.孟子思想继承了邹鲁文化。邹鲁文化重视“亲亲”观念,孟子也提倡“孝悌”思想;邹鲁“重民保民”,孟子更要“与民同乐”;邹鲁有俭朴传统,孟子也倡导寡欲、养心;邹鲁保护贵族地位,孟子也要求“不得罪于巨室”,等等,它们之间又是一种继承与被继承的关系。

3.孟子思想充实和发展了邹鲁文化。孟子对邹鲁文化并没有停留在继承上,而是也有所改良、充实和发展。如孟子把原有的“亲亲”原则,扩展成为“亲亲而仁民,仁民而爱物”(《尽心上》);把原先的重民意识，发展成为“民为贵，社稷次之，君为轻”；把原先节俭朴实的传统，理性化为“养心”、“寡欲”。它们之间也是一种发展、充实和被发展、被充实的关系。

4. 孟子思想超越了邹鲁文化。这里所说的超越，是指孟子的道德学说对原先邹鲁文化中的道德观念的超越。孟子的道德学说，是由性善说、四端说、五伦教化说、人格修养说、仁政爱民说等五个部分组成。这之中既有原先邹鲁文化的因素，也有孟子补充的新内容。按照“系统论”的观点看，孟子的这套思想，不论其结构、内容和作用，都已不同于其母体，而形成了一个全新的结构。所以它们之间还是一种超越与被超越的关系。

（三）孟子思想中的保守成分。孟子思想与邹鲁文化的关系是密切的，因邹鲁文化中有保守成分，所以孟子的思想中，也就有这方面的内容。

1. 政治上的贵族特权观念。孟子的时代是宗法贵族特权制崩溃的时代，也是新的官僚制形成的时代。与孟子同时代的商鞅及其变法活动，就主张无功不官，无官不爵。他顺应时代潮流，废除了“世卿世禄”制和其他贵族特权制（见《商君书》赏刑、农战、去强第篇）。这是有进步意义的。孟子在此问题上，则主张尊重贵族意见，保留贵族特权等，这是不符合历史发展趋势的。

2. 经济上的井田、助法思想。旧的井田制（公田制）及其劳役税制形式，已被历史的发展所否定。《吕氏春秋·审分》说：“公作则迟，有所匿其力也；分地则速，无所匿其迟也。”这说明原有的所有制形式及其劳役税制，已经阻碍生产的发展，在此情况下，商鞅变法时，就“坏井田，开阡陌……民得卖买”（《汉书·食货志》），从而生产得到发展。然而孟子与此相反，他要维护即将瓦解的井田制，说“夫仁政，必自经界始”（《滕文公上》）。又说“方里而井，井九百亩，其中为公田，八家皆私百亩，同养公田，公事毕，然后敢治私田”

(《滕文公上》)。孟子所坚持的土地公有制和劳役地租形式,显然是妨碍生产发展的旧办法。

3. 思想上的遵古意识。商鞅变法时,保守派就以"法古无过,循礼无邪"(《商君书·更法》)来反对变法。孟子和保守派的观点一样,认为民众生活不好的原因,就是因为"不行先王之道也"(《离娄上》)。所以就主张"不愆不忘,率由旧章"(《离娄上》)。这显然是种保守意识。

(四)孟子思想中的合理因素和积极内容。在孟子思想中,既有合理因素,也有独立发挥积极作用的新形成的思想体系。下面分别给以说明。

1. 仁政爱民等思想中的合理因素。因为邹鲁文化中有合理因素,所以在全面继承邹鲁文化的孟子思想中也有合理因素,如前面谈到的尊老爱幼、礼让互助、节俭朴实等等。另外,孟子不仅继承邹鲁文化,而且还有所改良和发展,如,他不仅"亲亲",而且要"爱人";不仅重视贵族的活动,而且重视贤能的作用。这些改良都是符合时代要求的。

另外,他的仁政爱民学说,虽也有实行旧的井田制和劳役税制等的保守内容,但主张"省刑罚"、"薄税敛"和"黎民不饥不寒"的内容却是合理的和有影响力的。刘邦的"与民休息"的政策,唐太宗的"水能载舟,亦能覆舟"的思想以及"去奢省费,轻徭薄赋"(《资治通鉴》卷192)的措施等,无不与孟子的重民思想有关。

另外,他的"天时不如地利,地利不如人和"以及"得道多助,失道寡助"更成了中国人的口头禅,影响深远。

2. 道德学说的超越性和进步意义。孟子的道德学说,虽然产生于邹鲁文化,但是又超越了邹鲁文化而形成了一个独立的新体系。这个新组成的体系的因素和功能,已大大不同于原来的文化。原先是以"孝悌"观念为核心,现在是以"爱人"思想为核心;原先是以家族“亲亲”感情为立论的依据，现在是以理性化了的“性善”说为立论的依据；以前强调贵族的作用，现在强调贤者的功能；以前是以家族利益为出发点，现在是以整个社会的治平为出发点。因为有这些不同，所以以前的宗法道德学说已是一个落后的体系，而孟子所总结孔孟之道的道德体系却有很强的生命力。这个体系在中国古代传统道德中始终占着主导地位，就足以说明这一问题。当然它在长期的古代社会中，既起过进步作用，也起过保守作用，如对革命战争的发动有阻碍作用等。但是必须明确，封建社会中形成的君叫臣死，臣不敢不死，父叫子亡，子不敢不亡，以及烈女不嫁二夫等等，和孟子的道德学说并不是一回事。

3. 人格修养说的超越性和永恒价值。按照“系统论”的观点看，一个体系是由几个要素所组成，而有的要素又是由几个更小的要素组成，这样就在一个体系中又形成了几个小的体系。这个“小体系”也能独立地发挥很大的作用和影响。孟子的“人格修养说”就是他的道德体系中的一个“小体系”，它有人格平等的理性认识；有高尚的人格追求；有培育高尚人格的途径和方法；有保持高尚人格的坚强意志论；有强烈的社会责任感；有为了公利和人格自我牺牲的精神等等。这一学说已大大超越了邹鲁文化，而具有了永恒的价值。它在中国历史上不知培育和影响了多少仁人志士和英雄豪杰。不仅在古代有如此大的作用，就是在现代史上也被革命者视为优秀传统而加以继承。孙中山先生 1924 年在讲《民族主义》时，谈到儒家的“诚意、正心、修身”等问题时说：“像这样精微开展的理论，无论外国什么政治哲学家，都没有见到，都没有说出，这就是我们政治哲学的知识中独有的宝贝。是应该要保存的。”(《孙中山选集》下 653 页)后来在讲《民族主义》时，更多次肯定了孟子的一些思想(《孙中山选集》下 669 页)。

马克思主义者刘少奇 1939 年在讲《论共产党员的修养·共产

党员为什么要进行修养》时也说:“另一个封建思想家孟子也说过,在历史上担当大任起过作用的人物,都经过一个艰苦的锻炼过程,这就是:‘必先苦其心志,劳其筋骨……’。共产党员是要担负历史上空前未有的改造世界的大任的,所以更必须注意在革命斗争中的锻炼和修养。”

就是90年代的今天,孟子的人格修养论也有现实意义,李瑞环同志就说:“且不说兵、农、医、艺的实用文化……即使在治理国家、安定社会、修养品德、成就事业等方面,我们的先辈所提出的许多至理名言,都使后人受益无穷……‘民为贵’、‘天下为公’的民本思想,魂系中华……‘先天下之忧而忧,后天下之乐而乐’的政治抱负……即使在今天也仍然闪耀着哲理的光辉。”(《从政史鉴·序》,天津社科院出版社,1989年12月版)至于当今学术界众多学者的充分肯定,更是不胜枚举。由此可以看出其价值的永恒性。

(本文选自《烟台大学学报》1995年第4期)

本文认为孟子思想既有时代特点,也有邹国文化的地域特征,对孟子思想与邹鲁文化的关系作了较为深入的探讨。

齐学、鲁学与稷下学宫

蔡德贵

春秋末年至战国时期，适应"时君世主，好恶殊方"的政治形势，诸子"蜂出并作，各引一端，崇其所善"(《汉书·艺文志》)，形成了百家争鸣的局面。齐学与鲁学之间，包罗众多学派，互相争鸣，互相影响，互相交融，至齐国稷下学宫，一个新的文化系统，齐学化的鲁学便开始形成了。这是我国思想史上各种思想通过对立斗争而趋向融合统一的典型一例。

一、齐学和鲁学的渊源及差别

在学术思想和学风方面，齐学、鲁学之分，源于西周，起自春秋，烈于战国，沿及汉代。汉代，《诗》有今文鲁、齐、韩三家；《论语》有鲁论、齐论；《春秋》三传中穀梁本鲁学，公羊乃齐学。汉代的今古文之争实际是齐学同鲁学之争。前汉重今文，齐学；后汉重古文，鲁学。追溯二学渊源，可至齐鲁建国。

周初，周公封于鲁，建立鲁国并创立鲁学，传至孔子而集其大成；姜太公封于齐，建立齐国并创立齐学，传至管仲形成齐学系统。《管子》一书，虽非管仲所作，但却反映了管仲代表的齐学思想。

齐鲁之学之所以形成不同的发展系统和思想模式，是由于齐鲁两国在政治、经济、地理环境和民俗上的差异造成的齐鲁之学的不同内容和特点所致。

（一）从地理环境和民俗看，齐国南有泰山，东有琅琊，西有清河，北有渤海。“膏壤二千里，其民阔达多匿智”（《史记·齐世家》）。“齐带山海，膏壤千里，宜桑麻，人民多文采布帛鱼盐。临淄亦海岱之间一都会也。其俗宽缓阔达，而足智，好议论，地重，难动摇，怯于众斗，勇于持刺，故多劫人者，大国之风也。”（《史记·货殖列传》）而鲁国在泰山之阳，地处丘陵地带，从地域上说比较封闭，不像齐国那样依山傍海。《史记·货殖列传》说：“邹、鲁滨洙泗，犹有周公遗风，俗好儒，备于礼，故其民龊龊。颇有桑麻之业，无林泽之饶。地小人众，俭啬，畏罪远邪。及其衰，好贾趋利，甚于周人。”

（二）从经济条件看，齐国沿海，商品经济比较发达，农耕，鱼盐，通输，农工商并重，多种经营。《汉书·地理志》说，齐国建国初期，“太公以齐地负海舄卤，少五谷而人民寡，乃劝女工之业，通鱼盐之利，而人物辐凑。后十四世，桓公用管仲，设轻重以富国，合诸侯成伯功，身在倍臣而取三归，故其俗弥侈，织作冰纨绮绣纯丽之物，号为冠带衣履天下”。到战国时期，齐国商品经济得到长足发展，都城临淄成为名闻遐迩的大商业都会，如苏秦描绘说：“临淄之中七万户，……临淄甚富而实，其民无不吹竽鼓瑟，弹琴击筑，斗鸡走狗，六博蹋鞠者。临淄之途，车毂击，人肩摩，连衽成帷，举袂成幕，挥汗成雨，家殷人足，志高气扬。…齐之强，天下莫能当。”（《史记·苏秦列传》）这是一个商业大国的局面。由齐国这种经济的多样性，带来了学术思想的繁荣，为思想的多样化准备了条件，造成沿海文化的类型。而鲁国则只重视农业，商品经济很不发达，采取一种重农抑商的政策。《史记·鲁世家》云：“鲁公伯禽之初受封之鲁，三年而后报政周公。周公曰：‘何迟也？’伯禽曰：‘变其俗，革其礼，丧三年然后除之，故迟。’”鲁国提倡重视农业，而不重视商业，“君子务治而小人务力，动不违时，财不过用”（《国语·鲁语》上）。

这里的“务力”和“动不违时”都是农业方面的事务。这种单一的农业经济就限制了思想的活跃，因此使鲁学的学术思想也是单一的，儒家思想占绝对统治地位，不容许其它思想的存在，造成封闭的大陆文化的类型，不像沿海文化那样开放和民主。

（三）从两国统治阶级的成分来看，齐国从建国初期就重视工商业，所以在奴隶社会，统治阶级是工商奴隶主，他们在思想方面有较多的民主性，这很类似于古希腊的工商奴隶主。后来，由他们中的一部分转化成的地主阶级，也就成为商业封建主，他们仍沿袭齐国老传统，坚持多种经济，允许学术思想自由发展。许多科学家如医学家扁鹊、天文学家甘德等，科学著作如《考工记》、《素问》等，出在齐国而不是其它国家，正是由于这个原因。而鲁国在奴隶社会时期，其统治阶级就是农业奴隶主，由他们中的一部分转化成的地主阶级，成为农业封建主。农业封建主的目光比较狭小，受封闭的农业经济的严重束缚，远不如商业封建主那样开放。

（四）从政治倾向看，齐国重视霸道和法术。齐桓公九合诸侯，一匡天下，依靠的主要就是霸道和法术。后来的管（仲）晏（婴）之法的很多内容也都是谈霸道和法术。当然齐国也重视礼治，只是以法治为主，把法治和礼治结合起来了。而鲁国则重王道、礼义，本礼乐，行礼治，以尧舜周公为典型，保存宗法制度，所以鲁国的宗法关系非常牢固。

由于以上原因，便造成了齐学、鲁学不同的学术内容和特点。

从内容看，在单一农业经济基础上产生的鲁学，以儒家思想为宗，排他性特别强，比较守旧。而在多种经济基础上产生的齐学，其学术思想的内容也是多样化的。因此它能先后容纳了道家、法家、墨家、阴阳家、儒家、纵横家、农家、兵家，乃至方技、术士、方士等等的思想，使齐学的思想相当丰富，使齐国的思想界相当活跃。一所容纳数百千人的包罗各家在内的稷下学宫，出在齐国是有其历史必然性的。难怪有人说："战国学术，多出于齐。"

从特点看，齐学主变，主合时，有革新精神，对各家学说兼收并蓄。《管子·正世》篇说："不慕古，不留今，与时变，与俗化。"这表现出齐学崇尚变革的精神。鲁学主常，主合古，倾向于保守，凡事都力主维持现状。《论语·先进》载："鲁人为长府。闵子骞曰：'仍旧贯，如之何？何必改作？'子曰：'夫人不言，言必有中。'"孔子赞同的"仍旧贯"三个字是反对"改作"的。在鲁齐夹谷之会上，孔子曾责备齐景公不恪守周礼。这些都表现出鲁学不肯变革的保守精神。

由于齐学与鲁学在内容、特点等方面的不同，在相互交流发展中就难免引起矛盾斗争。齐学与鲁学的公开对战不少，举其要者，有：

（一）鲁学的孔子和齐学的晏婴之间的矛盾斗争：

景公问政孔子，孔子曰："君君，臣臣，父父，子子。"景公曰："善哉！信如君不君，臣不臣，父不父，子不子，虽有粟，吾岂得而食诸！"他日又复问孔子，孔子曰："政在节财。"景公悦，将欲以尼溪田封孔子。晏婴进曰："夫儒者滑稽而不可轨法；居傲自顺，不可以为下；崇丧遂哀，破产厚葬，不可以为俗；游说乞贷，不可以为国。自大贤之息，周室既衰，礼乐缺有间。今孔子盛容饰，繁登降之礼，趋详之节，累世不能殚其学，当年不能究其礼。君欲用之以移齐俗，非所以先细民也。"后景公敬见孔子，不问其礼。异日，景公止孔子曰："奉子以季氏，吾不能。"以季孟之间待之。齐大夫欲害孔子，孔子闻之，景公曰："吾老矣，弗能用也。"孔子遂行，返于鲁。（《史记·孔子世家》）

（二）鲁学的孟子对齐学的贬斥：

齐宣王问曰："齐桓、晋文之事可得而闻乎？"孟子对曰："仲尼之徒无道桓文之事者，是以后世无传焉，臣未之闻也。

无以，则王乎？”（《孟子·梁惠王上》）

公孙丑问曰：“夫子当路于齐，管仲、晏子之功，可复许乎？”孟子曰：“子诚齐人也，知管仲、晏子而已矣。……”（《孟子·公孙丑上》）

孟子看不起齐学，他还说过“此非君子之言也，齐东野人之语也”（《孟子·万章上》）。这是鲁学对齐学的挑战。

（三）鲁学的孟子与齐学的淳于髡的争论：

淳于髡曰：“男女授受不亲，礼与？”孟子曰：“礼也。”曰：“嫂溺，则援之以手乎？”曰：“嫂溺不援，是豺狼也。男女授受不亲，礼也；嫂溺，援之以手者，权也。”曰：“今天下溺也，夫子之不援，何也？”曰：“天下溺，援之以道；嫂溺，援之以手——子欲手援天下乎？”（《孟子·离娄上》）

另外，《孟子·告子下》也有他们的争论，淳于髡主齐学，这里齐学对鲁学取进攻姿态。

直至汉朝，这种争论仍然存在。这主要是鲁学的穀梁传和齐学的公羊传的争论。《汉书·儒林传》说：

宣帝即位，闻卫太子好穀梁春秋，以问丞相韦贤，长信少府夏侯胜，及侍中乐陵侯史高。皆鲁人也，言：“穀梁本鲁学，公羊氏乃齐学也，宜兴穀梁。”自元康中始讲，至甘露元年，积十余载，学者皆明习。乃召五经名儒太子太付肖望之等大议殿中，评公羊、穀梁同异，各以经处是非。

就这样，齐鲁之学斗争延续了数百年之久，到战国时期，由于形势的变化，却在齐国稷下学宫的论战中，二学开始了奇妙的融合。

二、齐、鲁之学在稷下学宫的融合

从上文看，齐鲁之学斗争是长期而激烈的。孔子曾经抱着改造齐国学风的愿望到齐国去劝说齐景公,希望“齐一变,至于鲁;鲁一变,至于道”(《论语·雍也》)。但是,却因遭到晏婴的坚决抵制而告失败。之后,孟子出于同样目的到了齐国,力劝齐宣王行仁义之政,几乎成功。但由于当时齐国齐学仍然很盛,淳于髡、田骈等齐人在稷下学宫中的势力很大,孟子的愿望实现不了,故说:“久于齐,非吾志也。”(《孟子·公孙丑下》)但是,孟子在齐国时间很长,而且与稷下先生宋钘、淳于髡等进行过争论。在争论中,他不但没有说服对方,反而受到齐学的许多影响,使自己的思想出现一些与齐学相通的东西。如他说:“民之为道也,有恒产者有恒心,无恒产者无恒心。苟无恒心,放辟邪侈,无不为已。”(《孟子·滕文公上》)这与《管子》的思想一致。《管子》说:“民富则易治也,贫则难治也。民富则安乡重家,敬上畏罪,故易治;民贫则危乡轻家,陵上犯禁,故难治。”(《治国》)孟子还说:“今也制民之产,仰不足以事父母,俯不足以畜妻子;乐岁终身苦,凶年不免于死亡。此惟救死而恐不赡,奚暇治礼义哉?”(《孟子·梁惠王上》)《管子》中也说:“仓廪实则知礼节,衣食足则知荣辱。”(《牧民》)这是孟子受管仲学派的影响,还是管仲学派受孟子的影响,难下定论,但可以看出,齐学和鲁学已经开始互相影响了。

在齐国有大影响的儒家人物是荀子,他虽不是鲁国人,但其思想本系鲁学系统的。荀子在稷下学宫中成为祭酒,多次执稷下学宫之牛耳。他曾拜齐学大师淳于髡为师,故其思想中逐渐吸收采纳了不少齐学中的东西,使鲁学齐学化了。如他讲儒家的仁义,也讲齐学中才有的利、法、刑,主张法后王,强调富国强兵。可以说,《荀子》一书是齐学鲁学融合的产物,这一融合是在稷下学宫中完成的。

除了《荀子》以外,在《管子》这部书中,齐学与鲁学也有机地融为一个统一的整体。我们稍微涉及一下《管子》一书的内容,就可更清楚地看到这一点。

《管子》讲仁，讲义。“仁从中出，义从外作。仁，故不以天下为利；义，故不以天下为名。仁，故不代王；义，故七十而致政。”（《戒》）“孝悌者，仁之祖也。”（同上）“君子之所慎者四，一曰大德不至仁，不可以授国柄。……故大德至仁，则操国得众。”（《立政》）“明王之务，在于强本事，去无用。……事有本，而仁义其要也。”（《五辅》）“身仁行义，服忠用信，则王。……亲之以仁，养之以义。”（《幼官》）

《管子》讲正名。如“有名则治，无名则乱，治者以其名。……故先王贵名。”（《枢言》）“名正分明，则民不惑于道。”（《君臣上》）“物固有形，形固有名，此言不得过实，实不得延名。姑形以形，以形务名，督言正名。”（《心术上》）

《管子》讲礼义。如“国有四维。……一曰礼，二曰义，三曰廉，四曰耻。礼不逾节，义不自进，廉不蔽恶，耻不从枉。”（《牧民》）“礼义者，人君之神也。”（《侈靡》）“成功立事，必顺于礼义。故不礼不胜天下，不义不胜人。”（《七法》）“事君有义，使下有礼。”（《四称》）“礼者，因人之情，缘义之理，而为之节文者也。故礼者谓有理也。理也者，明分以谕义之意也。”（《心术上》）

仁义、正名、礼义这些原本都是属于鲁学中的主要思想，而《管子》这部书则予以合理地吸收，使鲁学齐学化。

《管子》中更有大量齐学的东西：

《管子》讲法。如“法制不议，则民不相私。刑杀毋赦，则民不偷于为善”（《法禁》）。“凡牧民者，欲民之可御也。欲民之可御，则法不可不审。法者，将立朝廷者也”（《权修》）。“法者，天下之仪也，所以决疑而明是非也，百姓所县命也。故明王慎之。不为亲戚故贵易其法，吏不敢以长官威严危其命，民不以珠玉重宝犯其禁。故主上视法严于亲戚，吏之举令敬于师长，民之承教重于神宝。”

(《禁藏》)

《管子》讲阴阳五行。如“阴阳者,天地之大理也;四时者,阴阳之大经也”(《四时》)。“五声既调,然后作立五行,以正天时,五官以正人位。……日至,睹甲子木行御,……睹丙子火行御,……睹戊子土行御,……睹庚子金行御,……睹壬子水行御”(《五行》)。

《管子》讲鬼神。如“顺民之经,在明鬼神,祗山川,敬宗庙,恭祖旧。……不明鬼神,则陋民不悟;不祗山川,则威令不闻”(《牧民》)。“上恃龟筮,好用巫医,则鬼神骤祟”(《权修》)。

法,阴阳五行,鬼神,这些都是齐学中的传统思想。稷下齐法家注重法,邹衍注重阴阳五行,齐国是太公封地,太公思想上承黄帝,后来的齐国君主也继统于“高祖黄帝”(《陈侯因資敦》铭文),黄帝“监于万国,万国和,而鬼神山川封禅与为多焉”(《史记·五帝本纪》),祀鬼神也就成为齐学中的一个传统。

就这样,《管子》和《荀子》把齐学和鲁学融合起来。《管子》是以齐学为本,鲁学为末;而《荀子》是以鲁学为本,齐学为末。但都熔齐学、鲁学于一炉。这是既不同于齐学,又不同于鲁学的一种新的思想模式。这种新的思想模式之所以会在稷下学宫中形成,有其必然的原因:

(一)政治上统一趋势的要求。

孔子和孟子都曾经想改变齐国的学风,但在那“道术将为天下裂”(《庄子·天下》)的时代,学术思想只能适应“天下大乱,贤圣不明”(同上)的局面,所以他们的希望只能成为泡影。而到了战国中后期,政治上统一的趋势越来越明显了,“书同名,车同轨”(《管子·君臣上》)的大局已定,学术思想上的统一也就成为思想家们注重的课题。齐国统治者为了达到这一目的,又在稷下设馆,招来众多知识分子,让他们在这里相互辩论,相互吸取,这样就为这种思想上的融合和统一提供了非常便利的条件。

（二）齐国统治阶级是商业封建主，他们的思想比较活跃。齐威王、齐宣王都是开明之君，特别能够吸取不同意见。尤其齐威王，他能够广开言路，接受邹忌的规谏，提出“能面刺寡人之过者，受上赏；上书谏寡人者，受中赏；能谤议于市朝，闻寡人之耳者，受下赏”（《战国策·齐策》）。为满足称霸和统一中国的欲望，齐威王能够悉心求治，愿闻谏刺。君王能如此豁达大度，思想的活跃就可想而知了。齐襄王时，能够不囿于门户之见，让儒家人物荀子主持稷下学宫，更为思想的交流提供了有利的条件，也为各种思想的相互吸收和融合提供了有利的条件。

（三）齐国受传统思想的影响要少些，容易接受外来思想，不像鲁国那样封闭，处处拘守于周礼。《淮南子·齐俗训》说：

> 昔太公望、周公受封，而相见。太公问周公曰：“何以治鲁？”周公曰：“尊尊亲亲。”太公曰：“鲁从此弱矣。”周公问太公曰：“何以治齐？”太公曰：“举贤而上功。”

鲁国尊尊亲亲是行礼治，用常道保持社会秩序的安宁。而齐国则举贤尚功，用人唯贤，不必问门第资格，后来的管仲又提出了“俗之所欲，因而予之。俗之所否，因而去之”（《史记·管晏列传》）的主张，“谋于实，故能权与立，不可敌也”（同上）。这种尚权变的精神一直是齐国的传统，因此像淳于髡那样社会地位很低的“赘婿”也可受到重用，可以将自己的学术思想贡献给社会，为齐学鲁学的交融贡献自己的力量。

荀子和稷下齐法家的思想都是齐学、鲁学互相交融的结果。但荀子和稷下齐法家都未顾及为封建统治的合理性作出论证，所以他们的思想并未受到后代封建统治者的重视。封建统治者重视的是邹衍的齐学化的鲁学。邹衍在齐学、鲁学交融的基础上，把齐学中所容纳的各种有益于统治的理论内容融进了鲁学即儒学的内容中，从而形成了一种更为适应中央集权政治的思想模式，这就是邹衍的齐学化的鲁学。这种齐学化的鲁学将齐学中的阴阳五行思想吸收到鲁学中以后所形成的新的思想模式,很容易为封建专制君主的登上历史舞台作出论证。而且每一朝代的更替都可以从这种思想模式中找到根据,如秦汉王朝的统治者都说自己是代表金木水火土五德中的某一德而登上统治宝座的,从而把自己的统治当成天经地义,当成一种不可抗拒的历史必然性。从汉代以后,代代封建皇帝颁布的圣旨开头都要写上"奉天承运皇帝诏曰",就是利用这种齐学化的鲁学的典型事例。齐化的鲁学把人君神圣化,加之齐学中的法家思想也可以利用,就很容易为整个封建王朝服务。事实上,汉代董仲舒所提出的"罢黜百家,独尊儒术",这种儒术,也是齐学化的儒术,董仲舒的思想就是齐学化的鲁学。惟此,齐化的鲁学才保持了二千多年的统治地位,历久而不衰。从这一角度来看,齐学、鲁学的融合及稷下学宫的出现,确是历史的必然,而不是思想家们凭空创造出来的东西。

(本文选自《东岳论丛》1987年第3期)

蔡德贵,山东大学哲学与社会发展学院教授,主要从事中国思想史及阿拉伯思想史的研究。

本文认为齐学、鲁学之分,源于西周,起自春秋,烈于战国,延及汉代。齐鲁之学之所以形成不同的发展系统和思想模式,是由于齐鲁两国在政治、经济、地理环境和民俗上的差异造成的。到战国时期,由于形势的变化,却在齐国稷下学宫的论战中开始融合。

今文经学的形成和主要流派

丁冠之　蔡德贵

秦汉时期，在思想界占统治地位的，基本上是齐学。秦始皇焚书坑儒，但接受了齐学中的阴阳五行方术思想。汉初黄老思想占据统治地位近百年。至汉武帝，儒学得到提倡，经学受到重视。经学最先发展起来的是今文经学。今文经学基本上是齐学，因为传今文经的经师大多者是齐人，在对经典义理的发挥时，学风较为开放、夸诞，不像鲁学那样保守、拘谨。狭义的齐学，正是指秦汉之际的今文经学流派。如果说广义的齐学阴阳五行论是秦汉的宇宙学和符应论，黄老思想是汉初的政治学，方术是秦汉时期的宗教学和科学，那么，狭义的齐学——今文经学，则是秦汉时期的诠释学。

一、经学博士制度和稷下学

中国的博士制，起源于齐学。战国时，齐稷下学宫中，学者有祭酒、博士、先生、生(学生)几个等级。祭酒是最高的，相当于现在的大学校长，战国时仅有荀子称祭酒。博士是资格较老的稷下先生，稷下先生称博士的，史籍记载中仅见淳于髡一人。刘向《说苑·尊贤》称"诸侯举兵以伐齐，齐王闻之，惕然而恐，召其群臣大夫告曰：'有智为寡人用之。'于是博士淳于髡仰天大笑而不应"。东汉许慎所撰《五经异义》也确认，"战国时，齐置博士之官"。博士是掌通古今的。齐学中的博士制，得到秦代继承。秦始皇时设置博士70人，令他们预朝廷大议，备左右顾问，所职尤重，议帝号，决疑难，皆要征求博士的意见。如《史记·秦始皇本纪》载：始皇浮江至湘山祠上，问博士，曰：湘君何神？博士对曰：闻之，尧女舜之妻而葬此。后虽经秦始皇焚书坑儒之祸，但二世之时，仍有叔孙通等人被召为博士。

刘邦初即位，虽然忙于干戈之事，还无暇顾及上层建筑领域之事，且自认为"马上"得天下，用不着知识分子。但到叔孙通帮助他定了礼仪，使他享受到做皇帝的威严后，他也认识到了知识分子的重要作用，于公元前205年，"拜叔孙通为博士，号稷嗣君"(《史记·叔孙通列传》)。稷嗣，就是继承稷下传统，可见汉高祖设立博士也是由继承齐学而来。

惠帝、高后之时，"公卿皆武力功臣"(《汉书·儒林传》)，博士建制尚不健全。文帝时，虽置博士70余人，但此时的博士，并非专注重经典的经学博士，也有不少是专主诸子之学的博士。

汉武帝建元五年(公元前136)，董仲舒建议"罢黜百家，独尊儒术"，汉武帝正式立《诗》、《书》、《礼》、《易》、《春秋》五部书籍为法定经典，依五经设立博士，非五经博士便遭罢黜。

但是，何谓"经"呢？古来说法不一。"经"为"常"，即常道，是正常不可改变的道理呢？(《白虎通·五经》称五常之经)还是"经"为直线，以六经讲的都是直言，故称为经呢？(许慎《说文解字》释义)学术界比较普遍接受的说法，恐怕还是清朝经学家皮锡瑞所言："孔子所定谓之经，弟子所释谓之传，或谓之记；弟子展转相授谓之说。惟《诗》、《书》、《礼》、《乐》、《易》、《春秋》六艺乃孔子所手定，得称为经。"(《经学历史·经学流传时代》)因《乐》已佚，故汉武帝所设为"五经博士"。

汉代经学的发展，凡两变。西汉盛行今文经学，开始由五经博士以家法讲授,分为欧阳《尚书》、田何《易》、后苍《礼》、申培公《鲁诗》、辕固生《齐诗》、韩婴《韩诗》、董仲舒、胡毋生《春秋》。其后,“五经博士”分为十四:《易》博士三,施雠、孟喜、梁丘贺;《书》博士三,欧阳生、夏侯胜(大夏侯)、夏侯建(小夏侯);《诗》博士三,鲁诗、齐诗、韩诗;《礼》博士三,戴德(大戴)、戴圣(小戴)、庆普;《春秋》博士二,颜安乐、严彭祖。西汉末,古文经学兴起,东汉中叶,取今文经学而代之,显出独尊之势。东汉末,郑玄杂糅今、古文两家之说,但这时“郑学盛而汉学衰”(皮锡瑞:《经学历史·经学中衰时代》)了。

值得注意的一个问题是,秦代的博士中,齐学派就是主流派。淳于越、伏生、田何、卢生、徐生、侯生、安期生,以及邹衍、宋毋忌、正伯侨的后学,都是齐学派学者。因为他们主张的五德始终说、神仙说、封禅说,都是符合秦始皇要求的齐学。叔孙通虽非齐人,但他“卒为汉家儒宗”,历秦汉两代博士,由其主张“真儒知时变,礼者因时世人情变异”,能够“希世度务,制礼进退,与时变化”(《史记·叔孙通列传》),看来,显系齐学化之人物。汉代拜他为博士,也因为“其德业足以继齐稷下之风流”(《汉书·叔孙通传》徐广注)。

汉初的五经博士,齐学派仍然是主流。伏生、晁错(伏生弟子)、辕固生、胡毋生、董仲舒、后苍、田何《易》系的杨何、近乎齐学的韩婴,都是齐学派人物。叔孙通、浮丘伯系的鲁申公,则都带有齐学色彩(参见[日]内野熊一郎:《经今古文分立的源流》,《管子学刊》1989年第2期)。

西汉所设官学五经十四博士所治者,均为今文经学,其主流派也是齐学中人,所以,今文经学实属汉代之齐学中注重义理的诠释派。

二、公羊学派

如果说今文经学是齐学的主流,那么可以说公羊学派是齐学的核心学派,由他们所提出的春秋公羊说,是齐学的核心内容。

解释儒家经典《春秋》的著作称"传",流传至今的有三部,即《左氏传》《公羊传》《穀梁传》。其中《左氏传》为古文经,《公羊传》和《穀梁传》为今文经。前者详于叙述经文所记之事,于义理无发挥,后二者则详于解释和发挥经文之义理,而记事多误。鉴于此,南宋朱熹称前者为史学,称后二传为经学。

《穀梁传》为鲁人穀梁赤撰,他于子夏受《春秋》,其后则累世口授相传,至西汉时著于竹帛而成书。该书虽也侧重于义理之发挥,但持论较为拘谨平正,属于鲁学。

《公羊传》由战国时齐人公羊高所撰。相传公羊高也是子夏弟子,专治儒家经典《春秋》。所撰《公羊传》,起于鲁隐公元年(前722年),终于鲁哀公十四年(前481年),与《穀梁传》起讫年代相同。

起初,《公羊传》仅口头相传,到汉景帝时,公羊高之玄孙公羊寿和另一齐人胡毋生(子都)将已流传了五世的《公羊传》著于竹帛而传播于世。

《公羊传》的特点是记事简略,着重以发挥《春秋》的"微言"、"大义"为抒发己意的根据。《公羊传》第一句就阐发"大一统"的思想,对"元年春王正月"(《春秋》隐公元年),发挥说:"何言乎王正月？大一统也"。"王正月"本来只是说按照周历,以十一月为一岁之始来统一历法,但经《公羊传》这一发挥便有了"以元之气正天之端,以天之端正王者之政"(徐彦:《春秋公羊传疏》)的以元统天、以天统君的天人之学意义。而这一点正好合乎汉代帝王政治上借助于孔子学说来进行统一工作的需要，也合乎他们维护中央集权、维护皇权的需要，因此受到朝廷的重视，设公羊博士于学官。董仲舒专治《公羊传》，系统发挥“借事明义”之微言，“正名为本”之大义；胡毋生则以“齐之言《春秋》者宗事之”（《汉书·儒林传》）而显名；所以在景帝时均被授予博士。到汉武帝时，董仲舒提倡罢黜百家，独尊儒术，《公羊传》更受到特别重视，胡毋生之弟子公孙弘，本为普通百姓，却因治《公羊传》成绩突出，而官至丞相，自此，“天下学士靡然乡风矣”（《汉书·儒林传》），人们争着学《公羊传》，出现了《公羊》热（参见何耿镛：《经学概论》，湖北人民出版社1984年版，第50页），也就形成了公羊学派。

公羊学派的主要代表人物，在两汉除胡毋生、公孙弘、董仲舒外，主要有眭弘、严彭祖、颜安乐、何休等人。

眭弘，字孟，鲁国蕃人。少时即受齐学影响，好侠，斗鸡走马。及长，从嬴公受《春秋》，专治《公羊学》，以明经为议郎，官至符节令。

孝昭元凤三年（公元前78年）正月，泰山、莱芜山南人声鼎沸，有数千人围观一块自己立起来的大石，石高一丈五尺，大四十八围，入地深八尺，还有三块石为其足。大石立起之后，有白乌数千只聚集于大石之旁。也是这个时候，昌邑有块枯社木，死而复生，上林苑中有棵大柳树，本来已经断枯躺在地上，也自立而生，有的树叶被虫蛀成文字，“公孙病已立”，眭弘便推演《春秋》之意，以为“石柳皆阴类，下民之象，泰山者岱宗之岳，王者易姓告代之处。今大石自立，僵柳复起，非人力所为，此当有从匹夫为天子者。枯社木复生，故废之家公孙氏当复兴者也”（《汉书·眭弘传》）。他认为汉帝应问择天下贤人，禅以帝位，而退自封百里，以承顺天命，结果被大将军霍光恶之，认为他是妖言惑众，大逆不道，伏诛。但五年之后，孝宣帝果然兴于民间，即帝位，眭弘之子被征为郎。眭弘有弟子百余人，著名者为严彭祖、颜安乐，分创公羊严氏学和颜氏学两个分派。

严彭祖，字公子，东海下邳（今江苏邳县）人。他与颜安乐俱事眭弘，质问疑谊，各持己见，被眭弘赞为“《春秋》之意，在二子矣！”眭弘死后，他们二人各专门教授，分立严、颜公羊之学。严彭祖为宣帝博士，至河南、东郡太守，迁太子太傅，廉直不事权贵，认为“凡通经术，固当修行先王之道，何可委曲从俗，苟求富贵乎！”（《汉书·儒林传》）严氏学由王中、公孙文、东门云相传授。其后，治严氏公羊学的学者还有马宫、丁恭、周泽、钟兴、甄宇、楼望、樊儵、张霸、荀爽、马融、郑玄等人。

颜安乐，字公孙，鲁国薛（今山东滕州东南）人。家贫，为学精勤。为眭弘姊之子。官至齐郡太守丞，后为仇家所杀。他授淮阳泠丰次君、淄川任公，又分出泠、任之学。琅邪筦路、泰山冥都又事颜安乐，颜氏学中又分出筦、冥之学。之后，孙宝、左咸、刘向、张玄、何休、孔僖、陈重、雷义等人，也都治颜氏公羊学，尤以何休贡献为最大。

何休（129—182），字邵公，任城樊（今山东曲阜）人。他是董仲舒之后今文经学集大成者，以治公羊春秋闻名于世。何休为人质朴讷口，而雅有心思，精研六经，进退必以礼，妙得公羊学本意。

何休在钻研诸经时，发现有许多人受章句之学的烦扰，对经意并无深刻理解，“讲诵师言至于百万，犹有不解”（《春秋公羊传注疏序》），他十七年覃思不窥门，作成《春秋公羊解诂》一书，立三科九旨之说：新周，故宋，以《春秋》当新王，此一科三旨；所见异词，所闻异词，所传闻异词，此二科三旨；内其国而外诸夏，内诸夏而外夷狄，此三科三旨。又立五始、七等、六辅、二类之义。五始是“元年春王正月公即位”；七等是州、国、人、民、名、字、子；六辅是公辅天子，卿辅公，大夫辅卿，士辅大夫，京师辅君，诸夏辅京师；二类是人事与灾异。经他三科九旨之说,《春秋》中的微言大义,成为今文经学家议政的主要根据,以矫枉拨乱,为受品道之瑞,正德之纪。他提出的关于历史进化的"三世"太平世、升平世、衰乱世,对后世影响甚大。由于何休的贡献,公羊学成为有条理的儒家学说,公羊学派进一步成为受重视的儒家学派。但公羊学的齐学色彩是不可移易的,汉代韦贤就已经肯定穀梁子本鲁学,公羊氏乃齐学(《汉书·儒林传》)。

三、其他今文经学

除《春秋》公羊学之外,今文经学中齐学色彩比较浓厚的还有齐《诗》学,齐《尚书》学,齐《易》学。

齐《诗》学由辕固生创立。辕固生,齐人。他以治《诗》在景帝时被立为博士,曾与道家黄生争论汤武革命的问题,黄生认为汤武非受命,乃杀也,辕固生认为不然,桀纣荒乱,天下之心皆归汤武,汤武不得已而立,非受命而何?黄生又提出:"冠虽敝必加于首,履虽新必贯于足",强调上下之分,"桀纣虽失道,但他是君上,汤武虽圣,但他是臣下。汤武代立南面,非杀而何?"辕固生则大胆质问:"那么汉高祖刘邦即天子位,也不对吗!"

辕固生因诋毁道家,公开在窦太后面前贬低《老子》书为"家人言",被太后使之入圈刺猪。后以廉直,被拜为清河太傅,武帝时,以贤良征。他提倡"务正学以言,无曲学以阿世"(《史记·儒林列传》)。

辕固生对齐学的贡献,是创齐诗五际六情之说。

齐《诗》之五际说,在《汉书·翼奉传》中有明确记载,提到"《诗》有五际",翼奉"窃学齐《诗》,闻五际之要"。颜师古注说:"阴阳始终际会之岁,于此则有变改之政"。这五际是:亥为革命,一际也。

亥又为天门，出入候听，二际也。卯为阴阳交际，三际也。午为阳谢阴兴，四际也。酉为阴盛阳微，五际也。

六情说也是在《汉书·翼奉传》中提到的。翼奉治齐《诗》，明经术，惇学不仕，好律历阴阳之占。他提出，治道要务，在知下之邪正。人诚乡正，虽愚为用，若乃怀邪，知益为害。知下之术，在于六情十二律。

六情十二律是：北方之情，好也；好行贪狼，申子主之。东方之情，怒也；怒行阴贼，亥卯主之。南方之情，恶也；恶行廉贞，寅午主之。西方之情，喜也；喜行宽大，巳酉主之。上方之情，乐也；乐行奸邪，辰未主之。下方之情，哀也；哀行公正，戌丑主之。

这六情十二律颇为奇诞，注引孟康曰：北方水，水生于申，盛于子，水性触地而行，触物而润，多所好故；多好则贪而无厌，故为贪狼。东方木，木生于亥，盛于卯。木性受水气而生，贯地而出，故为怒；以阴气贼害土，故为阴贼。南方火，火生于寅，盛于午。火性炎猛，无所容受，故为恶；其气精专严整，故为廉贞。西方金，金生于巳，盛于酉。金之为物，喜以利刃加于万物，故为喜；利刃所加，无不宽大，故曰宽大。上方谓北与东，阳气所萌生，故为上。盛衰各得其所，故乐，水穷则无隙不入，不上出穷则旁行，故为奸邪。下方谓南与西，阴气所萌生，故为下。盛时而受刑，至穷无所归，故曰哀。火性无所私，金性方刚，故曰公正。依此看来，齐《诗》的最大特色，就是以阴阳五行思想来解释、附会诗意。

齐《尚书》学的创立者是伏生。伏生，齐济南（今山东章丘南）人。曾为秦博士，秦始皇焚书，他将《尚书》藏到墙壁之中。后来，发生兵乱，他流亡在外。汉定天下之后，伏生求其壁藏之书，发现丢失数十篇，独得 29 篇。他便用这 29 篇今文《尚书》，教于齐、鲁之间。汉文帝时，求能治《尚书》者，天下无有。闻伏生治之，欲召。但当时伏生已 90 多岁，老而不能成行。文帝诏太常使掌故晁错往受之，伏生之女协助其父向晁错传授《尚书》。现存今文本《尚书》即由他所传。

今文《尚书》以五行学说来附会人事政治，提出一套“天人合一”、“君权神授”的神学思想。这一套思想，由伏生传授给济南张生和千乘（今山东高青）欧阳生。欧阳生授同郡倪宽，倪宽授欧阳生之子，世世相传。到曾孙欧阳高，形成《尚书》欧阳氏学，被立为博士。张生授夏侯都尉。后者授同族子夏侯始昌，始昌传族子夏侯胜，形成大夏侯氏学。夏侯胜发挥《尚书》及《“洪范”五行传》的微言大义，以阴阳灾异推论时政得失，他从天久阴而不雨的自然现象，推论出臣下有谋上者。汉宣帝初即位，欲褒先帝，下诏让群臣议。夏侯胜力排众议，反对这种做法，认为“武帝虽有攘四夷广土斥境之功，然多杀士众，竭民财力，奢泰亡度，天下虚耗，百姓流离，物故者（过）半。蝗虫大起，赤地数千里，或人民相食，畜积至今未复。亡德泽于民，不宜为立庙乐”（《汉书·夏侯胜传》）。他抱定“人臣之谊，宜直言正论，非苟阿意顺指，议已出口，虽死不悔”（同上），所以为人质朴守正，毋有所讳。由于他们提倡的天人感应之说，一遇天灾人祸，皇帝便下“罪己诏”，如宣帝四年（公元前70年）夏，关东四十九郡同日地震，或山崩，坏城郭室屋，死六千余人。宣帝便下诏罪己：“盖灾异者，天地之戒也。朕承洪业，托士民之上，未能和群生”。（《汉书·夏侯胜传》）所以博问术士，有以应变，以补其阙。夏侯胜便以素直而迁太子太傅，赐黄金百斤。他教给弟子的座右铭是：“士病不明经术，经术苟明，其取青紫如俯拾地芥耳。学经不明，不如归耕。”（同上）只要通经，就很容易像拾地上的草芥一样，穿上青紫色的卿大夫之服，有高官厚禄。

夏侯胜又将《尚书》传给从兄之子夏侯建。夏侯建不拘一师，左右采获，从《五经》诸儒问与《尚书》相出入者，牵引以次章句，具文饰说，遭夏侯胜批评，认为他是“章句小儒，破碎大道”，而夏侯建则批评夏侯胜“为学疏略，难以应敌”（《汉书·夏侯建传》），所以自创小夏侯氏学，与大夏侯氏学分道扬镳。

欧阳氏学、大夏侯氏学、小夏侯氏学三家在汉代皆立博士。

受今文《尚书》的还有周霸、贾嘉、晁错等人。晁错名气很大，但他本于韩非刑名之学，及其论政，也多杂而不纯，已非齐学之今文经学全貌，只有贤良策较为接近齐学。

齐《易》学偏重象数占验。当时儒者以为人主至尊，无所畏惮，借天象以示儆，庶使其君有失德者犹知恐惧修省，此《春秋》以元统天、以天统君之义，亦《易》神道设教之旨（参见皮锡瑞：《经学历史·经学极盛时代》）。西汉今文《易》学以施雠、孟喜、梁丘、京房为代表。

施雠，今文《易》学“施氏学”的创立者，他本是沛（今江苏沛县东）人，但他与孟喜、梁丘贺同学于齐派《易》学田何的再传弟子田王孙，接受了齐学传统。孟喜，字长卿，东海兰陵（今山东苍山兰陵）人。他也受学于田王孙，主齐派《易》学，创今文《易》学“孟氏学”。他得《易》家侯阴阳灾变书，以64卦分配气候变化，以卦气言《易》。其后学著名者有翟牧、白光，形成《易》之翟、白之学。梁丘贺是西汉今文《易》学“梁丘学”的创立者，他字长翁，琅邪诸（今山东诸城）人。他曾为宣帝卜筮，以筮有应验而近幸。其后学著名者有士孙张、邓彭祖、衡咸等，分创士孙、邓、衡之学。施雠、孟喜、梁丘贺三人，在宣帝时均立为博士。

受西汉齐派《易》学影响较大的学者是京房。京房（公元前77—前37），本姓李，字君明，东郡顿丘（今河南清丰西南）人，他受《易》孟氏学于焦延寿。焦延寿之说长于灾变，分64卦，更直日用事，以风雨寒温为候，各有占验。京房得焦氏《易》学，以“通变”说“易”，好言灾异。他提出“古帝王以功举贤，则万化成，瑞应著，末世以毁誉取人，故功业废而致灾异”，认为“令百官各试其功，灾异可息”(《汉书·京房传》)。

京房曾在汉元帝面前免冠顿首,直接批评他,说:“《春秋》记二百四十二年灾异,以视万世之君。今陛下即位以来,日月失明,星辰逆行,山崩泉涌,地震石陨,夏霜冬雷,春凋秋荣,陨霜不杀,水旱螟虫,民人饥疫,盗贼不禁,刑人满市,《春秋》所记灾异尽备。”(《汉书·京房传》)他暗示元帝用人不当,致使灾异横生,要消除灾异,必除奸佞,任贤人。

京房撰成《京房易传》,《隋志》著录十卷,今传三卷。该书以乾、坤为根本,坎、离为性命,统摄64卦,用世、应、飞、伏、游魂、归魄等解说爻、卦之间的关系,实是象数之学。对占卜所说“五十其一不用”,解释说:“五十者,谓十日、十二辰、二十八宿也。凡五十其一不用者,天之生气,将欲以虚来实,故用四十九焉。”(李鼎祚《周易集解》引)其学以儒者明《易》,而能通阴阳、五行、消息之宜,可以通天人之际,达万物之情(参见唐晏:《两汉三国学案》,中华书局1992年版,第25页)。实际上,齐派《易》学不过是借助神力,来达到警告统治者的目的,其学说虽有粗俗、迷信的一面,其目的和实际效果却有积极的一面,尤其能迫使封建统治者下“罪己诏”已属难能可贵,故对其说也不该全部否定。这一点从京房后学谷永身上,更清楚地表现出来。

谷永(?),字子云,本名并。他于经书,“泛为疏达”,“其于天官、京氏易最密,故善言灾异,前后所上四十余事,略相反复,专攻上身与后宫而已”。他根据天人感应论提出卦气说,认为王者躬行道德,承顺天地,则卦气理效,失道妄行,逆天暴物,则卦气悖乱。他利用阴阳灾异之说谏诤皇帝,指出西汉末年的不治,系由成帝“志在闺门,未邮政事,不慎举措”所致,他说“内则为深宫后庭将有骄臣悍妾醉酒狂悖卒起之败,北宫苑囿街巷之中臣妾之家幽闲之处征舒、崔杼之乱;外则为诸夏下土将有樊并、苏令、陈胜、项梁奋臂之祸。"预言将出现臣弑君和农民起义的事件。因此,他主张尊贤尚功,发扬民主。他说:"王者以民为基,民以财为本,财竭则下畔,下畔则上亡。是以明王爱养基本,不敢穷极,使民如承大祭。""臣闻天生蒸民,不能相治,为立王者以统理之,方制海内非为天子,列土封疆非为诸侯,皆以为民也。垂三统,列三正,去无道,开有德,不私一姓,明天下乃天下之天下,非一人之天下也。"所以,他反对"轻夺民财,不爱民力,听邪臣之计"(以上均见《汉书·谷永传》)。

谷永所承袭的,正是齐学的传统,邹忌讽齐王纳谏,稷下先生王斗的谲谏,处处都透露出齐学的民主传统。可惜的是,这一传统虽有谷永继承,在漫长的封建社会却并没得到发扬,直到明末清初黄宗羲,才发扬这些民主思想,提出"天下为主,君为客"的准则,"天下之治乱,不在一姓之兴亡,而在万民之忧乐"(《原臣》)。黄宗羲的思想显与谷永有联系。

《诗》、《尚书》、《易》三经的齐学派,已如上述。其他经典也有出自齐派人之手的,如汉今文本齐《论语》,但其内容虽较鲁《论语》多出《问王》、《知道》两篇,却与鲁《论语》并无本质上的不同,故可存而不论。

四、齐派经学所开创的传统

在儒家经典中,《春秋》的地位恐怕是最不稳定的。这首先是因为它的作者到底是谁,就是一个至今仍悬而未决的大问题。退一步讲,即使根据《孟子》、《史记》、《汉书》等典籍的说法,确定《春秋》的作者是孔子,那也不是没有问题了。因为按照《史记·太史公自序》的说法,孔子对原有的鲁史《春秋》"笔削褒贬","重空文以断礼义",其用意是在"道义",而不仅仅是记事之书。所以旧说认为,借事明义是《春秋》之旨。但孔子如何立道义为后王立法，却又不甚了了，经学家们的分歧于是产生，且愈演愈烈。

孔子作《春秋》的动机何在？《孟子·滕文公下》说："世衰道微，邪说暴行有作，臣弑其君者有之，子弑其父者有之。孔子惧，作《春秋》"；"孔子作《春秋》而乱臣贼子惧"。于此可见孔子在作《春秋》之时，已有非常明确的主观动机，褒善贬恶，注重义理，所以，孟子又说："《春秋》，天子之事也。是故孔子曰：'知我者，其惟《春秋》乎！罪我者，其惟《春秋》乎！'"（同上）

其所以如此，是因为《春秋》中有许多不明说的"微言"、"大义"，可以从不同的方面去理解。所以从战国之时，人们对《春秋》一书的主旨就有不同的看法：《庄子·天下》篇说"《春秋》以道名分"；《荀子·劝学》篇说"《春秋》之微也，在天地之间者毕矣"；《礼记·经解》说"属辞比事，《春秋》教也"；及至汉代，《史记·太史公自序》说"《春秋》以道义"；《汉书·艺文志》说"《春秋》以断事"。这就正如蒋伯潜所说：大义可以于文字间求之，微言则诚如《列子·说符》篇所谓"不以言言之"。不以言言之者，谓不能于文字求之也（蒋伯潜：《十三经概论·春秋经传概论》，上海古籍出版社 1986 年版）。《春秋》全书仅有一万六千多字，文字极简，记事极略，尊之者视之为经，探求其中的微言大义，而贬之者如王安石，则"黜《春秋》之书，使不列于学官，至戏目为断烂朝报"（《宋史·王安石传》）。

其实，孔子修《春秋》，只是用意在阐扬"道义"，而《春秋》一书本身的"道义"并不明显。后来，在尊崇并解释《春秋》的著作尤其是《春秋》三传中，"《公羊》兼传《春秋》经之'微言'、'大义'；《穀梁》惟传'大义'；《左传》则并'义'不传。《穀梁》言义不及《公羊》之大，记事不及《左传》之长，故宣帝时虽曾立于学官，建初八年虽曾诏诸儒各选高材生，受《左氏》《穀梁》；而其后仍废，灵帝《熹平石经》所以独无《穀梁传》者，殆以此也"（同上）。

可见，在《春秋》三传中，《公羊传》是相当重要的。而在齐派经学中，它是最高水平的代表作。齐派经学所具有的传统，基本上是由《公羊传》所开创的。

具体来说，齐派经学开创的传统，就是阐发儒家经典中的微言大义。就《公羊传》而论，阐发出来的微言大义有三方面内容，即大一统说、天人感应说、三世说。

“大一统”被董仲舒誉为“天地之常经，古今之通谊”（《天人三策》）。“大一统”既包括政治上的统一，也包括思想上文化上的统一。这种思想从汉代起，便成为中华民族大家庭的共识，坚持统一，反对分裂，一直是志士仁人长期努力奋斗所追求的终极目标。直到今天，大一统仍然是海峡两岸有识之士共同追求的目标。总有一天，大一统会在中华大地上真正实现，到那时，海峡两岸人民将不再是仅仅吃着“统一面”的企盼，而是真正享受到政治上、思想上、文化上实现统一的快乐。

齐派经学的天人感应说，也在《公羊传》中有明显的表现，“以天之端正王者之政”（徐彦：《春秋公羊传疏》），即具有以天统君的天人之学意义。利用天来干预人事，人的行为可以感应上天。这种思想不能简单地斥之为神秘和迷信，它还表现出在封建社会民主不发达的情况下，人民利用“天”来限制统治者的一种策略。当然，统治者利用天人感应来吓唬百姓的事也时有发生。所以，对天人感应说的作用，是需要特别慎重认识的。

“三世说”肇端于《公羊传》而完成于董仲舒，最后演化成衰乱世、升平世、太平世的世界演化模式，引申出社会由衰乱到升平到太平即由乱到治的变易。“三世说”并不是在阐述具体的历史事实，而是在阐述一种历史哲学。这种历史哲学的核心是变，社会要变，历史要变，这正是贯穿在《春秋》中的一贯思想，正如董仲舒所说“《春秋》无通辞，从变而移”（《春秋繁露·竹林》篇）。公羊学家继承了这种变的哲学，后来，历代社会改革家都把这种变的哲学作为自己鼓吹变法改革的理论基础。

因此，“大一统说”、“天人感应说”、“三世说”，都是齐派经学所开创的阐发微言大义传统而形成的理论。如果只有《春秋》这部儒家经典，我们今天所能得到的，仅是一些简单的历史事实，而齐派经学的发挥使我们得到了一种社会、历史哲学。齐派经学重义理的传统为清代中叶常州学派庄存与、刘逢禄所继承，他们议论世事，干预时政，推动了重义理传统的复兴。经过廖平和康有为之手的改造，齐派经学成为近代变法维新运动的理论根据，充分显示了齐学尚变的特点。

（本文选自丁冠之、蔡德贵:《秦汉齐学》，
齐鲁书社 1997 年版，第 453—504 页）

丁冠之，山东大学历史文化学院教授，主要从事中国思想史研究。

本文认为狭义的“齐学”即秦汉时期的今文经学，而今文经学则为诠释学。西汉所设官学五经十四博士所治者，均为今文经学，其主流派也是齐学中人，今文经学实属汉代之齐学中注重义理的诠释派。而公羊学派则是齐学的核心学派，由他们所提出的《春秋》公羊说，是齐学的核心内容。除《春秋》公羊学之外，今文经学中齐学色彩比较浓厚的还有齐《诗》学，齐《尚书》学，齐《易》学。

齐派经学开创的传统，就是阐发儒家经典中的微言大义。

齐鲁文化的风格与儒学的西渐

王子今

齐鲁地区基础深厚的文化,在战国时代已经形成对周边地区有重要影响的显著领先的优势。

秦最后灭齐。刘邦的汉军在歼灭项羽军之后,“项王已死,楚地皆降汉,独鲁不下。汉乃引天下兵欲屠之,为其守礼义,为主死节,乃持项王头视鲁,鲁父兄乃降。始,楚怀王初封项籍为鲁公,及其死,鲁最后下,故以鲁公礼葬项王谷城。汉王为发哀,泣之而去”(《史记·项羽本纪》)。

西汉政权策划迁徙关东贵族豪杰名家居关中时,首先想到的又是“徙齐诸田”(《史记·刘敬叔孙通列传》)。

齐鲁的文化实力和文化影响,一直是处于关西的最高统治集团不可以须臾轻视的。

齐鲁文化以悠远的传统和厚重的内力,影响着秦汉文化史的进程。同时,在儒学西渐的过程中,也接受着其他区域文化诸种积极因素对自身的改造。

一

齐鲁都是在西周时期就先期得以发达的地区。

齐桓公曾经称霸天下。鲁国也因在春秋战国时期保存周的传统最多,曾经迎受着天下文化人敬重的目光。

《史记·儒林列传》说:“天下并争于战国,儒术既绌焉,然齐鲁之间,学者独不废也。于威、宣之际,孟子、荀卿之列,咸遵夫子之业而润色之,以学显于当世。”司马迁还写道:“及高皇帝诛项籍,举兵围鲁,鲁中诸儒尚讲诵习礼乐,弦歌之声不绝,岂非圣人之遗化,好礼乐之国哉?”“夫齐鲁之间于文学,自古以来,其天性也。”

司马迁曾经赞颂鲁人的“揖让之礼”(《史记·鲁周公世家》),他还亲临鲁地,感受这里特殊的文化氛围。《史记·孔子世家》写道:

余读孔氏书,想见其为人。适鲁,观仲尼庙堂车服礼器,诸生以时习礼其家,余祗回留之不能去云。天下君王至于贤人众矣,当时则荣,没则已焉。孔子布衣,传十余世,学者宗之。自天子王侯,中国言《六艺》者折中于夫子,可谓至圣矣!

《史记·齐太公世家》记载,他在踏上齐国故土时,也曾经发出由衷的感叹:

吾适齐,自泰山属之琅邪,北被于海,膏壤二千里,其民阔达多匿知,其天性也。以太公之圣,建国本,桓公之盛,修善政,以为诸侯会盟,称伯,不亦宜乎?洋洋哉,固大国之风也!

可以推知,司马迁“北涉汶、泗,讲业齐、鲁之都,观孔子之遗风,乡射邹、峄”(《史记·太史公自序》)的经历,对于他学术素养的形成和文化资质的造就,有重要的意义。

司马迁在《史记·货殖列传》中曾经介绍了这一地区的经济特征与文化风貌:

齐带山海,膏壤千里,宜桑麻,人民多文彩布帛鱼盐,临菑亦海、岱之间一都会也。其俗宽缓阔达,而足智,好议论,地重,难动摇,怯于众斗,勇于持刺,故多劫人者,大国之风也。其中具五民。

而邹、鲁滨洙、泗,犹有周公遗风,俗好儒,备于礼,故其民

> 龊龊。颇有桑麻之业,无林泽之饶。地小人众,俭啬,畏罪远邪。及其衰,好贾趋利,甚于周人。

《汉书·地理志下》关于齐地文化的总结,重视其历史传统的作用。“古有分土,亡分民。太公以齐地负海舄卤,少五谷而人民寡,乃劝以女工之业,通鱼盐之利,而人物辐凑。后十四世,桓公用管仲,设轻重以富国,合诸侯成伯功,身在陪臣而取三归。故其俗弥侈,织作冰纨绮绣纯丽之物,号为冠带衣履天下。”班固又写道:

> 初太公治齐,修道术,尊贤智,赏有功,故至今其土多好经术,矜功名,舒缓阔达而足智,其失夸奢朋党,言与行缪,虚饰不情,急之则离散,缓之则放纵。始桓公兄襄公淫乱,姑姊妹不嫁,于是令国中民家长女不得嫁,名曰“巫儿”,为家主祠,嫁者不利其家,民至今以为俗。痛乎,道民之道,可不慎哉!

“昔太公始封,周公问:‘何以治齐?’太公曰:‘举贤而上功。’”(《淮南子·齐俗训》)齐人政治文化的传统实际上得到继承。班固关于齐人夸言虚饰习性的分析,也是有根据的。只是长女不嫁,为家主祠的风俗,未必是“襄公淫乱”“道民”所致,而是一种远古风习的遗存。班固“痛乎”的感叹,说明这一风俗与中原正统文化的距离。

对于鲁地文化的特色,《汉书·地理志下》重点强调了其重视文教礼义的基本风格:

> 其民有圣人之教化,故孔子曰:“齐一变至于鲁,鲁一变至于道。”言近正也。濒洙泗之水,其民涉度,幼者扶老而代其任。俗既益薄,长老不自安,与少者相让,故曰:“鲁道衰,洙泗之间龂龂如也。”孔子闵王道将废,乃修六经,以述唐虞三代之道,弟子受业而通者七十有七人。是以其民好学,上礼义,重廉耻。

据说周公始封时,太公问:“何以治鲁?”周公曰:“尊尊而亲亲。”(《淮南子·齐俗训》)太公于是说道:那么后世将会逐渐衰弱的。鲁国政治史的演变,果然证实了这一预言。

秦汉以来，鲁地文化的特质又逐渐发生了与传统相背离的历史性的变化。

司马迁在《史记·货殖列传》中说："鲁好农而重民。"不过，齐鲁之地也有所谓"当世千里之中，贤人所以富者"足以"令后世得以观择"的：

> 鲁人俗俭啬，而曹邴氏尤甚，以铁冶起，富至巨万。然家自父兄子孙约，俯有拾，仰有取，贳贷行贾遍郡国。邹、鲁以其故多去文学而趋利者，以曹邴氏也。

> 齐俗贱奴虏，而刀间独爱贵之。桀黠奴，人之所患也，唯刀间收取，使之逐渔盐商贾之利，或连车骑，交守相，然愈益任之。终得其力，起富数千万。故曰"宁爵毋刀"①，言其能使豪奴自饶而尽其力。

《汉书·货殖传》也说："刀间既衰，至成、哀间，临淄姓伟訾五千万。"

班固在《汉书·地理志下》中也指出：

> 今去圣久远，周公遗化销微，孔氏庠序衰坏。地狭民众，颇有桑麻之业，亡林泽之饶。俗俭啬爱财，趋商贾，好訾毁，多巧伪，丧祭之礼文备实寡，然其好学犹愈于它俗。

民俗虽然有所变化，"好学"的风气依然如初，所以，"汉兴以来，鲁、东海多至卿相"。

二

陈直先生曾经著文论述西汉时期齐鲁文化人的学术艺术成

---

① "宁爵"，注家或以为"宁免去求官爵"，钱钟书先生说："按《集解》、《索隐》、《考证》所释皆苦纠绕而不中肯綮。'免去'非'免去求官爵'，乃'去'而'免'受役，言奴宁舍去官爵之主，毋舍去刁间，足言之，即'宁不事爵，毋不事刁'。"《管锥编》，中华书局1979年版，第1册第387页。

就，题为《西汉齐鲁人在学术上的贡献》。其中凡举列9种，即：

一、田何、伏生等的经学；

二、褚少孙的史学；

三、东方朔的文学；

四、仓公的医学；

五、尹都尉的农学；

六、徐伯、延年的水利学；

七、齐人的《九章算术》；

八、宿伯年、霍巨孟的雕绘；

九、无名氏的书学。

陈直先生主要讨论了齐鲁人以上9种文化贡献，其他“至于《汉书·艺文志》所载师氏的乐学，《律历志》所载即墨徐万且的历学，《曹参传》所载胶西盖公的黄老学，其事实不够具体，故均略而不论”。

陈直先生同时指出，“西汉时齐鲁人对学术上的贡献，如此之伟大，其原因远受孔子下官学的私学的影响。次则受荀卿游齐之影响，汉初齐鲁经学大师，如申培公、毛苌，皆为其再传弟子。再次则受齐稷下先生之影响，稷下为人才荟萃之地，百家争鸣，不拘一格。医学、农学、算学等，当必有从事研究者，在战国时开灿烂之花，至西汉时结丰硕之果，其势然也”。（陈直：《西汉齐鲁人在学术上的贡献》，《文史考古论丛》，天津古籍出版社1988年版，第173—182页）

陈直先生的这篇论文，其实应当看作区域文化研究的代表性成果。重视考古资料的运用，亦开创了文化史研究的新径。特别是论列及于徐伯、宿伯年、霍巨孟等水工和石工，重视“劳动人民之智慧创作”，对于后来的研究，尤其具有典范式的意义。

出身于齐鲁地区的“汉兴”以来的“卿相”固然相当多，其他在历史上有突出表现的文化明星，也在这里结聚成耀眼的星团。

以齐郡、济南郡、泰山郡、山阳郡、济阴郡以及鲁国、城阳国、东平国、甾川国为例,我们可以看到如下出身这一地区的人士,其事迹在《汉书》中留下了历史记录:

齐郡:浮丘伯(《儒林传》),服生(《儒林传》),即墨成(《儒林传》),衡咸(《儒林传》),周堪(《儒林传》),炔钦(《儒林传》),辕固(《儒林传》),胡毋生(《儒林传》),楼护(《游侠传》),娄敬(《娄敬传》),邹阳(《邹阳传》),薛方(《鲍宣传》),栗融(《鲍宣传》);

临淄:严安生(《严安生传》),主父偃(《主父偃传》);

济南郡:终军(《终军传》),王䜣(《王䜣传》),伏生(《儒林传》),张生(《儒林传》),林尊(《儒林传》);

泰山郡:毛莫如(《儒林传》),栗丰(《儒林传》),冥都(《儒林传》);

刚:郑弘(《郑弘传》);

山阳郡:曹竟(《鲍宣传》),张无故(《儒林传》),张长安(《儒林传》),张就(《儒林传》);

南平阳:龚遂(《循吏传》);

单父:吕公(《高帝纪上》);

瑕丘:江公(《儒林传》),萧奋(《儒林传》);

济阴郡:侯嘉(《龚胜传》);

冤句:陈豨(《陈豨传》);

鲁国:丙吉(《丙吉传》),夏侯始昌(《儒林传》),申公(《儒林传》),周霸(《儒林传》),冯宾(《儒林传》),许生(《儒林传》),徐生(《儒林传》),闾丘卿(《儒林传》),夏侯敬(《儒林传》),荣广(《儒林传》),晧星公(《儒林传》),朱家(《游侠传》);

蕃:眭孟(《眭孟传》);

薛:颜安乐(《儒林传》);

城阳国

莒:衡胡(《儒林传》);

东平国:夏侯胜(《夏侯胜传》),王式(《儒林传》),唐长宾(《儒林传》),嬴公(《儒林传》);

任城:周仁(《周仁传》);

亢父:宁寿(《龚胜传》);

甾川国:公孙弘(《公孙弘传》),长孙顺(《儒林传》),任公(《儒林传》)。

凡此共计58人。在各个地区人才分布的比率中,这一数字应当是领先的。此外,又有如《汉书·儒林传》"侍中乐陵侯史高""鲁人也",然而不知郡县等情形,也值得注意。

三

齐鲁文化扩展其影响的最突出的表现,是儒学的向西传布。

秦始皇当政时,据说"天性刚戾自用","天下之事无小大皆决于上",以其绝对的刚愎自信,却仍然"悉召文学方术士甚众,欲以兴太平",在他的高级谘政集团中容有许多儒学博士。

秦始皇廷前议封建事,至湘山祠问湘君,海上"求芝奇药仙者",都曾经听取他们的意见,"上邹峄山,立石",又曾经直接"与鲁诸儒生议"。

就所谓"坑儒"这一著名冷酷的集体残杀儒学之士的血案看,当时在秦王朝统治中心咸阳,"诸生皆诵法孔子"者,仅"自除犯禁"而"坑之咸阳"的,竟多达460余人(《史记·秦始皇本纪》)。

秦末社会大动乱中,有不少齐鲁地区的儒生踊跃参与了关东地区民众反秦的武装斗争。孔子八世孙孔鲋,就曾经"为陈王涉博士,死于陈下"(《史记·孔子世家》)。原秦博士,出身于鲁国薛地的叔孙通被刘邦拜为博士，号稷嗣君。他“征鲁儒生三十余人”西行，合作帮助汉王朝制定朝仪。成功后，刘邦感叹道：“吾乃今日知为皇帝之贵也！”于是“拜叔孙通为太常，赐金五百金”（《史记·刘敬叔孙通列传》）。

鲁地儒生拜为九卿，使儒学的影响第一次可以托附于政治权力的作用而空前扩展。

儒学在百家之学中的主导地位的彻底确定，是汉武帝时代。

齐地儒生公孙弘相继任博士、太常、御史大夫、丞相，封平津侯，是儒学地位开始上升的一个重要信号。

《史记·儒林列传》记载：“公孙弘以《春秋》为天子三公，封以平津侯，天下之士靡然向风矣。”裴骃《集解》引徐广曰：“一云‘自齐为天子三公’。”司马迁在《史记·平津侯主父列传》中说：“丞相公孙弘者，齐菑川国薛县人也。”司马贞《索隐》：“案：薛县属鲁国，汉置菑川国，后割入齐也。”据王先谦《汉书补注》：“钱大昕曰：‘《史记·平津侯传》称齐菑川薛县人。《汉书》同是。汉初菑川与鲁俱有薛县，其后并省，《班志》据元成以后版籍，故菑川无薛。’徐松曰：‘菑川始立国恐不止领县三。传称武帝为悼惠王冢园在齐，乃割临菑东园悼惠王冢园邑尽以予菑川。薛初属楚，故为薛郡，不止一县地，实临菑东境也。宣帝五凤中，王终古有罪诏削四县，若止领县三，何足当削？此恐薛先为所属，削后移属之也。’”

公孙弘作为齐鲁儒生的代表，建议各地荐举“好文学，敬长上，肃政教，顺乡里，出入不悖所闻者”，加以培养，充实政府机构，“以文学礼义为官”。这一建议为汉武帝认可，于是“自此以来，则公卿大夫士吏斌斌多文学之士矣”（《史记·儒林列传》）。

汉初政治结构，经历了由“功臣政治”和“功臣子政治”两个阶段，在汉武帝时代又开始了向“贤臣政治”的历史转变（参看王子今：《权力的黑光——中国封建政治迷信批判》，中共中央党校出版社 1994 年版,第 165—173 页)。而齐鲁儒学之士纷纷西行,进居统治集团上层,恰恰是和这一历史转变同步的。

西汉后期诸朝丞相,已以掾史文吏和经学之士为主。自昭宣时期到西汉末年,丞相计 21 人 22 任,考其出身地域,可以获得有意义的发现:

表 1　西汉昭宣元成哀平朝丞相出身地域

时　代	丞　相	出　身　地　域	
昭帝朝	田千秋	其先齐诸田徙长陵	*
	王　䜣	济南人	*
	杨　敞	华阴人	
	蔡　义	河内温人	
宣帝朝	韦　贤	鲁国邹人	*
	魏　相	济阴定陶人	*
	丙　吉	鲁国人	*
	黄　霸	淮阳阳夏人	
	于定国	东海郯人	
元帝朝	韦玄成	鲁国邹人	*
	匡　衡	东海承人	
成帝朝	王　商	涿郡蠡吾人	
	张　禹	河内轵人	
	薛　宣	东海郯人	
	翟方进	汝南上蔡人	
	孔　光	鲁国人(孔子十四世之孙)	*
哀帝朝	朱　博	杜陵人	
	平　当	祖父自(梁国)下邑徙平陵	
	王　嘉	平陵人	
	孔　光	鲁国人(孔子十四世之孙)	*
	马　宫	东海戚人	
平帝朝	平　晏	平陵人(平当子)	

有 * 号者为齐鲁人,合计 7 人,8 人次,人数占总人数的 33.33%。以人次计,则占总人次的 36.36%。

汉武帝时代,"黜黄老刑名百家之言,延及文学儒者数百人"(《史记·儒林列传》),实现了所谓"罢黜百家,表彰六经"(《汉书·武帝纪》)的历史性转变,儒学之士于是在文化史的舞台上逐渐成为主角。

《史记·仲尼弟子列传》中列录77人中,齐鲁人45人,占58.44%;卫宋陈楚吴人12人,占15.58%;秦人2人,占2.60%;籍贯不明者18人,占23.38%。

《史记·儒林列传》中所列录的西汉前期著名儒生,仍然以齐鲁人为主。所见39人中,齐鲁人28人,占71.79%;其他燕人、砀人、温人、广川人、雒阳人共计7人,占17.95%;籍贯不明者4人,占10.26%。

然而,据《汉书·儒林传》的记载,综合考察西汉一代著名儒生的区域分布,情况则已经有所不同。

我们看到,齐鲁人在西汉名儒中占45.60%,出身其他地区者占46.11%,籍贯不明者占8.29%。

出身于齐鲁以外地区的儒学学者中,有远至蜀、淮南、九江、江东,甚至苍梧的。值得注意的是,其中三辅名儒占总数的5.18%,三河名儒占总数的5.70%。

分析《后汉书·儒林列传》中提供的资料,可以看到当时著名的儒学学者,齐鲁人占36.36%,出身于齐鲁以外地区者,占63.64%。另外,值得注意的是,其中关中学者占6.82%,河南、河内、南阳学者占7.95%,会稽、九江、豫章学者占6.82%,巴蜀学者占10.23%。

齐鲁儒学学者比例的下降,并不是由于当地儒学的衰落,而说明了儒学在各地的普遍传布(王子今《秦汉时期齐鲁文化的风格与儒学的西渐》,《齐鲁学刊》1998年第一期)。

四

人们进行文化区域的划分时,往往“齐鲁”统称。其实,“齐”与“鲁”,从历史渊源分析,两地的文化传统表现出明显不同,而秦汉时期,两地的文化风格仍然存在着若干差异。

鲁地是儒学的发生地。鲁人曾经因此而怀有强烈的文化优越感而傲视齐人。

《孟子·公孙丑上》:

> 公孙丑问曰:“夫子当路于齐,管仲、晏子之功,可复许乎?”
>
> 孟子曰:“子诚齐人也,知管仲、晏子而已矣。……”

所谓“子诚齐人也”,似乎表现出鲁人对齐人的轻蔑。其实,齐文化较鲁文化,曾经具有更为开阔,更为灵活,更为积极的特质。甚至后来儒学本身,也因为齐人的精神投入而得到突出的发展。

清代学者俞樾《湖楼笔谈》卷二写道:

> 孔子鲁人,七十子亦大半鲁人。乃微言大义传至今者,则往往出于齐人。如公羊子,齐人也。《春秋》一经赖以粗明。穀梁不过掇拾补苴。左丘明固不传经,所弗论也。汉初,《诗》有三家,而《齐诗》之学独存异义,六情五际皆出《齐诗》。《汉书》翼奉、郎颐两《传》略见大旨,惜后学失传,毛义孤行,使圣人删《诗》之举,仅同徐陵之编《玉台新咏》,王安石之选《唐百家诗》,而制作之微意,不可复见矣。《齐论》多《问王》、《知道》二篇,不知其语云何。必有精语,惜其不传。

俞樾于是感叹道:“齐实未可轻也!”

这样的观点,是应当引起重视的。

（本文选自王子今《秦汉区域文化研究》，四川人民出版社1998年版，第46—59页）

王子今，中共中央党校历史教研室教授，主要从事秦汉史的研究。

本文对齐鲁文化的风格、齐鲁文化的成就进行了分析，认为齐鲁文化扩展及其影响的最突出表现，是儒学的向西传布。

汉武帝独尊儒术与齐学

安作璋　刘德增

汉武帝独尊儒术，不仅是汉代历史上也是中国历史上的一件大事，其历史意义及影响之深远，前人多有论述，本文仅就其与"齐学"的关系提几点粗浅的看法。

一

"齐学"一词，始见于汉宣帝初年。《汉书·儒林传》：

> 宣帝即位，闻卫太子好《穀梁春秋》，以问丞相韦贤、长信少府夏侯胜及侍中乐陵侯史高，皆鲁人也，言《穀梁子》本鲁学，《公羊氏》乃齐学也，宜兴鲁学。

《公羊氏》即《春秋公羊传》。属于"齐学"的，除《公羊传》外，还有《齐诗》和《齐论》，这三部书都是"齐学"的经典著作，而且都成书于西汉初年。

《汉书·艺文志》谓《公羊传》为齐人公羊高所撰，徐彦《春秋公羊传疏》引戴弘《序》说，公羊高是子夏的学生。但自古以来论者便谓此不可信(《四库全书总目提要·春秋公羊传注疏》)。戴弘说《公羊传》开始是口耳相传，到汉景帝时始著之于竹帛。何休也如是说(《公羊传》隐公二年何休注)。杨伯峻据此认为，所谓汉景帝时始著之于竹帛，也就是《公羊传》成书的时间(《〈公羊传〉和〈穀梁传〉》,《经书浅谈》,中华书局1984年版,第86—97页)。

《齐诗》的作者,应劭说是后苍(《汉书·艺文志》注)。但《汉书·儒林传》说后苍"事夏侯始昌",同书《夏侯始昌传》又说夏侯始昌以"《齐诗》《尚书》教授"。据此,《齐诗》必不出于后苍。按《儒林传》,夏侯始昌是齐人辕固的弟子,又说:"汉兴,……言《诗》,于鲁则申培公,于齐则辕固生,燕则韩太傅(婴)。"《鲁诗》、《韩诗》的作者即申培、韩婴,《齐诗》的作者当即辕固,辕固"以治《诗》,孝景时为博士"。

《齐论》不知出自何人之手,惟知传习者有王吉、宋畸、贡禹等人。但《齐论》成书于西汉初年则是无疑的,《汉书·艺文志》说,《论语》之学,"汉兴,有齐、鲁之说"。

"齐学"的三部代表作《公羊传》、《齐诗》和《齐论》都是在西汉初年完成的。它们的完成标志着"齐学"的形成。

"齐学"是儒学传入齐地后产生的一种地域变体。从传播学的角度来看,文化传播有两种不同的方式。在某一文化区产生的文化并在该文化区内传播,是文化传播的第一种方式:区内传播。一旦这种文化传入另一个文化区,便出现文化传播的第二种方式:跨区传播。在同一文化背景下进行的文化区内传播,传播过程中文化较少发生变异。在不同文化背景下发生的跨区传播,将不可避免地导致传播中的文化的变异。因为,跨区传播是一个双向交流的过程,甲地文化传入乙地,势必受到乙地文化的影响、同化而发生变异。

齐文化与鲁文化是两种不同风格的文化,如齐文化开放,鲁文化持重;齐文化尚功利,鲁文化崇伦理;齐文化重革新,鲁文化尊传统等等。儒学是鲁国传统文化的产物。儒学传入齐地,即受到齐文化的影响而发生变异。齐地儒学——"齐学"呈现出这样一个特征:崇尚权变。这在《公羊传》中有充分的表现。

《公羊传》是“齐学”三部经典著作中最重要的一部著作。东汉大儒贾逵指出:“《公羊》多任于权变。”(《后汉书·贾逵传》)它评判人事往往以“权变”为尺度:懂得“权变”的是贤人智者,不懂得便是愚者懦夫。例如公元前701年,郑庄公死,继立者当为庄公长子忽。宋庄公欲立郑庄公少子突,乘郑国执政祭仲去留(今河南开封东南)路经宋国时诱捕了他,要他废长立少,祭仲屈从。孔子作《春秋》,仅用一句话述说此事:“宋人执郑祭仲。”(《春秋》桓公十一年)《穀梁传》道:“宋人者,宋公也。其曰人何?贬之也。”(《穀梁传》桓公十一年)释义是合乎《春秋》经文的,指斥宋庄公诱执胁迫祭仲废长立少、祭仲屈从都是不道德的。而属于“齐学”的《公羊传》却作了另一番不同的解释:

> 祭仲者何?郑相也。何以不名?贤也。何贤乎祭仲?以为知权也。……庄公死,已葬,祭仲将往省于留,涂出于宋,宋人执之,谓之曰:“为我出忽而立突。”祭仲不从其言,则君必死,国必亡;从其言,则君可以生易死,国可以存易亡(《公羊传》桓公十一年)。

把屈从于宋庄公淫威而废长立少的祭仲誉为“贤”者,盛赞他“知权”。

齐地儒生的言行也凸现了“齐学”崇尚权变的特征。如属于“齐学”的薛人叔孙通就是一位崇尚权变善于迎合世务的人物,他替刘邦制定朝仪时,曾约请鲁儒生到京城共同商议,有两个儒生不肯去,并且斥责叔孙通说:“今天下初定,死者未葬,伤者未起,又欲起礼乐,礼乐所由起,积德百年而后可兴也。吾不忍为公所为,公所为不合古,吾不行,公往矣,无污我。”叔孙通笑道;“若真鄙儒也,不知时变。”(《史记·叔孙通列传》)鲁两生和叔孙通正表现出“鲁学”和“齐学”两种不同的学风。由于学风不同,表现在政治上,“鲁学”也不及“齐学”善于顺应时势,因而在汉代学术上、政治上占优势的也往往是“齐学”。如叔孙通被誉为当时的“圣人”,“知当世之要务”,公孙弘由布衣而至卿相封侯,号称“汉代孔子”的董仲舒也是属于“齐学”的。“齐学”对汉代政治有较大的影响。

“齐学”的第二个特征,是带有浓厚的神秘性。

姜尚治齐,对齐地习俗多因循而少变革。《史记·齐太公世家》:“太公至国,修政,因其俗,简其礼。”其后的统治者大都遵循他这一治国方针,“与俗同好恶”(《史记·管晏列传》)。这样,在齐文化中就较多地保留了原始宗教的因素。在北方各地,齐地巫风尤盛,“齐巫”名声很响;阴阳家、方士也活跃于齐地。

孔子创立的儒学是重人事而轻鬼神的。但当儒学传入齐地后,却不可避免地染上了神秘色彩。“齐学”的代表作《公羊传》即多神秘性。经学大师何休《公羊传注自序》道:“其中多非常异义可怪之论。”经学史家皮锡瑞也说:“《公羊春秋》多言灾异。”(皮锡瑞:《经学历史·经学极盛时代》)董仲舒的《天人三策》,更是以阴阳灾异解经,故被称为“天人之学”(同上)。

二

当“齐学”形成之时,居统治地位的黄老无为思想已走到了穷途末路。

黄老无为思想统治的前提,是汉初承战乱之后,经济残破,亟需休养生息。到文、景之时,社会经济恢复并发展起来,黄老无为思想已初步完成了它的历史任务。《史记·外戚世家》:

> 窦太后好黄帝、老子言,帝及太子诸窦不得不读《黄帝》、《老子》,尊其术。

据此,在最高统治层,黄老无为思想的推行已是十分勉强。这位窦太后成为黄老无为思想的最后一位监护人。

到武帝君临天下时，社会经济已呈现出一片繁荣的景象。亲眼目睹这一盛况的司马迁以无比激越的心情追忆道：

> 至今上即位数岁，汉兴七十余年之间，国家无事，非遇水旱之灾，民则人给家足，都鄙廪庾皆满，而府库余货财。京师之钱累巨万，贯朽而不可校。太仓之粟陈陈相因，充溢露积于外，至腐败不可食……（《史记·平准书》）

统治者已有条件可以大有作为了。黄老无为思想的历史使命至此结束。

另一方面，黄老无为思想也造成了若干弊端：纵容诸侯王骄横不法，听任豪强地主兼并不轨，忍受匈奴人不时入寇，等等。时局迫使武帝必须要有所作为。而武帝"多欲"（《汉书·汲黯传》），"雄材大略"（《汉书·武帝纪》赞），也有意图有能力大有作为。改弦更张，已是势在必然。

儒学乘机而动，试图取代黄老无为思想。不过，这次尝试是由"鲁学"一派发动的。

汉初的儒学基本上分为"齐学"和"鲁学"两大派。"齐学"与"鲁学"虽同属儒家学派，但两派的思想观念有很大差异。前面所举叔孙通与鲁两生对制定汉仪的两种截然不同的态度即是最好的说明。

"鲁学"以《穀梁传》、《鲁诗》和《鲁论》为其经典著作。《汉书·艺文志》说《穀梁传》出自穀梁子之手，但穀梁子的名字、生活的时代，班固都没有交代。唐人杨士勋说："穀梁子名俶，字元始，鲁人。一名赤。受经于子夏，为经作传，故曰《穀梁传》。"（《春秋穀梁传序·疏》）颜师古则说穀梁子名"喜"（《汉书·艺文志》注）。这都是"后代传闻"（陆德明：《经典释文·序录》），不足为据。《穀梁传》虽未必出自穀梁俶或穀梁喜，但在"鲁学"经典中，却是最早产生的。陆贾《新语》二次征引《穀梁传》，表明在高祖刘邦时，《穀梁传》就已在社会上流传开了。不过,这时的《穀梁传》还是“口说”,未有成书。据杨伯峻考证,《穀梁传》成书稍晚于《公羊传》,因为《穀梁传》往往反驳或引申《公羊传》的观点(《〈公羊传〉和〈穀梁传〉》,《经书浅谈》,中华书局1984年版,第86—97页)。《鲁诗》的作者是鲁人申培,他在文帝时被拜为博士,传《鲁诗》:“文帝时,闻申公为《诗》最精,以为博士。……申公始为《诗》传,号《鲁诗》。”(《汉书·楚元王传》)《鲁论》不知出自何人,惟知传习者有龚奋、夏侯胜、韦贤等人。《鲁论》成书大致与《齐论》同时,也在汉初。

“鲁学”形成约与“齐学”同步,就连“鲁学”一词也是与“齐学”在宣帝时由韦贤、夏侯胜、史高等人同时提出的。

鲁是儒学的发祥地,儒学在鲁地传播属“区内传播”,较少变异。故此,“鲁学”贴近儒学传统。以《穀梁传》为例,清人唐晏指出:“《穀梁》出于鲁儒,其说最为有本。”(唐晏:《两汉三国学案·春秋》)再如《鲁诗》,远比《齐诗》、《韩诗》接近《诗经》的本义,因此班固说:三家《诗》中,“鲁最近之”(《汉书·艺文志》)。

“鲁学”率先崛起。“鲁学”中的《鲁诗》在文帝时被立于学官。但入景帝朝后,情形大变,“齐学”后来居上。景帝朝任博士可考者四人,其中有三人属“齐学”派,即治《齐诗》的辕固,治《公羊传》的董仲舒和胡毋生,另一人是张生,他治《尚书》是济南伏生传授的,也应属“齐学”范畴。

但是,第一次取代黄老无为思想的尝试却是“鲁学”一派发动的,组织策划人是王臧和赵绾。

王臧,兰陵(今属山东苍山)人,“鲁学”大师申培的弟子,景帝时,他一度做过皇太子刘彻的老师——太子少傅。赵绾,代(今河北蔚县东北)人,也是申培的弟子。武帝初即位,即建元元年(前140),王臧便被任命为九卿之一的郎中令,成了武帝的侍卫长。而赵绾,则被拜为御史大夫。当时任丞相的是魏其侯窦婴,他是窦太后的娘家侄儿;任太尉的是武安侯田蚡,他是武帝母后王娡的同父异母弟,史称“婴、蚡俱好儒术”(《史记·魏其武安侯列传》),他们的思想都倾向儒家。于是,“魏其、武安、赵绾、王臧等务隆推儒术,贬道家言”(《史记·魏其武安侯列传》)。在朝廷亲信大臣中,儒家占了绝对优势。

为了壮大声势,王、赵又抬出了老师申培,武帝遂以“束帛加璧,安车以蒲裹轮,驾驷”(《汉书·儒林传》)的殊礼,把申培请到长安。武帝召见他,请教治乱之事,他说:“为治者不在多言,顾力行何如耳。”(《汉书·儒林传》)这本是孔子遗教,所谓“君子欲讷于言而敏于行”(《论语·里仁》)。“鲁学”恪遵孔子教诲。然而,申培此话却戳了武帝的痛处。听了申培的谏言,武帝很是扫兴。史载:

> 是时上方好文辞,见申公对,默然。然已招致,即以为太中大夫,舍鲁邸,议明堂事。(《汉书·儒林传》)

这个官封得很勉强,已暗示申培及“鲁学”的命运不妙。

但王臧、赵绾不甘心就此罢手,又提出了按儒家说教行丧服、遣列侯就国等事。他们的行为激怒了窦太后。这位以黄老无为思想监护人自居的太皇太后两眼虽早已失明,然两耳不聋。王、赵等人的尊儒活动,她时有耳闻。那些列侯中,多有尚公主者,堂邑侯陈午便是窦太后的掌上明珠馆陶长公主的夫婿,他们谁也不愿离开繁华的京师,必然要极力反对,王臧、赵绾也担心窦太后坏了他们的大事,经过密谋之后,决定先下手为强,由赵绾出面,奏请“毋奏事太皇太后”,一切由皇上自行决断。窦太后闻讯大怒,在她的指示下,武帝不得不把王臧、赵绾投进死牢,二人自杀;窦婴、田蚡被免职;申培也被遣回老家。这是建元二年(前139)的事。

尊儒的首次尝试就这样失败了。这虽然可以归咎于守旧的窦太后,但申培的食古不化,不识时务,也是一个重要原因。即使窦太后不施加压力,“鲁学”也难以引起武帝的兴趣。如何取代黄老无为思想，使儒学成为统治思想，保守的“鲁学”是无能为力的。这一重任自然要落在能够迎合时变的“齐学”身上。

三

建元六年（前135）五月，窦太后死去。22岁的武帝亲预国政。怎样才能把国家治理好？正是这位年轻的皇帝经常思考的问题。元光元年（前134）五月，武帝诏举贤良对策，即是为探讨和解决这一问题而发的。

应征参加对策的贤良很多，其中有广川（今河北景县）人董仲舒。关于董仲舒对策的年代，历来有不同的说法，其中，主要有两种。一是建元元年（前140）说。司马光《资治通鉴》将董仲舒对策系于此年，此后，论者多从之。二是元光元年（前134）说。南宋洪迈在《容斋随笔》续卷六《汉举贤良》中力主此说，附和者也不少。《汉书·礼乐志》：“至武帝即位，进用英隽，议立明堂，制礼服，以兴太平，会窦太后好黄老言，不说儒术，其事又废。后董仲舒对策言：‘王者欲有所为，宜求其端于天……’”由此可见，董仲舒对策必不在建元元年。而元光元年说根据较充分，《汉书·武帝纪》说元光元年五月诏举贤良，“于是董仲舒、公孙弘等出焉”。班固把董仲舒对策定在元光元年，应是有其依据的。

董仲舒是广川人，却是个“齐学”家。“齐学”一旦成为一个学派，它的划分便不仅仅以地域——齐地——为限，外地人热衷“齐学”，接受了它的观点、主张，也就成为“齐学”中人物。就连鲁地也有一些人成为“齐学”的信徒，如夏侯始昌，“鲁人也”（《汉书·夏侯始昌传》），但他却是“齐学”大师辕固的弟子。董仲舒亦然，他不仅是“齐学”中治《公羊传》的大家，且是“齐学”的一代宗师。

“鲁学”虽然在首次尝试中受挫，但仍寄希望于这次对策。参加这次对策的“鲁学”家江公,是“鲁学”宗师申培的弟子,不仅学过《鲁诗》,还研习过《穀梁传》。

“鲁学”与“齐学”为争夺思想统治地位而相互辩难。《汉书·儒林传》:

> 武帝时,江公与董仲舒并。仲舒通《五经》,能持论,善属文。江公呐于口,上使与仲舒议,不如仲舒。

“鲁学”再次败下阵来。从《儒林传》来看,似乎与江公不善言谈有关。实际上,这不是根本原因。武帝“内多欲而外施仁义”(《汉书·汲黯传》),“鲁学”作为儒学“正宗”,恪守仁义,因循守成,不合武帝口味,引不起他的兴趣。“齐学”崇尚权变,使武帝可以在仁义的外衣笼罩下,灵活地实施其“多欲”政治;齐学的神秘性,不仅有利于神化皇权,而且符合武帝求仙、追求长生不老的幻想。而董仲舒的《天人三策》则是对“齐学”的观念做了最充分的发挥,使之更合乎封建统治的需要。“齐学”特别是“齐学”中的《公羊传》博得了武帝的青睐:

> 于是,上因尊《公羊》家,诏太子受《公羊春秋》,由是《公羊》大兴。(《汉书·儒林传》)

因此,武帝“独尊儒术”所尊崇的实际上是儒学的地域变体“齐学”;“齐学”中又格外垂青《公羊传》。儒学是借助“齐学”才登上统治中国历史的舞台的。

应当指出,“齐学”虽然受到尊崇,却未能完全垄断思想界。对学术思想,武帝采取了一种较宽松的政策。《史记·龟策列传》:

> 至今上即位,博开艺能之路,悉延百端之学。通一伎之士,咸得自效。绝伦超奇者为右,无所阿私。

在武帝一朝,诸子百家并没有绝迹,仍相当活跃,如韩安国、张汤、杜周等是法家者流,主父偃、严安、徐乐乃纵横家者流,而汲黯、郑当时则是黄老无为思想的信徒。

不过在儒学内部,"齐学"仍处于重要地位。武帝设置五经七家博士,《诗》有齐、鲁、韩三家,《书》、《易》、《礼》、《公羊传》各一家。七家中,除《齐诗》、《公羊传》外,《书》传之济南伏生,《易》传之齐人田何,也应属于"齐学"。

四

黄老无为思想被排挤,"齐学"取得统治地位,思想界的斗争由儒学与黄老之争,变为儒学内部同室操戈——"鲁学"和"齐学"的争斗。

两派的争斗不仅发生在思想界,且波及宫廷,引起了武帝与太子刘据之间的分歧。

刘据是卫皇后所生,武帝 29 岁时始得此子,极为喜爱,刘据 7 岁即被立为皇太子。武帝好《公羊传》,命刘据研习。然刘据"性仁恕温谨"(《资治通鉴》卷二十二《汉纪十四》),不喜欢崇尚权变、多神秘性的《公羊传》,而《穀梁传》讲仁义道德,很适合刘据的性格,刘据便私下拜江公为师,学习《穀梁传》。这样,刘据的思想越来越倾向于"鲁学",仁恕宽厚,持重守成,从而与以"齐学"为治国理论的武帝发生分歧:

> 太子每谏征伐四夷,上笑曰:"吾当其劳,以逸遗汝,不亦可乎?"(《资治通鉴》卷二十二《汉纪十四》)
>
> 上用法严,多任深刻吏;太子宽厚,多所平反。(同上)

武帝越来越不喜欢他这个儿子,"嫌其材能少不类己"。刘据失宠,又迫于江充的诬陷,遂铤而走险,举兵抢夺帝位,兵败自杀。这不仅是刘据的失败,也是"鲁学"又一次败北。

汉宣帝是刘据的嫡孙,刘据自杀时,他还在襁褓中,赖廷尉监邴吉等人的保护而幸免于难。他即位后,听说祖父好《穀梁传》,便问丞相韦贤、长信少府夏侯胜和侍中史高，他们都是“鲁学”一派的，自然是贬低“齐学”，尊崇“鲁学”。于是，宣帝便命治《穀梁传》的“鲁学”家蔡千秋与治《公羊传》的“齐学”家辩论，宣帝倾向于“鲁学”，“善《穀梁》说”（《汉书·儒林传》），擢蔡千秋为谏大夫给事中。

宣帝意欲抬高“鲁学”，然“鲁学”长期受“齐学”压抑，式微，很难与“齐学”抗争。于是，宣帝便让《穀梁传》大师蔡千秋、江公、周庆、丁姓教授培训一批弟子，历时十余年，终于造就了一批“鲁学”人才。

甘露三年（前51），宣帝驾临未央宫的石渠阁，诏“齐学”与“鲁学”两大派讲《五经》异同。《公羊》学家严彭祖、申輓、伊推、宋显等与《穀梁》学者尹更始、刘向、周庆、丁姓等进行了激烈论辩。宣帝倾向《穀梁》，《公羊》受挫，结果《穀梁传》被立为官学，“由是《穀梁》之学大盛”（《汉书·儒林传》）。

在这次较量中，《穀梁》因宣帝的偏爱、支持而取得胜利。

“齐学”和“鲁学”一方面相互争斗，另一方面又相互吸收。一些大儒往往“齐学”、“鲁学”双修，如：

> 萧望之，字长倩，东海兰陵人也，徙杜陵。家世以田为业，至望之，好学，治《齐诗》，事同县后仓且十年。以令诣太常受业，复事同学博士白奇，又从夏侯胜问《论语》、《礼服》，京师诸儒称述焉。（《汉书·萧望之传》）

后仓，《汉书·儒林传》作“后苍”，《齐诗》大家。夏侯胜，东平（今山东东平东）人，《鲁论》学家。萧望之初习“齐学”，后修“鲁学”，一身而兼两学。

正是这种一身兼通数经，“齐学”与“鲁学”双修，促使“齐学”与“鲁学”合流。到汉成帝时，两派终于开始融合，其标志是张禹的《张侯论》。

张禹是轵县（今河南济源南）人，他先师从夏侯建研习《鲁论》，后又师从王吉、庸生学习《齐论》。他做过汉成帝的师傅，讲授《论语》，为此特地编写了一部《论语章句》，因他受封为安昌侯，故又名《张侯论》《安昌侯说》。《张侯论》乃以《鲁论》为主，融合《齐论》而成：

> 张禹本授《鲁论》，晚讲《齐论》，后遂合而考之，删其烦惑，除去《齐论》《问王》《知道》二篇，从《鲁论》二十篇为定，号《张侯论》，当世重之。（《隋书·经籍志》）

《张侯论》一出，便极受推重，“最后出而尊贵”。诸儒为之语曰：“欲为《论》，念张文。”（《汉书·张禹传》）这不仅是因为张禹拜相封侯，地位高贵，更重要的是《张侯论》兼采《齐论》《鲁论》之长。《张侯论》一出，《齐论》、《鲁论》渐渐不传，“学者多从张氏，余家浸微”（《汉书·张禹传》）。今本《论语》即《张侯论》。

从《张侯论》受宠亦可看出，“齐学”、“鲁学”等经学派别合流，已成为新的发展趋势。

自哀帝朝刘歆奏请设置古文经博士起，今、古文经之争成为经学的焦点。“鲁学”与“齐学”同属今文经，遂联手反对古文经：

> （刘歆）欲建立《左氏春秋》及《毛诗》、《逸礼》、《古文尚书》皆列于学官。哀帝令歆与《五经》博士讲论其义，诸博士或不肯置对，歆因移书太常博士，责让之……其言甚切，诸儒皆怨恨。是时名儒光禄大夫龚胜以歆移书上疏深自罪责，愿乞骸骨罢。及儒者师丹为大司空，亦大怒，奏歆改乱旧章，非毁先帝所立。（《汉书·楚元王传附刘歆传》）

这位“名儒”龚胜，楚人，《鲁诗》学家；而“儒者”师丹，鲁人，《齐诗》大家匡衡的弟子。共同对付古文经，使“齐学”、“鲁学”进一步合流。

及至东汉，经学各派别合流的趋势更为明显。东汉名儒大多兼通数经，为各派合流提供了条件。到东汉末年，终于出现了“括囊大典，网络众家”的郑玄。他在《张侯论》的基础上，参照《齐论》

和在孔子旧宅墙壁中发现的《古论》,作《论语注》;在《毛诗》的基础上,兼采鲁、齐、韩三家《诗》,作《毛诗传笺》。于是,出现了这样的局面:

> 郑《论语注》行而齐、鲁《论语》不行矣。
>
> 郑《诗笺》行而鲁、齐、韩之《诗》不行矣。(皮锡瑞:《经学历史·经学中衰时代》)

至此,"齐学"和"鲁学"仅剩《公羊传》和《穀梁传》没有合流。"齐学"和"鲁学"作为两大派别,已不复存在。

上面对汉武帝独尊儒术与齐学的历史作了初步考察,从中我们可以得出这样几点认识:

第一,"齐学"能够登上思想统治地位,关键是"齐学"崇尚权变、多神秘性的特征合乎汉武帝时期的社会需要。马克思指出:"理论在一个国家的实现程度,决定于理论满足于这个国家的需要的程度。"(《马克思恩格斯选集》第1卷,第10页)"齐学"登上思想统治地位,但又不能垄断思想统治,同样也是由汉武帝时期的社会需要决定的。

第二,"齐学"之所以能够代替黄老无为思想取得思想统治地位,除了因为"齐学"是儒学的一个地域变体,受齐文化的影响、同化外,还取决于"齐学"自身的不断发展、完善,特别是董仲舒的"新《公羊》学"起了关键的作用。

第三,"齐学"登上思想统治地位后,为了维系自己的既得权益,竭力与"鲁学"争斗,而自身的建设、发展近乎停止,再也没有产生像辕固、董仲舒那样的思想巨匠。在与"鲁学"的争斗中失利,不仅是因为宣帝偏向"鲁学",与"齐学"的自身弱点也有一定关系。"齐学"只有和"鲁学"结合互补,扬长避短,相辅相成,才能在中国思想发展史上保持自己的一席地位,并做出应有的贡献。

（本文选自中国秦汉史研究会编《秦汉史论丛》第七辑，中国社会科学出版社 1998 年版，第 247—260 页）

安作璋，山东大学历史文化学院博士生导师、山东师范大学齐鲁文化研究中心学术委员会主任，主要从事秦汉史与山东地方史的研究。

本文认为，“齐学”是儒学在齐地传播受齐文化的修订、同化而形成的一种儒学地域变体。“齐学”的特征有二：崇尚权变，多神秘性。汉武帝“罢黜百家，独尊儒术”，实际上独尊的是“齐学”。“齐学”与“鲁学”在斗争中融合。

齐鲁博士与两汉儒学

安作璋　刘德增

两汉博士见于史书记载的共 183 人,籍贯可考者 139 人。其中,齐鲁籍的博士有 67 人,将近半数。齐鲁博士对两汉儒学影响极大,左右着两汉儒学发展的方向。现就齐鲁博士与两汉儒学之关系,略述如下。

一

"博士"一词,由来已久。在现代是学位名称,而在中国先秦时期则是对一般博学者的通称。战国末,齐国始置博士官。至秦汉,博士就成了一种官称。

最初,博士的人选惟看学问渊博与否,不问学派出身。至迟自秦代起,在众博士中,儒家学派就占了多数。《史记·秦始皇本纪》两次提到始皇时有博士 70 人,其姓名今可考者有 6 人,学派可考者 4 人,儒家就占了 3 人,即淳于越、李克、伏胜。还有一位方士卢敖,很可能就是那个为始皇寻找长生不老药的燕人卢生,当时方士和儒生往往被视为同类,没有严格的区分。卢生和侯生对始皇的抨击,惹怒了始皇,遂有"坑儒"之举。此事使博士或死或亡,到秦二世君临天下时,博士员数仅剩 30 余人,其姓名今可考者仅 2 人,学派可考者仅儒家叔孙通 1 人。秦朝博士还有 4 人姓名可考,只是他们做博士是在秦始皇时还是在秦二世时，今已难以确指。这4人中，学派今可考者3人，儒家有2人，分别是园公和羊子。总计秦朝博士学派可考者凡8人，儒家学派独占6人。

秦亡汉兴，“帝王称号，官府制度，皆袭秦故”（欧阳修：《策问七首》，《宋文鉴》卷124）。博士亦然。从高祖到惠帝，博士今可考者仅叔孙通、随何、孔襄三人，全是儒家。到汉文帝时，博士员数又达到70余人。此时，依旧不问学派师承，凡博学之士，皆可为之。儒家学派依旧占据优势，在今可考的5人中，晁错、申培、韩婴3人都是儒家人物。入景帝朝，儒家的优势更为明显，今可考的博士辕固、张生、董仲舒、胡毋生4人，全系儒家。

从秦始皇到汉景帝，在机会均等的情况下，儒家在博士的角逐中始终独占鳌头，这表明，在学问渊博方面，其他学派都无法与儒家匹敌。后来汉武帝“罢黜百家，独尊儒术”，固然是因为儒家思想最适合封建统治的需要，但儒家长期以来在学术文化上形成的优势，也是一个不可忽视的因素。自“罢黜百家，独尊儒术”以后，博士被儒家垄断，其他学派再也不能染指。

博士一职，除了由儒家占据优势到完全垄断这个发展趋势外，还有一个特点，即从地域上看，大多出自齐、鲁。

从秦始皇到汉景帝80余年间，今可考的博士凡24人次，儒家独占16人次（叔孙通在秦汉两次担任博士）；儒家16人次中，籍贯今可考者13人次，齐、鲁两地就有8人次。其中，齐地4人，他们是淳于越、伏胜、辕固、胡毋生等；鲁地4人次，分别是叔孙通、孔襄和申培。从西汉武帝到东汉献帝退位360余年间，博士是清一色的儒家，今可考者计171人，其中籍贯可考者128人，齐、鲁两地多达60人。其中，鲁地41人，齐地19人。

博士多出自齐、鲁，原因很简单，就是这两个地区乃当时儒学最兴盛的地区；齐、鲁两地中，又以鲁地最盛。

鲁地是儒学发祥地，自孔子以降，鲁地便是儒学传播的中心，形成了深厚的传统，即使在危难之际，鲁地儒生也不曾中断他们的学业：

> 陈涉之王也，鲁诸儒持孔氏礼器往归之，于是孔甲为涉博士，卒与俱死。……何也？以秦禁其业，积怨而发愤于陈王也。及高皇帝诛项籍，引兵围鲁，鲁中诸儒尚讲诵习礼，弦歌之音不绝，岂非圣人遗化好学之国哉？（《汉书》卷88，《儒林传》）

鲁地不仅儒学名家辈出，在黎民百姓中间，儒学的影响也极为深远。“鲁人皆以儒教”（《史记》卷124，《游侠列传》），“好儒”成为鲁地风俗（《史记》卷129，《货殖列传》）。武帝“罢黜百家，独尊儒术”以后，通经入仕成为士人博取功名富贵的终南捷径，这在鲁地的表现尤为明显，“邹鲁谚”云：“遗子黄金满籯，不如一经。”（《汉书》卷73，《韦贤传》）在营造这种氛围的过程中，博士起了重要作用。曾做过博士的鲁人夏侯胜时常告诫弟子：“士病不明经术；经术苟明，其取青紫如俯拾地芥耳。”（《汉书》卷75，《夏侯胜传》）功名利禄的诱惑，进一步刺激了鲁地儒学的发展。

齐、鲁毗邻，就儒学传播的广度与深度来看，齐仅次于鲁。《史记·儒林列传》：“天下并争于战国，儒术既绌焉，然齐鲁之间，学者独不废也。”像鲁地一样，儒学在齐地也形成了深厚的传统，且名师大家辈出。西汉初年，曹参出为齐相，召集当地耆宿，请教治国理民之道，前来参加会议的大儒，“以百数”（《史记》卷54，《曹相国世家》）。齐地儒学之盛，于此可窥见一斑。

在汉代，“齐鲁”成为儒学造诣最高的代名词，《汉书·循吏传·文翁》中的一段文字可以为证：

> 蜀地辟陋有蛮夷风，文翁欲诱进之，乃选郡县小吏开敏有材者张叔等十余人亲自饬厉，遣诣京师，受业博士，……蜀地

学于京师者比齐鲁焉。

正是由于齐鲁儒学的兴盛,才造就了众多的博士。

二

早在孔子之时,孔门弟子的思想倾向就有差异,子夏与子张、子游与子夏、曾子与子张、有若与曾子几位孔门高足之间,思想和主张都不尽一致。孔子死后,儒家遂分化为若干派系,《韩非子·显学》:

> 自孔子之死也,有子张之儒,有子思之儒,有颜氏之儒,有孟氏之儒,有漆雕氏之儒,有仲良氏之儒,有孙氏之儒,有乐正氏之儒。

儒家不止分为八派,《荀子·非十二子》还指斥过"子夏氏之贱儒"、"子游氏之贱儒"。故柳诒徵说:"若合荀卿之言计之,当曰'儒分为十'。"(《中国文化史》上册,中国大百科全书出版社1983年版,第249页)

处于相同文化氛围中的儒家派系,思想和主张比较接近,如鲁地的"子思之儒"和"孟氏之儒",思想倾向一致,故又被称为"思孟学派"。从战国后期起,同一文化氛围中的儒家派系的融合,成为儒学一个新的发展趋势。入汉以后,形成了几个区域性的儒学派别,其中势力最大的就是"鲁学"和"齐学"两派。泰山南、北的这两大区域儒学,构成了西汉儒学的主体,并影响着东汉儒学的发展。它们的形成,进一步丰富、发展了儒学。

在"鲁学"、"齐学"形成过程中,两地的博士起了主导作用。

"鲁学"的经典著作有《穀梁传》、《鲁论》和《鲁诗》等。《穀梁传》的作者穀梁子的名字及其生活的时代,今已难以确指。《鲁论》成书于西汉初年,只是作者也已不可考。《鲁诗》的作者是申培,他的生平简历见于《史记·儒林列传》和《汉书·儒林传》。申培潜心于《诗》的研习,精通三百零五篇,成为造诣最高的《诗》学家,被文帝征拜为博士。在任博士期间,他撰著了《鲁诗》:“文帝时,闻申公为《诗》最精,以为博士。元王好《诗》,诸子皆读《诗》。申公始为《诗》传,号《鲁诗》。”(《汉书》卷36,《楚元王传》)三家《诗》中,以申培《鲁诗》成书最早,且最为有本。

三家《诗》中的《齐诗》,是“齐学”的经典著作之一,出自齐地博士辕固之手:“汉兴,……言《诗》,于鲁则申培公,于齐则辕固生,燕则韩太傅(婴)。”(《汉书》卷88,《儒林传》)“齐学”还有两部经典著作,一是《公羊传》,一是《齐论》。《公羊传》相传系子夏的弟子、齐人公羊高所撰,但自古以来论者便谓此不可信,究竟系何人所作,今已不可考。《齐论》成书于西汉初年,著者也已不可考。

申培和辕固是汉代“鲁学”和“齐学”的宗师。

“鲁学”和“齐学”经典著作的成书,仅仅完成了两大学派理论体系的架构。作为学术门派,仅有理论体系是不够的,还要有信徒才行。这一步主要是由两派博士完成的。

从现有材料来看,文帝时,《鲁诗》、《韩诗》已设置博士,分别由申培、韩婴担任。景帝时,文献上又出现了《齐诗》、《公羊传》、《尚书》博士,担任这三个职务的分别是辕固、董仲舒和胡毋生、张生。到汉武帝时,设置了五经七家博士:《诗》,齐、鲁、韩三家;《书》、《易》、《礼》、《春秋》,各一家。不久,又为五经七家博士各置弟子,传经授业。武帝一朝,五经七家博士今可考者计有21人,其中5人经说不可考,另外16人中,《鲁诗》独占7人,《韩诗》2人,《书》3人,《易》、《礼》、《公羊传》各1人,《五经》1人。7名《鲁诗》博士是鲁赐、徐偃、周霸、夏宽、缪生、阙门庆忌、大江公,全是申培的弟子,他们已形成了一个势力强大的学派。《公羊传》博士今可考者仅公孙弘1人,但是,在五经七家博士中,《公羊传》最受武帝青睐,其地位赫然居各经之上。相比之下,其余各经各家,势单力薄,难与《鲁诗》、《公羊传》抗衡。儒学从此裂变为"鲁学"和"齐学"两大学派。

一旦形成学派,"齐学"和"鲁学"就突破了地域的限制,走向全国。虽然"齐学"、"鲁学"传播的中心仍在齐、鲁两地,但是,其他郡国皈依"齐学"或"鲁学"者,亦大有人在,且涌现出一批造诣高深的博士。如两汉《鲁诗》博士今可考者 24 人,其中籍贯可考者计 21 人,鲁地 14 人,其余 7 人出自梁、沛、楚、陈留、平原、扶风 6 个郡国;《公羊传》博士今可考者 14 人,齐地 6 人,其余 8 人分布在信都、鲁、东海、山阳、南阳、河内、扶风 7 个郡国。在两汉儒学中,"齐学"和"鲁学"是两个全国性的学派,而领导这两大学派的,则是两派的博士。

两派博士对两汉儒学作出了不同的贡献。

"鲁学"一派乃孔门嫡传,"鲁学"博士以继承发扬孔子遗教为己任,他们不论在什么时候什么场合,都恪守孔子教诲,不敢越雷池一步。申培是个典型的例子。他在京城做了多年博士,年老以后,退居家教,武帝以"束帛加璧,安车以蒲裹轮,驾驷"的殊礼把他请到长安,请教治国之道。其时,武帝正热衷于文辞,东方朔、司马相如之辈侍从左右,备受青睐,红极一时。对此,申培早有耳闻,当武帝向他请教时,他便直言不讳:"为治者不在多言,顾力行何如耳。"(《汉书》卷 88,《儒林传》)这本是孔子遗教,《论语》中此类教诲颇多①。然而,申培此言却犹如当头一盆冷水,让年轻的皇帝难以接受:"是时上方好文辞,见申公对,默然。然已招致,即以为太中大夫,舍鲁邸,议明堂事。"(《汉书》卷 88,《儒林传》)申培的弟子,为人处世和从政,也都恪遵孔子教诲,身体力行:

① 《论语·子路》:"刚、毅、木、讷近仁。"《论语·里仁》:"君子欲讷于言而敏于行。"

弟子为博士十余人,孔安国至临淮太守,周霸胶西内史,夏宽城阳内史,砀鲁赐东海太守,兰陵缪生长沙内史,徐偃胶西中尉,邹人阙门庆忌胶东内史,其治官民皆有廉节称。(《汉书》卷88,《儒林传》)

不独这些弟子如此,第二代、第三代弟子亦然。如申培的高足大江公的弟子韦贤,"为人质朴少欲,笃志于学"。继承父学的韦玄成,"谦逊下士","守正持重"(《汉书》卷73,《韦贤传》)。"鲁学"中最盛的便是申培《鲁诗》;三家《诗》中,也以《鲁诗》为盛,两汉《鲁诗》博士今可考者24人,《韩诗》博士7人,《齐诗》博士只有6人。

"鲁学"可谓两汉儒学的"正统派"或"道德派",在继承和发扬孔子遗教方面,功绩最大。这一派的缺点是因循守成,甚者食古不化。"齐学"是儒学传入齐地以后,受齐文化的修订、同化而形成的地域变体,崇尚权变与功利,多神秘性,可谓两汉儒学的"权变派"或"功利派"。关于"鲁学"和"齐学"的这些差异,我们在《汉武帝独尊儒术与齐学》、《论汉代齐学与鲁学》(分别载于《秦汉史论丛》第七辑,中国社会科学出版社1998年版;《张维华纪念文集》,齐鲁书社1997年版,第88—101页)两文中已有较详细的论述,不再赘言。

最能代表"齐学"特征的是《公羊传》。第一批《公羊传》博士是董仲舒和胡毋生,他们两人在景帝朝就成为博士。董仲舒治《公羊传》,重在阐发《春秋》的微言大义;胡毋生重在阐明《春秋》条例。贡献最大的是董仲舒,他从阐发《公羊传》的义理出发,建构起一整套神学唯心主义思想体系,他的"新儒学"更符合封建统治的需要,从而博得了汉武帝的青睐,遂有"罢黜百家,独尊儒术"之举。武帝独尊儒术,独尊的实乃"齐学"中的《公羊传》:"于是,上因尊《公羊》家,诏太子受《公羊春秋》,由是《公羊》大兴。"(《汉书》卷88,《儒林传》)儒学是借助"齐学"中的《公羊传》代替了清静无为的黄老之学,登上中国思想统治舞台的。这是“齐学”在两汉儒学乃至中国儒学史上的最大贡献,而这一贡献又主要归功于《公羊传》博士董仲舒。

“鲁学”与“齐学”,一个恪守孔子遗教,成为儒学“正宗”;一个迎合时代的需要,最终把儒学推上了思想统治舞台。两汉儒学,派系林立,经说不同,影响不等,贡献最大的就是“鲁学”和“齐学”;“鲁学”和“齐学”对儒学的贡献,又归功于两派博士。

三

取代黄老无为的尊儒活动最初是由“鲁学”一派发动的,策划人是王臧和赵绾,他们都是申培的弟子。但是,崇尚仁义道德、因循守成的“鲁学”未能引起武帝的兴趣,再加上窦太后的干预,遂告失败。儒学是借助崇尚权变与功利、多神秘性的“齐学”才得以取代黄老之学而登上思想统治舞台的。儒学独尊,“齐学”大盛,《公羊传》煊赫一时。但是,“齐学”的势力不足以整齐儒学各门派,一统江山;“鲁学”与“齐学”分庭抗礼,相互攻讦,构成了西汉儒学内部斗争的主线。“鲁学”与“齐学”的争斗主要是在两派博士中进行的。

《公羊传》得到武帝垂青,“鲁学”便转而争取皇太子刘据。刘据,卫皇后所生,武帝29岁始得此子,对他极为喜爱。刘据其人,“性恕温谨”(《资治通鉴》卷22,《汉纪》征和二年),不喜欢尚权变、言灾异的《公羊传》;《穀梁传》重仁义、崇道德,很适合刘据的思想性格,刘据便私下拜《鲁诗》博士小江公为师,研习《穀梁传》。小江公,瑕丘(今山东兖州东北)人,他的祖父大江公是申培的弟子。在小江公的教导下,刘据的思想越来越倾向于“鲁学”。仁恕宽厚,持重守成,从而与以“齐学”为治国理论、好大喜功的武帝发生龃龉,武帝越来越不喜欢他。刘据失宠，又遭江充诬陷，遂举兵反，兵败自杀。

刘据之死，是“鲁学”一大损失。不过，“鲁学”的努力也并非徒劳无功。

刘据的嫡孙刘询幸免于难，昭帝无子，他死后，刘询即位，是为宣帝。“鲁学”先前在刘据身上的投入终于得到回报。《汉书·儒林传》：

> 宣帝即位，闻卫太子好《穀梁春秋》，以问丞相韦贤、长信少府夏侯胜及侍中乐陵侯史高，皆鲁人也，言《穀梁子》本鲁学，《公羊氏》乃齐学也，宜兴《穀梁》。

宣帝意欲提高《穀梁传》的地位，经过充分准备，甘露三年（前151），召开了著名的“石渠阁会议”。

参加会议的是五经七家博士中的代表人物及部分身居官位的经学名流，今可考者有：

《易》：施雠，《易》博士；梁临，黄门郎。

《书》：欧阳地余，《尚书》博士；周堪，译官令；张山拊，《尚书》博士；假仓，谒者。

《鲁诗》：韦玄成，淮阳中尉；张生，《鲁诗》博士；薛广德，《鲁诗》博士。

《齐诗》：萧望之，太子太傅。

《礼》：戴圣，《礼》博士；闻人通汉，太子舍人。

《公羊传》：严彭祖，《公羊传》博士；申輓，侍郎；伊推，侍郎；宋显，侍郎。

《穀梁传》：尹更始，议郎；刘向，待诏；周庆，待诏；丁姓，待诏。

他们都是各经各家的精英人物。会议的议题本是评议五经异同，但是，宣帝召开这次盛会的目的是要抬高《穀梁传》的地位，贬低《公羊传》。故此，会议的中心议题是：“平《公羊》《穀梁》同异。”

(《汉书》卷88,《儒林传》)于是,参加会议的人员明显地分成"齐学"和"鲁学"两派,双方进行了激烈的辩论。宣帝的意图,众人都很清楚,与会人员大都倾向于《穀梁传》,"鲁学"明显占了上风。"齐学"一派不甘心失败,要求增加人员再作较量。于是,双方各增加5人,"齐学"一派新增加人员可考者是侍郎许广,"鲁学"一派新增加人员可考者也仅中郎王亥1人。论战的结果,还是"鲁学"得势。宣帝乘机下诏,立《穀梁传》于学官,周庆、丁姓等人被拜为《穀梁传》博士。

"石渠阁会议"是"齐学"与"鲁学"的一次正面冲突,由于宣帝偏爱,"鲁学"获胜,《穀梁传》跻身学官。不过,在整个学术思想界,占优势地位的依旧是"齐学"。

当"鲁学"与"齐学"互相争斗时,儒学内部还存在另一种势力——古文经学。

最初,古文经学被排斥于官学之外,仅在河间流传。河间献王刘德,景帝之子,喜好古文经,重金搜集了大批古文经著作,设博士官研习、传授。河间成为古文经学的中心。河间之外,鲁地也是古文经学传播的一个重要地区,曲阜孔氏,世传《古文尚书》。

"鲁学"与"齐学"同属今文经学。但是,在学风上,"鲁学"与古文经学有某些相似之处。古文经学重名物训诂,"鲁学"亦然。申培就是一例。《汉书·儒林传》:"弟子自远方至受业者千余人,申公独以《诗经》为训故以教,亡传,疑者则阙弗传。"颜师古注"亡传"云:"口说其指,不为解说之传。"故此,古文经学攀附"鲁学",研习古文经者大都兼习"鲁学",以"鲁学"为进身之阶,而以古文经学为个人私好。

例如《古文尚书》是孔氏家学,西汉《古文尚书》的宗师是孔子第十三代孙孔安国。因《古文尚书》未立于学官,孔安国便拜《鲁诗》宗师申培为师,研习《鲁诗》。自孔安国以后,孔氏后裔皆是《古文尚书》与《鲁诗》双修。

再如《左传》，西汉自贾谊始，传授的世系是：

贾　谊——贯　公——贯长卿——张　禹——尹更始——

┌尹　咸┐
│　　　　├刘　歆
│翟方进┘
└胡　常——贾　护——陈　钦

从尹更始开始，兼习《穀梁传》。而胡常不仅是《左传》的传人，还是孔氏《古文尚书》的传人，他又拜在《穀梁传》博士江公门下，最终以明《穀梁传》而为博士，官至刺史。

当然，古文经学攀附"鲁学"，仅发生在部分古文经学家身上。及至哀帝时，古文经学试图独创江山，刘歆上书，要求立博士官传授，揭开了今、古文经学之争的序幕。刘歆不仅贬斥"齐学"，也贬低"鲁学"：

> 歆以为左丘明好恶与圣人同，亲见夫子，而公羊、穀梁在七十子后，传闻之与亲见之，其详略不同。（《汉书》卷36，《楚元王传附刘歆传》）

从此，古文经学与"鲁学"分道扬镳。当刘歆奏请设置古文经博士时，遭到了众博士官的反对，刘歆移书责让，引起众博士的愤恨，"鲁学"与"齐学"两派反对尤烈：

> 诸儒皆怨恨。是时名儒光禄大夫龚胜以歆移书上疏深自罪责，愿乞骸骨罢。及儒者师丹为大司空，亦大怒，奏歆改乱旧章，非毁先帝所立。（《汉书》卷36，《楚元王传附刘歆传》）

龚胜是楚人，《鲁诗》学家；师丹，鲁人，《齐诗》大家匡衡的弟子，元、成两朝曾两次担任博士。

此后，儒学内部斗争的焦点便由"鲁学"与"齐学"之争演变为今、古文经学之争。在这场斗争中，"鲁学"与"齐学"结成联盟，联手反击古文经学。在他们的反对、抵制下，古文经学除了在王莽时代一度得势外,始终在政治上没有占据什么地位。

鉴于各派各有所长亦各有所短,从西汉后期起,一些儒生开始兼收并蓄各派学说。如东海兰陵人萧望之,先是拜同乡、《齐诗》名家后苍为师,研习《齐诗》近10年,后又拜在东平人夏侯胜门下,研修《鲁论》。尤其值得注意的是:他这种打破门户的行为得到了京城众儒的赞同,"京师诸儒称述焉"(《汉书》卷78,《萧望之传》)。这表明,融会各家学说,消除儒学内部纷争,已成为有识之士的共识。到汉成帝时,终于出现了融《鲁论》、《齐论》于一体的《论语章句》,作者张禹,成帝的老师:

> 禹为师,以上难数对已问经,为《论语章句》献之。始鲁扶卿及夏侯胜、王阳、萧望之、韦玄成皆说《论语》,篇第或异。禹先事王阳,后从庸生,采获所安,最后出而尊贵。(《汉书》卷81,《张禹传》)

夏侯胜、扶卿、萧望之、韦玄成是《鲁论》一派的,而王阳(即王吉)、庸生则是《齐论》一派的。张禹爵封安昌侯,他的《论语章句》又名《张侯论》《安昌侯说》,计21篇,以《鲁论》为主,兼采《齐论》。时人对他这部著作评价很高,以致传为歌谣:"欲为《论》,念张文。"(《汉书》卷81,《张禹传》)《论语章句》流传以后,《鲁论》、《齐论》逐渐式微。

入东汉后,兼修诸经,博采众说,成为一时风气,如:

> 任安字定祖,广汉绵竹人也。少游太学,受《孟氏易》,兼通数经。(《后汉书》卷79,《儒林传》)

> 何休字邵公,任城樊人也。……休为人质朴讷口,而雅有心思,精研《六经》。(同上)

> 许慎字叔重,汝南召陵人也。性淳笃,少博学经籍,马融常推敬之,时人为之语曰:"《五经》无双许叔重。"(同上)

> 蔡玄字叔陵,汝南南顿人也。学通《五经》。(同上)

贾逵字景伯，扶风平陵人也。……弱冠能诵《左氏传》及《五经》本文。（《后汉书》卷36，《贾逵传》）

马融字季长，扶风茂陵人也。……著《三传异同说》。注《孝经》、《论语》、《诗》、《易》、《三礼》、《尚书》。（《后汉书》卷60，《马融传上》）

不过，这些大儒注经还没有打破门户之见，如："杜、郑、贾、马注《周礼》《左传》，不用今说；何休注《公羊传》，亦不引《周礼》一字。"（皮锡瑞：《经学历史·经学中衰时代》）与众不同的，惟有郑玄。

郑玄，字康成，北海高密人，不乐为吏，笃志经学，从他诵习经书起，就无门户之见：

造太学受业，师事京兆第五元先，始通《京氏易》、《公羊春秋》、《三统历》、《九章算术》。又从东郡张恭祖受《周官》、《礼记》、《左氏春秋》、《韩诗》、《古文尚书》。以山东无足问者，乃西入关，因涿郡卢植，事扶风马融。（《后汉书》卷35，《郑玄传》）

第五元先是今文经学家，张恭祖乃古文经学家，而马融则是当时古文经学宗师。郑玄先习今文经，后通古文经，不偏信任何一派：

郑君博学多师，今古文道通为一，见当时两家相攻击，意欲参合其学，自成一家之言，虽以古学为宗，亦兼采今学以附益其义。（皮锡瑞：《经学历史·经学中衰时代》）

于是，郑玄博采众家之长，遍注群经，儒学从此统一于郑学：

于是郑《易注》行而施、孟、梁丘、京之《易》不行矣；郑《书注》行而欧阳、大小夏侯之《书》不行矣；郑《诗笺》行而鲁、齐、韩之《诗》不行矣；郑《礼注》行而大小戴之《礼》不行矣；郑《论语注》行而齐、鲁《论语》不行矣。（皮锡瑞：《经学历史·经学中衰时代》）

"郑学"是西汉后期以来儒学各派合流的必然产物。

初平三年(192),徐州刺史陶谦领衔致函车骑将军、河南尹朱儁,推他为盟主,联兵讨伐李傕、郭汜,在上面具名的除陶谦外还有10人,最后一位是"博士郑玄"(《后汉书》卷71,《李傕传》)。据此,郑玄曾为博士官,但他是哪一家之博士,今已不可考。

两汉儒学的分裂与统一,都与博士官、特别是齐鲁博士有密切关系。

四

博士是一种官职,其职掌不仅仅是传经布道,在两汉内政外交的重大活动与决策中也起着不可替代的作用。其中,齐鲁籍博士或齐鲁学派的博士,对两汉政治影响最大。

第一,两汉礼仪,是齐鲁博士厘定的。

西汉一代礼仪,乃鲁籍博士叔孙通首创,班固称他"一王之仪",颜师古注曰:"创汉代之礼,故云一王之仪也。"(《汉书》卷43,《叔孙通传》及注)叔孙通厘定的汉礼,影响深远,后世奉为蓝本,沈约《宋书·礼志》云:"叔孙创汉制,化流后昆。"东汉中兴,礼仪阙略,重订礼仪者,乃鲁籍博士曹充:"充,持《庆氏礼》,建武中为博士,从巡狩岱宗,定封禅礼,还受诏议立七郊、三雍、大射、养老礼仪。"(《后汉书》卷35,《曹褒传》)

第二,在议政方面,齐鲁博士作出了重要贡献。

备顾问,议政事,是博士的主要职掌。具体说来,形式有二:一是与公卿大夫共同议政。据统计,见诸《史记》《汉书》和《后汉书》的这种形式的议政凡43例(张汉东:《论秦汉博士制度》,附录于安作璋、熊铁基:《秦汉官制史稿》,齐鲁书社1984年版,第409—491页)。二是以个人身份上书言政治得失,仅《齐博士奏议》一书就收录23人95篇(李伯齐主编:《齐文化丛书》,齐鲁书社1998年版)。

除此之外,齐鲁博士还参与了其他一些政事活动,且成绩突出。如孔子第十四代孙孔光,“成帝初即位,举为博士,数使录冤狱,行风俗,振赡流民,奉使称旨,由是知名”(《汉书》卷81,《孔光传》)。

第三,儒学成为统治思想,归功于齐鲁博士。

在这个方面贡献最大的,首推《公羊传》博士董仲舒,他的《天人三策》赢得了武帝的青睐,遂有“罢黜百家,独尊儒术”之举。孔、孟以来300余年间,诸儒梦寐以求的理想至此实现。这不仅是中国儒学史上的里程碑,也是汉代乃至整个中国历史的一大转折点。

齐鲁博士在两汉政治上的作用是多方面的,以上三点,仅是其荦荦大者。

博士秩比六百石,品秩不高,地位却极尊荣。《汉旧仪》云:“卿大夫、尚书、二千石、博士冠两梁,二千石以下至小吏冠一梁。”《晋书·职官志》注曰:“博士秩卑,以其传先王之训,故尊而异之,令服大夫之冕。”博士升迁也快,往往一跃而为二千石。深厚的儒学修养使齐鲁博士在仕途上飞黄腾达,下面一组数字,即可为证(下面用的“齐鲁”一词,指齐鲁籍的博士和属于“齐学”、“鲁学”的博士):

两汉博士官至三公者计17人,齐鲁独占11人;

两汉博士官至九卿者计16人,齐鲁独占9人;

两汉博士官至太子太傅、太子少傅者计7人,齐鲁独占5人;

两汉博士官至郡守、州牧及王国太傅、相、内史等地方长官者计39人,齐鲁独占25人。

不论是在中央还是在地方做官,齐鲁博士大都能廉洁自律,恪守职责,成为一代名臣,如丞相公孙弘、韦贤、匡衡、孔光、翟方进,御史大夫贡禹,司徒鲁恭,司空师丹、伏恭、刘弘,太常叔孙通、桓荣,郡国守相董仲舒、孔安国等等。

齐鲁博士,门徒众多,如《鲁诗》博士申培门下弟子千余人,《公羊传》博士丁恭门下弟子达数千人。他们的弟子中,位至卿相、牧守者颇众,官拜三公者就有赵绾、韦玄成、王骏、张禹、平当、贡禹、萧望之、马宫、欧阳歙、丁鸿、周泽等十几人。

齐鲁博士及其弟子,通经入仕,在不同程度上实践着儒家的思想学说,从而给两汉社会以巨大影响。其中,最为重要的一点,是对皇太子的影响。太子乃储君,历朝历代都特别重视对太子的培养。齐鲁博士及其弟子以其博学多才、品行端正而成为太子太傅、少傅的最佳人选,从宣帝一朝起,太子的师傅几乎被他们垄断。如宣帝为太子刘奭选定的师傅今可考者有夏侯胜、萧望之、周堪三人。夏侯胜,鲁人,以治《尚书》为博士,兼治《鲁论》。萧望之,兰陵人,先拜《齐诗》博士后苍为师,后又师从夏侯胜研习《鲁论》。周堪,齐人,也是夏侯胜的弟子。夏侯胜、萧望之先后出任太子太傅,周堪是太子少傅。除他们三人外,《尚书》博士、鲁人孔霸也以太中大夫的身份教授过刘奭;《尚书》博士、千乘人欧阳地余也以太子中庶子的身份给刘奭讲授家传《尚书》。他们对刘奭的影响极大。后来,刘奭在一道褒扬萧望之的诏书中说:"国之将兴,尊师而重傅。故前将军望之傅朕八年,道以经术,厥功茂焉。"(《汉书》卷78,《萧望之传》)《汉书·元帝纪》云:"八岁,立为太子。壮大,柔仁好儒。"刘奭热衷儒学,是几位师傅教导的结果。宣帝死后,刘奭即位,是为元帝,公卿之位,多委儒生:

> 元帝尤好儒生,韦(玄成)、匡(衡)、贡(禹)、薛(广德),并致辅相。自后公卿之位,未有不从经术进者。(皮锡瑞:《经学历史·经学极盛时代》)

韦玄成,邹人,治《鲁诗》,官至丞相;匡衡,承人,曾为《齐诗》博士,官至丞相;贡禹,琅邪人,曾是《公羊传》博士,官至御史大夫;薛广德,沛人,治《鲁诗》为博士,官至御史大夫。可见,元帝重用的儒生又大都是"齐学"、"鲁学"两派的人。元帝为太子时,即曾建议宣帝

"宜用儒生",受到宣帝的批评,曰:"汉家自有制度,本以霸王道杂之,奈何纯任德教,用周政乎! 且俗儒不达时宜,好是古非今,使人眩于名实,不知所守,何足委任!"乃叹曰:"乱我家者,太子也!"(《汉书》卷9,《元帝纪》)汉代儒生治国,是从元帝一朝开始的,这是两汉政治的一个转折点,而促成其事的,则是齐鲁博士及其弟子。

齐鲁博士及其弟子纷纷跻身公卿牧守之列,在政治上形成了一股强大的势力。

《汉书·地理志》说:"汉兴以来,鲁、东海多至卿相。"特别是从宣帝朝起,鲁籍人位至卿相者颇多,仅以丞相论,从宣帝到平帝,18位丞相中,属于鲁籍的就占了10人。10人中,有6人是鲁籍博士或鲁籍博士的弟子,他们是韦贤、魏相、韦玄成、匡衡、孔光、马宫。这一历史现象,归根结底正是鲁地深厚的儒学传统造就的,而鲁籍博士则起了很大作用。

(本文选自《史学月刊》2000年第1期)

"博士"一词,在中国秦汉时期是一种官称。两汉博士见于史书记载而有籍贯可考者约百余人,其中齐鲁籍的博士即占半数。齐学与鲁学是两汉儒学的主体,左右着两汉儒学发展的方向,而在其中起主导作用的正是齐鲁博士。汉武帝以后,独尊儒术,仕途几为儒家垄断。齐鲁博士及其弟子大多官至卿相牧守,在内政和外交等重大政治活动中起着举足轻重的作用。

经学分立时代

皮锡瑞

自刘、石十六国并入北魏，与南朝对立，为南北朝分立时代①；而其时说经者亦有“南学”“北学”之分。此经学之又一变也。《北史·儒林传》② 序曰：“江左，《周易》则王辅嗣，《尚书》则孔安国，《左传》则杜元凯；河、洛，《左传》则服子慎，《尚书》、《周易》则郑康成；《诗》则并主于毛公，《礼》则同遵于郑氏。”③ 案南北学派，《北史》数言尽之。夫学出于一，则人知依归；道纷于歧，则反致眩惑。

① 东晋之后，据有南方者，为宋、齐、梁、陈四朝，皆汉族，谓之南朝。据有北方者，为北魏，旋分为北周、北齐，皆鲜卑族或同化于鲜卑者，谓之北朝。又刘、石十六国即指五胡十六国。刘为前赵刘渊，石为后赵石勒。十六国，除二赵外，尚有前凉、后凉、南凉、北凉、西凉、夏、成汉、前燕、后燕、南燕、北燕、前秦、后秦、西秦十四国，互相吞并，后皆入于北魏。

② 《北史》一百卷，为本纪十二卷，列传八十八卷，唐李延寿撰。延寿字遐龄，相州人。追述父大师志，撰《南北史》百八十卷。传附见《唐书》卷百零二及《旧唐书》卷七十三《令狐德棻传》，又见《北史》卷一百《序传》。《儒林传》见《北史》卷八十一及八十二。

③ 江左指长江以东之地，即南朝之代词；河、洛指黄河、洛水两流域之地，即北朝之代词。又辅嗣，王弼之字；元凯，杜预之字；子慎，服虔之字；康成，郑玄之字；其人及书均见前注，从略。又《礼》遵郑氏，即指郑玄之《仪礼注》、《周礼注》及《小戴礼记注》。

郑君生当汉末,未杂玄虚之习、伪撰之书①,笺注流传,完全无缺;欲治"汉学",舍郑莫由。北学,《易》、《书》、《诗》、《礼》皆宗郑氏,《左传》则服子慎。郑君注《左传》未成,以与子慎,见于《世说新语》②。是郑、服之学本是一家;宗服即宗郑,学出于一也。南学则尚王辅嗣之玄虚,孔安国之伪撰,杜元凯之臆解,此数家与郑学枘凿③,亦与汉儒背驰。乃使泾、渭混流④,薰、莸同器⑤,以致后世不得见郑学之完全,并不得存汉学之什一,岂非谈空空、核玄玄者阶之厉乎⑥! 南方玄学不行于北魏,李业兴对梁武帝云:"少为书生,止习五典,……素不玄学,何敢仰酬!"⑦ 此北重经学不杂玄学之

① 玄虚之习指王弼以老、庄解《易》;伪撰之书指梅颐所献伪孔安国《古文尚书》。

② 《世说新语》三卷,刘宋刘义庆撰。原名《世说新书》,后改称《世说新语》。分为三十八门,起后汉,迄东晋,皆轶事琐语,近小说家言。梁刘孝标为之注,颇著名。《新语》卷一下"文学"门云:"郑玄欲注《春秋传》,尚未成,时行与服子慎遇,宿客舍,先未相识。服在外车上与人说己注传意,玄听之良久,多与己同。玄就车与语曰:'吾久欲注,尚未了,听君向言,多与吾同;今当尽以所注与君。'遂为服氏注。"

③ 枘凿言方枘圆凿。以喻不相合也。《楚辞·九辩》五:"圆凿而方枘兮,吾固知其钽铻而难入。"

④ 泾、渭本二水名;泾浊渭清,故借以为清浊之喻。《诗·邶风·谷风》:"泾以渭浊"。《释文》:"泾,浊水也;渭,清水也。"

⑤ 伪《孔子·家语》卷二《致思》篇"薰莸不同器而藏"。王肃注:"薰,香;莸,臭。"按薰,香草;莸,臭草。此言薰莸同器,喻善恶混也。

⑥ 《诗·大雅·桑柔》:"谁生厉阶。"毛《传》:"厉,恶也。"又《瞻卬》:"维厉之阶。"郑《笺》:"阶,所由上下也。"按阶之厉犹言导之于恶也。

⑦ 李业兴,北魏上党长子人。师事徐遵明。长于算历。尝与梁武帝讨论经传。传见《魏书》卷八十四及《北史》卷八十一《儒林传》上。引语见《魏书》本传,《北史》曾加删略。

明证。南学之可称者，惟晋、宋间诸儒善说礼服[①]。宋初雷次宗[②]最著，与郑君齐名，有雷、郑之称。当崇尚老、庄之时，而说礼谨严，引证详实，有汉石渠、虎观[③]遗风，此则后世所不逮也。其说略见于杜佑《通典》[④]。

《北史》又云："汉世郑氏并为众经注解，服虔、何休各有所说。郑，《易》、《诗》、《书》、《礼》、《论语》、《孝经》；虔，《左氏春秋》；休，《公羊传》；大行于河北。"[⑤]案汉儒经注，当时存者，止此三家；河北大行，可谓知所宗尚。而据《北史》，河、洛主服氏《左传》外，不闻更有何氏《公羊》；且云："《公羊》、《穀梁》，多不措意。"[⑥]《儒林传》

---

① 礼服指《仪礼》中之《丧服传》。晋、宋诸儒说《礼服》之书，其目详见《隋书·经籍志》一经部《礼》类。如晋袁准、陈铨各注《丧服经传》一卷，晋孔伦、宋裴松之、蔡超宗各撰《集注丧服经传》一卷或二卷。宋雷次宗撰《略注丧服经传》一卷。晋杜预撰《丧服要集》二卷，卫瓘撰《丧服仪》一卷，环济撰《丧服要略》一卷，蔡谟、贺循各撰《丧服谱》一卷，葛洪撰《丧服变除》一卷，孔衍撰《凶礼》一卷，贺循又撰《丧服要记》十卷。按以上各书，皆其著者；《隋志》自注所录及已亡者，尚不在其内。

② 雷次宗字仲伦，刘宋南昌人。明《三礼》及《毛诗》。隐退不受征辟。后尝为宋皇太子诸王讲《丧服经》。传见《宋书》卷九十三《隐逸传》及《南史》卷七十五《隐逸传》。

③ 汉宣帝会诸儒于石渠阁，讲论五经同异，撰著《石渠通议》，其书今亡。后汉章帝仿石渠故事，会诸儒于白虎观，亲临称决，命班固编著《白虎通义》，今存。

④ 杜佑《通典》援引晋、宋诸儒礼服之说，见卷七十九至卷百零五中。

⑤ 引语见《北史》卷八十一《儒林传序》。按"郑、《易》、《诗》、……"，原文"郑"字作"玄"，皮引盖偶误。

⑥ 《北史·儒林传》序："其《公羊》、《穀梁》二传，儒者多不厝怀。"按皮引盖约据原文，故字句少异。厝与措通。

载习《公羊春秋》者，止有梁祚[①] 一人；而刘兰且排毁《公羊》[②]。则此所云《公羊》大行，似非实录。《公羊传何氏解诂疏》二十八卷，《唐志》[③] 不载；《崇文总目》[④] 始著录称，不著撰人名氏，或云徐彦；而徐彦亦不知何代人。近人王鸣盛谓即《北史》之徐遵明；以其文气似六朝人，不似唐人所为[⑤]。洪颐煊引疏司空掾云"'若今之

① 梁祚，北朝泥阳人。历习经典，尤善《公羊春秋》及郑氏《易》。传见《北史》卷八十一《儒林传》上。

② 刘兰，北朝武邑人。通五经，明阴阳，为儒者所宗。但"排毁《公羊》，又非董仲舒，由是见讥于世"。传见《北史》卷八十一《儒林传》上。

③ 《唐志》系《唐书·艺文志》之简称。《唐书》二百二十五卷，宋欧阳修、宋祁等奉敕修撰。是书或称《新唐书》，以别晋刘昫等所撰之《旧唐书》。《唐志》见《唐书》卷五十七至六十。

④ 《崇文总目》，宋王尧臣等奉敕撰。宋太平兴国三年，建崇文院，以贮秘书。景祐 元年，命王尧臣等加以校正，定著为三万六百六十九卷；分类编目，总成六十六卷。庆历元年，上之，赐名《崇文总目》。徽宗时，改称《秘书总目》；然后人援引者，仍用旧称。其书或云六十七卷，或云六十六卷，或云六十四卷，或云六十卷，说殊参差。书旋亡佚，清初，从《永乐大典》中辑为十二卷，为今传目录书籍之较古者。详可参考《四库全书总目提要》史部目录类一。

⑤ 王鸣盛，字凤喈，号礼堂，又号西庄、西沚。清江苏嘉定人。累官内阁学士，兼礼部侍郎。治经宗汉学，撰《尚书后案》、《十七史商榷》、《蛾术编》、《耕养斋集》、《西沚居士集》等书。传见江藩《国朝汉学师承记》卷三。《蛾术编》卷七"《公羊传疏》"条云："《公羊疏》必徐遵明作。……义疏则最善者《公羊》。……无休（何休）则无《公羊》，无《公羊》则无《春秋》也。《公羊》无疏则堙灭，故以为各疏之冠也。"又阮元《春秋公羊传注疏校勘记序》云："王鸣盛云即《北史》之徐遵明，不为无见也。盖其文章似六朝人，不似唐人所为者。"按皮所云盖本此。又徐遵明字子判，北魏华阴人。幼孤好学，历更数师，俱不终业；后不出院门，苦读覃思，遂博通诸经。手撰《春秋义章》，海内宗仰，称大儒。永安末，为乱兵所害。传见《魏书》卷八十四《儒林传》及《北史》卷八十一《儒林传》。

三府掾'，三府掾，六朝时有之，至唐以后则无此称矣；此疏为梁、齐间旧帙无疑。"[①] 姚范云："隋、唐间不闻有三府掾，亦无三府之称，意者在北齐、萧梁之间乎[②]？据此二说，则以为徐遵明，不为无见。惟据《北史》，遵明传郑《易》、《尚书》、《三礼》、服氏《春秋》，不闻传何氏《公羊》，其弟子亦无传《公羊》学者；则谓彦即遵明，尚在疑似之间。《公羊疏》设问答[③]；梁有《公羊传问》九卷，荀爽问，魏安平太守徐钦答；又晋车骑将军庾翼问，王愆期答；其书在隋并亡[④]，或即徐《疏》所引。王愆期注《公羊》，以为《春秋》制文王指孔子，见《书·泰誓疏》引[⑤]；两汉人无此说，亦未可据。

---

① 洪颐煊字筠轩，清临海人。为孙星衍门人。精研经史。曾著《读书丛录》、《礼记宫室答问》、《汉志水道疏证》、《诸史考异》、《平津馆读碑记》等书。引语见《读书丛录》卷六"《公羊疏》"。"六朝"上原文有"亦"字，皮引删略。

② 姚范字南菁，清桐城人。官至编修。学者称姜坞先生。撰有《援鹑堂笔记》及诗文集，传见阮元《国史文苑传》下。引语见《援鹑堂笔记》卷十三"经部《春秋公羊传》"。按"萧梁之间"，"间"字原文作"前"，皮引盖偶误。

③ 徐彦《公羊传疏》多用问答体，兹举一例如下。如书题下云："问曰：'《左氏》以为鲁哀十一年，夫子自卫返鲁；十二年，告老，遂作《春秋》；至十四年经成。不知《公羊》之义，孔子早晚作《春秋》乎？'答曰：'《公羊》以为哀公十四年获麟之后，得端门之命，乃作《春秋》，至九月而止笔。《春秋》说具有其文。'"

④ 《隋书·经籍志》经部《春秋》类自注云："梁有……《春秋公羊传问答》五卷，荀爽问，魏安平太守徐钦答；《春秋公羊论》二卷，晋车骑将军庾翼问，王愆期答；亡。"按皮所引书名卷数与《隋志》不合，疑偶误。

⑤ 王愆期，晋河东猗氏人。王接之子。注《公羊》，又集《列女后传》。传附见《晋书》卷五十一《王接传》。《书·泰誓序》孔颖达《正义》云："《春秋》之王，自是当时之王，非改正之王。晋世有王愆期者，知其不可，注《公羊》，以为《春秋》制文王指孔子，非周昌也。"

《北史》又云:“南人约简,得其英华;北学深芜,穷其枝叶。”[①]盖唐初人重南轻北,故定从南学;而其实不然。说经贵约简,不贵深芜,自是定论;但所谓约简者,必如汉人之持大体,玩经文,口授微言,笃守师说,乃为至约而至精也。若唐人谓南人约简得其英华,不过名言霏屑[②],骋挥麈之清谈[③];属词尚腴,侈雕虫之余技[④]。如皇侃之《论语义疏》[⑤],名物制度,略而弗讲,多以老、庄之旨,发为骈俪之文,与汉人说经相去悬绝。此南朝经疏之仅存于今者,即此可见一时风尚。江藩以其得自日本,疑为足利赝鼎[⑥];不知此等

① 引语见《北史》卷八十一《儒林传》序。

② 名言霏屑,谓名言如玉屑之霏落也。韩愈《雪诗》:“中微玉霏屑。”王恽《琉璃肺诗》:“四筵谈屑霏余烈。”

③ 麈,麈尾之省词,古以为拂尘。晋王衍喜清谈,常操麈尾,故后人或以“麈谈”连词。《晋书》卷四十三《王衍传》:“终日清谈,……妙善玄言,唯谈老、庄为事。每捉玉柄麈尾,与手同色。”

④ 扬雄《法言》卷二《吾子》篇:“或问吾子少而好赋。曰:然。童子雕虫篆刻。俄而曰:壮夫不为也。”后人因每以“雕虫”为治文艺之贬辞。

⑤ 皇侃,梁吴郡人。尝为国子助教。撰有《论语义》及《礼记义》。传见《梁书》卷四十八《儒林传》及《南史》卷七十一《儒林传》。按侃所撰《论语义》,即《论语义疏》,计十卷,曾亡佚于南宋时。清康熙九年,日本山井鼎称其国有是书;乾隆间,始入中国。今《古经解汇函》中有刻本。详可参考《四库全书总目提要》经部四书类一。

⑥ 江藩字子屏,号郑堂,清甘泉人。曾师事惠栋、余萧客、江声诸大师,专宗汉学。撰有《国朝汉学师承记》、《宋学渊源记》、《经师经义目录》、《周易述补》、《隶经文》、《炳烛室杂文》诸书。传可参考缪荃孙《续碑传集》卷七十四儒学四。江著《国朝汉学师承记》卷二余古农(萧客)传云:“皇侃《论语义疏》,其书出于著《钩沉》(《古经解钩沉》)之后,且为足利赝鼎。”按足利即足利学,日本人,曾用活字版印行《皇侃论语义疏》,见山井鼎所撰《七经孟子考文》凡例。详可参考《四库全书总目提要》经部五经总义类《七经孟子考文补遗》条。江意以皇《疏》为足利伪造,盖不足信。

文字,非六朝以后人所能为也。《礼记疏》本皇、熊二家;熊安生北学,皇侃南学①。孔颖达以为熊违经多引外义,释经唯聚难义②,此正所谓北学深芜者。又以皇虽章句详正,微稍繁广;以熊比皇,皇氏胜矣③;此则皇氏比熊为胜,正所谓南人约简者。而《郊特牲》④疏云:"皇氏于此经之首,广解天地百神用乐委曲,及诸杂礼制,繁而不要,非此经所须;又随事曲解,无所凭据;今皆略而不载。"⑤此又孔颖达之所谓繁广者。说礼本宜详实,不嫌稍繁;皇氏之解《礼记》,视《论语义疏》为远胜矣。《南史·皇侃传》:"所撰《论语义》、《礼记义》见重于世,学者传焉。"⑥ 今《论语义》佚而复存,《礼记义》略见孔疏。

---

① 皇侃,据本传,曾撰《礼记讲疏》及《礼记义》二书。《隋志》载《礼记义疏》九十九卷,《礼记讲疏》四十八卷;《唐志》载《义疏》五十卷,《讲疏》一百卷;卷帙互异。今二书并佚。清马国翰《玉函山房辑佚书》曾辑有《礼记皇氏义疏》四卷。又熊安生字植之,北周长乐阜城人。通五经,尤精《三礼》。仕北齐,为国子博士;旋入北周,为露门学博士下大夫。著有《周礼》、《礼记》、《孝经》诸义疏。传见《周书》卷四十五《儒林传》及《北史》卷八十二《儒林传》。安生所撰《礼记义疏》,本传云三十卷,《隋志》不录,《唐志》云四十卷。今已亡佚,清马国翰《玉函山房辑佚书》辑有《礼记熊氏义疏》四卷。按皇,梁人,属南朝,故曰南学;熊,北周人,属北朝,故曰北学。

② 孔颖达《礼记正义序》:"熊(安生)则违背本经,多引外义,犹之楚而北行,马虽疾而去逾远矣。又欲释经文,唯聚难义,犹治丝而棼之,手虽繁而丝益乱也。"皮所援引,盖节约此文。

③ 孔颖达《礼记正义序》:"皇氏(侃)虽章句详正,微稍繁广。又既遵郑氏,乃时乖郑义。此是木落不归其本,狐死不首其丘。……然以熊比皇,皇氏胜矣。"

④ 《郊特牲》系《礼记》之第十一篇篇名。

⑤ 见孔颖达《礼记正义·郊特牲》篇"大飨尚服脩而已矣"句下。

⑥ 语见《南史》卷七十一《儒林传·皇侃传》。

《南史·儒林传》[①] 序："宋、齐国学，时或开置，而劝课未博，建之不能十年，盖取文具而已。是时乡里莫或开馆，公卿罕通经术。朝廷大儒，独学而弗肯养众；后生孤陋，拥经而无所讲习。……至梁武[②] 创业，深愍其弊。天监四年[③]，乃诏开五馆，建立国学，总以五经教授，置五经博士各一人。于是以平原明山宾、吴郡陆琏、吴兴沈峻、建平严植之，会稽贺玚[④] 补博士，各主一馆。馆有数百生，给其饩廪[⑤]。其射策通明经者，即除为吏。于是怀经负笈者云

① 《南史·儒林传》见《南史》卷七十一。

② 梁武帝，姓萧，名衍。杀南齐主宝卷而即帝位。后以侯景之乱饿死。在位四十八年，始公元五〇二年，至五四九年。纪元凡七：天监、普通、大通、中大通、大同、中大同、太清。传见《梁书》卷一至三本纪及《南史》卷六、卷七本纪。

③ 天监为梁武帝第一年号，计十八年。天监四年当公元五〇五年。

④ 明山宾字孝若，梁平原人。博通经传。累官东宫学士，兼国子祭酒。撰《吉礼仪注》、《礼仪》、《孝经》、《丧服仪》等凡二百五十九卷。传见《梁书》卷二十七及《南史》卷五十。陆琏，除《儒林传》序外，其事迹不见于《梁书》及《南史》。沈峻字士嵩，梁吴兴武康人。博通五经，尤长《三礼》。曾兼五经博士。严植之字孝源，梁建平秭归人。精解《丧服》、《孝经》、《论语》，偏习郑氏《礼》、《周易》、《毛诗》、《左氏春秋》。兼五经博士。撰《凶礼仪注》四百七十九卷。沈、严传均见《梁书》卷四十八《儒林传》及《南史》卷七十一《儒林传》。贺玚字德琏，梁会稽山阴人。传家业，善《三礼》。兼五经博士，拜步兵校尉。撰有《礼》、《易》、《老》、《庄》讲疏数百篇及《宾礼仪注》百四十五卷。传见《梁书》卷四十八及《南史》卷六十二。

⑤ 给其饩廪，言公家供其用费也。《仪礼·聘礼》注："饩犹禀也。"《说文》："禀，赐谷也。"气，馈客刍米也。"按禀即廪字。气即饩之本字。

会矣。又选学生遣就会稽云门山，受业于庐江何胤[①]。分遣博士祭酒到州郡立学。七年，又诏皇太子宗室王侯始就学受业。武帝亲屈舆驾，释奠于先师先圣[②]，申之以燕语，劳之以束帛。济济焉！洋洋焉！大道之行也如是。及陈武[③]创业，时经丧乱，……敦奖未遑，……稍置学官，成业盖寡。"案南期以文学自矜，而不重经术，宋、齐及陈，皆无足观。惟梁武起自诸生，知崇经术；崔、严、何、伏[④]之徒，前后并见升宠，四方学者靡然向风；斯盖崇儒之效。而

① 何胤字子季，梁庐江人。事沛国刘瓛，受《易》、《礼记》、《毛诗》；又入钟山定林寺听内典。齐武帝时，为建安太守，政有恩信。后隐会稽。梁武帝时，起为光禄大夫，辞不受，迁居秦望山。著《百法论》、《十二门论》、《周易注》、《毛诗统集》、《毛诗隐义》、《礼记隐义》、《礼答问》等书。传见《梁书》卷五十一《处士传》及《南史》卷三十。

② 《礼记·文王世子》："凡学，春官释奠于其先师，秋冬亦如之。凡始立学者，必释奠于先圣先师。"郑玄注："释奠者，设荐馔酌奠而已，无迎尸以下之事。"孔颖达疏："释奠，直奠置其物，无食饮酬酢之事。"

③ 陈武帝，姓陈，名霸先，杀王僧辩，受梁敬帝禅而即帝位。在位三年，始公元五五七年，至五五九年。年号永定。传见《陈书》卷一、卷二本纪及《南史》卷九本纪。

④ 崔，崔灵恩；严，严植之；何，何佟之；传并见《南史》卷七十一《儒林传》及《梁书》卷四十八《儒林传》。伏，伏暅，传见《南史》卷七十一《儒林传》及《梁书》卷五十三《良吏传》。崔灵恩，清河东武城人。遍习五经，尤精《三礼》、《三传》。初仕魏，后入梁，为国子博士。撰《毛诗集注》、《周礼集注》、《制三礼义宗》、《左氏经传义》、《左氏条例》、《公羊穀梁文句义》等书。何佟之字士威，庐江灊人。好《三礼》。初仕齐，后入梁，为尚书左丞。著文章礼义百许篇。伏暅字玄曜，平昌安丘人。曼容之子，能传父业。初仕齐，后仕梁，为五经博士，又历长州郡。

晚惑释氏,寻遘乱亡①,故南学仍未大昌。姚方兴得《舜典》篇首二十八字于大舫头,梁武时为博士议驳,有汉宣、章二帝称制临决之风,而至今流传。伪中之伪,是又梁武所不料也②。

《北史·儒林传》③ 序:"魏道武④ 初定中原,……始建都邑,便以经术为先。立太学,置五经博士,生员千有余人。天兴二年⑤春,增国子太学生员至三千人。……明元时⑥,改国子为中书学,

① 梁武帝晚年崇信佛教,曾三度舍身同泰寺,亲讲《金字三慧经》。东魏司徒侯景以河南十三州降,帝纳之。旋魏遣使求成,又许之。侯景疑,遂反,陷台城,帝以饿死。皮所云"晚惑释氏,寻遘乱亡",盖指此。详可参考《梁书》卷一至卷三本纪及《南史》卷六、卷七本纪。

② 陆德明《经典释文序录》:"齐明帝建武中,吴兴姚方兴采马、王之注,造孔传《舜典》一篇,云于大航头买得,上之。梁武时为博士,议曰:'孔序称伏生误合五篇,皆文相承接,所以致误。《舜典》首有曰若稽古,伏生虽昏耄,何容合之。'遂不行。"按今所传《伪古文尚书》,将《尧典》"慎徽五典"以下分称《舜典》,而于其首加姚方兴所伪造之"曰若稽古帝舜曰重华,协于帝,浚哲文明,温恭允塞,玄德升闻,乃命以位"二十八字。详可参考阎若璩《古文尚书疏证》及惠栋《古文尚书考》。东晋梅赜所献《尚书孔传》,本为伪书;而姚氏所加,更为赝造;故皮云"伪中之伪"。又舫即航字。

③ 《北史·儒林传》见《北史》卷八十一及八十二。

④ 魏道武帝,姓跖拔,名珪。以晋太元十一年(公元三八六年)即帝位。在位二十三年。纪元四:曰登国、皇始、天兴、天赐。传见《魏书》卷二帝纪及《北史》卷一《魏本纪》第一。

⑤ 天兴,魏道武帝之第三年号。天兴二年当公元四〇〇年。

⑥ 魏明元帝,名嗣,道武帝之长子。以晋义熙五年(公元四〇九年)诛跖拔绍即位。在位十五年。纪元三:曰永兴、神瑞、泰常。传见《魏书》卷三帝纪及《北史》卷一《魏本纪》第一。

立教授博士。太武始光三年[①]春,起太学于城东。后征卢玄、高允等[②],而令州郡各举才学,于是人多砥尚儒术。……天安初[③],诏立乡学。……太和中[④],改中书学为国子学,建明堂辟雍,尊三老五更[⑤],又开皇子之学。及迁都洛邑[⑥],诏立国子太学、四门小学。……刘芳、李彪[⑦]诸人以经术进。……宣武时[⑧],复诏营国学,树小学于四门,大选儒生,以为小学博士员四十人。虽黉宇未立,而

---

① 魏太武帝,名焘,明元帝之长子。以宋文帝元嘉元年(公元四二四年)立。在位二十八年。纪元六:曰始光、神䴥、延和、太延、太平真君、正平。传见《魏书》卷四帝纪及《北史》卷二《魏本纪》第二。始光为太武帝之第一年号。始光三年当公元四二六年。

② 卢玄字子真,北魏范阳涿人。太武帝辟召天下儒俊,以玄为首。授中书博士,赐爵固安子,卒谥宣。传见《魏书》卷四十七及《北史》卷三十。高允字伯恭,北魏渤海人。好文学,博通经史天文术数。太武帝神䴥中,拜中书博士,累进爵咸阳公,卒谥文。传见《魏书》卷四十八及《北史》卷三十一。

③ 天安为北魏献文帝之第一年号,计一年,当公元四六六年。

④ 太和为北魏孝文帝之第三年号,计二十三年,当公元四七七年至四九九年。

⑤ 三老,众人之师也;五更,老人知五行更代事者;见《后汉书·明帝纪》注。一说:三老五更,互言之耳,皆老人能知三德五事者也;见《礼记·乐记》注。一云更当作叟,见《礼记·文王世子》释文。

⑥ 洛邑即洛阳。魏孝文帝太和十八年,当齐明帝建武元年,公元四九四年,魏迁都于洛阳。

⑦ 刘芳字伯文,北魏彭城人。长音训,辨析无疑,时人号刘石经。宣武时,仕至中书令,转太常卿,定律令及朝仪。所撰述凡十三种。卒谥文贞。传见《魏书》卷五十五及《北史》卷四十二。李彪字道固,北魏卫固人。孝文时,累迁秘书丞,参著作事;旋以事除名。宣武时,在秘书省,以白衣修史;旋除通直散骑常侍。撰有文集。卒谥刚宪。传见《魏书》卷六十二及《北史》卷四十。

⑧ 魏宣武帝为孝文帝之次子,名恪。在位十六年。纪元四:曰景明、正始、永平、延昌。传见《魏书》卷八帝纪及《北史》卷四《魏本纪》第四。

经术弥显。时天下承平,学业大盛;故燕、齐、赵、魏之间,横经著录,不可胜数;大者千余人,小者犹数百。……周文[①] 受命,雅重经典;……明皇[②] 纂历,敦尚学艺。内有崇文之观[③],外重成均之职[④]。……征沈重于南荆[⑤],……待熊安生以殊礼[⑥]。是以天下慕

---

① 周文指北周文皇帝宇文泰。泰武川人。仕于北魏,为关西大都督。孝武帝谋伐高欢,不成,西走依泰,为西魏。泰鸩杀之,立文帝,自为太师。子觉篡西魏,改为北周,追尊泰为太祖文皇帝。传见《周书》卷一、卷二本纪及《北史》卷九《周本纪》上。

② 明皇指北周明帝宇文毓。毓,宇文泰长子,在位三年,年号武成。传见《周书》卷四本纪及《北史》卷九《周本纪》上。

③ 《周书》卷四《明帝纪》云:"(帝)即位,集公卿已下有文学者八十余人于麟趾殿,刊校经史。又捃采众书,自羲、农以来,讫于魏末,叙为世谱,凡五百卷。"《北史》卷十《周本纪》,文同。《儒林传》所谓"内有崇文之观",盖指此。

④ 成均,古代学校名,此借用。《周礼·春官》:"大司乐掌成均之法,以治建国之学政,而合国之子弟焉。"郑玄注:"成均,五帝之学。"按《周书》卷四《明帝纪》及《北史》卷十《周本纪》皆无载明帝立学之事,唯有以侯莫陈崇及达奚武为大宗伯之文;大司乐系大宗伯之官属,《儒林传》所谓"外重成均之职",或指此。

⑤ 沈重字子厚,北周吴兴武康人。初仕梁,为五经博士。北周武帝礼聘至京师,诏令讨论五经,授骠骑大将军,露门博士。后复归梁。撰有《周礼义》、《仪礼义》等书。传见《周书》卷四十五《儒林传》及《北史》卷八十二《儒林传》。按沈本仕南朝萧梁;称南朝曰南荆者,《尔雅·释山》"汉南曰荆州",故以南荆连文。

⑥ 《北史》卷八十二《儒林传》云:"天和三年,周、齐通好,兵部尹公正使焉。与齐人语及《周礼》,齐人不能对,乃令安生至宾馆,与公正言,……公正嗟服。还,具言之于武帝;帝大钦重之。及入邺,……帝幸其第,诏不听拜,亲执其手,引与同坐。……赐帛三百匹,米三百石,宅一区;并赐象笏及九镮金带,自余什物称是。"按《儒林传》所谓待以殊礼,盖指此。

向,文教远覃。”[①] 案北朝诸君,惟魏孝文、周武帝[②] 能一变旧风,尊崇儒术。考其实效,亦未必优于萧梁。而北学反胜于南者,由于北人俗尚朴纯,未染清言之风、浮华之习,故能专宗郑、服,不为伪孔、王、杜所惑。此北学所以纯正胜南也。焦循曰:“正始[③] 以后,人尚清谈。迄晋南渡,经学盛于北方。大江以南,自宋及齐,遂不能为儒林立传。梁天监[④] 中,渐尚儒风,于是梁书有《儒林传》。《陈书》嗣之,仍梁所遗也。魏儒学最隆,历北齐、周、隋,以至唐武德、贞观[⑤],流风不绝,故《魏书·儒林传》为盛。”[⑥]

“北方戎马,不能屏视月之儒[⑦];南国浮屠,不能改经天之义。”[⑧] 此孔广森以为经学万古不废,历南北朝之大乱,异端虽炽,

① 覃,延也,见《尔雅·释言》。

② 魏孝文帝,名宏,献文帝长子。即位后,大兴文治;均民田,制户籍,修明堂、辟雍、灵台,行郊庙之礼,举养老籍田之制。又憎国俗之陋,迁都洛阳,禁胡服胡语。在位二十九年。纪元三:曰延兴、承明、太和。传见《魏书》卷七帝纪及《北史》卷三《魏本纪》第三。周武帝,宇文泰第四子,名邕。禁佛、道二教,毁淫祠。乘齐之衰,灭之,统一北方。在位十八年。纪元四:曰保定、天和、建德、宣政。传见《周书》卷五、卷六本纪及《北史》卷十《周本纪》下。

③ 正始为魏废帝曹芳之第一年号。

④ 天监为梁武帝之第一年号,计十八年,当公元五〇二年至五一九年。

⑤ 武德为唐高祖之年号,计九年,当公元六一八年至六二六年。贞观为唐太宗之年号,计二十三年,当公元六二七年至六四九年。

⑥ 引语见焦循《雕菰楼集》卷十二《国史儒林文苑传议》。

⑦ “北方”指北朝。“视月之儒”语出《世说新语》。《世说》卷二《文学》篇:“支道林闻之,曰:‘……北人看书,如显处视月;南人学问,如牖中窥日。’”刘孝标注:“学广则难周,难周则识暗,故如显处视月。学寡则易核,易核则智明,故如牖中窥日也。”按孔广森语,盖谓北朝虽日事干戈,然仍不能屏去儒者。

⑧ “南国”指南朝。“经天之义”言孔子六经大义如日之经天。孔语盖谓南朝虽崇信释教,如梁武帝等,然仍不能改削孔经大义也。

圣教不绝也[①]。而南北诸儒抱残守缺，其功亦未可没焉。夫汉学重在明经，唐学重在疏注；当汉学已往，唐学未来，绝续之交，诸儒倡为义疏之学，有功于后世甚大。南如崔灵恩《三礼义宗》、《左氏经传义》[②]，沈文阿《春秋》、《礼记》、《孝经》、《论语义疏》[③]，皇侃《论语》、《礼记义》，戚衮《礼记义》[④]，张讥《周易》、《尚书》、《毛诗》、《孝

① 孔广森字众仲，又字㧑约，号顨轩，清山东曲阜人。乾隆间进士，官至检讨。少受经于戴震。著《公羊通义》、《大戴礼记补注》、《诗声类》、《礼卮言》、《经学卮言》等书。又善属文，著《师郑堂骈俪文》。传可参考江藩《国朝汉学师承记》卷六及钱仪吉《碑传集》卷百三十四。引语见《戴氏遗书序》。

② 崔灵恩注《三礼义宗》三十卷，《左氏经传义》二十二卷，见《南史·儒林传》，今佚。清马国翰《玉函山房辑佚书》辑有《三礼义宗》四卷，可参考。

③ 沈文阿字国卫，陈吴兴武康人。传父业，研精章句，治《三礼》、《三传》。仕梁，为国子博士，寻领步兵校尉。后仕陈，为通直散骑常侍。撰仪礼八十余条，《经典大义》十八卷，《春秋》、《礼记》、《孝经》、《论语义记》七十余卷。传见《南史》卷七十一《儒林传》及《陈书》卷三十三《儒林传》。按沈所撰各书，今佚；清马国翰《玉函山房辑佚书》辑有《春秋左氏经传义略》一卷，可参考。

④ 戚衮字公文，梁吴郡盐官人。受《三礼》于刘文绍。官至江州刺史。入陈，官始兴王府录事参军。曾撰《三礼义记》，逢乱亡失；又撰《礼记义》四十卷，行于当时，但今亦亡佚。传见《南史》卷七十一《儒林传》及《陈书》卷三十三《儒林传》。

经》、《论语义》①,顾越《丧服》、《毛诗》、《孝经》、《论语义》②,王元规《春秋》、《孝经义记》③;北如刘献之《三礼大义》④,徐遵明《春秋义章》⑤,李铉撰定《孝经》、《论语》、《毛诗》、《三礼义疏》⑥,沈重《周

---

① 张讥字直言,陈清河武城人。通《孝经》、《论语》,笃好玄言。仕梁为士林馆学士。入陈,官国子博士。撰《周易义》三十卷,《尚书义》十五卷,《毛诗义》二十卷,《孝经义》八卷,《论语义》二十卷,及《老子义》、《庄子义》、《玄部通义》、《游玄桂林》等书。传见《南史》卷七十一《儒林传》及《陈书》卷三十三《儒林传》。张所撰书,今佚,清马国翰《玉函山房辑佚书》辑有《周易张氏讲疏》一卷,可参考。

② 顾越字允南,陈吴郡盐官人。遍该经艺,尤精《毛诗》。仕梁为五经博士。入陈,为给事中、黄门侍郎。后被谮坐免。所著有《丧服》、《毛诗》、《老子》、《孝经》、《论语》等《义疏》四十余卷,诗颂、碑志、笺表凡二百余篇。传见《南史》卷七十一《儒林传》及《陈书》卷三十三《儒林传》。按顾书今皆佚亡。

③ 王元规字正范,隋太原晋阳人。年十八,通《左氏》、《孝经》、《论语》、《丧服》。梁简文帝甚优礼之。入陈,历官尚书祠部郎。陈亡入隋,终秦王府东阁祭酒。著《春秋发题辞》及《义记》十一卷,《续经典大义》十四卷,《孝经义记》两卷及《左传音》、《礼记音》等书。传见《南史》卷七十一《儒林传》及《陈书》卷三十三《儒林传》。按王书今佚,清马国翰《玉函山房辑佚书》辑有《续春秋左氏经传义略》一卷,可参考。

④ 刘献之,北魏饶阳人。雅好诗传,博观众籍。孝文帝征典内校书,固以疾辞。撰《三礼大义》四卷、《三传略例》三卷,《注毛诗序义》一卷及《章句疏》二卷。传见《北史》卷八十一《儒林传》及《魏书》卷八十四《儒林传》。按刘书今佚。

⑤ 徐遵明曾撰《春秋义章》三十卷,今佚。

⑥ 李铉字宝鼎,北齐渤海南皮人。师事徐遵明。文宣帝时,官至国子博士。撰定《孝经》、《论语》、《毛诗》、《三礼义疏》及《三传异同》、《周易义例》,合三十余卷。传见《北史》卷八十一《儒林传》及《北齐书》卷四十四《儒林传》。按李书今佚。

礼》、《仪礼》、《礼记》、《毛诗》、《丧服经义》[1]，熊安生《周礼》、《礼记义疏》、《孝经义》[2]；皆见《南北史·儒林传》。今自皇、熊二家见采于《礼记疏》外，其余书皆亡佚。然渊源有自，唐人五经之疏未必无本于诸家者。论先河后海之义[3]，亦岂可忘筚路蓝缕之功[4]乎！

《北史》又云：“自魏末大儒徐遵明门下讲郑玄所注《周易》，遵明以传卢景裕[5]，……景裕传权会、郭茂[6]，……能言《易》者多出郭茂之门。河南及青、齐之间儒生多讲王辅嗣所注，师训盖寡。齐时儒士罕传《尚书》之业，徐遵明兼通之。遵明受业于屯留王聪[7]，传

---

① 沈重撰《周礼义》三十一卷，《仪礼义》三十五卷，《礼记义》三十卷，《毛诗义》二十八卷，《丧服经义》五卷，及《周礼音》、《仪礼音》、《礼记音》、《毛诗音》等书，今皆佚亡。清马国翰《玉函山房辑佚书》辑有《周官礼义疏》一卷，《礼记沈氏义疏》一卷，《毛诗沈氏义疏》二卷，可参考。

② 熊安生撰《周礼义疏》二十卷，《礼记义疏》三十卷，《孝经义》一卷，今皆佚亡；清马国翰《玉函山房辑佚书》辑有《礼记熊氏义疏》四卷，可参考。

③ “先河后海”语出《礼记》。《礼记·学记》：“三王之祭川也，皆先河而后海。或源也，或委也；此之谓务本。”按河为海之源，犹南北朝诸儒义疏为唐人义疏所源也。

④ “筚路蓝缕”语出《左传》。《左传·宣十二年》：“筚路蓝缕，以启山林。”杜预注：“筚路，柴车；蓝缕，敝衣。”按谓驾柴车，服敝衣，以开辟山林；故引申为开创之义。本文引以喻经传义疏之体由南北朝儒者开其端也。

⑤ 卢景裕字仲儒，北魏范阳涿人。少敏，专治经。避地大宁山，世号居士。高澄特征教诸子。兴和中，补齐王开府属。尝注《周易》、《尚书》、《孝经》、《论语》、《礼记》、《老子》。其所注《易》，大行于世。传见《魏书》卷七十六及《北史》卷三十。

⑥ 权会字正理，北齐河间郑人。少受郑《易》、《诗》、《书》、《三礼》，兼明风角。累迁国子博士。注《易》一部，行于世。传见《北齐书》卷四十四《儒林传》及《北史》卷八十一《儒林传》。又郭茂名见《北史·儒林传》序外，无传。

⑦ 王聪名见《北史·儒林传》序外，无传。

授浮阳李周仁及勃海张文敬、李铉、河间权会[①],并郑康成所注,非古文也。下里诸生,略不见孔氏注解。武平末[②],刘光伯、刘士元[③]始得费甝《义疏》[④],乃留意焉。其《诗》、《礼》、《春秋》,尤为当时所尚,诸生多兼通之。《三礼》并出遵明之门。徐传业于……熊安生,……其后生能通《礼》经者,多是安生门人。诸生尽通《小戴礼》,于《周》、《仪礼》兼通者,十二三焉。通《毛诗》者,多出于魏朝刘献之,……其后能言《诗》者多出二刘之门。河北诸儒能通《春秋》者,并服子慎所注,亦出徐生之门。……姚文安、秦道静[⑤] 初亦学服氏,后兼更讲杜元凯所注。其河外儒生,俱伏膺杜氏。"[⑥] 案史言北学极明晰;而北学之折入于南者,亦间见焉。青、齐之间,多讲王辅嗣《易》、杜元凯《左传》;盖青、齐居南北之中,故魏、晋经师之书,先自南传于北。北学以徐遵明为最优,择术最正;郑注《周易》、《尚书》、《三礼》,服注《春秋》,皆遵明所传;惟《毛诗》出刘献之耳。其后则

① 李周仁、张文敬名见《北史·儒林传》序外,无传。

② 武平,系北齐后主高纬之第二年号,计六年,当公元五七〇年至五七五年。

③ 刘光伯,刘炫之字;刘士元,刘焯之字。详见第189页注①。

④ 费甝,名见《北史·儒林传》序外,无传。《隋书·经籍志》云:《尚书义疏》十卷,梁国子助教费甝撰。陆德明《经典释文》云:梁国子助教江夏费甝作《尚书义疏》,行于世。按费书今佚。

⑤ 姚文安、秦道静,名见《北史·儒林传》序外,无传。

⑥ 引语见《北史》卷八十一《儒林传》序。

刘焯、刘炫为优，而崇信伪书，择术不若遵明之正[1]。得费甝《义疏》，传伪孔古文，实始于二刘。二刘皆北人，乃传南人费甝之学，此北学折入于南之一证。盖至隋，而经学分立时代变为统一时代矣。

（本文选自《经学历史》第六篇。《经学历史》一书最初由湖南思贤书局1907年刊行。1963年，中华书局出版周予同注释本。本文选自周予同注释本第170—192页）

皮锡瑞，字鹿门，湖南善化人，近代经学家，著有《经学历史》、《五经通论》等。

本文依据丰富的文献资料，对南北朝时期南北经学的差别及其原因作了较为深入的阐述，是研究南北朝时期南北经学问题的代表作，对以后该问题的研究有较大的影响。

① 刘焯字士元。隋信都昌亭人。开皇中，举秀才，对策甲科，除员外将军。于国子共论古今滞义，以精博称，奉敕与刘炫等考定洛阳石经。后与炫议论，深挫诸儒，遂为飞章所谤，除名归里。炀帝时，迁太学博士。著有《稽极》、《历书》、《五经述议》。刘炫与之齐名，时称二刘。刘炫字光伯，隋河间景城人。少以聪敏见称。开皇中，除殿内将军，旋坐罪除名。后与诸儒修定五礼，授旅骑尉。旋除太学博士，以品卑去任。寻陷于贼，冻饿死。门人谥曰宣德先生。著有《论语》、《孝经》、《春秋》、《尚书》、《毛诗述义》、《春秋攻昧》、《五经正名》、《注诗序》、《算述》等书。传均见《隋书》卷七十五《儒林传》及《北史》卷八十二《儒林传》下。按二刘均崇信《伪古文尚书孔传》，炫又信《伪古文孝经孔传》，并伪造《连山易》、《鲁史记》等，故皮云“择术不若遵明之正”。

读《抱朴子》推论南北学风的异同

唐长孺

一、抱朴子讥惑篇中所论四事

《抱朴子》外篇卷26《讥惑篇》云：

> 上国众事所以胜江表者多，然亦有可否者。君子行礼，不求变俗，谓违本邦之他国，不改其桑梓之法也；况于在其父母之乡，亦何为当事弃旧而强更学乎？吴之善书则有皇象、刘纂、岑伯然、朱季平，皆一代之绝手，如中州有钟元常、胡孔明、张芝、索靖，各一邦之妙，并有古体，俱足周事。余谓废已习之法，更勤苦以学中国之书，尚可不须也；况于乃有转易其声音以效北语，既不能便良似，可耻可笑，所谓不得邯郸之步，而有匍匐之嗤者。此犹其小者耳，乃有遭丧而学中国哭者，令忽然无复念之情。昔钟仪、庄舄不忘本声，古人韪之。孔子云："丧亲者若婴儿之失母，"其号岂常声之有！宁令哀有余而礼不足，哭以泄哀，妍拙何在，而乃治饰其音，非痛切之谓也。又闻贵人在大哀，或有疾病，服石散，以数食宣药，势以饮酒为性命；疾患危笃，不堪风冷，帏帐茵褥，任其所安。于是凡琐小人之有财力者，了不复居于丧位，常在别房，高床重褥，美食大饮，或与密客引满投空，至于沈醉，曰："此京洛之法也。"不亦惜哉！余之乡里先德君子，其居重难，或并在衰老，于礼唯应

缞麻在身，不成丧致毁者，皆过哀啜粥，口不经甘，时人虽不肖者莫不企及自勉，而今人乃自取如此，何其相去之辽缅乎！

关于葛洪，我们在第三节中将更详细地谈到，这里只就本篇所说讨论。

葛洪是吴人，当吴国灭亡与晋室东迁之后，亲见江南人慕效洛阳风气，他是个比较保守的人，对于旧俗的废弃很不满意，所以加以讥刺。他所提出的例证有四：一是书法，二是语言，三是哀哭，四是居丧，我们现在稍加解释。

葛洪把吴之善书者与中国之书分列，二者之间一定有所不同。诸家手迹现在业已不能见到，有一些保留在宋代阁帖中的刻本，真伪既难鉴定，而又传拓失真。葛洪所举吴国书家 4 人，止有皇象还见于记载，其余 3 人不但笔迹失传，连最简单的事迹也不能知道。《法书要录》卷 1 宋王愔《文字志》下卷有一个岑泉，卷 2 庾肩吾《书品论》下之中有一个岑渊，应是一人，他本名渊，避唐讳作泉，这个人可能即葛洪所举之岑伯然。《三国吴志》卷 12《虞翻传》注引《会稽典录》云："孙亮时有山阴朱育，少好奇字……造作异字，千名以上。"《文字志》下卷亦载朱育，也许即是葛洪所举之朱季平。刘纂、岑伯然、朱季平自唐以后论书艺者如张怀瓘、窦息等已没有著录，笔迹必久已失传。既然如此，现在要比较中原书法和江南的不同是有困难的。如果就传世碑刻而论，吴之天发神谶、禅国山、谷朗三碑与曹魏诸碑确有区别，但是否这种书法仅在南方流行还是不能断定。我们现在所能知道的只是江南书法与北方是不同的。《法书要录》卷 1 载王僧虔《论书》：

陆机书，吴士书也，无以较其多少。

说明"吴士"的书法和中原钟胡以至二王的书法太不同了，因此也无法比较其优劣。他特别提出"吴士"，就是说此一类型是普遍流行于江南的。例如《法书要录》载窦息《述书赋》上云：

吴则广陵休明(即皇象)朴质古情,难以穷真,非可学成,似龙蠖蛰启,伸盘复行。(以上皇象)贺氏兴伯,同时共体,瘠而不疏,逸而寡礼,等殊皇贺,品类兄弟。(以上贺邵)

贺邵并非著名书家,但其书体却和皇象类似,可见江南书艺之风尚。这一类的书体大概是较古。

北方书法之南流改变了吴人"朴质古情"的形制,我的推测主要是在于行书的推广。《晋书》卷36《卫瓘传》载卫恒《四体书势》:

魏初有钟胡二家为行书法,俱学之于刘德升而钟氏小异,然亦各有巧,今大行于世云。

卫恒所谓四体乃是古文、篆书、隶书、草书。行书、八分、楷书都属于隶书范围。卫恒于每一书体中都列举若干精于此一体的书家,钟繇、胡昭只见于隶体项下,而且特别说明其"为行书法,今大行于世"。可见西晋书家之推重钟胡只在于他们的为行书立法,而大行于世的钟胡体实即此行书法。固然《法书要录》卷1王僧虔《论书》云:"钟公之书,谓之尽妙。钟有三体:一曰铭石书,最妙者也,二曰章程书,世传秘书教小学者也,三曰行押书,行书是也(亦作相闻书);三法皆世人所善。"似乎钟繇最擅长的是铭石书。按当时碑铭都用篆隶(狭义之隶),汉末以隶著称的是师宜官和梁鹄。卫恒《四体书势》云:"鹄弟子毛弘教于秘书,今八分皆弘法也。"王僧虔自己也这样说,可知在魏时钟繇不以八分(隶)著称,也就不能以铭石书为最妙①。

① 《法书要录》卷2陶弘景与梁武帝书有云:"至世论咸云江东无复钟迹,常以叹息。皆曰伫望中原廓清,太邱之碑,可就摹采。"则钟之铭石书在梁代知道的仅有太邱碑,而南北分裂,南人并不能看到,王僧虔何从知其"最妙"。

行书是一种较新的书体。僧虔论书又云[①]:“刘德升善为行书,不详何许人,颍川钟繇魏太尉,同郡胡昭公车徵,二子俱学于德升,而胡书肥,钟书瘦。”同书卷7张怀瓘《书断》云:“案行书者后汉颍川刘德升所作也,即正书之小伪,务从简易,相间流行,故谓之行书。王愔云:‘晋魏以来工书者多以行书著名,昔钟元常善行押书是也。’……刘德升即行书之祖也。”自晋以来,论书法者一说到行书就必以钟胡并论,钟胡同学于刘德升则卫恒已如此说。刘德升的事迹我们也不知道,张怀瓘以之为颍川人,恐怕因钟胡籍贯而推测,王僧虔为南齐人已经不详德升为何许人了。[②] 至于以德升始作行书,乃是由于钟胡之前只知德升善行书,再往上推就不知道了。我们知道书体创造决非一两个人所能,汉代木简上我们已看到了行书,可见流传于民间已久。但这种较新的书体在士大夫间本来没有重视,大概到了刘德升始加以提倡,到了钟胡才形成风气,流行于士大夫间,于是行押书提高了地位,与篆隶(八分)正书并列。行押书称为刘德升所创造,或钟胡立法,其实际意义乃是民间朴质的艺术开始为文人所接受和加工,于是形成了一种最能表现艺术之美的新书体[③]。

据王愔的说法,晋以来工于书法者皆以行书著称,而行书是一种新兴的字体,晋初除掉钟胡无可取法。《晋书》卷39《荀勖传》:“俄领秘书监……又立书博士,置弟子教习,以钟胡为法。”照卫恒

① 《法书要录》以僧虔论书为羊欣,恐有误。

② 《书断》中妙品行书16人第一个即是刘德升,云:“字君嗣,颍川人,桓灵之时以造行书著名,虽已草创,亦丰妍美,风流婉约,独步当时。”所述或有所本,但恐不可信,钟书南朝已皆是摹本,张怀瓘更何从见刘德升之书。

③ 行押书亦称为史书,《三国魏志》卷11《管宁附胡昭传》称昭善史书。史书之意恐是指令史之书。因为行书简便,适合于令史所用之故。

所说秘书监所教习的书法有毛弘的八分书；王僧虔认为秘书所教又有章程书，即出于钟繇；章程书既非八分，亦非行押，大概是指正书(即今所云楷书)；我想秘书所授必备四体，《荀勖传》所云“以钟胡为法”，虽也可能包括章程书，主要恐怕是指行押书。荀勖是钟氏外甥，也是颍川人，所以要尊重新书体，而且事实上新书体也是较进步而合用。

行书一体既然在汉末始在颍川受到提倡，曹魏时才流行于中原士大夫间，江南民间虽或流行，而号称书家的士大夫则尚未接受。吴人善书如皇象，照王僧虔论书，说他“能草，世称沈着痛快”，又张怀瓘《书断》引欧阳询语云：“张芝草圣，皇象八绝并是章草。”《三国吴志》卷8《张纮传》注引《吴书》说纮“善楷篆书”。僧虔论书又称吴人张纮特善飞白。吴国书家没有以行书著称的人，可知这是灭吴之后才传入江南的新书体。以后王羲之、献之父子书名最盛，晋以后又多学二王，特别是学献之，但羲之也学钟书，所以也可以说自晋之后行书之法悉出钟繇。胡昭从东晋后名望渐减，大概由于羲之学钟不学胡之故。葛洪所称吴人所学的中原书法虽非专指行押，但主要应即此江南所未有的新书体。

东晋之后，新书体的发展掩盖一切，篆与八分固然过了时，正书也不足与行书相比，而此时书艺重心也从洛阳移到了建康。

在这里我附带地说明晋室东渡带着中原新兴文化一起迁移，书艺是其中之一，但这决不是说北方就此绝迹。《魏书》卷24《崔玄伯传》：

> 尤善草隶行押之书，为世摹楷。玄伯祖悦与范阳卢谌并以博艺著名。谌法钟繇，悦法卫瓘而俱习索靖之草，皆尽其妙。谌传子偃，偃传子邈，悦传子潜，潜传玄伯，世不替业，故魏初重崔、卢之书。又玄伯之行押特尽精巧，而不见遗迹。

可见北魏书艺同样地取法钟繇。卫瓘书法不知如何，《晋书》卷36

《卫瓘传》称瓘"与敦煌索靖俱善草书",似以草书见长,但崔悦之草却又学索靖,那末所云法卫瓘者不知是哪一种。卫恒为瓘之子,他所著的《四体书势》明说钟胡为行书法,卫瓘即使亦善行押,想仍不脱钟胡之法,因此崔玄伯之行押书直接、间接可信仍出于钟胡。我们现在已不能见到北朝的尺牍笺奏之类的遗迹,假使有之,应与南朝不甚相远,其差别只是南方有二王对于新书体的发展,东晋之后便师法二王,与钟胡隔了一层而已。

葛洪所举的第二件事是"语言"。关于这个问题,陈寅恪先生有《东晋南朝之吴语》一文,阐发已明(《历史语言研究所集刊》,第七本,第一分册),这里我不再赘述。陈先生的结论完全可以证明葛洪之说,即是江南士族普遍学习洛阳话。《宋书》卷81《顾琛传》称:"先时宋世江东贵达者会稽孔季恭,恭子灵符,吴兴邱渊之及琛吴音不变。"陈先生根据这一条证明"其余士人,虽本吴人,亦不操吴音,断可知矣"。

其实吴士学习洛阳语,早在东渡之前。《陆士龙集》有《与兄平原(陆机)书》,提出"音楚"的问题,还说他作文时,"会结使说音"。楚与雅相对,"音楚"即音韵不正,这里当指吴音。"结使"当为给使之讹,即伺候官吏的使役,作文要使役说音,当因其为洛阳人。这封信说明二陆入洛后,为了免于"音楚"的讥评,已有学洛阳语音之事。但是吴士虽然学说洛阳语,终究带着吴音。《颜氏家训·音辞篇》便说"南染吴越,北杂夷虏,皆有深弊,不可具论"。颜之推所说"南染吴越"的音辞,包括南渡侨姓与吴士。葛洪所谓"既不能便良似,可耻可笑"的语言就是这种吴人口中的北语,隔了多少年之后,连侨人也受到同化,一样地说那种不南不北的吴化洛阳语了。简单地说,这种吴化洛阳语相当于蓝青官话,因为是官话,所以只行于士族间。

吴语在音韵上的问题,我将另外讨论,不再涉及。

葛洪所举的第三件事是“哀哭”，这是无关重要的琐事，现在也稍加说明，以证南北风俗的转移。

照葛洪所说这种南人所学的北方哭法乃是“治饰其音”的，也就是说有“妍”“拙”区别的，有“常声”的哭声。我们现在只能证明南北哭声之不同，究竟怎样哭法是难以知道的。《艺文类聚》卷85引《笑林》：

> 有人吊丧……因赍大豆一斛相与。孝子哭唤“奈何”，以为问豆，答曰：“可作饭。”孝子哭，复唤“穷已”，曰：“适得便穷，自当更送一斛。”

《笑林》大概是晋人所作，《隋书·经籍志》有《笑林》3卷，题邯郸淳著。今考《类聚》所引有吴张温使蜀事，邯郸淳当不及知。类书所引《笑林》多南人或吴人到京师，由于风俗语言不同而闹笑话的故事，显然是吴亡之后的著作。例如吴人食酪的笑话亦见于《笑林》，《世说新语》和《晋书》都以为即陆玩事，此种由于南北习惯不同而发生的笑话不一定坐实陆玩，但一定是灭吴以后吴人大量入洛以后事。因此我们相信此书当为晋灭吴后北人所写。这一条所述孝子唤奈何、唤穷疑为洛阳及其附近的哭法。《晋书》卷49《阮籍传》称他在母死之后“直言穷矣，举声一号，因又吐血数斗”，大概父母之丧，孝子循例要唤“穷”。这一条《笑林》未指明南人，但不懂得这个通例的可能是指南人，因为《笑林》是惯于嘲笑南人的。

南北朝时南北哭法不同亦见记载。《颜氏家训风操篇》云：

> 江南丧哭时有哀诉之言耳。山东重丧则唯呼“苍天”，期功以下则唯呼“痛深”，便是号而不哭。

江南哭法时有哀诉之言，可能有声调节奏，就是葛洪所云“治饰其音”的哭法，现在苏州一带的妇女哭法还是一种有声调节奏的哀诉之言。颜之推说山东（此当指邺都及其附近）号而不哭，盖即言其无声调。“治饰其音”的哭声出于洛阳，而为吴人所仿效，颜之推已经不知其来源，而此时北方反而没有这种哭法，所以径认为江南之俗。《酉阳杂俎》前集卷13《尸穸类》述北朝丧仪云：

哭声欲似南朝传哭，挽歌无破声，亦小异于京师焉。

这一段乃是南朝人所记北魏的风俗，所称京师是指建康。在葛洪的时代是吴人学习北人的哭法，但此时北魏却效学南朝一种传哭，这大概是比较特殊的哭法。这里说明南北哭法不同，但南北朝后期的建康哭法可能倒是出于洛阳而非南方土法。

葛洪所举第四件事是"居丧"。吴国风俗居丧哀毁过于北方，《宋书》卷3《五行志》：

故吴之风俗相驱以急，言论弹射以刻薄相尚。居三年之丧者往往有致毁以死。诸葛（恪）患之，作《正交论》，虽不可以经训整乱，盖亦救时之作也。

和葛洪所说江南旧俗相符合。这种丧过于哀的旧俗，从晋室东迁之后带来了京洛名士放诞之风，于是遭到破坏。正确地说，如葛洪所指责的"居丧不居丧位"及"美食大饮"等也不是北方旧俗，而只是魏晋以来放诞名士的行为，但南渡侨人很多就是染有这种放诞之风的名士或贵族子弟，因此径以为京洛之风如此。关于这种蔑弃礼法之事在《世说新语》及《晋书》中所载阮籍、阮咸、王戎等事为人所共知，可以不再引证。

葛洪对于贵人的不遵丧礼，由于服散之故而加以原谅。《医心方》卷19引皇甫谧说，服散有十忌，第二忌愁忧，第三忌哭泣，第五忌忍饥；《诸病源流》引皇甫谧说服散须要常饮酒，令体中醺醺不绝，当饮醇酒，勿饮薄白酒；又说服散有六反、七急、八不可、三无疑，云："当食勿忍饥二急也，酒必醇清令温三急也……食不厌多七急也。"而以"饮食畏多"为八不可之一。所以服散者虽居丧也不能不美食大饮。《法书要录》卷10王羲之书有云：

民以倾情事不可不勤，思自补节，勤以食啖为意，乃胜前者，而气力所堪不如。自丧初不哭，不能不有时恻怆，然便非所堪。

王羲之也是服散的人，他的“勤以食啖为意”，“丧初不哭”即是怕犯禁忌之故。五石散虽是古方，其盛行则在魏末。《世说新语·言语篇》何平叔条注引秦丞相（相应作祖）《五石散论》云：“寒食散之方虽出汉代而用之者寡，靡有传焉。魏尚书何晏首获神效，由此大行于世，服者相寻也。”服散既出何晏提倡，吴亡之前在江南大概不会盛行。但吴亡之后，此风亦即传入。《晋书》卷68《贺循传》说他为了拒绝陈敏之命，“又服寒食散，露发袒身示不可用”，可为南人效法京洛贵人服散之证（以上服散事均出《辅仁学报》7卷一、二期合订本余嘉锡先生《寒食散考》）。葛洪不反对服散，却责备那些不服丧的凡琐小人居丧无礼，大概由于他自己也是服散的人。

葛洪所举四事，前三事都在建康或其附近地区形成风俗，只有居丧无礼似乎并未普遍流行。东晋以后名士一般都礼玄双修，对于居丧倒是十分拘忌的。

综上所述虽有些只是琐细之事，但整个说来却表示了吴亡之后，江南士人羡慕中原风尚的心理。一到晋室东迁，以洛阳为中心的中原文化便移到了建康，改变了江南所固有的较保守的文化、风俗等等。因此我们可以说东晋以后所谓江南的风尚有一部分实际上乃是发源于洛阳而以侨人为代表，并非江南所固有。

二、魏晋期间江南的学风

在讨论这个问题之先，我们有必要说明魏、晋期间所谓南北的界限。《世说新语·文学篇》：

褚季野语孙安国云：“北人学问渊综广博。”孙答曰：“南人学问清通简要。”支道林闻之曰：“圣贤固所忘言，自中人以还，北人看书如显处视月，南人学问如牖中窥日。”

从上引这一段来说明南北学风的都以为褚裒、孙盛和支道林所说的南北就相当于以后南北朝的界限。我觉得在东晋时可能范围有些出入。褚裒（季野）为阳翟人，孙盛（安国）是太原人，所谓南北应指河南北。东迁侨人并不放弃原来籍贯，孙褚二人的对话只是河南北侨人彼此推重，与《隋书·儒林传序》所云：“南人约简，得其精华；北学深芜，穷其枝叶，”虽同是南北，而界限是不一致的。《晋书》卷62《祖逖附兄纳传》（又见梁元帝《金楼子》卷5）：

> 时梅陶及钟雅数说余事，纳辄困之。因曰：“君汝颍之士利如锥，我幽、冀之士钝如槌，持我钝槌，捶君利锥，皆当摧矣。”陶雅并称：“有神锥，不可得槌。”纳曰：“假有神锥，必有神槌。”雅无以对。

祖纳为范阳人，钟雅为颍川人，这又是河南北人的彼此诋毁，与褚孙的相互推重事虽不同，而同以河南北相对比则一。这种以河南北相对比的人物论大概始于东汉。三国期间卢毓《冀州论》（见《初学记》卷8）：

> 冀州，天下之上国也。尚书何平叔、邓玄茂谓其土产无珍，人生质朴，上古以来，无应仁贤之例，异徐、雍、豫诸州也。

何晏的贬抑冀州也许意在贬抑河内之司马氏。但卢毓为涿郡人，何晏、邓飏都是南阳人，卢毓为汉代经学世家，何晏则新兴之玄学创始人，这里的徐豫与冀州也是河南北的对比，雍州只是作为陪衬而已。

魏晋新学风的兴起实在河南。王弼创通玄学，乃是山阳人，同时名士夏侯玄是谯郡人，阮籍是陈留人，嵇康是山阳人。颍川荀氏虽然还世传经学，但荀氏的易学与王弼接近，而荀粲“独好言道”，也属于新学派开创人之一。创立行书法的钟繇、胡昭均是颍川人，而钟会也是精练名理。这些人都是河南人，大河以北我们很少看到这类人物。《三国魏志》卷28《钟会传》注引何劭《王弼传》云:“太原王济好谈,病老庄,尝云:见弼《易》注,所悟者多。”可见王济本来不以老庄为然,见了王弼注《易》才有所启悟。注又引孙盛曰:

> 《易》之为书,穷神知化,非天下之至精,其孰能与于此,世之注解殆皆妄也。况(王)弼以附会之辨而欲笼统玄旨者乎?故其叙浮义则丽辞溢目,造阴阳则妙赜无间;至于六爻变化,群象所效,日时岁月,五气相推,弼皆摈落,多所不关,虽有可观者焉,恐将泥夫大道。

按王弼注《易》的特点正在于摆脱汉人的象数,然而孙盛却因此而表示不满,可见他是尊崇汉儒旧说的。孙盛的年辈较后,但魏晋之学多仍家门传习之旧,孙氏自孙楚以降大概即持此说。又《魏志》卷16《杜畿传》注引《魏略》称“至今河东特多儒者”。考鱼豢写《魏略》应在魏末①,当时玄学业已流行,而河东独崇儒学,也可说明河南北学风之不同。魏时著称的易学家还有个管辂,其学完全以阴阳五行之说结合卜筮,《魏志》卷29本传云邓飏称管辂之言为“老生之常谈”,就因其不脱汉儒象数之术。管辂是平原人,属于何晏、邓飏所讥的冀州。如上所述,可证河南北学风不同,而河北是比较保守的。当然这里所说的界限并非毫无出入,而只是一般的说法②。

综合上面所说,褚裒所谓“北人学问渊综广博”乃指大河以北流行的汉儒经说传注;孙盛所谓“南人学问清通简要”乃指大河以南流行的玄学。就是经学中郑玄、王肃的差异也由于郑较近于汉

---

① 《史通正史篇》称:“先是魏时京兆鱼豢私撰《魏略》,事止明帝。”则写成必在明帝死后。

② 例如魏时最有名的经学家应是孙炎,而炎为乐陵人,却在大河南岸,又如山东区域由于郑玄之故,其学亦与河北较接近。

儒家法，而王肃则年轻时曾从荆州学派的宋忠读《太玄》，多少受新经学影响。《南齐书》卷39《陆澄传》称王肃《易》注“在玄（郑玄）、弼（王弼）之间”，可见其《易》注虽承其父王朗之业，而一部分也出于荆州之学，和王弼同出一源，所以一方面承汉学之旧，而另一方面又与新学相合。王肃在师承上与新学接近，而且他是东海人，亦属于此时的南方界限内。

魏晋期间所谓南人学问只能指以洛阳为中心的河南；其时江南自荆州学派星散之后还是继承汉儒传统，全未受什么影响，而与河北的经学传注之学相近。

在孙吴时江南有几种《易》注。其一是陆绩的注《京氏易传》。《三国吴志》卷12《陆绩传》：

> 绩容貌雄壮，博学多识，星历算数，无不该览……作浑天图，注《易》，释玄，皆传于世。

陆绩注已失传，《盐邑志林》收陆绩《易解》一卷，乃明人姚士粦从李鼎祚《集解》和《经典释文》中搜辑的。张惠言《易义别录》云：“公纪（绩字）注《京氏易传》，则其易京氏学也……今观公纪所述，凡纳甲、六亲、九族、四气、刑德生剋（这些都是京氏《易》特有的东西）无一言及之。至言六爻发挥，旁通卦爻之变，有与孟氏《易》相出入者。京氏自言其学即孟氏《易》，公纪傥得之邪？”陆绩是否专门京氏学，或是兼通孟氏，我对于经学所知甚浅，不敢妄谈，只就现在所遗留的陆氏说法看来，他是专以象数说经的。因此后人也以他的《易》注与王弼《易》注对举。《太平御览》卷608引颜延之《庭诰》云：

> 易首体备，能事之渊；马（马融）、陆（陆绩）得其象数而失其成理；荀（荀爽）、王（王弼）举其正宗而略其数象。

颜延之以荀王为连类，想因二人同用费氏《易》及不重象数之故，其实二家仍有新旧之别。马陆连类亦因同重象数，但马融已由崇古文而趋于兼采今古，陆绩之《易》却还守西京博士之遗绪，较之马融更为专门，也更为保守，跟王弼的距离更不必说了。

他的释《太玄》也抱同样的态度，范望《太玄注》曾引他的《述玄》，他说：

> 章陵宋仲子（宋忠）为作解诂……仲子之思虑诚为深笃，然玄道广远，淹废历载，师读断绝，难可一备，故往往有违本错误……故遂卒有所述，就以仲子解为本。其合于道者因仍其说，其失者因释而正之。所以不复为一解，欲令学者瞻览彼此，论其学术，故合联之耳。夫玄之大义，揲蓍之谓，而仲子失其指归，休咎之占，靡所取定，虽得文间义说，大体乖矣。

陆绩认为《太玄》一书的大义在于卜筮休咎；他所以不满意宋忠的解诂就在于不重视占卜而但得“文间义说”。可见宋忠的注《易》和《太玄》基本态度是在于扫除象数，而注意发挥理论，这正是新经学的道路，而陆绩却是长于历算，又习京氏易，其治经沿袭汉儒的旧法已不待论，所以他要把《太玄》的大义放在占卜这一点。

其二是虞翻的《易注》。虞翻和陆绩同时，出于家传孟氏《易》的世家。《吴志》卷12《虞翻传》注引别传所载翻上《易注》奏云：

> 臣高祖父故零陵太守光少治孟氏《易》，曾祖父故平舆令成缵述其业，至臣祖父凤为之最密，臣先考故日南太守歆受本于凤，最有旧书，世传其业，至臣五世。前人通讲多玩章句，虽有秘说，于经疏阔。臣生遇世乱，长于军旅，习经于枹鼓之间，讲论于戎马之上，蒙先师之说，依经立注。

又有一奏云：

> 经之大者莫过于《易》，自汉初以来，海内英才，其读《易》者解之率少。至孝灵之际，颍川荀谞号为知《易》，臣得其注，有愈俗儒。至所说“西南得朋，东北丧朋”，颠倒反逆，了不可知……又南郡太守马融名有俊才，其所解释，复不及谞……若

> 乃北海郑玄，南阳宋忠虽各立注，忠小差玄，而皆未得其门，难以示世。

虞翻易学出于家门传授。他对于汉代几家《易》注都表示不满，马郑都是今古杂采的通儒，宋忠是新易学的启蒙者，都和虞氏专家之学不同，所以都受到"未得其门"的批评。他对于荀谞(即荀爽)注说了一句"有愈俗儒"，这只是因为荀氏注的底本虽用费氏，却也兼用孟氏，和他的专业较近之故。

陆绩、虞翻行辈较前，他们都不能见到王弼注，然而此时荆州之学已行，宋忠的注《易》及《太玄》他们是见到的，可是未受影响。

第三种《易注》比较不出名。《隋书·经籍志》载吴太常姚信《易注》10卷。《经典释文》称其人于孙皓宝鼎初为太常。《吴志》卷13《陆逊传》云:"逊外生顾谭、顾承、姚信并以亲附太子，枉见流徙。"他是陆氏外甥，其易学可能与陆绩有关。张惠言《易义别录》辑《姚氏易注》序云:

> 其言乾坤致用，卦变旁通，九六上下则与虞氏之注若应规矩，元直(姚信字)岂仲翔(虞翻字)之徒欤?抑孟氏之传在吴，元直亦得有旧闻否?

我们知道陆绩虽注《京氏易传》，而据张惠言之说，他的说法颇近孟氏，姚信之孟氏《易》或亦得之陆绩。

孙吴时期同时出现了三种《易注》，可见易学之盛，而就三种《易注》看来江南所流行的乃是孟氏、京氏，都是今文说，这与时代学风相背驰，从这一点可以证明江南学风较为保守。

孙吴时江南流行的学术还有"天体论"。《吴志》卷12《陆绩传》称绩作《浑天图》。《开元占经》卷1卷2都载陆绩的《浑天仪说》，又卷67载陆绩的《浑天图》。《晋书》卷11《天文志》载葛洪驳王充论，中有引《浑天仪注》语。以上大概皆即陆绩的《浑天图》，他主张张衡之浑天而驳王充之盖天。《晋书·天文志》又称:"至吴时中常侍庐江王蕃善数术，传刘洪乾，象历依其法(依陆绩法)而制浑仪，立论考度”云云(《宋书》卷23《天文志》同)。刘说“天体员如弹丸也，而陆绩造浑象，其形如鸟卵”，认为不对，且陆绩自己说天形正圆，不免矛盾。刘氏意在纠正陆绩，但主张浑天是一致的。王蕃，《吴志》卷20有传云“博览多闻，兼通术艺”，后为孙皓所杀。陆凯上疏称蕃“知天知物”，乃是孙吴有名的天文历算学者。他虽是庐江人，但渡江已久，仍可认为吴人。《晋志》又云：“吴太常姚信造昕天论。”结论是“天行寒依于浑，冬依于盖”，他认为天体南低北高，所以称“昕天”①。又《太平御览》卷2引《晋阳秋》云：“吴有葛衜字思真，改作浑天，使地居中，以机转之，天转而地止。”

就是入晋以后，江南人论天体者还有数家，据《晋书·天文志》所载晋成帝时虞喜作《安天论》。喜称其族祖河间相耸立《穹天论》(见《太平御览》卷2引《安天论》，《晋志》即本虞喜说)，《吴志》卷12《虞翻傅》注引《会稽典录》：“耸字世龙，翻第六子……在吴历清官，入晋除河间相。”他立《穹天论》可能还在吴末。虞氏之论天体必亦与家学有关。此外葛洪主浑天而驳安天、盖天亦见《晋志》及《抱朴子》。

如上所述，可知天体的讨论盛于江南，《晋》《宋》二书的《天文志》所载各家自陆绩起都是江南人。《晋书》卷94《鲁胜传》称“元康初迁建康令(康应作邺)，到官，著《正天论》”。鲁胜是代郡人，上面我们已说过大河以北学风亦如江南之多遵汉人传统。鲁胜曾注《墨辩》，也是个名理学者，但他或者早先学过这一套天文历算之学，到了江南，习闻天体论者之争辩，因此也写了这一篇。

我们知道汉代天体的讨论是很流行的，自《淮南子》的《天文

① 钱大昕《十驾斋养新录》卷5以为“昕”与“轩”双声、假借，“昕天”即是“轩天”，因为南低北高，其形似轩之故。

训》开始以至刘向、扬雄、桓谭、张衡、马融、王充、郑玄这些著名学者都曾著论讨论这个问题。可是一到三国却只流行于江南，中原几等于绝响，这也是江南学风近于汉代之一证。

吴亡之后，京洛学风自当流入江南，然老庄之学在江南缺乏基础，接受自较困难。刘敬叔《异苑》云：

> 陆机初入洛，次河南之偃师。时阴晦，望道左若有民居，见一年少，神姿端远，置《易》投壶，与机言论，妙得玄微。机心服其能，无以酬抗，乃提纬古今，总验名实，此年少不甚欣解。既晓便去，税驾逆旅，问逆旅妪。妪曰："此东数十里无村落，止有山阳王氏冢尔。"机往视之……方知昨所遇者王弼也。①

此事亦见《晋书》卷54《陆云传》，最后说"云本无玄学，自此谈老殊进"。我们当然不相信这种鬼话，传说中逢见王弼鬼魂的是陆机或是陆云更不必问。但是这个故事的产生却有其背景。二陆在入洛之前，在江南的学术环境中对于中原玄学必未深入研究，入洛先后，为了适应京洛谈玄之风可能加以学习，有人奇怪他们"本无玄学"，而居然也能对答一下，才生出这样一个故事来。陆机入洛已在吴亡后10年，但江南尚无玄学，即二陆虽染习玄风，而现在传世二陆著作均与玄谈无关。《五等论》、《辨亡论》均《过秦》之类，正所谓"提纬古今，总验名实"之作而为王弼鬼魂所不甚欣解者。严可均《全晋文》卷117辑《抱朴子》佚文云："秦时不觉无鼻之丑，阳翟憎无瘿之人，陆君(机)深嫉文士放荡流遁，遂往不为虚诞之言，非不能也。"葛洪自己不懂玄学，深恨虚浮，因此代陆机申说，但足见

① 此事又见《水经谷水注》引袁氏《王陆诗叙》，《太平御览》卷617、884及《太平广记》卷318引《异苑》，诸本略有异同。《晋书》卷54《陆云传》亦载此而以为云事，叙述较简。《太平广记》首作"晋清河陆机"，考机为平原内史，清河内史是陆云，又不当脱去内史二字。今从津逮秘书本《异苑》。

葛洪所见之陆机作品全部也是“不为虚诞之言”的；至于陆机是否如葛洪所说由于深嫉文士放荡流遁，有意不作玄谈，我想就上述故事看来，他倒是学之而未成，并非薄之而不为。

不但二陆在入洛时似曾学习玄谈，当时吴士入洛者可能都要作此准备。《晋书》卷68《纪瞻传》：

召拜尚书郎，与(顾)荣同赴洛，在途共论易太极。

顾荣是吴郡人，纪瞻是丹阳人，都是江南名士。两人讨论太极意见不同，但同样没有理解王弼的说法。顾荣反对王弼“太极天地”的说法。他认为“太极者，盖谓混沌之时，矇昧未分”的一个宇宙构成阶段，老子所云“有物混成，先天地生”，即指《易》之太极，而天地即是两仪。他说“若谓太极为天地，则是天地自生，无生天地者也”。他的太极论乃是讲宇宙构成先后次序，而王弼所讲的太极则是本末体用之辨，也就是顾荣以汉儒的旧说来驳魏晋的玄学。纪瞻是支持王弼说的，认为“王氏指向，可谓近之”，他不承认有“矇昧未分”的阶段，而谓“太极极尽之称，言其理极，无复外形，外形既极，而生两仪”，并非混沌，所以天地即太极。纪瞻的说法仍然在讲宇宙构成的先后次序，并非王弼本意。两人同引老子“有物混成，先天地生”这句话，顾荣以为即指《易》之太极，亦即混沌未判之状，以此驳王弼；纪瞻则云：“老子先天之言，此盖虚诞之说，非易者之意也。”干脆就把他抛开，仿佛王弼之言与老子无关。由此我们可以相信顾纪二人都没有看王弼的《老子注》。王弼注明明白白说：“冥然不可得而知，而万物由之以成，故曰混成也。不知其谁之子，故先天地生。”王弼正是把这个混成之物指太极，但这个太极只是作本体解；所以说“先天地生”，只因其为体、为全，而天地有名即只能是末、是用；所云先后乃指体用而非宇宙构成之时间先后。这里的说法正好与太极即天地之说互相发明，而顾氏据此以驳王弼，纪瞻则斥为虚诞，可见二人虽高谈王弼《易注》，实则仍守汉儒家数。

顾纪二人在赴洛阳的途中讨论太极王氏说，而陆机（或陆云）也在赴洛阳途中逢到王弼鬼魂；两件事情虽一真一虚，但却可以说明一个问题，就是吴亡之后江南名士对于玄学的态度。当时他们虽也可能看了王弼《易注》之类的书，但由于江南学术与此不同，所以一时不易理解。他们当然了解洛阳的风气正在玄学笼罩之下，自己要到洛阳去做官，不能不先事揣摩，所以即在途中还从事学习，希望不致临时无法对答，为京洛名士所笑，这种心理是不难猜测的。

如上所述，三国时期的新学风兴起于河南，大河以北及长江以南此时一般仍守汉人传统，所谓南北之分乃是河南北，而非江南北。吴亡之后，名士企慕中原，于是玄学以及其他风俗习惯亦传入江南，但仍未深入，所以入洛吴士在十年之后仍然没有能以此见长。我们的结论是魏晋期间的江南学风是比较保守的。

三、东晋以后南方土著与侨人学风的差异

晋室东迁之后，京洛风气移到了以建康为中心的江南地区，江南名士不少接受了新学风，开始重视三玄，而如《抱朴子》所云其他如书法、语言等也多仿效北人。《世说新语·言语篇》：

> 张玄之、顾敷是顾和中外孙，皆少而聪惠，和并知之，而常谓顾胜，亲重偏至，张颇不恹。于时张年九岁，顾年七岁，和与俱至寺中，见佛般泥洹象，弟子有泣者，有不泣者。和以问二孙。玄谓："被亲故泣，不被亲故不泣。"敷曰："不然，当由忘情故不注，不能忘情故泣。"

又同书《夙惠篇》：

> 司空顾和与时贤共清言。张玄之、顾敷是中外孙，年并七岁，在床边戏，于时闻语，神情如不相属。暝，于灯下二儿共叙

客主之言,都无遗失。顾公越席而提其耳曰;“不意衰宗,复生此宝。”

又同书《文学篇》:

张凭举孝廉,出都,负其才气,谓必参时彦,欲诣刘尹……顷之长史诸贤来清言,客主有不通处,张乃遥于末坐判之,言约旨远,足畅彼我之怀,一坐皆惊。真长延之上坐,清言弥日……即同载诣抚军……抚军与之话言,咨嗟称善,曰:“张凭勃窣为理窟”,即用为太常博士。

上引三条都说明吴郡顾张二氏均染清谈之风,尤其是张氏。西晋时张翰的通脱为人所习知,门风如此,所以当京洛名士带着玄学清谈与任诞之习一起渡江之后,张氏最易于接受。《宋书》卷46《张邵附子敷传》称敷“好玄言”,《南齐书》卷41《张融传》(邵之侄孙)说他的遗令是:“令人捉麈尾,登屋复魂曰:吾生平所善,自当凌云一笑。三千买棺,无置新衾。左手执《孝经》、《老子》,右手执《小品法华经》。”又称:“融玄义无师法,而神解过人,白黑谈论,鲜能抗拒。”也是这个张融能作洛生咏,足见善于洛阳语(参见陈寅恪《东晋南朝之吴语》,载《历史语言研究所集刊》第七本第一分)。

东晋以后的江南名士受新风气的影响自无可疑,但江南土著与渡江侨旧在学风上仍然有所区别;这只要看《世说新语》中叙述南人者大都不是虚玄之士,而一时谈士南人中可与殷浩、刘惔辈相比的更是一个都没有,便可知道玄谈还不是南士的专长。另一方面我们却可以看到南士还相当重视传统经学。《晋书》卷68《贺循传》:

会稽山阴人也,其先庆普,汉世传礼,世所谓庆氏学,族高祖纯博学有重名,汉安帝时为侍中,避安帝父讳,改为贺氏……循少玩篇籍,善属文,博览众书,尤精礼传,雅有知人之鉴,拔同郡杨方于卑陋,卒成名于世。①

《三国吴志》卷20《贺邵传》(循之父)注引虞预《晋书·贺循传》:

时朝廷初建,动有疑义,宗庙制度,皆循所定,朝野咨询,为一时儒宗。

据《晋书》卷69《刁协传》,及卷75《荀崧传》,东渡礼仪为二人所定。荀崧为颍川荀氏,荀彧的玄孙,乃经学世家;刁协也以谙练故事著称,但剖析疑义却不能不征求南士贺循的意见。《晋书》卷19《礼志》上称郊祀仪"其制度皆太常贺循所定,多依汉及晋初之仪";亲耕籍田仪亦贺循等所上。此外见于《通典》的贺循议礼之文又有数十条,可证庆氏礼学仅传于江南。

贺循之后在南朝世代以专门礼学著称。《南史》卷62《贺玚传》(《梁书》卷38《贺琛传》,卷48《儒林贺玚传》略同):

会稽山阴人,晋司空循之玄孙也,世以儒术显……祖道力,善《三礼》,有盛名……父损亦传家业……时(梁)武帝方创定礼乐,玚所建议,多见施行……所著《礼》、《易》、《老》、《庄讲疏》,《朝廷博士议》数百篇,《宾礼仪注》一百四十五卷。玚于礼尤精,馆中生徒常数百,弟子明经对策至数十人。二子革季、弟子琛并传玚业。

革字文明……通《三礼》,及长,遍治《孝经》、《论语》、《毛诗》、《左传》。

琛字国宝。幼孤,伯父玚授其经业,一闻便通义理。玚异之,常曰:"此儿当以明经致贵"。……尤精《三礼》,年二十余,玚之门徒稍从问道。初玚于乡里聚徒教授,四方受业者三千余人。玚天监中亡,至是复集。……既世习礼学,究其精微,

① 《贺循附杨方传》云方著有《五经钩沈》,也是个经学家。

> 古述先儒，吐言辩絜，坐之听授，终日不疲……琛所撰《三礼讲疏》《五经滞义》及诸《仪注》，凡百余篇。

可见贺氏自汉以来家学相传不绝。礼为五朝显学，我不是说只有南人才研究礼，而是想说明江南的经学直接两汉，其传授渊源长期保存在家门中。当然我们还必须承认南朝玄礼双修已成风气，所以贺玚亦撰《易》、《老》、《庄》三玄的讲疏，而保存在《礼记正义》中的贺玚之说，有一些颇带着玄学气味，但其为庆氏礼之传袭却是主要的一面。

江南易学偏重象数，已如前述，而东晋之后仍有其痕迹。《隋书·经籍志》有《周易难王辅嗣义》1卷，晋扬州刺史顾夷等撰。《世说新语·文学篇》："谢万作《八贤论》以示顾君齐"，注引《顾氏谱》云："夷字君齐，吴郡人。"又《宋书》卷93《隐逸关康之传》："晋陵顾悦之难王弼易义四十余条，康之申王难顾，远有情致。"悦之，《晋书》卷77有传，《世说新语·言语篇》作顾悦。二顾反对王弼易义的内容大概是与象数有关。《南齐书》卷39《陆澄传》载澄与王俭书云：

> 《易》近取诸身，远取诸物，弥天地之道，通万物之情；自商瞿至田何，其间五传，年未为远，无讹杂之失；秦所不焚，无崩坏之弊。虽有异家之学，同以象数为宗。数百年后，乃有王弼。王济云："弼所悟者多"，何必能顿废前儒，若谓易道尽于王弼，方须大论。意者无乃仁智殊见，四道异传，无体不可以一体求，屡迁不可以一迁执也。晋太兴四年（公元321年），太常荀崧请置《周易郑玄注》博士，行乎前代。于时政由王庾，皆俊神清识，能言玄远，舍辅嗣而用康成，岂其妄然。泰元立《王肃易》，当以在玄弼之间。元嘉建学之始，玄弼两立。逮颜延之为祭酒，黜郑置王，意在贵玄，事成败儒。今若不大弘儒风，则无所立学。众经皆儒，唯《易》独玄，玄不可弃，儒不可缺，谓

宜并存,所以合无体之义。

陆澄虽不反对王弼《易注》,而只主张应该郑王并立。但他说王弼之前的易学“同以象数为宗”,而且并无讹杂崩坏之弊,暗示《易》本完整,无待新说,其本意显然重视象数。陆澄自己虽云读《易》三年,“不解文义”(见本传)。但这一封书信却代表南士对于《易经》的见解。至于书中颇推重杜预的《左传注》,这自然是受侨人的影响。

此外我们还可以提出几个南士来证明其与侨人学风的区别。《晋书》卷91《儒林虞喜传》:

> 会稽余姚人,光禄潭之族也……永和初,有司奏称十月殷祭;京兆府君当迁祧室,征西、豫章、颍川三府君初毁主,内外博议不能决。时喜在会稽,朝廷遣就喜咨访焉,其见重如此。喜专心经传,兼览谶纬,乃著《安天论》以难浑(浑天)、盖(盖天)。又释《毛诗》,略注《孝经》,为《志林》三十篇,凡所注述,数十万言行于世。

这个虞喜也就是以隐匿户口为山遐所治的豪族地主,虞氏与顾陆一样都是孙吴以来江南大族,其学当与虞翻有关。他读谶纬,著《安天论》,都可以说明他还是遵守汉人治学的途径。本传所云为了祧迁问题朝廷不能解决,必须咨询他的意见,与贺循定礼事参观,可知经学之传流在于江南学门而不在侨人。

虞喜之弟虞预最讨厌名士放诞的人,《晋书》卷82《虞预传》:

> 徵士喜之弟也……预雅好经史,憎疾玄虚,其论阮籍裸袒,比之伊川被发,所以胡虏遍于中国,以为过衰周之时。

虞预的论调和葛洪相似,江南人对于名士放荡的行为开始是看不惯的。《晋书》卷72《葛洪传》:

> 丹阳句容人也。祖系,吴大鸿胪;父悌,吴平后入晋,为邵陵太守。洪少好学……以儒学知名……从祖玄,吴时学道得仙,号曰葛仙公。以其练丹秘术,授弟子郑隐,洪就隐学,悉得

其法焉。后师事南海太守上党鲍玄。玄亦内学,逆占将来,见洪深重之,以女妻洪。

葛洪的学问综合了南北的旧传统、旧思想。那种神仙家与内学(谶纬)正是汉代盛行的东西。他的老师鲍玄是上党人,在魏晋时黄河北岸的学风和江南一样保守。葛洪的地域、家学、师承都重保守,因此他的学问纯为汉人之旧。他所著的《抱朴子》,内篇专论金丹、符箓之术,长生不死之法;外篇论治国之道。他在《明本篇》中说"道德衰而儒墨重",仿佛在排斥儒家,但是他所说的"道",初则提出《易经》中的道字,认为即是道家之道;终则以飞升为学道的目标,所说支离肤浅,自相矛盾。他也尊重老子,但是他的老子为神仙家的教祖,而不是玄学家的圣人。他憎恨京洛名士的放荡,而以维护礼教的理由予以痛斥。在外篇卷25《疾谬篇》中,他说:

汉之末世则异于兹,蓬发乱鬓,横挟不带,或亵衣以接人,或裸袒而箕踞……终日无及义之言,彻夜无规箴之益,诬引老庄,贵于率任,大行不顾细礼,至人不拘检括,啸傲纵逸,谓之体道,呜呼惜乎!岂不哀哉!……若问以坟索之微言,鬼神之情状,万物之变化,殊方之奇怪,朝廷宗庙之大礼,郊祀禘祫之仪品,三正四始之原本,阴阳律历之道度,军国社稷之典式,古今因革之异同则怳悸自失……强张大谈曰:"杂碎故事盖是穷巷诸生、章句之士吟咏而向枯简,匍匐以守黄卷者所宜识,不足以问吾徒也。"

本篇所谴责的汉末风俗,实际即指晋代①。葛洪强调这些名士对

① 《抱朴子》中常常用"陈古刺今"的手法以讥斥当代,不但本篇如此。像上面所述种种,汉末确已有萌芽,但至少不是普遍的风气。其他篇中所云汉末之弊亦然,但也有自汉以来相沿之习。近人往往多误会,以此说明汉事,我们应该谨慎地引用。

于学术的无知，总括起来他所列举的可分为三类：一是神仙谶纬之学，二是礼制典章之学，三是阴阳律历之学。这三类学术的结合正是董仲舒以降汉儒治学的特征，也是江南儒生自陆绩、虞翻、贺循以至葛洪自己治学的特征，而是为玄学家所不屑道的。

葛洪在《刺骄篇》中更直率地批评戴叔鸾、阮嗣宗，认为"其后羌胡猾夏，侵掠上京"，这种不守礼法的现象是其先兆。这种说法是与虞预相同的。《抱朴子》诸篇中随处可以找到责备浮华任诞之语，这里不再列举。批评这种风气者并不限于葛洪，但是以汉儒传统说法来批评的在当时却并不多。我们完全有理由说葛洪是汉代遗风的继承人。

如上所述，晋室东渡之后，玄学开始在江南发展，江南成为各种新学风的移殖地域，但南方土著保守旧业者还有其人，例如上述的贺、虞、顾、陆诸家和葛洪都是。一般说来，江南土著之学还是以儒家经典注释见长。《梁书》卷48《儒林传序》称梁武帝设立五经博士，"以平原明山宾、吴兴沈峻、建平严植之、会稽贺玚补博士，各主一馆"，五人中四人为南士。《南史》卷71《儒林传》连附传在内一共29人，其中南人占19人，现在节录如下：

> 严植之字孝源，建平秭归人也。少善庄老，能玄言，精解《丧服》、《孝经》、《论语》。及长，偏习《郑氏礼》《周易》《毛诗》、《左氏春秋》……所撰《凶礼仪注》四百七十九卷。
>
> 孔佥，会稽山阴人。少师事何胤，通五经，尤明《三礼》《孝经》、《论语》……佥兄子元素，又善《三礼》，有盛名，早卒。
>
> 沈峻字士嵩，吴兴武康人也。家世农夫，至峻好学，与舅太史叔明师事宗人沈驎士，……遂博通五经，尤长《三礼》，为兼国子助教。时吏部郎陆倕与仆射徐勉书，荐峻曰："凡圣贤所讲之书必以《周官》立义……此学不传，多历年世。北人孙详、蒋显亦经听习而音革楚夏，故学徒不至。唯助教沈峻，特

精此书。比日时开讲肆，群儒刘岩、沈宏、沈熊之徒并执经下坐，北面受业，莫不叹服，人无间言。弟谓宜即用此人，令其专此一学，周而复始，使圣人正典，废而更兴。”勉从之，奏峻兼五经博士……传峻业者又有吴郡张及、会稽孔子云……太史叔明吴兴乌程人……少善庄老，兼通《孝经》、《论语》、《礼记》，尤精三玄……峻子文阿。

文阿字国卫……少习父业，研精章句。祖舅太史叔明，舅王慧兴并通经术，而文阿颇传之，又博采先儒异同，自为义疏，通《三礼》、《三传》，位五经博士……所撰《仪礼》八十余条，《春秋》、《礼记》、《孝经》、《论语》义记七十余卷，《经典大义》十八卷。并行于时。

孔子祛，会稽山阴人也……勤苦自励，遂通经术，尤明《古文尚书》，为兼国子助教……子祛凡著《尚书义》二十卷，《集注尚书》二十卷，续朱异《集注周易》一百卷，续何承天《集礼论》一百五十卷。

皇侃，吴郡人……少好学，师事贺玚，精力专门，尽通其业。尤明《三礼》、《孝经》、《论语》，为兼国子助教……撰《礼记讲疏》五十卷……所撰《论语义》、《礼记义》见重于世，学者传焉。

沈洙字弘道，吴兴武康人也……通《三礼》、《春秋左氏传》，精识强记，五经章句，诸子史书，问无不答。

戚衮，字公文，吴郡盐官人也。少聪慧，游学都下，受《三礼》于国子助教刘文绍，一二年中，大义略举……衮于梁代撰《三礼义记》，逢乱亡失，《礼记义》四十卷行于世。

郑灼，字茂昭，东阳信安人也……少受业于皇侃……灼性精勤，尤明《三礼》……时有晋陵张崖、吴郡陆诩、吴兴沈德威、会稽贺德基俱以礼学自命……贺德基，字承业，世传礼学，祖文发,父淹仕梁,俱为祠部郎,并有名当世。

全缓,字弘立,吴郡钱塘人也……缓通《周易》、《老》、《庄》,时人言玄者咸推之。

顾越,字允南,吴郡盐官人也。所居新坂黄冈,世有乡校,由是顾氏多儒学焉……(越)家传儒学并专门教授……越遍该经义,深明《毛诗》,傍通异义,特善庄老,尤长论难,兼工缀文,闲尺牍……所著《丧服》、《毛诗》、《老子》、《孝经》、《论语》等义疏四十余卷。

沈不害,字孝和,吴兴武康人也……不害通经术,善属文……著《五礼仪》一百卷。

吴郡陆庆少好学,遍通五经,尤明《春秋左氏传》。

我们丝毫也不怀疑上列诸人之受玄学影响,他们的释经自然也或多或少地渗杂玄学成分,特别是《易》《论语》大概多主新经学,只是我们就其被称为儒生说来,不妨说南人较重经学而已。这不但在南朝如此,隋唐之际还是一样,《隋书·儒林传》有四个江南人,吴郡褚辉、余杭顾彪①、余杭鲁世达、吴郡张冲,而无侨人,也表示南人治经比侨人多注意一点,而《隋书·经籍志》所载顾彪的关于《尚书》著作三种,其一为《今文尚书音》,又其一为《尚书大传音》,似乎不主伪《孔传》,这也许和家学有关。

这里我们看出的迹象是东晋以后侨人和南方土著间在学风上还有一些差异,虽然礼玄双修已成风气,互相影响是很明显的。

---

① 吴郡褚辉、余杭顾彪二人的籍贯应该互易,因为褚姓据《元和姓纂》有钱塘一望,《世说新语·赏誉篇》张华见褚陶条注引《褚氏家传》云:"陶字季雅,吴郡钱塘人",钱塘至陈时立为郡,隋改为余杭郡,所以褚辉应作余杭。顾氏为吴郡四姓之一,《旧唐书·儒学朱子奢传》称子奢为苏州吴人,"少从乡人顾彪习《春秋》",可证彪为吴郡人。

（本文原刊于唐长孺《魏晋南北朝论丛续编》，三联书店1953年版。后又收入武汉大学学术文化丛书之一《唐长孺社会文化史论丛》，武汉大学出版社2001年版。本文选自《唐长孺社会文化史论丛》，第58—85页）

唐长孺，武汉大学历史系教授，主要从事魏晋南北朝与隋唐史的研究。

本文从《抱朴子》外篇卷26《讥惑篇》入手，深入地阐释了“南学”与“北学”的学风特点及其原因，是研究“南学”与“北学”的代表作。

南北朝时期南北儒学风尚不同的渊源

何兹全

南北朝时期，南北儒学风尚是完全不同的。《北史·儒林传序》说："大抵南北所为章句好尚，互有不同。……南人约简，得其英华；北学深芜，穷其枝叶。"《世说新语·文学篇》载有褚裒、孙盛一段对话，虽不是专论儒学，也反映南北学术风尚的不同："褚季野（裒）语孙安国（盛）云：北人学问，渊综广博。孙答曰：南人学问，清通简要。"渊综广博，就是穷其枝叶；清通简要，就是得其英华。

这种风尚的不同，是有渊源的，渊源可以上溯到魏晋乃至两汉。永嘉之乱，北方洛阳世家大族的南迁，又是其关键。

西汉前期的儒家，重经学思想实质，以经学直接为政治服务。大儒董仲舒，讲五德终始，讲天人之际，讲春秋大一统，都是抓经学大义，以经学为政治服务，虽然他们的经学大义，不免是被歪曲了的。

其后，五经博士立，而师承家学起。至西汉末年，"传业者浸盛，支叶蕃滋，一经说至百余万言，大师众至千余人"（《汉书·儒林传赞》）。解经者，重在章句训诂，所以一经能说至百余万言。

东汉时期，儒学更盛。据《后汉书》所载，一家大师著录弟子常至数千人甚至万人。

张兴，颍川鄢陵人，习《梁氏易》以教授。建武中，举孝廉为郎。谢病去复归聚徒。声称著闻，弟子自远至者著录且万人。

牟长，乐安临济人，少习《欧阳尚书》，建武二年，拜博士，稍迁河内太守。诸生讲学者，常有千余人，著录前后万人。著《尚书章句》，俗号《牟氏章句》。子纡，又以隐居教授，门生千人。

宋登，京兆长安人。少传《欧阳尚书》，教授数千人

魏应，任城人。习《鲁诗》，教授山泽中，徒众常数百人。永平初为博士。官至光禄大夫、五官中郎将。弟子自远方至，著录数千人。

丁恭，山阳东缗人。习《公羊严氏春秋》，教授常数百人。建武初，为谏议大夫、博士。迁少府，诸生自远方至者，著录数千人。当世称为大儒。

周泽，北海安丘人。少习《公羊严氏春秋》，隐居教授，门徒常数百人。

甄宇，北海安丘人。习《严氏春秋》，教授常数百人。

楼望，陈留雍丘人。少习《严氏春秋》，教授不倦，世称儒宗，诸生著录九千余人。永元十二年卒，门生会葬者数千人，儒家以为荣。

张玄，河内河阳人。少习《春秋颜氏》，兼通数家法，诸儒皆伏其多通，著录千余人。

李育，扶风漆人。少习《公羊春秋》，深为同郡班固所重。常避地教授，门徒数百。

颖容，陈国长平人。博学多通，善《春秋左氏》。郡举孝廉，州辟，公车征，皆不就。初平中，避乱荆州，聚徒千余人。

谢该，南阳章陵人。善明《春秋左氏》。为世名儒，门徒数百千人。

蔡玄，汝南南顿人。学通五经，门徒常千人，其著录者万六千人。

这里只是就《后汉书·儒林传》中有传的举几个例子，散见于列

传中的公卿大官传经授徒的都没有列出,《后汉书》中无传而在各地传经授徒的,想还有更多。

汉儒讲章句训诂,立博士,发展了师承,也随之发展为家学,经师之子弟为经师。东汉经师大儒多是世代传习。如欧阳氏传《尚书》,就是“世世相传”。西汉的欧阳生到东汉初欧阳歙“八世博士”。前面提到的甄宇,习《严氏春秋》。宇死,传子普,普传子承。“诸儒以承三世传业,莫不归服”。甄承之后,“子孙传学不绝”(《后汉书·儒林传》)。后汉的儒家,成为有文化、传文化的世家。这些儒学世家,门户之见甚深。“皆专相传祖,莫或讹杂,至有分争王庭,树朋私里,繁其章条,穿求崖穴,以合一家之说”(《后汉书·儒林传论曰》)。

东汉儒学之盛,不仅洛阳,亦遍在地方。前面所列的东汉传经大师,就有的是在京师,有的是在地方,而且更多的是在地方。正像范晔所说:“自光武中兴以后,干戈稍戢,专事经学,自是其风世笃焉。其服儒衣,称先王,遊庠序,聚横塾者,盖布之于邦域矣。若乃经生所处,不远万里之路;精庐暂建,赢粮动有千百。”(《后汉书·儒林传论曰》)可以说,东汉时期,儒学已普遍地在全国各地发展,地方上有大大小小的经师开塾授徒。他们的学术,和京师的儒学是一脉相通的。讲的都是儒学正统,章句之学。

东汉末年,洛阳遭受董卓之乱的破坏,人户逃散,万不余一。洛阳的儒学,自然也受到一次毁灭性的打击。曹魏前期,京师儒学衰落,公卿识字的都略无几人。《魏略》以董遇等七人为儒宗,有《序》云:“从初平之元,至建安之末,天下分崩,人怀苟且,纲纪既衰,儒道尤甚。……至太和、青龙中,太学诸生有千数,而诸博士率皆粗疏,无以教弟子,弟子本以避役,竟无能习学,冬来春去,岁岁如是。……正始中……朝堂公卿以下四百余人,其能操笔者未有十人。……学业沈陨,乃至于此。”(《三国志·魏志·王肃传》裴注

引)

曹魏后期,玄学兴起,玄学之风,也浸润到儒学中去。何晏、王弼,是当时玄学著名人物,何晏、王弼就以玄学精神解经。何晏撰《论语集解》、王弼著《易注》,都是一反东汉繁琐章句之学,把玄学思想渗透到儒学中来。

儒学中的这种因素,也不自正始中开始,东汉后期已见其端倪了。范晔《后汉书·儒林传序》就说,顺帝以后,"章句渐疏,而多以浮华相尚,儒者之风益衰矣"。这种风尚,大儒马融实开其端。安帝永初二年,大将军邓骘召他去作舍人。他本不愿去,正好碰上战乱,米谷踊贵,道殣相望。他后悔了,对友人说:"古人有言,左手据天下之图,右手刎其喉,愚夫不为。所以然者,生贵于天下也。今以曲俗咫尺之羞,灭无赀之躯,殆非老庄所谓也。"遂往应骘召。也就是这位大儒。为了保命,曾为外戚梁冀草奏诬害名臣李固,并作《大将军西第颂》,以阿谀梁冀。

不敢违忤政治上的压力,转而生活放纵,接受老庄思想,这正是曹魏后期玄学诸公的遭遇、内心世界的苦闷和选择。在这方面,马融的遭遇和他们有共同处。老庄思想成为他们共同的归宿。何晏、王弼和马融,是一脉相承的。

永嘉乱后,北方汉人多逃往江南。这种逃迁实以世家大族为中心。洛阳的上层世家大族,更是大多逃往南方。魏晋玄学之盛,也实在只是盛在洛阳,更只是盛在上流世家大族阶层。洛阳世家大族的南逃,装在他们脑子里的玄学自然也随之过江,而玄学之风自然也仍然会影响江南的儒学。在这思想风尚影响下,"南人学问,清通简要","南人约简,得其英华"的学风便于是形成。

魏晋时期,玄学虽盛于洛阳,但洛阳之外仍是儒学天下。此儒学仍是汉朝的儒,范蔚宗所谓儒学已"布之于邦域矣",就是说儒学已普遍到全国各地。正始以后,洛阳被玄学占领了,洛阳的儒学玄学化了，而洛阳以外的儒学，仍是东汉儒学的正统。东汉以来的儒学世家，有的仍在地方上延续。

魏晋地方上儒学的存在，《晋书·儒林传》也还能反映一、二。如：

陈邵，东海襄贲人。郡察孝廉，不就。以儒学征，为陈留内史，累迁燕王师。撰《周礼评》。泰始中，以邵行著邦族，笃志好古，博通六籍，宜在左右，以笃儒学，迁给事中。

文立，巴郡临江人。蜀时，游太学，专《毛诗》、《三礼》，师事谯周，门人以立为颜回。蜀平，举秀才，除郎中。

虞喜，会稽余姚人。郡举孝廉，州举秀才，司徒辟，皆不就。怀帝即位，公车征拜博士，不就。咸和末，诏公卿举贤良、方正、直言之士。太常华恒举喜为贤良，会国有军事，不行。

刘兆，济南东平人。从受业者数千人。安贫乐道，潜心著述，作《春秋调人》《周易训注》《春秋左氏解》等。武帝时，五辟公府、三征博士，皆不就。儒德道素，青州无称其字者。

氾毓，济北卢人。奕世儒素，敦睦九族。客居青州，逮毓九世。于时青州隐逸之士刘兆、徐苗等。皆务教授，惟毓不蓄门人。撰《春秋释疑》等。

徐苗，高密淳于人。累世相承，皆以博士为郡守。苗少家贫，昼执钽耒，夜则吟诵。就博士济南宋钧受业，遂为儒宗。作《五经同异评》，又依道家，著《玄微论》。郡察孝廉，州辟从事、治中、别驾，举异行，公府五辟博士，再征，并不就。永宁二年，卒于家。

崔游，上党人。少好学，儒术甄明。魏末，察孝廉，除相府舍人，出为氐池长。以病免。教学不倦，撰《丧服图》。刘渊即位，命为御史大夫，固辞不就。

范隆，雁门人。博通经籍，无所不览。著《春秋三传》、撰《三礼吉凶宗纪》。不应州辟之命。与上党朱纪友善，共依于刘渊，渊以隆为大鸿胪，纪为太常。

杜夷，庐江灊人。世以儒学称，为郡著姓。夷居甚贫窘，不营产业，博览经籍百家之书。寓居汝颖之间，十载，足不出门。年四十余，始还乡里，闭门教授，生徒千人。惠帝时，三察孝廉，州命别驾，永嘉初，公车征拜博士，并不就。怀帝诏王公举贤良、方正，刺史王敦以夷为方正，夷遁于寿阳。元帝时，除国子祭酒。

董景道，弘农人。明《春秋》三传，《京氏易》、《马氏尚书》、《韩诗》。三礼之义，专遵郑氏，著《礼通论》。

续咸，上党人。师事京兆杜预，专《春秋》《郑氏易》，教授常数十人。石勒以为理曹参军。

徐邈，东莞故幕人。祖澄之，属永嘉之乱，遂与乡人臧琨等率子弟并闾里士庶千余家南渡江，家于京口。孝武帝招延儒学之士，邈既东州儒素，太傅谢安举以应选，补中书舍人。虽不口传章句，然开释文义，标明指趣，撰正《五经音训》，学者宗之。

范宣，陈留人。博综众书，尤善三礼。家于豫章。庾爰之以宣素贫，厚饷给之。宣不受。爰之问宣曰:“君博学通综，何以太儒?”宣曰:“汉兴贵经术，正始以来，世尚老庄。仆诚太儒，然立不与易”。太元中，顺阳范宁为豫章太守。宁亦儒博通综，在郡立乡校，教授恒数百人。由是江州人士并好经学，化二范之风也。

随手从《晋书·儒林传》中摘来的这些人，都是魏晋时期洛阳以外各地方上的儒家，其中也包括蜀和吴地的儒家。他们的生活常是安贫乐道，他们的出身仍是察考廉，举秀才，贤良、方正，三公辟，天子征。这是汉儒入仕的正途。他们在地方上有地位，受尊敬。但比起崇奉玄学的洛阳世家大族来，无论在政治上、经济上，他们都是低一级的了。

永嘉之乱，洛阳玄学之士过江而南，但地方上的儒学之士，却大多仍留在北方。就以上面所举《晋书·儒林传》有传的这些人来说，永嘉之后仍活着的，崔游、范隆、朱纪、董景道、续咸，都留在北方，出仕前赵、后赵。《晋书·儒林传》有传而我们上面没有举到的，还有：韦谀，京兆人，雅好儒学，仕于刘曜、石虎、冉闵。前后四登九列，六在尚书，三为侍中，再为太子太傅。王欢，乐陵人，专精耽学，遂为通儒，仕慕容暐朝，为国子博士。

十六国时期，北方统治者，多是提倡儒学的。前赵的刘渊、刘聪、刘曜，后赵的石勒，前燕慕容氏，前秦苻坚，都兴立学校，提倡儒学，这些少数民族的贵族，大都是北方人士，他们所接触的多是儒学之士，他们所接受的教育多是儒家教育。如刘渊曾师事上党崔游，习《毛诗》《京氏易》《马氏尚书》，尤好《春秋左氏传》。他们是地方人。他们接受儒家教育，反转来更说明魏晋之际除洛阳外，广大地方上仍是儒家天下。

北朝的儒学，是继承十六国的儒学的。而十六国的儒学又是继承东汉的儒学。北魏、十六国、东汉是一脉相承的。北魏后期，“时天下承平，学业大盛。故燕、齐、赵、魏之间，横经著录不可胜数，大者千余人，小者犹数百。州举茂异，郡贡孝廉，对扬王庭，每年逾众”(《北史·儒林传序》)。这情况，宛如东汉情况再现。“北学深芜，穷其枝叶”的学风，就是从这里传下来的。

总之，南北朝时期南北儒学学风不同，“南人约简，得其英华；北学深芜，穷其枝叶”，渊源来自汉魏。北人所承的是汉学正统，是章句之学，枝叶蕃滋；南人所承的是正始之统，儒学而受有玄学的影响，故约简而得其英华。

（本文选自《史学评林》1983 年第 7—8 期）

何兹全，北京师范大学历史系教授，主要从事魏晋南北朝史的研究。

本文认为南北朝时期南北儒学学风不同，其渊源来自汉魏。北人所承的是汉学正统，是章句之学，枝叶蕃滋；南人所承的是正始之统，儒学而受有玄学的影响，故约简而得其英华。

南北朝经学述评

牟钟鉴

南北朝经学上承汉魏两晋，南朝重魏晋传统，北朝重汉末传统，但南朝亦习郑学，北朝亦有王弼《易》学与杜预《左氏》。刘宋最重礼学，萧齐因之。南朝经学最盛于梁代，武帝会通三教，尤重经术，学风自由，尚慕玄风。皇侃《论语义疏》是南朝流传至今的最完满的经学义疏体作品，表现出南朝学风。陈代经师多喜老庄。总括南朝经学，可称为开放型经学，不拘守一家一教，层次丰富，不仅仅是玄学的影响。传世的十三经，从内容上可分为六类：文字训诂学、典章制度学、政治历史学、政治文学、政治伦理学和哲学；从政治方式上又可将经学分为训诂、义理、实用三种。在南朝，这三种经学都较发达。北朝经学与河西文化、关陇文化血缘密切，又得力于北方世家大族，保存汉末经学传统较多。北方少数民族贵族热心提倡训诂经学与典章制度学，力图按照汉族既有纲常名教，加速社会封建化进程，实行自上而下的儒家文化洗礼。其中以徐遵明所传郑学影响最大，后之经师多出其门下。北周熊安生《礼》疏，已有综合南北经学倾向。

一、汉末魏晋经学的变迁

汉末，官方经学随着汉帝国的腐朽而衰落，私家讲授代之而兴,最有成就者当推郑玄。郑玄扫除家法,兼采今古文经学,参合融通,遍注群经,蔚成大家。党禁解除后,四方之士负粮来从郑玄学经,世称伊洛以东,淮汉以北,康成一人而已。实则非唯齐鲁学者宗之,其影响几遍全国,如吴地程秉,蜀地姜维,皆宗郑学。其原因如范晔所说:“郑玄括囊大典,网罗众家,删裁繁诬,刊改漏失,自是学者略知所归。”(《后汉书·郑玄传·论》)但郑玄是大学问家,却不是大思想家,他精于训诂经学,而缺乏哲学高度的整体思考,不能为已经变化了的时代提供新的思想体系,所以他没有挽回汉代经学的颓势。而后有以宋忠为代表的荆州学派异军突起,他们重视《易》学和《太玄》学,热心探索天道性命,对王肃与王弼都有直接或间接的影响,是魏晋经学的萌芽。荆州学派的出现,开始打破郑学的一统天下。王肃则正面向郑玄的权威发起攻击,于是经学进入王、郑对抗时期。

王肃所著诸经注及其父王朗《易传》,在魏与晋初皆列于学官,一时几乎取代了郑玄。这固然是凭借了司马氏的权势,但王肃学问渊博,不囿旧说,遍考诸经而后能自成一家之学,不能看作是单靠政治力量。其经注主要驳郑,对贾逵、马融亦有所超越,立论常有合理依据,确能弥补郑学疏漏,不可一概视为故意黜郑之作,故其在东晋南北朝能继续发生影响。王肃的功绩,除了增加若干经学知识外,主要是动摇了郑学的至高权威,为玄学经学的成长创造了独立思考、自由竞争的合适环境。王学虽盛而郑学未亡,至东晋元帝时,所置经学博士,除《周易》为王肃之学,大多数为郑学。此后在训诂上,郑学基本压倒王学。其原因在于王郑之争是训诂经学内部之争,二人的治经方法相同,只是具体知识上有异。王肃没有提出新的哲学体系,他所做的最多算是对郑玄经注的修正和补充,所以王学不能最终从理论上胜过郑学,这个任务落到了玄学经学身上。

玄学兴于正始年间,何晏《论语集解》、王弼《周易注》是玄学经学建立的标帜。玄学经学是玄学的一部分,其特征是用道家思想解说儒家经典,重点不在疏通经义,而在发挥注者自己的理论见解,所谓寄言出意,即通过事象探寻玄理,一扫章句之学的旧习,是一种义理经学。这样,玄学经学就与郑、王的训诂经学有了根本性的差别,使经学发生划时代的变化。王弼注《易》,排除汉代象数之学,援《老》入《易》,专以阐述形器之上的本体为务,提出有以无为本,名教以自然为本的玄学本体论,简易而不肤浅,深刻而不晦涩,故能取代汉代神学经学,成为魏晋经学的代表作。

两晋经学新旧参半。西晋重王肃,东晋重郑玄,皆是训诂经学传统。何晏王弼的玄学经学亦流播其间。西晋杜预著《春秋左传集解》、《春秋释例》,崇《左》而贬《公》、《穀》,自立体例,不同前人,深受孔颖达赞许。杜预《左氏》学不属于玄学经学,而是古文经学的创新,但其清醒的理性主义倾向与魏晋思潮的主流合拍。

东晋今文经学湮灭。在玄学经学方面,有韩康伯注《系辞》,崇自然而贵无,是对王弼《易》学的补充。范宁是儒家忠实信徒,玄学的激烈批评者,以《春秋穀梁传集解》一书闻名于世。他治春秋目的在于对抗玄风,扶树名教;方法上广采博收,择善而从,"据理以通经",融会《三传》又特重杜预《左氏解》。清人马国翰谓其"不苟随俗,能发前人所未发"。干宝注《易》兼顾象数与玄义,能结合历史而立论,自成一家之学,对于宋代程朱与苏氏《易》学都有影响。

魏晋时代的经学,学派并起,是经学史上变动剧烈的时期。各派都能打破两汉今古文壁垒与师法家法界域,在观点上糅合儒道而力求有所创新。义理之学、训诂之学、礼制之学并行不悖。经学在外部要与佛道抗衡,在内部又学派杂多,自身不能统一起来,这是政治上不统一和文化上多种思潮势均力敌所造成的结果。这固然使经学丧失了两汉时代那样的绝对优势,却由于破除汉代经学的固陋、烦琐、荒诞而焕发了经学的生机,丰富了经学的内容,为后来经学的更大发展准备了条件。魏晋经学对南北朝经学有直接影响,又在整个中国经学史上占有重要位置。孔颖达作《五经正义》,用魏晋人经注有三,汉人经注有二。世传《十三经》,除《孝经》注是唐玄宗所作外,汉注与魏晋注各居其半。魏晋经注有较高的学术价值,所以能够长久流传。

二、南朝经学

南北朝政治上对峙,学术风格迥异,经学的崇尚亦有很大不同,皮锡瑞称之为“经学分立的时代”。《北史·儒林传》说:

> 大抵南北所为章句,好尚互有不同。江左,《周易》则王辅嗣,《尚书》则孔安国,《左传》则杜元凯。河洛,《左传》则服子慎,《尚书》、《周易》则郑康成。《诗》则并主于毛公,《礼》则同遵于郑氏。南人约简,得其英华;北学深芜,穷其枝叶。

换言之,南朝经学重魏晋传统,北朝经学重汉末传统。所谓“分立”只是相对而言,南北流行的《诗》、《礼》注本同,南朝亦重郑玄,北朝亦有王肃之学,河南及青、齐间儒生多讲王弼《易》注,齐地多习杜预《左氏》,南北儒者的交往未曾断绝,故南北经学有同有异。

南朝《宋书》、《齐书》无《儒林传》。宋、齐两代享国较短,第一代皇帝身后,政治稳定即被内乱破坏,官方经学事业难以充分发展,虽有精于五经的学者,不能造成经学的强大声势。

宋元嘉年间立四学:儒、玄、史、文,雷次宗、朱膺之、庾蔚之主持儒学,开馆授徒。宋代最重《礼》学,亦即应用经学。雷次宗明《三礼》,曾为皇太子、诸王讲《丧服经》,其礼学造诣与郑玄齐名。何承天将先前《礼论》八百卷删减并合为三百卷,传于世。据《宋书·礼志》,朝廷礼制多用郑注,何承天《礼论》亦用郑玄而斥王肃。然而宋代士人亦钦慕魏晋玄风。颜延之为国子学祭酒即重玄学经学，又著《庭诰》论《易》学：

> 《易》首体备，能事之渊，马陆（马融、陆绩）得其象数，而失其成理；荀王（荀爽、王弼）举其正宗，而略其象数。四家之见，虽各为所志，总而论之，性情出乎彻明，气数生于形分。然则荀王得之于心，马陆取之于物，其善恶迄可知矣。夫数象穷则太极著，人心极则神功彰，若荀王之言《易》，可谓极人心之数者也。

颜氏将荀、王并提似不妥，但他分别汉《易》与玄《易》的议论却很精妙，说明王弼《易》学在宋代有重要地位。

齐代经学兼重两汉魏晋，“时国学置郑、王《易》，杜、服《春秋》，何氏《公羊》，麋氏《穀梁》，郑玄《孝经》”（《南齐书·陆澄传》）。陆澄与王俭书信论经学，谓汉《易》以象数为宗，王弼所悟虽多，不能顿废前儒，元嘉建学之始，郑、王两立，颜延之为祭酒，黜郑置王，意在贵玄，今“众经皆儒，惟《易》独立，玄不可弃，儒不可缺。谓宜并存，所以合无体之义”。又：“案杜预注《传》，王弼注《易》，俱是晚出，竝贵后生。杜之异古，未如王之夺实，祖述前儒，特举其违。又《释例》之作，所弘惟深。”王俭答书赞同陆澄。由此可知齐代经学虽谓玄儒并立，除《易》、《左传》外，汉人经注实占多数，玄学经学反成劣势。齐代《礼》学亦较发达，官学有王俭，私学有刘瓛，堪称大家。《南齐书·王俭传》称：“俭长《礼》学，谙究朝仪，每博议，证引先儒，罕有其例。八坐丞郎，无能异者。”王俭著《古今丧服集记》、《礼义答问》等，对于朝廷礼仪事，多有议定。刘瓛是一代大儒，刘绘、范缜、司马筠、贺玚等皆出其门下，“儒学冠于当时”，“所著文集，皆是《礼》义，行于世”（《南齐书·刘瓛传》）。

南朝经学以梁代最盛。梁武帝会同儒释道三教，尤重儒术。天监四年，下诏置五经博士各一人，以明山宾、沈峻、严植之、贺玚、陆琏为博士，各主一馆，每馆有数百生，射策明通者除为吏，“十数年间，怀经负笈者云会京师"。又分遣博士祭酒，到州郡立学。天监七年又诏皇室贵胄就学儒业，武帝亲自祭奠儒圣并为讲经，一时经学大兴(以上见《梁书·儒林传》)。梁代明经学者尚有伏曼容、何佟之、范缜、司马筠、崔灵恩、太史叔明、皇侃等人。

梁代经学有以下特点。第一，综合采纳以往经学各派，郑玄、王肃、王弼的经学及晋代新经学都受重视，学风较为开放，其中以玄学经学影响最大，但都受到筛选。如梁武帝在礼乐上用郑又纠郑，崔灵恩初习服虔《左氏》，后又改说杜预义，却又常申服难杜，助教虞僧诞作《申杜难服》以答之。《南史·王元规传》说："自梁代诸儒相传为《左氏》学者，皆以贾逵、服虔之义难杜预，凡一百八十条。元规引证通析，无复疑滞。"朱异对北朝李业兴说："北间郊丘异所，是用郑义，我此中用王义。"(《魏书·李业兴传》)皇侃《论语义疏》引凡三十余家，包括梁以前各派经注，其中玄学经注居多。第二，更加重视经学在宗法礼制方面的应用，即《礼》学。南朝门阀士族极讲究宗法血统、远近亲疏，这关系到人们社会地位、出路和财产、门第的承袭。宗法等级关系必须由严格、细琐的礼仪来维持，《三礼》之学恰能满足这种社会需要，故而发达兴旺。南朝皆重《礼》学，梁代尤甚。如马宗霍《中国经学史》所说：

> 经学之最可称者，要推《三礼》。故《南史·儒林传》何佟之、司马筠、崔灵恩、孔佥、沈峻、皇侃、沈洙、戚衮、郑灼之徒，或曰"少好《三礼》"，或曰"尤明《三礼》"，或曰"尤长《三礼》"，或曰"通《三礼》"，或曰"善《三礼》"，或曰"受《三礼》"。而晋陵张崖、吴郡陆羽、吴兴沈德威、会稽贺德基，亦俱以《礼》学自命。《三礼》之中，又有特精者。如沈峻之于《周官》，见举于陆倕；贺德基之于《礼记》，见美于时论。《仪礼》则专家尤众。鲍泉于《仪礼》号最明。分类撰著者，有明山宾《吉礼仪注》《礼仪》《孝经·丧礼服仪》，司马褧《嘉礼仪注》，严植之《凶礼仪

注》,贺玚《宾礼仪注》,而沈不害则总著《五礼仪》。

第三,在治经的方式方法上,讲疏或义疏体最为流行。它的兴起,初缘于讲经之风,效佛教升座说法,讲论经义,然后形诸文字,便是讲疏。如梁武帝《周易·中庸讲疏》、褚仲都《周易讲疏》,费彪《尚书义疏》,何佟之《丧服经传义疏》,皇侃《礼记·论语义疏》等。此类经著,数量相当可观,而后来失传者居多。从少数遗存讲疏看,其方式不同汉代传注或集解,略于诠释经文名物,而重在疏通经文大意;又不同玄学经学,一般不离开经义纵情自我发挥,而是守一家之注,或旁征博引诸家之说,加以选择、融会,用来阐明经文的旨意。所以它是介于义理经学与训诂经学之间的一种经学著作形式。

梁武帝是一位大经学家,一生撰写经义凡二百余卷。天监初,何佟之等撰吉凶军宾嘉五礼,共一千余卷,“高祖称制断疑”(《梁书·武帝下》)。著《明堂制》,纠正《大戴礼》与郑玄(《隋书·礼仪志一》)。天监七年,朝议皇子慈母丧服,司马筠引郑玄义,梁武帝驳之,指出“慈母”有三义,而“郑玄不辨三慈,混为训释”(《梁书·司马筠传》)。皇子丧服需由大臣朝议而经皇帝决断,乃是由于它关系到正嫡庶、别亲疏的一整套封建秩序能否得到严肃遵守的问题,如吴承仕先生言:“《丧服》中诸条理,是宗法封建社会中一种表现人伦分际的尺度。”(《吴承仕文录》)其重要性不亚于法律。梁武帝又对《孝经》颇多疏证,其《孝经义疏》列于学官。然而梁武帝经学思想驳杂不纯,兼容佛道,如《孝思赋》(载《全梁文》)有浓厚佛教思想,又如与北魏李业兴问答时,并论儒玄,又问太极是有无,则有玄学意味(见《魏书·李业兴传》)。

皇侃是贺玚的学生,对《三礼》、《孝经》、《论语》很有研究,其《孝经义疏》已佚,其《礼记义疏》亦佚,孔颖达《正义》多所引证,孔氏谓皇疏“既遵郑氏,乃时乖郑义”(《礼记正义序》)。不固守汉代传统，这不仅是皇侃，也是梁代和整个南朝经学的特点。皇侃的《论语义疏》是在何晏《论语集解》的基础上，广采博引而后形成的，此书亡于南宋，清乾隆年间复从日本传回中国，是南朝诸多经疏中至今保存最完整的一部。该疏博极群言，搜集了一大批重要注疏，反映出当时经学求同存异的风气。所引资料，有江熙所集十三家注，以及汉魏两晋南北朝注约三十余家，以魏晋经注居多，尤以王弼、郭象、范宁、李充、孙绰、顾欢等人经注，最受重视。从思想倾上说，该疏偏向玄学并杂以佛学。皇侃《论语义疏叙》说："圣人虽异人者神明，而同人者五情"，这正是王弼的看法。《为政》篇"子曰为政以德"，皇侃引郭象"万物皆得性谓之德"以释之。《公冶长》篇"夫子之言性与天道不可得而闻之已矣"，皇侃云："文章者六籍也，六籍是圣人之筌蹄，亦无关于鱼兔矣"，与玄学得意须忘言之旨吻合。《先进》篇"屡空"，皇侃的解释之一是"空犹虚也"，将儒家原意改换成道家玄学。皇侃在解释鬼神问题时，说："周礼之教唯说现在，不明过去未来"，以佛教徒口吻贬周孔为"外教"（见《先进篇》义疏）。皇侃常能在疑难聚讼问题上勇于断案，推出自家新说，这也是南朝人的风格。如《里仁》篇"子曰事父母几谏见志不从又敬而不违劳而不怨"，皇侃指出，以往经记说法不一，《檀弓》云"事亲有隐无犯，事君有犯无隐"，但《孝经》《曲礼》《内则》并云君亲有过皆宜微谏，有大过则极于犯颜。皇侃说："《檀弓》所言，欲显真假本异，故其旨不同耳"，"父子天性，义主恭从，所以言无犯是其本也。而君臣假合，义主匡弼，故云有犯亦其本也。"有人援引《春秋》，皇侃则说："《春秋》之书，非复常准，苟取权宜，不得格于正理也。"通常经学家宣扬《春秋》笔法严正，一字褒贬，重于千金，而皇侃则予蔑之，这在当时是一种很大胆的行为。《论语义疏》是《论语》学史上划时代的著作，有较高的历史价值，如《四库提要》所说：

今观其书（指宋邢昺《论语正义》——笔者），大抵翦皇氏之枝蔓，而稍傅以义理，汉学宋学兹其转关，是《疏》出而皇《疏》微，迨伊洛之说出，而是《疏》又微。

陈代经学可视为梁代经学的绪余，大儒周弦正、张讥、沈文阿、戚衮、沈不害、王元规等人，都是梁、陈两朝学者。陈代经师多喜老庄，能玄言。周弘正幼“通《老子》《周易》”，其说《易》曰：“《易》称立象以尽意，系辞以尽言，然后知圣人之情，几可见矣。自非含微体极，尽化穷神，岂能通志成务，探赜致远。”(《陈书·周弘正传》)则知周氏《易》学实宗王弼，如马国翰所说：“大抵衍辅嗣之旨，亦或用郑说，而于《序卦》分六门以主摄之，颇见新意。”(《玉函山房辑佚书·周易周氏义疏序》)《颜氏家训·勉学》说：“梁世《老》《庄》《周易》总谓三玄。武皇、简文躬自讲论；周弘正奉赞大猷，化行郡邑”，则周氏是南朝三玄之学的代表人物之一。张讥是周弘正的学生，学贯儒释道三教，并为三家学者共同传习。陈代亦重《礼》学，沈文阿、沈洙、戚衮、贺德基皆是治《礼》专家。

我不同意把南朝经学归结为玄学经学一种倾向。玄学在南朝经学中的影响无疑很大。但是并没有包容整个经学。若要给南朝经学的总特征以概括性说明，可以称它为开放型经学：从横向看，不拘守一家，不滞于一教；从纵向看，上承于两汉，续接于魏晋，又开创于当代，具有多样性、丰富性。这种情况与经学本身的层次性和宗法社会对经学的全面需要有关。传世的十三经，从性质上大体可分为六大类：一类是文字训诂学，如《尔雅》；一类是典章制度学，如《三礼》；一类是政治历史学，如《春秋》及《三传》、《尚书》；一类是政治文学，如《诗经》；一类是政治伦理学，如《论语》、《孟子》、《孝经》；一类是哲学，如《周易》。《三传》、《三礼》、《论》、《孟》中有哲学，但它们本身还不是哲学著作。这六类经籍各以自己的特殊内容，从不同角度和层次为封建宗法社会实际生活服务。资治于历史经验，多取《春秋》、《三传》、《尚书》，朝典仪制多取《三礼》，道德教化多取《论》、《孟》、《孝》,哲学构思多取《周易》。《公羊》、《穀梁》作者将《春秋》经注发挥成理论,多微言大义,故亦为后来儒家哲学所依凭。从经师治经方式上,可将经学分成训诂、义理、实用三种经学。训诂经学用来满足人们获取儒家积累下来的文化知识的需要,保证儒家经典能为不同时代人们所理解和继承。义理经学用来满足人们精神上的高层需要,如对天道性命的关切,给社会提供一种能够统帅所有意识形态的理论指导。实用经学则用来指导社会行为和建设典章制度。这三种治经方式又要受经籍类别的限制,如对《尔雅》、《诗经》、《周官》、《仪礼》、《左传》的诠释,就只能以训诂为主,很难从中发挥出系统的哲学思想;《周易》与《礼记》中的《大学》、《中庸》等篇本身就是哲学著作,既可以考证训诂,也可以引发出创造性的新理论体系,所以玄学经学主要依靠注解《周易》来阐发玄义;实用经学重在礼仪典制的修创,自然要依凭《三礼》,旁借他典。南朝是一个发达的封建宗法社会,对政治性、伦理性、学术性、哲理性的经注都有强烈需要,并且士族文化繁荣昌盛,存在着发展经学各种分支的社会条件,所以训诂经学、义理经学、实用经学都很发达。但是南朝三教并立,思潮流派杂多,高层次的玄学经学宗主道家,与中、低层次的儒家训诂、实用经学有些脱节,尚不能产生出一种足以统领全部文化的儒家哲学体系,所以南朝经学在层次上是完整的,而在思想倾向上彼此却不能有机统一起来。

三、北朝经学

北朝文化上承十六国,故论北朝经学应上溯西晋及北方诸国。陈寅恪《隋唐制度渊源略论稿》指出:

西晋永嘉之乱,中原魏晋以降之文化转移保存于凉州一

> 隅，至北魏取凉州，而河西文化遂输入于魏，其后北魏孝文、宣武两代所制定之典章制度遂深受其影响。

前凉张轨，西凉李暠，皆汉族世家，故奖掖儒术。吕氏、秃发氏、沮渠氏虽非汉族，都欣慕汉族文化，重用士人，故儒术亦能申扬。敦煌人刘昞，于酒泉教授儒学，弟子五百余人，李暠曾用为儒林祭酒。常爽，河内温人，祖父因世乱避居凉州，爽后归北魏，置馆授徒七百余人，"京师学业翕然复兴"(《魏书·常爽传》)。《魏书·张湛传》引崔浩《周易注》:"国家平河右，敦煌张湛、金城宗钦、武威段承根三人，皆儒者，并有俊才，见称于西州"，皆归北魏。

北方匈奴、鲜卑、羌、氐、羯等少数民族以军事力量入主中原后，面临着改变游牧民族习俗、建立新的统治方式和生活方式以适应经济高度发达和文化积累深厚的中原封建社会的任务，他们任用北方士族中有才学的俊士参政，用儒家传统文化来提高本民族的素质，又借以笼络汉族的人心，并依据儒经建立各种封建典章制度，从而加速了民族融合。这些少数民族贵族兴自边陲，又想成为中国传统文化的正式继承人，有着发展儒家文化的紧迫感，反而比南方贵族更热心于儒学教育。据《晋书·载记》，刘曜立太学于长乐宫东，立小学于未央宫西，选青少年一千五百人，由明经笃学者加以教育(汉)。石虎立太学、小学，选将佐豪右弟子入学，并亲临学校考诸生经义。石虎又复置五经博士和国子博士助教(后赵)。慕容廆以刘赞为东庠祭酒，命世子皝拜师受业，皝即位后，立东庠于旧宫，学徒至千余人(前燕)。苻坚仿效汉制，立明堂，郊祀苻洪以配天，宗祀苻健以配上帝，亲耕籍田，并广修学宫，遣公卿以下子孙受业，亲临太学考查，问难五经，博士多不能对(前秦)。姚苌置百官，自谓以火德承苻氏木行，服色如汉承周故事。姚兴时，姜龛、淳于岐、郭高皆耆儒硕德，经明行修，各门徒数百，教授长安，诸生自远而至者万数千人，兴为之奖励，儒风遂盛(后秦)。教授经学的都是汉族学者，接受经学的主要是少数民族贵族子弟，这是一种自上而下的儒家文化洗礼。

北魏经学及其应用，除得力于河西文化外，还得力于北方世家大族，如清河崔浩，范阳卢玄，勃海高允，又得力于南朝北徙的学者，如崔光、刘芳、王肃等，拓跋氏贵族又提倡儒学不遗余力，代代相传，坚持不懈，遂见成效。据《魏书·儒林传》称，"太祖初定中原，虽日不暇给，始建都邑，便以经术为先，立太学，置五经博士生员千有余人。天兴二年春，增国子太学生员至三千人"。孝文尤好儒典，"刘芳、李彪诸人以经书进"，后"燕齐赵魏之间，横经著录，不可胜数"。孝文时经学最盛，文化上的汉化也最迅速。他依重王肃改革旧制，"朝仪国典，咸自肃出"（《北史·王肃传》）。又自作《职员令》二十一卷，严肃典制（《魏书·高祖纪下》）。

北朝贵族当务之急是熟悉儒典，按照内地旧有纲常名教的模式建立国家制度和培养贵族子弟，来不及去探讨新的儒学理论，故北朝经学主要是训诂经学和实用经学，具体地说，它经由河西文化和关陇文化直接承接了汉代经学特别是郑玄之学，而南方玄风在北方影响不大。《魏书·儒林传》说：

> 玄《易》、《书》、《诗》、《礼》、《论语》、《孝经》，虔《左氏春秋》，休《公羊传》，大行于河北。王肃《易》亦间行焉。晋世杜预注《左氏》，预玄孙坦、坦弟骥于刘义隆世并为青州刺史，传其家业，故齐地多习之。自梁越以下传受讲说者甚众。

北魏经师众多，著名者有常爽、刘献之、张吾贵、刘兰、徐遵明、卢景裕、李业兴等人。常爽与崔浩同时，著《六经略注》，《魏书》本传录有《序》文，文中论述六经性质作用采自《礼记·经解》与《汉书·艺文志》，足证他承袭了汉学。刘献之注《三礼》、《三传》、《毛诗》，行于世，以为学问重在修身，"要以德行为首"，博闻多识要有益于立身之道，这正是儒家的一贯传统（以上《魏书·张献之传》）。张吾贯通《礼》、《易》，而于《左氏》，“兼读杜、服，隐括两家，异同悉举”(《魏书·张吾贵传》)，“其所解说，不本先儒之旨”(《魏书·刘兰传》)，张氏有魏晋风度，喜欢标新，虽门徒众多，而业不久传。刘兰与张吾贵不同，“推《经》《传》之由，本注者之意，参以纬侯及先儒旧事”，“兰又明阴阳，博物多识”，学徒前后数千。刘兰是汉代古文经学传统，后因“排毁《公羊》，又非董仲舒”而见讥于世(《魏书·刘兰传》)。徐遵明是北方大儒，师承多门而成为一代经师，在诸经师中影响最大。他遍通《孝经》、《论语》、《毛诗》、《尚书》、《三礼》、《春秋》，观其讲学方法，“先持经执疏，然后敷讲”，乃是章句之学，“遵明见郑玄《论语序》云‘书以八寸策’，误作‘八十宗’，因曲为之说”，成为千古笑谈(《北史·徐遵明传》)。徐氏主要贡献是传经，培养了一批熟悉训诂经学的门生，后来北方诸经的传授，多自徐遵明开之。卢景裕两度为国子博士，注《周易》、《尚书》、《孝经》、《论语》、《礼记》，“所注《易》大行于世；又好释氏，通其大义”(《魏书·卢景裕传》)。其《易》学受之于徐遵明。李业兴亦是徐遵明的学生，博闻多识，曾与李谐、卢元明出使南朝萧梁，在答朱异问中说明北方郊、丘异处，专用郑玄义，又以纬书《孝经援神契》为据，主张明堂应上圆下方。梁武帝问他：“闻卿善于经义，儒、玄之中何所通达?”业兴答曰：“少为书生，止读五典，至于深义，不辨通释。”武帝又问：“《易》曰太极，是有无?”业兴对曰：“所传太极是有，素不玄学，何敢辄酬。”(《魏书·李业兴传》)梁武帝与李业兴的问答，很典型地表现出南北经学之异：南方儒玄并崇，通达开放；北方谨守郑学与训诂章句，故李氏不善玄言。

事情不可一概而论，北方经学中亦有非郑玄而尚王肃，或者折中于二家，或者兼综汉晋，或者独出新意。《魏书·高允传》说，高允见崔浩所注《诗》、《论》、《书》、《易》，上疏云：“马、郑、王、贾虽注述《六经》，并多疏谬，不如浩之精微。”孝文帝令群臣议禘祭之义，并下诏说:“王(肃)以禘祫为一祭,王义为长。郑(玄)以园丘为禘,与宗庙大祭同名,义亦为当。今互取郑、王二义。”(《魏书·礼志一》)李谧《明堂制度论》指责郑玄的明堂论是“攻于异端,言非而博,疑误后学”(《魏书·李谧传》)。《魏书·贾思伯传》谓“国子博士辽西卫冀隆为服氏之学,上书难《杜氏春秋》六十三事。思同(思伯弟)复驳冀隆乖错者十一条。互相是非,积成十卷。”《魏书·房法寿传》载房景先《五经疑问》佚文,对五经提出一系列疑难,甚有胆识。这说明北魏经学并不都死守郑玄章句。但在治经方法上则注重事象的考辨,不习惯于玄谈。李谧的话很有代表性:“余谓论事辨物,当取证于经典之真文;援证定疑,必有验于周孔之遗训,然后可以称准的矣。”他考证明堂制的具体方法是:“乃借之以《礼传》,参之以训注,博采先贤之言,广搜通儒之说,量其当否,参其同异,弃其所短,收其所长,推义察图,以折厥衷。”这是北人治经的典型态度和方法,它与南朝玄学经学超言绝象、得意明体的态度和方法形成鲜明的对立。

北齐经学是北魏经学的继续。齐高祖用殊礼厚待卢景裕和李同轨,为置宾馆授经。后又微张雕、李铉、刁柔、石曜等名儒,为皇室诸子讲经。诸郡并立学,置博士助教授经。《北齐书·儒林传》对魏、齐两代经学及师承关系述之甚详,大致情况是:经学诸生多出自徐遵明门下。徐氏讲郑玄《周易注》,传卢景裕,卢传权会,权传郭茂,其后言《易》者多出郭茂之门。青齐间多讲王弼《周易注》。徐氏又通《尚书》,下传李周仁、张文敬、李铉、权会,皆郑玄注。《三礼》之学并出徐遵明之门,下传李铉等人,李铉传刁柔、张买奴、刘昼、熊安生,安生又传孙灵晖、郭仲坚、丁恃德,其后通《礼经》者多是安生门人。《毛诗》学者多出于刘献之,献之传李周仁,周仁传董令度、程归则,归则传李敬和、张思伯、刘轨思。《春秋》服虔注行于河北,亦出自徐遵明,姚文安、秦道静兼讲杜预注。河外儒生重杜氏,轻《公羊》《穀梁》。《论语》、《孝经》皆为诸生通习。权会、李铉、刁柔、熊安生、刘轨思、马敬德之徒多自撰义疏。总之,北齐经学中,以徐遵明所传郑玄经学占压倒优势。

周文帝雅重经学,《周书·儒林传》说他“求阙文于三古,得至理于千载;黜魏晋之制度,复姬旦之茂典。卢景宣学通群艺,修五礼之缺;长孙绍远才称洽闻,正六乐之坏。”周武帝更重经学,使北朝经学继北魏孝文帝之后形成又一发展高峰。他在儒释道三教中确定以儒教为先,曾为群臣亲讲《礼记》。他对大儒十分敬重,《周书·儒林传》说他“徵沈重于南荆”,“待熊生以殊礼”。沈重为南梁儒者,明《诗》、《礼》及《左氏春秋》,曾为梁武帝五经博士,后事梁元帝及梁主萧詧。周武帝特派柳裘至梁徵之,致意殷勤,邀其北上。保定末,沈重至北周京师,“诏令讨论《五经》,并校定钟律。天和中,复于紫极殿讲三教义。朝士、儒生、桑门、道士至者二千余人。”(《周书·沈重传》)后还梁,隋初卒世。熊安生曾师事徐遵明,专以《三礼》教授,曾为北齐公卿释讲《周礼》疑义。周武帝平齐入邺,亲临其家,引与同坐,赏赐甚多,“至京,敕令于大乘佛寺参议五礼。宣政元年,拜露门学博士、下大夫”(《周书·熊安生传》)。其弟子马荣伯、张黑奴、窦士荣、孔笼、刘焯、刘炫,皆活跃于隋初,其中尤以刘焯、刘炫对隋初经学影响最著。熊安生有《周礼义疏》、《礼记义疏》、《孝经义疏》,今皆佚。从马国翰所辑《礼记熊氏义疏》四卷看,熊安生治《礼》有两个特点:一者用《老子》疏通《礼记》,如“道德仁义,非礼不成”句,疏云:“此是老子失道而后德,失德而后仁,失仁而后义”;“太上贵德,其次务施报”句,疏云:“《道德经》云‘上德不德’,其德稍劣于常道,则三皇之世,法大易之道行之也。”二者在据引郑玄义外,又广引群书,如《春秋》、《穀梁》、《尚书》、《大戴礼》、《周易》等,然后按己意疏通经文,类似皇侃《论语义疏》。孔颖达在《礼记正义序》中评论说:“熊则违背本经,多引外义”,而他作《正义》时虽据皇侃疏以为本,又“其有不备,以熊氏补焉”。熊氏《礼》

疏已具有综合南北经学的倾向,并对唐初经学发生了实际的影响。

（本文选自《孔子研究》1987 年第 3 期）

牟钟鉴,中央民族大学哲学系教授,主要从事儒学史研究。

本文对南北朝时期南北经学的发展情况、南北经学的特征及其原因作了深入的分析。作者认为南朝经学重魏晋传统,北朝经学重汉末传统,但南朝亦习郑学,北朝亦有王弼《易》学与杜预《左氏》。南朝经学最盛于梁代,武帝会通三教,尤重经术,学风自由,尚慕玄风。陈代经师多喜老庄。总括南朝经学,可称为开放型经学。北朝经学与河西文化、关陇文化血缘密切,又得力于北方世家大族,保存汉末经学传统较多。北方少数民族贵族热心提倡训诂经学与典章制度学,力图按照汉族既有纲常名教,加速社会封建化进程,实行自上而下的儒家文化洗礼。北周熊安生《礼》疏,已有综合南北经学倾向。

北朝儒释道论议与北方学风流变

张　弓

论议,即讲论和对议,在我国中古时代是朝野商略政务、榷量学术的一种形式。汉唐时期常有论议发于朝堂之上、庠序之中、学人之间。宋代学者王钦若、杨亿等编《册府元龟》的《总录部·论议序》概述古代论议的政治功能与学术宗旨是:“考古今之得失,评理道之臧否;稽合众说,以归于至当,发明大训,用垂于可久。”提出从论议的形式评量论议高下的二十字标准:“文质兼备,纲条不紊,遣辞本乎闳达,析理畅乎精微。”还综括古代论议内容,将之大别为学术、时议、俗尚和政事四类;又将古代论议从形式上归纳为讲论(“品题”“扬确”“诠述”“讲求”属之)和对议(即辩对,“讥(击)短”“驳难”属之)两类。

魏晋时代,论议大盛,以辩对为特征的清谈是它的基本形式。其间倡玄名士们执著义理,循名责实,辩对往复,重演了先秦名辩之术。可以说,用自然之道对名教作论证,实现儒学与老庄的和合调适是魏晋清谈的理论果实。晋室播迁后,名理清谈亦随士人南渡。

无论儒学与佛学,北朝的学风均不同于南朝,是学术界共识。然而南朝的名理清谈对北朝政治与学术的发展并非毫无影响。与南朝思辨式学风的认同,是鲜卑族王朝“汉化”历程的一个侧面。在北朝(以至隋唐时期)的社会思潮中,不仅涌动着儒释讲论、义理辩对之风，而且它的发展同样推进着北朝儒释道的诤竞和合，参予着北国意识形态主体结构的选择与调适。北朝诸国朝野的儒释道论议，因而也在一定程度上反映着北朝的学风流变。由于北国诸朝在民族、宗教、文化诸方面的特殊背景，及其“汉化”发展的阶段性，北朝的儒释道论议也显示出一定的阶段性并各有特点。

一

北魏道武帝至献文帝时期（386—470）是拓跋氏国家由部落联盟社会向封建社会过渡的前期。同这时期社会经济形态与社会政治结构的发展具有不确定性一样，北魏官方意识形态主体结构的形式，也具有儒释道多元组合的不确定性，即意识形态的多元选择性。之所以如此，又同北魏王朝身处的历史文化生态环境密切相关。

北魏前期的中心区域在燕、赵、齐、鲁（今河北、山东）。儒、道、释在这一地区各有传统渊源。汉儒郑玄、服虔、何休的诸经传注曾“大行于河北”（《北史·儒林传序》）。燕齐是秦汉方仙道与东汉太平道发源地。齐鲁南界之徐、彭及北魏后期中枢伊洛，又是东汉两大佛教中心地。当四世纪末拓跋氏初入中原之时，以儒学为主干，儒释道在这里共生并长，已历二百余年。拓跋部落正是在北中国多元共生文化的濡染下，进入封建化过程的。这种独特的文化生态，使得北魏前期几代君主对其意识形态主体结构形式的探索与抉择，呈现出或此或彼、多元并举的特征。他们初从北方草原南下，怀着新奇的景仰，吸吮接纳着一切儒释道学说与行事。道武帝拓跋珪（386—408在位）初定中原，“以经术为先”（《魏书·儒林传序》），兼“好黄老，颇览佛经”（《魏书·释老志》）。明元帝拓跋嗣（409—423在位）开始设置教授博士，弘扬儒学，“亦好黄老，崇信佛法”(同上)。太武帝拓跋焘(424—451 在位)创立太学后,“儒林转兴”(《魏书·儒林传序》);徙来北凉的“沙门佛事”使国内“象教弥增”;又以道教“清净无为,有仙化之征”,崇奉天师寇谦之,“信行其术”(《魏书·释老志》)。他后来发动灭佛,并不是反对佛释义理,而是感于寺院地主势力的威胁。献文帝拓跋弘(466—470 在位)“诏立乡学,郡置博士”(《北史·儒林传序》),开始普及儒学教育于地方;同时“敦信”佛、道,“览诸经论,好老庄”(《魏书·释老志》)。尤其是太武帝与献文帝,在兼学博纳的同时,又以对谈讲论的形式,同高僧、儒士、朝臣们就诸经教的政治内涵与学术内涵,进行研讨与鉴别。太延(435—439)年间凉州僧东迁以后,太武帝“每引高德沙门与谈玄理①”(《集古今佛道论衡》卷甲),还经常同汉学根柢深厚的清河高门、侍中崔浩对谈。浩“每与帝言”必排毁佛教,“以佛法无益于政,有伤民利,劝令废之”(同上),竟然促成废佛之策。献文帝做太子时,由“专典秘阁”的秘书郎高谧“侍讲读”,诵习汉籍(《魏书·高湖传附高谧传》);即位后效法曾祖“每引诸沙门及能谈玄之士,与论理要”,共相对谈(《魏书·释老志》)。太武、献文创始的内殿讲谈之风波涌朝野,太武以后在朝臣之间、儒道之间的论议渐开风气。其中最以谈论知名的是崔浩。他“少好文学,博览经史,玄象阴阳,百家之言,无不关综,研精义理,时人莫及”。关于崔浩论议,《魏书》本传有这样的记载:

(泰常八年〈423〉四月)浩从太宗幸西河、太原。登憩高陵之上,下临河流,傍览川域,慨然有感,遂与同行论五等、郡县之是非,考秦始皇、汉武帝之违失。好古识治,时伏其言。天师寇谦之每与浩言,闻其论古治乱之迹,常自夜达旦,竦意敛

① “与谈玄理”,《魏书·释老志》作“与共谈论”。

容,无有懈倦。

无论与同僚或与道士谈论,崔浩均以古制是非古代治乱为论旨,不悖名教经世为务之道,不拘经传章句。神䴥二年(429),朝堂有北击蠕蠕之议,反对此议的尚书令刘洁、左仆射安原等,指使被俘的大夏太史张渊、徐辩宣说“三阴之岁”“不可举兵”,以阻其事。太武帝“召浩令与渊等辩之”。崔浩以“阳德阴刑”说难张渊,说“三阴用兵,盖得其类,修刑之义也”,“不妨北伐”,挫退张渊“天时”论。张渊又倡“荒外无用”论:“得其地不可耕而食,得其民不可臣而使,轻疾无常,难得而制,有何汲汲而苦劳士马也?”崔浩将之比方汉代的谏阻抗匈之议,斥其为“汉世旧说常谈”,举史实而辩曰:“自太宗之世,迄于今日,无岁不惊,岂不汲汲乎哉!”进而反诘道:“世人皆谓渊、辩通解术数,明决成败。臣请试之,问其西国(笔者按:指大夏)未灭之前有何亡征。知而不言,是其不忠;若实不知,是其无术。”张渊、徐辩“惭赧而不能对”。北击蠕蠕之议遂定(《魏书·崔浩传》)。这本是一场政务辩论,非关儒释经教。但崔浩“关综百家”熟谙故实的儒臣学养及严谨犀利的辩对风俗,堪称北朝论议史的精彩一页。《魏书·毛脩之传》又有崔浩与毛脩之论说《三国志》的记述:

浩以其中国旧门,虽学不博洽,而犹涉猎书传,每推重之,与共论说。言次,遂及《三国志》有古良史之风,其所著述,文义典正,皆扬于王廷之言,微而显,婉而成章,班史以来无及寿者。

崔浩以陈寿为典范发论,谓良史著述应当“文义典正”,“婉而成章”,可“言于王廷”,仍然本以名教经世的宗旨。

太武帝时的秘书监游雅与河北经学家陈奇曾“论《典》《诰》及《诗》《书》”:

雅赞扶马、郑。至于《易·颂卦》:“天与水违行”,雅曰:“自葱岭以西,水皆西流,推此而言,《易》之所及,自葱岭以东耳。”奇曰:“《易》理绵广,包含宇宙,若如公言,自葱岭以西,岂东回望究哉①?”奇执义非雅,每如此类,终不苟从。(《册府元龟》卷八三〇)

陈奇“爱玩经典,博通文籍”,“常非马融、郑玄解经失旨”(《魏书·陈奇传》),游雅则“赞扶马郑”。“《易》之所及,自葱岭以东耳”,游雅这一论点有地理学事实为据。陈奇不察,拘泥经文,徒诘空言,暴露了河北儒士迂拙滞重的传统学术性格。

献文帝时发生过儒臣间的“名字论议”:

中书博士袁敬与侍郎傅默、梁祚论名字贵贱,著议纷纭。(高允)遂著《名字论》,以释其惑,甚有典证。(《册府元龟》卷八三〇)

名字论议的详情及高允《名字论》均已不传。质之论题,其论旨大约同阀阅政治的背景相关。

综上可知,北魏前期的朝野论议,既有谈玄、辩经,又有说史、论政。除皇帝与高僧对谈玄理,其余论题的共同点是近时务而远思辨,显示着经世为本的儒家理念在意识形态主体结构中的优势。形式上以对谈讲论为主,鲜见激扬往复的辩对。崔浩与张渊等人的北击之议,由“天时”之辩转到“形势”之辩,是一个例外。论难辩对不发达,是由于前期意识形态领域里,经教致用为主流,义理思辨尚未开发,一如汤用彤先生论佛学所说:“北方义学沉寂于魏初。”(《汉魏两晋南北朝佛教史》下册第 362 页)不仅诸帝流览儒释以寻觅治道,甚至天师寇谦之也要“兼修儒教,辅助太平真君”(《魏书·崔浩传》)。佛理与老玄的纯思论辨不像南朝那样发展,制约着

① “东回望究”,《魏书·陈奇传》作“东向望天”,均喻水西流而复回于东。

儒与释在哲学更高层次上的契合与融通。是为北朝论议发展的初期阶段。

二

孝文帝时期封建化改革完成,经济发展,国家强盛,带动经学和义学的兴盛,朝野论议,趋于活跃。孝文帝元宏“雅好读书,手不释卷。《五经》之义,览之便讲,学不师受,探其精奥。史传百家,无不该涉。善谈老庄,尤精释义”(《魏书·高祖纪》)。他不仅是一位“取法汉制变革魏制的杰出政治家,也算得上是一位精通儒释道经典的学者。他于释学最擅《成实论》,得自鸠摩罗什三传弟子道登法师亲授(《魏书·释老志》)。太和二十二年(498)孝文帝选命“世以儒学相传”并通佛经的河北名儒孙惠蔚“侍读东宫”,为太子元恪之师。元恪即位后,孙“仍在左右敷训经典”,“侍讲禁内,夜论佛经”(《魏书·儒林·孙惠蔚传》)。所以,宣武帝亦“雅爱经典,尤长释氏之义”(《魏书·世宗纪》),同他的父亲一样是位“孔释兼存”(《魏书·裴延儁传》)的学者。

元宏、元恪父子相继,实行兴儒弘佛方针。孝文、宣武时期,尤其太和十七年(494)迁都洛邑后,“天下承平,学业大盛”,“经术弥显”,“比隆周、汉”(《魏书·儒林传序》);“招提栉比,宝塔骈罗”,“笃信弥繁,法教愈盛”(杨勇《洛阳伽兰记校笺序》)。儒释并兴,备载于史籍。值得注意的是,孝文宣武的“孔释兼弘”方针,造设为良好的学术环境,养成了一个出色的学者群体。它由两种类型的学者组成——释门义学僧和兼通释义的儒士。据《魏书·释老志》:

> 高祖(孝文帝)时,沙门道顺、惠觉、僧意、惠纪、僧范、道弁(辩)、惠度、智诞、僧显、僧义、僧利,并以义行知重。

这十一位义学僧代表人物,仅僧意、道辩有传。僧意“贞确有思力”

(《续高僧传》卷二五),道辩注《维摩》等经,“剖定邪正,开释封滞,是所长也”(同上书卷六),均是义学素质。“惠纪”即“慧纪”,也是义学名僧。关于北魏的义学,汤用彤先生指出:

> 自孝文帝后,佛教义学始渐兴盛。当时徐州名僧聚居。前有僧渊、僧嵩,后有道登、慧纪、昙度,均传《成实》、《涅槃》之学。而约在同时,僧人智游兼擅《毗昙》、《成实》。(《汉魏两晋南北朝佛教史》下第377页)

僧嵩“受《成实论》于罗什”;嵩又“授渊法师,渊法师授(道)登、(慧)纪二法师”(《魏书·释老志》)。鸠摩罗什的《成实》之学至徐州三传而光大,徐州成为北魏义学研究之重镇。孝文帝说:“朕每玩《成实论》,可以释人染情。”(同上)《成实》之学实已成为北魏官方的显学。所以汤用彤先生又说:“盖魏之义学如《成实》、《涅槃》、《毗昙》均导源于孝文帝之世。北方义学沉寂于魏初者,至此孝文之诱挹,而渐光大也。”(《汉魏两晋南北朝佛教史》下第362页)

历来燕赵经生谨遵汉儒传注,鲜有旁骛。北魏士子兼习儒释,大约始于文成帝以后。渤海高门“历事五帝”的高允,“博通经史”,“又雅信佛道”(《魏书·高允传》),是最早习释的儒臣,在同侪中尚属罕见。诵儒经兼玩释义的士子大量涌现,在孝文、宣武之世,前已说到儒释兼弘的元恪师孙惠蔚。另如“海内文宗”饶阳刘献之,“善《春秋》《毛诗》”,又“注《涅槃经》”(《魏书·刘献云传》)。清河崔僧渊“有文学,又问佛经,善谈论”(《魏书·崔玄伯传附僧渊传》)。东清河崔光,为太和时期“文宗”,拜中书博士,又“崇信佛法”;光弟敬友“精心佛道,昼夜诵经”(《魏书·崔光传》);另一弟僧慧顺,“少爱儒宗”,后投寺出家(《续高僧传》卷八)。太和末自寿春降魏的裴植,“综览经史,尤长释典,善谈义理”(《魏书·裴叔业传附植传》)。义阳之役降魏的南阳冯亮,“博览群书,又笃好佛理”(《魏书·冯亮传》)。乐安徐纥“少好学,有名理”,又通释义(《魏书·徐纥传》),等等。这一儒释双弘的学者群体的涌现，应当视为孝文、宣武“孔释兼存”“道、教互彰”[①] 之政策的产物。

义学研究的兴盛与双修学者的涌现，促进了儒释和合的进程，并给孝文宣武时期的学术论议带来新的气象。同前期相比，内殿论议的哲学思辨色彩明显加强。太和元年(477)三月，孝文帝在永宁寺设会行道，“命中、秘二省与僧徒讨论佛义”(《魏书·释老志》)，由中书、秘书两省儒臣与释僧首次举行御前义学研讨会。崔僧渊在永乐经武殿讲佛经，孝文帝亲临聆听(《魏书·崔玄伯传附僧渊传》)。长于“开释封滞”的僧道辩，在御前作义学答辩，“对孝文，不爽帝旨”(《续高僧传》卷六)。迁都以后，孝文帝特在洛阳西城北端开新门，通城外王南寺，“数诣寺沙门论议”(《洛阳伽蓝记序》)。孝文帝“每与名德沙门谈论往复”，儒士韦缵常“掌缀录”(《魏书·韦缵传》)。孝文宣武时期的“文宗”崔光，屡应“沙门、朝贵请”，讲论《维摩》《十地》经，“听者常数百人”(《魏书·崔光传》)。长于释义的宣武帝，“每年常于禁中亲讲经论，广集名僧，标明义旨”(《魏书·释老志》)。他对于义学讲论的热衷，招来正统儒臣的反对。侍御史阳固表谏宣武帝，请“绝谈虚穷微之论”(《魏书·阳尼传附阳固传》)。所谓“谈虚穷微”，是正统儒士们对时兴的义学思辨习尚的贬称。

诚然，从二帝与沙门、儒臣论议的形式看，还只是主客相与探讨，不带有论难辩对色彩。然而更有意义的事实是，执著名理论难的江南论议形式，正是在孝文帝时期，以北来的萧齐士人为媒介，正式传示于北魏。试看《魏书·裴宣传》的记述：

> 高祖初，征(宣)为尚书主客郎，与萧赜使颜幼明、刘思敏、萧琛、范云等对接。……高祖曾集沙门讲佛经，因命宣论难，

① 《魏书·释老志》引永平元年(508)诏：“道、教彰于互显，禁劝各有所宜。”“道”指儒学，“教”指佛释。

甚有理诣，高祖称善。

裴宣，河东闻喜人，“通辩博物，早有声誉”，后举为秀才。这段传文揭示了北朝学术史上的两件重要史事：(1)裴宣曾以尚书主客郎身份与齐武帝萧赜的使者对谈应接；(2)裴宣受孝文帝之命与众沙门论难。两件史事似有某种内在联系。南齐与北魏这次通使，时在永明九年(491，即太和十五年)；双方相会地点在桑乾(今山西山阴东)①。南齐使者萧琛是范缜的表弟，“有纵横才辩，起家齐太学博士”(《梁书·萧琛传》)，后举为南徐州秀才。范云是范缜的堂弟，曾领州大中正，后为国子博士。两人都是思想史上的著名人物。南齐初，建康鸡笼山之竟陵王萧子良西邸，高僧荟萃，名士云集，是南朝第一学术“沙龙”，又是清谈辩对渊薮。萧琛、范云咏味熏陶其间，名列“西邸八友”。尤其萧琛，曾著《难范缜神灭论》，剖擘强辩，颇有影响，是围攻范缜的主将。这次“桑乾对接”适在《神灭论》大论战两年之后。“桑乾对接”的内容不详。但桑乾之会的真正意义不在对接内容，而在南北辩对名士正式对接的实现；它不啻为一次南朝辩对之术的现场演示。桑乾对接不久，裴宣即受命与讲经沙门论难。这是北朝儒释御前“论难”的最早记载，是论辩之风初现北国的划时代标志。南北学者对接与北方首场论难，两事前后相继，又有同一位主角——裴宣。这就凸显出了五世纪末叶义理辩对南风北渐的渊源脉络。

三

自孝昌(525—527)以后，北魏社会阶级矛盾、民族矛盾急剧激

① 《梁书·萧琛传》：“永明九年，魏始通好，琛再衔命至桑乾。”

化,镇兵起义和各地人民起义相继暴发。在统治阶级内部,强大的寺院地主势力与皇室、世俗地主的矛盾也越发加剧。这后一种矛盾的表现形式之一,便是儒释、道释斗争。魏齐之际的朝野论议反映了这一斗争。周陈之际,南方士人北来更多,学术交流越发频繁。南朝学风北渐愈深,北朝上层士人之对接风仪及其辩对风格,逐渐与南朝趋同。

魏末齐周之际的朝野论议,其内容与形式明显地区别为三种类型:道释之间的较胜斗法;儒释道优劣废立之议;儒释之间或儒臣之间的义理之辩。

正光元年(520)发生第一次内殿僧道论战。论对宾主是清通观道士姜斌与融觉寺僧昙模最。时年十岁的孝明帝向双方提出的论题是:“佛与老子同时以不?”在佛道斗争史上,这是一个相当古老的题目。从两晋道士王浮造《老子化胡经》起,双方已争吵二百余年。由于此题涉及两教的先后,所以每论及此,总会唤起双方最强烈的护教感情。在这次论辩中,姜斌援引《老子开天经》证明“老子西入化胡”,昙模最援引《周书异记》《汉法本内传》说明佛出生比老子要早。孝明帝派魏收等取来《老子开天经》查对,命诸臣评议。太尉丹阳王萧综等170人奏称,“老子只著五千文,更无言说”,“姜斌罪当惑众”。孝明帝欲“加斌极刑”,经名僧菩提流支谏止,改为流放马邑。幼帝的命题没有任何义理色彩。论对中,道士引用的是伪书,僧人引用的也是伪书。这场毫无学术性的内殿论辩,比较客观地显示当时的佛道论争还带有角力较胜性质。朝臣名士共同斥道祖僧,欲将道士论死,又显出佛教大盛背景下的君臣们,普遍怀着强烈的政治心结,党佛恶道。

梁武帝天监三年(504)下《舍事道法诏》以后,有南朝道士“亡命叛入北齐”,在邺都“倾散金玉,赠诸贵游,托以襟期,冀兴道法”(《广弘明集》卷四)。文宣帝高洋“以佛、道二教不同,欲去其一”,

于天保六年(555)九月“集二家论难于前”[1]。这次所谓“论难”没有论题,不过是又一场佛道斗法(《广弘明集》卷四)。正光、天保两次佛道斗法,既暴露了北朝道门粗劣的文化品格,同时暴露一部分上层人物,亦不免愚闇偏狭的素质。这类“论难”的文化品位,与同时期南朝的士子高僧们清谈论对时的明达、洒脱与理趣,适成对照。

儒释道优劣废立之议是周武帝时期展开的。这场论议的实质,是儒释道学说在经历了北朝近二百年共生并长,并经诸朝审视鉴别之后,由周武帝宇文邕(561—578在位)来对官方意识形态主体结构的形式,即儒、释、道“三教”序秩,作最后的调适与抉择。周武帝是一位有较高文化素养的完全“汉化”了的皇帝。他有“雄图远略”,以“蹈隆(姬)周之叡典”(《周书·武帝纪》)为志业,不仅致力于国家的政治统一,而且追求意识形态的多元一统。在儒释道多元一统结构的探索过程中,周武帝充分利用了讲论和论议的形式。起初,他“常思复礼殷周之年,迁化唐虞之世”,“欲定画一之天,思杜二家之说”(《致梁沈重书》,《全后周文》卷三)。然而他又明智地懂得,在释道信仰大盛的北朝社会,强行“杜二家说”,独尊儒经,并非易行。他对此采取了极慎重的方针。自天和三年(568)至建德二年(573),六年之间,周武帝通过内殿讲论和论议,多次邀集儒释道人物及百官,宣讲儒经,探讨三教[2]义,共同评估三教功用,共同斟酌官方意识形态结构中的三教序秩。

天和三年八月十一日,周武帝“御大德殿,集百僚及沙门、道士

① 《资治通鉴》卷一六六梁敬帝绍泰元年八月。《广弘明集》卷四、《集古今佛道论衡》卷甲均作九月,从之。

② 中古时期用“三教”一词并称儒释道,始见于周武帝时。例见下面引文。

等，亲讲《礼记》”。次年二月八日，再“御大德殿，集百僚、道士、沙门等，讨论释教义”（《周书·武帝纪》）；复命“当世儒宗”沈重“于紫极殿讲三教义，朝士、儒生、桑门、道士至者二千余人”（《北史·沈重传》）。或亲讲儒经，或请大儒讲三教义，表明周武帝尊崇儒学；所有讲论一律召集儒释道百官聆听，显示他商略三教非由宸衷独断，而是朝野道俗同参酌、共和合。内殿讲经之后，又连续组织三教论议。天和四年（569）三月十三日，“敕召有德众僧、名儒、道士、文武百官二千余人升正殿，帝御座，量述三教优劣废立”。由于“众议纷纭”，这次集议“不定而散”。三月二十日，“依前集，论是非。更广莫简，帝心索然。又散”。四月初，“又依前集，令极言陈理；又敕司隶大夫甄鸾，详佛道二教，定其深浅。鸾乃上《笑道论》三卷”。五月十五日，“帝大集群臣，详鸾上论，以为伤蠹道法，即于殿庭焚之”；经过诸常侍“对扬”辩论，“佥议攸同：三教齐立”（《集古今佛道论衡》卷乙）。“天和论议”的主题本是评量三教优劣。其时寺院地主与朝廷及世俗地主的矛盾已十分尖锐。天和论议之初，“心忌释门”的周武帝欲有“废立”。然而经过两个月的内殿论议，各方“极言陈理”，诸常侍却最后一致议定：以“三教齐立”为宗旨。周武帝遂将废佛的初衷暂时搁置，接受了“三教齐立”宗旨。天和五年（570）五月，周武帝撰《二教钟铭并序》写道，“二教并兴，双銮同振”，“弘宣两教，同归一揆”（《广弘明集》卷二十八上）。“两教”者，佛、道也。“一揆”者，儒经也。这样，周武帝初步确定了官方意识形态结构的基本形式：儒学为主体，佛道为两翼。建德二年（573）十二月二日，周武帝再“集群臣及沙门、道士等”，“辩释三教先后，以儒教为先，道教为次，佛教为后”（《周书·武帝纪》），进而规定了道在佛前的序秩。以周武帝主持的天和论议、建德论议为标志，儒为主体、道次佛后、三教齐立的官方意识形态主体结构，在北中国得以确立。

建德三年(574)以后,周武帝理政的重心由教化转向政务。革除寺观耗民蠹国之弊刻不容缓。即使如此,就在颁布禁断佛道敕前一天,即建德三年五月十四日,周武帝仍然“集诸僧、道士”对论太极殿,“试取优长者留,庸浅者废”,意欲选拣僧道中的真才实学者。僧智炫此日与道士张宾辩论,频为设难,应对机敏,举事得当,逻辑严整。在敕断二教以后,武帝对他“仍相器重”,“期以共政”(《续高僧传》卷二十三)。可见周武帝是把观念形态与社会行为相区别、把两教髦俊与寺观弊蠹相区别的。承光元年(577)平定高齐以后,为在齐境废佛,武帝亦先召大德僧殿集商议,询问道:“朕意如此,请大德谓理何如?(《叙废立义》,《全后周文》卷三)同样显示着政治家的气度。

魏齐之际具有鲜明学术色彩的论议,则主要在儒释之间、名士之间、君臣之间展开。其中以擅长辩对之高讦之、卢景裕、李同轨、杜弼等魏齐四博士的论辩行事最著名。

魏孝明帝时的国子博士、渤海蓨人高谦之,修《凉书》十卷。他以“凉国盛事佛道,为论贬之,因称佛是九流之一家。当世名士竞以佛理来难,谦之还以佛义对之,竟不能屈”(《魏书·高崇传附高谦之传》)。这是儒学博士与崇佛名士之间的一场释典义理之辩。高谦之能“以佛义对”而“不能屈”,可见是一位兼通佛义的学者。前废帝时的国子博士范阳涿人卢景裕,“经明行著”,“又好释氏,通其大义”,也是一位博通儒释的大师:

> 齐文襄王入相[①],于第开讲,招延时俊,令景裕解所注《周易》。景裕义理精微,吐发闲雅。时有问难,或相诋诃,大声厉色,言至不逊,而景裕神彩俨然,风调如一,从容往复,无际可

① 据《北齐书·文襄帝纪》,高澄加侍中、开府仪同三司入相,时在后废帝中兴二年(532)。

寻。由是士君子嗟美之。(《魏书·卢景裕传》)

《易》是儒经,又是三玄(《老》《庄》《易》)之一,为儒、道共治。这场相府论难,以《易》为题,竟如此激烈,当亦有学派交诤的学术背景。魏孝武帝时的国子博士李同轨,"学综诸经,多所治诵,兼读释氏",也是兼治儒释。永熙二年(533),孝武帝元脩至平等寺,"僧徒讲法,敕同轨论难,音韵闲朗,往复可观"。东魏兴和(539—542)年间,孝静帝元善见派李同轨以通直散骑常侍身份出使梁朝。释学大师梁武帝萧衍知同轨通儒释,擅论辩,特邀其出席国寺论难:

遂集名僧于其爱敬、同泰二寺,讲《涅槃大品经》,引同轨预席。衍兼遣其朝臣并共观听。同轨论难久之,道俗咸以为善。(《魏书·李同轨传》)

这是北朝学者应南朝皇帝之请首次登上建康论坛。这一事实表明,东魏博辩名士的义理与论对,已经得到南朝君臣高僧的认可和称许。

孝明帝时的太学博士杜弼"息栖儒门,驰骋玄肆,既启专家之学,且畅释老之言",又是一位赅博"三教"的学者。他的学术论议活动经历魏齐两朝,论对亦精彩,在四博士中为最有名。东魏武定元年(543),孝静帝在九龙殿就"佛性、法性为一为异"询之杜弼:

弼对曰:"佛性、法性,止是一理。"诏又问曰:"佛性既非法性,何得为一?"对曰:"性无不在,故不说二。"诏又问曰:"说者皆言法性宽,佛性狭,宽狭既别,非二如何?"弼又对曰:"在宽成宽,在狭成狭,若论性体,非宽非狭。"诏问曰:"既言成宽成狭,何得非宽非狭?若定是狭,亦不能成宽。"对曰:"以非宽(非)狭,故能成宽成狭。宽狭所成虽异,能成,恒一。"上悦称善。(《北齐书·杜弼传》)

在这次内殿问对中,杜弼针对孝静帝"佛性狭不成宽"的滞碍,提出"性体"的哲学概念,详予阐释。他认为佛性"无不在","非宽非狭”,“恒一”不变;唯其“非宽(非)狭”,故能“成宽成狭”、外现无尽。这是关于佛教哲学本体论和变化论的问对。唐李百药在《北齐书》里留下的这段文字,是有关北朝内殿义理之辩的哲学内容记述最详明的一篇。五年以后,杜弼又以主方身份参加另一场内殿论辩:

> (武定)六年(548)四月八日,魏帝集名僧于显阳殿讲说佛理。弼与吏部尚书杨愔、中书令邢邵、秘书监魏收等,并侍法筵。敕弼升师子座,当众敷演。昭玄都僧达及僧道顺,并缁林之英,问难锋至,往复数十番,莫有能屈。帝曰:“此贤若生孔门,则何如也!”(同上)

这是一次儒释论难,宾主各为太学博士与缁林高僧。由于开筵在“四八”佛诞日,论议带有纪念性,君臣、儒释间气氛均和谐。“问难锋至,往复数十番”,双方的论辩又是激烈的。北齐天保(550—559)年间,在文宣帝高洋的东山别墅,杜弼与中书令邢邵就神灭、神不灭,又有一场论战。邢邵认为“人死还生,恐为蛇足”,借汉桓谭“以烛火喻形神”说:“神之在人,犹光之在烛,烛尽则光穷,人死则神灭。”杜弼反驳道,“人死亦有识”,“骨肉下归于土,魂气则无不之,此乃形坠魂游,往而非尽”。他以国、君喻形、神说:“神之于形,亦犹君之有国。国实君之所统,君非国之所生。不与同生,孰云俱灭?”杜弼在此以不可比的异质事象强为之说。邢邵不察,竟也列举“鹰化为鸠,鼠变为鴽,黄母为鳖”等虚妄事象为喻,引伸说道:“类化而相生,犹光去此烛,复然(燃)彼烛。”认为光可以离开烛。这就背离了他当初的“烛尽光穷”观点。杜弼立即抓住邢邵这一失误推论说:“光去此烛,得燃彼烛;神去此形,亦托彼形。又何惑哉!”最后导向对“人死神灭”论的否定(同上)。这场东山论战和七十年前南朝围攻范缜那场论战的题目一样。这次虽只有两人各为宾主,却同样是一次唯物论与唯心论的短兵相接。尽管邢邵的论点缺乏范缜那样的鲜明性和坚定性,这场交锋毕竟标志着魏齐之际北方义理之学的深化。

同孝明帝以前相比，魏齐之际的朝野论议，宾主讲风仪，论对多往复，问难重机辩，在辩对的形式上，风格特色已更加鲜明。关于这一点，谨再略作申述。

北魏前期品题名士已甚重口辩与风节。游雅品评高允说：

> 高子内文明而外柔弱，其言讷讷不能出口，余常呼为"文子"。崔公谓余云："高生丰才博学，一代佳士，所乏者矫矫风节耳。"(《魏书·高允传》)

游雅和崔浩都以高允出言木讷、缺乏风节为憾。太和末年来魏的南齐士人裴植在洛阳讲释学，"虽持义未精，而风韵可重"(《魏书·裴叔业传附裴植传》)，不失南士本色，魏收特为载入传文。卢景裕论对，"吐发闲雅"，"神彩俨然，风调如一，从容往复，无际可寻"，为"士君子嗟美"。李同轨论难，"音韵闲朗，往复可观"。杜弼讲论，"问难锋至"，弼"往复数十番，莫有能屈"；弼与邢邵辩形神亦"往复再三"。建德二年太极殿论对，道士张宾贬佛，座首等行禅师愤起欲驳，诸僧制止说："应对之间，复须机辩。"共推善辩的僧智炫登座"对扬"(《续高僧传》卷二十三)。诸如此类，多不胜举。用宋人品评论议的四项标准——"文质"、"纲条"、"遣辞"、"析理"——来衡量，孝明帝以后的朝野论议同以前相比，精粗、文野、高下，可谓划然有别。魏齐之际北方论议风格的形成，表明北朝的学术论对，在形式上亦趋成熟。

在南北学风趋同的总潮流中，汉以降形成的比较拘谨的北方经学传统，尽管还在官方意识形态中居主导地位，但我们毕竟在北朝的儒释论议中，不仅看到儒家政治哲学对释门义理的优容，而且看到儒臣、道士与沙门共讲《周礼》于庙堂，看到学综儒释的博士们对释典义理的孜矻究求，看到新一代儒生在时代潮流感召下，不拘陈说，追求新旨的时尚。这是儒释道诤竞和合的时代足音。既然南北学风至魏齐而趋同，儒释道融合发展的历史进程，便可继续倚借朝野学术论议的形式，向隋唐时代跨进，而臻于新的境界。

（本文选自《孔子研究》1993 年第 2 期）

张弓，中国社会科学院历史所研究员，主要从事中国文化与中国历史研究。

本文从“论议”这种学术研讨形式考察了北朝时期儒学、佛教与道教的传播及北方学风的流变。魏晋时代，论议大盛，以辩对为特征的清谈是它的基本形式。对南朝思辨式学风的认同，是鲜卑族王朝“汉化”历程的一个侧面。在北朝的社会思潮中，不仅涌动着儒释讲论、义理辩对之风，而且它的发展同样推进着北朝儒释道的诤竞和合，参予着北国意识形态主体结构的选择与调适。北朝诸国朝野的儒释道论议，因而也在一定程度上反映着北朝的学风流变。

荆州官学与三国思想文化

王晓毅

汤用彤先生曾指出了荆州学术对王弼玄学形成的意义，实属不刊之论(《汤用彤学术论文集》，中华书局1983年版，第265页)。如果从当时可见的直接作用着眼，荆州官学无疑为三国鼎立时代所普遍出现的黄老形名加古文经学的过渡文化形态，作了人才上和思想上的准备。尤其对魏、蜀两国，影响十分明显。这是因为，在当时长期的战乱中，荆州官学作为一个稳定的学术中心，对汉末思想解放运动之文化成果的进一步发展，起了薪尽火传的作用：它萌发着新的学风，培养着新一代学子，并不断与周边地区进行着频繁的学术交流，最终分别融入三国文化的发展之中。

一

荆州学派最重要的领袖人物，无疑是割据该地区达十九年之久的荆州牧刘表。

在汉末党锢之祸的黑暗年代，刘表曾长期逃亡在民间，党禁解除后，被辟为何进的掾属，后任北军中候。初平元年，天下大乱，当袁绍、曹操的关东联军与董卓对峙的时候，刘表于这年十一月带着汉献帝一纸空文的任命书，只身去荆州上任，以取代被杀的原刺史刘叡。由于荆州均被各路“宗贼”控制，刘表只得“单马入宜城”

(《三国志·魏书》卷十四《刘表传》注引司马彪《战略》)。他采纳了谋士蒯越“治平者先仁义,治乱者先权谋”的方针,以阴谋手段斩杀了“宗贼”领袖,兼并了他们的部队,很快控制了荆州全境。“地方数千里,带甲十余万”。这时,刘表没有参加北方的军阀混战,而是对外保持中立,集中精力整顿内政,重视儒家思想的教化作用,使荆州成为战乱中一片和平的绿洲,吸引了大批避难的人民流入该地区,其中,仅来自北方的士人就有几千人。“关西、兖、豫学士归者盖有千数,表安慰赈赡,皆得资全”(《后汉书》卷十四下《刘表传》)。刘表对这些读书人采取了优惠政策,经济上接济,政治上录用,使之成为他治理荆州的社会基础。同时,发挥他们的文化优势,恢复了州立官学,加强儒家思想的教化以稳定人心。“遂起立学校,博求儒术”(同上)。这所新成立的荆州官学,便是荆州学派及荆州学风的策源地。

关于荆州官学历史的正面记载,现存史料仅有四条:《后汉书》和《三国志》的《刘表传》、王粲的《荆州文学记官志》和不知出自何人之手的《刘镇南碑》。以上述资料为主,结合其它文献,可以窥见荆州官学的历史概况如下:

(一)荆州官学的创建时间。《资治通鉴》将这一事件系于建安元年下。但该书非第一手资料,不足为据。从其它资料推测看,应当创建于建安五年。如《三国志》裴注和《后汉书》都将其事置于刘表平定张羡领导的长沙、零陵、桂阳三郡叛乱后。这次叛乱始发于建安三年“表围之连年不下”(《三国志·魏书》卷六《刘表传》),到建安五年,才最后平息(《资治通鉴》卷六十三《建安五年》)。可见正式建州学,大概是在这次荆州境内最后一次军事行动之后。《刘镇南碑》称“武功既亢,广开雍泮”,说明了军事行动的结束与转而办学的关系。王粲《荆州文学记官志》说“五载之间,道化大行”中的“五载”,大概是建安五年。

(二)荆州官学的领袖及主要经师。尽管刘表是这所州学的创建者,并且时常前来讲经,但是作为一州行政长官,不可能实际负责这里的教学工作。按汉魏时期的惯例,州学的负责教官叫做"文学",一般由学术水平较高的儒士担任。荆州官学的"文学",是汉魏经学史上一个极其重要的人物——宋衷。

宋衷亦作宋忠,生平事迹资料少得可怜。《释文叙录》说:"宋衷字仲子,南阳章陵人,后汉荆州五等从事,衷与忠通。"文中"五等从事",即《荆州文学官志》中的"五业从事"。五业,指五经的学业;从事,是州牧的僚属,负责某郡或某部门的工作。顾名思义,"五业从事",应是负责经学教育工作的官吏。宋衷出任"文学"之前,曾任刘表的五业从事一职。宋衷是著名的经师,早在建安五年州学建立之前,他就在荆州广收学生,传授古文经学。例如潘濬"弱冠从宋仲子受学,年未三十,荆州牧刘表辟为江夏从事"(《三国志·吴书》卷六十一《潘濬传》)。假设刘表在其生命的最后一年——建安十三年才辟年已二十九岁的潘濬,那么十年之前年龄十九岁(弱冠)的潘濬跟宋衷读经的时间,也要在建安三年之前。这时的宋衷,大概以私人经师身份出现;荆州官学成立后,他可能就以官方经师身份讲经了。除了学术外,宋氏在政治舞台上也颇为活跃,曾和刘表写信给蜀郡太守王商"叙致殷勤"(《三国志·蜀书》卷三十八《许靖传》)。建安十三年,曹操兵临城下时,他曾代表刘琮向刘备传达准备投降的消息,险些成了刘备的刀下鬼。

除刘表和宋衷外,曾在这所学校中讲学的经师可考者,还有綦毋闿和司马徽。綦毋闿生平已不可考,按王粲《荆州文学记官志》的说法,綦毋闿似乎在荆州官学兴办之后,才带着他的门生弟子赶来,属于"耆德故老"一类老年儒生。司马徽,字德操,颍川人,汉末战乱初期便前往荆州避难,成为该地区大名士之一。大概到荆州不久,他就开始了开门讲学活动。《三国志·魏书》卷二十一《刘廙传》讲,刘廙"年十岁戏于讲堂上,颍川司马德操拊其头曰:'孺子孺子,黄中通理,宁自知不?'"刘廙生于公元 180 年,10 岁时(190 年),随父亲避难荆州,可能就学司马徽的私学中。据《司马徽别传》讲,司马徽"有人伦鉴识,知刘表性暗,必害善人"。于是和光同尘,不问世事,但在朝野仍有重名。刘表和其子刘琮听说他是"奇士",先后与其见面,但是刘表被司马徽的韬晦术蒙蔽,认为"世间人为妄语,此直小书生耳",未被委以重任。而"小书生"入州学讲经,则是顺理成章的。《三国志·蜀书》卷四十二之《尹默传》和《李譔传》都记载了尹默和李仁两人"俱游荆州,从司马徽、宋衷等学"。《三国志·蜀书》卷四十一《向朗传》也载"朗少师事司马德操,与徐元直、韩德高、庞士元皆亲善"。可能都是指州学的师承关系。后来"刘备访世事于司马德操,德操曰:'儒生俗士,岂识时务?'"儒生之自称,大概指其经师身份。

荆州官学在客观上起了联系朝野知识分子的文化纽带作用。当时的荆州地区,既存在着以刘表为核心的政治当权派集团,蒯越、蔡瑁、韩嵩、傅巽、王粲、刘先、宋衷等人是骨干分子;又存在着以庞德公为代表的地方在野名士集团,司马徽、庞统、诸葛亮、许庶、石韬等青年名士在其周围。刘表曾多次拉拢庞德公,"数延请,不能屈"(《后汉书》卷八十三《庞公传》),不得不亲自前往庞德公寒舍请其出山,尽管庞德公最终亦未应召入仕,但刘表的举动获得了荆州在野名士的好感,庞德公的忘年交司马徽入官学与宋衷共同执教,庞德公所赏识的庞统、诸葛亮、许庶等青年入州学学习,就说明了这一点。

(三)荆州官学的规模。王粲《荆州文学记官志》说:"三百有余人。"卢弼《三国志集解·魏书》卷二十一《王粲传》引文证明之:"姚振宗曰:《文学官志》备载文学祭酒从事及学官弟子姓名爵里。王粲称三百余人者,是也。刘勰称简约乎篇,亦即指是。《类聚》、《御览》所录，皆是志序文。”显然，姚振宗曾见过现已佚的《荆州文学记官志》全文，现存王粲佚文是序，可见该州学有三百多人左右。当时，许多避难于荆州的士人及本地士人的子弟，大都进州学学习文化知识，甚至远在吴越、巴蜀的学生也前往就读。这些当年的青少年学子，在后来三国鼎立时期，大都成为曹魏、蜀汉（孙吴亦有）的政治文化骨干，如曹魏的刘廙、傅巽、许庶、王粲，蜀汉的诸葛亮、庞统、尹默、李仁、向朗，孙吴的潘濬等。例如那位举世闻名的诸葛亮，青少年时代即在荆州度过。“亮在荆州，以建安初与颍川石广元、徐元直、汝南孟公威等俱游学，三人务于精熟，而亮独观其大略。每晨夜从容，常抱膝长啸，而谓三人曰：‘卿三人仕进可致刺史郡守也……’”（《三国志·蜀书》卷三十五《诸葛亮传》注引《魏略》）建安初年，诸葛亮15岁，建安五年19岁，正是求学的年龄，他与徐庶等人“俱游学”的地方，只能是荆州官学。细玩文意，似乎是他们在州学共同生活的描写。诸葛亮之所以被司马徽赏识，誉为卧龙，大概也与这种游学活动有关。诸葛亮等人的学历对青少年时代于荆州度过的士人来说，有其普遍意义。

建安十三年，曹操占领了荆州，赤壁大战后又回到北方，荆州的名士除诸葛亮、庞统等随刘备留在荆州外，绝大多数士人，如宋衷、司马德操、王粲、傅巽、刘先、蒯越、许庶、韩嵩、蔡瑁等都随曹操回到了北方，逐渐与曹魏士人融合。建安二十年，发生了魏讽谋反案，有些荆州名士的子弟卷入该案，王粲、宋衷的儿子，刘廙的弟弟都死于此案，宋衷因此受到株连被杀（《三国志·蜀书》卷四十二《尹默传》注引《魏略》），而刘廙却被曹操特免。这次案件，史家一般认为是自由派青年反曹操的活动。因史料甚少，已无法详考。总之，自曹操攻占荆州起，荆州官学即灭亡；士人北上后，司马德操、王粲等人亦先后去世，到建安二十年宋衷被杀，最后一个荆州学派的硕儒不复存在了。

二

所谓荆州学风，是指那个特定时期荆州士大夫共同的学术风尚，表现为反对繁琐虚伪，追求简约自然和儒道兼融的倾向。它既存在于荆州官学的文化倾向中，又活跃于名士们的人物批评中。由于资料的极度缺乏，已难以再现其全貌，仅从经学的变化、黄老思想的复兴以及人物品评风气的绵延诸方面展开讨论。

第一，从经学的发展看，荆州经学堪称汉魏之际官方经学由今文经变为古文经的转折点，使古文经第一次合法立于官学，并使删繁就简、重视义理的学术风气进一步发展。

两汉时期，今文经学是官方学术，从洛阳太学到各郡县所设学校，都是讲授今文经。由于今文经学逐渐走向烦琐和妖妄，所以，自东汉时期开始衰落，而"通训诂"、"举大义"的古文经学以它简单明了、思想犀利的特点发展起来，逐渐成为私学的主流。东汉一代古文经学大师辈出，如贾逵、许慎、马融等，表现出强大的活力，然而古文经一直没有取得官学地位，这种情况到荆州官学才发生了改变。

> 尹默字思潜，梓潼涪人也。益都多贵今文而不崇章句，默知其不博，乃远游荆州，从司马德操、宋仲子等受古学，皆通诸经史，又专精于左氏春秋，自刘歆条例，郑众、贾逵父子、陈元、服虔注说，咸略诵述，不复按本。先主定益州，领牧，以为劝学从事。及立太子，以默为仆，以《左氏传》授后主……卒。子宗传其业，为博士。(《三国志·蜀志》卷四十二《尹默传》)

> 李譔字钦仲，梓潼涪人也。父仁，字德贤，与同县尹默俱游荆州，从司马徽、宋衷等学。譔具传其业，又从默讲论义理，五经、诸子，无不该览……延熙元年，后主立太子，以譔为庶子

……著古文《易》《尚书》《毛诗》《三礼》《左氏传》《太玄指归》，皆依准贾、马，异于郑玄。(《三国志·蜀志》卷四十二《李譔传》)

上述梓潼尹默、李仁二人因不满益州今文经学而远游荆州向宋衷、司马德操学习古文经的史实，说明了古文经在荆州官学的地位。宋衷等所传授的五经，应当为古文《易》《尚书》《毛诗》《三礼》《左氏春秋》。这些在两汉时期不登官学大雅之堂的经典，随着汉政权的名存实亡而首先在割据的荆州取得了正宗地位。

荆州的儒生们不但确立了在古文经的官学地位，而且发扬了古文经简明求实、注重义理的学风，对各种经书注释进行了删繁就简的改造，“深愍末学，远本离质，乃令诸儒，改定五经章句，删铲浮辞，芟除烦重。赞之者用力少，而探微知机者多”。遗憾的是荆州诸儒改造《五经》的新成果《五经后定》已佚。《隋书·经籍志》有刘表《新定礼》一卷，《通典》引刘表《丧服后定》。马国翰认为，《丧服后定》与《新定礼》是一本书，冠之以“礼”名，实为丧服内容：“新定即后定，题小异耳……此书浑以礼名，其实专明丧服也。”(《玉函山房辑佚书》，上海古籍出版社1990年版，第840—841页。)这本书大概是《五经后定》的一种。从《玉函山房辑佚书》收录的六条佚文看，都是关于服丧的具体规定，的确表现出简约明了的新学风。如“既除丧，有来吊者，以缟冠深衣于墓受之，毕事反吉”(同上)。在荆州经学最能反映这一新风尚并对魏晋学术产生深远影响的作品，则是对《周易》的注解。宋衷《周易注》即是代表作。

当然，荆州儒士的理性与现代科学理性是不能同日而语的，尽管他们已经开始摆脱今文经学末流及谶纬的妖妄，但是对命运之谜的困惑，使他们仍然难以彻底跳出象数思维看待“天人之际”。在他们的著作中，仍有一些这方面的内容，例如《晋书》卷十二《天文中·杂星气》：“图纬旧说，及汉末刘表为荆州牧，命武陵太守刘叡集天文众占,名《荆州占》。"《隋书·经籍志》有《荆州占》二卷。又如宋衷注释过《易纬》、《乐纬》、《春秋纬》和《孝经纬》四种纬书(刘汝霖《汉晋学术编年·建安二十四年》)。从现存的几条佚文看,宋衷似乎仅仅对纬书的名物作训诂,并未进行象数附会,如宋衷《易纬注》曰:"天文者,谓三光;地理,谓五土也。"(《文选》卷二十八谢灵运《会吟行》李善注引)又《孝经援神契》曰:"神灵滋液,则犀骇鸡。"宋衷曰:"角有光,鸡见骇惊也。"(《文选》卷五左思《吴都赋》李善注引)但是,由于全文已不可见,不能断定宋衷注释始终为理性主义的。此外,另一位著名经师司马徽,也未摆脱象数思维,"司马徽与刘廙论运命历数事"(《三国志·吴书》卷四十八《孙权传》注《引江表传》)。从这些迹象看,荆州儒士的经学理性主义倾向仍有一定局限性。

第二,从黄老思想的复兴看,荆州学术仍是一个不可忽视的环节。例如刘表的别驾刘先,"尤好黄老言"(《三国志·魏书》卷六《刘表传》注引《零陵先贤传》),而宋衷对《太玄经》的注释和传授则意义更为深远。史学界一般认为,两汉黄老派代表人物及著作是严遵(字君平)的《老子指归》,扬雄是严遵的学生,他的代表作《太玄经》问世后,即遭到了儒生的非难,除桓谭、张衡极少数有异端思想的学者推崇外,并未产生太大影响,而该书在汉魏之际则在知识分子中广泛流传,被认为"与圣人同趣,虽周公繇《大易》,孔子修《春秋》,不能过也"(陆绩《述玄》,《全三国文》卷六十八引)。可见其地位已达经典高度。在汉魏之际《太玄经》的传播过程中,宋衷是个关键性人物。从各种史书记载看,《太玄经》是由他才得以广泛流行的。他首先注释了这本书。《隋书·经籍志》所著录的《太玄》注本,以宋衷注本为早,这一时期的其他注者还有陆绩、虞翻、陆凯、王肃诸家,这些注疏都与宋衷注有着千丝万缕的联系。陆绩在《述玄》中回忆其学习太玄的经历时说:

> 绩昔常见同郡邹邠字伯岐与邑人书，叹扬子云所述《太玄》，连推求玄本，不能得也。镇南将军刘景升(刘表)遣梁国成奇修好鄙州，奇将《玄经》自随。时虽幅写一通，年尚暗稚。甫学书毛诗，王谊人事，未能深索玄道真，故不为也。后数年专精读之，半岁间粗觉其意。于是草创注解，未能也。章陵宋仲子为作解诂，后奇复衔命寻盟，仲子以所解付奇与安远将军彭城张子布。绩得览焉。仲子之思虑，诚为深笃。然玄道广远，淹废历载，师读断绝，难可一备。故往往有违本错误……故遂卒有所逆，就以仲子解为本，其合于道者，因仍其说；其失者，因释而正之。所以不复为一解，欲令学者瞻览彼此，论其曲直，故合联之尔。夫玄之大义，揲蓍之谓，而仲子失其旨归，休咎之占，靡所取定。虽得文间义说，大体乖矣。(《全三国文》卷六十八引陆绩《述玄》)

在上面的字里行间，我们可以看到汉末知识分子传抄《太玄经》的情况。陆绩首先抄自荆州使臣成奇带来的无注本。几年后成奇又带来宋衷的注释本，送给张昭作礼物。陆绩发现注本只重义理而不涉及象数，认为不准确，故以宋衷注本为底本，增加了象数内容，写成了自己的新注本。《隋书·经籍志》著录的《太玄经》注本，有九卷本，宋衷注。十卷本，陆绩、宋衷注。可证明陆绩《述玄》所说不误。即陆绩是在宋衷注基础上的增补。除陆绩本外，这一时期的其它《太玄经》版本，均晚于宋衷并与其有关。如陆凯，系陆绩从孙，承袭关系不言自明。又如象数派易学家虞翻注本，则是不满宋衷注而作："宋氏解《玄》有缪错，更为立法，并著《明杨》《释宋》，以理其滞。"(《三国志·吴书》卷五十七《虞翻传》)所谓《明杨》，应是阐明扬雄本义，所谓《释宋》大概是解释宋衷的注文。至于王肃，是宋衷的学生，其注本直接来自他的老师，"肃字子雍，年十八，从宋衷读《太玄》，而更为之解"(《三国志·魏书》卷十三《王肃传》)。王肃生于公元195年，17岁时应为建安十七年，此时宋衷已在随荆州士人北上，在曹操政权下服务。宋衷公开讲授《太玄经》，恐怕早在荆州官学中就已进行了。据《三国志·蜀书》卷四十二《李譔传》讲，蜀国李譔的学问继承其父李仁，而李仁则曾去荆州追随宋衷求学。后来李譔写了《太玄指归》，其基本思想与从未交往的王肃惊人地一致。"著古文《易》、《尚书》、《毛诗》、《三礼》、《左氏传》、《太玄指归》，皆依准贾、马，异于郑玄。与王氏殊隔，初不见其所述，而意归多同"。这个现象说明，蜀国李譔与魏国的王肃都继承了同一老师宋衷的思想。

第三，从人物品评实践活动看，汉末以来人物品评风尚在荆州士人中十分流行，并且在人材品评标准方面，表现出追求内在自然气质的思想倾向。例如，当年汝南月旦评的领袖许氏兄弟之一许靖流落到四川，正在荆州的宋衷得知，在写给蜀郡太守王商的信中品评许靖为："文休倜傥瑰玮，有当世之具，足下当以为指南。"(《三国志·蜀书》卷三十八《许靖传》)那位在野的大隐士庞德公，便十分善长此道："诸葛孔明为卧龙、庞士元为凤雏、司马德操为水镜，皆庞德公语。"(《三国志·蜀书》卷三十七《庞统传》注引《襄阳记》)的确，被誉为"水镜"的司马徽，正因能鉴识出人的自然本色而获此美名。他不但是著名经师，而且是著名的人材鉴识权威，甚有名士风度。下面是三条人物品评史料：

> 庞统字士元，襄阳人也，少时朴钝，未有识者。颍川司马徽清雅有知人鉴，统弱冠往见徽，徽采桑于树上，统坐于树下，共语自昼至夜。徽甚异之，称统当为南川士人之冠冕，由是渐显。(《三国志·蜀书》卷三十七《庞统传》)

> 刘备访世事于司马德操。德操曰："儒生俗士，岂识时务，识时务者在乎俊杰，此间自有伏龙、凤雏。"备问为谁，曰："诸葛孔明、庞士元也。"(《三国志·蜀书》卷三十五《诸葛亮传》注

引《襄阳记》)

刘廙字恭嗣,南阳安众人也。年十岁,戏于讲堂上,颍川司马德操拊其头曰:"孺子、孺子,'黄中通理'。"(《三国志·魏书》卷二十一《刘廙传》)

以上被司马徽所品评的三位青年士人刘廙、诸葛亮和庞统,少年时代在荆州成长,后来成了著名的政治家,并且都以"知人"而闻名于世。刘廙后来在曹魏,其形名学著作《正论》中,有许多关于知人善任的论述。据《三国志·魏书》卷二十一《刘廙传》注引《廙别传》讲,他很早就识别出魏讽必将作乱,劝戒其弟刘伟不要与魏讽交往。诸葛亮以知人善任而为一代名相,在人物鉴识理论上很有建树,著《知人性》篇,提出七种鉴别人物心理品格的方法。至于那位"凤雏"庞统,更是以"知人"闻名于荆州。周瑜死后,他作为刘备代表赴江东吊丧,与陆绩、顾劭、全琮等名士结为好友,临行时对他们的才性作出品题:"陆子可谓驽马有逸足之力,顾子可谓驽牛能负重致远也。"陆绩、顾劭高兴地表示:"使天下太平,当与卿共料四海之士。"指将来共同品评天下名士。

人物品评与黄老形名学(名理学)的关系十分密切,所以汉末荆州地区的形名之学亦同样兴盛,并对后来曹魏和蜀汉政权的名法之治产生了深远影响。在曹魏政权方面,《文心雕龙·论说》云:"魏之初霸,术兼名法,傅嘏、王粲,校练名理。"其实,文中的傅嘏应是傅巽。傅嘏于魏明帝太和年间才刚刚入仕,不可能与建安二十二年即去逝的王粲一起校练名理。傅巽是傅嘏的伯父,汉末与王粲一起客居荆州投靠刘表。刘表死后,他俩又因劝说刘琮投降曹操而被封为关内侯,并且在魏国建立后都当过"兴造制度"的侍中一职。《傅子》称傅巽"有知人鉴……在荆州,目庞统为半英雄,证裴潜终以清行显"。人物品评是形名学的主要内容,可见傅巽与王粲在魏初一起运用形名学去研究国家制度、法规方面的问题,是合情合理的。至于刘廙,“与丁仪共论形礼”,大约也是讨论同一性质。在蜀汉方面,那位“葛巾羽扇”却外道内法的诸葛亮,同样以推行名法之治而著称。

毫无疑问,荆州学风对后来曹魏及蜀汉的政治和文化都产生了深远影响。如古文经学地位的确立,黄老形名学的兴起等。但应看到,荆州学风并不是孤立存在的,它是汉魏之际时代思潮发展的趋势,换句话说,它保存了东汉进步思想的精华,使那些新生的合理因素继续发展壮大,从而影响着三国鼎立后中国思想文化的发展方向。至于最终通过当年客居该地的山阳王氏家族,以家学传统的形式影响了王弼,促进了魏晋玄学的诞生,则是后话。

(本文选自《孔子研究》1994 年第 1 期)

王晓毅,清华大学、山东大学教授,主要从事中国思想文化史的研究。

本文认为,荆州官学为三国鼎立时代所普遍出现的黄老形名加古文经学的过渡文化形态,作了人才上和思想上的准备。在当时长期的战乱中,荆州官学作为一个稳定的学术中心,对汉末思想解放运动之文化成果的进一步发展,起了薪尽火传的作用:它萌发着新的学风,培养着新一代学子,并不断与周边地区进行着频繁的学术交流,最终分别融入三国文化的发展之中。

汉末学术中心的南移与荆州学派

唐长孺

东汉末年，刘表统治荆州（治襄阳）十九年（公元196—公元208年）。在此期间，荆州是一个政局安定、经济发达的区域。刘表是个儒生、名士。当时人说他“岂拨乱之主”，“无霸王之才”（《三国志·杜袭裴潜传》），只是志图自保，然而也正因为这样，在这个动荡的时代里，荆州没有遭到战争的破坏。

那时，黄河流域割据群雄相互混战，社会生产几乎全部停顿，城市破坏，田野荒芜，弄得“名都空而不居，百里绝而无民”（《后汉书·仲长统传》载《昌言·理乱篇》）。荆州却生产正常进行，并且由于关中、兖、豫各地人民大量避乱到荆州，他们开辟荒地，“深山幽谷，于是为邦”（《全三国文》卷56《刘镇南碑》）。在北方严重缺粮、到处饥荒的时候，荆州却有充裕的粮食，北方城市残破，官私手工业几乎全部消失，大批手工业者也逃入荆州。“百工集趋，机巧万端”（《全三国文》卷56《刘镇南碑》）。尽管这些颂扬的话不免夸张，但荆州社会经济没有遭到破坏，而在当地和北来人民的劳动下还有所增长，应是事实。

在政治安定、社会经济有所增长的基础上，刘表有可能兴办起学术文化事业。

那时避乱而来的士人相当多，刘表可能由于怕引起侨土之间的矛盾（这种矛盾在益州非常尖锐，冀州也存在），也可能他认为外州人不可靠(曹操占有兖豫,献帝都许,有的人确实归心曹操),他在政治上几乎绝不任用他们,王粲批评他不能任用海内之士(《三国志·王粲传》),确是事实。然而刘表还是力图延揽这些才士儒生,《后汉书·刘表传》说:"关西、兖、豫学士归者千数,表安慰赈赡,皆得资全。"数以千计的"学士"聚集在荆州,使荆州代替洛阳成为全国的学术中心,并且发挥他们的专长,开展学术文化事业。

在洛阳太学毁废之后,刘表在襄阳建立学校,设置学官。《刘镇南碑》说:

> 笃志好学,吏子弟、受禄之徒,盖以千计,洪生巨儒,朝夕讲诲,如也,虽洙泗之间,学者所集,方之蔑如也。

王粲《荆州文学记官志》说(《全后汉文》卷91):

> 乃命五业从事宋衷(亦作宋忠)所作文学,延朋徒焉……五载之间,道化大行,耆德故老綦毋等,负书荷器,自远而至三百余人,于是童幼猛进,武人革面,总角佩觿,脱介免胄,比肩接踵,川逝泉涌。

从这二段记载中,可以看到,入学生徒大致分为二类,一是碑文所谓"吏子弟",亦即《荆州文学记官志》的"童幼"或"总角佩觿",那是幼年的官吏子弟,二是碑文所谓"受禄之徒",大致是低级官吏,据《荆州文学记官志》还包括"武人",他们"脱介免胄"而入学。

汉代诸州不置学校,郡国虽置学,大多是虚名,一州设置学校是前所未有的,其规模虽然远不如洛阳太学,制度却模拟太学。东汉初就曾为"功臣子孙"及"四姓末属"(外戚)别立校舍,选其中学业高的受业。还有"期门羽林之士(禁卫军),悉令诵《孝经》(《后汉书·儒林传》)。荆州学生徒中的"吏子弟"相当于"功臣子孙","武人"相当于"羽林、期门"。碑称"洪生巨儒,朝夕讲诲",似乎入学并非虚名。《荆州文学记官志》最后序列五经的要旨,大概这些儒生也同旧时博士一样分经讲授,虽无五经博士之名,实际上也即是五经博士。宋忠任五业从事，五业即五经。这也是新设置的僚佐，主掌学校和撰述之事，由于设置学校的同时也设置学官，所以王粲撰文题为《荆州文学记官志》，"文学"不仅指经学而且是一个机构，避太学之名而称之为文学，《三国志·刘表传》注引《英雄记》便迳称刘表"开立学官"，而王粲写的是《官志》。

荆州学校的规模和制度远远逸出郡国学的范畴，不妨说是洛阳太学的南迁。

第二件事是改定五经章句。《刘镇南碑》称：

> 深悯末学违本离质，乃合诸儒改定五经章句，删划浮辞，芟除烦重，赞之者用力少，而探微知几者多。

这是一种经学教本，名为《五经章句后定》，主要是删除被认为不切要的所谓"浮辞"，使学者得以在较短时间内通晓经文。早在东汉初桓谭等就已指责章句烦琐。也一直有人进行简化，但只是私人对某一经而作，像这样五经并举，集合许多儒生共同改定章句却还是第一次，为唐初修纂《五经正义》的先河。汉代经学有今古文之争，尽管东汉时古文经传习日益流行。但列于学官的仍只今文经的流派，所谓"十四博士"。古文经学家多次建议与今文并立。均未被采纳，直到熹平四年立石经于太学门外作为典范，仍然是今文诸经。这次改定章句，虽然由于全书早佚，内容不详，清代易学家张惠言据留存来的零碎条文，推断由刘表署名的《周易章句》所据为古文费氏易。东汉中叶以来私家注易如马融、荀爽、郑玄本已多主费氏易，但作为官定教本也是第一次。如果《英雄记》所云刘表在荆州确曾"开立学官"，则也不妨说为古文易立于学官之始。魏晋以后，王肃、王弼、郑玄注《周易》先后立于学官，虽然解释各不相同，却均用费氏易，《五经章句后定》是开端。

这套书是官学教本，随着荆州政权的灭亡，学校不复存在，书也不再行用，魏晋间人未见征引。永嘉乱后，大概也和许多书籍一样，全书佚失不传。梁代尚存署名刘表的《周易章句》10 卷，隋代又只存 5 卷。此书当即是《五经章句后定》中的一种。隋代还有刘表《新定礼》1 卷，应即《仪礼章句》的残本（均见《隋书·经籍志》）。这三种残本宋代又都佚失，现在见到的只是唐人著作中征引的若干零碎条文①，其他诸经就一无所知了。但是我们不妨作一点推测。

《周易章句》和《新定礼》均由刘表署名，说明全书由刘表以荆州牧身份主编，今古文的抉择，解释的异同，应由刘表裁决。王粲《荆州文学记官志》后段述五经要旨，可能代表刘表的意见，其中叙《诗经》云："摘风裁兴，辞藻谲谕。"按《毛诗·大亨》："诗有六义焉：一曰风，二曰赋，三曰比，四曰兴，五曰雅，六曰颂，上以风化下，主文而谲谏，言之者无罪，闻之者足以戒。"王粲似即概括其义。又叙《春秋》云："一字见义，五石、六鹢以详备成文；雅门、两观，以先后显旨。"显然是用《公羊》义②。这一推断如果能成立，则《五经章句后定》中诗用古文《毛诗》，《春秋》用今文《公羊传》。

刘表开展学术文化事业的第三件事是搜集图书。

《刘镇南碑》云："又求遗书，写还新者，留其故本，古典坟籍，充

① 刘表《周易章句》见于李鼎祚《周易集解》所引，《新定礼》见于《通典·礼典》所引，称为刘表《丧服传》。

② 《三国志·刘表传》注引谢承《汉书》，"表受学于同郡王畅"，王粲是王畅之孙，当时学在家门，刘表与王粲的学术渊源相同，而且王粲作此文必是奉刘表之命，因此可以认为大致代表刘表的意见。

满州间。"① 当时北方大乱，洛阳官寺藏书在董卓乱时全部毁灭，私人藏书当时也一样，其他地区屡经兵火，图书必然大量被毁，荆州没有什么灾祸，私人所藏和四方人士携带而来的书籍必定不少，经过搜集，荆州官府藏书无疑为全国之冠，后来刘琮降附曹操，襄阳并未破坏，赤壁战后，襄阳也没有丢失，曹操是爱好读书、手不释卷的人，决不会抛弃，北还时想必运载到邺②。魏晋中秘阁藏书恐怕不小一部分乃得自荆州。

设置学校，开列学官，改定五经章句和搜集遗书，对于开展荆州学术文化事业起着积极的推动作用。但是荆州之成为全国学术中心，更重要的是对其他地区和今后产生的影响，而这却非上述这些活动所能尽。

各种史籍都提到五业从事宋忠(亦作宋衷)，他大概是撰写《五经章句后定》的具体组织者，据《经典释文》序录，他是南阳章陵人，字仲子。当时荆州古文经学盛行，他是一位著名的古文经学家。另一位是侨居襄阳的颍川人司马徽，《三国志·尹默传》：

> 梓橦涪人也，益部多贵今文而不崇章句。默知其不博，乃远游荆州，从司马德操(即司马徽)宋仲子(即宋忠)等受古学，

① 《春秋经》僖公十六年正月戊申朔："陨石于宋五，是月，六鹢退飞过宋都。"《左传》只说："陨石于宋五。"陨星也，六鹢退飞过宋都，风也。以下一段论灾祥，没有解释书法。《公羊》、《穀梁》都详释书法，但《穀梁》"六鹢"作"五鹢'，故知是用《公羊》。又《春秋经》定公二年五月壬辰"雉门及两观灾"，左氏无传。《公羊》、《穀梁》都解释了雉门及两观叙事先后之意。这里显然与《左传》无关。由于上条用《公羊》，本条也应用《公羊》等。

② 《三国志·武帝纪》末注引《魏略》称曹操"御军三十余年手不舍书"。《后汉书·列女董祀妻(即蔡文姬)传》记曹操问文姬关于其父蔡邕藏书的事。文姬说，书籍都已散失，但她还能记忆四十余篇，即由文姬缮写送上。可以说明曹操爱好书籍。

> 皆通诸经史。又专精于《左氏春秋》，自刘歆条例，郑众、贾逵父子、陈元(方)、服虔注说咸略诵述，不复按本。

和严默同往荆州问学于司马徽宋忠的还有他的同乡李仁，同卷《李撰传》说李仁的儿子李撰“具传其业，又从默讲论义理”。“著古文易、尚书、毛诗、三礼、左氏传、太玄，旨归皆依准贾、马，异于郑玄”(《三国志·向朗传》)，他没有见到王肃的著述，而“意归多同”。

从上引记载中我们看到益州古文经学是由荆州传入的。尹、李二人游学荆州的时间正当刘表大兴文教、儒生云集之际，那时荆州学业之盛为远方所向往，二人从司马徽、宋忠等“受古学”，司马与宋当然是古文经学大师，下面还有个“等”字，则传授古文经学的还有他人，可以推知荆州盛行的是古文学，继承贾逵、马融，与流行于黄河流域的郑学相抗衡。宋忠专长是《周易》以及与易相通的《太玄》。李撰著作中也有这二种，想必出自宋忠。司马徽以善于识拔人才著称，无著述传世，但他确也传授门徒，蜀汉名臣向朗(襄阳宜城人)年轻时就曾从他问学，刘廙十岁“戏于讲堂”，司马徽大加赞赏(同上书《刘廙传》)，所谓“讲堂”疑即刘表设置的学校，司马徽是讲学的“洪生巨儒”之一。

尹默专精《左氏春秋》，必传自荆州，当时善于《左氏春秋》的颍容正在荆州讲学。颍容是陈国长平人，《后汉书·儒生传》说他“博学多通，善《左氏春秋》，师事太尉杨赐……初平中，避乱荆州。聚徒千余人”。他著有《春秋左氏条例》。尹默有可能即从颍容受业。颍容是当时有名的《左氏传》专家，杜预《春秋经传集解序说》“末有颍子严(疑容字)者，虽浅近，亦复名家”，故特举刘(歆)、贾(逵)、许(惠卿)、颍之违以见同异。杜预举左氏之学只此四家，认为值得驳正失误。

颍容在荆州讲授《左氏传》当然起了传播推广作用，但荆州本来就盛行《左氏传》，蜀汉另一个名臣来敏“善《左氏春秋》”，他是南阳新野人，入蜀在刘璋时[①]，来敏算不上专家，却有个有名的专家谢该，他是南阳章陵人，声名不下颍容。《后汉书·儒林传》叙谢该云：

> 善明《春秋左氏》，为世名儒，门徒数百人。建安中，河东人乐详条左氏疑滞数十事以问该，皆为通解之，名为《谢氏释》行于世，任为公车司马令，以父母老，托疾去官，欲归乡里，以荆州道断不得去，少府孔融上书荐之……书奏，诏即征还。

按谢该开门授徒想必在乡里。他任公车司马令疑在长安，随献帝迁许，而父母在荆州，才托病还乡，孔融为少府，亦在建安初。他虽不预刘表立学和改定《五经章句》之事，却足以说明荆州早就流行《左氏传》之学。

本传叙河东人乐详从谢该质疑事，《三国志·杜畿附子恕传》记杜恕被诬迁谪，死后，“甘露二年(公元657年)河东乐详年九十余，上书讼畿之遗绩”，因此朝廷封杜恕为丰乐亭侯。注引《魏略》记乐详事迹，说乐详向谢该请教后还河东，太守杜畿任他为“文学祭酒”，“使教后进”，曹魏初，他在洛阳任博士，正始中(公元240—249年)以年老罢官还乡。按乐详和杜家关系很深。杜预专精《左氏传》，是以传合注的创始人，他自称有“左氏癖”，可能年轻时受乐详的影响，则与荆州之学也不无关系。

荆州学人中最著名的是宋忠，不仅为古文学西传益州的主要人物，而且长江下游的吴会地区的北方的邺下、洛京也传播他的著作。《隋书·经籍志》著录宋忠的著作有《周易注》10卷、《世本》4

---

① 《三国志·来敏传》称义阳新野人。按汉代义阳是南阳属县，魏始升为郡。

卷、《法言注》13卷、《太玄经注》9卷[①]。这些书只有《世本》称“撰”,那是因为不仅作注,而且还据《史记》补缺。据此知宋忠不仅研经,而且也旁及子史,所以尹默传自荆州者也经史并举。

他的《周易注》在《隋书·经籍志》中与刘表《周易章句》并见(只据梁代书目《七录》移载,隋代已亡),张惠言《易义别录》据散见条文,说二书均为费氏易而刘表书接近郑玄,宋忠书接近荀爽,如张氏之说可信,则内容显有差别。据上《李撰传》,荆州之学继承贾、马,与郑学不同。宋忠虽然是改定《五经章句》的主要组织者,但议论异同,最后必由刘表裁决,《周易章句》接近郑说,当是刘表之意,也如荆州流行《左氏春秋》而《周易章句》中的《春秋》有用《公羊传》的迹象。宋忠《周易注》传入江东,虞翻比较郑、宋二种《易注》说“忠小差玄,而皆未得其门”(《三国志·虞翻传》注引《虞阔别传》所载《易注》疏)。虞翻五代传今文孟氏易,而汉末诸家注易大抵都用费氏易,所以他对马、郑、荀、宋都没有好评,只对荀爽注说了一句“有愈俗儒”,那可能因为荀也兼采孟氏之故,对于宋忠注认为比郑玄略胜一筹或因宋注接近荀氏。虞翻历举四家而署名刘表的《周易章句》却一字不提,当时刘表与孙氏使节往来,宋忠的《太玄经注》即由使人携来,刘表《周易章句》虞翻应当见到,可能认为郑玄已不足取,接近郑玄的不值一谈。

宋忠著作中最有影响的可能是《太玄经注》。扬雄这一著作极受张衡的推重,认为“乃与六经相拟,非传记之属”(《后汉书·张衡传》载张衡与崔瑗书)。张衡是南阳西鄂人。然而当时很少有人注

① 《文选》李善注《易纬》、《乐纬》、《春秋纬》、《孝经纬》,姚振宗《隋书经籍志考证》以为宋忠有《七经纬注》,本志及《七录》皆不载。按《旧唐书·经籍志》、《旧唐书·艺文志》也不载。疑宋忠不注七纬,故《七录》以后诸志皆不载,注《七纬》者为宋均,具见《隋志》,《文选》注或偶误宋均为宋衷。

意这本书,引起南北学人研习此书兴趣的实由于宋忠作注。晋范望《太玄经注》首载陆绩《释玄》,据陆绩所述他年轻时曾“访求玄本,不能得”。后来刘表派遣使人成奇来吴,带有《太玄经》,他才得传录。以后曾想作注,未成。成奇第二次奉使,宋忠请他随带所著《太玄解(即注)》送给张昭。陆绩也就见到了宋注。陆绩说:“仲子之思虑诚为深笃,然玄道广远,淹废历载,师读断绝,难可一备,故往往有违本错误。”因此他们以宋注为本,别自为注,凡认为宋注正确的一仍其旧,认为错误的“释而正之”,其体例似乎是保留原注,认为不对的,陆文纠正。他说:“所以不复为一解,欲令学者瞻览彼此,论其曲直,故合联之尔。”陆绩最不满意的一点是:

> 夫玄之大义,揲蓍之谓,而仲子失其旨归,休咎之占,靡所取定,虽得文间义说,大体乖矣。书曰:“若网在纲,有条而弗紊,今纲不正,欲弗紊不可得矣。”

这段话很重要,《太玄》原是“揲蓍”之书,但宋忠却不探究“休咎之占”,而只讲“文间义说”,即解释文字和理解文意。陆绩认为这是“纲不正”,陆绩才有《周易注》,主京房、京氏易专讲阴阳灾异占验之术,他非议宋忠注《太玄》不谈占验自不足怪。那时虞翻也见到了宋忠《太玄注》,陆绩还肯定宋注“思虑诚为深笃”,虞翻却绝无一语称道,并且还“著《明杨》、《释宋》,以理其滞”(《三国志·虞翻传》注引《虞翻别传》所载《易注》疏)。虞翻是孟氏易专家,孟氏易也讲阴阳灾异,与京氏易相通,他不满宋注,大概也与不讲占验有关。

尽管虞、陆都不满宋注,但《太玄》是从荆州传入的,二人注释《太玄》也因宋注的传入而引起,仍然反映了荆州学术的影响。

荆州降后,宋忠北迁,《三国志·王朗附子肃传》称“年十八,从宋忠读《太玄》而更为之解”,这是又一种《太玄注》。王肃的《太玄》之学直接受自宋忠,他所以要“更为之解”,或由于不满宋说,或是推阐宋说,也可能二者兼而有之,我们不知道,总之是在宋忠的影响下作的。

扬雄这本书二百年来被束之高阁，连传本都稀少，而几乎同时却出现了四种注本（蜀汉李撰的著作中也有《太玄》，尚不在内）。为什么忽然引起学术界的重视呢？我想这与研习《周易》有密切关系。《太玄》本就是拟《周易》而作。注《太玄》是注易的余绪。注玄四家都注《周易》，除王肃外其他三人都专精易学。从这里可以看到这一点。四家注《周易》各有所主，因而解释《太玄》也存在着差异。虞、陆两家就是以孟氏、京氏占验之术来非难宋忠。我们不妨说他们注《太玄》主要不是为了表彰扬雄的学说，而是为了推阐自己所得的易学。

宋忠注《太玄》不重占验，可以推想这也是他注《周易》的倾向。张惠言说宋注《周易》“出入荀氏”[①]。按《太平御览》卷608载颜延之《庭诰》云：“易首体备，能事之渊。马、陆得其象数而失其成理，荀、王举其正宗而略其象数。”颜延之以荀爽与王弼并举，以为“举其正宗而略其象数”。张惠言说宋忠注《周易》“出入荀氏”，自必也“略其象数”，正与注《太玄》的旨趣一致，讲易而略象数占验是时代性的新倾向。汉人讲易，不管主今文或主古文，没有一个不谈象数占验，即荀爽也不免兼采孟氏。宋忠所处的时代毕竟还不是王弼所处的时代，当然不能像王弼那样尽扫象数，但毫无疑问，他在《太玄注》中贯彻了宋忠的但明“文间义说”而“略休咎之占”，必然在《周易注》中也有所体现。

王肃曾从宋忠读《太玄》，后来“撰定父朗所作《易传》”（《三国志·王朗附子肃传》）。据张惠言说，王肃一向攻击郑玄，但《周易

① 张惠言《易义别录》。以下引张惠言语，并据《后汉书·荀淑附子爽传》：“后遭党锢，隐于海上，又南遁汉滨，积十余年，以著述为事，遂称为硕儒。”荀爽曾有相当长的一段时间在荆州专事著述，可能宋忠曾经和他有接触。

传》中的训诂大义却十分之七取之马、郑，“疑其出于马、郑者之学也，其掊击马、郑者肃之学也”。按《南齐书·陆澄传》载澄与王俭书有云：“泰元(即东晋孝武帝的太元年号)立王肃易，当以在(郑)玄、(王)弼之间。”张惠言说王弼注易“祖述肃说，特去其比附爻象者”。是否可以说，王肃《周易传》中采用马、郑说者为王朗之学，接近王弼的出于宋忠呢？荀爽、宋忠、王肃、王弼之间似乎有一条脉络可寻。

东汉学业散在家门，开门授徒者都在乡里，私家讲学之盛及其成效远远超过洛阳的太学，如实地说，本来没有什么学术中心，这是与当时的社会结构相符合的。但是，东汉仍然是统一的中央集权皇朝，洛阳是首都所在，通过征召、辟举，全国的名士、儒生大量聚集在洛阳；尽管太学仅是虚名，尽管“博士倚床而不讲”，太学毕竟汇集了来自各地的成万生徒；作为五经标准定本的石经树立在太学门外，全国藏书最丰富的是皇家图书馆兰台、东观，如此等等。如果说全国还有个学术中心，那就在洛阳。董卓之乱，洛阳彻底破坏，什么都没有了。刘表统治荆州19年，在此期间，荆州聚集了大批来自四方的儒生学士。设在襄阳的学校，置立学官讲授，是效法洛阳太学而设置的，乃是全国唯一的官学。刘表命宋忠组织儒生撰写《五经章句后定》，这是第一次集体写作的综合性五经教本，也是古文经学第一次列于官学。通过搜集复写，襄阳官寺储藏图书极其丰富。荆州的学术广泛传播，西至益州，东达吴会，北及中原，在不同程度上都受荆州学术的影响。荆州盛行的古文经学与盛行于北方的郑玄之学相抗衡，还在益州形成支流。南阳人谢该和避难来荆州讲学的陈国人颍容是服虔死后最有名的《左传》学大师。特别是南阳人宋忠，他的《周易注》和《太玄经注》开辟了清除象数占验的新易学道路，对后世有深远的影响。这些充分说明洛阳荒毁以后学术中心的南移与新学风的萌芽。

但是好景不长，刘表是个儒生、大名士，19年间他立学校，兴教化，干的是儒生的一套。他不讲求军事、吏治，《刘镇南碑》有如下的一段话：

延见武将、文吏，教令温雅，礼接优隆，言不及军旅之事，辞不迁官曹之文，上论三坟八索之典，下陈辅世忠义之方。

在这个动乱的时代里显然不仅不能与天下争衡，而且也难以自保（实际上即使他关心军事、吏治，恐怕也难以自保）。建安十三年（公元208年）八月刘表逝世，尸骨未寒，曹操的大兵已经压境，其子刘琮降附。赤壁战后，荆州由曹、刘、孙三家分割。当时庞统对刘备说："荆州荒残，人物殚尽。"（《三国志·庞统传》）说明了荆州被破坏的情况。当时荆州人士一部分附从刘备，后来大都在蜀汉当官任事。一部分随曹操北迁，学术中心转移到邺下、洛阳。在那里法家、道家之学先后兴起，形成与汉代截然不同的新学风。而荆州却从此经历南北朝，长期为南、北战争的要冲，东晋南朝又经常发生与建康朝廷的内战。梁末元帝镇荆州，随后在江陵称帝，一度聚集了许多文人学士，收集了大量图书，只不过几年，西魏破江陵，又遭到一次浩劫。刘表以后，荆州学术文化400年间就一蹶不振了。

（本文选自《唐长孺社会文化史论丛》，武汉大学出版社2001年版，第1—12页）

本文认为，汉末战乱，荆州牧刘表利用荆州相对安定的环境招纳儒生学士，遂使荆州代替洛阳成为全国的学术中心。荆州学派不仅对全国其他地区的学术思想发生了较大影响，而且开魏晋玄学之先河。

湖湘学风的形成及其对后世的影响

朱汉民

在历史的长河中，湖湘学的学术生命并不长。比起同时称盛的闽学、婺学、江西学而言，它延续的时间是最短的。黄宗羲认为张栻已后继无人，全祖望不同意这一说法，但他也不得不承认这样一个事实：

> 明招学者，自成公（吕祖谦）下世，忠公（吕祖俭）继之，由是递传不替，其与岳麓之泽，并称克世。长沙之陷，岳麓诸生，荷戈登陴，死者十九，惜乎姓名多无考。而明招诸生，历元至明未绝，四百年文献之所寄也。（《宋元学案·丽泽诸儒学案》）

他以丽泽的婺学和岳麓的湖湘学作比较，认为他们于乾淳之时并称于世，由于宋末岳麓诸生参加抗元斗争，死者十九，故湖湘学不再称闻于世；而丽泽诸儒作为一个学派，延至元明两代而未绝。其实，湖湘学在学术史上悄然隐退，并没有到宋末。如前所说，绍熙之时，湖湘弟子纷纷从学闽学、婺学、事功学、江西学各派大师，湖湘学呈离析之势。这时及以后的较长时间内，湖湘弟子中虽仍有传张栻之学者，但很难说是作为一个完整的学派活动于学术界了。

但这决不意味着湖湘学已经销声灭迹了。由于湖湘学和书院这种新型的教育组织构成了一体化的文化教育实体，从而形成了一种独具特色的区域学风——湖湘学风，它影响了湖南的文化教育达数百年之久。从明清至近代，在湖湘学风的区域文化教育背景上产生了一代代叱咤风云的历史人物，这是一个令人震惊和深思的历史现象。

一、湖湘学风的形成

两宋时期，在复兴儒学和文化南移的双重文化演进的历史背景上，湖南兴起了创办书院和传播理学的热潮。湖南的书院教育、理学学术皆走在全国的先列，并最早完成了书院——理学的一体化。湖湘学风的形成，是书院——理学一体化的直接结果。

本来，湖湘学派和书院是一种相互创造的产物。湖湘学派的学者群体以及他们的学术思想、代表著作是在书院形成的，是书院创造了学派；碧泉、岳麓等书院的教育宗旨、教育内容、教育方法，都是湖湘学者学术思想的指导和教学经验的总结，也可以说是学派创造了书院。学派和书院的相互创造，导致一种新型学风的形成。这种新型学风既体现湖湘学派独特的学术宗旨、治学风格，又体现岳麓诸书院独特的教育宗旨、教学方法。前面论述的“衡麓学风”、“岳麓学风”那些基本特征，如传道济民、践履务实、经世致用、兼容并蓄等，既是湖湘学派的学术特色，又是岳麓诸书院的教育主张。

到了南宋后期，尤其是元、明、清各代，作为一个学派的湖湘学不再存在。但是，湖湘学者所创造的、并以其为依托的这个书院群还存在。如前所述，湖湘学和书院形成了一体化结构，如果把湖湘学和书院的关系看作是传播者和传播媒介、信息和载体的关系，那么，可以说传播媒介即传播者，载体即信息。正因为如此，在湖湘学派因种种历史原因而不复存在之后，作为湖湘学派学术思想、教育主张的综合积淀物——湖湘学风依然保持着它旺盛的生命力。它通过岳麓、城南、文定、碧泉等书院的延续办学，实现着文化思想、学术风尚的保存和传递，从而影响着湖南的一代代士人，在湖南的文化思想和教育事业中发挥了巨大的作用。

可见，产生于南宋的湖湘学风，通过书院的延续办学，能够跨越时间和空间，对后世产生较大的影响。其所以能如此，完全在于南宋形成的湖湘学——书院的一体化结构。具体言之，是由下列原因使得湖湘学风产生久远的历史影响。

第一，岳麓、文定等书院作为湖湘学的象征，得以代代延续办学，并使湖湘学风得以保存和发展。以岳麓为首的书院群所以能一次次在战火里、废墟中重新兴起，正由于它是湖湘学大师传道授业之所，此正如明学道陈凤梧所说：

> 岳麓之有书院，距今三百余年，屡废复兴，益著不朽，岂非朱张二先生道德大儒过化之地，自有以兴起人心于百世之下而不容已者乎！（《岳麓书院志序》，载康熙版《新修岳麓书院志》）

此虽有夸大之嫌，但岳麓书院却因是湖湘道学的象征而"屡废复兴"却是事实。可以发现，后世的名宦、乡贤、儒士们积极维修岳麓书院，无不把它和重振道学、延续湖湘学统联系起来，现抄录历代学人所撰的《重建岳麓书院记》中几段，由此一斑可窥全豹：

> 然则至元之复建也，岂不以先正经始之功，不可以废而莫之举乎？岂不以真儒过化之乡，不可以绝而莫之续乎？（元吴澄《重建岳麓书院记》）

> 东阳昔省墓长沙，尝渡湘江，登岳麓，访宋人所谓书院，得断碑遗址于榛莽间，慨晦庵、南轩二先生之余风遗泽，未有以复也……且南轩得衡山胡氏言仁之旨，观其为书院记，亦惓惓以是为辞。晦庵之学固有大于彼，然亦资而有之。后之学者，曾不逮其万一，而不百倍其功，恶可哉！（明李东阳《重建岳麓书院记》）

> 公(指守道吴世忠)余时过岳麓,探寻往迹,追溯道统,而祈恢拓光大之者。……盖五阅月,而文庙书院门厩亭祠,罔弗载修其圮,而重葺其缺,遂已焕然更新。且谓某守吴公,有大功于斯地,道脉赖焉。(**明李腾芳《重修岳麓书院碑记》**)
>
> 海内学者,咸以岳麓为归。……今五百年,昌期再振,当必有绍明绝学者来主之。(**清周召南《重修岳麓书院记》**)
>
> 长沙旧有岳麓书院,……有能继朱、张两夫子之遗绪,讲明性天之学,踪轨前型,扶掖未哲。(**清丁思孔《重建岳麓书院碑记》**)

从上面所引的书院记中,可以发现,修复岳麓、兴学书院已经超出那种崇儒重教的一般意义。他们所以一次次把榛莽瓦砾间的岳麓书院重新修复起来,还包含着“继承遗绪”、“绍明绝学”的保存区域文化的使命感,体现着振兴儒风、光大道脉的发扬湖湘学风的责任心。可见,岳麓书院的绵延兴学,即象征着湖湘学统的绍明不绝。这就决定了以后各代的岳麓师生在学术风尚、教育宗旨等方面皆以湖湘学统为归。

作为湖湘学象征的不仅是岳麓书院,实际上还包括胡氏父子、张栻及其诸多门人所创书院。就以胡氏父子于南岳紫云峰下所创文定书堂(后改名文定书院)为例。文定书院也是宋元明清延续办学,其所以能代代修复的内在机制,仍然因为它是湖湘学的象征。那些士大夫、地方官吏们也这样认为:

> (胡安国)创楼著书者二十余年,视公尤久,此书院所由建也。……湖南之地,舂陵则有濂溪,岳麓则有南轩,兹院(文定书院)相距不数百里。遗风流泽,相望不绝。(**明李东阳《胡文定书院记》,道光版《衡山县志》卷四十九**)
>
> 徊想当年正色立朝,风裁峻整,乃其优游林下,著传以翼麟经,卓乎不可磨灭。致堂、五峰家学相承,上接洙泗渊源,下

启朱张学派，厥功非细。……乃复于朝而始于事。（清龚玥《重修文定书院记》，同上）

余惟公父子（胡安国、胡宏）演濂溪正脉，筑精舍阐经义于衡者，盖亦有年。五峰传公之学尤正且大。南轩受业于其门。宋乾道间晦庵闻南轩得五峰学，遂访南轩于潭州，道学之南，实自公始。（清高自位《重修胡文定公书院并建义塾记》，道光版《衡山县志》卷四十九）

无论是把胡安国推崇为道学正宗（提出“上接洙泗渊源，下启朱张系派”，而在《宋史》里，胡安国只能列入《儒林传》而非《道学传》），还是从湖湘道学的意义上把周敦颐、胡安国、张栻（舂陵—衡山—岳麓）连为相承的道脉，都是为了证明修复文定书院、继续办学的重要象征意义，它的兴学象征着湖湘学统的绵延不绝。这样，也就使得湖湘学风通过书院的延续办学而影响后世。

第二，历代山长推崇湖湘学统、继承湖湘学风，从而对前来书院肄业的湖湘士子产生深刻的影响。在这方面，岳麓书院的史料保存得较多。岳麓书院于元代修复后，主教者们即以张栻提出的教育方针为指导，此正如吴澄所作《重建岳麓书院记》所说：

且张子之记，尝言当时郡侯所愿望矣。欲成就人材，以传道济民也，而其要曰仁。……盖仁体之大，如天之无穷，而其用之行于事物，无不在迩之事亲事长，微而一言一动皆是也。

书院主持者仍以“成就人材，以传道济民”为教育方针，要求学生在“事亲事长”的日用伦常中达到“仁”的崇高道德境界，这些皆是张栻及湖湘学者的教育主张和学术主张，也是湖湘学风的具体体现，可见元代岳麓书院的山长们即继承了湖湘学风。明代亦是如此。现在能查考的明代岳麓山长有叶性、陈论、熊宇、张凤山、吴道行、郭金台等人，除熊宇因史料极少而无法证明外，其他几个山长都明显表示推崇湖湘学统，并继承了湖湘学风。现将这几个山长的情况介绍于下：

叶性，福州人，弘治九年(1496年)主教岳麓书院。知府王瑫聘请他为山长时提出："湖湘巨镇，素有洙泗之美称；岳麓名山，尝致朱张之文会。自此士风彬蔚，他郡莫之能先；迨乎圣化沾濡，人才于斯为盛。……居之安，资之深，相与讲明尧舜之道；学不厌，教不倦，庶几仰希宣圣之风。振文教于湖南，流声光于天下。"(《岳麓文钞》卷四，《请叶司训主岳麓书院教启》)他希望叶性能继承湖湘学统，使湖南的传统学术发扬光大。叶性没有辜负湖南士人的期望，他主教书院期间，创建了专祀朱熹、张栻的"崇道祠"，标榜湖湘学为岳麓书院主要学统。由于他继承了湖湘学风，史称其"门下士彬彬称盛"(光绪版《善化县志》卷十八)。

陈论，字思鲁，湖南攸县人。推荐他主教岳麓书院的是学道陈凤梧。陈凤梧对湖湘学十分尊崇，曾作《湖南道学渊源录》，并以乡先贤周敦颐、张栻之学劝勉岳麓诸生。陈凤梧所以推荐陈论任山长，同他们在学术、教育等方面意气相投有关。陈论主院时，继承"二先生(指朱熹、张栻)之遗化"，史志称其"潜心理学，具有心得"(光绪版《攸县志》卷三十九)。这段时期，岳麓兴学甚盛，湖湘学术传统得以延续，正所谓"人文彬彬蔚起，亦斯文一大快也"(《岳麓书院志》卷三)。

张凤山，浙西湖州人，嘉靖十六年(1537年)起被聘为岳麓书院山长。他讲学亦十分重视岳麓学术传统，以朱熹、张栻之学传教士子。为使湖湘学统发扬光大，专门创立"朱张文会"。时人有称："时兵宪郡守咸重先生(指张凤山)之教，聘先生为岳麓书院长。隆以师礼，择合郡士之尤重者，命先生教育之。先生益加砥砺，启多士以朱张之学，后立为文会。以身先之，寒暑不辍，士类有成。"(萧禹臣《赠张凤山九载秩满考最序》，《湖南文征》卷二十八)他能成就士子，亦在于对湖湘学风的继承。

吴道行，字可见，号嵝山。明万历中任岳麓书院山长。他是张栻高弟、被称为“岳麓巨子”的吴猎之后，家学渊源，使得他从小即受湖湘学统的影响：“道行方七岁，闻长老谈岳麓先贤讲学，便肃然倾听。”(《沅湘耆旧集》卷四十二，《吴山长道行二首》)长大后，他即在岳麓书院受教。他任岳麓山长后，以朱熹、张栻之学为宗传授弟子，使湖湘学风绵延不绝。明中叶以后，阳明之学盛行学术界、教育界，但在吴道行主持下的岳麓书院却因推崇湖湘学统，和顾宪成、高攀龙主持的东林书院遥相呼应，皆为“道南一脉”。东林学者高世泰即肯定这一点，他说：“昔万历中，吾邑顾文端公与先伯父忠宪公讲学东林书院，四方来游者，皆知道南一脉，续于梁溪，时嵝山先生久为岳麓书院长不闻。……然则先生(指吴道行)讲习于斯，其道以朱张为宗，与文端、忠宪揆固一也。”(《沅湘耆旧集》卷四十二，《吴山长道行二首》)吴道行以湖湘学风培育士子，成就了许许多多的人材，王夫之就是其中最著名的一个。

郭金台，字幼槐，明末任岳麓书院山长。和吴道行一样，他也十分尊崇湖湘学先师，对他们于碧泉、岳麓诸书院讲学的事迹非常仰慕，说：“胡文定与张南轩，往来碧泉，隐山中，皆诸子门徒讲《春秋》大义。”(郭金台《卜澹庵先生纪言序》，《湖南文征》卷三十一)他主持岳麓书院，表示要继承湖湘学统。他在学术上、教育上主张：“学有体有用，讲则明，不讲则晦。”(同上)这都明显继承了湖湘学风。

由于历代山长推崇湖湘学，并保存、发扬了湖湘学风，使湖湘学风对湖南士子产生了深远的影响。

第三，湖南各地的书院对湖湘学统的推崇，使湖湘学风在时间上、空间上皆绵延不绝。湖湘学是湖南形成得最早的一个学派，它又和湖南的一些著名书院构成了一体化结构，所以对后世影响很大，以至于各地创建、修复书院时，都要把它们和湖湘学统联系起来。南岳书院是湖南创建得最早的书院之一，本为唐代李邺侯读书之所，宋代开始授徒讲学。它和湖湘学先师讲学没有多少联系，但元代重修时，也把它与湖湘学统联系起来，元人义化说："胡文定公父子讲明《春秋》于此，宦游于此，既而晦菴、南轩相与讲道唱酬其间，湖南道学，于斯为盛。"(《重修李邺侯书院记》，道光版《衡山县志》卷四十九)他所以要把南岳书院与湖湘学联系起来，就是要求书院能继承湖湘学统，发扬湖湘学风。另如宁乡的玉潭书院也是如此。胡宏曾于道山创办书院讲学，书院遗址虽废，但对后世产生了较大影响。后来的创办书院者总要追溯学源，推崇道脉，要求把胡、张的湖湘学统发扬光大。他们创办玉潭书院时就认为：

> 西宁距省会百里，玉潭之水汇于湘江，沩山之脉绵于岳麓，其涵濡于当事之教泽者久矣。溯五峰(胡宏)之道脉，缅广汉(张栻)之流风，有不禁勃然而起者，此书院之所以废而复兴欤！(乾隆版《玉潭书院志序》)

玉潭书院本来与湖湘学没有任何联系，但创办者们却自觉地把它与延续湖湘道脉联系起来。他们在修《玉潭书院志》时，开篇即列《西宁学源》一节，标榜胡张之学为玉潭书院的学统，称之为"渊源俱在，道脉攸关"(《玉潭书院志》卷一)。再如益阳的龙洲书院也是如此。明嘉靖三十年(1551年)益阳龟台山建有龙洲书院，创办者们希望它能继承"湖南道学之宗"，故而把它与岳麓的湖湘学统联系起来，提出：

> ……濂溪周子得不传之学，上以续尧舜禹汤文武周公孔孟之统于闻知之余，然后河南二程氏有所师承，传之朱(熹)张(栻)，讲道于岳麓之间，湖南道学一时为天下宗。书院之兴，于斯为盛，自是理学大著，渊源不绝；先圣之道，赖以不坠。……后之视今，亦犹今之视昔，不有以继岳麓之盛，而称湖南道学之宗乎！(李棠《益阳龙洲书院志序》，载《湖南文征》卷二

十八）

把这所新创办的书院看作是湖湘学统的继承者，要求龙州书院能“继岳麓之盛”、“称湖南道学之宗”，就非常典型地反映了士大夫们所以创办、主持书院的愿望和心态。正是在这种湖湘学统受到普遍尊崇的状况下，湖湘学风得以绵延不绝，对湖南的文化教育产生重大的历史影响。

二、湖湘学风的基本特征

湖湘学风是湖南地区学术思想、文化教育等各个方面的综合体现。尽管在宋、元、明、清各个不同历史时期，它在不断地变化着、发展着，但我们仍然可以在其中发现一些比较普遍的、稳定的要素。说这些要素是普遍的，是说它能较广泛地体现在不同阶层、不同集团、不同个人的思想倾向、学术主张、教育实践中，特别是体现在各个书院的活动中；说这些要素是稳定的，是说它在各个不同的历史时期中保持相对的稳定性。尤其值得注意的是，湖湘学风中的这些要素和衡麓学风、岳麓学风是根本一致的，它们的根本一致反映了它们的承传关系。

从湖南宋元明清各代的文化思想、学术风尚、人材特色、教育实践的特点来看，湖湘学风包括下列三大要素：

（1）推崇性理哲学。本来，宋理宗之后，理学受到历代统治者的支持，在社会意识形态中占据了统治地位，因而，推崇性理哲学并非只是一种区域文化、区域学风现象。但是，湖南推崇理学，却有区域方面的原因和特点。

湖南的学术思想、文化教育，在宋以前一直处于冷落寂寥的状态。宋明理学产生后，湖南一跃而为“理学之邦”。理学开山周敦颐是湖南人，并在湖南讲学。尤其是南宋以后，胡氏父子、张栻于湖南创办书院讲学，形成了以“湖湘”称名的地域学派，使湖南有“潇湘洙泗”之称。加之他们的弟子又在湖南各地讲学，传播理学，这样，理学不仅作为学术思想而受到士大夫的广泛崇奉，它还渗透到日用伦常、社会习俗中去了。如后人评价湖湘弟子在地方传播理学的影响时说：“彪氏虎臣父子(彪虎臣为胡安国弟子，其子彪居正为胡宏弟子)及周氏奭(张栻弟子)讲明正学皆其卓卓尤著者，流风余韵，景仰至今。我朝一道同风，家弦户诵，湘上儒雅之风，固已蒸蒸日上矣。”(同治版《湘乡县志》卷二《风俗》)正由于湖湘学派广泛深入的影响，数百年以来，湖南一直标榜理学为“正学”，并以其激励、劝勉湖南的士子。这些士大夫、官吏们以理学劝学时，尤重视以湖湘学统激励士子。宋理宗时，汤汉就以湖湘学统劝勉衡士，他说：“衡之士，欲知学之本乎，则有文定胡公与敬夫张子之书具存，其所以绍濂洛之统、启苏湖之传，真间世之师也，学者宜尽心焉。”(《衡州府志》卷三十一，《先贤堂记》)他要求在湖湘学者的著作中探寻为学的根本。理学家真德秀安抚湖南时，专作《劝学文》，要求湖南士子潜心理学，他也主要从湖湘学风、区域学统方面勉励士子，以湖南著名理学家周敦颐、胡安国、胡寅、胡宏、张栻等人的成就，证明湖湘理学源远流长，他说：“窃惟方今学术源流之盛，未有出湖湘之右者。……故人材辈出，有非他郡国所可及。”(《真西山文集》卷四十，《劝学文》)真德秀本人还在岳麓书院讲学，传播理学。由此可见，胡、张等理学家创办书院、形成学派，使湖南形成崇尚理学的传统，这是湖湘学风推崇理学的区域方面的原因。

上述区域方面的原因，又导致湖湘学风的区域特点。当全国的学术思潮、文化教育发生重大变化时，湖湘地区的谨守张栻、朱熹学统。明中叶以后，阳明学派兴起，王阳明及其弟子们也在湖南讲学，但又受到传统的湖湘学风的制约和影响(参阅杨慎初、朱汉民、邓洪波《岳麓书院史略》98页，岳麓书社1986年版)。王夫之、顾炎武、黄宗羲为清初三大儒,唯有王夫之出入性理哲学,成为宋明理学的总结者,以至于人称"夫子之学,归宿于闽"。清乾嘉以后,注重考据训诂的汉学风行天下,但是,"湖南尤依先正传述,以义理、经济为精闳,见有言字体音义者,恒戒以逐末遗本。传教生徒,辄屏去汉唐诸儒书,务以程朱为宗"(罗汝怀《绿漪草堂文集》卷首)。当然,汉学思潮也影响到了湖南,甚至有一些湖南学者研治汉学很有成绩,但他们决不会像吴、皖等地的汉学家那样,把汉学和理学对立起来。相反,他们仍坚持以义理之学为本,肯定理学和汉学之统一。道光年间创办的湘水校经堂是湖南汉学的主要基地,但创办者吴荣光认为校经堂的学术主旨是汉宋并重,主张"奥衍总期探郑(玄)许(慎),精微应并守朱(熹)张(栻)"(《岳麓书院续志》卷三,《湘南述别》)。曾国藩等人以训诂、词章称世,人称"湘乡(曾国藩)训诂、经济、词章皆可不朽"(《灵峰先生集》卷四)。但是,曾国藩本人则坚持义理之学是其它一切学问的根本,他说:

> 为学之术有四,曰义理、曰考据、曰辞章、曰经济。义理者,在孔门为德行之科,今世目为宋学者也;考据者,在孔门为文学之科,今世目为汉学者也;辞章者,在孔门为言语之科,从古艺文及今世制义诗赋皆是也;经济者,在孔门为政事之科,前代典礼政书及当世掌故皆是也。人之才智上智少而中下多,有生又不过数十寒暑,势不能求此四术遍观而尽取之,是以君子贵慎其所择而先其所急,择其切于吾身心不可造次离者则莫急于义理之学。(《曾文正公杂著》卷四,《劝学篇示直隶士子》)

曾国藩的主张典型地体现了崇尚理学的湖湘学风。贺长龄、贺熙龄兄弟皆以重经济之学称世,但他们仍将理学置于最重要的地位,以至于人称其"笃宗理学,以导养身心为主",或称之为"理学真儒"(《湘学略·二贺学略》)。王九溪是一个重要的汉学家,于"考古最悉”,但他在岳麓书院山长中,最重视传授理学,他首先以性理之学训诲诸生,在他手订的《岳麓书院学箴九首》中,仍以“存诚养志”、“变化气质”等告诫诸生,他说:

力学何为?变化气质。气质有偏,好恶斯辟。惩忿窒欲,式砭其疾。严肃整齐,下手要术。(《续修岳麓书院志》)

这个“考古最悉”的汉学家所以要以“变化气质”为教育的根本目的,这正是崇尚理学的湖湘学风的体现。

(2)强调经世致用。注重经世致用,本来就是衡麓学风、岳麓学风的重要特色。胡安国持《春秋》经世说,以治《春秋》宣扬康济时艰、抗金复国的政治主张。胡宏的《知言》亦以重济世为特色,所以有人认为:“晦庵学说与五峰稍有不同,故所作《知言疑义》颇多微词。殆五峰以康济为功,晦庵以涵养为事,目的不同,而造诣遂异欤!”(《崇安县新志》卷十八,《艺文》)张栻及其弟子也皆以抗金救国、经邦济世的成就而闻于一时。衡麓学风、岳麓学风中这种经世致用的特色,终于积淀、发展为一种区域性的学风。明清以后,湖湘人材层出不穷,他们大多以经世致用的主张和成就称世。王夫之是著名学者,但他以抗清复明为头等大事,在举兵起义、出仕南明的政治斗争失败之后,才潜伏山林,通过研治学术来表达自己的经世致用之志。近代以来,全国政治斗争日益尖锐复杂,湖南也是如此。但是,尽管正反两面的政治主张悬殊,而注重经世致用则是他们的共同特点。陶澍、魏源、贺氏兄弟等人在近代史上卓有名声,是由于他们提倡改革弊政、“师夷长技”,积极参加现实的政治、经济、军事等方面的活动。湖南涌现出了一大批政治家、革命家、军事家。如资产阶级维新运动中湖南走在全国的前列,出现了谭嗣同、熊希龄、唐才常、沈荩等先进人物。在资产阶级革命运动中,又有黄兴、蔡锷、陈天华、宋教仁、禹之谟等革命家。到了现代,又有无产阶级革命家蔡和森、毛泽东等。这都是在经世致用的湖湘学风的影响下，使得湖南学人热衷于投身社会政治活动，最终成为有影响的政治家、革命家。上述进步人士是如此，那些守旧甚至反动的文人学者亦莫不如此。曾国藩、胡林翼等人为首的湘军集团所以在近代史上闻名一时，不是因为他们推崇理学而有什么学术成就，而是因指挥湘军作战、兴办洋务等政治活动。另如站在维新运动的对立面的叶德辉、王先谦以及岳麓书院在院学生宾凤阳、苏舆等人，虽然对于考据训诂亦有兴趣，但他们决不甘心于故纸堆中，而是针锋相对地和维新派在政治领域展开激烈的斗争。这一切，皆足以体现强调经世致用的湖湘学风特色。

(3)主张躬行实践。这本来也是碧泉、岳麓诸书院的学风，起源于湖湘学派。胡氏父子以躬行实践为教，提出“力行”是为学的最高境界，说：“学，行之，上也；言之，次也；教人，又其次也。”(《中原》，《知言》卷六)张栻主教岳麓书院后，发扬了重躬行的学风。吕祖谦为丽泽书院学生编写《丽泽讲义》时，就以重躬行的岳麓学风勉励丽泽诸生。张栻在哲学上强调“知行互发”，在教育上主张“学贵力行”，使湖湘学派以重躬行而著称于南宋学术界。这一书院特色亦积淀、扩展为时间久远、地域广大的湖湘学风。湖南学者少讲心性体悟、理气思辨，而特别强调躬行实践。明中叶王学兴起，出现了“自悟本体”、“放荡不羁”的浙中王畿一派，但在湖南讲学的王门弟子大多束身礼法、躬行实践，并对“务于空言而忽躬行之实”的学风提出批评(详见《岳麓书院史略》99页)。明清之际大学者王船山对中国传统的知行观作出了唯物主义的总结，提出了“知行相资以为用”(《礼记章句》卷三十一)的知行统一观，使知行论达到中国古代朴素唯物主义的最高水平。王船山显然深受湖湘学风的影响，他的知行观就和湖湘学派有着某种学术渊源关系。魏源亦坚持重行的主张，提出：“及之而后知，履之而后艰，乌有不行而能知者乎！”(《默觚上·学篇二》)故在近代史上开辟了“以实事程实功，以实功程实事”的务实学风。曾国藩认为圣人之学不外乎“即物求道”和“身体力行”两事，他反对王阳明“即知即行”之学，坚持“力践”比“致知”更为重要（《曾文正公书札》卷一）。杨昌济到晚年还强调知行统一和力行为要，认为：“博学、深思、力行，三者不可偏废，博学、深思皆所以指导其力行也，而力行尤要。”（《杨昌济文集》第365页，湖南人民出版社）

值得注意的是，湖湘学风中的“躬行实践”主要以伦理道德为特征。王船山的知行观仍没有超出传统观念，仍是“行于君民、亲友、喜怒、哀乐之间”（《尚书引义》卷三）。杨昌济留学国外多年，但他提倡的“力行”仍以伦理道德为主，他说：“盖君子之于修身，乃毕生之事，一息尚存，此志不容稍懈。古人云：‘盖棺论定’，诚恐平生行善，至衰老而改行，则终不得为完人也。”（《论语类钞》，宏文图书社1914年版）王船山、杨昌济尚且如此，其他的湖南学人就更是注重伦理道德了。

湖湘学风包括上述的推崇性理哲学、强调经世致用、主张躬行实践三大要素。这三大要素皆与湖湘学派的学术传统、岳麓书院的教育传统有密切关系。而且，这三大要素是作为一个整体体现出来的。单着眼于某一要素，并不能体现出湖湘学风的特征。如推崇性理哲学，这是封建社会后期在文化教育方面的整体特征，而且与福建、江西比较，湖南未必是理学最发达的区域。又如强调经世致用，工商业发达的江浙地区早有注重经世、强调事功的传统，事功之学亦比湖南发达。但是，在湖湘学风中，性理哲学、经世致用、道德践履并非只是一些孤立的要素，而是一个相互关联的整体。湖湘学风的三大基本特征，正是在上述的三大要素的关联中显示出来。这些基本特征是：

第一，因重经世、重践履，推崇性理哲学而不流于空疏或虚诞。性理哲学本身包含着理气道器的哲学思辨和明心见性的伦理体悟，故在后来出现许多弊端。或者因注重抽象理气的思辨而不学具体的世务，在学术上流于空疏，如顾炎武所批评的那样："聚宾客门人之学者数十百人，譬诸草木，区以别矣，而一皆与之言心言性，舍多学而识以求一贯之方；置四海之困穷不言，而终日讲危微精一之说。"(《亭林文集》卷三，《与友人论学书》)或者因好讲静敬顿悟而与佛老无别，在学术上流于虚诞，结果是"空静之理，愈读愈惑；空静之功，愈妙愈妄"(颜元《存人篇》卷一)。湖南学者虽也推崇理学，但注重把性理哲学与经世致用结合起来，把心性修养与躬行实践结合起来，故少有流于空疏无用或荒诞不经的弊端。这一点，在湖湘学派那里就多有体现。胡、张及其弟子们皆讲太极即性的本体论和明心见性的修身论，但由于他们重经世、重践履，所以在政治、经济、军事等经世活动中，多有成就或建树，而"非区区迂儒章句之陋"(《宋元学案·岳麓诸儒学案》)。岳麓学风的这一特征很快发展为湖湘学风的特征，对后来的湖南学人产生很大的影响。王夫之也重视理气思辨和心性修养，建立了一个庞大的哲学思想体系，但是，他建立哲学体系是为现实政治斗争服务的，故而坚持性理哲学和经世致用、躬行实践结合起来，并无空疏或虚诞之弊。明代后期，王学末流遍于华东、华南，学界流行空疏无用、荒诞不经的学风。为纠王门之弊，顾宪成、高攀龙于东林书院讲学，形成了关心现实、经世致用的新学风。湖南由于传统学风的影响，在推崇性理哲学的同时，又强调联系现实、践履务实。东林学派高世泰在湖南讲学时，发现岳麓书院山长吴道行继承传统学风，以朱熹、张栻之学为宗，与东林学风完全一致。曾国藩、胡林翼、罗泽南等湘军集团头目也皆推崇性理哲学，好谈心性修养，曾国藩曾作立志、居敬、立静、谨言、有恒"五箴"以作自警之用，但他们皆主张要把义理之学和经济之学结合起来，以理学统帅治军作战、兴办洋务。岳麓、城南等著名书院的山长，皆是既重视义理之学，又重视经济之学。岳麓山长王文清以“变化气质”的理学思想为教育目的，但又要求学生“通晓时务物理”，多闻“礼乐兵农”等致用之学（《续修岳麓书院志》）。罗典教育岳麓诸生以“坚定德性，明习时务”，欧阳厚均讲“有体有用之学”，这一切，皆是湖湘学风这一基本特征的体现。

第二，因推崇性理哲学，有务实的经世观念、躬行践履而易流于保守。湖湘学风的这一特征在湖湘学派、岳麓学风那里也十分明显。胡氏父子、张栻等人虽有重经世、重践履的务实学风，但他们毕竟是一些理学家，理学家们所具有的保守倾向同样体现在他们身上。他们主张改革变法，但又反对著名的改革家王安石；他们关注现世、重视经世，但又主张历史退化论，对所谓“三代”的王道政治大唱赞歌；他们主张学以致用，但又对事功学派薛季宣等人非难指责。……总之，在理学家的阵营中，他们显得重世务、轻空谈；但与事功学派比较起来，他们又显得守旧习而近迂腐。这一特点也很快成为湖湘学风的重要特征，对湖南的学人、政治家等均有重要影响，他们身上皆体现出这一特征。王夫之积极投身于现世的政治活动，是一个著名的进步学者。但他毕竟又深受湖湘学风的影响，在明清之际的那些进步学者身上，他的理学包袱最重。黄宗羲敢于批判封建专制制度，顾炎武高举经世致用的旗帜，颜元厉声指斥程朱陆王，李贽以“私欲”为“真心”而以异端自居。但是，王夫之显得保守得多，他主张限制君权，但又自觉地维护封建专制制度；他为了民生凋敝而呼号，但又咒骂起义农民是“盗贼禽兽”；他起来批判程朱陆王，但又常常维道护统的权威；他主张“理欲皆自然”，但又提出“私欲净尽，天理流行”。王夫之的这些思想矛盾显然是由于他深受湖湘学风的影响。魏源、贺长龄、贺熙龄以主张经世之用而闻名一时，但贺氏兄弟却还因推崇理学而被当做理学家，他们的“经济之学”仍以“性理之学”的“体”为根本。相比而言，魏源是最进步的,首先提出学习西方,但他仍把学习的对象限制在“船坚炮利”等方面。他曾赞美瑞士、美国的政治制度,但并没有主张中国应实行这些制度。他的哲学思想也深受理学思想的影响。曾国藩、胡林翼、左宗棠等人,因创办“湘军”、兴办洋务、抵御沙俄侵略等经世活动而成为“中兴将相”,但是,坚定的理学家的立场使他们竭尽全力维护腐朽的封建制度和垂死的清皇朝。湖南维新运动走在全国的前列,传统的经世致用发展为维新变法。但是,湖湘学风的保守倾向亦在此时体现出来。湖南的守旧势力比较顽固,拚命反对“新政”、“新学”。就是那些主张“新政”、“新学”者,亦受区域学风影响,所以当章太炎、刘师培等人对孔子展开批评时,湖南竟无人响应。而多年留学资本主义国家的杨昌济,却仍然赞颂孔子,说“非孔子之力,岂能造就众贤?非孔子之力,岂能流风百世?”(《达化斋日记》)由此可见,湖南学人虽因政治立场不同而对社会发展的作用不同,但是,他们都体现出重经世、重践履的务实精神,并大多因理学的消极影响而流于保守,从而鲜明地体现出湖湘学风的特征。

第三,因性理哲学、经世观念的制约,重躬行实践而局限于政治伦理。这又是湖湘学风的一个重要特征,并也起源于湖湘学派、岳麓学风。湖南学人皆喜谈躬行实践,但他们主要从性理哲学、经世观念角度谈“实践”和“行”,因而他们所说的“实践”被限制在政治、伦理的范围之内,并不包括生产活动、科学研究活动、文学艺术活动。在湖湘学风的影响下,明清以来湖南人材甚众,有“惟楚有材”之称,但湖南所出的人材主要是政治家、军事家、哲学家,而少有自然科学家、文艺家、实业家。就以深刻体现湖湘学风的岳麓书院来说,它于宋元明清培养了一大批楚材,其中包括吴猎、彭龟年、游九言、游九功、王夫之、贺长龄、贺熙龄、陶澍、魏源、曾国藩、左宗棠、胡林翼、郭嵩焘、刘长佑、唐才常、沈荩、杨昌济等人,他们主要是政治家、军事家、哲学家，而无一人是自然科学家或文学艺术家。通过岳麓书院所培养的人材特色，可以看出湖湘学风的深刻影响。

（本文选自《湖湘学派与岳麓书院》，教育科学出版社1991年版，第201—241页）

朱汉民，湖南大学岳麓书院教授，主要从事中国思想史研究。

“湖湘学”也是理学的一个重要门派，“湖湘学”与书院这种新型的教育组织构成了一体化的教育实体，形成了以推崇性理哲学、强调经世致用、主张躬行实践为主要特征的湖湘学风。本文对湖湘学风的形成、基本特征以及湖湘学风历史的影响作了较为深入的探讨。

宋代学术的地域特色与儒学的地域化

程民生

以儒学为主的宋代学术,在中国历史上处于承前启后的转折阶段。概括地说,有两点最为突出。一是儒学大普及,从地域文化角度而言,主要是向南方地区扩散。二是用宋学取代了汉学,把传统学术和思想提高了一个层次,取得了巨大成就。而其中的地域差异及演变,同样有重要意义,不了解这些问题,就难以认识宋代学术成就的形成。各地学术无疑是高层次的地域文化,值得认真研究。

一、学术的地域演变

一部宋代学术史,不管从哪个角度讲,都首先是从北方地区写起的。不妨看一下《宋史·儒林传》所载人物前20位的籍贯:

1. 京西河南府人聂崇义;
2. 京东曹州人邢昺;
3. 河北博州人孙奭;
4. 开封府人王昭素;
5. 开封府人孔维;
6. 京东兖州人孔宜;
7. 京西河南人崔颂;

8. 京西颖州人尹拙；

9. 京东淄州人田敏；

10. 不详邑里辛文悦(曾为赵匡胤师，当是北方人)；

11. 京东青川人李觉；

12. 开封府人崔颐正(附弟崔偓佺)；

13. 京东青州人李之才；

14. 河北滨州人胡旦；

15. 京东青州人贾同；

16. 京东徐州人刘颜；

17. 京东濮州人高弁；

18. 河东晋州人孙复；

19. 京东兖州人石介；

20. 淮南泰州人胡瑗。

南方学者胡瑗之前，著名学者全是北方人，尤以京东、京西、开封府人为多，仅京东就有 9 人。显然，北方地区学术的传统优势，在北宋前期十分突出。

学术上最早有重大建树的应推邢昺。邢昺经生出身，宋太宗太平兴国初以九经及第，宋真宗咸平二年(999 年)被任命为朝廷第一任翰林侍讲学士。次年，受诏与杜镐、舒准、孙奭等儒士校定群经义疏，在这一提倡儒学并对后世发生深远影响的活动中起了重要作用。他亲自撰写的有《论语正义》、《孝经正义》、《尔雅正义》。其中《论语正义》所阐发的儒学理论颇有价值，对董仲舒以后的"天命论"进行了初步改造。邢昺所认识的天，不具有神的意义，而是自然的天。反复申明"天本无心"，"天本无体"，"天无言语之命"，比汉学"天命论"直观粗糙的形式精致并理论化了。"汉学、宋学，兹其转关"(《四库全书总目》卷 35《论语正义》)，在汉学"天命论"向宋学"天理论"转变过程中，邢昺是位有重大贡献的学者。

宋初另一位经学大家博州人孙奭(成年后迁至京东郓州),也是九经及第,著有《经典徽言》50卷及《五经节义》等经学著作。他在思想史上的主要贡献也是反"天命论"。宋真宗伪造天书下降时,孙奭当面对宋真宗说:"臣愚,所闻'天何言哉',岂有书也?"天只是自然的天,既不能言,哪里还会有书呢?并劝谏皇帝不可祀汾阴、封泰山(《宋史》卷431《孙奭传》)。在当时大搞天书封禅的高潮中,孙奭坚守北方经学质朴的本色,不为时髦及权势所动摇,其言论难能可贵。

作为儒学发祥地的京东,学术空气历来浓厚,不仅造就了邢昺、孙奭等学者,被学术史誉为开宋代学术、理学先河的"宋初三先生",也是京东文化陶铸的结果。"宋初三先生"指孙复、胡瑗、石介。孙复河东晋州(今山西临汾)人,年轻时四举进士不中,便来到京东兖州泰山,隐居读书、教学、著书。慕名而来求学,同学的有石介、胡瑗。三位学者在泰山研习十年,学问大成,先后进入京师太学担任主讲,使其学术发扬光大。朱熹称赞道:

> 本朝孙(复)、石(介)辈忽然出来,发明一个平正底道理自好,前代亦无此等人。如韩退之(愈)已自五分来,只是说文章。若非后来关、洛诸公出来,孙、石便是第一等人(《朱子语类》卷129)。

朱熹十分推崇孙复、石介,认为他们的学术贡献超越韩愈,仅次于张载、二程。明清之际的大思想家黄宗羲尤其推崇石介,在《宋元学案·泰山学案》中盛赞石介为"百世之师"。南宋末年学者黄震对"宋初三先生"的历史地位评价道:

> 宋兴八十年,安定胡先生、泰山孙先生、徂徕石先生始以其学教授……继而伊洛兴矣。故本朝理学,虽至伊洛而精,实自三先生而始。故晦庵(朱熹)有伊川(程颐)不敢忘三先生之语。(《黄氏日抄》卷45)。

学者、思想家们饮水思源,无不认为宋代学术源头发自于京东泰山南麓。京东地域文化在学术方面,对宋代学术史、思想史做出了开创性的贡献。

接下来单独谈谈胡瑗,从他身上可以看到宋代学术地域演变的一些轨迹。胡瑗人称安定先生,是说他祖籍安定。安定为陕西路泾州(今甘肃泾川)的郡名(《宋史》卷87《地理》3),也即胡瑗祖籍西北。其祖父胡修任淮南泰州(今江苏泰州)司寇参军时去世并葬于当地,其家定居泰州,遂为泰州人。青年时由于家境贫困,无以自给,胡瑗来到京东泰山与孙复、石介共同读书,“一坐十年不归,得家书,见上有‘平安’二字,即投之涧中,不复展,恐扰心也”(《宋元学案》卷1《安定学案》;参阅《宋名臣言行录》前集卷10《胡瑗》)。这条史料的价值,在于说明胡瑗的学问、学术思想是在泰山的10年期间形成的,与南方家中极少联系。学成后已人到中年,开始了今后一生从事的教育事业,“以经术教授吴中”,“从之游者常百余人”(《宋史》卷432《胡瑗传》),为南方地区培养了一大批人材,成为当时最著名的教育家。胡瑗祖籍北方,长在南方,学在北方,又讲学于南方,受南北文化共同造就,并将在京东研习的经学传播到东南地区,他是学术文化地域演变的重要人物。“东南之人知以经行为先,道德为本,实先生始之也”①。其历史意义在于,这是宋代学术北学南渐的第一次波动,表明东南地区学术开始崛起(附带说一下,福建的经学也是宋仁宗末期兴起的。在此之前,“闽

① 《宋名臣言行录》前集卷10《胡瑗》。胡瑗以教育为己任,其传播的学问属于普及性的,本人的学术成就不大,身后也无传人延续。《朱子语类》卷129,两次提及此事。有人问:“安定学甚盛,何故无传?”朱熹说:“当时所讲止此,只些门人受去做官,死后便已。”又有人问:“安定平日所讲论,今有传否?”朱熹说:“并无。”

士多好学，而专用赋以应科举”。大多数知识分子是文学之士而不是学术之士。嘉祐年间蔡襄帅福州时，延聘儒者，“专用经术教授，多者尝至数百人”〔《长编》卷187，嘉祐三年七月壬申〕。由此才开始了经学的普及和学术发展）。

胡瑗虽然与孙复、石介在泰山同学10年，学术渊源相同，但毕竟是南方人，禀受了南方文化的一些成分，学风造诣各有差别：“泰山与安定同学十年，而所造各有不同。安定冬日之日也，泰山夏日之日也”，胡瑗之学犹如冬天的太阳一般温暖，孙复之学犹如夏天的太阳一般火辣；“安定沉潜，泰山高明；安定笃实，泰山刚健。各得其性禀之所近”（《宋元学案》卷首《序录》）。胡瑗之学沉厚平实，孙复之学高明刚健，如朱熹一言以蔽之总结的那样：“安定较和易，明复却刚劲。”（《朱子语类》卷129）大体上是南方人柔而北方人刚的体现。另一方面，胡瑗的教学成就比孙复大，孙复的学术成就比胡瑗大：“瑗治经不如复，而教养诸生过之。”（《宋史》卷432《孙复传》）孙复提出了“道统”继承问题，态度比较激进，但在学术内容上不如胡瑗广阔；胡瑗的思想则不大成熟，还没有形成一个完整的体系，意味着东南地区的经学处在普及、传播阶段，还未能向高处深处发展。

与胡瑗的身世、作用相似的另一人物是范仲淹。范仲淹祖籍陕西，四世祖迁居两浙苏州，本人出生于京东徐州，二三岁时随母亲改嫁到淄州，自此一直在淄州和应天府学习生长。中进士后，先在江东广德军（今安徽广德）和淮南泰州做官，大力兴建学校或书院。以后无论在何地总是重视教育，培养造就了许多人材。他曾传授《春秋》之学于孙复，请胡瑗讲学于苏州州学，推荐孙复、胡瑗任教于国子监，在倡导兴学、推动学术发展方面贡献很大，在南北学术交流方面起了重要作用。

当东南地区学术正在发展的时候，北方地区学术已在高层次上有了真正的结晶，即“关学”、“洛学” 的诞生。

“关学”之“关”，是指陕西的关中。“关学”指的是产生于关中，由关中学者组成的学派。创始人张载，原籍开封府，其父张迪在夔州路涪州(今四川涪陵)知州任上病故后，张载兄弟年幼无力返回开封，便定居在陕西凤翔府郿县(今陕西眉县)的横渠镇，遂为关中人，世称其为横渠先生。张载讲学于关中，所培养的弟子大多也是关中人。如吕大均、吕大忠、吕大临兄弟，陕西京兆府蓝田县(今陕西蓝田)人；苏昞，京兆府武功县(今陕西武功西北)人；范育，邠州(今陕西彬县)人；还有潘康也是关中人。与张载交往密切的同道者有游师雄，武功县人；李复，长安人；张舜民，邠州人。在北宋各学派中，“关学”学派最有地域特点，主要人物全是关中人。

“关学”崛起后，曾兴盛一时，成为中国哲学史上一个重要的唯物主义派别。“关学”所坚持的“学以致用”的学风，得益于关中地域文化，也发展了关中地域文化。学者的道德风范言传身教，得到了向善好学的关中人响应：

> 关中始有申颜者，特立独行，人皆敬之。出行市肆，人皆为之起，从而化之者众。其后二张(即张戬、张载)更大发明学问渊源。伊川先生尝至关中，关中学者皆从之游，致恭尽礼。伊川叹洛中学者弗及也！(《蒙童训》卷上)

良好的学术环境，在某些方面居然胜过洛阳，令洛阳大儒感动赞叹。二程评价道：“关中之士，语学而及政，论政而及礼乐、兵刑之学，庶几善学者。”(《河南程氏粹言》卷1《论学篇》)学了就用之于现实，或者说为了现实而学，突出地表现在礼法上。张载曾不无自豪地对程颐说：“关中学者，用礼渐成俗。”程颐立即肯定道：“自是关中人刚劲敢为。”(《张载集·张子语录后录》上)在张载及其学派的大力倡导下，关中社会风俗逐步摆脱了唐末五代以来的简陋随意，恢复了礼法。程颐所称赞的“关中人刚劲敢为”，当是指恢复礼法难度很大,只有关中人才有此魄力和毅力。张载的弟子吕大钧即是这方面的典型。他“守其师说而践履之”,在为其父亲办丧事时,孝服、葬礼、祭祀等仪式“一本于礼”。后来又推广到“冠昏、膳饭、庆吊之间,节文粲然可观,关中化之”。张载对这位得意门生很赞赏,“每叹其勇为不可及”(《宋史》卷340《吕大钧传》)。《吕氏乡约》就是吕大钧兄弟在张载影响下制订的改良社会习俗的具体实践条文。故而,“关中言《礼》学者,推吕氏”(《宋史》卷340《吕大防传》),树立了学用结合的典范。总之,“关学”提高了陕西地域文化的地位,其耀眼的光斑,代表了陕西文化的高度。

宋神宗熙宁十年(1077年),张载逝世。“关学”也随之结束了辉煌时期,开始走向衰落,“再传何其寥寥也!”(《宋元学案》卷31《吕范诸儒学案》)按一般规律,一个实力强大的学派不可能在开创人去世后便一蹶不振,实际上“关学”流派并非忽然枯竭,而是像渭河流入黄河一样,与蓬勃兴起的“洛学”合流了:张载的门人弟子在其死后,不少都转向二程,从而出现了学术文化地域演变的又一新气象。学术重心先在京东,继而陕西,最终向中部集结,西京河南府——洛阳以得天独厚的历史优势和地理优势,形成了一个更强大、更有生命力的“洛学”学派。

广义的“洛学”泛指在洛阳居住的士大夫所从事的学术。他们主要是程颐、程颢、邵雍、司马光。二程是洛阳人,他们的弟子许多也是洛阳人,如刘绚、李吁、张绎、尹焞等即是。邵雍的学术体系是在洛阳建立的。邵雍之学本于《易》,最初由陈抟传于洛阳人种放,种放传于穆修,经李之才传于邵雍,遂创立了博大精深的先天象数学,并被后世的算命先生奉为祖师。其体系之庞大整齐,在学术史上是罕见的。司马光在宋神宗熙宁初因反对王安石变法离开京师,来到洛阳时为52岁,自此一住15年,潜心治学,不仅完成了史学巨著《资治通鉴》,而且形成并完善了自己的学术思想和哲学思想。

狭义的“洛学”特指洛阳人程颐、程颢所创立的哲学学说，即由二程奠定的理学。在学术发展史上，抛开哲学意义不讲，二程理学有两个特点：

一是兼容性。善于汲取各家学说之长为己所用，圆融而不偏执。“泛滥于诸家，出入于老、释者几十年，返求诸《六经》而后得之”（《河南程氏文集》卷11《明道先生行状》）。所得就是“自家体贴出”的“天理”：以儒家思想为基础，吸收佛教、道教理论的某些思想资料和机制，建立起比传统儒学更加精致、更有思辨性哲学的客观唯心主义体系。在新的历史条件下，为统治阶级提供了适宜的统治思想。

二是扩散性。由于上述原因，二程理学具有普遍意义和普及价值。加以地理位置适中，许多学者不远万里从四面八方前来洛阳求学。据河南嵩县程村二程祠中的《二程门人名单碑》记载，有88人之多，突破了地域文化范畴。“洛学”的扩散，在文化地理学上叫扩展扩散，即随着接受其学的人越来越多，其分布空间也越来越大。二程的门生们将“洛学”带回自己家乡，传入陕西、四川、荆湖、福建、两浙、江南等地，在各地生根开花，形成南宋时期主要的各个学派。也就是说，“洛学”是南宋各主要学派的源头。全祖望说：

> 洛学之入秦也，以三吕；其入楚也，以上蔡（谢良佐）司教荆南；其入蜀也，以谢湜、马涓；其入浙也，以永嘉周、刘、许、鲍数君；而其入吴也，以王信伯……象山（陆九渊）之学本无所承，东发（黄震）以为遥出于上蔡，予以为兼出于信伯，盖程门已有此一种矣。（《宋元学案》卷29《震泽学案》）

足见其扩散范围之大，辐射力之强。“三吕”即吕大防、吕大钧、吕大临，本是“关学”骨干，溶入“洛学”后又反过来成为“洛学”在陕西的传人。南方地区除了两广太偏远落后以外,大部分均有“洛学”的直接传人宣扬二程理学。其中,由杨时传入福建的一支最关键,充分显示了“洛学”扩散上的邻里效应。

杨时,福建南剑州将乐县(今福建将乐)人。宋神宗熙宁九年(1076年)中进士第后,并没有立即做官,而是另有追求,慕名求学:

> 时河南程颢与弟颐讲孔孟绝学于熙、丰之际,河洛之士翕然师之。时调官不赴,以师礼见颢于颍昌,相得甚欢。其归也,颢目送之曰:“吾道南矣!”……暨渡江,东南学者推时为程氏正宗。(《宋史》卷428《杨时传》)

在教学过程中,程颢发现杨时的悟性与才华,许为高足,期以远大,认为他能够继承其学说,英明地预见到杨时会把理学传到南方。历史证明,程颢的预言是正确的,并且完全实现了理学的南传。杨时作为南渡的“洛学”大宗,一传给同郡罗从彦:

> (罗从彦)闻同郡杨时得河南程氏学,慨然慕之。及时为萧山令,遂徒步往学焉。时熟察之,乃喜曰:“惟从彦可与言道。”于是日益以亲。时弟子千余人,无及从彦者。

罗从彦二传给同郡李侗:

> (李侗)年二十四,闻郡人罗从彦得河洛之学,遂以书谒之……从之累年,授《春秋》、《中庸》、《语》、《孟》之说……久之,而于天下之理该摄洞贯,以次融释,各有条序,从彦亟称许焉。

李侗三传给朱熹:

> 吏部员外郎朱松与侗为同门友,雅重侗,遣子熹从学,熹卒得其传。(《宋史》卷428《罗从彦传》《李侗传》)

朱熹祖籍江东徽州婺源(今江西婺源),生于南剑州尤溪(今福建尤溪),后来徙居到建州建阳(今福建建阳)。他继承发展了二程理学,集宋代理学之大成,建立了“闽学”。后世遂合“洛学”、“闽学”

为“程朱理学”。自宋理宗时起,“程朱理学”被确定为官方哲学,其影响直到近代。

从“洛学”的繁荣及两个特点可以看到洛阳学术中心的地位,在宋代学术地域演变中起着枢纽作用:以北方传统儒学为基础,兼容南北各地学术流派,陶铸一新,形成理学,然后向南方广为传播。理学开创于洛阳,说明北方儒学的实力;理学传播于南方,说明北宋时南方儒学的落后或薄弱;理学集大成于福建,说明南宋时南方儒学的超越。“洛学”演变为“闽学”,经历了 100 余年,时间之漫长,既是南方学术发展所必需,也是南北两地文化融合所必需。

宋代学术地域演变与流传的另一重要流派,即“中原文献学”,南渡后演变为“婺学”或称“金华学”。

“中原文献学”又称“吕学”,指吕氏家族世代相传的学派。其特点除了博学多识、注重文献、学以致用外,还有两点。一是家学渊源,世代相承不绝,大家辈出。吕氏自宋仁宗朝宰相吕夷简以来,吕公著、吕希哲、吕好问、吕本中、吕祖谦等后人世代为官,长期居住在京师开封,饱受丰富多彩、博大精深的京华文明陶冶,成为文史传家的大书香门第,学者层出不穷。吕氏载入《宋元学案》者就有 7 世 17 人之多。南渡后,吕好问移居两浙婺州(今浙江金华),家学在新的环境中继续流传,声势更加浩大,“中原文献之传独归吕氏,其余大儒弗及也”(《宋元学案》卷 36《紫微学案》)。“婺学”之名,因而确立于南宋,显赫于天下。由于婺州治所在金华县,所以又称“金华学”。

另一个特点是不偏不倚,融会贯通,综合性强。吕氏“中原文献学”起源于京师开封,是京师文化综合性特点的一个结晶,至南宋仍继续发扬。吕祖谦即是一个典型:

> 祖谦之学本之于家庭,有中原文献之传。长从林之奇、汪应辰、胡宪游,既又友张栻、朱熹,讲索益精……祖谦学以关、

洛为宗，而旁稽载籍，不见涯涘。心平气和，不立崖异，一时英伟卓荦之士皆归心焉。（《宋史》卷434《吕祖谦传》）

家传的“中原文献学”原来就是综合性的，历代相传只能是愈来愈广博，愈吸收其他学派精华而日益壮大。吕祖谦学风的吸引力，其实是“中原文献学”特有的魅力所致。该派不以标新立异取胜，“平心易气，不欲逞口舌以与诸公角，大约在陶铸同类，以渐化其偏，宰相之量也！”（《宋元学案》卷51《东莱学案》）吕氏家族为宰执者，从吕夷简起，还有吕公著、吕公弼、吕好问等人，宰相世家地位及风范，加以百余年居住京师的历史，使之养成比较全面地看待事物的习惯，胸襟宽广，气魄宏大，以陶铸天下学者为己任。即使到了南方，也不为地域偏见所左右，这一特点反而更加明显，受到士大夫的普遍尊重。宋孝宗以后，该学派遂成为南宋三大学派之一，与朱熹、陆九渊学派鼎足而立于当世：

宋乾（道）、淳（熙）以后，学派分而为三：朱学也，吕学也，陆学也。三家同时，皆不甚合。朱学以格物致知，陆学以明心，吕学则兼取其长，而复以中原文献之统润色之。门庭径路虽别，要其归宿于圣人则一也。（《宋元学案》卷51《东莱学案》）

朱熹之学与陆九渊之学在哲学上是客观唯心主义和主观唯心主义的对立，各有独创；吕氏之学因其“中原文献学”老底子固有的综合性特点，兼容并包两派长处，也是别具一格，巍然一派。

“中原文献学”在南宋的重要地位及广泛影响，除了其自身的优势之外，与时代环境也有一定关系。南宋中期的韩淲说道：

渡江南来，晁詹事以道（说之）、吕舍人居仁（本中）议论文章，字字皆是中原诸老一二百年酝酿相传而得者，不可不讽味。（《涧泉日记》卷下）

仔细体会其言，可以感到南宋人对北宋故国及中原文明的怀念，对中原学术优势的崇敬。故而,其学更能使南方人膺服与接受。

上述情况表明,由“洛学”而“闽学”,由“中原文献学”而“婺学”,是宋代学术地域演变与流传在南北方之间的两股主流,都是北方学术涌注入南方,而后发扬光大。其历史原因,主要是由于北宋亡国,北方沦陷,北方学术中断和学者南迁;其地域原因,主要是北宋时北方学术基础雄厚,源远流长,南方学术基础相对薄弱,大量接受北方学术。其结果,便是学术重心南移,北方、南方学术在南宋时的南方最大限度地融合,取得了巨大成就,对中国历史产生了深远的影响。

最后谈谈南宋学术的地域分布及两浙的有关情况。

宋代学术的地域重心由北向南移动,最后聚集在东南地区的两浙、福建、江西、江东等地。《宋元学案》所列宋代学者 1700 余人,其中两浙最多,为 680 人;以下较多的依次为福建,304 人;江西,183 人;江东,126 人。其他各路都在百人以下,夔州路仅 2 人,广西路仍是空白。两浙路学者最多,当然与《宋元学案》的两位作者黄宗羲、全祖望都是浙江人,加以浙江文献丰富、耳目所及搜罗便利有关,但这并不妨碍两浙学者众多这一事实的成立。下面,以两浙为例,谈一下学术地域差异的一些问题。

如同全国学者的地域分布差异很大一样,两浙学者在各州郡的分布也很不平衡。现将《宋元学案》所载宋代两浙学者的乡贯列表如下(个别仅有姓名而无事迹者不录)。

表 23 宋代两浙学者分布数量表

地名	杭州	苏州	湖州	秀州	常州	江阴军	镇江府	严州	温州	处州	婺州	衢州	明州	台州	越州
人数	20	36	12	10	21	2	7	38	113	21	153	23	115	61	48

两浙学者数量最多的是婺州，最少的是江阴军（今江苏江阴）。江阴军仅江阴一县，在两浙其面积最小，人口最少，北宋后期和南宋绍兴末期曾两次将其划入常州（今江苏常州），其学者数量少有客观原因，不足论。

宋代两浙曾分为两浙东路和两浙西路，即通常说的浙东、浙西。浙东包括温州、处州、婺州、衢州、明州、台州、越州 7 地；浙西包括杭州、苏州、湖州、秀州、常州、江阴军、镇江府、严州 8 地。明确了如此地域划分，学者的地域分布差异就非常明显了：浙东 7 地，总数为 534 人；浙西 8 地，总数为 146 人。浙东人数占总数的 78.5%，是浙西人数的 3 倍多。在数量基础之上，南宋第一流的学者如婺州的陈亮、吕祖谦家族，温州的叶适、陈傅良，明州的黄震、王应麟等，都出自浙东。

浙东、浙西的行政区划，不是没有根据的，浙西位于太湖周围，多是水波涟漪的泽国，浙东则多是丘陵逶迤的山区。自然环境决定着经济状况大不相同，浙西州县大多比较富饶，浙东州县大多比较贫瘠。如王柏指出："东浙之贫，不可与西浙并称也。"（《鲁斋集》卷 7《赈济利害书》）两地悬殊不可同日而语。富裕的浙西学术落后，贫困的浙东学术发达，从学术角度而言，则是西浙之贫不可与东浙并称也。南宋中期黄榦曾指责道："浙右之俗，专务豪奢，初不知读书为何事！"（《勉斋集》卷 8《与胡伯量书》）浙右即浙西，因其富庶而追求享乐，很少有人做黄卷青灯之事。而浙东如明州，"富家大族皆训子弟以诗书，故其俗以儒素相先，不务骄奢"（宝庆四明志）卷 14《风俗》）。与浙西正相反，更多的中下层人家，则属于安贫乐道。习俗差异是学术气氛、学者数量差异的重要原因。

文化、学术的发展与经济不同，自有其规律。学术讲究传承，有一位大家，常会带起周围的一大批学生，形成热爱学术的风习和规模效应。《宋元学案》就是以大家为龙头、以地域为主要线索的学派史料。

二、儒学的地域化

儒学自汉代确立为封建统治思想之后，长期保持着官方一元化。唐太宗时，为了进一步统一思想，令孔颖达与诸儒修撰五经义疏，成《五经正义》180卷。科举考试的士子必须依据《五经正义》对儒学的解释答卷，不允许自由发挥。官方对儒学的垄断更加强化。也正因为如此，儒学日趋僵化，日益式微，难以适应已经起了剧烈变化的社会现实。

唐末五代以来，传统的伦理纲常受到严重冲击，官方的儒学垄断削弱。时代给学者们提出了改造儒学、重建新的统治思想的历史使命。随着地域文化的发展，宋代儒学摆脱了官方超地域的一统，主要由分散的地方思想家自由阐发，分别以不同的地域界限形成各自学说。迫切的需要造成了宽松的环境，各地学者纷纷以继承“不传之圣学”为己任，“各自论说，不相统摄……学脉旁分，攀缘日众，驱除异己，务定一尊”(《四库全书总目》卷1《经部总叙》)。正是家家各称孔孟，人人自为稷契，都想将自己所阐发的儒学定为一尊。旁分的学脉，源自不同的地域。《宋元学案》卷6《士刘诸儒学案》的序言，描述了这场运动的开端，记述了各地“学统”及代表人物：

> 庆历之初，学统四起。齐鲁则有士建中、刘彦夹辅泰山(孙复)而与；浙东则有明州杨(适)、杜(醇)五子(另有王致、王说、楼郁)、永嘉之儒志(王开祖)、经行(丁昌期)二子，浙西则有杭之吴存仁，皆与安定(胡瑗)湖学相应；闽中又有章望之、黄晞，亦古灵(陈襄)一辈人也；关中之申(颜)、侯(可)二子，实开横渠(张载)之先；蜀有宇文止止(之邵)，实开范正献公(祖禹)之先。

一时间，儒学的天空星座并立，争追日月。在京东、两浙、福建、陕西、四川兴起的儒家新学派，使儒学形成了地域性的多元化，表现为多源发生，多元发展。自秦汉以来，儒学历史上唯有宋代呈现如此盛况，是宋代儒学发展的一大特色。清代四库馆臣明确说道：

儒之门户分于宋。(《四库全书总目》卷103《医家类序》)

《宋元学案·条例》又指出：

明儒派别尚少，宋、元儒则自安定、泰山诸先生以及濂、洛、关、闽相继而起者，子目不知凡几。

门户派别之分，主要形式就是地域之分。一个引人注目的现象是，众多的学派都是以地域命名的，如“濂学”、“湖学”、“关学”、“洛学”、“临川学”、“闽学”、“永康学”、“永嘉学”、“蜀学”、“象山学(江西学)”、“湖湘学”等等。对此，不能不令人感到惊讶，发出提问：这意味着什么呢？以下几点就是我们的初步认识。

第一，以地名命名学派，表明其学派是地域文化的产物或与地域文化有不同程度的关系。学派名称，或是学派形成地，或是学派创始人的籍贯、居住地，前者如“关学”、“洛学”等，后者如“濂学”、“临川学”等。这种做法，意味着各学派之间有地域文化的差别，反过来也会强化有关地域文化的特色。

第二，各学派绝大多数都是各地学者自然形成的，没有官方色彩。以地名命名学派，就是强调了与官方对称的民间性和与中央对称的地方性。因而，除个别党争、党禁时期外，得以较为自由地发展，听任时代、历史的选择与淘汰。再者，绝大多数学派的理论不受或少受短期政局所左右，有的学派学者甚至与之发生矛盾，因而更具学术性和生命力。

第三，宋代儒学的地域化及派别的争论、交流、融合，是一个儒家内部百家争鸣的黄金时代。儒学在各地各学派新鲜血液的滋补下获得新生，其盛况可谓中国思想史、学术史上的奇观。这场地域分合,极大地丰富发展了儒学思想,是宋儒对中国传统文化的最大贡献,也是宋代地域文化的重要成就。

王安石的“临川学”又称“荆公新学”,主要是在京师开封形成的气候,该学派的地域性最淡薄,曾一度处于官学地位。王安石变法期间,为了更好地推行新法,提出“一道德”的口号,在朝廷设立“经义局”,召集一批变法派儒臣,“训释厥旨,将播之学校”,以改变“士弊于俗学久矣”的局面(《王文公文集》卷36《周礼义序》)。所撰《周官新义》、《书义》、《诗义》,合称《三经新义》,于熙宁八年(1075年)颁行,用作学校的教科书和科举考试的标准,意在凭借政治势力用一家之说取代百家之说,由官方重新垄断儒学。正是因为其政治性太强,虽然在北宋中后期主导官学数十年,但宋钦宗即位后时局一变,即予取消,“临川学”的及门弟子和再传弟子也不多。盛行一时的“临川学”非但未能取代或击败地方的儒学学派,相反倒是刺激了地方各学派的发展。宋代儒学地域化及地域派别,就是如此不可遏制,蓬勃旺盛,勇于冲破官方的垄断,敢与之分庭抗礼。最终在南宋后期被确立为官方哲学的“程朱理学”,则是长期不被官方垂青的“洛学”与“闽学”的结合物,充分证明了地域性儒学强大的生命力和创造力。

三、南北学风及学术的某些差异

著名学者、教育家胡瑗,曾谆谆教导他的学生说:“学者只守一乡,则滞于一曲,则隘吝卑陋。必游四方,尽见人情物态、南北风俗、山川气象,以广见闻,则有益于学者矣。”作为教育家,他不但是这样说的,也这样做了。他曾率领学生数人从两浙湖州出发游学,在游历陕西关中途中,来到潼关。见山路峻隘,便下车步行,蹬至关门休息时,遥望黄河环抱潼关,逶迤汹涌,而太华山、中条山巍峨峙立,"一览数万里,形势雄张"。不禁心潮澎湃,胸襟开阔,说:"此可以言山川矣,学者其可不见之哉!"(《默记》卷下)胡瑗的言行与感慨,深刻而具体地说明了学术不只是书斋中的事,还需要走向社会,走进大自然,亲身体验,接受熏陶。不同地域的社会环境、自然环境,给人以不同的知识、感受。短暂的游历就能有此收获,长期生长于一地,受环境的影响,其学术不可避免地要打上地域的烙印。

学风因人而异,因时而异,更因地而异。从大的方面考察,宋代学风的地域差异相当明显,主要仍是南方地区的学风与北方地区的学风有很大的不同。

南宋时陈造对南北方学风做过比较:

> 昔人论南北学异,古今几不可易。北方之人,如拙者用富,多才而后为富;若南士之学,富而为富不少,至内虽歉,外若充足,莫能窥之者,良多用其才。南北巧拙甚霄壤也。淮乡近中土,学者滞顿椎朴,投技有司,往往非南人敌,我其尤也。得一乃能用一,非入无以为出,坐是孜孜矻矻,必苦心极劳,历年之久,仅乃得之。(《江湖长翁集》卷23《送师文赴春官试序》)

陈造,淮南高邮军(今江苏高邮)人,曾任淮南西路安抚司参议。高邮军在淮南江北,归南方地区,但南宋时常视之为北方,陈造也自以为淮南学风接近北方,与南方不同:北方人治学,主要靠下笨功夫苦苦攻读,再加上一些才华方可有成就,学问有一是一,有二说二,不善发挥,根深而叶不茂;南方人治学,固然有不少人既肯下功夫又恃才华,取得丰富成果,也有功夫不到家,学得不多但善用巧劲,善于表现出来,发挥得聪敏,使人感到很有学问,有一说二,根不深而叶茂。故而陈造认为南方学风之巧、北方学风之拙,简直是天地之别。实际情况未必如此严重,基本上倒也属实。

福建人黄裳也指出："北方之学，多在口耳之间；若夫绪余伦类，意致神遇，则得之鲜矣。"(《演山集》卷18《重修澶州学记》)北方人治学多是人云亦云，因循守旧，多用口耳，少用脑子，在归纳演绎、领会精神、创立新意方面较差。他虽然没有说南方人如何，但后一层意思暗示的无疑是南方人治学的长处，仍是在做比较。当然，所言只是一般情况而已。

若究原因，下述两点可提供思路。一是北方学术积累深厚，知其深奥，不敢轻举妄动；南方学术积累较浅，没有负担，少受约束。二是习性所致。北方人忠厚质朴，长于记忆而短于阐发；南方人轻俊敏捷，长于阐发而短于记忆。《宋史·地理志四》说两浙"人性柔慧……善进取，急图利，而奇技之巧出焉"。急功近利，恃才傲物，学问底气自然不会很深厚。而且，不免会走向偏激，如"江西士风，好为奇论，耻与人同，每立异以求胜"(《朱子语类》卷124)。为显示与众不同，便标新立异，好处是不受陈规旧习的约束，锐意创新，推动学术变革；弊端是难以心平气和、实实在在地治学立论。发展到极端，则走向歧途。南宋中期黄幹指责道："江西素号人物渊薮，比年萧索尤甚，虽时文亦无粲然者，而况有学术乎？二陆唱为不读书而可以得道之说，士风愈陋，不过相与大言以自欺耳。"(《勉斋集》卷6《复江西漕杨通老楫》)黄幹是福州人，朱熹的学生，这番话是"闽学"对陆九渊"象山学"的不满，有门户之见，也不能泛指所有江西学者。我们认可的是，这种现象虽不像黄幹所说的那么严重，也不是没有根据的。提倡"心即理"的主观唯心主义学派"象山学"，产生在江西恐非偶然，至少与学风有关。

以上所说，是南方北方学风的基本差异。现深入分析，以见其延伸。京东济州(今山东巨野)学者晁说之，在《南北之学》一文中说道：

南方之学异乎北方之学，古人辩之屡矣。大抵出于晋、魏

分据之后……今亦不可诬也。师先儒者，北方之学也；主新说者，南方之学也。(《景迂生集》卷13)

晁说之提出的儒学学风南北差异，是历史的延续。南北朝分裂以后，南方、北方在各自的基础与文化环境中分别发展，儒学出现了地域差异。《隋书》卷75《儒林传》总结道：

大抵南人约简，得其英华；北学深芜，穷其枝叶。

宋代南北方沿着这一方向继续发展，尽管处于儒学变革时代，北方儒学仍相对保守，不如南方那样勇于创新。

宋初三朝基本上仍因循汉学窠臼，儒学仍是章句之学。不过，在疑古变古的社会思潮中，南北各地已开始了对传统儒学的反思，先后涌现出疑传派、疑经派。北方学者，以疑传派为多，南方学者则大胆激进，以疑经派为多。

疑传派集中在京东儒学故乡，以泰山孙复及其门人兖州人石介和徐州人刘颜、郓州人士建中、济州人张洞等为代表。如孙复治《春秋》，"不惑传注，不为曲学以乱经。其言简易，得于经之本文为多"(《长编》卷149，庆历四年五月壬申条)。破除了对传注的迷信，拨开前人解说，自己直接从经文中寻找真谛。孙复在经筵为皇帝讲课时，由于其观点"多异先儒"，不为朝廷所容而被罢免(《宋史》卷432)《孙复传》。石介则敢于斥责集汉学之大成、为儒林北学之宗的东汉经学大师郑玄(字康成)的权威注疏："康成之妄也如此！"(《徂徕石先生文集》卷11《忧勤非损寿论》)由唯传是从，变为唯经是从，对儒学发展而言固然是进步的，但目的是"弃传从经"，重新解释经典，实质上是尊经，为了捍卫经典的权威。从历史角度而言，他们认为旧传不适合宋代社会，而经文仍是指导现实的真理。

直接怀疑经典的疑经派与之性质不同。疑经派主要人物都是南方人，如江西人欧阳修、王安石、刘敞、陆九渊，两浙人王开祖，湖南人廖称,四川人苏轼等。其中以欧阳修为先锋,他“排《系辞》”“毁《周礼》”“黜《诗》之序”。如《易经》中的《系辞》《文言》《说卦》等,一直被当作《易经》的组成部分,欧阳修却认为其“皆非圣人之作,而众说淆乱,亦非一人之言也”,指出了其中许多纰漏和自相矛盾之处(《欧阳修全集·易童子问》卷3)。对《诗经》《周礼》《中庸》等经书,也都提出了质疑。更为激进的是刘敞,如其《七经小传》,清代四库馆臣归纳评价说:

> 今观其书,如谓《尚书》“愿而恭”当作“愿而荼”,“此厥不听”当作“此厥不德”;谓《毛诗》“烝也无戎”当作“烝也无戍”;谓《周礼》“诛以驭其过”当作“诛以驭其祸”,“士田贾田”当作“工田贾田”,“九簭五曰巫易”当作“巫阳”;谓《礼记》“诸侯以貍首为节”当作“以鹊巢为节”。皆改易经字,以就己说。至《礼记》“若夫坐如尸”一节,则疑有脱简;“人喜则斯陶”九句,则疑有遗文;“礼不王不禘”及“庶子王亦如之”,则疑有倒句。而《尚书·武成》一篇,考定先后,移其次序,实在蔡沈之前。盖好以己意改经,变先儒淳实之风者,实自敞始……其说亦往往穿凿,与(王)安石相同……开南宋臆断之弊。(《四库全书总目》卷33《七经小传》)

刘敞对经书几乎发起了全面进攻,或自出新意,或增字为释,或改经就义,皆断以自己的见解,英勇无畏。这两位江西人之外,另两位江西人走得更远。一位是王安石,“网罗六艺之遗文,断以己意”(《苏东坡全集·外制集》卷上《王安石赠太傅》),甚至斥《春秋》为“断烂朝报”;一位是陆九渊,竟然公开宣扬“六经是我注脚”(《陆九渊集》卷37《语录》上),将自己的观点凌驾于经典之上。而且“好为呵佛骂祖(即指责孔孟)之说,致令其门人以夫子之道反究夫子”(《朱子语类》卷124),富于叛经离道的勇气。

以北方京东人为代表的学者,疑经而尊崇孔孟;以南方江西人为代表的学者,疑经而动摇儒学,虽最终目的一致,五十步与百步之间的境界还是很不同的。如果说疑传派是突破旧篱笆、改建新篱笆的话,那么疑经派则是操刀以入,改造园内之物了。

在此还应该说明,北方学者并非铁板一块,不能一概而论,也有疑经者。宋初淄州(今山东淄博南)人田敏,早就改动过经文。五代时他曾受诏校五经,“颇以独见自任”。改《尚书·盘庚》中的“若網在纲”为“若纲在纲”,其他经文、注文所改“如此之类甚众,世颇非之”;甚至在经书版本上删去数字(《宋史》卷431《田敏传》《李觉传》)。又如司马光,曾著《疑孟》一文,公开批评“亚圣”。指出:“孟子云:人无有不善。此孟子之言失也。丹朱、商均自幼及长,所日见者尧、舜也,不能称其恶,岂人之性无不善乎?”(《温国文正司马公文集》卷73)圣君尧、舜自然都是性善的,却没有生出性善的儿子,也没有把儿子的恶性改变过来,因此,孟子的人性善论是错误的。程颢也改正过《尚书·武成》篇和《礼记·大学》篇。尽管如此,北方学者的疑经风气,无论在深度、广度还是规模上,都不如南方。而且,对于南方学者气势凶猛的疑经非圣之举,北方学者是不满的。如欧阳修非难《易经》,其好友相州(今河南安阳)人韩琦据说对此不赞成,“对欧阳公终身不言《易》”([清]朱彝尊:《经义考》卷18,引宋人方德操语)。司马光虽然批评过《孟子》,在熙宁二年(1069年)王安石变法初期,对当时科场疑传、疑经风气却大加责难,向宋神宗上书说:

> 新进后生,未知臧否,口传耳剽,翕然成风。至有读《易》未识卦爻,已谓《十翼》非孔子之言;读《礼》未知篇数,已谓《周官》为战国之书;读《诗》未尽《周南》《召南》,已谓毛、郑为章句之学;读《春秋》未知十二公,已谓《三传》可束之高阁。循守注疏者,谓之腐儒;穿凿臆说者,谓之精义。(《温国文正司马公文集》卷45《论风俗札子》)

虽然他针对的是学问还不成熟的科场士子,但已表明了其基本立场,仍是维护传统儒学:既要维护经书的完整和权威,也要尊重注疏,反对轻率地怀疑和穿凿附会地解释经典。后一层意思无疑是严谨的态度,但被保守的大前提淹没了。所有这些,都是南北学风不同的体现。

四、"洛学"与"闽学"的鬼神观比较

"程朱理学"是宋代理学的主流,属于客观唯心主义派别。朱熹的"闽学"继承二程的"洛学"而来,基本上是一脉相承的。但是,二者在时代上有先后之分,在地域上有北南之别,不可能完全相同。二者的鬼神观就是一个典型的例子。

汉儒有两个特点,一是将儒学神学化,改变成神学;二是在章句训诂上下功夫,改变成辞训之学。宋代将汉学改造成宋学,以"性命义理"为特色,就是突破了汉学的这两个特点。二程尽可能地拨开鬼神迷雾,建立了哲学化的儒学,奠定了理学的基础。

二程基本上可以说是无神论者,或者确切地说他们不相信世俗所言的鬼神,并有一些破除鬼神迷信的壮举。从以下四个方面,可以概括二程的鬼神观。

一、不信佛教、道教的神灵。二程对佛、道理论曾予以钻研,可以批判地汲取其有用的东西;对佛、道二教及其神灵,则持排斥态度和否定态度。程颐说:"释氏与道家说鬼神,甚可笑!道家狂妄尤甚,以至说人身上耳、目、口、鼻皆有神!"(《河南程氏遗书》卷22上)在程颐看来,佛、道的鬼神说法是荒唐可笑的。程颢更以实际行动表明了他的立场。他在陕西京兆府鄠县(今陕西户县)担任主簿时,当地哄传南山的石佛像头顶闪现出佛光,四面八方的百姓纷纷前往观看奇迹,并顶礼膜拜。地方官员担心事态扩大或发生变

故引起动乱，但“畏其神而莫敢止”。程颢却不信邪，派人传话道：“我有官守，不能往也，当取其首来观之耳。”居然要砍下佛头！此举顿时镇住了狂热迷妄之风：“自是光遂灭，人亦不复疑也。”（《河南程氏粹言》卷1《论政篇》）以坚决彻底的不信佛教之神的态度，不费吹灰之力就制止了一场闹剧。

二、不信世俗之鬼神。如龙神是各地普遍崇祀的神灵，乃求雨、止涝、制止河流决口泛滥的对象。宋代所谓的龙，其实体不外是水生动物或蛇、蜥蜴之类的附会。程颐一语点破道：“龙，兽也！”哪有什么神灵？河流决口堵塞之役，龙是毫无用处的，“莫非天地之祐，社稷之福，谋臣之功，兵卒之力。不知在此彼龙何能为？”（《河南程氏遗书》卷15）堵住决口的具体功劳是役卒，与龙无关。宋真宗时，江宁府茅山相传水池中“产龙如蜥蜴而五色”，朝廷受其迷惑，令人取其二龙入京师；当地人也十分敬畏，“严奉不懈”。时任江宁府上元县（今江苏南京）主簿的程颢为破除迷信，端正民俗，将所谓的龙“捕而脯之”（《宋史》卷427《程颢传》），抓住煮熟了！程颐认为，刮风下雨是自然现象，在回答：“如名山大川，能兴云致雨，如何？”时，解释道：“气之蒸成耳。”因而，对名山大川的祭祀毫无道理：“只气便是神也。今人不知此理，才有水旱，便去庙中祈祷。不知雨露是甚物，从何处出，复于庙中求耶？……木土人（指神像）身上有雨露耶？”又说：“风是天地间气，非土偶人所能为也。”（《河南程氏遗书》卷22上；卷2下）至于世上流传的看到鬼见到神的事情，他们认为都是以讹传讹：“尝问好谈鬼神者，皆所未曾闻见，皆是见说，烛理不明，便传以为信也。假使实所闻见，亦未足信，或是心病，或是目病。”（《河南程氏遗书》卷2下）指明所见鬼神是人的主观精神的错误幻觉，颇具唯物主义的科学识见。

三、对儒家经典中的鬼神说法或做出客观的解释，或予以否定。有人问《易经》中说“知鬼神之情状”，真的有情状吗？程颐说：

“《易》说鬼神，便是造化也！”也即自然运行机理。历代相承的五祀：户、灶、中霤、门、行之神，载于《周礼》和《礼记》，是儒家礼学的一部分，程颐却不以为然。邵伯温曾问：“有五祀否？”程颐大胆地一口否决：“否！祭此全无义理。”（《河南程氏遗书》卷22上）孔夫子“敬鬼神而远之”，说“祭神如神在”，是一种态度暖昧的鬼神观，基本上承认有鬼神的存在。二程的鬼神观比孔子进步，但又不便公开与孔子唱反调。曾有门生询问有没有鬼，他的回答很机智：

> 吾为尔言无，则圣人有是言矣；为尔言有，尔得不于吾求之乎？（《河南程氏粹言》卷2《天地篇》）

我若说没有鬼神吧，孔圣人说过有；我若也说有吧，你让我上哪儿去找呀！言外之意是，虽然孔子承认鬼神的存在，但我不信。

四、承认部分神祠和灵魂。范文甫出任清河尉之前，就按惯例到官三日须遍谒境内在祀典的神祠一事询问，程颐告诉他：“正当谒之。如社稷及先圣是也。其他古先贤哲，亦当谒之。”但否认城隍神、土地神：“城隍不典，土地之神，社稷而已，何得更有土地耶？”（《河南程氏遗书》卷22上）社稷、孔庙、贤哲人物祠，是政治性很强的神祠，有利于维护封建统治，宣扬封建伦理道德，所以应当敬祀。至于当时社会盛行的城隍、土地则是荒诞不经的，可不予理睬。他所承认的是抽象的、农业和国家象征的社稷神，是具有榜样作用和纪念意义的人物祠，头脑至此仍然是比较清醒的。但在灵魂问题上，终于陷入唯心主义。如言：“世间有鬼神冯依言语者，盖屡见之，未可全不信，此亦有理。‘莫见乎隐，莫显乎微’而已。”（《河南程氏遗书》卷2上）不能全信，也不能全不信，有所保留。又说：

> 人之魂气既散，孝子求神而祭，无尸则不飨，无主则不依……魂气必求其类而依之，人与人既为类，骨肉又为一家之类，己与尸各既已洁斋，至诚相通，以此求神，宜其飨之。（《河南程氏遗书》卷1）

祭祀祖先时，祖先的魂魄可因祭而降附在牌位上或后代代表祖先受祭者身上。进而还说："死者托梦，亦容有是理。"(《河南程氏遗书》卷2上)因而二程很重视祭祀祖先："凡祭祀，须是及祖。"(《河南程氏遗书》卷2下)所有这些思想，表明二程的无神论是不彻底的。

迁延一百多年，流转二千多里，二程的"洛学"变成了朱熹的"闽学"。在鬼神观上，朱熹并未全盘接受二程现成的结论。而是独立思考，曾伤透了脑筋。

有人问道：有没有鬼神呢？朱熹回答说："此岂卒乍可说！……待日常行处理会得透，则鬼神之理将自见得，乃所以为知也。"不做正面回答，让人不得要领。有时还说些模棱两可的话："鬼神、死生之理，定不如释家所云、世俗所见。然又有其事昭昭、不可以理推者。此等处且莫要理会！"他一时半会儿说不清、道不白，多次告诫门生们不要深究，"那个无形影，是难理会底，未消去理会"；"莫要枉费心力"。然而，鬼神观是世界观的大问题，社会上鬼神迷信日益盛行，思想家是不能回避的。他越是闪烁其词，学生们越是迷惑不解而追问不舍，非要他有个明确态度。《朱子语类》第3卷，标名《鬼神》，就是朱熹与学生们在有关鬼神问题上讨论的记录。

朱熹犹豫不决的鬼神观，可以向两个方向发展，一是否认鬼神，二是承认鬼神。摇摆中的朱熹最终倒向后者，做出了结论：

> 说鬼神，举明道有无之说，因断之曰："有。若是无时，古人不如是求……鬼神是本有底事物。"

确定下来的朱熹鬼神观，发展了二程的不彻底处，抛弃了二程的先进之处，归纳起来，主要有四点。

一、灵魂是存在的。在回答学生关于魂魄问题时，朱熹说："气质是实底，魂魄是半虚半实底，鬼魂是虚分数多，实分数少底。"并且举例说明:“浦城山中有一道人,常在山中烧丹。后因一日出神,乃祝其人曰:‘七日不返时,可烧我。’未满七日,其人焚之。后其道人归,叫骂取身,亦能于壁间写字,但是墨较淡,不久又无。”二程仅认为灵魂会托梦于人,朱熹不仅认为鬼魂存在,还会说话、会写字,更加具体,更神乎其神。

二、鬼怪神异是正常现象。有人谈及鬼神的奇异之事,朱熹说:“世间亦有此等事,无足怪。”以传说中的神异为正常现象,意味着他笃信不移。还乐意举例说明“魑魅魍魉之为”:“建州有一士人,行遇一人,只有一脚。问某人家安在?与之同行,见一脚者入某人家。数日,其家果死一子。”(以上均见《朱子语类》卷3《鬼神》)朱熹的这一见识,与乡野庸人没有什么两样。对于佛教的神异,他认为:“此未必有。便有亦只是妖怪。”(《朱子语类》卷126《释氏》)仍是世俗的理解。

三、风雨露雷等天气变化为鬼神之迹。朱熹说:“雨风露雷、日月昼夜,此鬼神之迹也,此是白日公平正直之鬼神。”(《朱子语类》卷3《鬼神》)如朱熹认为龙能降雨:“其出而与阳气交蒸,故能成雨。但寻常雨自是阴阳气蒸郁而成,非必龙之为也。”天空自然会下雨,龙也会行雨。与二程的观点背道而驰。程颐不相信冰雹是由蜥蜴生成的:“世间人说雹是蜥蜴做,初恐无是理。”朱熹却相信:“看来亦有之。只谓之全是蜥蜴做,则不可耳。自有是上面结体成底,也有是蜥蜴做底。”为反驳二程,朱熹又一次列举三个实例来证明蜥蜴会做冰雹(以上见《朱子语类》卷2《天地下》)。

四、向神灵顶礼膜拜。笃信鬼神的必然行动是敬祀鬼神。朱熹说:“昔守南康,缘久旱,不免遍祷于神。”(《朱子语类》卷3《鬼神》)即按世俗惯例,祭祀境内各神祠以求雨。这位理学大师、“闽学”创始人最终跪倒在土木神像脚下的尘土之中。

孔子“不语怪力乱神”,二程“初不说鬼神”,都是北方习俗影响下的质朴观念。朱熹大谈怪力乱神,公然反对二程的无神论思想,实在是因为南方地区宗教、鬼神迷信思想极为浓厚所致。无论是他的出生地福建南剑州,还是其祖籍江东徽州,都笼罩在敬鬼神的乌烟瘴气之中。朱熹说:"新安等处,朝夕如在鬼窟。某一番归乡里,有所谓五通庙,最灵怪。众人捧拥,谓祸福立见。居民才出门,便带片纸入庙,祈祝而后行。士人之过者,必以名纸称'门生某人谒庙'。"(《朱子语类》卷3《鬼神》)鬼神左右着当地居民的生活,士人都是鬼神的门生。在这种环境中,朱熹的鬼神观不能免俗,自在情理之中,应着了"近朱者赤,近墨者黑"的古训。

"闽学"中庸俗的鬼神观,历来不为人们注意。后世的一些道学家,或是为贤者讳,或是想不到朱熹会如此大讲特讲鬼神。如清代一道学家不信鬼神,一直以为朱熹是不信鬼神的,及别人将《朱子语类》第3卷拿给他看后,此人大为震惊,沉默良久,"怃然曰:'朱子尚有此书耶?'悯然而散"。深为朱子惋惜,深为自己悲哀。信奉鬼神的大学者纪昀,对朱熹的鬼神观也不理解,"犹有所疑者",但他不敢说朱熹的不是,只好自嘲为"此诚非末学所知也"([清]纪昀:《阅微草堂笔记》卷14),显然是表示遗憾的。

"洛学"与"闽学"鬼神观的变化,正如《周礼·考工记》总序说的那样,"桔逾淮而北为枳……此地气使然也"。是地域文化使之变质。"闽学"有不少比"洛学"精致完善之处,但其鬼神观实属疮疥,有愧于乃师,有逊于"洛学",有损于价值。

(本文选自程民生《宋代地域文化》,河南大学出版社1997年版,第298—328页)

程民生,河南大学历史文化学院教授,主要从事宋史研究。

作者认为随着地域文化的发展,宋代儒学摆脱了官方超地域的一统,主要由分散的地方思想家自由阐发,分别以不同的地域界限形成各自学说。本文对宋代以儒学为核心的各地学术的地域差别、儒学的地域化状况,以及南北学风的差别等做了较为深入的研究。

南宋浙东事功学派学术思想渊源探析

陈国灿

南宋中期，浙东地区（今浙江钱塘江以东）以陈亮为代表的"永康之学"和以叶适为代表的"永嘉之学"俱以讲实事、究实理、求实效、谋实功为特色，且彼此关系密切，在学术思想界互为呼应，共同推动"事功"思潮的崛兴，被人们统称为"浙东事功学派"。该学派一度与朱学、陆学相鼎峙，不仅在当时颇具影响，而且在古代思想史上亦有相当地位。关于浙东事功学派的学术思想，近年来学术界已多有论述，笔者亦曾作过专门研究①。本文在此基础上，试进一步就其思想渊源作一较为深入的探讨。

一、浙东事功学派的儒学渊源

要探讨浙东事功学派的儒学渊源，首先必须弄清它的学派性质。

从表面上看，浙东事功学派不仅具有强烈的反理学倾向，而且对宋代以前的传统儒学也有不少责言。如陈亮指责那些"自以为

① 参见拙著：《陈亮与南宋浙东学派研究》，人民出版社 1996 年 9 月版；《80 年代以来南宋浙东事功学派研究概述》，载《中国史研究动态》1996 年第 3 期。

得正心诚意之学”的理学家们，其实“皆风痹不知痛痒之人”（《陈亮集》增订本卷一《上孝宗皇帝第一书》）。至于为历代儒家所极力推崇的“六经”，本质上也不过是有关上古史的总结性文献（《陈亮集》卷十《六经发题》）。叶适则进一步明确提出了《春秋》等书“名经而实史也”的观点（《水心文集》卷十二《徐德操春秋解序》），并批评孟子的许多观点是不合“圣人之道”的“新说奇论”，而董仲舒的不少说法“初看极好，细看全疏阔”，更属“无用之虚语”（《习学记言序目》卷二十三《汉书三·列传》）。正基于此，一些学者常将浙东事功学派视为宋代反儒学的典型。

然而，事实并非如此。众所周知，儒学自孔子创立后，其思想体系一直处于变化之中。如战国时有子思之儒、孟氏之儒、孙氏之儒等八派之分，西汉时又有董仲舒的神学化儒学等。而宋代理学本质上讲不过是二程、朱熹等人鉴于社会上天命论思想的全面衰落，转而从先验论角度重新阐发传统儒学的产物，是儒学发展过程中出现的一个新流派而已。只是因后来封建统治者的大力倡导和扶持，它才成为儒学的主流。因此，浙东事功学派反对理学并不意味着否定儒家学说。更何况，该派学者对理学也并不采取一笔抹杀的态度，而是批判的同时又有肯定。他们与理学家的对立不是要不要坚持儒家基本理论，而是如何理解和实践这些理论的问题。如在著名的“朱（熹）陈（亮）之辩”中，双方都以传统儒家理论为依据，彼此的分歧实际上只是各自理解和发挥的角度不同。朱熹把孔子所谓的“道”说成是以义理之心为基础的“王道”，是“亘古亘今常在不灭”的先验之物（《朱文公文集》卷三十六《寄陈同甫书六》）；陈亮则把“道”看成是与实际事物、人生日用密不可分的实在之物，强调：“夫道，非出于形气之表，而常行于事物之间者也。”（《陈亮集》卷九《勉强行道大有功》）朱熹将“义”与“利”对立起来，主张“行义理，灭人欲”；陈亮则坚持义与利的本质统一。朱熹强调“成人之道”应以“儒者之学求之”，做到“穷而有以独善其身，达而有以兼善天下”（《朱文公文集》卷三十六《寄陈同甫书十》）；陈亮则认为，朱熹所谓的“儒者”实是因循守旧之辈，真正的儒者应具备孟子所讲的“浩然之气”，做到“仁智勇之达德具于一身”（《陈亮集》卷二十八《又甲辰秋书》）。

与此相联系，浙东事功学派对前代儒家的批评，主要也是针对一些儒者对孔子学说的歪曲以及在学术研究中所表现出来的空疏学风。在事功学者看来，原本极富现实性的儒家学说经汉唐以来部分儒者的改造，已日渐沦为一种脱离实际的空洞说教。要扭转这种趋向，以重振儒学活力，就必须恢复其原有特性，并与当时的社会实际结合起来。因此，在批评前代部分儒家学者的同时，他们又以儒学的继承者自居。如永嘉事功学者薛季宣一再强调：“学者为道而舍经，犹工人而去其规墨也，虽有工锤之指，其能制器乎！”（《浪语集》卷二十九《论语直解序》）其弟子陈傅良则进一步明确表示：“凡不本于孔子而敢为异说者，岂不可畏哉！”（《止斋集》卷二十八《经筵孟子讲义》）而陈亮更是公开宣称，自己的学说是为了“发出三纲五常之大本，截断英雄差误之几微”，最终达到“立大体”、“定大略”的目的（《陈亮集》卷二十八《又甲辰秋书》）。

显然，从性质上讲，浙东事功学派并没有超越儒家范畴，更不是反儒学的典型，这就决定了该学派的学术思想必然首先来源于对传统儒学理论的继承与发展。再进一步看，这种继承和发展主要集中体现在以下三方面：

首先，浙东事功学派继承和发展了儒家传统的道德价值体系，以此作为其价值观理论的基础。陈亮等人始终十分强调坚持仁义忠孝等儒家道德规范的重要性，认为这不仅是正确做人的基本原则，也是治平天下的关键。“忠孝者，立身之大节”（《陈亮集》卷二十二《忠臣传序》）；“夫义者，立人之大节”（同上《义士传序》）；“礼乐刑政，所以董正天下而君之也；仁义孝悌，所以率先天下而为之师也”（同上卷十一《廷对》）。因此，无论何时都不能对这些道德规范有任何怀疑。“仁义礼乐，三才之理也，非一人之所能自为。三才未尝绝于天下，则仁义礼乐何尝一日不行于天下”（《水心别集》卷八《进卷·王通》）。但另一方面，一切道德只有与一定的社会实际相结合，并获得相应的效果才有真正的价值，否则便不免沦为虚伪的说教。就当时的实际情况来说，坚持仁义道德就是要致力抗金斗争和谋求国家统一的社会事功，若置国家危亡、民族危难的现实于不顾，去奢谈什么仁义忠孝，则仁义道德最多只能成为一些人明哲保身、沽名钓誉的借口。由此，浙东事功学者进而明确提出了“以利和义，不以义抑利”（《习学记言序目》卷二十七《魏志》）的观点，强调利既是“义之和”，也是“义之本”，在实践中，既要坚持“义”（仁义道德原则），又要谋求“利”（有利于社会发展的事功），做到义利的真正统一。这种义利的统一表现在价值观上，就是奋发有为的人生价值观，国泰民安的社会价值观，革新图强的政治价值观，经世致用的学术价值观，以及扬名后世的理想价值观。

其次，浙东事功学派继承和发展了儒家传统的“民本”观和“仁政”思想，以此作为其政治学说的理论内核。在浙东学者看来，导致宋王朝国弱民穷状况的直接原因是统治集团的腐败，而产生腐败的根源在于统治者抛弃了“民本”与“仁政”原则，只知对外“忍耻事仇，饰太平于一隅以为欺”（《陈亮集》卷一《上孝宗皇帝第一书》），在内“巧立名字，并缘侵取，求民无已，变生养之仁为渔食之政，上下相安，不以为非”（《水心别集》卷二《进卷·民事上》）。因此，要振兴国势，谋求中兴，首先必须树立起以民为本、施行仁政的观念，做到“顺民心”、“能爱民”，施“宽仁之政”，行“惠民之策”。可以说，浙东事功学者的政治思想都是由此展开的。如陈傅良一针见血地指出：“方今之患，何但夷狄，盖天命之永不永，在民力之宽不宽耳。”(《止斋集》卷二十《吏部员外郎初对札子》)由外,他进而提出了如何“结民心”、“宽民力”、“救民穷”的一系列具体主张。叶适也一再强调:“国本者,民欤?重民力欤?厚民生欤?惜民财欤?本于民而后为国欤?昔之言国本者,盖若是矣。”(《水心别集》卷二《进卷·国本上》)他要求统治者能“修实政”、“行实德”、“建实功”、“求实利”。而陈亮的政治革新主张更是鲜明地表现出“安邦首在安民,富民方能强国”的思想。也正因为如此,浙东事功学者还对当时已日趋僵化的君主专制提出批评,强调封建帝王应以天下为公,为百姓谋福利。有的甚至发出了“天下非一人之天下,乃天下人之天下”(唐仲友《说斋文钞》卷七《汉论》)的呼吁。

再次,浙东事功学派继承和发展了儒家传统的“夷夏观”,以此作为其抗金思想的理论依据。抗金复土,中兴国家,这是浙东事功学者所追求的基本“事功”,也是他们一生为之奋斗的主题。在回答何以必须抗金,又何以能取得抗金斗争胜利的问题时,陈亮、叶适等人的理论依据主要有二个:一是“君臣之仇”不可不报,抗金复土乃是为人臣子的基本职责和“义”之所在。“二陵之仇未报,故疆之半未复,此一大事者,天下之公愤,臣子之深责也。或知而不言,或言而不尽,皆非人臣之义”(《水心别集》卷十五《上殿札子》)。二是“夷夏之辨”不可不明。因为按儒家传统的“夷夏观”,有华夏必有夷狄,前者是“天命”之所在,“礼义”之所聚,“正气”之所存,“正统”之所续;后者则代表了“邪气”、“偏方”。故抗金斗争既是“夷夏”间的民族冲突,也是“正气”与“邪气”的尖锐对立。“中国,天地之正气也,天命之所钟也,人心之所会也,衣冠礼乐之所萃也,百代帝王之所以相承也,岂天地之外夷狄邪气之所可奸哉!”(《陈亮集》卷一《上孝宗皇帝第一书》)对金人苟和投降,就是“不思夷夏之分,不辨逆顺之理,不立仇耻之义”(《水心别集》卷十五《外稿·上殿札子》),其结果必然是“人道亡”,“皇极颓”,“礼义废”,“正气息”,最终亡国灭族。为此,浙东事功学者大声疾呼:“今日存亡之势,在外而不在内;而今日提防之策,乃在内而不在外。”(《习学记言序目》卷四十三《唐书·列传》)强调“天命人心固非偏方所可久系”,只要举国上下同仇敌忾,齐心协力,代表“正气”的南宋王朝必能战胜代表“邪气”的金王朝,“中兴”大业必能最终实现。

二、浙东事功学派的“事功”思想渊源

以义利统一观为前提、以谋求功利为手段、以实现国强民富为目的的事功学说,是浙东事功学派学术思想的核心。它虽是在坚持和发挥儒学基本理论的基础上提出的,但其中也融会了先秦以来各种功利思想及相关理论的诸多内容,从而使其在不少方面与儒家一些传统观念很不相同,有的甚至彼此对立。特别是在义利观上,儒家的正统态度是贵义贱利。从孔子的“君子喻于义,小人喻于利”(《论语·里仁》),到孟子的“王何必曰利,亦有仁义而已”(《孟子·尽心上》),再到董仲舒的“正其谊不谋其利,明其道不谋其功”(《汉书·董仲舒传》),乃至宋代理学家的“大凡出义而入利、出利(而)入义。天下之事,惟义利而已”(《二程遗文》卷十一),历代正统儒者莫不将义利对立起来,主张崇义而斥利。而浙东事功学派却特别强调义与利的统一性和不可分性,这种义利统一观在很大程度上乃是事功学者积极吸取正统儒学之外其它一些传统思想尤其是功利思想的产物。

从中国古代思想史的角度看,主张义利统一的思想最早可追溯到先秦时期的墨子和荀子。墨子是从仁义的本质及其基本表现来谈论义利关系的。他认为,“仁人之所以为事者,必兴天下之利,除去天下之害”(《墨子·兼爱中》),“所为贵良宝者,可以利民也,而义可以利人。故曰:义,天下之良宝也”(《墨子·耕柱》)。仁义的本

质在于利民、利人,亦即"兴天下之利",除"天下之害"。因此,义利是统一的。荀子虽为战国儒家八流派之一的孙氏之儒的代表,但后世儒者对其多有非议,斥其于正统儒学之外,而他的思想确实也与孔孟有所不同。在义利问题上,他把"好义"和"欲利"视为人所固有的两种天性,认为"义与利者,人之所两有也。虽尧舜不能去民之欲利,……虽桀纣亦不能去民之好义"(《荀子·大略》)。舍义纵利,则人与禽兽无异;舍利求义,则有违人之本性,实际上也无法实现。正确的态度应是以义克利,先义后利,做到"畏患而不避义死,欲利而不为所非"(《荀子·大苟》)。也就是说,欲利之追求应以义为出发点,以不超越义所允许的范围为原则。如此,则"心之所可中理,则欲虽多,奚伤于治",反之,"心之所可失理,则欲虽寡,奚止于乱"(《荀子·正名》)。这里,荀子实际上仍是偏重仁义的,但他在重义的同时又承认欲利存在的客观性和合理性。而浙东事功学者在驳斥朱熹等人"存天理,灭人欲"的观点时,也特别强调这一点,指出物欲追求乃是人的自然本性,是无法抹杀的:"耳之于声也,目之于色也,鼻之于嗅也,口之于味也,四肢之于安佚也,性也,有命焉。"(《陈亮集》卷四《问答下》)

不过,在先秦诸学派中,较明确和系统地提出功利思想的当推法家,尤其是该家学术的集大成者韩非。他在说明为什么要注重功利的问题时,主要从两方面来展开论述:其一,利欲之心人人皆有,这是由人的生存需要所决定的。"以肠胃为根本,不食则不能活,是以不免于利欲之心"(《韩非子·解老》)。其二,注重功利乃历史发展之必然,是社会进化的表现。"上古竞于道德,中世逐于智谋,当今争于气力"(《韩非子·五蠹》)。正因为人人不免于利欲之心,故必须实行法治,用法来保护和鼓励人们追求正当的"利",限制和惩罚那些不正当的求利行为;也正因为历史的发展要求人们注重功利,故正当的功利必然能推动社会的进步。而这种正当功利的最基本表现便是谋求经济发展，实现富国强兵。应该说，在韩非的功利思想中，存在着一种纯功利主义的倾向，但他把谋求功利同追求富国强兵的实际目标结合起来，这与浙东事功学者把倡言事功与抗金复土、中兴国家的现实要求相结合的思想有着相通之处。

从宋代事功思潮的发展过程来看，浙东事功学派的事功学说的产生很大程度上乃是北宋以来各种功利思想在新的历史条件下进一步发展和走向成熟的结果。这当中，李觏、王安石等人的功利之说尤值得注意。

李觏的功利学说是以其独特的义利观为基础，以强烈的富民安民思想为核心的。他在明确否定儒家传统的贵义贱利观的同时，提出了“人非利不生”、“焉有仁义而不利者乎”的观点。他说：“利，可言乎？曰：人非利不生，曷为不可言。欲，可言乎？曰：欲者人之情，曷为不可言。言而不以礼，是贪与淫，罪矣；不贪不淫而曰不可言，无乃贼人之生，反人之情。……孟子谓‘何必曰利’，激也，焉有仁义而不利者乎？”（《原文》）从这种义利统一观出发，他进而指出：“民不富，仓廪不实，衣食不足，而欲教以礼节，使之趋荣而避辱，学者皆知其难也。”（《周礼致太平论·国用第十六》）这就是说，坚持和倡导“义”，就必须高度重视富民安民这一“利”。“无惰而自安，无贼于粮食，是富民之大本，为国之上务”（《周礼致太平论·国用第三》）。正因为富民安民是国之上务，义之所出，“故先哲王皆孳孳焉以安民为务”（《安民策》第一）。可见，李觏虽反对儒家传统的贵义贱利观，但并不否定“义”这一基本原则；他大力倡言安民富民之“利”，是为了使百姓能更自觉地循礼守节，“趋荣避辱”，亦即更好地行“义”。后来，南宋浙东事功学者也正是从同样的角度入手，来进一步将坚持儒家伦理纲常（“义”）和积极倡导社会事功（“利”）有机地结合起来。

与李觏相比，王安石的功利学说更具实践性。它主要是围绕“变法图强”这一现实主题展开的，其内容主要包括四个方面：一是注重实际，反对空谈。王安石认为：“夫圣人之术，修其身，治天下国家，在于安危乱治，不在章句名教。”（《临川先生文集·上五事》）也就是说，坚持儒家原则的关键在于治国安邦的实践，而不是像部分儒者那样死抱经典、空谈修身、不务实际。二是倡导变革，反对因循守旧。王安石认为，世间万物都处于不断变化之中，“道之于两，成于三，变于五”（《临川先生文集·洪范传》），故一切制度也应顺势而变，因循守旧者，“非愚则诬”（《临川先生文集·太古》）。三是重视人才，利用人才。王安石认为，人才问题事关国之安危，善于培养、选拔、使用和保护人才是治国之道的一项重要内容，“夫天下至大器也，非大明法度，不足以维持；非众建贤才，不足以保守”（《临川先生文集·上时政事》）。四是重视发展经济，谋求国家富强。王安石的这些思想当时即为浙东学者王开祖等人所赞同和吸收，成为北宋时期浙东地区求实求利思潮日渐兴盛的一个重要推动力。而正是这种思潮的进一步发展，最终孕育出浙东事功学派。因此，尽管陈亮等人对王安石变法的某些具体措施持批评态度，如陈亮指责王安石“欲藉天下之兵尽归于朝廷，别行教阅以为强也；括郡县之利尽入于朝廷，别立封桩以为富也；青苗之政，惟恐富民之不困也；均输之法，惟恐商贾之不折也”，结果，“天下之势实未尝振也”（《陈亮集》卷一《上孝宗皇帝第一书》）。但这些批评主要是由于在如何看待社会现状、怎样开展变法活动等具体问题上的看法不同引起的，它并不涉及到要不要变法这一根本性问题。事实上，注重实际，力主变革，重视人才，发展经济，图谋国强，这些也正是浙东事功学派所积极倡导的，他们的一系列事功主张也多是围绕这些方面提出的。

由此可见，浙东事功学派的事功学说就其思想渊源而言，是多方面的，它涉及到前人有关思想、理论、观点的诸多内容，且在新的历史条件下又有所发展和完善。清人全祖望提出的“永嘉以经制言事功，皆推源以为得统于程氏，永康则专言事功而无所承”（《宋元学案》卷五十六《龙川学案》）的观点，显然是有失偏颇的。

三、浙东传统学术思想对浙东事功学派的影响

浙东事功学派的产生，与汉唐以来尤其是北宋以来浙东地区学术思想的发展有着直接的关系。

在历史上，浙东学术的崛兴始于东汉后期，其代表人物就是古代唯物主义思想家王充。他所提出的一系列理论思想和观点对后世浙东学者，尤其是浙东事功学者颇具启发性。这当中，比较重要的主要反映在四个方面：第一，王充继承和发展了先秦以来的“气一元”唯物论思想，认为物质性的“元气”是构成天地万物的基本元素。人也一样，是由天地之气互相交合而产生的，故而就其自然属性而言，与物并无区别，“虽贵为王侯，性不异于物”（《论衡·道墟》）。这种物质生万物的朴素唯物主义自然观为后世历代不少浙东学者所继承。及至南宋，叶适等永嘉事功学者又进一步加以系统化，使之成为他们事功学说的哲学基础。第二，王充否定了唯心的经验论，代之以唯物的认识论。他把认识的源头归之于实践，认为无论是圣贤还是常人，其知识都是后天形成的，生而有知的人是不存在的。“天地之间，含血之类，无生知者”（《论衡·实知》）。另一方面，既然认识来自实践，则判别认识是非的标准也只能是实践，“考之以心，效之以事，浮虚之事，辄立证验”（《论衡·薄葬》）。后来，浙东事功学派也正是从这种思想出发，抨击理学家的空疏和虚妄，强调一切理论学说必须经过实践验证并取得实际效果才显示其价值。第三，王充坚持历史进化论，反对历史退化观。他认

为,社会是不断发展的,这是历史之必然趋向,非天神圣贤所能决定:“国当衰乱,贤圣不能盛;时当治,恶人不能乱。”(《论衡·后期》)因此,那种言必称上古、行必效圣哲的思想是荒谬的。“讲瑞则上世为美,论治则古王为贤,睹奇于今,终不信然。使尧、舜更生,恐无圣名”(《论衡·宣汉》)。这种鲜明的社会进化论无疑是浙东事功学派历史发展观的重要思想来源。而正是基于强烈的历史发展观,陈亮等人猛烈抨击崇上古而贬汉唐、尊尧舜而贱汉祖唐宗的理学历史退化观,强调只要有利于社会进步,顺应历史潮流,就是“圣贤事业”,“典范之举”。也正是从历史进化思想出发,浙东事功学者强调凡事都应因时而异,顺势而变,特别是在“版舆之地半入于夷狄,国家之耻未雪,臣子之痛未伸”,社会危机日趋严重的严峻形势下,更应“思所以变而通之”,否则,“维持之具穷矣”(《陈亮集》卷一《上孝宗皇帝第三书》)。第四,王充在主张实行德治、强调礼义纲常重要性的同时,又明确反对空谈礼义,认为实行礼义应以人民的丰衣足食为基础和前提。“让生于有余,争起于不足,谷足食多,礼义以生;礼丰义重,平安之基立矣。……由此言之,礼义之行在谷足也”(《论衡·非韩》)。在王充看来,礼义并非是脱离实际的抽象之物,而是与社会经济生活密切相关的。国家之兴衰,社会之治乱,最根本的因素是百姓生活的稳定与否,这既是礼义能否推行的关键,也是礼义能否发挥实际功效的关键。换言之,礼义的本质无非是保持社会稳定、确定社会秩序的一种手段,它不是超越现实的万能之物,而只能落实到具体社会生活中并接受社会现状的支配。显然,在王充的思想里,具有某种试图将纯实用的功利主义与超现实的道德理想主义两种极端化倾向糅合起来的趋向,而这种趋向在浙东事功学派那里最终被发展成为一种系统化的理论思想,即将功利与道德有机统一和结合于一体的具有鲜明现实主义特征的事功学说。

王充之后，对南宋浙东事功学派更具直接影响的是以“庆历五先生”、“永嘉九先生”以及王开祖等为代表的北宋浙东学术。这些学者虽多是早期理学流派湖学、洛学、关学在浙东的主要传播者，但在传播过程中，又有自己的创见，尤其是积极发展了早期理学中的求实、经世思想，从而呈现出与中原理学不同的学术发展趋向。

“庆历五先生”是指北宋中期生活于明州（今浙江宁波市）一带的杨适、杜醇、王致、王说、楼郁五位学者。他们在传播湖学的同时，注重学术研究的致用性，善于总结历史经验。如杨适“治经不守章句”，“善言治道，究历代治乱之原”；而王说更是“讲贯经史，倡为有用之学，学者宗之”（《宋元学案》卷六《士刘诸儒学案》）。“永嘉九先生”是指北宋中后期生活于永嘉地区（今浙江温州市）的周行己、许景衡、沈躬行、刘安上、刘安节、戴述、赵霄、张辉、蒋元中九位学者。他们在学术研究中所表现出来的求实致用倾向较“庆历五先生”更为鲜明，特别是对社会现状多有深入分析和评判，并提出一系列变革主张。如许景衡在《上十事札子》中详论现实政治十大弊端，要求最高统治者“轻赋役，慎命令，明赏罚，平寇资，严武备，汰奸贪，抑亲党，申公论，以革往事之弊”（《宋元学案》）卷三十二《周许诸儒学案》）。刘安上多次抨击蔡京等人把持下的腐败朝政，并愤然表示：“虽斩臣头以谢蔡京，斩京头以谢天下，臣死之日，犹生之年。”（《给事集》卷一《再论蔡京》）刘安节则提出了“道与时变，法随俗易”的变革思想，强调不仅统治方式要因时而变，礼义规范也应顺势而异，做到“因时以制礼，因礼以定名”（《刘左史集》卷二《时见日会》），如此方可长治久安。不仅如此，“永嘉九先生”还在一定程度上开始越出“以道为本”的理学唯心观樊篱，初步提出了“道在物中”的唯物论思想。如刘安节认为，道与物是密不可分的，“有道必有物，无物则非道；有物必有道，无道则非物”；物与道是在运动中达到统一的，“道行不已，物之形生；物生不已，道之运所以著”(《刘左史集》卷三《行于万物者道》)。显然,这里所谓的“道”已不是理学家所说的先验性抽象之物,而是指体现于万物变化过程中的内在规律。由此出发,刘安节进而提出了义利合一的观点,认为“弃义逐利”固然不行,“塞利取义”同样也是片面的,正确的态度应是“见利而思义”,“以义而受利”(《刘左史集》卷二)。

如果说,“庆历五先生”和“永嘉九先生”基本上仍局限于在理学范围内表现出既重经义又重实用的倾向,从而在一些方面为浙东事功学派的产生奠定了基础的话,那么,另一个北宋永嘉学者王开祖则在浙东事功思潮的兴起过程中更有开创性作用。

王开祖积极吸取王安石、李觏等人的功利学说和变法图强思想,并将其与浙东学术中传统的求实精神有机结合起来,以此来构建自己颇具事功倾向的思想体系。他反对空谈义理,主张重视实际,认为坚持“孔孟之道”的关键在于联系现实并付诸实践,高谈阔论,“知孔子之言而不行孔子之道”,实与“不知孔子之道”一样;若将孔子学说神秘化,教条化,则“六经之道,反不如今之著”(《儒志编》)。他注重史学研究,倡导学术研究的经世致用。认为研究历史有助于探寻振兴国势的有效方法与途径;强调从历史上讲,上古圣贤制定礼义规范的实质在于谋求国富民安的“太平之世”,因而评价历史人物的标准在于其行为是否利国利民。他推崇变革,嗤斥守旧,认为“无变通之略”,便不可能有“过人之功”,社会的进步就是通过不断地变革取得的。总之,王开祖虽因英年逝世(死时年仅 32 岁),许多思想和理论观点未能深入展开,但他在很大程度上已为随后兴起的浙东事功思潮尤其是永嘉事功之学奠定了主要理论框架。诚如南宋永嘉学者许及之在《儒志编序》中指出:“永嘉之学,言宗师者,首推王贤良(即开祖)。”(《慎江文征》卷三十一)而同时期另一永嘉学者陈谦更明确地称王开祖是永嘉事功之学的“开山祖”(《儒志编》附录)。

除了上述思想和理论方面的影响外，还值得一提的是，浙东传统学术在自身发展过程中逐步形成的一系列优良学风对浙东事功学派也有很大的影响。如不拘门户之见，博采众家之长；敢于批判否定，勇于开拓创新；注重社会实际，讲求实功实效；重视史学研究，坚持古为今用等等。正是在进一步发扬光大这些优良学风和意识的基础上，形成了浙东事功学派的爱国、求实、批判、创新、兼容、变革、有为等精神。

四、余　　论

南宋浙东事功学者的学术视野是相当广阔的，研究内容极为繁杂，几乎涉及到当时诸多学科的内容和社会生活的各个方面。如陈亮一生所探讨的问题，涉及世界观、人生观、伦理观、认识论等哲学内容；创作观、文学观等文学内容；治国之道、君臣关系、变法革新等政治内容；农商关系、财富分配、土地制度、赋税和财政体制等经济内容；军队体制、用兵之道、抗金谋略、战争观等军事内容；学校制度、科举改革、教育理论、人才选拔等教育内容；以及诸如江河淮汴、量度权衡、宗教道观、民俗风情、农田水利、妇女生活等其它实际问题。叶适还进而探讨了货币、人口、国民经济管理和逻辑学、人才学等内容。另外如地理学、金石学等方面的不少问题也在事功学者的讨论范围内。研究领域如此之广泛，探讨问题如此之浩繁，由此而形成的学术思想体系如此之庞大，加上不拘成见、善于吸收的学术风格和求实求真的为学精神，使浙东事功学派在学术思想渊源上明显呈现出多向化、灵活性、实用性的特点。本文上面所述，只是其中最主要的几个方面。

当然，在众多学术思想渊源中，儒家学说无疑是最基本的。但与众不同的是，浙东事功学者对传统儒学基本理论的继承，不是简单地因袭和发挥，而是一种改造，是以浙东学术固有的求实创新精神，努力将儒家基本理论与传统的功利思想和其它相关思想融合于一体的一种尝试。从这个意义上讲，浙东事功学派不能算是一个“纯正”的儒家流派。另一方面，也应看到，浙东事功学派毕竟没有超越儒学范畴，他们所倡导的“事功之学”与朱熹的“道学”、陆九渊的“心学”和吕祖谦的“吕学”等著名的理学流派其实并无本质上的差异和本源上的对立。就宋代儒学的发展过程而言，它们都是自北宋中期兴起的儒学改造和复兴运动进一步发展与分化的产物，故历来有不少学者将浙东事功学派视为宋代理学思潮中的一个流派，并归其思想来源于二程。如元人刘埙说：陈亮“其在理学，则以程氏为本”（《隐居通议·论陈龙川二则》）。清人黄百家也认为：“永嘉之学，薛（季宣）、郑（伯熊）俱出程子。”（《宋元学案》卷五十六《龙川学案》）而现代史学家范文澜则更是直呼陈亮等人为“别一派理学家”（参见范文澜：《中国通史简编》第五章第三节）。

还需要指出，由于浙东事功学派富于开拓创新精神，其学术思想的不少内容属于思前人所未思、论前人所未论的新思想、新观点。如陈亮的“农商相藉”、“农商一事”思想，叶适的人口流动与管理、货币本质论等。对此，有关学者已有详论，本文不再赘言。

（本文选自《孔子研究》1998年第2期）

陈国灿，浙江师范大学历史系副教授，主要从事宋史及浙江地方史研究。

南宋中期，在浙东地区涌现出以陈亮为代表的“永康之学”和以叶适为代表的“永嘉之学”，这两大学派在学术思想上非常接近，俱以讲实事、究实理、求实效、谋实功为特色，故被统称为“浙东事功学派”,或称为“浙学”。本文对南宋浙东事功学派的学术思想渊源作了考察,认为浙东传统学术思想是南宋浙东事功学派学术思想的一个重要源头。

宋代蜀学概述

栗品孝

本文以“朱熹与宋代蜀学”立题，关于朱熹，人们比较熟悉；关于“蜀学”及“宋代蜀学”情况，人们可能较为生疏。所以，这里先就“蜀学”一名进行探究，并对“宋代蜀学”的发展演变作一概述，是非常必要的。

一、“蜀学”释名

“蜀学”一词，早在东晋常璩所著《华阳国志》中的《蜀志》和《先贤士女总赞·张宽》两处就有明确记载，意谓：文翁来守蜀郡，乐于教化，“选吏人子弟就学”；同时派遣张宽等18人赴京师长安学习儒家“七经”，归来后又任教郡学，很快形成“蜀学比于齐、鲁”的局面；受此影响，“巴、汉亦立文学（按指学校）”、“巴、汉亦化之”。这里的蜀、巴、汉分别指汉初设立的蜀郡、巴郡、汉中郡，大部分在今四川和重庆地区（按：四川古称巴蜀，简称蜀，长期辖有最近分出的重庆市，故本文亦将现在重庆所辖地区作为古代四川的组成部分）。常璩大约是本于《汉书·文翁传》，该传记载与上述略同，并谓：“蜀地学于京师者比齐、鲁焉。”结合这种对比，我们认为，这两处“蜀学”，不是汉初“齐学”、“鲁学”那样的经学派别，也不是指蜀郡学堂（当时郡国立学蜀郡最早，之后才由汉武帝下诏推广全国，不存在蜀郡学堂与齐鲁比美的问题），而是指蜀郡的儒学传播及由此带来的尚文好学之风。当然，由于“巴、汉亦立文学”，这里的“蜀学”也可统称当时四川的儒学发展状况。

不过，文翁兴学，首创蜀郡学堂，影响极大。后来历朝历代以此为基础都建有成都官学，人们也称为“蜀学”。这种意义的称呼究竟始于何时，尚需考订，但在宋代这样的称呼已很普遍。如北宋熙宁四年（1071 年）吕陶写道：“蜀学之盈冠天下而垂无穷者，其具有三：一曰文翁之石室，二曰周公之礼殿，三曰石壁之九经。”（吕陶：《净德集》卷 14《（成都）府学经史阁落成记》，文渊阁四库全书本）南宋李石任成都府学教授，自谓“典蜀学”（李石：《方舟集》卷 1《送浩侄成都学宫》，文渊阁四库全书本），并形成“蜀学之盛，古今鲜俪”（邓椿：《画继》卷 3，文渊阁四库全书本）的局面。史学家李心传有感于“郡国之学，最盛于成都”，在史书中专立“蜀学”条目，叙述当时成都府学的情况（李心传：《建炎以来朝野杂记》甲集卷 13《蜀学》，文渊阁四库全书本）。即使到清朝末期，这样的称呼仍然存在，如刊于光绪二十七年（1901 年）的《蜀学编》有伍肇龄序，提及“宁河高曦亭先生督蜀学”。以上“蜀学”称呼，都是指封建政府在四川成都设立的官办教育机构——学校。本文所论不是这个范围。

“蜀学”开始具有学派的意义是在北宋中期。当时党派相争和学术学派争鸣都相当激烈，二者具有深刻的内在联系。先是以王安石为首的熙丰党人和以司马光为首的元祐党人斗争，表现出“荆公新学”和“元祐学术”的不同；后来元祐党人又分化为洛党（以程颐为首）、蜀党（以苏轼、苏辙为首）和朔党（以刘挚等人为首），相互斗争，其主要原因之一也是由于各自的学术持守有别，这在洛蜀之间尤为分明，所以时人王岩叟指出：“二党（指洛蜀两党）道不同，互相非毁。”① 即洛蜀之争主要是洛学和蜀学之争在政治上的表现。作为学派意义的“蜀学”就是在这时产生的。故南宋川籍学者李石指出:“王安石以新说行,学者尚同,如圣门一贯之说僭也。先正文忠公苏轼首辟其说,是为元祐学人谓之蜀学云。时又有洛学,本程颐;朔学,本刘挚,皆曰元祐学,以攻新说。”(《方舟集》卷13《苏文忠集御叙跋》)这里作为与王安石“新学”相反对、与洛学朔学相鼎立的“蜀学”,是指草创于苏洵、形成于苏轼苏辙兄弟的学术流派。它既是当时“学统四起”(《宋元学案·序录》)、学派争鸣的产物,也是朋党相争的结果。大致可以说,从概念上讲,是先有“蜀党”后有“蜀学”;从思想上讲,则是先有“蜀学”后有“蜀党”。所以,既可如侯外庐先生所谓:“元祐时代出现的洛学和蜀学之争是洛蜀党争的反映。”(侯外庐主编:《中国思想史纲》上册,第294页~第295页,中国青年出版社,1991年)也可以说,元祐时代的洛蜀党争是洛学和蜀学分歧在政治上的表现。

“蜀学”作为苏氏学派的代称,终宋一代,使用频率似乎并不高。一般学者为明确起见,喜称苏氏之学(简称苏学),或因其籍里称为眉山之学。但苏学在后世影响巨大,所以后来许多学者一提蜀学,便明为苏氏之学,如《中国历史大辞典》“思想史”卷就是这样;侯外庐先生主编《中国思想史纲》),在“北宋唯心主义道学的形成”一节中,也以“蜀学的唯心主义”为题专论苏氏学派。

但是,仅宋代而言,不但苏轼、苏辙是知名的大学者,他如范祖禹、李焘、张栻、李心传、魏了翁等学者也享誉全国,有很高学术造诣。《宋元学案》的编撰者注意到这种情况,所以这部书里“蜀学”

① 王岩叟:《王公系年录》,转引自朱熹《伊川先生年谱》,载程颢、程颐《二程集》,第344页,中华书局点校本,1981年。以下凡引二程《遗书》、《外书》、《文集》、《粹言》,均出自《二程集》。

就不只指苏氏之学,也泛指宋代四川的儒学思想状况。在特辟《苏氏蜀学略》专卷的同时,还多次提到蜀学,如宇文之邵为“蜀学之先”,“蜀学之盛,终出于宣公(张栻)之绪”等。近人夏君虞先生则更明确指出:“宋学中的蜀学,通常只指言苏洵、苏轼、苏辙父子兄弟三人。……苏轼所领导的学子确实很多,势力真大,曾经与程颐的门下起过蜀洛党争。苏轼的学问也有特别的地方,颇有成一派的资格。不过,既谓之蜀学,当然以四川一省的学问为对象。苏氏一支固然是蜀学,苏氏一支以外的也不可略去不说。凡是四川人创造的,或者是别人创造而为四川人奉行的学问,可谓之蜀学……还有,虽不是四川人,而是奉行蜀学,或者说是学于蜀的,也不能说不是蜀学。”(夏君虞:《宋学概要》,第 93 页,商务印书馆,1937 年版)并举列眉山苏氏、华阳范氏、丹棱李氏、绵竹张氏、蒲江魏氏、井研牟氏作为蜀学的“基石”。这种看法既重地域又不为地域所限,对研究宋代蜀学颇资启发。

不过,正如苏氏一家不能专蜀学之美,宋朝的四川也难以专蜀学之美。在明清时期,学者注意整理、总结传统文化,关学、洛学、北学等相继打破朝代限制,而涌现出自己通史性质的学术类编,即《关学编》、《洛学编》、《北学编》等。受此影响,清末方守道等人根据《北学编》体例,从汉代张宽列起,将由汉迄清著名的川籍蜀儒传记纂汇成书,谓之《蜀学编》。这个“蜀学”,就是指古代四川的儒学;严格说来,是指古代四川人的儒学思想。这与前面提到的东晋常璩所称蜀学的内涵是一致的。特别值得一提的是,高赓恩在《重刻蜀学编序》中,将蜀学学者分为“洙泗之派”、“伊洛之派”、“湖闽之派” 和“津会姚泾之派”等,对研究整个蜀学发展状况有一定参考价值。

当然,蜀学不会仅指古代四川的儒学,往往也泛指古代四川的学术文化。如近人傅增湘“表彰蜀学”(《宋代蜀文辑存·序》,香港龙门书店影印本,1971 年)而特辑《宋代蜀文辑存》,即持这一观点。刘咸炘著《蜀学论》,对古代四川文学、史学、哲学、医学等进行概略描述,并指出:“统观蜀学,大在文史。”(《推十书·推十文集》卷1《蜀学论》)前文提到的苏氏蜀学,往往也泛指苏氏在各个领域的学术成就,不仅包括它的儒学义理,还包括文学、史学、科技等内容。

还要指出的是,近代四川学术再度发达,涌现了像廖平这样杰出的经学大师,一些学者如蒙文通先生遂提出重振蜀学的构想(蒙文通:《议蜀学》,附载廖幼平:《廖季平年谱》,巴蜀书社,1985 年)。而且,学术的发展因时代的剧变而成新的动向,为配合蓬勃兴起的维新运动,一些进步的四川学者成立“蜀学会”,创办《蜀学报》,宣传变法。这个“蜀学”,虽然仍带有很深的传统经学的烙印,但已注入时代的新意而具有维新学派的意义了。不过,从广泛的意义上讲,它仍是指带有四川特色的学术文化。

综上所述,对“蜀学”的理解关键在“学”上,一类是学校,指封建政府在四川成都建立的官府学堂;一类是学术。后者又可分为两类,一种是以笼括各种学术文化为标准,或指整个古代四川的学术文化,或专指苏氏蜀学;另一种是以儒学为范围,具体有三:一是指西汉以来的蜀中儒学,二是指宋学中的蜀学,即宋代四川的儒学,三是指苏氏儒家义理之学。当然,这种划分也是相对的。我们认为,广义的蜀学应包括四川历史上的各种学术。本文所研究的蜀学,则范围在儒学领域,即宋代蜀学主要是指宋代四川的儒学发展情况。

二、宋代蜀学的发展演变

宋代蜀学是古代四川文化长期发展的结果,是古代蜀学的重要一环。纵观古代蜀学的发展,大致可划分为四个时期:两汉三国是蜀学形成和较快发展时期,两晋隋唐是蜀学缓慢发展时期,宋代是蜀学的高峰时期,元明清(截至公元 1840 年前)是蜀学跌入低谷又逐步恢复发展时期。

作为宋学的重要组成部分,宋代蜀学随宋学的发展而不断发展,也受政治局势多方面的影响而逐渐呈现出一些新的变化,主要经历了草创、崛起、转型、鼎盛和衰落五个阶段。现概述于下。

(一)宋代蜀学的草创(宋初至仁宗嘉祐元年,公元 960 年—1056 年)

宋初至仁宗嘉祐以前近百年的儒学圈内,是宋学艰难孕育的过程。伴随古文运动和儒学复兴运动的开展,宋初以来的儒学发展正经历着巨大的变化,尤以庆历前后的学风转变最为关键,至嘉祐初期欧阳修成功地主持贡举,标志着宋学进入正式形成时期。

与宋学准备相一致,宋代蜀学也有一个较长的草创阶段。唐末五代时期,四川没有经历中原式的剧烈动荡,社会相对安定,经济比较富庶,又有大量的衣冠士族入蜀,前后蜀政权也很重视文化教育,所以本身文化基础较好,以致“宋初文人大都吴、蜀遗臣”(《推十书·文学述林》卷 2《宋元文派略述》);但另一方面,宋初平蜀多杀,又加重搜刮,导致四川变乱迭起,成为宋初辖境的多事之区,蜀人对此甚为不满,“虽知向学,而不乐仕宦”(范镇:《东斋记事》卷 4,中华书局点校本,1980 年),蜀学发展受到很大局限。这一情况延续了较长时间,尤以文化相对发达的成都和眉州地区为突出。

而改变这一不利局面者,以两知益州(今四川成都)的张咏为关键。张咏(946 年—1015 年)字复之,号乖崖,濮州鄄城(今山东鄄城)人。其治蜀,恩威并用,政绩显著,“为天下最实”(《净德集》

卷14《巡抚谢公画像记》),不但相对稳定了四川局势,也引导四川学者科举入仕,从而促使蜀学向外发展。在张咏入蜀前,四川学者就比较好学,如在成都就围绕乐安先生任奉古而形成一个较大规模的学术团体,知名者有张及、杨锡、李畋、任玠、张逵等人,他们结为"文学友","咸治经义于乐安先生。悉潜心于'六教',然后观史传,遍百家之说,探奥索微,取其贯于道者,既积中而发外,遂下笔著文"(张及:《哀亡友辞》,载黄休复:《茅亭客话》卷7,文渊阁四库全书本)。这显然符合古文运动的宗旨,即文以载道。他们潜心"六教",求其"经义"而不是拘于章句训诂;以儒为本,又能百家会通,"取其贯于道者",这些也都符合儒学复兴运动和宋学发展的内容。而且,这种教学方法还颇类于"宋初三先生"之一的胡瑗所创立的"湖学"经义斋的教育,但与胡瑗把学者向"道"的方向引导不同,任奉古是引导学者向"文"的方向发展。

张咏在太宗淳化年间(990年—994年)入蜀,就是从这个学术团体中选拔张及、李畋、张逵三人赴京应考。最后"三人者悉登科,士由是知劝"(《宋史》卷293《张咏传》),从而初步改变了先前学者多读书少应举的状况,这促进了蜀学的进一步发展,南宋蜀人阮昌龄就说:"蜀秀无闻,公(张咏)荐其三,翩然凌云,企慕承化,儒风大振。"(阮昌龄:《录名词》,载杨慎编《全蜀艺文志》卷49,文渊阁四库全书本)没有应举的任玠也趁此良机,在文翁石室"大集生徒,讲说'六经'",并促成"蜀中儒士成林"(《茅亭客话》卷10《任先生》)的兴盛局面。

就是在这样的环境下,陵州(今四川仁寿,与成都近邻)学者龙昌期成长起来,在全国产生了较大影响。龙昌期(971年—1059年)字起之,号竹轩,世称武陵先生。他"生于遐僻,学有本原","励志坟典,游心圣奥","浮英华而沈道德,先周孔而后黄老","窥古今治忽之原,穷圣贤百通之旨"(文彦博:《文潞公文集》卷11《送龙昌期先生归蜀序》,文渊阁四库全书本),即是以儒学为本,贵义理而不尚词章。他又能“旁通百氏,阐发微言”(《宋赐龙昌期敕并文潞公札子》,载刘喜梅编《金石苑》第6卷,刘氏来凤堂刻本,道光二十八年〈1848年〉),即注意融合包括佛老思想在内的诸子百家。这些也是符合宋学学者普遍的治学手法。同时,龙昌期治学强调自得和创新,且有很高造诣,从其受学,后来成为名相的文彦博就说:他“藏器于身,不交世务,闭关却扫,开卷自得”(文彦博:《文潞公文集》卷11《送龙昌期先生归蜀序》,文渊阁四库全书本),“别注‘六经’,颇有新义,高出诸儒之疏舛,洞见圣人之旨归”(《宋赐龙昌期敕并文潞公札子》)。著述甚富,凡二十余种,广涉儒、佛、道三家以及阴阳、兵、名、杂诸家。[①]在当时也享有很高声誉,以致“名动士林,高视两蜀”,“缙绅之流,靡不推服”(文彦博:《文潞公文集》卷11《送龙昌期先生归蜀序》,文渊阁四库全书本)。只可惜他长期隐处,仕宦不显,又因“指周公为大奸”,触犯天条,被一代名儒欧阳修等人斥为“异端害道”(王得臣:《麈史》卷下《谗谤》,文渊阁四库全书本),结果受到长期禁锢,以致书版被毁,学术无闻。

可见,这一阶段蜀学不但完成了学者由“不乐仕宦”向科举入仕的转变,形成“儒风大振”的新局面,并涌现出“名动士林”的卓越学者龙昌期,表明自宋朝建立以来近百年间蜀地学术的继续发展和明显变化。其中以儒为本而又百家会通,特别是三教调和的学风,为即将崛起的苏氏蜀学所继承和发展。

(二)宋代蜀学的崛起(仁宗嘉祐二年至徽宗崇宁元年,公元1057年—1102年)

---

① 参见许肇鼎:《宋代蜀人著作存佚录》,第435页—第436页,巴蜀书社,1986年;吴天墀:《龙昌期——被埋没了的“异端”学者》,载邓广铭、漆侠主编:《宋史研究论文集》,河北教育出版社,1989年

宋仁宗嘉祐二年(1057年)欧阳修主持的贡举考试,对宋学发展具有重要意义。张载、曾巩、程颢、苏轼、苏辙这些后来的大学者,都是此榜的进士高第,标志着古文运动和儒学复兴运动的巨大胜利。之后,宋学新派纷呈,主要有王安石"新学"、司马光朔学、张载关学、二程洛学和苏氏蜀学等,它们竞相发展,互争高下,表明宋学的正式形成和初步繁荣。其中王安石"新学"取得了官学地位。

以苏氏蜀学的异军突起为标志,宋代蜀学也开始崛起。还在嘉祐元年(1056年),四川眉山学者苏洵和二子苏轼、苏辙来到京师,拜谒了当时的文坛领袖欧阳修。欧阳修对三苏文章大为称叹,特别对苏洵说:"予阅文士多矣,独喜尹师鲁(即尹洙,长于古文)、石守道(即'宋初三先生'之一的石介,长于儒理),然意常有所未足。今见君之文,予意足矣。"(苏辙:《栾城后集》卷12《颍滨遗老传上》,四部丛刊本)恰逢苏轼兄弟金榜题名,于是"一日父子隐然名动京师,而苏氏文章遂擅天下"(欧阳修:《欧阳文忠公集》卷34《故霸州文安县主簿苏君墓志铭》,四部丛刊本)。

三苏固然以卓尔不群的文章议论首先著称,并名重当代后世;同时在儒家经学领域、在体现宋学时代特征的心性义理方面,也有很高造诣,并自成体系,有着自己鲜明的思想特征。第一,重视"权变"和"人情"。苏洵说:"圣人之道有经有权有机","仲尼之说,纯乎经者也;吾之说,参乎权而归乎经者也"(苏洵:《嘉祐集》卷4《衡论上·远虑》、卷9《谏论》,四部丛刊本)。拈出为正统儒家长期讳言的权变思想,并把它与儒家经学结合,且以"六经"为归宿,旨在丰富和完善"圣人之道"。与此一致,苏氏也重视"人情",曾说:"夫圣人之道,自本而观之,皆出于人情。""夫'六经'之道,惟其近乎人情,是以久传而不废。"(苏轼:《苏轼文集》卷2《中庸论(四)》、《诗论》,中华书局点校本,1986年)正由于苏学强调"权变"和"人情",不像理学那样抬高礼法,即"礼者,亦理也"(《河南程氏遗书》卷

3)，而是认为“礼者，器也”(《栾城后集》卷 9《历代论·王衍》)，礼只是达道成理的工具而已；也不认为性善情恶，而是说：“性之于情，非有善恶之别也。方其散而有为则谓之情耳。”(苏轼：《东坡易传》卷 1，文渊阁四库全书本)认为情是性的多种合理表达形式，没有善恶的绝对之分。这样，苏学虽然也讲“复礼”、“复性”的为学修养方法，但并未建立起一套如理学那样严密的涵养工夫，从外在的繁文缛节、庄敬持重到内心的绝欲去情、主敬立诚，并发展到“存天理，灭人欲”的地步。苏氏认为这些违反人情，不达权变，表现得过于刻板拘持，所以有“几时得与他打破这‘敬’字”的惊人之语(黎靖德编：《朱子语类》卷 130，中华书局点校本，1986 年)，所以其学被人讥为“纵横之学”，其行被斥为“乐放纵，恶拘检”(朱熹：《朱熹集》卷 30《答汪尚书(四)》，四川教育出版社点校本，1996 年)，而苏轼亦“素疾程颐之奸”(《苏轼文集》卷 32《杭州召还乞郡状》)，谓其“不近人情如王介甫(安石)”者(邵伯温：《邵氏闻见录》卷 13，中华书局点校本，1983 年)。

第二，注意融合而不是批判佛老思想。以儒为本，而又融合佛老，这是代表宋学主流的治学路径。但正统理学家一般既有吸取，又讳言吸取，且大展“毫厘之辨”工夫，对佛老思想进行公开而激烈的批评，旨在维护儒家正统。而苏氏正统意识不强，曾说：“正统者，名之所在焉而已。……名轻而后实重。吾欲重天下之实，于是始乎轻正统。”(《苏轼文集》卷 4《正统论三首》)具体在三教关系上，就是宣扬儒佛道同：“孔老异门，儒释分宫，又于其间，禅律相攻。我见大海，有北南东，江河虽殊，其至则同。”(《苏轼文集》卷 63《祭龙井辩才文》)这样，他们就公开进行三教融合，公开吸取其有利于儒学发展的内容，对佛老流弊虽也有指弹，但始终承认其存在的社会合理性，有“不可去之理”，有“不去而无害于世者”(苏辙：《栾城三集》卷 6《策问(二)》，四部丛刊本)，反对绝灭其学的做法。

而且,苏学也认为三教各有特点,其中佛老长于“道”,儒学长于“器”(指礼乐刑政),二者不可偏废,应结合起来推行于世,尤其不可“舍礼乐刑政”去推行佛老之道,否则“其弊必有不可胜言者”(《栾城后集》卷10《历代论·梁武帝》)。显然,其真实目的无非是要将佛老之道纳入儒学体系,以充实和完善儒家治国方略。苏辙《老子解》就是这样的代表作。这种吸取佛老以发展儒学的思想,完全符合宋学和儒学复兴运动的时代精神;但公开宣扬三教合一,甚至以佛老之“道”为长的思想,则与强调儒学道统的理学有明显不同。这就难怪理学正统派要激烈反对苏学,甚至不惜以“杂学”、“邪学”加以讥贬了。

苏氏蜀学的这两大特色,构成了苏学独立成派的基础。与当时各大学派相比,除王安石“新学”与此第二个特色有一致或者相通的地方外,周敦颐、张载、邵雍、司马光、二程(程颢、程颐)等人的学术都与此不同。苏学这种鲜明的思想特征,既植根于蜀地固有的学术传统,也反映了宋代学术发展过程中如何对待传统文化,如何对待儒、释、道三教的关系,如何建立一种新的儒学范式的内在矛盾,因而它有广泛的文化基础和发展空间,并能够挟其雄杰挺拔的文章议论而长期流行,抗衡于王安石“新学”和以程朱为代表的理学,予宋学发展面貌以重大影响。刘子健先生说得好:“到了北宋中期,蜀学(指苏氏蜀学)就异军突起,一方面和洛、朔旧学(分别指二程洛学和司马光朔学)抗衡,一方面和江西新兴的思想(指王安石‘新学’)竞争。”(刘子健:《〈宋代蜀文辑存〉重印小引》,载该书卷首)

除了三苏之外,当时蜀学发展还涌现了其他一些著名学者。如成都人范祖禹“高文博学”(《苏轼文集》卷50《与范元长书(八)》),盛称一时,所著《唐鉴》最为有名。该书择取有唐一代的重大史实,“折以义理”(范祖禹:《范太史集》卷13《进〈唐鉴〉表》,文渊阁四库全书本),即以理学思想为指导,阐发儒家纲常伦理,成为宋代义理史著的典范之作。另外,还有号称“蜀学之先”的绵竹人宇文之邵、“蜀学(指苏氏蜀学)之魁”的成都学者吕陶(《宋元学案》卷6《士刘诸儒学案》、卷99《苏氏蜀学略》)、为“宋初三先生”之一的孙复推赏的阆中人鲜于侁(《宋史》卷344《鲜于侁传》),以及“专治经术,工古文”的绵竹人杨绘(《宋史》卷322《杨绘传》),等等。

总之,这一阶段是蜀学发展的第一个高潮时期,形成了苏氏蜀学这一宋学的主要流派,对全国和四川的学术发展都给予了深远影响。之外,还有开创以理学治史风气的范祖禹以及其他一些著名学者,大大促进了蜀学的发展,显示出蜀学的初步繁荣。

(三)宋代蜀学的转型(徽宗崇宁二年至高宗绍兴二十五年,公元1103年—1155年)

徽宗、钦宗和高宗三朝,由于党争激烈,政局动荡,学术发展受到很大制约。特别是崇宁二年(1103年)起,大禁“元祐学术”二十余年;绍兴十四年(1144年)起,又禁以二程、张载为代表的理学十余年,直到绍兴二十五年(1155年)秦桧死方才缓和。这样,学术发展很不畅达,宋学步入了低谷时期,儒学复兴运动转入低潮。当然,学术有它自身的发展规律,宋学在复杂的环境中仍在缓慢地前移。总的来看,王安石之学与“元祐学术”继续对立和斗争,并与二程洛学和苏氏蜀学一起,逐渐成为社会流行的主要学派。这一格局直接影响了南宋学术的发展面貌。

这一时期蜀学发展也呈现出一些新的变化。首先是苏氏蜀学继续广传。有学者研究指出:“在北宋后期的文坛上,占主要地位的是出于苏轼门下的一批作家。”(程千帆、吴新雷:《两宋文学史》,第179页,上海古籍出版社,1991年)进入南宋,高宗爱好苏文,“学者翕然从之”。四川更为突出,即“蜀士尤盛”(陆游:《老学庵笔记》卷8,中华书局点校本,1979年),“蜀人大率以三苏为师”(汪应辰:《文定集》卷15《与朱元晦〈十〉》,文渊阁四库全书本)。苏氏不但以文学著称,也有自成体系的思想,所以苏文的流行必然导致苏学传播的扩大和影响的深入。此以四川学者为例,如资中人李石,"文字渊源出于苏氏"(纪昀、永瑢:《四库全书总目》卷159《方舟集》,中华书局影印本,1965年),既继承苏氏文风,思想上亦近苏学。如论儒释道三教关系,认为佛老"以为圣人(孔孟)之助甚多",不宜如韩愈以"异端"攻斥,应"去其不合而用其合(《方舟集》卷9《释论》),宣扬三教调合。仁寿人员兴宗亦以文学知时,甚至"士皆宗之"(李心传:《九华集序》,载该书卷首,文渊阁四库全书本),其论三教关系,亦谓:"大道夷夷,非北南东。能所既立,则亦相攻。孰体其初,我静屡空。如百千灯,亡照不通。如万窍怒,鼓以一风。非三非一,理遗则融。"(员兴宗:《九华集》卷21《照上人化创三教殿偈》)这与前举苏轼《祭龙井辩才文》相比,不但形似,而且神似。其论性,也反对以善或恶言之(《九华集》卷8《诸子言性论》)。丹棱人李焘以治史闻名,对苏学也比较敬崇,曾要求将苏轼列为孔子从祀(《宋史》卷388《李焘传》)。另外,安岳人冯澥"为文师苏轼"(《宋史》卷371《冯澥传》),也认为苏学有长处。绵竹人张浚师从苏轼族孙苏元老,其"惑于禅宗"(《宋元学案》卷44《赵张诸儒学案》)的思想特色亦近苏学。上举这些较著名的学者的思想有与苏学相同或相通处,虽不能完全说是苏学影响的结果,但苏学应是其中重要的因素之一。

而且,苏学不但在宋朝辖境有巨大传播,对北方民族地区亦有很大影响。元人虞集就说:北宋既亡,"中州隔绝,困于戎马,风声气息,多有得于苏氏之遗,其为文亦曼衍而浩博矣"(虞集:《道园学古录》卷33《庐陵刘桂隐存稿序》,四部丛刊本)。袁桷也说:"方南北分裂,两帝所尚,唯眉山苏氏学。"(袁桷:《清容居士集》卷21《乐侍郎诗集序》,四部备要本)清人翁方纲、皮锡瑞亦指出:"苏学行于北。”(翁方纲:《石洲诗话》卷5,粤雅堂丛书本;皮锡瑞:《经学历史》,第281页,中华书局,1959年)从金朝的科举内容、文化时尚和一些著名学者如王若虚、赵秉文、李纯甫等人的思想中,确可看到苏学很深的影响①。

其次,理学在蜀学中的地位逐渐增强。理学对蜀学的影响在上一阶段就已经开始,范祖禹以理学治史,就是突出的代表;周敦颐、程颐亦曾亲自入蜀,分别有遂宁人傅耆、合州人张宗范和金堂人谢湜、涪陵人谯定从其问学;南充学者马涓还随二程门人吕大忠、谢良佐学习理学。进入本阶段,谯定的影响扩大。他授学与福建学者胡宪、刘勉之、四川学者张浚、冯时行、张行成等人,他们又下传朱熹、吕祖谦、张栻、李舜臣等后来的知名学者,从而形成具有全国影响的“涪陵学派”。谯定及其涪陵学派的崛起,标志着蜀中理学已有了初步发展。

在两宋更替之际,一些理学家和理学著作也流入四川。如程颐门人尹焞在高宗绍兴二年(1132年)至六年九月,避乱在蜀。其门人范淑随侍入蜀,传《春秋》学于李石。而且,据尹焞所见,当时四川流传着程颐的《易传》、《语录》、画像,并建有祠堂,这些也有利于蜀中理学的发展。邵雍之子邵伯温在北宋末“载家使蜀”,住在犍为。邵伯温的入蜀,使邵雍象数《易》学在四川广泛传播,“七《易》之学,遂盛行于蜀”(牟巘:《牟氏陵阳集》卷9《以斋记》,文渊阁四库全书本)。其中邛崃人张行成最得其传。另外,张载后裔亦流落在蜀,张载著述也在四川传播。与理学相近的司马光之学对蜀学发展亦有较大影响,南宋丹棱人李焘、井研人李心传之能成为

① 参见田浩、俞宗宪:《金朝思想与政治概说》,载(日)衣川强主编:《刘子健博士颂寿纪念宋史研究论集》,同朋舍,1989年;周良宵、顾菊英:《元代史》第13章,上海人民出版社,1993年。

史学名家，便是吸取了司马光的史学方法，也继承了司马光反对王安石“新学”的态度，李焘还曾要求从孔庙从祀中黜去王安石父子，升列司马光等人（《宋史》卷388《李焘传》）。司马光的《潜虚》为张行成认真研究，并做《衍义》。

再者，王安石“新学”亦对蜀学有影响。据陈瓘《尊尧集序》，蜀人蹇予辰、邓洵武曾与蔡卞一起，研治王安石之学，“用心纯一，主行其教”。冯澥也受王安石学术影响，他在北宋末年两次上疏，反对理学家杨时废罢王学之议，要求“不主于一”，对洛学、王学和苏学求同存异（汪藻《靖康要录》卷6、卷7，文渊阁四库全书本）。张浚也认为王学和“元祐学术”互有长短，“元祐未必全是，熙丰未必全非”（《朱子语类》卷102）。员兴宗也认为苏、程、王三家“未必尽善，未必尽非”，主张“宜合三家之长，以出一道，使归于大公至正”（《九华集》卷9《苏氏王氏程氏三家之学是非策》）。这些都反映出王学长期作为官学，对宋代整个学术发展有很深影响，蜀学也不例外。

总之，这一阶段蜀学发展比较复杂，一方面，植根蜀地的苏氏蜀学继续广为传播，在四川尤为人尊尚；另一方面，巴蜀域外的各个学术流派已在四川有了一定的传播，对蜀学发展注入了较多新的因素，其中理学最为突出。各种学术文化交汇巴蜀于一炉，使蜀学发展呈现出新的面貌，反映在学者的学术渊源和学术旨趣上往往表现出多样的特征，其中苏学和以二程为代表的理学还是主要的。苏学思想有很大影响，但并未形成学宗苏氏的著名学者和学派。而理学则有程颐直传谯定及其涪陵学派，下一阶段知名全国的理学家朱熹、张栻、吕祖谦、李舜臣等人均为谯定再传，理学代表着学术发展的新方向。所以，谯定及其涪陵学派的形成，显示出蜀学的转型，即由苏学为主转向理学为主。

（四）宋代蜀学的鼎盛（高宗绍兴二十六年至理宗绍定六年，公

元1156年—1233年）

高宗绍兴二十六年（1156年），“诏取士勿拘程颐、王安石学术”（《宋元学案》卷96《元祐党案》），从此，北宋发展起来的各家学术都得以公开传播。由于王安石变法的失败，上一阶段三朝统治者又长期打着王学之名行祸国殃民之实，故王安石“新学”声名至劣，虽官学地位依在，但社会影响已大不如前。以二程为代表的理学和苏氏蜀学两派则进一步扩大影响。其中理学发展迅猛，涌现出朱熹、张栻、吕祖谦、陆九渊等杰出学者。朱、张、吕学宗二程，并称“东南三贤”，代表理学主流派；陆九渊自创“心学”，成为理学别派。最后朱熹集理学之大成，成为宋学和理学的最高代表。至此，为后世熟悉的“程朱理学”终于获得了成熟完备的形式，标志着儒学复兴运动进入新的阶段。与理学曾一度鼎立的是陈亮、叶适等人新创的“事功学派”，为宋学发展注入了新鲜活力，但还缺乏深厚的经济土壤，并未形成完整的体系，不足以对抗势头正劲的理学浪潮。宁宗时的“庆元党禁”一度给学术发展，尤其是理学发展以不利影响，但很快过去；之后，以朱熹为代表的理学继续广为传播，并向官学地位逐渐迈进。

伴随宋学的高峰，蜀学也进入它发展的鼎盛时期。其中理学的发展是主流，蜀学至此完成了由苏学为主向理学为主的转型。绵竹人张栻和蒲江人魏了翁是这一阶段最杰出的蜀学学者，建立了具有全国意义的南轩学派和鹤山学派。他们具有鲜明的理学道统思想，近接周、程，远溯孔、孟；宗仰儒学，排斥佛、道二教，不论是在发展理学、宣扬理学方面，还是在促使理学从民间向官方的转变过程中，都发挥了巨大作用。

除了张栻和魏了翁之外，这一时期还有一大批突出的理学学者，如从游“东南三贤”、讲学成都二江之上的成都人范仲黼，与范氏“相与讲明义理之会”且创筑沧江书院的仁寿人虞刚简，被朱熹引为“同调”且极力卫护“道学”的简阳人刘光祖，从游朱熹并有很高造诣的涪陵人虞渊、铜梁人度正，私淑朱熹、张栻且大力宣扬理学的井研学者李心传、李道传、李性传三兄弟，问学张栻并致力“洛蜀会同”的丹棱人李壁、李埴兄弟，等等。蜀中理学至此进入了蓬勃发展的高峰时期，真可谓“蜀人尽知义理之学”(《宋史》卷437《魏了翁传》)。

苏氏蜀学也“大显”(魏了翁:《鹤山集》卷64《题朱文公贴》，文渊阁四库全书本)一时。孝宗皇帝赐赠三苏美谥，褒崇苏学，在给苏轼赐谥的制词中说：“人传元祐之学，家有眉山之书”(罗大经:《鹤林玉露》甲编卷2，中华书局点校本，1983年)，这既是当时苏学传播的实评，因为在此稍前朱熹也说：现在“苏氏之说”是“流传四方，学者家传而人诵之”(《朱熹集》卷33《答吕伯恭(五)》)，“道衰学绝，世颇惑之”(《朱熹集》卷72《杂学辨·苏氏易解》)；也促使苏学影响的进一步扩大，知名全国的大学者如吕祖谦、陈傅良、陈亮、叶适等人对苏学多所承认，有学者以为他们“皆以文名，皆苏氏之后昆”(《推十书·文字述林》卷二《宋元文派略述》)。朱熹认为吕祖谦对苏学“左遮右拦”(《朱熹集》卷31《与张敬夫(四)》)，不以为非。陈亮辑有《苏门六君子文粹》，已反映出他对苏学的一些认同。叶适沿苏氏之旧，批评二程发明的“主敬”：“程氏诲学者必以敬为始。……此教之失，非孔氏本旨也。”(叶适:《叶适集·叶水心文集》卷10《敬亭后记》，中华书局点校本，1961年)朱熹内弟程洵终身“雅好苏学”，专著《三苏纪年》，发明苏学甚多；表叔汪应辰也卫护苏学甚力，朱熹与他们均进行了激烈的苏学“邪正之辨”。但是，就连贬斥苏学甚力的朱熹，在构建其理学体系时，也对苏学的不少内容做了吸取。所以，这一时期苏学仍有很大影响，一些著名学者或对其极力批驳，或对其“左遮右拦”，或对其认真吸取，等等，都证明了这一点。只是从发展趋势上看，它不断被纳入其他学派如理学、事功学的体系中，自身并未如洛学那样得到光大和发扬，更未形成新的学派规模和社会思潮。所以，从它与洛学的关系结构上看，它是与洛学不断斗争和融合，并逐渐形成以洛学为体系、苏学被统一到理学发展轨道上的新形式，这就是所谓的“洛蜀会同”（参见拙文：《试论“洛蜀会同”》，载《西南师范大学学报》（哲社版）1997年第3期）。这当然不排除苏学仍有它独特的形式、独特的地位和独特的影响，只不过苏学以这种独特的面貌出现时，势力已远不如程朱理学了，这就是苏学的衰隐（参见拙文：《论苏氏蜀学衰隐的原因》，载《社会科学研究》1995年第1期）。

从理学的逐渐宏昌并向官学地位迈进，且在四川日益普及，和苏氏蜀学从“大显”转致衰隐的情况，表明宋代蜀学的发展完成了由苏学为主导向理学为主导的转变，并成为蜀学发展的第二个高峰。至此，宋学和宋代蜀学都已呈现出一种新的面貌，而大大有别于之前的学术状况。

（五）宋代蜀学的衰落（理宗端平元年至宋亡，公元1234年—1279年）

宋理宗端平元年（1234年），南宋与蒙古联合灭金，此后宋蒙（元）之间开始了正面对峙和长期战争，学术发展受到极大影响，杰出的学者甚为寥寥。理学作为一种巨大的社会思潮，继续传播，并在淳祐元年（1241年）伴随一些理学名儒的赐封和从祀孔庙，最高统治者承认理学“道统”，王安石从祀席位被取消（《宋史》卷42《理宗纪》），这标志着理学官学地位的正式树立和独尊地位的形成，也标志着儒学复兴运动的最终完成。

宋代蜀学发展更受到时局恶化的巨大影响。理宗端平时期（1234年—1236年），蒙古大举攻蜀，从此，宋蒙（元）双方在四川进行了长达近半个世纪的激烈争夺，四川遭到了前所未有的残毁。战斗频繁，经济衰败，人口亡失，文化教育活动几乎陷于停顿，蜀学发展大为衰落。其中川西地区最先被兵，破坏尤为严重，川东地区因孟珙、余玠等抗蒙(元)将领进行了卓有成效的抵抗，局势稍为可观，涌现了巴川(今重庆铜梁)阳枋那样杰出的理学家。阳枋主要师从朱熹门人度正、曌渊，有很高造诣和较大影响，是这一阶段四川本地最有成就的理学家，还培养出浙东史蒙卿等著名学者(《宋元学案》卷87《静清学案》)。

为躲避战乱，四川学者大量外移，主要寓居江浙地区，如井研李心传、李道传，青神杨栋、杨文仲，蒲江魏了翁、高定子、高斯得，仁寿虞汲、虞集，导江张䇓，井研牟子才、牟巘，潼川吴泳，绵阳文及翁，成都宇文挺祖，宜宾程公许，等等，都流寓东南。这些学者及其后裔在江南地区继续从事学术活动，对于传播蜀学、发展东南学术起了很大作用。但蜀地却因这些学术人材和预备人材的转移，而元气大挫。刘咸炘先生概括得好："元兵略蜀，蜀士南迁于浙(按不止于浙)，浙人得此遂成文献之府库，江南文风大盛，蜀反如鄙人矣。"(《推十书·史学述林》卷5《重修宋史述意》)至此，繁盛发展两三百年的宋代蜀学终于衰落下去，长期不复振作。

综上所述，宋代蜀学是宋学的重要组成部分，在宋代320年的历史舞台上，经历了巨大的发展变化。北宋前期，张咏治蜀，改变蜀士"只知向学，不乐仕宦"的观念，促使蜀学向外发展。进入中叶，苏氏蜀学形成，标志着宋代蜀学的正式崛起和初步繁荣，苏学以其鲜明的思想特征，长期抗衡于王安石"新学"和程朱理学，成为宋学的主要流派之一。两宋之交，受"学禁"、"党禁"和宋室南渡等影响，蜀学发展转入低潮，但蜀学中的理学内容不断增多，还涌现了"程门一大宗"的谯定及其涪陵学派，显示出蜀学的转型，即由苏学为主转向理学为主。南宋中期，学宗周程、远溯孔孟的理学名儒张栻和魏了翁崛起，建立了具有全国影响的南轩学派和鹤山学派，成为蜀学发展的主要力量，蜀学至此完成了转型，进入了鼎盛发展的时期。蒙古大举攻蜀后,四川战乱不断,经济破坏,人口亡失,学者流徙,蜀学终于衰落下去。

（本文选自栗品孝博士论文《朱熹与宋代蜀学》,高等教育出版社 1998 年版,第 1—23 页）

栗品孝,四川联合大学历史系讲师,主要从事宋史研究。

“蜀学”是理学的一个重要派别,本文对“蜀学”的发展演变做了较为深入的研究。

延绵数百年的关中学派

任大援

关中的学术，历来有自己的特点，顾炎武说："秦人慕经学，重处士，持清议，实与他省不同。"(《顾亭林诗文集》第 87 页)自宋代起，便有"关学"的称呼，明代，有《关学编》，近代，有《关学宗传》，都指关中学术而言。实际上，"关学"有特指与泛指，前者，指北宋张载及其门派的学说；后者，则指宋元以来的关中学术，二者有联系，亦有区别。

张载(1020—1077)，字子厚，生于长安，因在眉县横渠镇讲学，学者称横渠先生，他的主要著作，是《易说》与《正蒙》。张载的为学之路，受到北宋大儒范仲淹的指点，从《中庸》入手。《中庸》的开头有三句话，即"天命之谓性，率性之谓道，修道之谓教"，这里提出了后来成为宋明理学主题的天命、性、道、教的问题。张载对这些命题进行了严肃的思考，先是出入于佛老，后又返之于六经，他把自己的思考写成理论著作，即《正蒙》一书。在这部书中，他运用"气"的范畴，把天命、性、道都统一起来，企图说明宇宙万物以至人类社会产生发展的统一性和合理性，这种以气为本的学说，是北宋关学的独特贡献。

道家认为，"天下万物生于有，有生于无"(《老子》第四章)；佛学认为，客观世界虚幻不实，归结于"无"。张载从"气"出发，去解释万物的产生、存在与变化，指出："气之聚散于太虚，犹冰之凝释于水。知太虚即气，则无无。”（《正蒙·太和篇》）清澈透明的水，易被人误以为“无”，但当它凝聚为冰的时候，则因有形而易见；一旦再融化为水，又似乎归结于“无”。实际上，冰与水，只是存在形式上的变化，并无根本的不同，叫做“有无混一”、“通一无二”。这就从理论上驳斥了佛道的宇宙观，对于重建儒学的权威，无疑起了重要作用。此外，他的思维和表述方法，对于理学的建构，也有着重要影响。

张载的气本论，并没有停止在解释自然宇宙观上，而是进一步推衍到人类社会。即是说，他认为从自然界到人类社会，也有一以贯之的东西，这个一以贯之的东西，不是别的，仍然是“气”：天地是气之聚，万物是气之聚，人也是气之聚，社会（君臣尊卑长幼男女）仍然是气之聚，因此，人不仅应该顺应自然，也应该顺应社会，服从命运，达到超脱于生死的境界。这种思想集中表现在《西铭》这篇200余字的短文之中。这种思路，被二程及朱熹大加赞扬，称之为“理一而分殊”，《西铭》也成了理学的纲领性著作。

北宋关学的另一个特色，理学并没有真正继承，这就是“学贵于有用”（《二程粹言·论学》引张载语），关学的“学贵于有用”，曾表现在对兵法和井田的研究上，还表现在重视对自然科学的探讨上。在《正蒙》中，可以看出张载天文学的造诣和进步的宇宙观念。

关学的“学贵于有用”，还有一个特别的表现，这就是在社会政治方面对于“礼教”的极端重视。“横渠之教，以礼为先”（《宋元学案》卷31），早已为世人所称道。张载弟子吕大钧，著《吕氏乡约》，有“德业相励”、“过失相规”、“礼俗相交”、“患难相恤”四大条目，每一条目之下又有细目及解说，非常完备，为我们保留了宋代关中地区乡规民约的一个范本。

张载的弟子很多，有吕大忠、吕大钧、吕大临、苏昞、范育、侯仲良，又有游师雄、种师道、潘拯、李复、田腴等人。张载身后，有些弟子投奔了二程。张载之学重视理论思辨的特点，在关中没有得到充分继承和发扬，而重视实际、躬行礼教的朴学学风，却一直保存下来。

明代关学，最早期的学者是三原人王恕，由他开创了“三原学派”。《明儒学案》列“三原学案”，有王恕、王承裕父子、三原马理，又有朝邑(今大荔县内)韩邦奇、富平杨爵、蓝田王之士等人。上述六人，除王之士以外，其他五人都曾涉身官场，分别官至南京兵部尚书、吏部尚书、户部尚书、光禄寺卿、河南道御史等。王之士屡试不第，但曾赴京师讲会，亦名动海内。由此看出，明代关中的学者同外界的交往增多了，特别是与江南学术界的交往方面，三原学派开启了风气之先。

三原学派学者在继承北宋关学、留意世事、“志在经济”方面，王恕是一个代表。王编有《历代名臣谏议录》124 卷，今已亡佚。在理论方面，也有一些代表，杨爵研究《周易》，著有《周易辨录》《中庸解》；马理著《周易赞议》，能阐微摘引，博求诸儒之长；特别是韩邦奇，研究天文、地理和乐律，著《性理三解》《律吕新书直解》《苑洛志乐》等，他高度评价并进一步阐发张载“气”的学说，对明代著名思想家王廷相产生过影响。总起来说，明代关中学者，在理论思辨方面建树不多，程朱陆王的抽象理学范畴，一到关中学者手里，便都成为躬行实践的道理。这个特色，表现在明代关中学者的一系列为学宗旨之中。

首先是渭南薛敬之(1435—1508)的“心气”论。薛氏将理学中“心”与“气”的概念搭配起来，成为一对新范畴，归结为“节气”、“养心”的道德修养论。

其次是高陵吕柟(1479—1542)的“穷理”、“尚行”论。他认为“天理”不离“人事”，“圣人之道极平易近人情，只在日用行事间见得，凡谈高妙，念高远，俱是异端”(《泾野子内篇》卷 19)。

最后是明末清初的关中大学者李颙的明体适用、反身悔过之学。

明代关中学者的上述学术宗旨，客观上也是对明代理学空谈心性的一种批判，诚如吕楠所说："学者虽读尽天下之书，有高天下之文，但不能体验见之躬行，于身心何益？于世道何补？"(《泾野子内篇》卷10)但是，这种批判实际上是软弱的，因为，在中国学术思想发展上，宋明理学的特色是长于思辨，要真正击败理学，不借助理论思维是无济于事的。其二，关中学者汲汲于"世道"，心忧天下，是难能可贵的，但他们沿袭传统儒家"修齐治平"的思路，以解决身心问题作为解决"世道"问题的前提，这也是十分幼稚的想法。

明代晚期，关中学者开始对关学进行总结，长安冯从吾(1557—1627)的《关学编》最有代表性。这部书共收录宋元明关中学者33人，可以说是中国最早的一部地方学术史。在《关学编》之后，清代关中学者王心敬(清初人，李颙弟子)、李元春(1769—1854)、贺瑞麟(1824—1893)先后进行增补，成为《关学续编》，附于《关学编》之后。顺便提到，本世纪初，寓居关中的四川人张骥，有感于《关学编》过于简略，乃搜罗关中学者著述1300余种，按照"学案"体例，撰成《关学宗传》56卷。这部书，是研究宋以后关中学术史的重要资料。

冯从吾是明代关中学术的总结者，李颙对冯推崇备至，并隐然以关学的继承者自居，这一点他的确是当之无愧的。盩厔人李颙(1627—1705)字中孚，号二曲，古来山曲曰盩，水曲曰厔，李颙因以自号"二曲"，他与孙奇逢、黄宗羲齐名，被称为清初三大儒。全祖望评价二曲说："上接关学六百年之统，寒饥清苦之中，守道愈严，而耿光四出，无所凭借，拔地倚天，尤为莫及。"(《鲒埼亭集》卷12)这段话，道出了关中学者坚苦力学的特点，从张载到吕楠、冯从吾、李二曲，无一不是如此。二曲早年生活贫寒，但他肆力于学问，经传史志、百家之书，无不观览，以反之躬行、见之日用者为贵。他以王守仁“致良知”为本体，以朱熹“主敬穷理”为功夫，为关中士子所仰慕。明清易代，他誓不作官，奉母家居，教授自给，四方从学者不远千里而至。

李二曲能在清初闻名海内，同他的讲学活动有关，顺治(1644—1662) 末到康熙十八年(1669)以前，讲学著述是其主要生活内容，他不仅主讲于著名的关中书院，而且受常州知府骆钟麟之聘，在江南的常州、武进、无锡、江阴、靖江等地讲学。他曾论讲学说：“立人达人，全在讲学；移风易俗，全在讲学；拨乱返治，全在讲学；旋乾转坤，全在讲学；为上为德，为下为民，莫不由此。”(《二曲集》卷 12)这种说法同明末东林党的说法如出一辙。

李二曲的学术思想，以“明体适用”标宗。所谓明体，是以理学思想为根本；所谓适用，是以经世宰物为归宿。在李二曲给世人推荐的“适用”之学书目中，既有徐光启的《农政全书》，又有西洋的《泰西水法》，表明了他对新学说以至“西学”的开明态度。但他坚持以理学为根本，又表现了守旧的一面。李颙的晚年，侧重于“反身悔过”之学，他在家乡居室附近筑一窑洞，名曰“垩室”，自处其中，荆扉反锁，不再与外界往来，只有在顾炎武远道而来之时，才破例相见。这种举动使人看到，在时代的发展面前，一个内心坦诚的士人，既不肯放弃理学家的理想、而在现实中又找不到出路的内心矛盾和痛苦。李二曲的学术道路，标明关中理学开始走向终结。清代的关中学术，没有像江南那样，走上考据的道路，一些学者仍沉湎于理学，沿着李二曲的学术道路走下去，《关学宗传》中所说的“坚实刻苦，默契精思，养深而纯，守严而固”，就是这部分人学风的写照。

清代的关中学术，并不是清一色的面貌，例如与李二曲并称“关中三李”的另外两位——李柏与李因笃，比较而言就更有思想个性。李柏(1630—1700)字雪木,与二曲是儿女亲家,他提出“法天之学”,同二曲的“反身悔过”之学颇有不同。他喜爱秦岭高峰太白山,写出了很多富于哲理性的诗歌,在描绘大自然的同时,抒发个人的感情。他用太白山中硕大的“槲叶”当作书写的草稿,后来就将诗文集命名为《槲叶集》。李因笃(1631—1692)称二曲为“伯兄”,他同顾炎武有更多的交往,他的学术道路,同顾炎武也有些接近,他赞成“经学即理学”的观点,不再热衷于天理性命之说,他在音韵学方面所作出的贡献,为顾炎武及后人所称道。但是,二李的思想及学术道路,在清代的关中,没有也不可能得到发展。清代中叶以后,关中的学者同关东的交往越来越少,只有到了清末,这种局面才再一次打破,出现了与康有为齐名的教育家与思想家刘光蕡。

刘光蕡(1843—1903),字焕堂,号古愚,咸阳人,他是清代陕西今文经学的大师,又兼长历算,通过教育鼓吹经世之学,他同维新派人士康有为、梁启超有书信往来,当时有“南康北刘”之称。

刘光蕡主张“开民智”,用教育救国,他一生在泾阳味经书院、崇实书院、甘肃大学堂讲学,提出化民成俗,启识育才,学以致用。为了探索改革中国社会之路,他首先从教育做起,在泾阳书院首创“时务斋”,内设经史、读报、科学三课,每月两次定期会讲,宣传变法维新思想。他非常赞赏西方的机器工艺制造,写有《泰西机器必行于中国说》。他强调“算学”在新学中的重要,主持刊印了《梅氏等算》《平面三角举要》等著名数学著作。在刘光蕡身上,特别具有关中学者身体力行的精神,他曾在书院设立“工艺斋”,从事机器制造,并亲自指导制造出人工轧花机一台,他还亲自设计并制造了一台 20 锭纺织机,表现了大胆而可贵的实践精神。刘光蕡的思想,可以说走上了一条与封建学术思想背道而驰的道路,陕西近代的许多著名学者如李岳瑞、宋伯鲁以至于右任,皆出于刘光蕡门下,他成为陕西近代学术思想史上的重要启蒙人物。这也说明，绵延数百年的关学终结了，关中及陕西的学术发展，如百川归海，纳入了近代反封建的学术思潮。

（本文选自《文史知识》1992 年第 6 期）

任大援，西北大学中国思想文化研究所教授，主要从事中国思想文化史研究。

本文对关中学术的地域性特点、关中学派的特征作了论述。作者认为关中的学术，历来有自己的特点。张载开创的关学有两大特征，一是“气”为人类社会及宇宙万物的本源；二是主张“学贵于有用”，其中特别重视礼的作用。张载关学的第二个特征被其后学发扬光大。

元代关学试探

王晓清

张载创立的关学是宋代理学的重要学术流派。关学洛学化以后,张载之学基本上缺少传人。尤其是张子学发源的关中地区,“亦由完颜之乱,儒术并为之中绝”(《宋元学案·吕范诸儒学案》)。然而金元之际,关中作为一个独立的文化地理区域,人才辈出,直接影响了元代理学的发展趋向。元代关学成为元代理学的一个重要学术派别。

一、元代关学学派

(一)元代前期关学学派

元代前期关学学派形成于金元之际,学术活动的过渡性特点很明显。大致说来,元世祖中统、至元时期,是元代关学的形成、发展阶段。以京兆府为政治文化中心的关中地区,是元世祖忽必烈封藩之地,也是元朝初期推崇儒学的重镇。儒学大师许衡数度入关,扶植理学,关中学人接受许衡诸儒消化了的程朱学,并与之“相唱和”,直接建构了元代关学的学术格局。

奉天之学是前期关学的学术核心之一,杨紫阳(名奂)是其代表人物。紫阳“沈浸庄骚,出入迁、固,然后折衷于吾孔孟之六经”(《杨紫阳文集序》,《还山遗稿》附录),其道德学问,名响关中。“秦中百年以来号称多士，较其声闻赫奕，从动一世，盖未有出其右者。前世关西夫子之月，今以归君矣”(《廉访使杨文宪公》,《国朝名臣事略》卷一三)。金人元好问的这一评价，绝非虚誉。元人更是推重他“文章道德，为第一流人物”(《跋关西杨焕然先生画像赞》,《经济文集》卷四)。

奉天之学的讲习师友，多是亡金儒士，如元好问、杨果、姚枢辈，皆为一代词臣文匠。杨奂晚金归隐时，“讲道授徒”，达五年之久，“门人百人”(《杨奂碑》,《金石粹编》卷一五九)。他留心经学，研究圣心，自成一家。但从严格意义上说，奉天之学仍然是章句之学，其道问学方式系金末学风的延续。在朱子学北渐过程中，奉天学人虽大多倾向于性理之学，推重程朱，但只是晚年“闻道”，因而不可能全盘接受消化程朱义理学说，却不得不以学术自任，“表帅多士”，作新名教，以保守北方儒学的理论阵地。然而，我们也应该看到，奉天门人入元后很少以能称，即使有传人如员择(《还山遗稿》附录《杨紫阳文集》序)、朱拯，其事迹也是湮晦不显，在北方理学中没有席位。作为合会北南儒学的第一代学者，奉天之学毕竟在北方理学的户限内多一点门槛，以图持续金朝以来的问学方式。这也是朱子学北渐而居支配地位的条件下北方理学家保持学术个性与心理平衡的惟一方式。

高陵之学，是前期关学的又一学术群体。它和奉天之学虽然没有传承关系，但实际上是关中理学的当然传道者。如果说奉天之学还在某种程度上保留了晚金学风，那么，高陵之学就在事实上代表了至元时期元代关学的学术水平。由高陵之学所建构的崇儒、信道、践履学风一直成为元代关学的主脉。

从某种意义上说，高陵之学是家学。世居高陵的杨天德、杨恭懿(字元甫)、杨寅祖孙三代以儒学相尚，贯彻有元一代。高陵之学以杨天德为其学始肇端绪，到杨恭懿则发扬光大。仕宦金朝的杨天德，晚年刊刻经典，酷嗜伊洛诸书，笃信程朱义理(《南京转运司支度制官杨公墓志铭》，《元文类》卷五一)，直接薰染了其子元甫的学术门径与理论修养。理学大师许衡(鲁斋)唱道关中时，杨元甫与之“分庭而行，抗席而坐”(《国朝名臣事略·太史杨文康公》)。元甫“资禀高明，学淹通史”，连许鲁斋也折服甚至，推重他“笃信好学，操履不苟，实我辈所仰重”([嘉靖]《高陵县志·人物上·杨恭懿》)。高陵学人淡于仕进，弱化功名，因而其学术影响基本上局限于关中一域。高陵门人较有名气的如雷贵、雷禧也均是高陵人。高陵学人基本上是一介淳儒，他们“隐德丘园，不求仕进”(《元史·杨恭懿传》)，注重学术研究的纯粹性。如杨恭懿在与郭守敬合作修成《授时历》以后，即告退关中，由此可见一斑。忠恕之道在高陵学人那里具有无可动摇的神圣性，“抱经济学，耻章句儒”(《牧庵集·杨恭懿赠弘农郡文康公制》)，实际上是走了一条“通儒”之路。

高陵之学，家学门风一脉相承，尤其是杨恭懿“力学博综，奥学笃行，模范乡邦”(《滋溪文稿·陕西乡贡进士题名记》)，关中士人“即以宗盟斯文期之”(《元儒考略·杨恭懿》)，这实际上将高陵之学推向了元代关学学派的学术峰巅。

(二)元代后期关学学派

大德至至顺之间(1297—1333)，是元代关学的盛极而衰时期，元代前期关学向后期渐渐转化。这一时期，关学学派的道德、经术影响及于全国，从而使关学门户明显地扩大到关中地域之外。作为北方理学的学术精英集团之一，关学学派已在一定程度上影响着元代儒士学风。后期关学的突出特点是“敦守名检，崇尚经术”。萧𣂏、同恕号称“关陕大儒”，二人均占籍奉元，因而这一时期的关中理学基本上属于奉元之学。

奉元之学是奉天、高陵学问的继续发展，萧、同“云轻轩冕，芥视功名”(《榘庵集》附录《同文贞公谥议》)。他们以极大的学术热情追求内心的完满，当现实的功利意识与内在的精神追求发生冲撞时，他们总是选择后者以发扬经术、陶冶心境来完善自我，从而保守了关学学者独立的人格。

萧㪺是一介传统型的儒士，他注重孔门经典的阐说、挖掘，而不主一派，不守一经，将关中儒学推向极致。在道德与学问之间塑造一个样板而“作兴风教，振起名节”（《滋溪文稿·萧贞敏公墓志铭》），“为一代醇儒”，“关辅之士，翕然宗之”（《元史·儒学一·萧㪺传》）。萧㪺门人著名的有孛术鲁翀、吕思诚等人。同恕是与萧㪺比肩关中的理学人物，他“学蓄渊源，胸蟠今古”（《榘庵集》附录《鲁斋书院礼请司业同公先生领师席疏》），其学原始要终，穷通极索，履真践实，形成了务实、专精、旁通的学风。

以萧㪺、同恕为代表的奉元之学，始终以学术为旨归。他们以接续奉天、高陵之学为己任，以师儒的身份进入学术文化圈，“倡鸣理学”，承杨紫阳、杨元甫之遗响，阐精述要，“学者赖焉”（《滋溪文稿·萧贞敏公墓志铭》）。尤其是同恕领鲁斋书院教席时，“教人随其才之高下，诱掖激励”（《榘庵集》附录《同公行状》），因而关中士人“先后来学者殆千数”（《元史·儒学一·同恕传》）。这说明后期关学的学术影响力已超越了关中一隅。

二、元代关学诸特征

（一）推真儒，崇实学

关学学派以“抱经济学”（《牧庵集·杨恭懿赠弘农郡文康公制》）相标高，在元代理学中独树一帜。他们以儒家经典为“入德”、“进道”的通途，经术学问以出入儒典为归趣，守道宗经的思想很典型。他们“笃信圣贤之要，力求经传之遗”（《道园学古录·鲁子翠金院画像赞》），多层次地阐说“孔孟之学”，发明义理，释其精蕴，履真践实，矢志追求献身经术的“真儒”事业。其具体表现便是注重研析儒学经典，以“通儒”名显当世，这实际上是对汉晋以来经学“支离蔓延”学风的反动。

杨紫阳“隐而天道性命之说，微而五经百氏之言”，“悉本诸经”（《国朝名臣事略·廉访使杨文宪公》）。高陵学人杨元甫精通《易》《礼》《春秋》（同上书《太史杨文康公》）。奉元之学也是博极儒典，以经术相尚。萧𣂏“天文、地理、律历、算数靡不研究”（《元史·儒学一·萧𣂏传》），门人孛术鲁翀“自六经诸史传注，下至天文地理，声音律历，水利算数，皆考其说”（《滋溪文稿·孛术鲁翀墓志铭》）。关学家“渊源孔孟平生学”的学术方式，实际上是向“学为通儒”的境界趋近，所谓“留心经学，研究圣心”即表达了这一层涵义。

“学为通儒”是一种学术境界，而达到这一境界的过程，则充满了入世的诱惑。关学家强调“经学”即是“有用之学”。“有用非他，入则用家，出则用国二者而已”（《榘庵集·送李正德序》）。这一传统型的修齐治平的儒家君人思想，在关学家那里实际上赋予了很强烈的伦理色彩，所谓“出则有君长之事，处则有父兄之事”（《榘庵集·送雷季正序》），所谓以“明德新民之学”取代“法术功利之学”即是这一层意思（《榘庵集·策问四道》）。以“五经四书”取士，大兴“学孔孟之道”的“实学”（《榘庵集·故谘议李公墓碣铭并序》），是规范“真儒”、求致“真儒”的基本途径。关学家的价值准则是将“经明行修”作为“真儒”的一个外显理论层次，而“经明行修”是将事功与德性统于一体的。一旦现实社会的“法术功利之学”与融通事功德性的关学主张相冲突时，关学家们总是采取遁世避俗的方式，以“主乎敬仪，表里一致”坚守儒学门户，以“言而为世人所诵，行而为世人所法”（同上引），传播“真儒”之实学。这反映了处于两难选择中关学学派“抱经济学”的履践思想。

(二)敦仁义，尊德性

人性论是经典儒学的一个传统主题。宋代理学家所改造了的儒家学说,在人性理论问题上具有较强烈的革新精神,提出了诸多理论命题以及新的概念术语。张载在这一问题上尤其富有理论创新的独断精神。元代关学家一味沉潜于师儒之责,在理论的系统性上缺乏大家。但他们在人性这一共同的主题上的理论思考,无疑是将张子学向前推进了一步。

在"天人一理,性本皆善"(《滋溪文稿·萧贞敏公墓志铭》)的思想前提,恪守天、地、人三位一体的哲学观念的条件下,关学家从本体意义上强调了人的价值。他们认为,"人生天地之间,受气于天,受形于地……。故人之一身,气则天也,形则地也,心则人也"(《勤斋集·地震答问》)。人在禀受天地之气时,为什么会出现天悬地隔的差异呢?既然"性本皆善",那么如何解释人与人之间事实上存在的不平等呢?对此,关学家将人性的决定因素归结于"气"和"理"。"气也者,所以使人吉凶、寿夭、贫富一定而不易,人之所当国力也"(《榘庵集·送杨教授序》)。这就是说,"气"是一个人命运的主宰和决定力量,人对之无能为力;而"理"是导致人类命运变化发展的可变因素,靠人的努力,可以改变自己的命运。

"气"是必然,"理"是可然。"气"、"理"合一的基本条件即是"五常之理",亦即"人之理"。关学家说"人之理,其大者为五常,其细者为万善"(《勤斋集·地震答问》)。五常即仁、义、礼、智、信;万善即苦己奉人,普施善事。这实际上是将"人之理"的抽象理论化解为日常生活方式中的伦理行为。故此,关学家提出了"形质理性"与"气质理性"的思想(同上引)。"形质理性"即"有生之初既禀",为人人皆备之心性,即"天理";而"气质理性"则是经由后天习学、体悟、参思的天性。这显然是张载"天地之性"与"气质之性"思想的直接继承和发挥。构造永恒性的"天理",目的是遏制"人欲",关学家认为"君子以理制欲,……,小人则专从人欲灭天理耳"(《榘庵集·明轩记》)。从“天理”“人欲”之辨到君子小人之别,关学学派基本上建构了崇尚仁义、推重道德的人性学说。这为元代关学崇重“仁人之心”,躬行礼教,提供了理论依据。

(三)躬行礼教,履真践实

礼教是儒学理论的核心之一。“天道性命”、“人伦日用”二者之间的统一,将礼教的理论与实践结合于每一个具体的人。对外部世界的软性约束,对人的价值取向、生活方式、行为准则的道德规范,都不可能背离礼学这一根本思想理论主线。

关学学派崇重礼教,主要表现在学理与践行这两个层次上。一方面,关学家很注重儒家礼学经典的学术研究,在经典的精微要义上下功夫,疏通窒碍,发明精华;另一方面,他们强调知行合一,以礼教经典规范自己的伦理行为,将日常躬行置入“明道”的自省之中,并因此而强化个人道德意识。

在学术研究方面,关学家对《周礼》《仪礼》《礼记》即所谓的“三礼”推崇备至,也格外注重。他们每每以专精礼学而闻响学术界。杨紫阳对庙廷礼制很有研究,他对蒙元王朝“祀天而不祀地,祭日而不祭月”提出批评,认为是悖离“吾夫子之祀”(《还山遗稿·郓国夫人殿记》)。杨元甫精通《礼》,萧𣂏著有《三礼说》,萧𣂏并与同恕诸友讨论宗庙“定省之礼”,以及丧葬祭奠仪制(《勤斋集·与同宽甫雷季正书》)。萧同师友韩择“尤邃礼学,有质问者,口讲指画无倦容”(《元史·儒学一·韩择传》)。研究、探讨礼学经典,实际上是关学学派汲取理论养料的一个重要途径,在某种意义上,它又突破和超越了两宋理学的藩篱。

探究礼学精蕴,目的是践行。以“显亲扬名”为特点的“孝道”,是关学家“躬行礼教”的出发点。他们认为,“仁义之实,不离事亲从兄之间”(《勤斋集·送孙秀才序》)。“生则有孝养之荣,没则有褒赠之美”([嘉靖]《高陵县志·邸宅陵墓》),在关学家看来是“躬行礼教”的第一要着。在丧葬礼制上,关学家力行“孝道”反映得很典型。杨天德殁,其子元甫“执丧哀毁,至五日不食,寝苫枕块”,丧制遵用司马温公、朱晦庵“考订古礼”。许鲁斋称天德“独得以礼葬”(《元文类·南京转运司支度判官杨公墓志铭》)。“关辅士大夫知由礼制自致其亲者,皆本之公”(《秋涧先生大全文集·举陕西儒士杨元甫状》)。同恕门人吕伯充“居家律身,养生送死,造次弗违于礼”,其治丧“稽司马氏《书仪》,朱子《家礼》,以及杨文康公(即杨元甫——引者)已行故实,使古人送终之正复见于世”(《滋溪文稿·吕文穆公神道碑》)。高陵门人雷贵也是“丧礼一遵古制”([嘉靖]《高陵县志·人物门·雷贵雷禧传》)。萧𣂏“治丧不用佛老,棺椁、衣衾悉遵礼制”(《滋溪文稿·萧贞敏公墓志铭》)。

丧葬礼制是儒家礼教的核心,也是“孝道”的重要表现方式之一。关学家竭力事亲,践履“忠”“孝”之实,在“人伦日用”的笃行上真正体现出了正统儒学的本色,这实际上是张载“以躬行礼教为本”的理论特征的一脉相承。值得指出的是,元朝并重释、道、儒三教,文化宗教上持兼融并蓄政策,但实际上是有侧重的,其中以佛为最尊。民间乃至士大夫、王公皇戚崇佛有加,丧葬仪制基本上奉行的是佛教或道教的斋醮仪式。有些地区甚至通行火葬或天葬。关学家们从丧葬礼制方面“遵古制”,“以礼葬”,在很大程度上具有克己复礼、坚守儒学壁垒的文化意义。

三、结　　语

元代关学是两宋儒学革新运动的思想产物,其思想渊源直承宋代理学,其中张载理学思想,在关学家的思想层面有或隐或显的反映。在程朱学占居学术支配地位、北方理学系统流于章句、训传学风这一特定的历史文化条件下,元代关学是沿着守经信道——

学为“通儒”——践履“真儒”的理论轨迹而发展的。注重内心世界的“穷理”、“反躬”，追求事功与德性的和谐统一，元代关学家将自己的全部精神追求向“真儒”回归，因而其学理主张与处世方式便显得十分古拙、纯朴，从而显现出经典儒家的浓厚意味。

元代理学朱陆“和会”的思想趋势，以及科场程文的“经明行修”，毫无二致地将朱子学推向了“大一统”时代思想统制的官方席位。程朱义理对整个理学界的影响是巨大的，它将理学异宗别派牢笼于儒家道统的共同旗帜下，发挥着自己思想意识的强大穿透力。惟其如此，元代关学才在两难中蹒跚前进。一方面，它必须依傍程朱义理，以获得思想自由伸张的空间；另一方面，它又必须依经守典，遵循着自己内在的思想轨迹发展。这就使得元代关学学派的思想形态从形式到内容表现出很大的矛盾色彩，这一内在的思想矛盾与内心冲突，很鲜明地体现在每一个关学家的思想深层。

元代关学“崇儒”“明道”、穷理亲躬的淳朴学风，在关中儒士集团中根植了献身经术、涵养德性的品格。关学家们“行其所学”，将道德、经术融入元代理学系统；同时又“坚其所守”（《滋溪文稿·陕西乡贡进士题名记》），牢守关学学派独立的理论域限，“抱经济学”的经术旨趣是维系关学统绪的思想主线。在关学家的精神世界里，对儒学有一种迹近纯粹的追求，其基本的人生倾向就是，当“道”与现实矛盾乃至冲突时，关学家们总是毫不犹豫地选择“隐德丘园不求仕进”的方式，以求得道德经术的纯粹性，使二者永远胶着在“其志其学粹然一出乎正”（《还山遗稿》附录《杨紫阳文集》序）这一精神境界。这种埋首穷经，不求闻达，“箪瓢自若”（《秋涧先生大全文集·举陕西儒士杨元甫状》）的苦己自奉精神，实际上也是对关学思想宗旨——“真儒”事业的彻底实践。

（本文选自《孔子研究》1995年第1期）

王晓清,河北省社会科学联合会研究员,主要从事中国文化史研究。

本文对元代关学学派发展的基本情况及其特征作了分析。作者认为关学洛学化以后,张载关学缺少传人,尤其是张子学发源的关中地区,由于战乱,儒学中衰。金元之际,关中作为一个独立的文化地理区域,学者辈出,直接影响了元代理学的发展趋向。元代关学成为元代理学的一个重要学术派别。元代关学犹不失张载开创的关学的基本特征。

岭南江门学派在宋明理学及中国传统文化中的历史地位

李锦全

由陈白沙、湛甘泉创立和承传的江门学派，在宋明理学中自成一家，在岭南文化史上占据重要地位。但对其学术思想的评价，在历史上所起的作用，前人的看法多有分歧，现拟通过对这个问题的研究，从一个侧面看岭南文化在我国传统文化中的地位。

一

对明代各学派思想的评价，黄宗羲编写的《明儒学案》，是一部比较权威的著作。书中立有《白沙学案》，开头一段“按语”，可以算是对白沙创立的岭南江门学派的总评：

> 有明之学，至白沙始入精微。甚吃紧功夫，全在涵养，喜怒未发而非空，万感交集而不动，至阳明而后大。两先生之学，最为相近，不知阳明后来从不说起，其故何也？薛中离，阳明之高第弟子也，于正德十四年上疏请白沙从祀孔庙，是必有以知师门之学同矣。罗一峰曰：白沙观天人之微，究圣贤之蕴，充道以富，崇德以贵，天下之物，可爱可求，漠然无动于其中，信斯言也。故出其门者，多清苦自立，不以富贵为意，其高风之所激，远矣。

黄宗羲这段总评，指出明代的学术思想，到白沙开始进入“精微”阶段，再到王阳明才加以发扬光大，所以肯定两人之学，“最为相近”。虽然阳明没有提过白沙，但他的弟子薛中离却上奏皇帝请以白沙“从祀孔庙”，即承认与阳明之学是同道中人。宗羲还称赞白沙的道德品格，不强求富贵而造就一代“高风”，为世人所景仰。对白沙学术成就和地位，宗羲概括说：

先生之学，以虚为基本，以静为门户，以四方上下往古来今，穿纽凑合为匡郭，以日用常行分殊为功用，以勿忘勿助之间为体认之则，以未尝致力而应用不遗为实得，远之则为曾点，近之则为尧夫，此可无疑者也。故有明儒者，不失其矩矱者亦多有之，而作圣之功，至先生而始明，至文成而始大。向使先生与文成不作，则濂洛之精蕴，同之者固推见其至隐，异之者亦疏通其流别，未能如今日也。

这里宗羲概括白沙的学术成就，归结到“作圣之功”，上承濂（周敦颐）、洛（程颢、程颐）之“精蕴”，下启阳明以大成，即承认白沙在正统儒学中的地位。

关于白沙在儒学中的正统地位，在宗羲之前官方似已认可，如在万历二年(1574)，朝廷就诏建白沙家祠，赐额曰：“崇正堂”，对联曰：“道传孔孟三千载，学绍程朱第一支。”并特命翰林院撰写祭文：

恭惟先生五岭秀灵，潜心理学，宗濂洛之主静，弄月吟风；接洙泗之心源，鸢飞鱼跃。孝友出处，昭在当时；懿范嘉言，垂于后世。洵一代醇修，足为儒林矜式者也。朝廷重道，致祭于祠，灵明不昧，庶其来歆！（《陈献章集》933页）

这里写的当然是官样文章，不过意思是明确的，白沙所行“道”是为朝廷所重视，因为它所维护的是封建道德纲常。对此白沙在《和杨龟山此日不再得韵》诗中也说得很清楚：

吾道有宗主，千秋朱紫阳。说敬不离口，示我入德方。义

> 利分两途，析之报毫芒。圣学信匪难，要在用心臧。善端日培养，庶免物欲戕。道德乃膏腴，文辞固秕糠。……顾兹一身小，所系乃纲常。枢纽在方寸，操舍决存亡。胡为谩役役，斫丧良可伤，愿言各努力，大海终回狂！

白沙在诗中承认朱熹是吾“道”的宗主，并肯定道义高于利欲，实质上要维护的是封建纲常。但人们能否做到，却决定于自身方寸之心。这是白沙在京师复游太学时应祭酒邢让之命试和此诗，邢让见后大惊说：“龟山不如也。”于是上言朝廷，“以为真儒复出”。自是白沙名震京师，一时名士如罗伦、章懋、庄昶等皆乐从之游，贺钦还执弟子礼。时为成化二年(1466)，白沙年三十九岁(《陈献章集》809—810页)。到成化十八年(1482)，白沙年五十五岁。广东左布政彭韶上疏荐于朝，称之为“醇儒”。彭韶并赠诗曰：“白沙陈夫子，抱道真绝奇。林间三十载，于学无不窥。术周才亦足，知崇礼亦卑，珠玉虽固闷，山水自含辉。声名满四海，荐牍遂交驰。”(《陈献章集》823、825页)

从上所述，白沙在生前到身后，作为孔孟程朱的传人，在儒学中居于正统地位，似已得到认可，特别在万历初年，得到“从祀孔庙”的殊荣(《明史·陈献章传》)，而为人所传颂。

但是对白沙思想评价及其历史作用，并非官方一纸诏书所能论定，同时评价的标准和角度不同也会产生差异。如黄宗羲在《明儒学案·师说》对白沙案语中就说：

> 先生学宗自然，而要归于自得。自得故资深逢源，与鸢鱼同一活泼，而还以握造化之枢机，可谓独开门户，超然不凡。至问所谓得，则曰静中养出端倪。向求之典册，累年无所得，而一朝以静坐得之，似与古人之言自得异。孟子曰：“君子深造之以道，欲其自得之也。”不闻其以自然得也，静坐一机，无乃浅尝而捷取之乎？

今考先生灯学诸语，大都说一段自然功夫，高妙处不容凑泊，终是精魂作弄处。盖先生识趣近濂溪，而穷理不逮；学术类康节，而受用太早。质之圣门，难免欲速见小之病也。似禅非禅，不必论矣。

黄宗羲对白沙以自然为宗的“自得”之学，称其“独开门户，超然不凡”，可谓评价甚高；但操作上“一朝以静坐得之”，却不以为然，讥之为“浅尝而捷取”，“难免欲速见小之病”。当时有指白沙之学为“禅”，宗羲曾为之辩解，谓“先生之学，自博而约，由粗入细，其于禅学不同如此”。罗文庄说：“近世道学之昌，白沙不为无力；而学术之误，亦恐自白沙始。”宗羲亦为之申辩说：“缘文庄终身认心性为二，遂谓先生明心而不见性，此文庄之失，不关先生也。”（《明儒学案·白沙学案》）看来宗羲的评价还是比较公允，但朝廷祭文，称白沙之学宗主静而接心源，虽符合白沙思想实际，却实非程朱理学本色。由是其后对白沙学术思想评价产生较大分歧，实肇基于此。

黄宗羲评价白沙学术，基本上是站在王（守仁）门后学的立场，故以肯定为主。到清初由于王学末流的空疏为人所诟病，朱学在朝廷中仍居统治地位。清人所写的《明史》，是站在朱学立场说话的，所以也看出从白沙到阳明背离朱学的学风：

原夫明初诸儒，皆朱子门人之支流余裔，师承有自，矩矱秩然。曹端、胡居仁笃践履，谨绳墨，守先儒之正传，无敢改错。学术之分，则自陈献章、王守仁始，宗献章曰江门之学，孤行独诣，其传不远。宗守仁者曰姚江之学，别立宗旨，显与朱子背驰，门徒遍天下，流传逾百年，其教大行，其弊滋甚。嘉（靖）、隆（庆）而后，笃信程朱，不迁异说者，无复几人矣。（《儒林传序》）

《明史》这段话，将白沙与阳明放在同一思想流派，与宗羲说法相近。但明确提出明初诸儒皆崇奉朱学,所谓"学术之分",就是对朱学的背离,是从陈白沙开始的。其后经由王阳明的传播,"其教大行,其弊滋甚",这仍就朱学的立场说话,但这里主要是针对阳明,而认为江门之学是"其传不远",不过白沙与阳明并列,已承认他在明代开始背驰朱学的历史地位。

《明史》对白沙、阳明的学术评价,虽指出白沙首开明中叶背离朱学风气之先这一事实,但对他自身尚无贬意。可是清初笃信朱学的张伯行却极力指斥阳明、白沙。他声称"自程朱后,正学大明,中经二百年无异说,阳明、白沙起,而道始乱"(《论学》,《正谊堂文集》卷九),这里将白沙说成是违背"正学"的乱"道"之人。这就将白沙学术思想看作异端邪说了。

清人编《四库全书》,对《白沙集》所写提要,似乎摆出较客观的评述:"史称献章之学,以静为主。其教学者,但令端作澄心,于静中养出端倪,颇近于禅,至今毁誉参半。其诗文偶然有合,或高妙不可思议;偶然率意,或粗野不可响尔,至今毁誉亦参半。"最后借鉴王世贞的议论,得出结句说:"虽未可谓之正宗,要未可谓非豪杰之士也。"这里虽未许白沙为儒学正宗,但不能不承认他是个豪杰之士,这样评价亦颇值得我们玩味。

在白沙各弟子中,后来成就最大的是湛甘泉,故合称为陈、湛理学。甘泉与阳明同时,他比阳明年长六岁,但比阳明后死三十年,享年九十五岁(1466—1520)。

甘泉与阳明生前是好友,在学术上既互相问难,又分庭抗礼,各不相下。黄宗羲在《明儒学案·甘泉学案》中说:

> 先生(指甘泉)与阳明分主教事。阳明宗旨致良知,先生宗旨随处体认天理。学者遂以王、湛之学,各立门户,其间谓之调停者,谓天理即良知也,体认即致也,何异何同?然先生论格物,条阳明之说四不可,阳明亦言随处体认天理为求之于

外，是终不可强使合也。

这里宗羲看出王、湛两家学术思想分歧的关键所在。同时在这个分歧的问题上，指出双方各执己见，互相辩难，使居间调和者也难以成功。但黄宗羲承认王、湛两家是各立门户，各行其道，表明湛甘泉在当时学术上仍保持独立地位，成为白沙江门学派的强劲后继。

二

以上所引前人对陈、湛理学的评价，无论是毁是誉，都得承认他们在学术上是自立宗旨，自成一家。白沙创立的江门学派，是岭南文化中的一条重要支柱，他主张为学“贵疑”，形成“学贵乎自得”和“以自然为宗”的思想体系，不但对岭南思想界的开放作出贡献，同时对国内思想界也带来了影响。

白沙为学并非不要读书，但反对那种食古不化的读死书。首先他意识到古往今来留下的书籍太多，谓“自炎汉迄今，文字记录著述之繁，积数百千年于天下，至于汗牛充栋，犹未已也”。那么面对这样多的书本，应该如何学习？他认为孔子之学是作人，而“后之学者，记诵而已耳，词章而已耳”，只会背书和写文章，至于如何作人，“固懵然莫知也”，何以会产生这种情况？“载籍多而功不专，耳目乱而知不明，宜君子之忧之也”。为此他提出：“《六经》，夫子之书也；学者徒诵其言而忘味，《六经》一糟粕耳，犹未免于玩物丧志。”（《道学传序》）

从白沙这番议论，使人想起后来李贽对《六经》、《论语》、《孟子》的评论。李贽认为这些被称为圣人经传，只是“其迂阔门徒，懵懂弟子，记忆师说，有头无尾，得后遗前，随其所见，笔之于书”，因此他怀疑“其大半非圣人之言”。退一步说，即使“出自圣人，要亦有为而发，不过因病发药"，以救助其弟子门徒，岂能"以为万世之至论"？因此李贽认为《六经》、《语》、《孟》，后来变成为"道学之口实，假人之渊薮(《焚书·童心说》)。白沙虽然没有那样偏激，但他确是反对将《六经》当作教条，如果只是死记硬背而不会消化吸收，那么圣人的经书也就成为一堆糟粕。当然白沙亦非无缘无故发此议论，这是他自身为学的体会。下面是他自述为学的经过：

> 仆才不逮人，年二十七始发愤从吴聘君(与弼)学。其于古圣贤垂训之书，盖无所不讲，然未知入处。比归白沙，杜门不出，专求所以用力之方。既无师友指引，惟日靠书册寻之，忘寝忘食，如是者亦累年，而卒未得焉。所谓求得，谓吾此心与此理未有凑泊吻合处也。于是舍彼之繁，求吾之约，惟在静坐，久之，然后见吾心之体隐然呈露，常若有物。日用间种种应酬，随吾所欲，如马之御衔勒也。体认物理，稽诸圣训，各有头绪来历，如水之有源委也。于是涣然自信曰："作圣之功，其在兹乎！"(《复赵提学佥宪》，《陈献章集》145页)

白沙这段话说得很清楚，但也有点神秘。他闭户读书多年，对圣贤垂训无所不讲，但内心没有收获；反而经过静坐之后，内心才与外物相通，这种体会有点近于顿悟，故有人称之为"禅"。按照我的理解，白沙思想可能受到禅宗思想影响，但静坐所得并不同于顿悟。因为禅宗是主张不立文字，并否认外界事物的存在，本来无一物，内心无需与外物相同，凭顿悟就可以成佛。白沙并非不读书，而是过多太繁，变得泛览无归，找不到头绪。他说的"静坐"，是要冷静下来作独立思考，作的是"自博而约"功夫，前面提到，黄宗羲也认为与禅学不同。白沙的静坐，是要使得内心与外物相通，"体认物理"，"随吾所欲"，在发挥人的主观能动性中，寻求事物的源委，使认识能进一步深化。所以白沙的静坐，是以读书博学为前提。加上他主张"学贵知疑"。在读书行事时遇到问题，敢于提出疑问,这样才能有进步,开动脑筋去思考。所谓"小疑则小进,大疑则大进。疑者,觉悟之机也"。其实白沙是沿着博学、审问、慎思的路子去认识事物,静坐并非不思考问题或是流于空想。

由于白沙对学问的"自得",不受圣贤经传教条和程、朱那套烦琐经注的束缚,提倡个人独立思考,因而他反对当时那种"标榜门墙"的学风。他认为"人与天地同体,四时以行,百物以生",自然界是独立运转永不停滞的。因此他主张"学者以自然为宗,不可不著意理会"。而今之学者却"各标榜门墙,不求自得,诵说虽多,影响而已"(《与湛民泽》,《陈献章集》192—193页)。

白沙提倡"以自然为宗"的"自得"之学,主张要生动活泼地学习,反对因袭教条和思想僵化。他在给学生湛甘泉的诗中,曾作过相当形象化的描述:

> 于维圣训,先难后获。天命流行,真机活泼。水到渠成,鸢飞鱼跃。……万化自然,太虚何说?绣罗一方,金针谁掇?(《示湛雨》,《陈献章集》278页)

白沙这首诗,内容并非单纯对自然界的描绘。"水到渠成,鸢飞鱼跃",指的是万化自然的景象。水阔凭鱼跃,天高任鸟飞,这种自然生态,确使人有天机活泼、生意盎然的感受。白沙以此来形容治学的思想境界,会给人带来一种纵横云海、自由奔放的清新气息。白沙作为治学的启示,要把能绣出鸳鸯的金针授给学生,但不规定具体形象,而是教人按照"真机活泼"的"万化自然"行事,在绣罗一方任各人绣出自己的鸳鸯,这种比喻就是对学生进行启发式的诱导。

白沙教导学生,并不是老师说了算,相反他鼓励学生要有自己的见解,为此他写了一首很风趣的小诗。标题是《赠陈生秉常》:

> 我否子亦否,我然子亦然,然否苟由我,于子何有焉?

这首小诗文字是显浅明白,但寓意却相当深刻,且富有幽默感。老师说对时学生就说对,说不对时也跟着说不对,对与不对老师说了算,做学生的能有什么收获呢?白沙教导人,确是保持这种作风,即尊重各人的"自得"。如他与李世卿曾朝夕相处,"凡天地间耳目所闻见,古今上下载籍所存,无所不语"。至于"所未语者,此心通塞往来之机,生生化化之妙,非见闻所及,将以待世卿深思而自得。"白沙对李世卿,将所有耳闻目见,以及古今书籍中记载的东西都说了,然后由对方思考后自行作出判断。他所以这样作的理由,因为"世卿之或出或处,显晦用舍,则系于所遇,非予所知也"(《送李世卿还嘉鱼序》)。他认为一个人怎样处理问题,要根据各人情况自行作出决定,别人是无法知道的。白沙尊重世卿个人"自得",不把自己的意见强加于人,在学术研究上师生可以处在相对平等的地位。由于白沙所讲的自得,并非自以为是,目无他人;而是尊重各人的见解,包括学生在内,这是带有学术民主因素的思想,可以说在当时封建专制的历史条件下,白沙提倡的"自得"之学,对受传统经传束缚的思想界,是一次相当大胆的挑战;而对促进个性思想解放,和开拓岭南文化新风,会当起到重要作用。

陈白沙寻求自得的开放学风,在他的门人弟子中也有所继承。如林光(1439—1519)提出"学莫贵于能疑,能疑必生于能思"(《与王绾秀才书》)。又说:"古之善为学者,深造自得。"(《福建乡试录序》)"人之所以贵于学者,为闻道也,所谓闻道,在自得耳。读尽天下书,说尽天下理,无自得入头处,总是闲也。"(《奉庄定山》)

作为白沙学术传人的湛甘泉,他对白沙治学精神和学风的继承,是通过贵疑、重思来寻求自得,这是白沙治学以自然为宗的思想。

> 或问学何贵?甘泉子曰:学贵疑,疑斯辨,辨斯得矣。故学也者,觉此者也。
>
> 夫学而知所疑也,学之进也。如行路然。行而后多歧,见

多歧而后择所从，知择所从者，进乎行者也。(《雍语》)

甘泉承传白沙的思想，强调学贵知疑，认为只有通过学习才了解疑难在什么地方，就像要通过行路才能发现歧途，然后经过“辨”在歧途中选择所应该走的路，这样最终“得”以前进。

甘泉主张贵疑，但要解决疑难，就要通过思考。下面是他与门人对话作出的解释：

门人问思。甘泉子曰：虚灵知觉，思也。曰：何也？曰：本体也。本体全，则虚而明，有以照物，如鉴空而妍媸莫逃。是谓思则得之，无思无不通也。(《雍语》)

知觉者，心之体也；思虑者，心之用也。灵而应，明而照，通乎万变而不汩，夫然后能尽心之神，明照而无遗，灵应而无方。(《樵语》)

甘泉将“思”解释为“虚灵知觉”，就像虚而明的镜子一样，以此普照万物，其美丑好坏都显得无所遁形。甘泉认为心是灵觉的器官，心的作用是能思考问题。孟子说过：“心之官则思，思则得之，不思则不得也。”(《告子上》)我们现在将心思连用，也是沿袭古代心之官则思的意思。只有经过内心的思考，才谓之“自得”，这里甘泉承传的正是白沙的治学精神。

但是甘泉对白沙虽然非常尊重，对老师的观点却并不盲从。如白沙所强调的静坐，甘泉就明确表示反对。

古之论学，未有以静坐为言者，而程氏言之，非其定论，乃欲补小学之缺，急时弊也。后之儒者，遂以静坐求之，过矣。古之论者，未有以静为言者，以静为言者皆禅也。故孔门之教，皆欲事上求仁，动时着力。何者？静不可以致力，才致力即已非静矣。故《论语》曰：“执事敬。”《易》曰：“敬以直内，义以方外。”《中庸》戒慎恐惧慎独，皆动以致其力之方也。何者？静不可见，苟求之静焉，骎骎乎入于荒忽寂灭之中，而不可以

入尧舜之道矣。……故善学者必令动静一于敬,敬立而动静混矣,此合内外之道也。(《答余督学》)

甘泉这里没有点名白沙,但以静坐求之,确是白沙师教,而甘泉却明指其错误。他认为单纯讲静是不能致力的,容易走入虚无寂灭之中,是禅学而非孔门之教。只有动与静相结合而统一于敬,才合内外之道。甘泉这样表态并非背叛师门,因为认可和尊重各人的"自得"正是白沙治学的精神所在。

甘泉与阳明既是好友,在学术观点上又是互相尊重的论敌。阳明虽认为甘泉所讲"随处体认天理为求之于外",是背离了"内求于心"的心学本旨。但他对甘泉自得之学却极为赞赏。阳明在正德七年(1512)写了一篇《别湛甘泉序》。他先肯定"夫求以自得,然后可以言学圣人之道"。然后说到和甘泉交友后思想上产生的共鸣作用。

晚得友于甘泉子,而后吾之志益坚,毅然若不用遏,则予之资于甘泉多矣。甘泉之学,务自得者也,未知之能知,其知者且疑其为禅。诚禅也,吾犹未得而见,而况其所志卓尔若此。则如甘泉者,非圣人之徒与?多言又乌足病也。

这里阳明既肯定甘泉"自得"之学,使他深受教益;同时对有些人误认甘泉之学为禅,而加以辨正,并给以高度评价。

阳明与甘泉都是服膺"自得"之学,因此都要坚持自己的学术观点,并展开不调和的论争。但双方并非没有往来,连弟子一辈都成为通家之好。黄宗羲在《甘泉学案》按语中说:

王、湛两家,各立宗旨。湛氏门人,虽不及王氏之盛,然当时学于湛者,或卒业于王;学于王者,或卒业于湛,亦犹朱陆之门下递相出入也。其后源远流长,王氏之外,名湛氏学者,至今不绝。即未必仍其宗旨,而渊源不可没也。

王、湛两家的弟子,既可以通好往来,说明彼此思想是开放的,没有门户之见。但两家又是各立宗旨,表明是不同学派。甘泉的思想影响虽不及阳明,但其后源远流长,始终保持学派的独立性,并未为王学所同化。这说明陈、湛理学在传统儒学中是自树一帜。

陈、湛理学,在维护封建纲常和道德伦理方面,并未离经叛道;但他们强调为学贵疑和主张人人可以寻求自得,这种不盲从不依傍而强调独立思考的开放学风,对封建专制统治,却带来潜在的危险。张伯行所以将白沙斥为"异说",而视之为乱"道"之人,大概亦看到开放学风所带来的社会效应。但对岭南文化的影响来说,提倡开放学风是好事而非坏事。岭南地区在古代思想文化是相对落后,故在较长时期是接受中原文化的熏陶。但到了近代,却成了接受西方文化的前沿阵地。虽然这里是有地理方面的原因,而陈、湛等人倡导的开放学风,对岭南近代文化的形成,是有它的先导作用的。

我国是个历史悠久又是民族众多的国家,传统文化是经过长期积淀而成。由于幅员广阔,各地区文化发展不平衡,而且各有不同的特点。但在"车同轨,书同文",全国基本上趋向统一的情况下,各地区之间的经济来往、文化交流也在逐渐开展。岭南在唐、宋时还被视为蛮荒之地,并作为贬谪罪臣的场所。这说明岭南比中原地区,在经济、文化上有它落后的一面;但从地理环境条件看,与海外交通、贸易开发比较早,在中原发生战乱时还接受大量南下移民。而正因为落后,反而有迫切学习先进的一面,思想上的开放会更容易些。岭南文化正是由于带有两重性,从而形成自身的特点。

陈、湛理学可以说是在上述历史、地理条件和文化熏陶中产生,而他们的思想又反作用于促进具有岭南特色的文化的发展,在传统文化中的理学史上,成为程朱与陆王之间的一大流派。岭南文化从对中原地区相对落后的情况下,到近代转而走入开放的先河。这里虽然会有各种原因，而陈、湛主张从贵疑到寻求自得，即提倡学术自由探讨的学风，对打破传统文化中儒家经书的僵化教条，使之向近代方面转型，是起到一定的启迪作用的。

（本文选自《孔子研究》1994 年第 3 期）

李锦全，中山大学哲学系教授，主要从事中国思想史研究。

本文认为由陈白沙、湛甘泉创立和传承的江门学派，在宋明理学中自成一家。江门学派是在岭南文化的影响、熏陶中产生的，又反作用于岭南文化。

元西域人华化考

陈　垣

一、西域人之儒学

高智耀	廉希宪	不忽木
巎巎(庆童)	沙班	泰不华
回回	伯颜师圣	欣都
也速答儿赤	丁希元	家铉翁

儒学为中国特有产物，言华化者应首言儒学。元初不重儒术，故南宋人有九儒十丐之谣，然其后能知尊孔子，用儒生，卒以文致太平，西域诸儒，实与有力。其最先以儒术说当世者为高智耀，《辍耕录》卷二高学士之条云："国朝儒者，自戊戌选试后，所在不务存恤，往往混为编氓。至于奉一札十行之书，崇学校，奖秀艺，正户籍，免徭役，皆翰林学士高公奏陈之力也。公河西人，今学校中往往有祠之者。"

戊戌为元太宗十年。据《元史·太宗纪》及《选举志》，太宗九年八月下诏考试诸路儒士。盖诏下于九年八月，而选试于十年戊戌也。《元史·高智耀传》："智耀世仕夏国，登本国进士第。夏亡，隐贺兰山。皇子阔端镇西凉，儒者皆隶役，智耀谒藩邸，言儒者给复已久，一旦与厮养同役，非便，请除之。皇子从其言。"是智耀为儒者尽力之第一次。

“宪宗即位，智耀入见，言：‘儒者所学尧、舜、禹、汤、文、武之道，自古有国家者，用之则治，不用则否。宜蠲免徭役以教育之。’帝问：‘儒家何如巫医？’曰：‘儒以纲常治天下，岂方技所得比。’帝曰：‘善。前此未有以是告朕者。’诏复海内儒士，徭役无有所与。”是智耀为儒者尽力之第二次。

“世祖即位召见，又力言儒术有补治道，反覆辩论，辞累千百。帝异其言，铸印授之，命凡免役儒户，皆从之给公文为左验。时淮、蜀士遭俘虏者皆没为奴，智耀奏言：‘以儒为驱，古无有也。陛下方以古道为治，宜除之以风厉天下。’帝然之，即命循行郡县区别之，得数千人。贵臣或言其诡滥，帝诘之，对曰：‘士譬则金也，金色有浅深，谓之非金不可，才艺有浅深，谓之非士亦不可。’帝悦。”是智耀为儒者尽力之第三次。

智耀姓高，非汉姓。其孙纳麟，《元史》一四二别有传，不戴高姓也。五代而后，河西陷西夏者二百年，诸羌杂处，元人谓之唐兀氏，为色目之一种。《元史》卷一一八至一四五，为蒙古、色目人列传，卷一四六至一八八，为汉人、南人列传。高智耀传在卷一二五，固明示其为色目而非汉人也。智耀虽色目人，然西夏夙习汉化，庙祀孔子，智耀之尊儒，不足为异。王恽《秋涧集》八六有弹高智耀状，言：“智耀事佛敬僧，乃其所乐，迹其心行，一有发僧耳。”是智耀固儒而释者，不纯为儒也。

西域人纯为儒者有廉希宪。希宪，畏吾儿氏，史称其笃好经史，手不释卷。一日方读《孟子》，闻召急怀以进。世祖问其说，以性善、义利、仁暴之旨对，世祖嘉之，目曰廉孟子。岁甲寅，世祖以京兆分地，命希宪为宣抚使。希宪日从名儒若许衡、姚枢辈，咨访治道，首请用衡提举京兆学校，衡之应召，自此始也，而希宪实为举主。国制，为士者无隶奴籍，京兆多豪强，废令不行。希宪至，悉令著籍为儒。己未，世祖渡江取鄂州，希宪引儒生百余，拜伏军门，言："今王师渡江，凡军中俘获士人，宜官购遣还，以广异恩。"世祖纳之，还者五百余人。时方尊礼国师，帝命希宪受戒，对曰："臣受孔子戒矣。"帝曰："孔子亦有戒耶？"对曰："为臣当忠，为子当孝，孔子之戒，如是而已"。

希宪事迹，详《元史》一二六本传、《元名臣事略》卷七、及元明善所为希宪神道碑（见《元文类》六五）。元色目人中，足称为理学名臣者，以希宪为第一。希宪系出畏吾儿，去中原益远。较高智耀之系出唐兀，其沾被华化倍难。然希宪笃信好学，过于智耀，斯为可贵。

希宪而后有不忽木。不忽木世为康里部大人，《元史》廿四《仁宗纪》谓不忽木为蒙古人者，以其全部曾被虏于蒙古，给事东宫也。不忽木师事太子赞善王恂，恂从北征，乃受学于国子祭酒许衡，衡亟称之，谓必大用于时，名之曰时用，字之曰用臣。至元十三年，与同舍生坚童、太答、秃鲁等上兴学疏，凡千言，力言儒学之要，规画学校制度及考试之法甚备。文详《元史》一三〇本传。赵孟頫为《文贞康里公碑》（见《松雪斋集》卷七），言："上每与公论古今成败之理，谓公曰：'曩与许仲平论治，仲平不及汝远甚。先许仲平有隐于朕耶？抑汝之贤过于师耶？'"可见世祖目中之不忽木，固超过许衡也。康里在元时，为术赤所封地，在今日为南俄，其地去中原又比畏吾儿为远，而其人能崇儒重道若此，是真可惊异者矣。

不忽木之子为巎巎。巎巎幼肄业国学，博通群籍，其正心修身之要，得诸许衡及父兄家传。既以重望居高位，四方士大夫翕然宗之。《元史》一四三本传有爱儒答问一则，备录如下：达官有怙势者，言曰："儒有何好，君酷爱之？"巎巎曰："世祖以儒足以致治，命裕宗学于赞善王恂。今秘书所藏裕宗仿书，当时御笔，于学生之下，亲署御名习书谨呈，其敬慎若此。世祖尝暮召我先人坐寝榻下，陈说《四书》及古史治乱，至丙夜不寐。世祖喜曰：'朕所以令卿从许仲平学，正欲卿以嘉言入告朕耳。卿益加懋敬，以副朕志。’今汝言不爱儒，宁不念圣祖神宗笃好之意乎？且儒者之道，从之则君仁、臣忠、父慈、子孝，人伦咸得，国家咸治；违之则人伦咸失，家国咸乱。汝欲乱而家，吾弗能御，汝慎勿以斯言乱我国也。儒者或身若不胜衣，言若不出口，然腹中贮储有过人者，何可易视也。”达官色惭。巎巎之丰仪可见矣。

巎巎之后，康里氏之崇儒术者有庆童。《两浙金石志》十八、《越中金石记》卷十有绍兴路儒学教授朱镡所为《御史大夫康里公勉励学校记》，碑阴题名，多西域人之官斯土者，凡此皆足为西域人热心儒学之一证。

然此皆西域人之握政权者耳，有离却政权而特注意于社会教育者，沙班也。沙班色目人，居杭州，字子中，举进士，授建安经历。吴克恭《寅夫集》有《送沙子中经历建宁》诗。沙班既致仕，乃热心兴学，刘基《诚意伯集》卷四有《沙班子中兴义塾诗序》，云：“至正十一年春，沙班子中来，言曰：‘杭于江南，视他郡为大，民多而儒少，岂教育之未至乎！吾尝得隙地于庆远，愿筑室以为义学，招子弟以教。’余闻而叹曰：‘方今天下郡县无不有学，名山古迹，又有书院，咸设学官。杭之城郡县学及书院凡四处，生徒蚁集，省宪临焉，又何俟于子之室乎！’子中曰：‘噫！是子不知余也。子以为予之学，犹官之学欤？非也。予请为子言学。夫学也者，学为圣人之道也，学成而以措诸用，故师行而弟子法之。今之学主以文墨为教，弟子上者华而鲜实，下者习字画以资刀笔，官司应酬廪粟之外，无他用心，其亦异乎予之所欲为者乎！夏之校，殷之序，周之庠，吾不得而见之矣，而有志焉。吾固将以尽吾心，终吾年，纵不能行于今，庶几或垂于后。’予闻而壮之，书其言以为序。”沙班之志，盖不满意于官学之专为利禄，而欲独创一正谊明道之私学，以行其素志，中国之学者未能或之先也。

宋、元以来,中国儒学史上,有所谓理学或称道学之一派,吾不知其称名当否,然其实确与汉、唐以来之儒学不同,盖儒学中之杂有道家及禅学之成分者也。元儒学既有此一派,吾言西域人之儒学,不可不于此求之,则《宋元学案》有二人焉,曰赵世延,曰泰不华。世延,雍古部人,基督教世家,为榘庵同调,列卷九五萧同诸儒学案中,吾以其晚年好道,于《佛老篇》论之,今先论泰不华。《元史》一四三本传:"泰不华,字兼善,伯牙吾台氏。初名达普化,文宗赐以今名。世居白野山,父塔不台,历仕台州录事判官,遂居于台。家贫好读书,能记问,集贤待制周仁荣养而教之。年十七,江浙乡试第一,明年至治元年,进士及第,授集贤修撰。"先是廷试第一皆国人,泰不华既以第一及第,故或称为蒙古人,其实伯牙吾台,是色目之一,非蒙古。钱大昕《元史氏族表》,泰不华列色目表,不列蒙古表,是也。至正元年,泰不华除绍兴路总管,行乡饮酒礼,教民兴让,越俗大化,礼让者中国人所以化西北强悍之族,而泰不华乃以化越人,奇也。泰不华为本心门人,《宋元学案》列卷八一北山四先生学案中。《元史》一九〇《周仁荣传》称仁荣所教弟子多为名人,而泰不华实为进士第一,其引重可知也。泰不华虽书生,然膂力过人,犹有西北方气概。当其守台州也,方国珍降而复叛,泰不华乘潮而前,搏敌船,射死五人,敌跃入船,复斫死二人。敌举槊来刺,辄斫折之,敌群至,欲抱持过船,泰不华瞋目叱之,脱起夺敌刀,又杀二人。敌攒槊刺之,中颈死,植立不仆。年四十九,时至正十二年壬辰三月也。刘基为赋吊之,见《诚意伯集》卷九。杨维桢《挽达兼善诗·注》,则谓其辛卯八月殁于南洋,传闻异词也。延祐庚申,泰不华江浙乡试第一,年十七,至正壬辰死节,年四十九,正符,辛卯则四十八耳,应以史为正。史又称:"泰不华尚气节,不随俗浮沉。太平为台臣劾去相位,泰不华独饯送都门外。太平曰:'公且止,勿以我累公。'泰不华曰:'士为知己死,宁畏祸耶!'后虽为时相摈斥,人莫不韪之。”曹安《谰言长语》卷下有泰不华佚事一则,亦足见其清节。云:元达不华为台州守,有所廉察。夜宿村家,闻邻妇有娣姒夜绩者,娣曰:“夜寒如此,我有瓶酒在床下,汝可分其清者,留以奉姑,浊者吾与尔饮之。”姒如其言,起而注清者于他器,且曰:“此达元帅也,吾等不得尝矣。”娣曰:“到底清邪!”遂笑而罢。不华闻之,未曙即去。其清节感人若此。惟泰不华著述,今无传者,《元诗选·顾北集》仅录其诗,《元史》本传只言事功,不言学业,《宋元学案》更疏略,仅缀拾本传数语,无可考见。余在《滋溪文稿》二四发见苏天爵有《与达兼善郎中书》,述《皇极经世书》之授受源流颇详,知泰不华曾有志于邵子之学。时泰不华为江浙行省左右司郎中,距死节之年,尚十余岁,未知其后造诣何如也。书云:

> 君子之仕,固欲行其志也,然事之龃龉者,十常八九,欲舍而去之,不知者以为忘斯世矣。阁下以进士得官二十余年,始以文字为执业,人则曰儒者也,及官风纪,屡行而屡止,孰知其志之所存乎。向谕印祝泌《皇极经世说》,谨装潢纳上。某尝学于临川吴先生(澄),闻其言曰:“邵康节天人之学也,虽其子弗克传焉。蜀人张行成盖能得其仿佛,行成既没,其学又弗传矣。祝泌生于宋季,所学者风角鸟占之术,特假皇极之名张大之耳。抚州人有传其术者,睹物即知休咎,尝欲以学授予,予弗从而止。”某又尝学于太史齐公(履谦),每见公读邵子书不去手。晚岁又释外篇,令某传录,其言曰:“皇极之名见于《洪范》,皇极之数,始于《经世书》,数非极也,特寓其数于极耳。《经世书》有内外篇,内篇则因极而明数,外篇则由数以会极,某尝欲集诸家释外篇者为一书,顾未能也。”又闻国初李征君俊民、李翰林治皆能通邵子之书,或言征君得于河南隐士荆先生,而翰林不知得于何人也。世庙在潜邸时,尝召征君问之,征君既亡,复召翰林问之。以某观之,二公不过能通其数耳,

而康节之学，盖未易言也。故曰欲知吾之学者，当于林下相从二十年，方可学也。因阁下求祝泌之书，偶言及此。

祝泌之书，今传者有《观物篇解》五卷，附《皇极经世解起数诀》一卷，清《四库》著录子部术数类。朱彝尊《经义考》又有泌所撰《皇极经世钤》十二卷。未知泰不华所求及苏天爵所与者何种，然天爵此书，实可补《宋元学案》之阙也。

西域儒者，廉希宪、不忽木，均曾从许衡游，而《宋元学案》皆无传。巙巙兄回回，字子渊，《元史》附《巙巙传》，称其"敦默寡言，嗜学能文。与弟巙巙皆为时之名臣，世号双璧"。而不言其学术。余在《吴文正集》廿二发见有《时斋记》，盖澄为回回作，而后知回回曾从澄游，好读《易》，不止能文善书已也。记云："康里子渊卜筑于国子监之西，而名其斋居之室曰时，大矣哉时之义乎！昔先文贞公(不忽木)为国名臣，从贤师知圣学，其行于身，施于家，发于事业，固已得中得宜而当其可矣。子渊淳正明敏，益之以平日家庭之所闻，众人纷纷竞进，而退然闲处，若无意斯世者。然苟所当辞，虽近而怯就，苟所当受，虽远而勇去。所谓中，所谓宜，所谓可，盖亦无忝于其先公，此所以名其斋室之意也。虽然，时之为时，莫备于《易》，先儒谓之随时变易以从道，夫子传六十四彖，独于十二卦发其凡，而赞其时与时义时用之大。时之百千万变无穷，而吾之所以时其时者一而已。子渊好读《易》，予是以云。"回回不见《草庐学案》中，此文亦可补其阙。

《元史·儒学传》尚有一西域儒学大师，《宋元学案》应为立传而遗之者，曰伯颜师圣。伯颜学无师承，崛起乡里，讲求实用，自成一家。譬之清儒，于颜元为近，而魄力过之，所谓平民学者也。《宋元学案》中应补伯颜学案。惜乎其著述毁于兵燹，徒令人想望低徊而已，然百世之下，闻者莫不兴起也。传录如下：

伯颜一名师圣，字宗道，哈剌鲁氏，世居开州濮阳县。六岁从里儒授《孝经》、《论语》，即成诵。蚤丧父，其兄曲出买经传等书以资之。日夜诵不辍。稍长，受业宋进士建安黄坦，坦曰："此子颖悟过人，非诸生可比。"因命以颜为氏，且名而字之焉。久之，坦辞曰："余不能为尔师，群经有朱子说具在，归而求之可也。"伯颜自弱冠即以斯文为己任。其于大经大法，粲然有睹，而心所自得，每出于言意之表。乡之学者来相质难，随问随辨，咸解其惑。于是中原之士闻而从游者日益众。至正四年，以隐士征至京师，授翰林待制，预修《金史》。既毕辞归，四方之来学者至千余人。盖其为学专事讲解，而务真知力践，不屑事举子词章，而必期措诸实用。士出其门，不问知其为伯颜氏学者。至于异端之徒，亦往往弃其学而学焉。十八年，河南贼蔓延河北，伯颜将结其乡民为什伍以自保，而贼兵大至，伯颜乃渡漳北行，邦人从之者数十万家。至磁，与贼遇，贼知伯颜名士，生劫之，不屈，与妻子俱死之。年六十有四。有司上其事，谥文节。太常谥议曰："以城守论之，伯颜无城守之责；以风纪论之，伯颜无在官之责。以平生有用之学，成临义不夺之节，乃古之所谓君子人者。"时以为确论。平生修辑《六经》，多所著述，皆毁于兵。

凡此皆可称为西域理学名儒也。

当科举之初兴也，蒙古、色目人即有应试者，可知其读书实在未兴科举以前。延祐二年，举行第一次进士，胡长孺有《送欣都、朱、卢、饶诸生会试京师诗序》，见《水东日记》十二，其文曰："皇帝龙飞御天之三年，十有一月，诏天下郡县，兴贤者能者。明年行江浙中书省试士钱唐，凡一千二百有奇。九月辛未，列合格名士里寓于书，上丞相府，蒙古、色目五人，欣都举首，江浙闽二十八人，朱嵘第九，卢可继第二十一，江西行省试士南昌，饶抃第七。四人者尝授经永康胡长孺，故欣都生之行也，长孺系以诗而叙之。"

揭傒斯《文安公集》卷九有《送也速答儿赤序》。也速答儿赤，亦事科举者。其文曰："至元初，从军襄樊有抄儿赤者，合禄鲁人也，以功为千夫长。抄儿赤传秃鲁罕，秃鲁罕传秃林台，三世皆戍建昌，而三世皆贤。秃林之子也速答儿赤，从郡人李宗哲学进士业有声。今年夏，从其妇翁增城左君至京师，拜余程文宪公故宅，貌粹而气和，才清而志锐，他日必为明进士。然君子之学，非所以为富贵利达之谋也，所以进其德而达其才者也，故其学不止于为进士。子归第务学焉，勿以科举废兴为去就。"

郑元祐《侨吴集》卷八有《送丁希元序》，曰："淮西公告老于朝，天子不允，召拜翰林学士。于是公乘传入觐，而以其甥丁希元从。公与希元皆斡端(于阗)国人，斡端与国朝地若犬牙错列，去江浙二万余里。希元初侍其亲，读书江浙间，稽经质疑，问学大备，使对策大廷，其取必右选，若探囊发所素有。会举选暂罢，人惜其学成而时违，而不知其蕴用以俟时也。"

由此可见色目人之读书，大抵在入中国一二世以后。其初皆军人，宇内既平，武力无所用，而炫于中国之文物，视为乐土，不肯思归，则惟有读书入仕之一途而已。

陆文圭《墙东类稿》卷六有《送家铉翁序》，言色目人初入仕，有司事不素讲，莫谐士论，犹可见西域人改从华俗之迹。曰："五方之人，言语不通，嗜欲不同，性善则一。先皇帝武定内难，文致太平，举中原百年之旷典，天下之士，雷动响应，殊方异俗，释棚掉甲，理冠带，习俎豆，来游来歌，莫不洗涤，思奉明诏，立跻朊仕。然有司事不素讲，学识浅陋，莫谐士论。家君铉翁畏吾儿氏，其先居北庭，脱脱太师宁国公之裔孙。幼颖悟，自命不凡，脱去袴习，修孔氏之业，读文公之书，应江浙进士举及格，闽宪闻其才而辟之。泰定三年丙寅，余自暨阳出应容山县聘，授生徒于学。君至县，一见握手如旧交，相与道家世出处本末，慨然久之。君貌嶷嶷，美髯如戟，神采逼人,必能晓畅官事,年富气锐,功业未可量。余老,惜不及见之。”

家铉翁为畏吾儿氏,与宋使臣被留于元之家铉翁,号则堂,《元文类》三八录其《中州诗集跋》者,另一人。陆文圭称其美髯如戟,神采逼人,想犹是色目人习气。其相见即道家世出处本末,想犹念念其为色目人,而以能修孔氏之业自慰也。此亦可称西域人之儒学也。

二、基督教世家之儒学

马祖常　　阔里吉思

上章所举,为普通西域人之儒学,其人本身或先世信仰何教,未能确指也。今有可以确证其人本身或先世信仰他教,而改奉儒教或服膺儒教者,请先论基督教。

元代版图最广,括有中亚细亚全部,故当时回教各国,及基督教、摩尼教流行之地多隶之。种人来往频繁,散居中国内地者众,久而信仰改宗之事遂不可掩。其最著者为基督教世家马祖常也。

元时典籍无基督教之名,其称也里可温者,即指基督教各派也。说详拙著《元也里可温教考》。顾何以知马祖常为也里可温世家,吾友张君星烺近译注《马可波罗游记》,举出三证,定马祖常为基督教:一、凡《元史》中雍古部人传,每多基督教徒之名,祖常为雍古部人。二、马祖常所作其曾祖月合乃神道碑,叙述家世人名,汉式名二十五,蒙古名一,基督教徒名十有四。三、月合乃祖名把造马野礼属,此名基督教聂思脱里派中尤多见之。说详《马可波罗游记》卷一第五十九章附注。余于张君所举三证之外,发见更有力之证据五:

一、杨维桢《西湖竹枝集·马祖常小传》云:“马雍古祖常,字伯庸，浚仪可温氏。"浚仪者开封，可温者，也里可温之省文或脱文无疑也。

二、黄溍《金华文集》卷四三《马氏世谱》，祖常有族祖名奥剌罕，杨子县达鲁花赤。据《至顺镇江志》卷十六："丹徒县达鲁花赤马奥剌憨(《康熙志》误作悠)，也里可温人，元贞二年六月至。"其与奥剌罕同为一人，先后为杨子、丹徒两县达鲁花赤，无疑也。奥剌罕为也里可温，祖常当然为也里可温。

三、《马氏世谱》，祖常又有从诸父名世德，以国子生擢进士第，由监察御史迁中书检校官。据余阙《青阳集》卷三《合肥修城记》云："马世德，字元臣，也里可温人。由进士第历官中书检校。"即此人也。世德为也里可温，祖常当然为也里可温。

四、元也里可温，大概包涵罗马、希腊、聂思脱里各派。马祖常之先究属何派，据《马氏世谱》开宗明义第一句即云："马氏之先，出西域聂思脱里贵族，始来中国者和禄罙思。"则马祖常之先，也里可温中之聂思脱里派，而又尝掌高等神职者也。

五、更有一事，富有宗教意味。元好问《遗山集》二十七，有《恒州刺史马君神道碑》，马君即祖常之高祖。碑云："君讳庆祥，字瑞宁，姓马氏，以小字习里吉斯行，出于花门贵种。宣、政之季，与种人居临洮之狄道，盖已莫知所从来矣。金兵略地陕右，尽室迁辽东，因家焉。太宗尝出猎，恍惚间见金人挟日而行，心悸不定，莫敢仰视，因罢猎而还。敕以所见者物色访求，或言上所见殆佛陀变现，而辽东无塔庙，尊像不可得，唯回鹘人梵呗之所有之。因取画像进之，真与上所见者合。上欢喜赞叹，为作福田以应之。凡种人之在臧获者，贳为平民，赐钱币纵遣之。君之祖讳迭木儿越哥，父把骚马也里黜，又迁静州之天山。天山占籍，今四世矣。"《金史》一二四《马庆祥传》即采此。此文极有宗教意味。当未解释此文之先，余有一声明，吾国学者，对于外来宗教，每辨别不清，以甲作乙，如顾炎武之以摩尼为回教(《日知录》二九),杭世骏之以回教为景教(《道古堂集》二五)是也。元好问生金、元间,亦何能逃此例。曰"出于花门贵族",即误以聂思脱里为回鹘,不若黄溍《马氏世谱》之明了矣。回鹘自唐以来崇奉摩尼,摩尼礼拜之所恒有像设,今曰"尊像不可得,惟回鹘梵呗之所有之",则又以聂思脱里为摩尼矣。然有像不独摩尼,聂思脱里亦有之,《景教碑》述贞观诏,所谓"远将经像,来献上京"者是也。金太宗所遇,与《新约·使徒行传》九章三节保罗所遇相类,固明明基督教影响也。好问曾续《夷坚志》,故于此等神话,靡靡道之。以此而言,马祖常之为基督教世家,毫无疑义。

据《马氏世谱》,和禄冞思于辽道宗咸雍间(西一〇六五至一〇七四)来中国,道宗官之,不就,遂家临洮。二世始仕辽为马步军指挥使。三世当宣、政之季,被金兵掳至辽东,久之因献像事,被释放,迁静州之天山。四世即习礼吉思马庆祥,始仕金为凤翔兵马判官,迁浚都,遂为汴人。五世月合乃,仕元为礼部尚书,是为祖常之曾祖。二世、四世均官名有马,故《马氏世谱》及《元史·月乃合(应作合乃)传》谓马氏始于二世,而《礼部尚书马公神道碑》及苏天爵《马文贞公墓志》(《滋溪文稿》卷九),则谓马氏始于四世也。

马祖常之家世既明,可进言马祖常之儒学。马祖常非出自中国,本人并不以为讳,且津津乐道之,故其为《马公神道碑》,则云:"我曾祖尚书世非出于中国,而学问文献,过于邹鲁之士,俾其子孙百年之间,革其旧俗。"其为铭又有云:"懿矣我祖,百年于兹,衣冠之传,实为启之。世多王公,亦多华靡,惟不革俗,而忽其圮。"则其厌恶旧俗倾慕华俗之情,概可见矣。《石田集》卷一又有《饮酒诗》六首,其第五首云:

昔我七世上,养马洮河西,六世徙天山,日日闻鼓鼙。金室狩河表,我祖先群黎,诗书百年泽,濡翼岂梁鹈。尝观汉建国，再世有日磾，后来兴唐臣，胤裔多羌氏。《春秋》圣人法，诸侯乱冠笄，夷礼即夷之，毫发各有稽。吾生赖陶化，孔阶力攀跻，敷文佐时运，烂烂应壁奎。

以日磾、羌氏自拟，以夷狄进于中国自慰，以得受孔道陶化为幸，以努力攀跻孔阶自矢，磊落光明，莫有伦比。而朋辈中之称道之者，亦辄不忘其所自，而竭力揄扬之。文矩《子方集·送马伯庸御史奉使关陇》起四句云"圣朝启文运，同轨来无方，夫君起天关，崛起千仞翔"，明指其非出自中国也。许有壬《至正集》四六《马文贞公神道碑》亦云"公先世已事华学，至公始大以肆"，又云"部族有儒，文贞伊始"，又曰"后承聿修，讲学诸夏"。王守诚为《石田集序》，亦云"公系出西裔，斤斤于华学，于部族，于诸夏，而不能忘其非中国人"，深赞其能用夏变夷也。

惟马氏既世奉基督，至何时始舍基督而归儒，在祖常本身乎？抑祖常之先已有开其端者乎？是亦吾人所亟欲闻者也。据祖常所自述，及许有壬所称道，马氏之儒学，肇自祖常曾祖月合乃。复据袁桷所著祖常父《漳州路同知马君神道碑》（《清容集》二六），则马氏之儒学，成于祖常父马润，至祖常乃大以肆也。碑云："礼部尚书讳月合，植德秉志，赎士人之为孥者，后皆为达官，而子孙更业儒术，卒致光显。礼部子讳世昌，倾赀粟结隽彦，家日困落，子孙益用儒自振。是生漳州讳润，以文墨入官，守光州，取官粟之羡者，广弟子员以食。光久为用武地，司马丞相生于光，公岁率诸生以祠，民始知为儒以自重。"

又据苏天爵所著祖常弟祖谦墓碣铭（《滋溪文稿》十九）："祖谦母杨氏，生母李氏。"是祖谦为祖常异母弟，而马润实有二妻也。祖常亦有二妻，苏天爵《马文贞公墓志》云"公娶索氏，次怯烈氏"。二妻为基督教人所大戒，祀鬼亦为基督教律所不容，而马润既有二妻，复率诸生祀司马光之鬼，其悍然不守基督教律可知也。及至祖常，对于祠祭，更随俗浮沉而无所忌，故《石田集》有《陪可用中议祠星于天宝宫诗》，其他类此者不一而足，盖已荡尽基督教之藩篱矣。袁桷《马润碑》三致意于马氏子孙之用儒自振，必有所见而云然也。《马氏世谱》叙和禄罙思至祖常之子凡九世，祖常从诸父中尚有基督教徒之名，如岳难、雅古、保六赐之属，至祖常同怀七人，则无一基督教徒名矣。其从昆弟中尚有一基督教徒之名，即苏天爵《石田集序》所称“公既没，其从弟察院掾易朔出公诗文若干篇”之易朔是也。由此种种精密观察，尚可见祖常一家背基督归儒之经过。其曾祖虽好儒术，尚未至于背基督，其父行则不然，其季父名节者，且入王屋山为道士（详《佛老篇》），是背基督当自其父行始，即《马氏世谱》之七世也。八世至祖常，且特为儒张目矣。《石田集》卷四有《蜀道士归儒诗》，云：

> 青城羽客烧丹罢，要近东家问《六经》。却笑山阴痴道士，白鹅闲觅写《黄庭》。

由此观之，则其季父之为道士，亦祖常所不悦。所谓士各有志，不能强同。马氏一家，老辈皆奉基督，后生则为道为儒，分道扬镳，可谓极信仰之自由者矣。

马氏而外，基督徒之尊崇儒术者，有高唐王阔里吉思。阔里吉思本身为基督徒，与马润、马祖常之世代为基督徒者不同。世代为基督徒者其信仰属于遗传，吾谥之曰“世袭信仰”，世袭信仰非出于自由，唯自由信仰乃真信仰。阔里吉思之为基督徒，属于自由信仰者也。然在汉籍中实无左证。据近人之考察，则阔里吉思，即《马可波罗游记》之佐治王，其所据者为见存罗马之西纪一三〇五年（元大德九年）一月八日主教蒙哥未诺在燕京所发之《第一书》，其所述之信教佐治王地位事迹及卒年遗孤等，均与驸马高唐王之阔里吉思相合。驻华东正教拍雷狄斯主教以《元史》本传有“尚忽答的迷失公主，继尚爱牙失里公主”之语，疑基督徒同时有二妻，为不可解。张君星烺据《元文类》二三阎复著《驸马高唐忠献王碑》，称"忠献王前尚皇姊忽答的美实，继尚皇女爱失里"，知前尚之皇姊已死，后乃继尚皇女，并非同时有二妻。《元史·阔里吉思传》以阎复碑及刘敏中撰《驸马赵王先德碑》为蓝本，碑见元刻本《中庵集》卷四(《四库》本缺载)。赵王即阔里吉思子术安。碑称："忠献先尚主忽答的迷失，继尚爱牙失里。一子术安，即赵王，继出也。"《元史》删一"先"字，遂启后人疑窦。然吾据阎复碑所述，阔里吉思之祖武毅王，则实有姬侍。曰："初武毅未有子，公主为进姬侍，以广嗣续，鞠育之恩，不啻己出。"嗣续云云，正昔人多妻之唯一口实。然则阔里吉思之祖，尚非基督教徒。近人因阔里吉思为汪古部长(即雍古)，《元史》本传载其兄弟姊妹又皆用基督教徒之名，其父爱不花，伯父君不花，又皆热心之基督徒，遂断定为即《马可波罗游记》及蒙哥未诺《第一书》之佐治王，宜可信也。此节既明，则可以言阔里吉思之儒学。

据蒙哥未诺《第一书》，阔里吉思初信聂思脱里派之基督教，遇蒙哥未诺，始改信罗马派，而其兄弟仍守聂思脱里派也。然阎复碑云："忠献王生长北方，金革之用，固其所长，而崇儒重道，出于天性，兴建庙学，裒集经史，筑万卷堂于私第，讲明义理，阴阳术数，靡不经意。"《元史》本传则据刘敏中碑稍易其词，云："阔里吉思性勇毅，习武事，尤笃于儒术，筑万卷堂于私第，日与诸儒讨论经史，性理阴阳术数，靡不该贯。"是阔里吉思既信基督，又好儒术也。蒙哥未诺书称其曾于治所建圣堂，未识与阎复碑所谓"兴建庙学"者是一是二。吾人于绝不相谋之中西记述，披挲而互勘之，偶有异同，其乐正无极也。阎复碑又称："阔里吉思弟阿里八斛尚宗王完泽女奴伦公主，耽嗜儒术。"予近在《顺治吉安府志》二五《儒行传》又发见阔里吉思尝从吉人吴鄹问《易》，足见史称其"日与诸儒讨论经史"一语，不为虚誉。志云："吴鄹，永新人。宋末兵乱，避仇转徙山西，改姓名张应珍。注《周易》，宗程、朱而不为苟同。元驸马都尉高唐郡王阔里吉思尝从之质疑焉，为刻其书于平阳路，且序其里居为详。”今《菉竹堂》、《千顷堂书目》均有张应珍《周易注》十卷，《经义考》四四题为吴鄹，疑即阔里吉思刻于平阳路者。鄹先改名张应珍，仕元为秘书少监，大德九年复更姓名吴鄹，见《元秘书监志》九。阔里吉思从鄹质疑时，鄹固名张应珍也。阔里吉思之好儒学，又多一证。

三、回回教世家之儒学

赡思丁　忽辛　赡思(溥博)　勖实戴

回回教世家中有地位与阔里吉思相若，而崇儒好学，又复相类者，为咸阳王赛典赤赡思丁。《元史》一二五本传称：“赡思丁回回人，别庵伯尔之裔。其国言赛典赤，犹华言贵族也。至元十一年，拜平章政事，行省云南。云南俗无礼仪，男女往往自相配偶，亲死则火之，不为丧祭。无粳稻桑麻，子弟不知读书。赛典赤教之拜跪之节，婚姻行媒，死者为之棺椁奠祭，教民播种，为陂池以备水旱。创建孔子庙、明伦堂，购经史，授学田，由是文风稍兴。”

赡思丁之为回回教世家，《元史》已证明，不若阔里吉思、马祖常等之史无明文，必须旁搜佐证。别庵伯尔者，犹言天使，盖指摩诃末。刘郁《西使记》所谓“师名癖颜八儿，经文甚多，皆癖颜八儿所作”是也(《秋涧文集》九五)。阔里吉思封高唐王，赡思丁封咸阳王。阔里吉思兴建庙学，裒集经史，筑万卷堂，赡思丁创建孔子庙，购经史，授学田，二人所为，抑何类也。吾甚不解赡思丁以摩诃末嫡裔，而尊崇孔子若是，史有溢词，抑果实录也？然云南孔子庙，确为赡思丁所创建，赡思丁卒后，庙田曾为僧徒所夺，其子忽辛力争之，事见《忽辛传》(同卷)，称：“忽辛，大德九年改云南行省右丞。先是，赡思丁为云南平章时，建孔子庙为学校，拨田五顷，以供祭祀教养。赡思丁卒，田为大德寺所有，忽辛按庙学旧籍夺归之，乃复下诸郡邑，遍立庙学，选文学之士为之教官，文风大兴。”其父子媲美如此，此云南人士所亟应纪念者。今云南回教徒甚众，人皆知为赡思丁所遗，孰知云南孔教势力之伸张，亦不出于孔子之徒，而为别庵伯尔之裔赡思丁父子所引进也，此孔教徒所不及料者也。

尤可异者，《元史·儒学传》有阿剌伯人赡思，为元好问再传弟子。以汉文著书十余种，并文集三十卷，清初黄虞稷撰《千顷堂书目》时，诸书尚存，真元朝儒学之特色也。赡思系出大食，其为回回教世家不必问。今节录其本传如下：

> 赡思字得之，其先大食国人。国既内附，大父鲁坤，乃家真定。父斡直，始从儒先生问学。赡思生九岁，日记古经传至千言。比弱冠，以所业就正于翰林学士承旨王思廉之门，由是博极群籍，汪洋茂衍，见诸践履，皆笃实之学，故其年虽少，已为乡邦所推重。延祐初，诏以科第取士，有劝其就试者，赡思笑而不应。泰定三年，诏以遗逸征至上都，时倒剌沙柄国，西域人多附焉，赡思独不往见，倒剌沙屡使人招致之，即以养亲辞归。天历三年，召入为应奉翰林文字，赐对奎章阁，文宗问曰：“卿有所著述否？”明日，进所著《帝王心法》，文宗称善。诏预修《经世大典》，以论议不合，求去。后至元二年，拜陕西行台监察御史，即上封事十条，皆一时群臣所不敢言。戚里有执政陕西行省者，恣为非道，赡思发其罪而按之，辄弃职夜遁。三年，除签浙西肃政廉访司事，以浙右诸僧寺私蔽猾民，有所谓道人、道民、行童者，类皆渎常伦，隐徭役，使民力日耗，契勘嘉兴一路，为数已二千七百，乃建议请勒归本族，俾供王赋，庶以少宽民力。朝廷是之，即著以为令。赡思历官台宪，平反大辟之狱，先后甚众，然未尝故出人罪以市私恩。著《审听要诀》。至正十年，召为秘书少监，议治河事，皆辞疾不赴。十一

年，卒于家，年七十有四。谥曰文孝。赡思邃于经，而《易》学尤深。至于天文、地理、钟律、算数、水利，旁及外国之书，皆究极之。家贫，饘粥或不继。其考订经传，常自乐也。

赡思著述，今存者有《河防通议》二卷（守山阁本），辑诸《永乐大典》。其所著《老庄精诣》、《西国图经》、《西域异人传》等，皆不可得见，徒令人想望其瑰异而已。

回回教中著名儒者，尚有丁鹤年。鹤年通《诗》《书》《礼》三经，以其晚而逃禅，详《佛老篇》。名不甚著，而通《诗毛氏笺》，折衷以朱、吕之传，发为文辞，其光烨然者，有溥博。博字子渊，西域阿鲁浑人，回回儒者也。见宋濂《銮坡集》卷七《西域浦氏定姓碑文》。

又有勖实戴者，字士希，河南伊川鸣皋镇回回炮手军总管。以家财创立书院，十年始就。其子慕颜铁木，复建稽古阁，贮书万卷。延祐间诣京师，因集贤学士陈颢以闻，奉敕赐名伊川书院，令翰林直学士薛友谅撰文，集贤学士赵孟頫书之。此亦回回人之好儒学者也。《潜研堂金石文跋尾》卷十九，有《敕赐伊川书院碑跋》。

四、佛教世家之儒学

阿鲁浑萨理

元时佛教世家，无过阿鲁浑萨理。三世精佛学，父为释教总统，身受业于国师八思马。以此世袭信仰，其思想宜不易动摇也，而抑知事实上不然。特患其不通中国之文，不读中国之书耳，苟习其文，读其书，鲜有不爱慕华风者。今将赵孟頫所为《赵国公全公神道碑铭》（《松雪斋集》卷七）节录如下。《元史》一三〇《阿鲁浑萨理传》即从此出者也。碑云：

太祖皇帝既受天命，略定西北诸国，回鹘最强，最先附。自是有一材一艺者，毕效于朝。至元、大德间，在位之臣，非有攻城野战之功，而道包儒释，学际天人，寄天子之腹心者，惟赵国文定公而已。公讳阿鲁浑萨理，回鹘北庭人，今所谓畏吾儿也。以父字为全氏。祖讳阿台萨理，父讳乞台萨理，早受浮屠法于智全末利可吾坡地沙，圆通辩悟，当时咸推让之。生公兄弟三人，公从国师八思马学浮屠法，不数月，尽通其书，旁达诸国及汉语。世祖知其材，俾习汉文书。顷之，遂通诸经史百家，若阴阳、历数、图纬、方技之说，靡不精诣。会国师西还，携与俱。岁余乞归省，师送之曰："以汝之学，非为我佛弟子者，我敢受汝拜耶！勉事圣君。"相泣而别。比至阙，师已上书荐之裕宗，得召入宿卫，日以笔札侍左右。至元二十年冬，有二僧西来见，自言知天象，上召通象胥者数辈与语，莫能解。有脱烈者，言公可使，立召与语，僧乃屈谢不如，上大悦。公明时务，识大体，初为世祖所知，即劝以治天下必用儒术，江南诸老臣及山林薮泽有道艺之士，皆宜招纳，以备选录。于是置集贤院，下求贤之诏，遣使天下。天下闻风而起，至者悉命公馆之，礼意周洽，皆喜过望。其有不称旨者，亦请厚赍而遣之，以劝来者。而集贤长贰，极一时名流，尽公所荐用。又请置国子监学官，增博士弟子员，优其廪既，学者益众。

本篇最可注意者，为阿鲁浑萨理之学，先释而后儒。元时隆礼国师，过于孔子，苟无二三西域人之服膺孔学者廛拄其间，释氏之徒，且欲以其道易天下，借兵威之所及，非尽变中国为佛教国不止。中国儒者，其得国主之信用，远不逮西域儒者，是故高智耀之入见宪宗也，力言儒者之道，帝曰："前此未有以是告朕者。"不忽木之与世祖论道也，世祖曰："曩与许仲平（衡）论治，仲平不及汝远甚。"（均见前章）当是时，百汉人之言，不如一西域人之言，一西域人儒者之言，不如一西域人释者之言之尤为有力，而得国主之信用也。许衡、吴澄之徒之所以能见用于时者，纯恃有二三西域人后先奔走之,而孔子之道之所以能见重于元者,亦纯赖有多数异教西域人,诵其诗,读其书,倾心而辅翼之也。国师之送阿鲁浑萨理曰:“以汝之学,非为我佛弟子者,我敢受汝拜耶!”国师盖深知阿鲁浑萨理之不能为佛教张目,而将为儒教效其劳者也。故阿鲁浑萨理初见用于世祖,即劝以治天下必用儒术,“天下”云者,中国耳。治中国非用儒术不可,阿鲁浑萨理由中国历史观察,熟审当时情形,以为惟此于元有利,遂主张以此收服中国之人心也。

《元史》本传叙阿鲁浑萨理先世,有足补赵孟頫碑之阙者,曰:“阿鲁浑萨理祖阿台萨理,精佛氏学。生乞台萨理,袭先业,通经、律、论。业既成,师名之曰万全。至元十二年,入为释教都总统。”以释教都总统之子,而主张用儒术治天下,亦犹高智耀之本事佛敬僧,而力言儒术有补治道也,此佛教世家之儒学也。

五、摩尼教世家之儒学

高昌偰氏

摩尼教兴于波斯,唐时入中国,因为回鹘所信奉,更借回鹘之势力,延蔓于中华。回鹘既分布甘、和诸州,摩尼教徒遂随之转徙。观余阙述西夏风俗,有极类曾受摩尼化者。其《送归彦温赴河西廉使序》云:“予家合淝,淝之戍军皆夏人,其性大抵质直而上义,平居相与,虽异姓如亲姻。凡有所得,虽箪食豆羹,不以自私,必召其朋友。朋友之间,有无相共,有余即以与人,无即取诸人,亦不少以属意。百斛之粟,数千百缗之钱,可一语而致也。予初以为此异乡相亲乃尔,及以问夏人,凡国中之俗,莫不皆然。其异姓之人如此,其亲姻可知矣。”(《青阳集》卷三)凡曾读摩尼教经者,即知此等有类于共产之风俗,为摩尼教之风俗;即曾考究南宋时闽、浙摩尼教情形者,亦知此为摩尼教风俗。西夏既以回鹘流入之故,受摩尼教之感化，则原为回鹘地之高昌等处，其受摩尼感化必更强。摩尼教元时中国尚有，余前在《闽书》卷七发见泉州华表山有元时所遗留之摩尼教庵，近又于谈迁《枣林杂俎》义集目录天主教条下，发见有“明教附”三字小注。明教即摩尼教。惜余所见之《枣林杂俎》，为宣统间排印本，此条特注“缺”字。有录无书，想因天主教事有所避讳而刊落之也，安得谈氏原稿而读之！明时中国既尚有摩尼教，则原为回鹘地之高昌等处，其摩尼教必更盛。《宋史·高昌传》述北宋初王延德使高昌，尚见有摩尼寺波斯僧，此其证也。

摩尼教流行历史略明，则可揭出吾所欲述之摩尼教世家为谁氏。吾所欲述之摩尼教世家，高昌偰氏也。元时高昌人多矣，何以独推偰氏？则以偰氏自唐以来，世为回纥相，而唐时回纥相之与摩尼，又极有密切之关系。如《旧唐书·回纥传》，长庆元年，回鹘入朝，则与宰相、都督、公主、摩尼等俱。《白氏长庆集·与回鹘可汗书》，赐物回鹘，则与内外宰相及判官摩尼师等俱。摩尼既为回鹘尊崇，可汗常与共国，则其国相岂能独外。兹将欧阳玄《高昌偰氏家传》之前段，节录如下，以明偰氏为摩尼教世家之证。传云：偰氏，伟兀人也。其先世曰暾欲谷，以女妻默棘速可汗为可敦。默棘速卒，国乱，故地尽为回纥所有，暾欲谷子孙遂相回纥。回纥尝自以其鸷捷如鹘，请于唐，更以回鹘为号。伟兀者，回鹘之转声也。今伟兀称高昌，地则高昌，人则回鹘也。高昌王有印，曰“诸天敬护护国第四王印”，即唐所赐回鹘印也。言“诸天敬护”者，其国俗素重佛氏，因为梵言以祝之也。暾欲谷子孙，既世为伟兀贵臣，因为伟兀人。又尝从其主居偰辇河上，子孙宗暾欲谷为始祖，因以偰为氏焉。相传暾欲谷初为国相，适当唐天宝之际。唐以安氏之乱，求回鹘援兵，暾欲谷与太子阙特勒帅师与讨安禄山有功，封太傅忠武王，进位司空，年百二十而终。传数世至克直普尔，袭为本国相，答剌罕，锡号阿大都督(《圭斋集》十一)。

此传有事实错误者二,有文字异同者二,先为辨正,而后推求其与摩尼教有关焉。据《旧唐书·突厥传》:“毗伽可汗默棘连,及阙特勒之兄,以开元四年即位,时暾欲谷年七十余。”“开元二十年(《新书》作十九年),阙特勒死,上自为碑文;同年默棘连死,李融为碑文。”二碑于清光绪十五年(西一八八九),与《九姓回鹘可汗碑》同出土。元耶律铸《双溪醉隐集》(卷二)《取和林乐府》自注有云:“和林城,苾伽可汗之故地也。城东北七十里,有唐明皇开元壬申御制御书阙特勤碑。案《唐史·突厥传》,阙特勤,苾伽可汗之弟也,名阙。开元十九年阙特勤卒,诏为立碑,上自为文。其碑额及碑文,‘特勤’皆是‘殷勤’之‘勤’字。《唐新、旧史》凡书‘特勤’皆作‘衔勒’之‘勒’字,误也。诸突厥部之遗俗,犹呼其可汗之子弟为‘特勤’,则与碑文符矣。”李文田《和林金石诗》(灵鹣阁本)所谓“因思移剌”(即耶律)《双溪集》,字字分明阙特勤”,指此也。而《偰氏传》乃循《两唐书》作“勒”,其异一。默棘连,《两唐书》均作“连”,李文田诗“遗址荆榛默棘连,大唐祠像旧香烟”是也,而《偰氏传》独作“速”,其异二。此犹文字之小小异同者也。

安禄山之乱,在天宝末年,阙特勤之死,在开元十九年,其碑之立,在开元二十年,是安氏乱时,阙特勤死已二十余年矣。而《偰氏传》乃谓“暾欲谷与阙特勒帅师讨安禄山有功”,其误一。且阙特勤是突厥可汗太子,而助唐讨安禄山者,是回纥太子,《旧唐书·回纥传》“至德元载七月,肃宗即位灵武,遣使回纥,修好征兵。二载九月,回纥遣太子叶护,领其将帝德等兵马四千余众,助国讨逆,收复两京,加司空,封忠义王”是也。而《偰氏传》乃以阙特勤为回纥太子,其误二。究其所以致误之由,则因史有“乾元元年八月,回纥又使王子骨啜特勒等助国讨逆”之言,而误以骨啜特勒为阙特勒乎?不可知也。

突厥之灭,据《新唐书·突厥传》谓在天宝四年,是暾欲谷由突厥入回纥时，年已百有余岁，其助唐讨逆时，年百一十岁，史称开元四年（西七一六）暾欲谷年七十余，与《偰氏传》称暾欲谷助唐讨逆后，年百二十而终，其说正相合。果暾欲谷之卒，在代宗初年，去大历三年（西七六八）敕建摩尼大云光明寺之年，不过一二年，回纥为摩尼护法，偰氏世为回纥贵臣，其与摩尼教有关，尚何待论。

顾《家传》既明言其国俗素重佛氏，何以犹谓之摩尼？则以唐时回纥，自天宝而后，全国已改奉摩尼（说见《摩尼教入中国考》）。唐所赐回鹘印，系在天宝求援回鹘以后，当然以其所信奉者祝之，岂复有以佛氏语祝之之理。吾恒言中国人对于外来诸教，辨别辄不明了，如《新唐书》一五〇《常衮传》称"回纥有战功者，得留京师，创邸第、佛祠"，"佛祠"云云，实摩尼寺也。《九姓回鹘可汗碑》言摩尼开教回鹘事甚明，今日可为铁证。然此碑出土时，江标和李文田《金石诗》，犹以摩尼为佛，则前此之谬指为佛者更何足怪。江标诗云：

> 大字先题登里啰，可汗名字曰毗伽，半从佛法治天下，莫怪年来景教多。

"佛法"云云，谓摩尼明教也。《闽书》亦称摩尼佛，又称"至道中，怀安士人得佛像于京城"，"佛像"云云，亦摩尼像也。则《偰氏传》所称之佛，正可证其为摩尼佛。《旧唐书·回纥传》谓摩尼为回鹘所信奉，与《家传》所谓"其国俗素重佛氏"者正同。偰氏之先，既世为伟兀贵臣，且曾与于安史之役，则其为摩尼教世家，毫无疑义也。

偰氏为摩尼教世家之说既明，则可与言偰氏之儒学。克直普尔者，合剌普华之高祖。合剌普华见《元史·忠义传》。其孙偰玉立、偰哲笃等六人，皆登进士第，其曾孙之登进士第者三人，一门两代，凡九进士，时论荣之。许有壬为合剌普华墓志，黄溍为合剌普华神道碑，皆以为"积德累仁之报"，然无论是否为"积德累仁之报"，其孙、曾能以儒术致通显若此，不可谓非色目人之特色也。

偰哲笃，延祐首科进士，与马祖常、欧阳玄、许有壬、黄溍等为同年。偰玉立,延祐五年进士,至正中为泉州路达鲁花赤。《闽书》卷五三《文莅志》称其"兴学校,赈贫乏,考求图志,搜访旧闻。聘寓公三山吴鉴成《清源续志》二十卷,以补一郡故事。郡人皆勤于文学"。顾嗣立《元诗选》有偰玉立《世玉集》,偰哲笃诗附焉。《千顷堂书目》二十八有偰逊《近思斋逸稿》,注"回鹘人,初名百辽",即偰哲笃子也。碑刻中亦时见偰氏昆仲文字。偰氏昆仲虽掇高第,能文章,然区区科名,讵得谓之儒学!今亦以儒学目之者,随俗称也。且吾之为是篇,亦以证明西域人之同化中国而已,曾谓科名之盛如偰氏,不读孔氏之书而能然耶!元时科目,蒙古、色目与汉人、南人各一榜,蒙古、色目人中选比汉人、南人为易,程度比汉人、南人为低。《元史·选举志》载考试程式:蒙古、色目人第一场经问五条,《大学》、《论语》、《孟子》、《中庸》内设问,用朱氏章句集注。第二场策一道,以时务出题,限五百字以上,其义理精明、文辞典雅者为中选。今自偰玉立、偰哲笃二人于政事文章有可考见外,其他七人学问深浅,无可考见。然既中选,则必"义理精明,文辞典雅"可知也。此摩尼教世家之儒学也。

附:偰氏一门九进士图。数目字,著其登第之先后。由延祐二年乙卯,至至正八年戊子,凡三十四年。

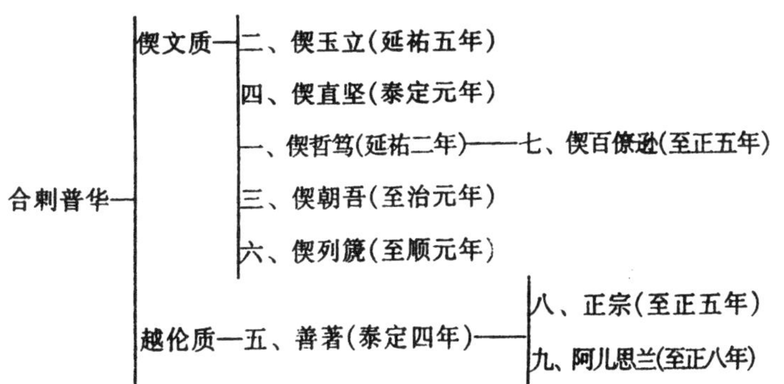

(本文选自陈垣《元西域人华化考》卷二《儒学篇》。《元西域人华化考》写于1923年,是陈垣先生的代表作。本文选用版本为上海古籍出版社2000年版)

陈垣,著名史学家,主要从事教学管理、宗教史、元史与文献学等方面的研究。

在西域人华化过程中,儒学起了重要作用。本文通过对西域世家大族的分析,首次考察儒学对西域人华化的影响。

元代西域人的华化与儒学

杨志玖

引　　言

本世纪二十年代，陈垣先生撰《元西域人华化考》八卷，对元代西域人（西域人为色目人，即诸色名目，非一种人）在儒学、佛老、文学、美术、礼俗、女学等方面华化情况，述之甚详，材料翔实，条理明晰，博得了中外史学家的盛誉。今天看来，虽有个别地方可以商榷，但其总的体系依然完整坚实，它所蕴含的民族融合的观点，至今仍然给人以启迪。至于结构的严密，文词的典雅，尚其余事。

陈先生论述西域人的华化，首先提到儒学，这是很有见地的。因为西域人的华化，主要是通过儒学的熏陶。他们受到儒学的启蒙教育，认识到中华文化的崇高华美，从而忻慕之，服膺之，并以儒者自居，对儒学在元代的延续与发展作出了贡献。至于文学、美术，那是儒者的基本训练与业余爱好，礼俗是儒者的生活规范，佛老则是儒者在遭遇不偶时的一种寄托和隐遁，这些都可视为儒学的附庸。儒学是西域人华化的关键，或者说，西域人通过儒学的大门才进入华化的堂奥。这个看法，在陈先生的这篇论著中可以找到不少印证。

本文是在陈先生论著的启发下，在其翔实的材料的基础上写作的。旨在说明西域人学习儒学后的表现，着重指出他们在政治上的表现及其影响,这一点陈先生书中虽有反映,但不集中突出。元代的儒学以程、朱的理学为主,但本文不打算涉及理学在元代的传播和发展问题,而是把儒学作为一个整体,即以孔孟之道为核心的思想和文化体系来对待。把握住儒学的这一共性,也就符合本文的需要了。探讨理学本身的问题,反而轶出本题的范围之外。

一、为儒学张目

元代西域人学习儒学,酷爱儒术,不仅以儒道自勉,而且利用一切机会,宣扬儒家学说,为儒学张目。如西夏人高智耀对元宪宗蒙哥说:“儒者所学尧舜禹汤文武之道,自古有国家者,用之则治,不用则否。”当宪宗问他儒家和巫医哪个好时,他说:“儒以纲常治天下,岂方技所得比。”元世祖忽必烈即位后,他又在世祖面前反复阐述儒学对治国的裨益,受到世祖的称赞(《元史》卷一二五《高智耀传》)。

畏兀儿人廉希宪,笃好经史,手不释卷。一天,正读《孟子》,被召见,因携以进,元世祖问他《孟子》是什么书,即以孟子讲的“性善、义利之分,爱民之心扩而充之,足以恩及四海”为对,得到世祖赞许,称他为“廉孟子”。当时西藏大喇嘛八思巴受到优礼,尊为国师。世祖令希宪受国师戒,希宪说:“臣已受孔子戒。”世祖问:“汝孔子亦有戒耶?”对曰:“为臣当忠,为子当孝,孔门之戒,如是而已。”(《元朝名臣事略》卷七《平章廉文正王》)廉希宪真可谓孔孟之道的忠实信徒了。

另一畏兀儿人阿鲁浑萨理,其父、祖俱精佛学,父且曾为释教都总统,他本人也曾受业于国师八思巴。后习儒学,通经史百家之书。至元二十一年,他劝元世祖“治天下必用儒术”,并建议“招致山泽道艺之士以备任使”,得到世祖嘉纳,遣使求贤,置集贤馆以待之(《元史》卷一三〇《阿鲁浑萨理传》)。以佛教世家子弟而劝皇帝用儒术,可见其心目中必以儒学优于佛学。

康里人不忽木曾从著名儒士许衡受学,日记数千言。至元十三年(1276),他上书世祖、请立学校以兴儒学,引经考史,说明学校对培育人才、辅助政治的重要性(《元史》卷一三〇《不忽木传》)。他的儿子巎巎,也是自幼肄业国学,博通群书,其正心修身之要,得诸许衡及父兄家传。他雅爱儒士,甚于饥渴,四方士人,萃于其门。有一权势达官对此不满,质问他:"儒有何好,君酷爱之?"巎巎举出世祖重视儒学,曾召其父不忽木,听讲陈《四书》及古史治乱之迹,备加称许的故事反驳该人,并说:"今汝言不爱儒,宁不念圣祖神宗笃好之意乎?且儒者之道,从之则君仁、臣忠、父慈、子孝,人伦咸得,国家咸治;违之则人伦咸失,家国咸乱。汝欲乱而家,吾弗能御,汝慎勿以斯言乱我国也。儒者或身若不胜衣,言若不出口,然腹中贮储有过人者,何可易视也。"说得那个达官羞愧而退(《元史》卷一四三《巎巎传》)。巎巎真不愧为儒学的卫道士了。

出身雍古(即汪占)部的马祖常,他的家族信奉也里可温教(基督教中聂斯脱里派),但他却是一个纯正的儒家。他自称"吾生赖陶化,孔阶力攀跻"(《石田文集》卷一《饮酒》之五)。以得受孔子之道陶化幸,以力攀孔门之阶自勉。元仁宗时,他当监察御史,上《建白一十五事》书,其中有劝仁宗以礼乐为治,赞扬仁宗"进儒术而抑吏道"的"用儒之效",但仍以儒学之臣所用不多为憾(《石田文集》卷七)。他撰文盛赞:"孔子道大,天地日月,不可象也。"(《石田文集》卷一〇《安丰路孔子庙碑》、《光州孔子新庙碑》)又说:"学必有所师,师莫若圣,圣莫若孔子。"(《石田文集》卷一〇《安丰路孔子庙碑》、《光州孔子新庙碑》)对孔子的歌颂崇拜可谓登峰造极。

回回人赛典赤·赡思丁是伊斯兰教创始人穆罕默德的后裔,但他对孔子还是很尊崇的。他自称他的世家"同中国孔子宗系"(王恽《秋涧文集》卷八二《中堂事记》下)。这个比喻倒很恰当,也说明他颇以世系与孔子后裔相同为荣。早在元世祖至元初年,他当陕西行省平章政事时,即在西安修建孔庙(虞集《道园学古录》卷三五《奉元路重修先圣庙学记》)。至元十一年,他出任云南行省平章政事后,又在昆明创建了孔子庙、明伦堂,购经史,授学田,使“文风稍兴”,初步改变了云南“俗无礼仪,子弟不知读书”的风气,他的儿子忽辛当云南行省右丞时,赡思丁所拨的学田被佛寺占夺,忽辛按庙学旧籍夺归之。又下令诸郡邑遍立庙学,选文学之士为教官,结果“文风大兴”(《元史》卷一二五《赛典赤赡思丁传》)。以穆罕默德的裔孙,而申张孔子之教,无怪陈垣先生说:“此孔教徒所不及料者也。”(《元西域人华化考》卷二《回回教世家之儒学》)

二、行儒家之政

这些华化或儒家化的西域人,在他们参与政治、有所作为的时候,自然要把他们所受的教导、所抱的理想付诸实施,具体说来就是,行儒家之政。

儒家之政,用最简明的语言概括起来就是“仁政”。这是以孔子的仁学为核心,经过孟子的发展而形成的一套治国平天下的政治纲领。其主要内容为爱民和保民,即要保障人民的生活条件,关心人民的疾苦,不过分剥削和役使人民,以伦理道德教育和感化人民,维护纲常名教,反对犯上作乱等等;总之,以发政施仁为手段,达到长治久安的目的。这些准则,在元代华化的西域人的施政中,大都能体现出来。

以畏兀儿人廉希宪为例。他从 1250 年入侍忽必烈的“潜邸”开始,到至元十七年(1280)死时为止,辅佐元世祖凡三十年。对元世祖的夺取帝位、平定内乱、征服南宋和建制立法等都起过重要作用。而他的施政特点带有儒家色彩。如：

(1)体恤民艰　1254年，廉希宪受忽必烈委任，为其分地京兆地区(今西安及其附近一带)的宣抚使。他到任后，“讲求民病，抑强扶弱”。其时富民(多为西域商人)放高利贷，以息为本，利上滚利，称“羊羔利”。他下令最多只许本息相等，减轻了贫民痛苦①。

1260年，忽必烈即位，廉希宪为陕西、四川等路宣抚使。当时因用兵，诏括京兆诸郡马牛以济河西。他以关中兵乱凋敝，人民不堪负担，请求免括，得到免税二年、马牛免括的准许。

至元十一年(1274)，因镇守辽阳地区的国王头辇哥扰民，忽必烈令廉希宪为北京(治今内蒙古宁城县西北)行省平章政事。有一西域人自称驸马，在城外扎营，逮捕富民，诬称其祖父曾借他的钱，逼其还债。廉希宪把此人收捕，治以私设公堂之罪，吓得他拔营夜遁。头辇歌罢职回朝，在城郊纵猎扰民，又强征车辆及民财。希宪以上告胁之，国王被迫退还民财。从此，贵人过者，都不敢放纵胡为。

(2)关心民生　至元十二年，元军攻下南宋的江陵后，一时秩序混乱，人心惊疑。元世祖委任廉希宪镇守。他到任后，“禁剽夺，通商购，兴利除害，兵民安堵”。又下令禁止杀害俘获，敢杀者，以故杀平民论，典卖妻子者，重罪惩处。此前江陵城外蓄水以御元军，希宪命决之，得良田数万亩，给民耕种。沙市有不入官籍的仓粮二十万斛，为豪右私取，他下令发其粮以赈公安县饥民。这就安定了社会秩序，恢复了生产。

(3)绥徕远人　孔子说：“远人不服，则修文德以来之。”这就

① 《元史》卷一二六《廉希宪传》，《元朝名臣事略》卷七《平章廉文正王》。以下不另注明。参看《元史论丛》第二辑，匡裕彻《元代维吾尔族政治家廉希宪》。

是以德感人，以德服人，而不以力服人。廉希宪对南宋就采取这一方针。江陵初定，宋故官惊疑思去。希宪到后，即量材录用宋宣抚、制置二司幕僚能任事者二十余人，安定了人心。不久政声远播，贵州思、播二州的田、杨二族和南宋重庆制置使赵定应，过去坚持不下，此时都越境请降。江陵人写信，歌颂希宪政绩，元世祖知道后称赞说："希宪坐致数千里之坚城劲士，其仁政为何如也。"又说："希宪不嗜杀人，故能致此。""仁政"和"不嗜杀人"，正是儒家政治的特征。

(4)重视教育　　廉希宪在任京兆宣抚使时，暇日从名儒许衡、姚枢等咨访治道，并推荐许衡"提举京兆学校，教育人才，为根本计"。从此"郡县皆建学校，民大化之"(《元史》卷一五八《许衡传》。按，本传未提廉希宪推荐事)。镇守江陵时，在社会秩序基本安定后，他认为"风教不可后"，于是大兴学校，修复"竹林书院"，置书一万四千卷，还经常到学校主讲，使"学者日盛"。

他保护儒士。京兆豪右，无视儒士不隶奴籍的规定，多以儒士为奴。他到后，"悉令著籍为儒"。有些稍通章句的人要求援例，但他们的主人不放。他拿出自己的钱把他们赎出来。在跟随忽必烈攻取鄂州(今湖北武昌)时，他引儒生百余见忽必烈，并建议："凡军中俘获士人，宜官购遣还，以广异恩。"因而得还者五百余人。

(5)维护纲纪　　在京兆时，有一民户妻子伙同一算卦人用毒药害死其夫，被判死刑。当时天旱，僚属们主张减算卦人死刑以祈雨，廉希宪却坚持原判。可见事关纲常名教，他一点也不让步。

廉希宪是一个典型的"具有儒家正统思想的政治家"(前引匡裕彻文中语，《元史论丛》第二辑244页)。类似他的政治表现，在其他一些华化的西域人中也不少见。

回回人赛典赤·赡思丁在元宪宗时任燕京路总管，即以"多惠政"知名(《元史》卷一二五《赛典赤赡思丁传》以下不注出处者皆引自本传),“轻财安民,甚有人望”,被儒臣王恽称为“回纥之有良德者”(《秋涧文集》卷八二《中堂事记》下)。元世祖时他出镇四川,与宋将昝万寿对垒,“一以诚意待之,不为侵掠”,使昝万寿为之心服。他任云南行省平章后,仍采取绥徕远人的方针。过去交趾(今越南北部)“叛服不常”,湖广省发兵屡征不利,赛典赤遣人谕以逆顺祸福,且约为兄弟。交趾王大喜,亲至云南,赛典赤郊迎,待以宾礼,遂乞永为藩臣。在处理境内各族关系上,他也喻之以理,结之以恩,而不依靠武力,使“西南诸夷翕然款附”。他死后,交趾王遣使致祭,文中有“生我育我,慈父慈母”之语。

康里人不忽木在元世祖执意征交趾时,也劝世祖不用兵而遣使“谕以祸福”,收到了“交趾感惧,(遣使)指阙谢罪”的效果。有人劝元世祖征流求和赋江南包银,也为不忽木劝阻。

和廉希宪一样,不忽木也是恪守儒家伦理纲常道德的。元成宗时,有奴杀主,妻杀夫者,他们贿赂西僧(喇嘛),以释罪人祈福为名,得到释放。不忽木急论说:“人伦者,王政之本,风化之基,岂可容其乱法如是。”有奴告其主,主被杀,诏以其主所任官与此奴。不忽木说:“若此必大坏天下之风俗,使人情愈薄,无复上下之分矣。”有一官吏之子受贿,御史迫其证其父罪。不忽木反对说:“风纪之司,以宣教化、励风俗为先,若使子证父,何以兴孝!”(《元史》卷一三〇《不忽木传》,《元朝名臣事略》卷四《平章鲁国文贞公》)

同样,雍古部的马祖常也是儒家纲常名教的维护者。元顺帝时,祖常为御史中丞,山东廉访司上书言孔氏讼事,祖常“以事关名教,不行。按者亦引去”(《元史》卷一四三《马祖常传》。《石田文集》所附许有壬撰《神道碑》同此)。“孔氏讼事”为何,史未详言,大约是一桩丑闻。马祖常以其事关名教,又是孔府的事,竟不了了之,以维护孔府尊严,用心良苦。祖常又曾上书建言:“今国族及诸部既诵圣贤之书,当知尊诸母以厚彝伦。”则可能是令蒙古及色目人改变婚姻习俗的建议①。这种看似无关大体也没有什么积极意义的事情，他们却认真对待，说明这些华化的西域人所接受的儒家思想真是深入骨髓了。

三、反言利权臣

孔子说："君子喻于义，小人喻于利。"孟子反对言利，主张仁义。重义反利已成为正统儒家的一贯思想。中国历史上有些政治派别的冲突斗争往往由此而起，其是非评价，颇为复杂，姑置不论，但这一现象却值得治史者的重视。在元代，尤其在元世祖时代，这一现象也很突出。

元世祖即位后，励精图治，用汉人，采汉法，使民安业力农，关心生产事业，完成国家统一，不愧是有作为的开明君主。由于他出身族属（蒙古）和所处的时代环境（宗室斗争、伐宋战争、赏赐宗族等）等原因，整理财政、开辟财源便成为他政治中的重要问题，因此他任用了一些言利之臣如王文统、阿合马、卢世荣、桑歌等。这些人的族籍、出身、经历等各不相同，他们进用后的政绩也不尽一致，但也有共同之点：他们都有一套理财之术，都遭到攻击，都不得善终，最后，都蒙受恶名，被列入《叛臣传》和《奸臣传》。其中，除王文统当政时受到汉人儒臣姚枢、窦默、许衡等反对外，其他三人还受到华化的西域人的反对和抨击。

阿合马是从中亚来的回回人，他以能开辟财源得到元世祖的信任。自至元元年到至元十九年，执政近二十年，虽然遭到许多人的攻击弹劾，但元世祖信之不疑。在反对派中除汉人如许衡、张文

① 《元史》卷四〇《顺帝纪》至元六年七月，"禁色目人勿妻其叔母"，不知与马祖常建议有关否，马卒于至元四年。

谦、史天泽、崔斌等外，西域人中则以廉希宪为代表。

阿合马在至元元年进入中书省为平章政事之前，领中书省的左右部（吏、户、礼为左三部，兵、刑、工为右三部）专管财赋之事。有一次，他的部下内讧，互相攻击。元世祖令中书省审核，省臣以阿合马有权势，不敢追问。只有廉希宪（时为平章政事）无所畏惧、穷治其事。情况弄清后，阿合马受到杖刑（《元史》卷一二六《廉希宪传》。以下不注出处者皆引自本传）。这是廉希宪和阿合马正面冲突的开始。

至元五年，元政府设立御史台，继而又立各道提刑按察司。阿合马认为这妨碍他部下规划财务之权，廉希宪反驳他说："立台、察，古制也。内则弹劾奸邪，外则视察非常，访求民瘼。裨益国政，无大于此。若去之，使上下专恣贪暴，事岂可集耶！"这些针锋相对的话，刺痛了阿合马。使他无言可对，但无疑会增加他对廉希宪的忌恨。

至元七年，廉希宪因事罢官家居。一天，元世祖问侍臣，希宪居家何为，侍臣对以在家读书。阿合马乘机进谗说："希宪日与妻子宴乐尔。"元世祖虽不相信，但这显然是阿合马借机报复。

一次希宪害病，医生说须用沙糖。当时很难买到，阿合马派人送他二斤，并向他致意，希图和解。希宪把糖扔到地上，说，要是这东西能治病，我也不要奸人送的来求活命。表示他不和阿合马妥协的坚决精神。

廉希宪病重时，皇太子真金遣侍臣探视，并问治国之道。希宪说："君天下在用人，用君子则治，用小人则乱。……大奸专政，群小阿附，误国害民，病之大者。殿上宜开圣意，急为屏除。不然，日就沉疴，不可药矣。"这当然是针对阿合马的专权而发。君子、小人之分，正是正统儒家评价人物的标尺。

阿合马被杀后，元世祖任用了阿合马的旧部下汉人卢世荣，令他掌握整理财政大权。这又遭到一些汉人儒臣的反对。西域人中，则有康里人不忽木。

卢世荣执政前，自言他若掌权，可使国家财赋收入十倍于前。元世祖以此询之不忽木。不忽木说："自昔聚剑之臣，如桑弘羊、宇文融之徒，操利术以惑时君，始者莫不谓之忠，及其罪稔恶著，国与民俱困，虽悔何及。臣愿陛下无纳其说。"元世祖不听，起用卢世荣为右丞，并让不忽木为参议中书省事，不忽木拒不受命。卢世荣执政一年，即因成效不显和朝臣的弹奏而被杀。元世祖对不忽木表示歉意说："朕殊愧卿。"(《元史》卷一三〇《不忽木传》)

卢世荣的理财主张、措施及其实行效果如何，尚可研究。就《元史·卢世荣传》而论，他并不像阿合马那样恃权为非，引起民愤[①]。而不忽木在卢世荣尚未履行职责时，仅因其倡言财利，即率而加以反对，并引历史上言利之臣为例(桑弘羊、宇文融功过也不易轻下断语)，这充分说明了不忽木承袭了儒家的反对言利的立场。

同一个不忽木，在桑歌执政时，依然坚持反对态度。桑歌，《元史·奸臣传》不言其族籍。波斯史家拉施特《史集》称其为畏兀儿人。近来我国藏族学者仁庆扎西据藏文史书《汉藏史集》断其为藏族人[②]，颇有可能。桑哥以好言财利事为元世祖所喜，卢世荣即以其推荐而执政。卢世荣被杀后一年，他被任命为尚书省平章政事，发行新币，清理财政，开发财源。以亏欠钱谷为名，杀参政杨居宽、郭佑等，不忽木争之不得，为桑歌所忌，"责以不坐曹理务(不到机

① 《内蒙古社会科学》1983 年 5 期，李干《元代的理财家——卢世荣》肯定了卢世荣的才能，可以参看。

② 《西藏研究》1984 年 2 期《元代中央王朝中的藏族宰相桑歌》。作者认为，桑哥的被杀及列入奸臣传是冤枉的。

关办公)”,欲加之罪,遂以疾免官。不忽木在这一冲突中敌不过“势焰熏天”的桑哥,只好引退。但桑哥对不忽木也有戒心,曾对他妻子说,将来抄我家的,定是此人。果然,四年以后,当有人揭发桑哥罪行时,不忽木在元世祖面前证实其罪,使元世祖下定了处死桑哥的决心。

桑哥被诛。他的同党也受株连。只有一个叫忻都的,元世祖因此人“长于理财,欲释不杀”,不忽木力争,世祖最初不从,不忽木一连上奏七次,终把他明正典刑。不忽木对言利之臣可谓深恶痛绝,除恶务尽。

除反对言利之臣外,儒士对于执掌大权而恃权弄势的权臣,也多持反对或不与合作的态度。

元仁宗时,中书省右丞相铁(帖)木迭儿贪纵不正,擅弄威福,作为监察御史的儒臣马祖常,即率同列劾奏其十罪,使其暂时罢官①。另一雍古人赵世延,“天资秀发,喜读书,究心儒者体用之学”,至元二十六年任监察御史,曾与同列五人劾丞相桑哥不法。仁宗时,任御史中丞,亦弹劾铁木迭儿罪恶十三事。他因此受到铁木迭儿的报复和打击,身陷囹圄,仍坚定不屈②。

泰定帝时(1324—1328),回回人倒剌沙当政,许多西域人都攀附他,但阿拉伯(《元史》称大食,即回回)人赡思却不去见这个权臣。倒剌沙屡次派人招致他,赡思以奉养双亲为名离开朝廷。这个赡思九岁时即“日记古经传至千言”。及长,博极群籍,深通经学,尤精《易经》,旁及天文、地理、算术、水利及外国之书,著述甚

① 《元史》卷一四三《马祖常传》。《石田文集》卷七《弹右丞相帖木迭儿》只有开头案由与最后结语,所劾内容则以“当时不曾存稿”而遗失。

② 《元史》卷一八〇《赵世延传》。据卷六《仁宗纪》及卷二〇五《铁木迭儿传》,其事应在延佑六年。

多,是个博学的儒家。顺帝后至元二年(1336),任陕西监察御史,即上封事十条:法祖宗,揽权纲,敦宗室,礼勋旧,惜名器,开言路,复科举,罢数军,一刑章,宽禁网。当时宰相伯颜"专权自恣,变乱祖宗成宪,虐害天下",赡思所言,意有所指,皆一时群臣所不敢言者。有一皇室戚里在陕西行省作官,恣为非法,赡思揭发其罪上告,其人惧而弃职夜遁。朝廷下诏勿逮问,赡思仍杖其私人。以后巡察云南,又察核省臣之不法者,其人即挂印以去。其嫉恶如仇、不避权势的气概,灼然可见①。

四、作用和影响

以上就华化的西域人在政治上的作为,说明儒学思想在这些人行动上的体现。至于他们在立身处世、交游癖好等方面,也具有儒士学者的浓厚色彩,这里就不赘述了。

这里要探讨的是,他们在当时的地位和作用,或者说,他们在元代的历史上发生过什么影响。

这个问题很大,可从四方面来分析。

其一,治元史者都知道,元世祖是有意识地采用汉法的第一个蒙古皇帝。他采用汉法,当然与他在潜邸时大量接近和任用汉人有关,但他同时也接近和任用了一些华化的西域人,如廉希宪、不忽木等。这些人,由于历史上(征服较早)和种族上(色目人)的原因,更容易对元世祖施加影响。如元世祖曾与康里人不忽木讨论治道及古今成败之理,至忘寝食。称赞他说:"曩与许仲平(即许衡——引者)论治,仲平不及汝远甚",并问他,是许衡有所隐讳,还

① 《元史》卷一九〇《儒学·赡思传》。关于伯颜,见《元史》卷一三八《伯颜传》。

是不忽木比他老师更贤？不忽木谦让了一番说："臣师起于布衣，君臣分严，进见时有时言不克究。臣赖先臣（指其父燕真、曾侍世祖于藩邸——引者）之力，陛下抚臣兄弟如家人儿子，朝夕左右，陛下又幸听其言，故得尽言至此。"（赵孟頫《松雪斋文集》卷七《鲁国公谥文贞康里公碑》）不忽木以与元世祖的亲疏远近关系来解释他和许衡进言的优劣，是真实的，有道理的。还可补充一点，即不忽木懂蒙古语，而元世祖不懂汉语①，这种语言上的隔阂与否，也是使元世祖更容易接近不忽本的因素。

陈垣先生在引用元世祖对不忽木的问话之后说：

> 当是时，百汉人之言，不如一西域人之言；一西域人儒者之言，不如一西域人释者之言之尤为有力，而得国主之信用也。许衡、吴澄之徒之所以能见用于时者，纯恃有二三西域人后先奔走之，而孔子之道之所以能见重于元者，亦纯赖有多数异教西域人诵其诗、读其书，倾心而辅翼之也。（《元西域人华化考》卷二《儒学篇·佛教世家之儒学》）

这是很有见地的论断。不忽木的父亲燕真，从六岁起就作为俘虏收养在忽必烈的母亲庄圣皇后处，皇后令其服侍忽必烈；不忽木少年时又奉侍忽必烈的儿子真金。廉希宪的父亲是在十八岁时随畏兀儿国主内附，作为成吉思汗的宿卫，以后又作为庄圣皇后的管家，元世祖的真定路宣抚使；廉希宪十九岁起即奉侍作皇弟的忽必烈。他们和元世祖这种长期相处、亲如家人父子的关系是汉人儒士所不能比拟的，因而他们能在世祖面前畅所欲言，少所顾虑，他们的话自然更有分量，更容易为元世祖所信任和接受。他们对元世祖采用汉法起到了推动和巩固的作用，这一点是不能忽视的。

① 参看《廿二史札记》卷三〇《元诸帝多不习汉文》；《元史》卷一七六《李元礼传》有"不忽木以国语译而读之"的记载。

其二，如前所述，这些华化的西域人是按儒家的政治思想，推行儒家的仁政政治的。这在当时的情况下，对于安定社会秩序，恢复和发展社会生产，缓和社会矛盾，无疑会起一定的作用。前举廉希宪的事例已可证明。此外，赛典赤·赡思丁在云南，“教民播种，为陂池以备水旱。创建孔子庙、明伦堂，购经史，授学田”；以及适应当地习俗，不行钞法，仍用贝以代钱；各地置镇以维护治安；协调与境内各族关系等措施，对发展生产，振兴教育，稳定货币，安定社会秩序，促进民族团结等都起了良好的效果。他死后，“百姓巷哭……帝思赛典赤之功，诏云南省臣尽守赛典赤成规，不得辄改”（《元史》卷一二五《赛典赤赡思丁传》）。说明赛典赤的政绩为朝野一致纪念。这对于边疆地区的开发，国家统一的巩固，都有深远的影响。

像廉希宪、赛典赤这些人物，因其地位显赫，影响较大，自不待言。即使官品不高、位居下僚者，在其所辖地区，仍能发挥应有作用。如回回人萨都剌，是著名的华化诗人。他在任镇江路录事司（掌城中民户之事，秩正八品）达鲁花赤时（1328—1331），平抑物价，发仓赈民，裁抑豪奴，破除迷信，做了许多好事（《光绪丹徒县志》卷二一《名宦》）。华化的钦察人泰不华在绍兴路总管任上（顺帝时）“革吏弊，除没官牛租，令民自实田以均赋役。行乡饮酒礼，教民兴让”，使“越俗大化”（《元史》卷一四三《泰不华传》）。《元史》列传的西域人中，凡读书习文的官吏，在地方上兴利除弊的事例不少。这里不一一列举了。

其三，这些华化的西域人也起了缓和民族矛盾、促进民族融合的作用。

元朝以蒙古族统治全国，同时又任用了许多西域人（色目人）帮助统治。蒙古、色目、汉人、南人之间的政治地位和待遇又不平等，这就必然引起各族之间的摩擦和矛盾。华化的西域人虽然具有色目人的身份,但他们却接近汉人,吸收儒家思想,实行儒家政治,操守言行,一如儒者,这就会使汉人儒士赞赏,使一般汉人受到实惠而感戴,因而在一定程度上缓和了统治者与被统治者的民族矛盾(当然也包括阶级矛盾)。可以说,华化的西域人在当时的民族摩擦和矛盾中起着滑润剂和缓冲器的作用。

如前节所述,华化的西域人反对言利之臣和权臣,而这些权臣除卢世荣外又大都是西域人,也就是他们的同族或近族的人。相反,他们所接近或相为师友的,却都是汉人,如廉希宪曾从名儒许衡、姚枢等咨访治道,并推荐许衡提举京兆学校,保释真定名士李椝出狱;不忽木受学于王恂与许衡,其子巎巎雅爱儒士,甚于饥渴;诗人萨都剌则多与汉族文人学士如虞集、杨维桢、干文传、李孝光等为友,互相唱和(见《雁门集》)。在当时汉人儒士看来,这些人是他们志同道合的同志(这是一个古老名词)和知己,对他们的政绩,交口称赞;对他们的文学,击节称赏。他们之间,已经没有民族的界限和隔阂了。儒学把他们融为一体,这也可以作为民族融合的一个侧面。

其四,华化西域人的成就,丰富和发展了中国的文化。

中国的传统文化以儒学为主流,以文学艺术为支派。元代华化的西域人在这几方面都有显著的成就。以儒学而言,雍古人赵世延和钦察人泰不华被列入黄宗羲、万斯同等所编的《宋元学案》中,说明清初学者对二人学术的重视。赵世延,史称其"天资秀发,喜读书,究心儒者体用之学……凡军国利病,生民休戚,知无不言,而于儒者名教,尤拳拳焉"(《元史》卷一八〇《赵世延传》)。《宋元学案》列为"椝庵同调"(卷九五)。椝庵即同恕,《元史》列入《儒学传》,称其学"由程、朱上溯孔、孟,务贯浃事理,以利于行"。泰不华为浙东名儒周仁荣弟子,"好读书,能记问……尚气节,不随俗浮沉"(《元史》卷一四三《泰不华传》)。《宋元学案》列为"本心门人"

(卷八二),本心即周仁荣之字。仁荣父敬孙,从王柏受朱熹之学,仁荣则承受其家学。

此外,如哈剌鲁人伯颜(一名师圣,字宗道),“自弱冠,即以斯文为己任……其为学(不?)专事讲解,而务真知力践;不屑事举子词章,而必期措诸实用”①。陈垣先生比之清儒颜元。其时,“四方之来学者,至千余人”,可谓一代宗师。而前节提及的阿拉伯人赡思,也是“博极群籍,汪洋茂衍,见诸践履,皆笃实之学”。他著述繁富,其经学著作《四书阙疑》、《五经思问》虽已不传,但在当时,对儒家典籍的研究也是有贡献的。他现存的《重订河防通议》,也为历代治河工程留下一份珍贵的文献。

儒家而外,华化西域人的成就以文学为最出色。如葛逻禄(即哈剌鲁)人迺贤,雍古人马祖常,回回人萨都剌、丁鹤年等,都是被当时汉族文人推崇的著名诗人。其诗文集流传至今,在我国文学史上据有一定地位,是我国宝贵的文化遗产。

结　　语

以上这些事实能说明什么问题呢?

第一,它说明,儒家的学说对西域人很有吸引力,它不是凭宣传或暴力强行灌输给他们,而是凭它自身的精神道德感化的魅力“征服”了他们,使他们心悦诚服地接受的。

第二,它说明,接受了儒家学说的西域人,不仅自己信守不渝,而且见之于实行,而其实行的效果是积极的,影响是好的。他们是受到当时的肯定和赞誉的。

---

①　《元史》卷一九〇《伯颜传》。按“学专”二字间似应有“不”字,方与全文语气,文意相符,但现所见诸刊本,皆无“不”字。

至于儒学在中国历史上的地位和作用问题，这是一个复杂而有争论的问题，不是本文所应和所能解决的。这里只是提供一个事例，一个侧面，是否对于这个问题的探讨有所裨益，那就提请关心这个问题的同志们指正了。

（本文选自《中国文化研究集刊》第4辑，1987年）

杨志玖，南开大学历史系教授，主要从事元朝历史的研究。

本文在陈垣先生《元西域人华化考》的基础上，对儒学在西域人华化中的作用作了进一步的论述，重点考察了西域人学习儒学后的表现，着重指出了他们在政治上的表现及其影响。

儒学与南诏文化

龚友德

云南之有孔庙，最早是在南诏时期。据载，贞观二十年(646年)，南诏开山祖细奴罗“劝民间读汉儒书，行孝、悌、忠、信、礼、义、廉、耻之事”(《白古通记浅述》)。南诏第四代主盛罗皮也很崇敬孔子，“开元十四年，效唐建孔子庙。……入贡于唐，故知中华礼乐教化，尊祀孔子，爰尊父命而建文庙”(同上)。“农逻(细奴罗)死，伪谥高祖，孙晟(盛)罗皮立，建孔子庙于国中”(同揆：《洱海丛谈》)。和内地一样，孔庙既是祭孔的场所，也是传授儒家文化的地方，孔庙的建立，是南诏官办学校的开始。

在南诏的文化教育中，郑回起了不可低估的作用。史载，“广德元年，主(指阁罗凤)思武既盛，所乏者文。于是，命郑回训教爽子弟汉儒书籍，事体礼貌风俗，较昔尤盛”(《白古通记浅述》)。郑回原是汉晋以降山东门阀世族的后裔(王宏道：《〈南诏德化碑〉碑文作者为王蛮盛质疑》，见《云南社会科学》1985年第5期)，近祖居相州(今河南安阳市西)，明经出身，以“淳儒”著称，天宝年间任西泸(今四川西昌西南)县令。南诏王阁罗凤在一次攻陷巂州(今四川西昌)的战争中，将他俘至南诏。阁罗凤重其学识，赐名蛮利，任用为清平官(相当于宰相)，并命他担任王室的文化教员，委以严格管教王室子弟的特权。这就是《旧唐书》说的：“郑回，本相州人，天宝中，举明经，授巂州西泸县令。巂州陷，为所掳，阁罗凤以回有儒学,更名曰蛮利,甚爱重之。命教风伽异。及异牟寻立又命教子寻梦凑,回得箠挞。故牟寻以下,皆严惮之。”在郑回的严格教育下,异牟寻、寻梦凑等南诏王很有文化素养,史称异牟寻“颇知书,有才知”,寻梦凑的诗作《星回节游避风台》蜚声诗坛,被收入《全唐诗》。后人评价郑回在南诏传授儒学的成就:“通经术的郑回南来,以清平官的权势加以推崇中原儒学,倡导读经,从而也就使这个文化教育极不发达的奴隶制国家一旦‘礼乐浸盛’。异牟寻每叹南诏‘地卑夷杂,礼仪不通,隔音中华,杜绝声教’,而今对于郑回文教设施,不仅不会反对,而是极力赞助和支持,于是南中这一地区,也就其国率以儒教为先,彬彬然与诸夏肖。”(刘光智:《浅谈南诏、大理文化教育发展与中原的关系》,《云南教育学院学报》1986年第2期)

《南诏德化碑》说,南诏政权在文化教育方面“阐三教,宾四门”。所谓“三教”,各时代所指不一,《北史·周纪下》:“帝升高座,辨释三教先后,以儒教为先,道教次之,佛教为后。”唐代以崇儒尊孔为基本,以佛、道两教为辅助手段(参见毛礼锐等:《中国古代教育史》),碑文所言,当指“儒、道、释”或“儒、释、道”。所谓“四门”,当指学校。北魏创立“四门小学”,初设于京师四门,后与太学同在一起。唐代“四门学”为大学,隶国子监,传授儒家经典,性质与国子学、太学同,惟学生家庭出身的品级较低。南诏机构仿唐制,在文教方面,“阐三教,宾四门”,无疑也是效学唐朝,创办学校,传授儒家典籍。

南诏与唐曾有40年交恶的历史。贞元十年(794年),经过双方的努力,在点苍山结盟,重归于好。结盟后,唐王朝决定废除南诏送子弟为质的旧俗,但南诏王异牟寻为了表示对唐的臣服,执意要送。于是唐节度使韦皋建议让南诏所送子弟集中成都,专门为他们办一所学校,“教以书数”。异牟寻接受了这项建议,选派乌蛮、白蛮的贵族子弟就读成都，学成一批又换一批，相沿凡50年，受学者先后有千余人之多。唐王朝还从中择优选送少量佼佼者入京师太学“使习华风”。南诏子弟在成都与长安潜心学习，大多饱读经书，对南诏文化和后来的大理国文化有深远影响。

开元二十六年(738年)，皮罗阁在唐王朝的支持下统一了洱海地区。唐玄宗诏授皮罗阁为“特进越国公”，赐名“归义”，册封为“云南王”。据《册府元龟》记，当时唐王朝以“忠”、“义”、“仁”、“孝”等观念诱导皮罗阁：“开元二十六年九月封云南大酋帅蒙归义为云南王。制曰：古之封建，誓以河山，义在畴庸，故无虚授，西南蛮部大酋帅特进越国公赐紫袍金细带七事归义，挺秀西南，是称酋杰，仁而有勇，孝乃且忠，怀驭众之长材，秉事君之劲节。”(见《外臣部》)唐王朝旨在鼓励南诏王按儒家经义去修身齐家治国平天下，做唐的藩属。唐王朝还屡次将儒家经籍颁赐给南诏，据唐西川节度使牛丛《报坦绰书》记：“我大唐德宗皇帝，……闵其倾诚向化，亲率来王，遂总诸蛮，令归君长，仍名诏国，永顺唐仪，赐孔子之《诗》《书》，颁周公之《礼》、《乐》，数年之后，霭有华风，变腥膻蛮陌之邦，为馨香礼乐之域。”又据高骈《回云南牒》载：“云南顷者求合六诏，并为一藩，与开道途，得接邛蜀，赐书习读，降使交欢，礼待情深，招延意厚，传周公之《礼》、《乐》，习孔子之《诗》、《书》，片言既和，大恩合报。”很显然，唐王朝是要用儒家的观念来教化南诏，以达到“用夏变夷”的目的。

南诏对儒学采取欣然吸收的态度，这不仅表现在上述教育方面，而且还表现在处理对唐的关系问题上以及文学艺术等方面。

异牟寻是阁罗凤的孙子，因其父凤伽异早逝，他便从祖父手中继承了王位。由于他从小受到郑回的严格教育，在南诏诸王中最为知书识礼，登基后仍用郑回为清平官，凡大政方针必请教之。郑回从维护国家统一和南诏的切身利益出发，力劝异牟寻弃蕃归唐，说“中国(唐)有礼义,少求责,非若吐蕃惏刻无极也”。异牟寻权衡利弊,决心归唐。他在给唐剑南西川节度使韦皋的信中,诉说吐蕃对南诏的种种压迫,深感“汗辱先人,辜负部落”,回忆当年唐与南诏良好的君臣关系,相比之下,还是“中夏至仁”,当初“曾祖有宠先帝,后嗣率蒙袭王,人知礼乐,本唐风化”,如今却“隔越中华,杜绝声教”,辗转反侧,决心“竭诚日新,归款天子”(异牟寻:《贻韦皋书》)。为了恢复同唐的关系,异牟寻派三路人马向唐王朝敬献金镂盒子一个,内装绵、当归、硃砂、金等物,以少数民族的风俗,象征性地表达归顺心迹:“送合子中有绵者,以表柔服,不敢更与为生梗;有当归者,永愿为内属;有硃砂者,盖献丹心向阙;有金者,言归义之意如金之坚。”(樊绰:《云南志·佚文》)唐与南诏于贞元十年(794 年)重归于好。君臣关系的重新实现,固然有军事、政治、经济等深刻的背景,但与异牟寻受到儒家“忠君”、“一统”思想的熏陶是分不开的。

南诏是云南历史上文学艺术的一个繁荣时期,诗文、雕刻、绘画、音乐、舞蹈,都达到空前的水平。前面提到的《南诏德化碑》在今大理市太和村。碑高 3.02 米,宽 2.27 米,厚 0.58 米,碑文 3800 字。碑立于唐大历元年(766 年),现在是全国重点文物保护单位。大碑是在南诏王阁罗凤的授意下镌刻的。碑文的撰稿人照碑文自述是“蛮盛”,樊绰《云南志》说是“蛮利”,多数史家认为“蛮盛”、“蛮利”是同一个人,即郑回当了南诏清平官后用的名字。碑文辞令工巧,文句高雅,出经入史,一气呵成,为历代文学评论家所赞赏。碑文表面上是为南诏王阁罗凤歌功颂德,实际上是以儒家的“忠君”和“仁政”思想为指导,委婉地表白叛唐附蕃出于不得已,对唐王朝仍不负忠诚,希望唐王朝以仁德为怀,日后容许南诏归为唐臣。文中说阁罗凤从小“不读非圣之书,尝学字人之术”,即专读儒书,学习儒家的治人之道。说他还在当王储的时候,就“道隆三善”，即很重视“亲亲”、“尊尊”、“长长”的道理；登基后受唐册封为“云南王”，对皇上感恩戴德，一再告诫子弟要铭记朝廷的恩泽，月月向朝廷贡献珍奇，“既御厚眷，思竭忠诚，子弟朝不绝书，进献府无余月，将谓君臣一德，内外无欺”。碑文把天宝战争的起因全推到唐王朝的乱臣贼子身上，说都是因为张虔陀等一帮官吏“奸佞乱常”、“妄奏是非”引起的。说战争爆发前，阁罗凤“驰表上陈，缕申冤枉”。但“竖臣无政”，“事以贿成”，皇帝“天高听远”，“不蒙矜察”，朝廷派了大量军队征伐南诏。阁罗凤仰天长叹：“嗟我无事，上苍可鉴。九重天子难承咫尺之颜，万里忠臣，岂受奸邪之害。”碑文说当唐军打到南诏王都附近时，阁罗凤宰牛杀羊，设立祭坛，说：“我自古及今，为汉（即唐）不侵不叛之臣，今节度背好贪功，欲致无上无君之讨，敢昭告于皇天后土。”念完祭词，率领文武，“东北稽首”，向着长安方向，致以头至地的拜君礼，“举国痛切，山川黯然”。应当指出，天宝战争的发生，与南诏“日以骄大”有一定关系，但其主要责任确实在于唐王朝处理民族关系上的失误和杨国忠集团的贪功。战争爆发前，南诏曾有过求和的表示，被唐军拒绝了。战争开始后，南诏与吐蕃为伍，唐便失去一块西南屏障。然而阁罗凤深知，叛唐附蕃决非长久之计，所以在击败唐军后就收葬唐军将士遗骨，不久又授意立大碑于国门，其目的就在于表示叛唐为一时不得已，忠于大唐皇上才是由衷心迹，用阁罗凤自己的话来说就是：“我上世世奉中国，累封赏，后嗣容归之。若唐使者至，可指碑澡祓吾罪也。”（《新唐书·南诏传》）碑文说南诏的内政是根据阳尊阴卑的道理，按天道、地道、人道的关系来治理的：“修文习武，官设百司，列尊叙卑，位分九等。……阴阳序而日月不僭，赏罚明而奸邪屏迹。通三才而制礼，用六府以经邦。”说阁罗凤有敬事好信、节用爱人的儒风，“信及豚鱼，恩霑草木”，“遏塞流潦，高原为稻黍之田，疏决陂地，下隰树园林之业，易贫成富，徙有之无，家绕五亩之桑，国贮九年之廪”。把阁罗凤说成“庶而富之”的忠实践履者，还说他“德被无垠”，如“春云布而万物普润”。虽有谀扬不实之嫌，却也说明其内政标榜德治教化。

《南诏奉圣乐》是南诏向唐王朝进献的一曲乐舞，其主题是忠君尊王、竭诚咸服。贞元十年（794年），破裂了40年的唐与南诏的君臣关系得到恢复，贞元十六年（800年），南诏王异牟寻通过剑南西川节度使韦皋，派遣了一支规模庞大的乐舞艺术团，经成都到长安，向唐王朝敬献《南诏奉圣乐》和其它“夷中歌曲”。南诏的大型民族乐舞轰动京都，并为颇有音乐素养的德宗皇帝所赏识。早在天宝战争前，唐玄宗封阁罗凤“云南王”，赐给阁罗凤儿子凤伽异鼓乐一部，还给了他一些胡部、龟兹部的乐工和演员。后来虽然发生了天宝战争，南诏与唐的臣属关系一度破裂，但唐王朝送来的艺术却在南诏继续生存和发展，几十年间在南诏流传，对南诏的乐舞艺术发生深远影响。《南诏奉圣乐》就是以洱海区域民间乐舞为基础，吸取龟兹乐、胡部乐、骠国乐和唐乐的精华，使整个乐舞既有南诏民间的鸟兽舞，又有内地盛行的摆字舞，将优美的民族乐舞形式与向唐王朝表示归诚的政治内容融为一体。

据新旧《唐书》记载，《南诏奉圣乐》内容丰富。出场的舞蹈演员有64人，这个数字恰与儒家主张的“天子八佾”的数字一样，绝非偶然巧合。奏乐者204人，乐设龟兹、大鼓、胡部、军乐四部。演员们穿着南诏民族服装，“绛裙襦，黑头囊，金佉苴（腰带），画皮靴”，首结包头；衣裙上画有鸟、兽、草、木花纹，饰品插在发鬘上，鲜艳华丽；演员们随着乐曲歌声，手执羽毛，翩翩起舞。他们用四纵四横16人的方形基本队列变换，按字舞跳法依次摆出“南”、“诏”、“奉”、“圣”、“乐”五个字形，共舞六成，每成曲终时，鼓声如雷，舞者

"执羽稽首",向天子行跪拜礼①。又据《新唐书·骠国传》记载,《南诏奉圣乐》除了对唐王朝歌功颂德外,有不少内容是表示南诏永远效忠于唐,做唐的边臣。如:"用正律黄钟之均,宫、徵一变,象南北顺也;角、羽终变,象戎夷革心也。……舞'南'字,歌《圣主无为化》;舞'诏'字,歌《南诏朝天乐》;舞'奉'字,歌《海宇修文化》;舞'圣'字,歌《雨露覃无外》;舞'乐'字,歌《辟土丁零塞》。"字舞是唐代盛行的一种宫廷舞蹈,舞者运用队形变化,排列成字,常以"太平万岁"等字为主题。《南诏奉圣乐》所舞的"南、诏、奉、圣、乐"五字,主题很鲜明,就是对唐王朝心悦诚服。至于其它舞姿,同样也是这一主题的体现。"字舞毕,……皆稽首逡巡。又一人舞《亿万寿》之舞,歌《天南滇越俗》四章,歌舞七叠六成而终。七者,火之成数,象天子南面生成之恩。六者,坤数,象西南向化。"(《新唐书·南蛮下》)南诏艺人载歌载舞,颂扬大唐恩德,表示诚服。他们很注重动作的起落,起必在唐,落必在南诏,以表示唐天子向西南广施恩泽和南诏的忠赤向化。许多舞蹈动作都可以从儒家经典中找到依据。一如"进舞三、退舞三,以象三才三统","三才"原指"天、地、人"或"天道、地道、人道"。《易·系辞下》:"《易》之为书也,广大悉备,有天道焉,有人道焉,有地道焉。兼三才而两之,故六。六者非它也,三才之道也。""三统"原指黑统、白统、赤统,董仲舒在《春秋繁露·三代改制质文》中,把夏、商、周三代的正朔涂上神秘色彩,说夏以寅月(农历正月)为岁首,叫建寅,以黑色为上色,称黑统;商以丑月(农历十二月)为岁首,叫建丑,以白色为上色,称白统;周以子月(农历十一月)为岁首,叫建子,以赤色为上色,称赤统。以后每逢改朝换代,新的统治者都要重定正朔。《南诏奉圣乐》舞蹈表示

① 新旧《唐书》皆有记载,并参见杨德鋆:《云南古代乐舞初探》,《思想战线》1980年第4期。

了服从大唐正朔的意思。二如“裙襦画鸟兽草木,文以八彩杂华,以象庶物咸遂”。《易·乾》:“首出庶物,万国咸宁。”《南诏奉圣乐》旨在恭祝大唐万物富庶,四海安宁。三如“羽葆四垂以象天无不覆,正方布位以象地无不载”。《礼记·中庸》:“博厚所以载物也,高明所以覆物也。”奉圣乐舞歌颂唐王朝如天高地厚,无所不覆,无所不载。四如“舞为五字,以象五行,秉羽翟,以象文德”。《荀子·乐论》:“贵贱明,隆杀辨,和乐而不流,弟长而无遗,安燕而不乱,此五行者,足以正身安国矣。”《诗·大雅·江汉》:“矢其文德,治此四国。”《南诏奉圣乐》所歌颂和希望的正是儒家倡导的伦理道德和礼乐教化。五如“象大君南面提天统于上,乾道明也”,“西南感至化于下,坤道顺也”。《易·系辞下》:“乾,阳物也;坤,阴物也”,“夫乾,天下之至健也……夫坤,天下之至顺也。”《易·乾彖》和《易·坤彖》:“大哉乾元,万物资始,乃统天”,“至哉坤元,万物资生,乃顺承天”。《南诏奉圣乐》的君君臣臣思想十分明确。

在今大理白族自治州剑川县城西南约25公里处,是著名的云南民族艺术宝库——石钟山石窟所在地。这里的石窟雕刻细腻,造型优美,是南诏、大理国时期相继开凿的。现在也是国家重点文物保护单位。

石窟内容主要是佛教题材,有一些造像反映了南诏文化与儒学有着深厚的关系。

石钟寺第一窟是南诏时期的作品。其外形雕成殿堂式,窟内有石刻造像九尊,正中为王者,他头戴莲花瓣高冠,身穿圆领宽袖长袍,端坐在双龙椅上,椅后雕一方形屏风。王者像的坐椅下方雕一童子。王者像的右侧雕立像三躯,前面一人右手拿卷,举在肩部,左手紧握腰刀;后面一人左手提莲花瓣纹饰花瓶,右手举一长柄扇和鹿尾;左边一人双手紧抱一曲柄龙头剑于胸前,面部仰视王者。王者左侧雕二人,前者双手捧一方形匣,后者右手拄一根藤杖,左手拿一幅巾,背挂斗笠。龛的左右两侧各雕一文吏像,均头戴展脚袱头式帽,穿圆领宽袖衣,两手插入袖内,形象端正。从整个布局看,王者居正中,身材魁伟,高坐龙椅,地位显赫,文臣武将侍立于侧,毕恭毕敬。据考古工作者研究,此窟王者为南诏王异牟寻,左右两侧的文臣是清平官(田怀春:《剑川石窟中的南诏王者造像》,见《云南民族学院学报》1987年第3期)。

石钟寺区第二窟也凿于南诏。窟内如大厅,正中双龙头椅上盘坐王者,相貌端庄,头戴南诏王冠,身穿圆领宽袖长袍,冠上的绣花雕得很精致。王者背后屏风上雕有一龙,呈云中腾飞状。王者像左侧雕一坐像,身穿袈裟,手执念珠。此外还有人像十尊,有的捧甘露瓶,有的执长柄扇,有的佩剑,有的举旗,文官两手入袖显得文静、风雅,武将双手持剑表现威武、刚毅,侍从手捧物品显示卑躬、忠顺。王者庄严肃穆安坐于上,臣僚俯首听命站立于下,有主有从,尊卑分明。《新唐书·南诏传》:"王出,建八旗,紫若青,白斿;雉翣二;有旄钺,紫囊之;翠盖。"据史家考证,北窟王者是南诏王阁罗凤,内容是出巡途中的坐朝场面,人们称之谓"阁罗凤出巡图"。

从以上两窟石刻可以看出,这一时期儒家的尊卑观念已给南诏文化打上了深深的烙印。儒家注重君臣大义。荀子说:"在天者莫明于日月","在人者莫明于礼义","日月不高,则光晖不赫","礼义不加以国家,则功名不白"(《荀子·天论》)。董仲舒说:"君臣、父子、夫妇之义,皆取诸阴阳之道。君为阳,臣为阴;父为阳,子为阴;夫为阳,妻为阴。阴道无所独行,其始也不得专起,其终也不得分功,有所兼之义。"(《春秋繁露·基义》)他还说:"不当阳者,臣子也,当阳者,君父是也。故人主南面,以阳为位也。阳贵而阴贱,天之制也。"(《春秋繁露·天辨在人》)儒家的这些说教,对南诏是很有影响的,《南诏德化碑》就说"崇高辨位,莫大于君臣","列尊叙卑,位分九等"。南诏王对唐纳贡称臣,讲究君臣大义,对内又以王者自居,同样尊卑有序。如果说,《南诏德化碑》为南诏王室的尊卑观念作了文字的记载,那么石钟山石窟则为这种观念保存了形象表征。

下面就儒学对南诏的发展,说几句话,作为结语:

一、自秦汉以降,中央政府在云南代有设官。但南诏以前,云南一直处在部落林立、不相统率的局面。南诏一统六诏,使偌大一块地盘统一了起来。当时南诏境内社会发展较快的洱海和滇池两大区域正处在由奴隶制社会末期向封建社会初期的转化阶段。当时的儒学,作为中国封建地主阶级上升时期的意识形态,恰好与南诏统一的社会政治和正在兴起的封建地主经济相适应,因而有益于南诏的发展,南诏统治者之所以积极吸取的根本原因也就在于此。

二、南诏的文化教育与儒学的注入是齐头并进的,撇开"诗、书、礼、乐",就没有南诏的教育。南诏子弟在大理王城和成都、长安等地受的教育,都以儒家经典为基本教材,这些人不仅成为南诏文化的骨干力量,而且对以后彝族和白族文化的发展起重要影响。

三、南诏虽有叛唐的历史,但终究还是回到祖国大家庭中,维护了国家的统一,这与唐王朝的大一统指导思想和南诏统治者们的忠君尊王观念不能说没有关系。

(本文选自《孔子研究》1989 年第 4 期)

龚友德,云南省社会科学院哲学研究所研究员,主要从事中国思想文化史研究。

本文对儒学对南诏文化的影响作了分析。南诏一统六诏,正处在由奴隶制社会末期向封建社会初期的转化阶段。当时的儒学,作为中国封建地主阶级上升时期的意识形态,恰好与南诏统一的社会政治和正在兴起的封建主经济相适应，因而有益于南诏的发展，南诏统治者积极吸取儒学。南诏的文化教育与儒学的注入是齐头并进的，撇开“诗、书、礼、乐”，就没有南诏的教育。南诏子弟在大理王城和成都、长安等地受的教育，都以儒家经典为基本教材，这些人不仅成为南诏文化的骨干力量，而且对以后彝族和白族文化的发展产生了重要影响。

明代云南儒学文化的地域差异

康　健

以往研究明代云南儒学文化的论著,多从文化史的角度描述其发展演变过程,而缺乏从地理的视野探讨其传播范围和发达程度。本文认为儒学在明代云南的发展呈现极强的地域差异,忽视这方面的研究,对明代云南儒学文化的理解显然是不够全面的。

一、儒学文化地域差异的表现

儒学的发展有多方面的表现,如进士人数的增加,官私学校的设置,官员教化的成功等等。下文以进士人数作为基本计量指标,并结合其他因素来分析各地儒学发展状况的地域差异。

据《明清进士题名碑录索引》(牛保炯、谢沛霖编,上海古籍出版社1980年版),查得明代云南进士总数240人,按其籍贯列表如下①:

① 该表中进士严格以云南各地本籍为断,不包括入籍外省的云南人及其后裔。各府州的辖境,以《中国历史地图集》(明时期)云南政区图为准。又,洪熙、泰昌共计二年,时代甚短,故不列入本表。

府	州＼时期	洪武	建文	永乐	宣德	正统	景泰	天顺	成化	弘治	正德	嘉靖	隆庆	万历	天启	崇祯
云南府65人	昆明	3		1	1				2		1	1		1	1	3
	呈贡											1		1		1
	安宁州											1		3		
	晋宁州											2		1		1
	嵩明州										1					
	前卫							1	1			3		3		1
	中卫								2	1		1				
	后卫									2	1	1				
	左卫								2		1	3		3		
	右卫								1	1		4		2	1	
	广南卫								1			2		1		
	小计	3		1	1			1	9	4	4	19		15	2	6
大理府48人	太和			3			1	2	2	2	4	6	5	4		
	邓川州									1	1	1				
	浪穹													1		1
	云南													1		
	赵州										1	1				
	大理卫								2	2	1	3		2		
	洱海卫										1					
	小计			3			1	2	4	5	8	11	5	8		1
临字府52人	建水州									1		2		1	1	1
	石屏州													2		1
	阿迷州										1			1	1	1
	河西															3
	宁州			1					1		1			4	1	
	蒙自												1			
	通海									1	1			1		1
	临安卫						1	2	2		1	6	3	7	1	
	小计			1			1	2	3	2	4	8	4	16	4	7

府	州＼时期	洪武	建文	永乐	宣德	正统	景泰	天顺	成化	弘治	正德	嘉靖	隆庆	万历	天启	崇祯
永昌府23人	永昌府											1			1	1
	保山															1
	腾越州															2
	永昌卫											4	1	4	1	1
	金齿卫								3	2						
	腾冲卫												1			
	小计								3	2		5	2	4	2	5
鹤庆府19人	鹤庆府城													9	2	
	剑川州											1	1	4	1	1
	小计											1	1	13	3	1
曲靖府11人	曲靖府													1		
	南宁														1	
	曲靖卫							2	1		1	1		1		1
	平夷卫											1				
	越州卫								1							
	小计							2	2		1	2		2	1	1
蒙化府8人	蒙化卫								2		1	2		2		1
	小计								2		1	2		2		1
楚雄府5人	楚雄											1				2
	定远														1	
	楚雄卫													1		
	小计											1		1	1	2
澂江府4人	河阳					1					1			1		
	新兴州													1		
	小计					1					1			2		
姚安府2人	姚州												1			
	姚安所													1		
北胜州	澜沧卫								1							
丽江府	宝山州															1
广西府	弥勒州															1

按万历十年(1582)的政区版图,云南省领有二十八个府州,而有进士产生的府州仅列于上述各表之中,共有十三个。这些府州恰好位于腾冲、元江(本文中的元江概念,除特指外,均指河名)一线以东北地区,其中尤以云南、大理、临安、永昌四府所出进士最多,分别为 65 人、48 人、51 人和 23 人,共占全省进士总数的 78.3%。同时,云南、大理、临安三府又是最早出进士的地区,洪武、永乐时期已有进士出现。曲靖、楚雄、澂江、姚安、鹤庆、蒙化、北胜、丽江、广西九个府州虽有进士产生,但人数相对稀少,仅占全省的 21.7%,出进士的时间也明显晚于上面三府,大部分集中在嘉靖以后。其它府州及土司地均无进士产生,进士的地域分布呈现出极大的不平衡,反映出云南各地儒学发展的差异性。

根据这一地域差异,我们可以划分出儒学发展水平不同的四类区域,即核心区域、外围区域、边缘区域及空白区域。这四个区域的差异可分述如下:

(一)核心区域

所谓核心区域有两层含义:它既是儒学文化的发达区,又能对周围地区儒学发展产生影响。该区域包括云南、临安、大理、永昌四府。其特征是产生的进士数量最多,进士出现的时间最早。永昌府出进士的时间虽晚至明中叶,但进士分布面广,人数较多,特别是有一批著名的文化人物,故把它列入该区域。核心区域在地域上正好分为东、西两片,即滇东的云南府、临安府和滇西的大理府、永昌府。

云南府是明代云南人口最稠密,经济、文化最发达的地区,具有儒学教育起步早,文人学士多的特点。云南府进士占全省进士总数的 27%,位居全省榜首。该区进士主要集中在滇池周围的各州县中,其中以昆明县境内最为稠密。昆明县有进士 14 名,加上县境内的广南卫和云南前、中、后、左、右卫等籍进士,共 56 人,占全府的86%。其次是安宁、晋宁、呈贡三州县,进士人数分别为4、3、3。与进士数额相适应,滇池周围也是人才辈出的地区,如昆明人张通,“通经术,能文章”;安宁人张维“六艺该通”,与杨林所著名文人兰茂齐名,时人称“杨林有兰,安宁有张”(万历《云南通志》卷11,人物志),而《滇志草》的作者仓见捷,天启《滇志》的著者刘文征,也都是全省名噪一时的学者。

云南府其它地区的儒学文化在明中叶后也先后得到发展。府境东北的嵩明州在正德时出有进士罗江,杨林所在正德年间出有文人兰茂。兰茂平生著述诗文甚巨,文风在西南独树一帜,所著《滇南本草》为时人称道,是在全国有影响的人物。僻处东南角的宜良也出现了以研究儒家经典闻名的鸿儒硕彦。如严范、严表兄弟,均以研究《易》经“并有时名”,乡人冠以“双凤”之称。府境西部的富民、罗次、禄丰、昆阳等县文化发展起步虽迟,但在正德后也相继出现了一些文人儒士,如禄丰人李瀹,居教职十一年,“甚得士心”;昆阳人李资坤,历任知县、员外郎中和知府等职,筑堤兴学,卓有成绩。且又“好古信义”,言动必以礼,家有诗书万余卷,“研诵以终”。这些事例体现了云南府儒学的发展虽有一定的地域差异,但在整体发展水平上还是相当高的。关于云南府的人才及文化状况,康熙《云南府志》中有这样的概述:“维滇之会,西南秀区;自元迄明,声教丕敷;文襄清慤,百世绳趋;恭肃忠壮,四方楷模;其他杰异,错璧光珠。学术经济,步越追吴。”(卷10,选举志)

临安府儒学的发展速度较快,明初尚有“民夷杂处,号难治”之说,到洪武后期已是“土习始变,人文始著,临弟子始无有不学焉矣”(万历《云南通志》卷8,学校志)。永乐时,临安开始出有进士,以后各朝,均有中进士者,“仕者相望于朝”。临安所辖七个州县除嶍峨一县外,均有进士产生。

大理府是另一个儒学发达区。早在元代,大理府与云南府就有儒学提举的设置，当地儒学发展有较深的传统。及至明朝，该区已出现“少工商而多士类，悦习经史，隆重师友”（景泰《云南图经志书》卷5，大理府）的局面。永乐年间，云南首举科举，大理府得中三名进士，超过云南府，以后直到万历年间，“其登黄甲跻华要者，今相属焉”（同上）。文化发展一直兴盛不衰。

大理文化最发达的地区，首推附郭县太和，当时人云：“吾滇文献著称大理，大理著称太和。”（杨一清“杨氏二孝三节记”，见天启《滇志》卷21艺文志）若把大理卫籍的进士计算在内，太和一地共出有进士39人，占该府进士总数的81.3%。而云南各州县的许多官职，也大都由太和人担任，所谓“云南各司州县吏典丞差，太和人居强半焉”（正德《云南志》卷3，大理府），即表明太和文化发展的独特之处。

太和文化之所以发展迅速，一是环境的优越，太和县“独钟苍洱之秀”，地饶民富，易于学术文化的成长；二是弘治间划县属洱海以东地入宾川州，造成太和“地狭人繁，民力用困”，很大程度上限制了其农业生产的继续发展，以读书仕进为出路蔚为一时风尚。

位于平坝中的浪穹、邓川、赵州、云南等州县文化也有较大发展，邓川州“自明文教事兴，科第继起，蔼乎成弦诵之风矣”（康熙《大理府志》卷12，风俗）。浪穹县山后诸处，明初风气勇厉，到晚明“皆向学知礼法，争延师以教其子弟”（同上），而“刀弩之习渐可衰止”（同上）。这几个州县不但出有一定数量的进士，也有一批有名的文人学士，如云南县人周臣，好读书，著有《易圣传》《春秋心传》《荩菴杂稿》等；邓川州人杨南金，弘治间进士，“直节苦行”，民有三不动之说，即“刁诈胁不动，财利惑不动，权豪撼不动”（万历《云南通志》卷11，人物志），曾官至御史；洱海卫人徐杲，由岁贡任重庆通判，所至“皆有惠政”，邓川州人杨宗道潜心研习经术，后以此举教授。因此，可以说儒学在大理府的传播范围已波及到洱海、普陀江、沧江流域。

永昌府位于云南西陲，时称西南富庶地。明代初年，麓川思伦法强盛于滇西，永昌屡遭兵扰，府制一度撤废，文化发展极为有限。洪武至正统间，明廷为防备思氏，不断调遣军队入滇，永昌成为移民的主要接纳区之一。正统初，麓川思氏地被明廷分割，兵革稍息，永昌在百孔千疮中兴起儒学，“于是永郡誉髦之士，始得与阙门籲后之典”(乾隆《永昌府志》卷11，人物志)文化出现转机。成化间，永昌始有中进士者，随后“决科登仕者，代不乏人”。终明之世，永昌也出有不少著名学者，如郡人杨元，潜心理学，人称“象山先生”，著有《纳甲图》、《九圭数学基指南》；张志淳“六艺成精”，弘治间授文选主事，后升为文选郎中循部，与前文选浙江天台人黄元昭齐名，其一生著述宏富，主要有《南园集》、《西铭通》、《南园漫录》、《永昌二芳记》等。张氏一家，满门俊杰，长子张含，是全滇著名诗人，作诗多豪宕悲壮，深得文坛巨匠李梦阳和杨慎的好评。幼子张合，嘉靖间进士，以文学名显一时。

以上所论，可见四府的儒学发展大致相当，我们可把它们列为一种类型的区域，即核心区域。当然，四府在文化发展方面存在一定的时间差异，云南府具有文化上的领先地位，终明一世，代不乏人；临安和大理在永乐时始有进士出现，儒学发展在时间上稍落后于前者；永昌府因边乱所扰，文化上的优势到成化后才逐渐显露出来。另外，儒学发展的不平衡性在各府中也有体现。云南府所出进士集中在昆明、安宁、晋宁、嵩明等州县，而富民、禄丰、易门等县无进士产生，这一情形大约反映滇池附近的经济开发、文化发展的程度要高于西部山区。大理府的儒学人才多偏重于洱海周围，府境东西部的宾川州和云龙县为多种民族杂居，自然无儒学人士。永昌府的人才主要出自保山和腾冲，两地恰好是汉族移民的重要居住区。临安府出进士的州县较为普遍，但就全府来说，儒学人才实际上集中在两个地区:一是以杞麓湖为中心的通海、河西、宁州一带;二是泸江、乐蒙河流域的石屏、建水、阿迷三州及其南部的蒙自一县。蒙自以东及元江以南,均为土司辖地,“土俗质野,民性愚傲”,儒学未得以传入。

(二)外围区域

该区域指澂江、曲靖、楚雄、鹤庆、蒙化、姚安、北胜、广西、丽江九府州。这个区域的儒学文化大致到明中叶后发展起来,九府州均出有一定数量的进士,但进士数合计共52人,与核心区相比差距甚远。上表直观地揭示了这一点。因此我们把九府州视为另一类区域,即儒学发展的外围区域来探讨。外围区域的概念是指位于核心区周围,并受核心区的影响,出有一定数量的进士。

九府州在地域上也分为东西片,东部为曲靖、澂江、广西三府,西部自北而南依次为丽江、北胜、鹤庆、姚安、楚雄、蒙化六府。

1.东片:

东部三府中,澂江府文化发展起步要早一些。澂江“初不知学”,洪武后期开设学校后,“渐被文教”。正统间,河阳县人李蕃得中进士,”封及其亲”,对澂江人鼓舞极大,“于是闾里翕然向学,相率延师训子,而家有诵读之声,皆乐于仕”(景泰《云南图经志书》卷2,澂江府)。读书仕进风气一直不减。及至明末,澂江共出进士四人,而“人益知重儒术,士益知慕圣道”,学风大振。

曲靖府的文化发展大致在景泰以后,此前无科举人物。天顺时曲靖卫出有两名进士,此后历朝进士不绝,可考进士的分布面扩大到平夷卫、越州卫。南宁县是府城所在,也是曲靖卫治所,进士数量最多,共九人,占全府的81%强。

广西府境内“夷罗杂处”,文化在三府中发展最慢,直到崇祯时才有进士产生,而且也仅有一人。

2.西片:

云南府西部六府中，以鹤庆府的进士数量最多。鹤庆文化的发展，严格说来是明中期以后的事。明初因土知府"导民媚佛"，当地佛风盛行。正统年间，福建人标遵出任知府，"毁佛建学"，邪媚稍息，鹤庆遂出现"士慕诗书，争先入学"的景象。嘉靖时，鹤庆开始有及进士第者，之后"登科之士常不乏人"。到明末，鹤庆进士总数达十九人，仅次于永昌府，名次排列全省第五位。

蒙化府在正统前，为大理府属州，正统十三年升为府，文化发展起来。蒙化的文化受大理影响极深，"自开设学校以来，闻礼义之教且近于大理，其亦有所渐染者欤？"（同上书卷5，蒙化府）成化起，蒙化有进士产生，到崇祯时，蒙化进士可考人数共达八人，在西部六府中仅次于鹤庆。万历间徐霞客游至蒙化时，曾"闻城中有甲科三四家"（《徐霞客游记·滇游日记12》，云南人民出版社1985年版），以致霞客认为蒙化"反胜大理也"（同上）。可见蒙化文化发展已不同一般。

楚雄、姚安、北胜、丽江在嘉靖前无科举人物，嘉靖后始出现，进士可考者分别为五人、二人、一人、一人。比鹤庆、蒙化相对落后。

九府州也产生了一批有影响的文人书生。如楚雄府人李启东，"学窥渊奥"，"业下笔墨千余言"（万历《云南通志》卷11，人物志），为嘉靖间二甲第一名，这是明代云南科举中最高名次。同郡人仇议"工书翰"，"两庠士半出其门"。鹤庆府人赵子僖"多艺能"，"年十九荐乡魁"，著有《碧莎》、《蛙鸣》二集。同府剑川人李文海，"年二十，强记博闻，通经术"（同上），正统间被荐为本州学事，"士类多所造就"，蒙化府人朱玑"以文行荐于乡，登进士"（同上）。

九府州的儒学发展也有差异。从时间上讲，澂江产生进士最早，其次为曲靖、蒙化、北胜、鹤庆、楚雄、姚安，最晚的是广西和丽江。各府内部的地域差异也很明显，如鹤庆府进士集中于府城及剑川州，东部顺州“夷俗僻陋”，而南部与大理浪穹具接壤的地带，多山后人，巫风盛行，“有争讼不造官，必杀鸡狗，誓于神，以求平其曲直，有病不服药，亦惟祭鬼，虽死不顾”（景泰《云南图经志书》卷5，鹤庆府）。楚雄府进士出自楚雄及定远两地，南部南安州一带，为和泥蛮所居。澂江府的路南州为儒学荒地，主要是罗罗居住区。曲靖府进士也多集中在曲靖卫、越州卫和平夷卫。北胜州的儒学发展实际上仅踢蹐于澜沧卫一隅，直到明末，府境大部仍为麽些、栗粟、罗罗等族所盘居（详见后述）。

（三）边缘区域

这类区域包括寻甸、武定、顺宁、景东四府，其中前二府位于腾冲、元江一线之东北，后二府位于该线以西南，其特点是虽然没有进士出现，但也受儒学的影响。

寻甸府是多民族杂居地，据嘉靖《寻甸府志》载，当地民族有汉人、僰人、色目人及罗罗等，其中又以罗罗分布面最广。正德间知府戴鳌建立学校，当地土风稍有改变，但嘉靖时安铨之乱①，使刚兴起的儒学文化遭受重创，嘉靖十一年（1533）后儒学重兴。及至晚明，“人文可睹”的现象终于姗姗来临，不过，有明一代，寻甸所出人才充其量是一些贡生，缺乏有影响的人物，以致万历时有人曾感叹当地“诸士子荷圣朝作养之恩有年矣”（万历《云南通志》卷8，学校志），而“科第至今乏人”（同上）。

武定府在隆庆之前，为土官统治，“俗尚强悍”，隆庆间改土归流，文化有所发展，到万历年间，也出现“旧习渐迁”，“土民勤业”的情况。

顺宁府位居腾冲、保山、元江一线以西，明初到万历间一直为

① 指嘉靖七年（1538）寻甸土官安铨抗拒改流而发动的兵乱，兵乱持续四个月。参见《明世宗实录》卷69。

土知府猛氏世袭统治，直到万历前，当地风气仍是“不知节序”，见人无拜礼，万历三十六(1608)年设置流官，但风气未开，官斯土者，“癖荆榛，立教养，事皆草创”(刘靖“续修顺宁府志序”，见光绪《续修顺宁府志》卷33，艺文志)，无暇于著述。“其时之地方人士，甫事诗书，胶庠科第类皆借才于邻封”(同上)。万历后，“人文渐起”，儒学在当地开始传播，并出现了灌输儒家文化的育贤馆，据《顺宁府志》：“陈璠，内江人，崇祯间仕至户部员外，后弃官来游，顺宁太守请就育贤馆讲经，以授学者，郡人多出其门。”(卷34，杂志)

景泰以前，景东府“民多百夷”，“不通汉书，惟用缅字，凡与其同类交易借贷等项，则以缅字书其期约，而刻其多寡之数于竹上，以为信”(景泰《云南图经志书》卷4，景东府)。明后期，儒学传入，“学校声气，渐迁其俗”，使这里的风俗大为改观，“田旧科秝，今皆种稻。昔帷缅字，今有书史，民风地官，日改月化”(万历《云南通志》卷3，地理)。

(四)空白区域

以上分析的是儒学发展的三个不同级别的地域，此外尚有许多地区未得其声教波及，这些地域内盛行的是与儒学文化迥然有别的少数民族风尚。

地处滇西北的永宁府，民风强悍，这里的居民主要是麽些族和西番族，以泸沽湖为中心的南部地带是麽些族的聚居地，麽些所居多在半山腰，“屋用木板覆之”，生产比较落后，其“性勇厉”，常戴一种称为“喜鹊窝”的牛尾帽，“重且厚，……皆非矢镐所能穿，盖以备战斗也”(景泰《云南图经志书》卷5，永宁府)。永宁府北部是四长官司辖地，“多西番民”，西番逐水草而居，“牛马有草则住，无草则移”(同上)，“夏则山颠，冬则平野”(同上)，这种迁徙无常的生活环境也养成这个民族好斗尚武的性格，常佩刀毡，“民性最暴悍”。沿边一带又有一种野西番，“倏去倏来，更不可制”。

北胜州和丽江府除澜沧卫和通安州、宝山州儒学在当地得到发展外,其余地区民风大致与永宁相似。丽江府和北胜州有麽些、栗粟、古宗、罗罗、白夷等族杂居,这些民族大都慓悍勇劲,致使勇厉好斗之风是这两区较普遍的社会风尚。以丽江府为例,兰州"境内多麽些蛮,好负险立寨,稍不如意,暴戾之色发于面目,急于战斗而勇不顾身"(同上),巨津州有古宗蛮,"即旧蕃之别种"(同上),"佩刀系囊,气习暴悍"(同上)。栗粟在丽江府分布较广,其"有熟生二种,岩居六处,或架木为巢,囚首跣足,高鼻深眼,身着麻布,披毡衫。猎取禽兽为食,食尽即迁,居无定所,佩弩带刀,虽寝息不离"(谢肇淛《滇略》卷9,夷略,四库全书本),又"嗜酒,一语不投,即持刀相向,俗好仇杀"(同上)。

大理府云龙州和永昌府保山、腾冲以西直抵茶山司、里麻司一带,是另一个较大的儒学文化空白区,该区主要是阿昌(峨昌)的分布区域,据谢肇淛《滇略》载:"今永昌有罗古、罗板、罗明三寨,皆阿昌夷也"(同上)。"里麻,与茶山接壤,……土酋刀姓,亦以拒贼功授官,所辖皆峨昌夷"(同上)。云龙州"其夸种有四:曰阿猖、曰猡舞、曰僰、曰栗粟"(康熙《大理府志》卷12,风俗)。阿昌风俗"父兄死,则妻其母嫂","刀耕火种,畜牧纺织为生,食用简陋,得禽虫则生瞰之,聘用牛马,祭以犬"(谢肇淛《滇略》卷9,夷略,四库全书本)。

永昌府东部地区为蒲人所居,分布地域大致在凤溪、施甸二长官司及十五喧、三十八寨等地,这片地区的风俗"性猛悍,男女皆束发为髻,男以青衣裹头,腰系绿绳,妇人以花布。皆勤力耐劳"(同上)。

广西府盘江以南,临安府东部及广南府"无汉人,学校未兴"(天启《滇志》卷30,羁縻志)。主要是侬人、沙人、仲家、土獠交错杂居的区域,广南府"地多侬人,沙人,习欲俭约,男女皆事犁锄"

(同上书卷3,风俗)。临安府东部为王弄山、教化三部长官司辖地,亦多侬人,“盖广南之流也”(天启《滇志》卷30,羁縻志)。广西府盘江以南为维摩州,主要是土獠和仲家的聚居地,这四种民族实际上是壮族不同的支系而已,因此该区域内的风俗并无太大的差异。该区巫风盛行,“侬人沙人,好巫不好医”(同上书卷3,风俗)。土獠、仲家“病不服药,惟务祭鬼”(万历《云南通志》卷3,地理)。多神崇拜的现象也较为突出,一般祭献的对象为关公、孔子、岳飞、杨六郎、杨七郎、家神、财神等,“犹类华俗”。同时还保留有万物有灵崇拜,如祭太阳、木桥、石头,此外,该区因民族混居,势均力敌,又有聚众械斗的恶习。“恃险剽掠,互相仇杀”,“刀盾枪甲,寝处不离,日事战斗”(天启《滇志》卷30,羁縻志)。好勇斗狠风气颇为流行。

腾冲、元江一线以西南是最大的儒学文化空白区,以万历十年(1582)的版图为准,本区域为东部地区的幅员大致相当。从前文的分析可看出,儒学的传播范围仅限于靠内的顺宁、景东和元江三府,元江府自从洪武二十五年设置儒学后,虽日见汉官威仪,但庠序寥落,社读几废,终明之世,儒学最终未在当地站稳脚跟,而儒学传入顺宁府、景东府却是在正统以后的事,且影响范围极为有限。其余地区均与儒学无缘。这片广袤的地域主要是百夷的生息之地。也有阿昌、蒲蛮、和泥等族杂居其中,除个别民族外,大部分民族的风俗与百夷相似,“其小百夷,阿昌,蒲缥,哈喇诸风俗与百夷大同小异”(王士性《广志绎》卷5,西南诸省,中华书局本)。因此,百夷民俗在该区域内占据主导地位,例如,镇康州“民皆百夷,病不服药,专务祭鬼”(景泰《云南图经志书》),镇沅府“郡中多百夷,有病不用药,惟信巫鬼以祈福而已”(同上),南甸“其民皆百夷,俗与木邦同,其结亲则用谷、茶二长筒,鸡卵五、七笼为聘礼”(同上)。而南徼缅甸、木邦、老挝、车里、八百、干崖、陇川、孟艮、孟定,俱女服外事”（王士性《广志绎》卷5，西南诸省，中华书局本）。明中期，佛教从缅甸传入，在该区域内流行起来，“俗尚佛教，寺塔遍村落，……凡有疾病祝佛，以僧代之”（朱孟震《西南夷风土记》，丛书集成初编本）。另外，百夷不习汉文，“小事则刻竹木为契，如期不爽，大事书缅字为檄，无文案”（同上）。这些习俗反映该区文化与儒学文化有强烈的差异，而却与缅甸较为接近。

总之，儒学文化虽在云南有较大发展，但其声教未及影响的地域仍然十分辽阔，这些地域不仅包括沿边的大量地区，也包括儒学核心区域的一些地区，前者如永宁府、茶山司、里麻司、腾冲、元江一线以西南及广南府；后者如大理府云龙州，临安府东部、永昌府东西部等。上述地区因多种民族的混杂，生活习性体现出未受儒学影响的文化面貌。

综合以论，明代云南的儒学发展，呈现出水平相差较大的四个区域，大体以腾冲、元江一线为界，该线以东北为儒学分布的地区，该线以西南为儒学空白区。儒学分布区又可分为三个不同的等级，云南、临安、大理、永昌四府为儒学文化发达区，即核心区域；曲靖、澂江、楚雄、姚安、鹤庆、蒙化、北胜、丽江、广西九府州为儒学文化次发达区域，即外围区域；寻甸、武定、景东、顺宁四府为儒学文化有一定发展的区域，亦即边缘区域。其余地区均为儒学空白区，现将这四个区域直观显示于地图中，见附图。

儒学发展的原因分析

上文论述了儒学发展存在着明显的地域差异，造成各区儒学发展的因素很多，主要有以下几个方面：

（一）历史原因

明代云南儒学文化区域示意图

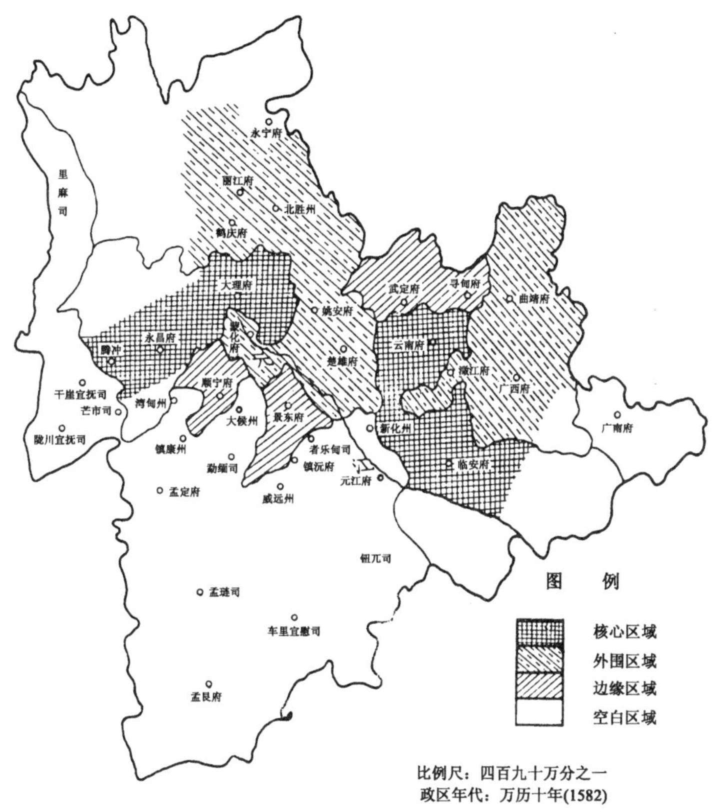

比例尺：四百九十万分之一
政区年代：万历十年(1582)

元代儒学的发展在地域上就已呈现极大的不平衡，明朝实际上是这一不平衡的延续。滇池地区和洱海地区在明朝是云南儒学最发达的区域之一，这个局面在元代就已形成。元至元中云南分置省府，"诏所在立文庙"，经过南诏、大理三百多年割据后，儒学在云南得到复兴。滇池地区为中庆路在，是云南省的行政中心，因而成为元朝推行经济、文化举措的重要区域。至元十年(1273)，大名人张立道领大司农事，首先针对滇池水患进行整治，"泄其水，得壤地万余顷,皆为良田”(《元史·张立道传》),十一年,赛典赤出任第一任云南行省平章政事,在中庆“教民播种,为陂池以备水旱”(《元史·赛典赤赡思丁传》)。与此同时,文化建设盎然兴起,中庆“首建庙学,岁祀于春秋二丁”(赵子元“赛平章德政碑”,见天启《滇志》卷24,艺文志),入学者为“爨僰循礼达官君子”及“官民子弟之秀者”。中庆路有固定的讲经释典大会,定于每月朔望初八二十三日,是日赛典赤亲赴现场,“令教官、学生暨民间子弟通经者以次讲说”(支渭兴“重修中庆府学记”,见万历《云南通志》卷8,学校志),大会持续到夜晚才散,该大会名噪遐迩,乃至外人来观听者,充庭塞户,蔚为大观。由是教化大兴。元仁宗时,全国恢复科举,云南虽也跻身其中,由于云南儒学在当时尚落后,故无出科者,至治元年(1321),昆明人王辑得中三甲进士,科坛的沉寂终被打破。终元之世,云南共有五人考中进士,无一例外全是昆明人,这足以反映中庆路儒学发展仍不同凡响。另外,中庆路也出有著名的文化人物,如至元间人王惠,“职字书,敏官事”,历任威楚屯田大使、定远县主簿、禄劝州、马龙州、沾益州判官、昆明县尹、为美县尹等职。其有子男十人,多为仕宦出身,其中尤以王升最为著名,王升“初学于杨贤先生,受经于张子元大尹,学诗于仲礼宪副,学文于李源道学士”(邓麟《元宣慰副使止庵王公墓志铭》,见景泰《云南图经志书》卷8)。曾为仁德府及曲靖尉司教授,“生徒百数人”。后人曾称赞:“令尹王君,累世树德,挺秀止庵,学孔希颜,春阳秋月,智水仁山,文治韩柳,诗追李杜,丕变南风,齐至于鲁。”(同上)

洱海地区是南诏、大理政权的统治中心,元初入大理路辖境,但大理政权旧势力在这一地区仍有影响。对该地区的控制,关系到元朝在云南的统治地位。教育往往是实现政治理想的主要手段,因此,元朝同时于中庆、大理路建儒学提举,至元十一年(1274)赛典赤以信苴日为大理总管,并让其子孙相继。接着在大理路境内“置郡县，署守令，行赋役，施政化”(《元史·信苴日传》)，由是“文风稍兴”，与“中州等”。以后文化一直持续不衰，及至明代，这里已是“少工商而多士类，悦习经史，隆重师友”的局面了。

至元十九年(1282)后，临安、澂江、仁德、永昌、丽江、鹤庆、姚安、威楚等路府也先后办起了儒学。据《元宣慰副使止庵王公墓志铭》(景泰《云南图经志书》卷8)，王升任仁德路、曲靖宣慰司儒学教授时，曾有生徒百数人，“咸材者伙”，可知儒学建立后，必定造成当地文化有一定的发展，但限于资料，我们很难窥见这些地区文化发展的全貌，不过从记载稀少这一点来看，可以肯定这些地区的文化发展远在中庆、大理路之下。这些地区儒学得以充分发展，还是在明代大量移民进入云南之后(关于移民与云南儒学文化发展地域差异的关系，笔者将另作讨论)。

(二)谪流人士的文化传播

云南的儒学发展，与谪流之人的文化传播有密切关系。云南是明代谪贬罪犯的重要地区之一，据《明史·刑法志》载，洪武二十六年(1394)定，应充军者“如浙江、河南、山东、陕西、山西、北平、福建、直隶、应天、庐州，……徐州人，发云南、四川属卫；江西、湖广、四川、广东、广西……安庆人，发北平、大宁、辽东诸卫”(卷69，刑法一)。自洪武年间开始，直到明末，因罪而谪贬云南的人士络绎不绝，成为云南军民中不可或缺的一个重要组成部分。谪流之人中，有很多是熟谙儒家经典的文人学士和上层人物，政治上的失意并没有使他们颓丧消沉，相反，僻居云南边陲，政治监控的松弛，风土人情的鼓舞，使他们“一时乐居绝徼”，继续延伸其学术生命，他们与行政官员的教化交相辉映，相得益彰，正是因为这些人的劳绩，才使云南儒学保持着一种前行的张力。

谪流之人在云南的文化传播，主要通过两个途径：一是教学授徒，一是著书立说。

浙江人王景常、韩宜可均“博学多才，诗文高古”，洪武初分任山西右参政和布政，后因事谪戍云南临安卫，相约讲道于学庙，“使子弟受学”，临安好诗学文者多从之游，“盖十有六年”，于是“土习始变，人文始著”，临安“弟子始无有不学”，后人称临安文风“实二公倡之”（万历《云南通志》卷10，官师志）。浙江人王昙“博通经史，尤长于诗，”正统间代父从戎，寓居云南府，教训民间子弟，“皆知向学”。天顺间谪居大理凤羽乡的穆孔昭，善吟咏，逢人辄教以孝亲敬长，久住谙乡语，“常作竹枝词寓化导乡俗”（同上）。长沙人易恒，“尤善书、工诗文”，正统中居腾冲，积学笃行，时腾冲无学校，易恒被举为师，“郡人赖其熏陶者甚多”（同上）。长沙人吴公寓蒙化府时，被聘为书院讲师，时蒙化旧有书院倾圮殆尽，吴公乃“谋诸师生父老，闻于书院司者，出己俸以倡人，一时世守左君、乡缙绅及好义者亦各以私钱助费”（同上书卷8，学校志）。书院得以重建。吴公升讲堂布师道，诸生枢衣问难，公亦亹亹忘倦，“自是盖朝往而夕忘归”，“顿使四境之内蔼然兴弦诵之风矣”（同上）。

四川新都人杨慎，号升庵，人称“明世记诵之博，著作之富，推慎为第一。诗文外，杂著至百余种，并行于世”（《明史·杨慎传》），为明代文坛巨匠。嘉靖初因“议大礼”而谪贬云南永昌卫，后终老于滇，戍滇长达二十三年，升庵“博雅好古，胸藏万卷”（万历《云南通志》卷10，官师志），“滇人以师礼事之”，而士人“从之游者，日益众”。著名的有丽江土知府木公，“常以诗质于升庵”（《明诗纪事》戊集22），永昌人张含“少随父客京师，与杨慎为诗友”（《滇南碑传集》卷9），迨慎戍滇西，即与慎诗文砥砺，时相唱酬。太和人董难从慎最密，“杨以礼议戍永昌，侨寓安宁，遍游临安大理诸郡。所至携倡伶，通良家妇女，皆大理董秀才为杨罗致，人呼为董牵头”（《尧山堂外纪》卷95）。此外，阿迷州人王廷表、云南府人胡廷禄、太和人吴懋、李元阳等皆与杨慎极为友善。以上张含等七人因与杨慎过从密切，时称“杨门七子”，“七子文藻，皆在滇云，一时盛事。”(杨慎“病中永诀李张唐三公”注，见《升庵集》，四库全书本)杨慎对云南文化的影响，竟波及后世，正如清人谢圣纶所言，“杨升庵先生戍滇最久，熏其化而被其风，其遗泽于今犹未艾云”(谢圣纶《滇黔志略》卷12)。

此外，一些谪流士人潜心著述，也推进了云南的文教事业。如洪武时谪戍云南的王景常、程本立，于二十九(1398)年奉命编撰《云南志》，是明代第二部云南省志，此书后由另一流人平显续成，现部分散存在《永乐大典》中。河南人寇鼎，随父谪戍云南，当道举任府学教授，不受，专心著述，写有《池蛙余响》、《启蒙韵略》。福建闽县人郑旭，谪滇二十余年，究心经学，著有《诗经总旨》、《初学提纲》、《咏竹稿》诸书。而大半生在云南度过的杨慎，所留墨迹更多，有《丹铅总录》、《转注古音》、《滇程记》、《滇载记》等十数种。

(三)官员的教化

一些学官、行政官员兴学办教的措施，也促进了云南各区儒学的发展，先看核心区域：

景泰间，黄逊任大理太和教谕，“崇尚古道，夙兴夜寐，训诲生徒，久而不倦”。正德间孟震任府学教授，“修洁简默”，三日一课，诸生令属文，违者辄笞责之，“诸生守业不敢嬉游，郡中至今言教规必曰孟师”(万历《云南通志》卷11，人物志)。

洪武时，何纯任云南副使，整饬临安府兵备，“初临安城外多盗贼，白日劫杀无所忌。纯至，始立堡寨，并严捕捉之法，盗始畏惧，敛迹”(同上)。之后何纯“修学校，增生徒，每暇日亲为讲解经义，改窜文字”(同上)，赢得临安人一片颂扬之声。正统间，彭善道任临安府通判，“兴学校，抚民夷，绰有治声”，而训导曹安“经学精明”，“启迪生徒，多所造就”。正统七年(1443)王骥任石屏州学正，“训诲不倦，科策有人”。又好结交士人，天顺五年(1462)江西文人李灏游至石屏，王骥延为知己，与之交游唱和，“给事中罗晟亦敬礼之”（同上）。弘治三年，王朝禄任通海县知县，修学舍，增仓储，整修道路，“民得便利，任满之日，耆老刻石颂焉”（同上）。

永昌府情形也大致相同，洪武时，胡渊掌金齿司事，“兴学训农，安边励俗”。正统间，陈升出任指挥使，“筑城浚池，垦壁田野，军民利之”（同上）。而余谷任永昌训导时，“尽心学政，作士振业，日底成绩”（同上）。九年后升府学教授，“从士望也，行义文学，为时所称”（同上）。郭本于天顺间任永平县主簿，“开拓县治，抚绥流夷，境内称治”（同上）。嘉靖二年（1523），严时泰任永昌太守，逢永昌复府不久，“制度未立，人心未安”。时泰“乃画法定制，修辑署宇，抚安疮痍”（同上），“尤申饬文教，振作士风，督视课业无间寒署”（同上）。所制诗文一时为缙绅所推崇。

外围区域，也不乏兴学办教的事例，以楚雄府为例：

洪武十五年（1382），朱守仁知府事，“抚民勤政，招集流移，授以田土，量民贫富，均其赋役，建学育材，立法锄梗”（同上）。以致“境内大治”。景泰间，计澄任知府，“政修教举，盗贼屏迹”。正德中，董朴为知府，“自下车首重学校，朔望诣学讲辨，移晷四时，考校则揭榜通衢，以示勤惩”（同上）。又增修祭器，“建号舍，立堡课农桑”。董朴本人还亲自讲授《春秋》，“且出文论诸稿刊成之”，诸生有贫不能婚葬者，也赖董朴“间而助之”。祝弘舒继任知府后，“尤笃意文教”，建书院迁学宫，“士多造就”。嘉靖间，李邦表为知府，重学校，建聚奎楼，选诸生，“躬为讲授”，“听讼以惩奸，正俗为本”，境内肃然。

行政官员在推行教化的同时，兼及著述，如永昌府学教授杨思震“博涉经史，尤长于诗”，“存心严恕，行己谦恭，师范端严，作人有法”（同上），所修《永昌郡志》，为缙绅所称。大理府通判赵彦良，“刚介有文”，撰有《大理志要》一书。临安府石屏州学杨明哲“善集古句律诗”，著有《述古集》。云南右参政谢肇淛，“簿书之暇，殚精著述”（康熙《云南通志》卷20，人物志），所著《滇略》十卷，“较诸家地志体例特为雅洁”（《四库全书总目·史部·地理类》）。

而一些地方官破除迷信的举措，也客观上扩展了儒学发展的空间。如成化年间，林俊出任云南按察副使，时“鹤庆玄化寺称有活佛，岁时集士女万人，争以金涂其面，俊命焚之，得金悉以偿民逋”（《明史·林俊传》），后又毁淫祠三百六十区，皆撤其材修学宫。此外，姚大英于鹤庆府，周公于寻甸府，刘鸿年于云南府，都有毁淫祠而建学堂的举动。

（四）私家传授

私家传授，是促进明代云南各地儒学发展的一个重要原因。据笔者对万历《云南通志·人物志》的统计，一、二级儒学区中均有一定数量的文人学士从事私人授学。其中以云南府最多，如云南府人张英，“居乡以《易》教授生徒，甲第者多出其门”（万历《云南通志》卷11，人物志），可考者有举人傅澄，曾官至四川教谕。张维“幼而颖异，六艺该通，绝意科举，惟以教训乡民子弟为务”（同上），“乡间郡守皆延为上宾，科第多出其门”（同上）。李尚文，不乐仕进，“尝恨滇中乏书籍，寡见闻，偕子沧过留都，购子史千余卷于家，以教授乡人”（同上）。其门徒有举人傅澄、进士张翚等。太和人杨贤居乡“开馆教授，乡里童子，日不离于坐，人皆以子弟就之”（同上），一时以科第显者半出其门。沾益人缪良玉“教授生徒，多所造就”（同上），门徒中有兵部左侍郎孙继鲁。此外，永昌杨元、丁嵩、姚方、吴章，楚雄俞沛，曲靖项瑄，剑川人张勉，太和人杨士云等，都是显赫一时的儒学传授者。

（五）学校的兴办

“教化以学校为本”，学校是宣扬和灌输儒家思想的主要场所，明代是中国古代教育史上的高峰时期，教育制度更加详备和成熟，其儒学系统的学校主要有两种层次：一是中央一级的国子学，二是地方一级的府州县学，国子学设在京师，“令品官子弟及民之俊秀通文义者，使充学生”(《明史·选举志》)。洪武时云南土官子弟已有相当一批进入国子学学习，接受儒家文化，并归而变其土俗。云南府人李忠和临安府人张文礼分别于洪武及永乐时入选国子学，后在当地及进士第，成为云南、临安二府最早的进士。府州县学按地方行政区域设置，原则是凡有府州县的地方应有儒学各一所，所谓“天下府、州、县、卫所，皆建儒学”(同上)。云南因“汉土错绣”，儒学一般置于以汉族为主体的府州县中，地域范围大致在腾冲、保山和元江一线以东，府州县学的学生，皆由“守令于民间俊秀及官员子弟选充”(同上)，据天启《滇志》，明代在云南置府州县学六十三所。洪武八年(1375)正月，“诏天下立社学”，这是一种由地方政府与乡绅合办的带有半官方半民间性的基层学校，仍以儒家经典为主要讲授内容，学生来源主要是平民阶层，年龄限制在十五岁以下，这使儒学的传播层次下移。云南办社学“尤重在开化夷民”(同上)，故而社学在云南的开办显得更有意义。天启《滇志》载云南共有社学163所，仅云南府城周围，就达31所，而僻处滇西北的鹤庆府城，社学数竟高达35，足见社学的普及。

各类学校的普遍设立，使得云南“文教日兴，彬彬几埒中土”(《续文献通考·学校考》)，如澄江府“自国朝洪武三十一年(1398)开设学校，而岁贡聿兴，永乐辛卯而科目联第，殆今百有余年，人益知重儒术，士益知慕圣道，文风大振，弦颂声续，由科而出者，凡若干”(景泰《云南图经志书》卷2，澂江府)。姚安府“自睒诏相雄长，故其民往往弄牧箠，未谙文教。我朝建学置守逮于今，始熏习浓郁，里巷弦诵，穷谷揖攘，与中土埒”(万历《云南通志》卷8，学校志)。天启元年(1621)，云南生员竟达一万二千人，以致云南巡抚沈儆炌不得不上疏，要求增加科第录取名额，可见当时云南民间读书之盛(沈儆炌“清蠲贡金疏”,见天启《滇志》卷23,艺文志)。

结　语

通过以上的考察,我们可看出,明代云南儒学文化首先存在着东北、西南两个大区的分异,两区的界限大致以腾冲、元江一线为准。此线以东北地区为儒学文化的扩散区,此线以西南却顽强保持着固有的民族文化特色;其次,云南儒学文化又因其传播的烈度不同而存在着各小区间的差异,这又深深打上了自然环境和民族地理的烙印。

云南儒学文化虽在明代获得了长足的进步,但从全国来看,其发展仍然十分落后。就地域而言,儒学的传播未及覆盖全滇,就人物而言,在全国称得上一流学者的几乎没有,《明史·儒林传》中载全国理学家115人,无一出自云南,大学士和三鼎甲也与云南无缘。

文化上的落后状况,也折射在云南文人的性格特征里。“云南僻介边徼,书籍最少,书价亦最昂,虽富室亦难购觅。寒素之儒,于经史子集,鲜有能举其名者”(谢圣纶《滇黔志略》卷6)。这在很大程度上限制了云南文人的眼界,减弱了其才情,造成“士子所习经书,亦少运用之妙,熔铸之才。故文气每嫌其薄”(《滇南闻见录》)。而闭塞、狭小的生存空间和缺乏交往的生活环境又使云南文人的活动过分囿于本乡本土,“自士大夫之服官于外,惟乡举赴里部试,乃出里门,否则井田桑麻,以终老田间为乐”(道光《昆明县志》)。所谓“滇人闭门谢客,不求闻达”就是其生动体现。另外,古朴的生活环境及正统的儒学教育,潜移默化地养成了云南文人敦厚质朴、清正廉洁、恪守礼教的日常生活风格。士大夫但凡交际,“必高帽长衫,文其语言,不为俗态”(正德《云南志》卷12)。他们坦白恂谨,无矜奇骇俗之行,“多自爱,耻入公庭”,“贵不凌贱,富不骄贫,服官者率以清白自期,一有宦橐可指,则乡里群鄙之,故致仕者往往贫窘而不能以自存”(康熙《大理府志》卷12,风俗)。

云南文人的这种行宜端谨、重视礼教之风,也渗入民间。明代云南城乡之间,“先辈家居,多坐大门之内,后生不见,驰骋过其庐者,必呼而痛斥之;见则入揖,相对答礼,有说侍立肃听,无说揖而出,不茶、不坐、不送也”(天启《滇志》卷3,风俗),无论穷富,都要摆出这个架势,这实际上已具有民俗的意味,对此深入研究,则属于风俗文化的范畴了。

(本文选自陈少峰主编的《原学》第三辑,中国广播电视大学出版社1995年版,第236—262页)

康健,复旦大学中国历史地理研究所博士生,主要从事中国历史地理研究。

本文以明代云南进士人数作为基本计量指标,并结合其他因素,分析了明代云南儒学的传播程度和地域差异,并分析了儒学在云南传播的地域差别的原因。

儒学地域化的近代形态

杨念群

一、儒学的地域化

两汉的“王者之儒”通过“政治巫术”的操作和“政治神话”的制作，为儒学的人文理论披上了一层准宗教的外衣，从而抑制了“教化之儒”发展活动的空间。此一时期儒士阶层的演变呈现出“内聚性”特征，即运思的重点聚焦于政治轴心，儒学话语的发展也带有强烈的政治功利目的。

1.“教化之儒”在基层区域的复兴

儒学一变而为王权统治轴心不可或缺的意识形态资源①。我们也同样注意到，“王者之儒”地位的上升，是以压抑先秦“教化之

---

① 如前所示，本章的重点是探究儒士阶层与王权统治之间的角色分合关系，以及儒学理论在处理这种分合关系时的演变过程，而没有过多地涉及儒士在官僚体系结构中的社会分化问题。中国的“士大夫政治”与西方相比有一个很重要的特点是行政文官角色与知识分子角色合二为一。即“儒生”与“文吏”角色的同构(参阅阎步克：《秦政、汉政与文吏、儒生》一文，载《历史研究》1986年第3期)。从政治系统与文化系统的关系来看，儒生兼有文吏的职能，是吸取了法家学派的“法治”理论。这也是儒生感悟于“仁治”理想的不可操作性而采取的权宜之计，同时也可看作是儒士阶层从文化系统重归政治系统的变通手段。

儒”的人文传统为代价的。尽管古文经学家致力于先秦典籍的注疏与保存，却因为过于注重典籍源流的辨析考证，而相对忽视了其中心性微言的发掘。所以黄百家曾经评论说：“孔孟之后，汉儒止有传经之学，性道微言之绝久矣。”（《濂溪学案》上，《宋元学案》卷十一）王充也曾感叹说：“诸生能传百万言，不能览古今。守信师法，虽辞说多，终不为博。”（《论衡·效力篇》）明确指出汉儒经学家过于注重技术传承的因素，缺少对先秦“教化之儒”真正精神的理解与感悟。至于两汉儒学谶纬与真典并重，神话与真实同存的混乱状况，更为后来的儒家学者一语道破，《宋史·道学传》曾云：“两汉而下，儒者之论大道，察焉而弗精，语焉而弗详，异端邪说起乘之，几至大坏。”

后世对汉儒清算得最为彻底的恐怕首先要算唐代韩愈的“道统说”了。韩愈认为儒家核心人文传统的延袭在汉代根本就是一个空白。韩愈“道统”的传承公式是：“尧以是传之舜，舜以是传之禹，禹以是传之汤，汤以是传之文武周公，文武周公传之孔子，孔子传之孟轲。轲之死，不得其传焉。”（《原道》，《昌黎先生集》卷十一）韩愈的“取消论”后来得到许多儒家学者的赞同。《宋史·道学传》认为汉以后“千有余载，至宋中叶，周敦颐出于舂陵，乃得圣贤不传之学”。朱熹更认为“道统”的真正接续还要晚一些，河南二程才是合法继承者，所谓“宋德隆盛，治教休明，于是河南程氏两夫子出，而有以接乎孟子之传，……然后古者大学教人之法，圣经贤传之指，粲然复明于世”（《大学章句序》，《朱文公文集》卷七十六）。朱熹也以“道统”的正宗传人自诩，声称“虽以熹之不敏，亦幸私淑而与有闻焉”（同上）。其他儒学流派的宗师也常来争夺承继“道统”之帜。如陆九渊亦云：“窃不揆，区区之学，自谓孟子之后，至是而一始明也。”（《与路彦彬》，《陆九渊集》卷十）

倘若我们超越历代儒家意气门派之争的层面，来看待“道统”

作为历史话语的传袭问题，就可发现所谓“道统”传承之辨实际上拉开了宋明“教化之儒”复兴先秦儒家人文传统、挣脱“王者之儒”学术垄断的序幕。“道统”内涵的未定态势和传承路径的歧异，也为儒家学派在更深层次学理上的分化提供了可能的空间。韩愈“道统”说实际上蕴涵着一个极为绝对性的价值判断，即儒家的精神价值以及其中体现出的社会原则至汉代已湮灭于无形。换句话说，汉儒虽作为一个阶层而存在，却在传承“道统”的意义上被逐出了儒门。故从当今的角度诠释，韩愈及以后宋明儒家的“道统论”中，已暗示着“教化之儒”与“王者之儒”分野与对立的格局，只是他们在阐扬“教化之儒”的价值观时，并没有揭示“王者之儒”的成因及其与王权的依附关系而已。

宋明以来，“教化之儒”的复兴运动是一个颇为复杂的过程，有关这方面的研究著作可说是汗牛充栋。因此没有必要对其形成的全过程再做一次全方位的考察。我们只在此比较简括地抽出三个层面的特征，叙述一下宋明“教化之儒”在复兴“道统”话语及其传播过程中与汉儒的基本区别。这三个特征概括起来就是：扬心性；别地域；促分流。

先说说扬心性。汉儒与先秦“教化之儒”的重大区别乃是在于其话语结构较为忽视对儒学人性伦理原则的传承，而是偏重于描述构造准宗教性宇宙秩序观念，这与“王者之儒”的功利目标是颇为一致的。毫无疑问，汉儒所营造的“政治神话”和相当繁琐的宇宙哲学体系，为官僚体制的最终完型，提供了有序而又严密的论证。“王者之儒”自身也在此哲学体系的构造中完成了自身的转型，也就是说基本完成了“儒——吏”同构的“士大夫政治”模式基础的构建。

唐宋以后儒家学者的思想取向与汉儒有相当大的不同，他们常常精研尧舜所传“人心惟危，道心惟微；惟精惟一，允执厥中”的道统密旨，以人心、道心为出发点，去领会先秦师儒的真精神，从而使道统思想具体化为十分实用的伦理性准则。这种寻求内在超越的倾向性是对汉儒宇宙哲学的一个突破，也是对汉儒压抑教化人文传统的一种反动。明代以后，儒士阶层更把心理悟道的直觉修炼方式推向了极端。《明儒学案》中曾述及明代大儒陈献章（白沙），为了使悟证天理的途径由向外寻求转为向内寻求，甚至废弃经书而不观，声称："若以外事为外物累己，而非此之谓，则当绝去，岂直省之云乎。""学劳攘则无由见道，故观书博识，不如静坐。"（《论学书·白沙学案》上，《明儒学案》卷五）博览经书曾是构造宇宙哲学的基本训练手段，而一旦对天理的推求服从于世俗感性顿悟，研读经书的渐进工夫就会显得十分迂腐。

从根据天人之分的政治哲学，杂以谶纬以窥王者之好恶，到淡化宇宙的神性色彩，进而束经书不观，从静中企盼心灵悟证出端倪。儒学经过向先秦"教化之儒"复杂的回归运动，把孟子道德本体哲学推向了极致。这在心学大师王阳明的言论中表现得尤为突出。他说："心之本体，原自不动；心之本体即是性，性即是理。性无不动，理无不动，集义是复其心之本体。"（《传习录》上，《王文成公全书》卷一）"理也者，心之条理也，发之于亲则为孝，发之于君则为忠，发之于朋友则为信。千变万化，至不可穷竭，而莫非发于吾之一心。"（《书诸阳卷〈甲申〉，《王文成公全书》卷八）阳明以内心为启悟原点，超越了两汉儒生构筑的宇宙论体系，使"心即理"的传统哲学范畴日益由外在的抽象规范转化为内心的感性欲求，儒学的人文化形态到了王阳明阶段终于复兴发展至一个巅峰状态①。

宋明“教化之儒”颠覆汉代经学的举动固然是儒学历史发展的内在要求,但外来文化的渗透因素同样起着不可忽视的作用,其中禅宗的影响尤为显著。禅宗对宋明新儒学的渗透经过了相当长一段时间的潜移默化过程,它避免从正面与儒学传统价值观发生冲突,而是通过与先秦“教化之儒”的心理悟证原则相沟通,不知不觉地诱使儒学脱离了以两汉谶纬之学为支柱的非理性思潮,而归于世俗人文之道。由于中国缺乏西方社会中“精神之剑”(宗教)与“世俗之剑”(王权)之间互争雄长的教俗对峙与较量,中国宗教精神的入世转向只能避开与王权政治的表面冲突而进行一场“悄悄的革命”。从表面上看,禅宗的入世转向似乎是被世俗的政治权力所规约转化,成为扶持相关的儒学伦理的一种生活方式,实则禅宗入世转向的最大功绩乃在于淡化了佛教的制度化倾向,把王权控制的制度化宗教与泛化于民间的世俗宗教沟通起来,打破了王权对宗教思想体系的垄断与独占。宋明新儒家“儒表佛里”的倾向日益明显,盖与禅宗对官方宗教的非制度化冲击过程有关②。

禅宗大致在两个方面深刻影响了新儒学的话语形构方式。第一方面是文字禅的出现使宋明新儒学的著作更加口语化,如《朱子语类》、《传习录》等虽为后人及弟子所录,然其形式亦仿禅门之顿

① 陈来在《宋明理学》一书中曾简约地概括了“宋明理学”的四个特点。其中第四条是:“为了实现人的精神的全面发展而提出并实践各种‘为学工夫’即具体的修养方法,这些方法的条目主要来自“四书”及早期道学的讨论,而特别集中于心性的功夫。”(《宋明理学》,辽宁教育出版社 1991 年版,页 14)其中也强调了“心性的功夫”在宋明新儒学中的重要性。

② 关于佛教与王权关系的讨论,可以参阅 C.K.Yang, *Religion in Chinese Society: A study of contemporary social functions of religion and some of their historical factors p*.180—217.以及 p.244—277。

悟即明之道。江藩在《宋学渊源记》中总结道:“儒者辟佛,其来久矣,至宋儒辟之尤力。然禅门有语录,宋儒亦有语录;禅门语录用委巷语,宋儒语录亦用委巷语,夫辟之而又效之何也?盖宋儒言心性,禅门亦言心性,其言相似,易于混同,儒者亦不自知而流入彼法矣。”(引文转见张曼涛主编:《佛教与中国文化》,上海书店1987年影印版,第321页)宋代以前,禅学就以“公案”的形式保存平时悟证所得之体验,但仍以“机缘”语句为主,以便用来作判断悟证是否正确的标准,以构成“现成公案”,同时又可作为资料去印证古人对所阐述之道理的领会。由于一般所传公案均较简略,语句意义总是玄机四伏,不利于与文人学士的交流和思想的播衍,所以禅师往往用偈语、诗歌等儒士阶层喜爱的方式去解说禅意。开创这一风气的临济宗存奖一系的第四代人汾阳善昭收集古人语句一百条,每条各用偈颂来陈述,称为“颂古”,大大淡化了“公案”的深奥玄妙的色彩。云门宗的雪窦重显也作了“颂古”一百条,此风一开,便使禅宗走上了从文字禅中追求悟证之路。后来临济派的圆悟克勤采用雪窦的材料,编成了《碧岩录》,从此禅宗在文字方面与儒士阶层的沟通达到了一个新阶段(参阅吕澂:《中国佛学源流略讲》,中华书局1979年版,第258页)。

禅宗第二个方面的影响是,因为禅师经常到各处传法布道,各地往返游历问学的人数相当多,有时须在当地解决生活困难。宋以后各地禅师和悟道者形成一种到处流动的所谓“行脚参访”的风气,学禅者常常游州猎县,不辞千里地交互寻访,参禅悟道已不限于个人,往往是宾主互相激扬驳难,应对之间产生了所谓“机锋”和“机用”,还有讲家的所谓“机镜”,并逐步形成固定的句式。这些句式由于学徒的流动散播,最终形成了“语录”。学禅者的这种参访辨难风气对宋明新儒学的讲会与游学具有深远的影响。各种冠以诸如《求心录》、《传习录》、《会语》、《语录》、《日省录》等名目的儒学著作，从辩答形式到论证思路诸方面日益呈现出口语化的趋向。《明儒学案·耿定理传》中记载："京师大会，举中义相质。在会各呈所见，先生默不语，忽从座中崛起拱立曰：'请诸君观中。'因叹曰：'舍当下言中，沾沾于书本上觅中，终身罔矣。'在会中因有省者，其机锋迅利如此。"这只是个极为普通的儒生受禅宗影响的例子，但已从侧面反映出宋明"教化之儒"有别于两汉"王者之儒"的某些思维与行为特征。

宋明儒士阶层以重建"道统"的形式完成了反叛两汉儒学回归先秦师儒形象的复杂过程，从儒学演变的历史动向观察，这不仅是一种逻辑再建的过程，而且也是儒士阶层在地域空间中重新寻求组合的过程，这就是我们所要揭示的"儒学地域化"现象。"儒学地域化"现象比较完整的概念表述应包涵三个要素：(1)从空间发展上看它是一个地理分布与分化的概念；(2)从组织形式上看它是一个民间化的过程；(3)从内容构成上看它是一个向人文话语转型的时期。其中第一点要素具有核心理念的性质，后两点要素均由此派生而来。

儒学在南宋政权偏安于江左之后，逐渐以各个地域为单位陆续出现了多种类型的儒学派别，这些流派随着时间的推移越来越向南方的广大地区延伸拓展，且往往冠有区域性色彩甚浓的名称，如关学、洛学、闽学、濂学、岭学、浙宗等等，这些流派与两汉经学体系因强调王权的向心力而消弭地域性差异的传统取向殊为有别，是为"别地域"。其实，早在春秋战国之际，学术流派之分布即与地理区域有暗合之处，梁启超在《中国地理大势论》中就曾分析道："孔墨之在北，老庄之在南，商韩之在西，管邹之在东，或重实行，或毗理想，或主峻刻，或崇虚无，其现象与地理一一相应。"（梁启超《中国地理大势论》，载《饮冰室专集》第九册，台湾中华书局1973年影印版）梁启超认为，到了汉初："虽以窦后文景之笃好黄老，然北方独盛儒学；虽以楚元王之崇饰经师，然南方犹喜道家。《春秋繁露》及其余经说，北方之代表也；《淮南子》及其余词赋，南学之代表也。”(同上)若仅以经学自身的分化而论，到魏晋南北朝时期也已经有了明显的南北学风之别，故《北史·儒林传》云：“南人简约，得其英华；北学深芜，穷其枝叶。”在唐宋以前，由于受到王权统治区域范围的制约，以及儒学体系中官学化内涵的限制，富有个性的儒学流派始终没有出现，特别是淮河以南地区更付阙如，只是到了唐宋之际，儒学的空间拓展局面才顿为改观，出现了多流竞进的复杂态势。特别是其分布范围已突破了唐宋以前以淮河为线划分南北学术格局的传统，而达至了长江以南的广大地区，以致于后世学人归纳儒学流派之分化趋向时，不得不依照地域单位进行界分定位。如学术名著《宋元学案》的框架结构，就在相当大的程度上是以区域分化的眼光来审视宋元学术的演化发展的，其中不少学案甚至径以区域命名，如“泰山学案”、“庐陵学案”、“岳麓诸儒学案”、“涑水学案”、“临川学案”、“衡麓学案”、“沧州诸儒学案”、“二江诸儒学案”等，从南北学风的区域分野与学派创始人的地区籍贯观察，南北学派的分布比例也渐趋于均衡。《宋元学案》中既记载有北方大儒胡瑗(泰州人)、孙复(晋州平阳人)、司马光(陕州夏县人)以及邵雍、二程、张载等公认的北方名儒的言行，又载有南方巨子王安石(临川人)、欧阳修(吉州庐陵人)以及朱熹、陆九渊、张栻等名家的事迹，宋学由此形成了驳杂纷呈、多元互动的宏大格局。柳诒徵曾经感叹：“宋儒之学，派衍支分，不可殚述”，以致于“必无一定义以赅之也”(柳诒徵：《中国文化史》〔中〕，正中书局1949年版，第213页)。

明代以后，儒学的区域分化愈趋于细腻多变，而且南派儒学的势力渐占上风。《明儒学案》所条述的儒家学派，按区域分布的比例估测，南派儒学如东林学派、白沙学派、甘泉之学等几占篇幅的三分之二，仅《姚江学案》就析分为浙中王门、江右王门、南中王门、楚中王门、北方王门、粤闽王门等数支。当然，作为王门学人的黄宗羲撰写此书时分配儒家派别篇幅的倾向性在其中起了相当关键的作用，但是儒家学派区域分化的重心已移至南方则是不容置疑的事实。清代学术格局的分化趋于东南之域的走向更加明显。直隶京兆地区曾一度成为孙夏峰、颜习斋、李恕谷、王源诸辈北方大儒的传道重镇，但乾嘉以降，考据学盛行之势使北学声光锐减，只有翁方纲、纪晓岚之官学尚有余波回响。至于传统北学的传承线索就显得更加模糊，晚明虽有吕坤等人以复兴洛学为帜，但大部分北方学人却承袭的是朱子学或阳明等南派儒学精髓，而少有直传洛学渊源者。

清代学术集萃于东南，并大致体现出了两个特点：一是原有文化繁盛区域的学术流派演化更趋向于多元，梁启超曾就此现象发问："何故文化愈盛之省份其分化愈复杂——如江南之与江北，皖南之与皖北，浙东之与浙西，学风划然不同。"（梁启超：《近代学风之地理的分布》，《饮冰室专集》第九册，台湾中华书局1973年版）江浙皖作为一大学术区域，自从昆山顾亭林开吴学门派以来，遂衍为程朱、陆王、掌故、经学、西学、校刻书六派。至于无论是常州学派与扬州学派的跨区之别，还是浙西、浙东学术的一省之分，都昭示出儒学区域分化的历史轨迹。二是原来被视为文化荒漠的地区如广东、湖南等地，在清中叶以后呈现了学人辈出的局面，比如活跃于咸同年间政坛的湘人群体，与粤派经学大师陈澧、朱九江、康有为相继崛起于岭南都是这方面的实例。

与"儒学地域化"现象第二层内涵相关的意蕴是，这些以地域为基本单位的发散式儒学流派类型，继承了先秦儒家学派的分化传统，其内涵与两汉发展起来的官学化儒学宇宙观念和"政治神话"体系大为不同。儒家分流乃孔子既没后之事，到战国晚期，韩非辨析儒墨歧义时，才提出“儒分为八，墨离为三”的看法。后人则提出，儒家分化远不止于八家。(傅剑平:《儒家源起论——兼论儒家分流之文化意义》，载《中国社会科学季刊》〔香港〕1994年第二卷〔总第7期〕)儒学自从以星罗棋布的地域流派形式出现以后，分散于各个地区的思想家从各自的角度出发，开始击破两汉儒生以方术谶纬之学构筑的非理性化思潮的壁垒，逐步恢复春秋战国时期教化之儒的许多特征，从而把儒生阶层的功能分化推进到了新的阶段，是为“促分流”。宋明之儒也从两汉注重吏治技术与王权统治合理性论证的“官学之儒”中分离出来，重新强调“以教化为先”的世俗人文传统，并通过“书院”“乡约”等组织结构予以凝固化，从而在理论形态和组织构成两方面实现了向先秦儒学的复归和超越。

“儒学地域化”现象的第三层涵义与前述儒学“扬心性”的思维特征实相表里，构成了本书所叙述之近代知识阶层区域互动的基本背景元素。宋明儒家对儒学理论中“心性”层面的发掘诠释，实际上就是对先秦儒学人文话语的复述与重构过程。因此从“扬心性”这一角度来说，“儒学地域化”之思想内蕴与传统的“宋明理学”概念涵义十分相近。正如柳诒徵所论：“盖周程诸儒，因擅道学之正统，而自安定泰山以下，乃至荆蜀之学，虽有浅深纯驳之差，而其讲求修身为人之道，则同一鹄的。”(柳诒徵:《中国文化史》〔中〕，正中书局1949年版，第210页)言已至此，我们可以看出，建立在地域分化基础之上的宋明新儒学，确乎具有与以往的儒学发展形态迥然不同的诸多特征，这些特征从空间上考虑又非传统的“宋明理学”一辞所能涵括，故我们在本书中称之为“儒学地域化形态”，而一般不称之为传统概念上的“宋明理学”。

以上我们着重分析了“教化之儒”与“王者之儒”在精神形态方面的歧义性。至于“王者之儒”与“教化之儒”在官僚结构内的互动联系作为更纵深的文化背景要素尚未过多涉及，这里似有必要预

先作以下几点提示和交代:

第一,宋明“教化之儒”和先秦“教化之儒”的最大区别乃是在于,前者已完成了在官僚政治系统之内的角色分化过程。相当一部分儒生已具备了“儒生”与“文吏”的道艺双重身份。而后者则基本上尚活动于较纯粹的文化领域,常被摒于政治系统之外。在宋明以后的历史境遇中,“教化之儒”与“王者之儒”有可能通过科举制的中介渠道互换位置。一般来说,拥有高位的“王者之儒”因贬黜等原因可以下降至“教化之儒”的位置;“教化之儒”也可以通过应试手段上升至“王者之儒”的高度。从此点观察,“教化之儒”与“王者之儒”的角色是可以合二为一的。

第二,宋明“教化之儒”的相当一部分人在结构上已转型为“绅士阶层”,他们沉潜于相当广阔的基层社会中,从“制度性角色”和“文化性角色”的界定来说都是边缘性的。从“制度性角色”而言,他们是沟通中央王权与地方社区的中介阶层,却又与地方性胥吏的纯行政性功能角色有别;从“文化角色”而论,绅士阶层可能信奉的是一套非官方的儒学价值原则,如心学、岭学观念等等,所以与王权核心周围的儒士相比,他们的文化角色也是边缘性的,但从社会动员和社会整合的角度看,由“教化之儒”转型而来的绅士常常身在民间基层(多处于国家行政机构之外)行使统治教化职能,成为广大区域中的基层统治精英。他们与国家机构中的“王者之儒”权力精英区别在于,他们既是基层社会(非国家)的统治支柱,又是定型国家基本制度框架(institutional framework)的社会整合力量,所以其社会角色相对政治权力轴心而言仍是边缘性的。

第三,就文化层面的控制范围估计,相当一部分非官方的“教化之儒”学派控制着科举制外的绅士思维与行为准则,他们也常常通过一些私属机构或公共设施如书院、讲会等形成私学论辩的群体话语氛围以对抗官学。有鉴于此,下一节我们将对儒士阶层的空间分布情况及其在官僚体制内外的角色定位做进一步的分疏。

2. 政治轴心与文化轴心的离合及其后果

如前所述，所谓儒学地域化过程，是以非官方的儒学流派呈区域性的分散崛起状态为其标帜的，这与两汉儒学呈凝聚性、单一性的特征构成了鲜明的对比。两汉王权统一局面的巩固，把游走于四方的儒士吸摄于政治轴心的周围，并运用定于一尊的方式使儒学话语成为官方意识形态。这个过程从空间地理分布格局上透视，是从"面"（文化系统中的私学之儒）转化为"点"（王权轴心之儒）的过程。两汉时期，文化重心集中于齐鲁梁宋等北方地区，其位置也基本与政治轴心的分布相叠合，文化重心所在地往往就是儒士阶层活动最为密集的区域，这是与两汉时期统治版图的有限性相一致的。那么这里就出现一个问题，两汉以后随着南北文化的迁徙，政治轴心与文化轴心之间的互动分合对儒士阶层空间构成状况是否有一定影响呢？

纵观中国整个历史的发展演变，政治轴心与文化轴心之融合与分移大致经历了三个比较大的阶段：两汉至隋唐是第一阶段，在此历史时期中，政治轴心与文化轴心全部集中于北部地区，即淮河以北地区。西汉初年，汉高祖接受谋士娄敬建议，沿袭秦制，定都关中，政治轴心由此集中于关中地区，文化轴心则在传统礼仪之邦齐鲁地域一带，汉初五经大师皆为齐鲁人，雅乐大师如叔孙通、制氏亦皆鲁人。叔孙通创制了《嘉圣》、《登歌》、《休成》、《永安》等宗庙乐曲，制氏"以雅乐声律世世在大乐官"（《汉书·礼乐志》），齐地则出方士，为儒士构造谶纬政治神话提供理论依据。所以齐鲁之地在西汉一直是政治轴心的文化之源。东汉政治轴心西移至洛阳，颍川、汝南均以士人分布密集而著称，洛阳又成为雅乐的中心。诸帝庙均设乐舞，章帝时增制《月令迎气乐》，顺帝行辟雍礼，也开始作乐，建安时还恢复了古代的"八佾之舞"。洛阳的"大予乐"是专门的雅乐机构，汇集着全国的雅乐①。从区域分布的范围观察，这时政治轴心与文化轴心可以说是基本叠合。宋以前，政治轴心变动轨迹是作东西向的移迁，也就是从长安向洛阳、开封移动；文化轴心直到北宋全盛之时，也凝聚在洛阳和汴京之间的中轴线上。

第二阶段从南宋开始，政治轴心与文化轴心短暂集聚于江南地域的趋向十分明显。中国文化发展到北宋末年，重心已无可置疑地趋向于东南地域。北宋政权的崩毁，使汉族王权在北方失去了立足之地，近人论其故云："虏马南来，胡氛暗天；河北关中，沦为左衽；积时既久，民习于夷；而中原甲姓，避乱南迁；冠带之民，萃居江表；流风所被，文化日滋。"（刘师培：《南北学派不同论》，《刘申叔先生遗书》，宁武南氏校印本）政治与文化也从开封、洛阳的东西向轴心，转移到了苏州、杭州的南北向轴心，这是中国历史上政治轴心与文化轴心的第二次叠合。第三阶段始于明初定都于金陵，可以看作是南宋政治与文化轴心叠合状态的一种延续。然而明成祖朱棣为御蒙古的进攻，又心羡中原之"龙脉"，遂从金陵北上重建京都，致使政治轴心又回归于北方地域，而文化轴心从此却始终滞留于南方地区，以至于直到明末仍有学者力主建都于江南乃为上策，慨叹昔日迁都之弊。黄宗羲就曾说过：

> 或曰：有王者起，将复何都？曰：金陵。或曰：古之言形胜者，以关中为上，金陵不与焉，何也？曰：时不同也。秦汉之时，关中风气会聚，田野开辟；人物殷盛。吴楚方脱蛮夷之号，风气朴略，故金陵不能与之争胜。今关中人物不及吴会久矣，又经流寇之乱，烟火聚落，十无二三，生聚教训，胡非一日之所

① 关于秦汉时期政治轴心与文化轴心相互关系的讨论，可以参阅卢云：《区域控制与历史发展——论秦汉时期的政治中心、文化重心及其相互关系》一文，载《福建论坛》1987 年第 4 期。

能移也。而东南粟帛，灌输天下，天下之有吴会，犹富室之有仓库匮箧也。今夫千金之子，其仓库匮箧，必身亲守之，而门庭则以委之仆妾。舍金陵而勿都，是委仆妾以仓库匮箧，昔日之都燕则身守夫门庭矣，曾谓治天下而智不千金之子若与？（黄宗羲：《明夷待访录·建都》，载《梨洲遗著汇刊》，宣统二年上海时中书局印行）

黄梨洲的观点颇能代表当时士人的共同看法。昔日的关中人物既然已不及吴会之盛，政治轴心构建于北方自然失去文化轴心的支持而成为无源之水，无本之木。黄梨洲的感叹当然并不能扭转帝王延袭传统的心态，历史上的政治轴心在大多数情况下均与文化轴心相分离则已成为不移的事实。梁启超在《中国地理大势论》中曾列表比较了黄河流域与扬子江流域王权建都的数目，前者始于三皇而至清代，后者始于三国的吴而至明代。其结论是：

北方宅都时代而南方无他都者垂二千余年；其南方宅都时代，而北方无他都者，惟明太祖建文共二十五年耳。……数千年王霸之国都，其在黄河流域者十六，得姓三十六；其在扬子江流域者二，得姓十；其准黄河流域者一，（北京）得姓四；其准扬子江流域者三，（成都临安湖南）得姓六；其不在两流流域内者五，得姓七。数千年政治都会，略具于是矣。（梁启超：《中国地理大势论》，《饮冰室文集》第四册，台湾中华书局1979年版，第82—84页）

梁启超提出的“其在政治，北方视南方常占优势”的证据是十分有力的。我们不妨在此问一句，历史上这种政治轴心与文化发达区域日益疏离的现象，是否有其内在的历史涵义。在我看来，二者的分离起码可以构成两个层面的特殊意义。第一个层面的意义是，促成了两汉以后的儒士阶层逐步放弃了以谶纬“政治神话”和繁琐经学体系作为安身立命之主导依据的价值取向，进而诱发了

"教化之儒"的觉醒,有关这方面的考查在上一节已有申论。第二层面的意义是,政治与文化轴心的疏离,改变了儒生在空间分布上与政治轴心交相叠合的历史命运,促成王权统治方式在两汉以后发生了重大变化。在两汉建构帝国官僚体制的过程中,"教化之儒"参与了社会总体性权力的分化过程。一部分儒生通过科举制进入职业官僚系统,而相当一部分儒生则凭恃其地域化儒学培育而成的教化能力,在基层形成了与官僚系统相对分离的实际治理权和非正式影响力。

南北政治轴心与文化轴心的迁移,不仅为"教化之儒"的崛起提供了历史的契机,而且也引起了帝国政治统治方式的巨大变化。两汉时期,以王权为原点的政治轴心,在治道层面上主要承袭了秦王朝的吏治原则。章学诚曾云:"以吏为师,三代之旧法也。秦人之悖于古者,禁诗书,而仅以法律为师耳。"(章学诚:《史释》,《文史通义》卷三,《内篇三》,上海书店 1988 年版)在意识形态领域儒生则把主要精力放在构筑王者权威的宗教合法性基础之上。如果仅就儒生的命运而言,官僚体系的运转一旦以刑名吏法为治术的主要导向,就会相应排斥儒学的基层教化原则和功能,而多以干禄仕进、研求经学作为吸摄儒士阶层的手段。在"吏道"凌于"师道"之上的情况下,儒生少有可能于基层管理方面充分发挥教化的职能;在政治核心范围内就更无法以轨道立化的伦理原则匡正王者,只能以天谴灾变警示吏治的弊端。儒生不但以究通天人之际为中介向王权提供神性的理论模型,而且也被迫使自身从"教化之儒"向"吏治之士"方面转化,这就是所谓"阳儒阴法"或称"儒家的法家化"。

两汉"以吏为师"的治道原则与根据"政治神话"准则构筑的集权统治网络,其有效实施的范围常常以地域空间的狭小为其可行性的重要尺度。从空间分布上看,王权轴心最早集中于北方很狭小的区域内,这是其拓殖疆土的有限性所造成的必然结果。从官学知识构成本身来看,“政治神话”的神秘与经学体系的繁琐也恰好与这种空间凝聚格局相吻合。随着拓殖疆土能力的加强,王权传统意义上的统治能力却呈反比式地受到了限制。因为吏治刑名作为官僚制统治的主要手段,与更广大传统基层社会中的血缘组织功能如家庭结构、宗族人伦系统等等并没有建立起真正有效的联系,而是单纯靠一套自上而下的强制方式作为维系君臣乃至民众的政治纽带。因此,王权必须在基层重新选择不同于职业技术官僚的新兴势力以为吏治的补充,“教化之儒”(后演变为绅士阶层)作为体制外协调力量便应运而生了,“王权”与“绅权”的对峙格局也开始形成。与之相对应,地域化儒学的多元化性质也日益凸显出来。

“王权”与“绅权”的对峙实源于吏治控驭能力日趋于有限的缘故。王权轴心从汉代开始日益吸摄儒生参与其中,而摒弃了用单一的严刑峻法控驭社会的方式。这种“文吏”与“儒生”相融和的祛除巫魅(dischantmene)过程固然由多重原因聚合而成,诸如王权自身统治的需要,官僚机构自身发展运作的要求,刑法吏治易导致社会动荡等等,但地域性的因素似乎也应在考察视野之内。一般说来,王权运用纯粹吏治控驭基层的能力应大致与其地域空间的拓展延伸成反比,即王权拓展的地区愈广大,纯粹吏治的控驭能力相对就愈薄弱。在这种情况下,王权如果不发掘乃至动用诸如“教化之儒”之类的新型统治资源的话,王权自身的巩固就会成为一大问题。当然,儒生角色的转型也有一个相当漫长的过程,直到隋唐时期,儒生虽已完成了向“文吏”身份的过渡阶段,但儒生的“轨道立化”一面仍被压抑着,而屈从于“优事理乱”的吏治功能。王符在《潜夫论·衰制》中曾经说过:

> 君立法而下不行者,乱国也;臣作政而君不制者,亡国也。是故民之所以不乱者,上有吏;吏之所以无奸者,官有法;法之所以顺行者,国有君也;君之所以位尊,身有义。义者,君之政

也;法者,君之命也。人君思政以出令,而贵贱贤愚莫得可违也,则位于上而民氓治于下矣。

这里面不包含任何的感性教化与血缘温情的成分,同时也昭示着王权并不打算把主要精力花在发掘古已有之的道德教化原则之上,也不打算特意加强“家”与“国”之间的联系纽带①。

如果把两汉实际统治区域与儒学渗透程度两相比较,就可以发现二者的差异还是很大的。虽然汉初王权势力已延伸至岭南地区(汉武帝已设交趾刺史部),但广大南方地域仍基本处于“火耕而水耨”(《史记·货殖列传》)的荒蛮野旷的状态,岭南地区更是“山川长远,习俗不齐;言语同异,重译乃通;民如禽兽,长幼无别;椎结徒跣,贯头左衽;长吏之设,虽有若无;自斯以来(汉初)颇徙中国罪人杂居其间”(《三国志·吴志·薛综传》)。览视两汉地理图,可见西汉

① 汉儒也谈教化,但似应仔细分疏其与春秋战国时期“教化”的不同意义。汉儒急于从文化系统进入政治轴心。其构造王权上层“政统”的功能与扮演基层之儒的角色相比显得更为重要。两汉儒生多以经术缘饰吏治,故其教化职能比先秦具有更为强烈的政治功利色彩。这一点余英时先生在《汉代循吏与文化传播》(载《士与中国文化》页 129—216)中已有详细的讨论。又阎步克同样指出:“汉儒参政后,‘轨德立化’的亦师亦臣之责获得了制度化的形式,上则以道谏诤君主,下则以道教化万民。这使秦式纯文吏的官僚体制发生变化,在其内部形成了一个以道义原则调节君臣吏民权利义务之分配的半正式机制,师道由是渗入了吏道。”(阎步克:《士、事、师论——社会分化与中国古代知识群体的形成》,载《北京大学学报》1990 年第 2 期)这个结论是不错的。只是汉儒“教化”功能在两汉时期始终未占主导地位,而且从儒生分布的状况考察,可知汉儒区域分布的界限基本没有越过淮河以北地区。这使我们至少可以得出一个结论,儒生在南部基层社会行使教化职责几乎无从谈起。在北方的政治条件下,其教化功能也受到谶纬巫术的制约和压抑,所以余英时先生所称汉儒教化功能对基层社会的渗透已达很高程度的结论,尚值得怀疑。

的人口与物产,绝大部分集中于黄河中下游流域(参阅陈正祥:《中国文化地理》第一篇《中国文化中心的迁移》附图1、2)。这完全可以证明,两汉实际控制的政治范围与文化区域基本叠合于北部地区,而区域控制范围的相对狭小又使得两汉以"吏治"为主的统治方式有可能短暂地承担起运转社会结构的职责。

随着文化与经济轴心不断向南推移,南北疆域之分的界限也越来越向南推进。宋以后基本以长江为限,设定了南北文化的最终分界。一旦统治的版图和疆域超越了一定的尺度,王权的统治方式就不可能完全依赖两汉自上而下的政治威慑力与"以吏为师"的法治原则,它必须动员南方广大地域中传统的基层社会组织力量,调动如血缘网络、宗族结构以及教化伦理原则等等乡土势力,作为理性官僚制体系的一种补充。顾炎武对此变化看得十分明白,他说:

> 法制禁令,王者之所不废,而非所以为治也,其本在正人心厚风俗而已。……欲专大利而无受其大害,遂废人而用法,废官而用吏,禁防纤悉,特与古异,而威柄最为不分。……故人才衰乏,外削中弱,以天下之大而畏人,是一代之法度又有以使之矣。又曰:今内外上下,一事之小,一罪之微,皆先有法以待之,极一世之人志虑之所周浃,急得一志自以为甚奇,而法固已备之矣,是法之密也。然而人之才不获尽,人之志不获伸,昏然俛首一听于法度,而事功日堕,风俗日坏,贫民愈无告,奸人愈得志,此上下之所同患,而臣不最诬也。又曰:万里之远,嚬呻动息,上皆知之。虽然,无所寄任天下泛泛焉而已。百年之忧,一朝之患,皆上所独当,而群臣不与也。(顾炎武著,黄汝成集释:《日知录集释》卷八,《法制》条,上海古籍出版社1985年版)

一句"其本在正人心厚风俗而已",实际已道破了唐宋以后基层社会统治的玄机。顾炎武的观点很明确，在南北文化基本已实现了融合转移之后，帝国的统治已不能仅仅依赖于严刑峻法与王者的绝对权威，而必须辅之以其他的教化手段。如果“百年之忧，一朝之患”均系于王者一人之身，其结果只能是适得其反，其结果必然无法真正控制基层社会。作为理论上的一种概括，顾炎武的结论是有一定历史依据的。我们在以后的引证中将会看到，唐宋以后的统治者确实已经开始重视利用南方“教化之儒”的势力巩固自身对广大区域基层社会的统治，同时科举制从创立到完善一直在极力抽取和调适“教化之儒”控制的地方资源，所体现的也是这一思路。

艾森斯塔德(S. N. Eisenstadt)在剖析中华帝国的官僚制结构时，曾经精辟地指出，帝国统治者的扩张目标(包括武力、领土与经济资源的拓展)总是在文化方面被表达出来，并且是作为文化价值与取向的从属物而形成的。即使一位皇帝热衷于纯粹的军事扩张目标，但是他贯彻这一目标的能力，在很大程度上依然取决于文化取向的群体。艾氏把这种“文化取向”与其他官僚体制的“政治—集体取向”、“经济—社会取向”、“自我维护取向”等等区别开来([以]艾森斯塔德:《帝国的政治体系》，阎步克译，贵州人民出版社1992年版，第233页)。我的理解是，所谓帝国的“文化取向”实际上昭示着帝国统治者在更广大的地域里拓展势力、凝聚资源时，已经不可能仅仅依靠职业官僚阶层的控制能力，而是必须动员运用基层“教化之儒”的“德治”手段，以为“吏治”的补充。因此，统治者与“教化之儒”之间，绅士阶层与职业官僚之间就会产生某种冲突与融合的张力关系。正如艾氏所言:“统治者与儒家士大夫之间的各种紧张贯穿了整个中国历史。皇帝倾向于强调大量各种各样的集体扩张目标，而儒家士大夫则着意限制这些目标，而去强调文化目标与意识形态。”(同上)由此我们从社会分化的角度可知，宋明以后的儒士阶层愈益疏离政治轴心而日趋于边缘化。

3. 影响"教化之儒"空间流向的若干动态因素

随着南北文化的迁移，知识群体地域空间分布的传统格局逐渐发生了巨大的变化。唐宋以前，北人多占据知识阶层的中心位置，这也是南人所不得不承认的。湘人贺之理曾在《南北刚柔论》中评价南北之别云："南人多始强而中衰，北人多渐强而终盛。……自古圣贤，北方较多，盖得阴阳之中者。"（罗汝怀编：《湖南文征》卷二十七，《论四》，同治十年刊本）自宋代以后，官僚体制内部儒生的地域构成也发生了很大变化。南方儒生在政治轴心中的地位愈来愈有越过北人的趋势。由于中央王权在经济上日益倚仗江南流域，江南儒士的地位也随之提高。北宋太祖太宗两朝中，所有将相名臣几乎全部被北人垄断，真宗、仁宗父子先后起用王钦若（江西人）、丁谓（江苏人）为宰相，开始打破南人不为相的老传统，签书枢密院事陈尧叟原籍四川，亦属南方士人之列。南人势力的日益拓展曾严重危及北人在政治核心中的地位，以致于到哲宗朝不得不实行南、北分卷制，特许齐、鲁、河朔五路的北人别考，使南北取士的人数达到相对的均衡（参阅陈正祥：《中国文化地理》第17页）。顾炎武在《日知录·北卷》条中指出北人自宋以后已呈衰败之象，"夫北人自宋时即云京东西、河北、河东、陕西五路举人拙于文辞声律"（顾炎武著，黄汝成集释：《日知录集释》"北卷"条，上海古籍出版社1985年影印本）。顾氏引《挥麈录》云："（宋）国初每岁放榜取士极少，安德裕作魁日九人而已，盖天下未混一也。至太宗朝浸多所得，率江南之秀，其后又别立分数，考校五路举人，以北人拙于辞令，故优取。熙宁二年廷试罢三题，专以策取士，非杂犯不复黜，然五路举人，尤为疏略。"（同上）所以顾氏慨叹北人"文学一事不及南人久矣"（同上）。

至明代，南方科第之盛仍保持不减的势头。明人王士性对此曾有一段评论云：

> 江南山川盘郁，其融结偏厚处则科第为多，如浙之余姚、慈谿。闽之泉州，楚之黄州，蜀之内江、富顺，粤之全州、马平，每甲于他郡邑。然文人学士又不拘于科第处，尝不择地而生。即如国初，刘伯温以青田，宋景濂以浦江，方逊志以宁海，王子充以义乌，虽在江南，皆非望邑。其后，李献吉以北地，何大复以信阳，孙太初以灵武，李于鳞以历下，卢次楩以濮阳，皆在江北。然世庙以来，则江南彬彬乎盛矣。（王士性：《广志绎》卷一，《方舆崖略》，中华书局1981年版，第5页）

如果从统计数字方面观察，明代以后南方儒生的优势就显得更为突出。明代自洪武四年(1371年)到万历四十四年(1616年)，先后245年之间，每科状元、榜眼、探花和会元，共计244人。南方计215人，占88%；北方仅29人，只占12%（参阅陈正祥：《中国文化地理》，第21页的统计数字)。清代114位状元分布在全国17个行省或单位。其分布情况是：陕西、河南、四川、顺天各1人，湖南、贵州各2人，湖北、江西、福建、广东、直隶、八旗各3人，广西4人，山东6人，安徽9人，浙江20人，江苏49人，山西、甘肃、云南、奉天等均无状元（吴建华：《状元的命运》，载《南京大学学报·社会史专辑》，1989年，第74—80页）。其中北方人占13%左右，南方人则仍达到86%上下。清代状元的地理分布若从时间上合观，则江苏状元垄断顺治朝的62.5%，康熙朝的76.19%，雍正朝的60%，乾隆朝的44.44%，嘉庆朝的25%，与安徽并列第一；道光朝占20%，名列首位，咸丰朝达20%，与安徽并列第二；同治朝又占绝对优势，达66.67%。浙江状元在咸丰朝达到40%，超过一直领先的江苏，康熙、乾隆朝仅次于江苏。湖北状元在嘉庆朝达16.6%，仅居江苏、安徽(均为25%)之后(同上)。又王跃生据科题本的统计，乾隆六十年进士录取率达到2.5%以上者，为江苏、安徽、江西、浙江四省，均为南方地区（王跃生：《清代举人研究》，载《南京大学学报》，《社会史专辑》1989 年，第 68 页）。

南方儒生通过科举制大量涌入北方的政治轴心，不仅会改变原有职业官僚阶层人员区域构成的比例，而且从王权轴心意识形态话语构成的变化，以及知识群体与王权疏密之关系的空间表现两个层面，我们大致可以看出宋明“教化之儒”与两汉“王者之儒”的内在区别及其边缘化的程度。关于第一个层面，我们可以抽取出两个动态因素进行简略的考察：(1)宋明之儒对王者谏言内容的变化；(2)官儒从祀序列的变化。关于第二个层面，我们可以同样抽取两个动态因素加以对应分析：(1)科举文体的择取；(2)书院私人讲学的边缘性质。

从第一层面切入透视，宋明以来的南方儒生已逐步运用人文化、世俗化的儒学价值观，去替代两汉官学化的意识形态传统，进而使王权从单纯寻求外在的神性佑护，转而依恃自我“圣心”的感悟，构建起了一套以正心诚意为治国之本的德化政治哲学，其运用方式迥异于两汉功利型的纯粹吏治系统。下面我们引用两条汉儒与明代儒生进谏皇帝时的谏言以示对照。汉代大儒董仲舒在《天人三策》中曾对汉武帝进言：

> 王者欲有所为，宜求其端于天，天道之大者在阴阳。阳为德，阴为刑，刑主杀而德主生，是故阳常居大夏，而以生育养长为事，阴常居大冬，而积于空虚不用之外，以此见天之任德不任刑也。天使阳出布施于上而主岁功，使阴入伏于下而时出佐阳，阳不得阴之助，亦不能独成岁。终阳以成岁为名，此天意也。（《汉书·董仲舒传》）

董仲舒依据天谴灾变、阴阳互动以警示王者，其政治理论的着眼点显然放在王者对天地之变的感应上。至于王者自身的道德修养与这种感应的关系则并非是其关注的重点。这与两汉“以吏为师”、抑制“教化之儒”的价值取向是十分一致的。

再看《明史·叶伯巨传》中的一段谏言，洪武九年星变，皇帝诏求直言。以国子生授平遥训导的叶伯巨上书，略曰：“臣又观历代开国之君，未有不以任德结民心，以任刑失民心者。国祚长短，悉由于此，……求治之道，莫先于正风俗；正风俗之道，莫先于守令知所务；使守令知所务，莫先于风宪知所重；使风宪知所重，莫先于朝廷知所尚。……今专以狱讼为要，忠臣孝子义夫节妇，视为末节而不暇举，所谓宣导风化者安在哉？其始但知以去一赃吏，决一狱讼为治，而不知劝民成俗，使民迁善远罪，乃治之大者。此守令风宪未审轻重之失也。”(《明史·朱伯巨传》)叶伯巨的结论是：“莫如敦仁义、尚廉耻。守令则责其以农桑学校为急，风宪则责其先教化，审法律，以平狱缓刑为急。如此则德泽下流，求治之道庶几得矣。”(同上)

以天谴灾异正王者之心，显然已非明儒所擅长，而把王者的正心诚意与基层的轨德立化摆在狱讼簿书之事的前面，使之居于如此重要的地位，却是鼓吹“以吏为师”的汉儒所远远不及的。叶伯巨等明儒通过教化德治的优劣得失作谏诤之论，在儒学话语发展史上确是一个非常有意义的转折。

儒学发展到地域化阶段，已经不仅作为一种“教化之儒”的单纯理论形态而存在，而且作为一种行为模式或治世准则开始影响着王权统治方式的变化。所谓修身齐家治国平天下的治道模式，实际上是从宋明儒学地域化之后才真正成为王者与官吏的行为准则的。明儒以自身修养为原点，使儒家道德伦理泛化推行于整个官僚机构与基层社会，与汉儒不惜神化宗师孔子，操纵天人感应之变，以博取进身之阶的作法几不可同日而语。从宋明以后进谏之论多言教化这点看，儒生在儒学实现了地域化以后，已开始对王者本身行教化之责[1]。特别是明以后，日益为儒生所强化的皇帝经筵进讲制度，更使王权日益脱离神秘主义式的两汉官学的氛围。明儒对王者行教化之例在史籍中记载甚多，下面再引数条以为佐证：《明史·张元桢传》称张元桢“充经筵日讲官……因请讲筵增讲《太极图》、《通书》、《西铭》诸书。帝亟取观之，喜曰：‘天生斯人，以开朕也’”。这是明儒用地域化儒学话语潜移默化熏陶帝王的突出事例。

有关史料也同样证明，进讲之人几乎均受到地域化儒学不同程度的影响。《明史·王鏊传》称王鏊“弘治初迁侍讲学士，充讲官……鏊博学有识鉴，文章尔雅，议论明畅。晚著《性善论》一篇，王守仁见之曰：‘王公深造，世未能尽也。’”明太祖见朱子学者李仕鲁，也曾说：“吾求子久，何相见晚也。”(《明史·李仕鲁传》)

宋明以后，儒士阶层中大部分人逐渐与谶纬方术之流相脱离，同时也与混迹于宫廷之内的方士进行了长期的争锋，这与相当一部分汉儒与方士几乎流于一体而不可分离的同构现象形成了鲜明的对比。《明史·李俊传》曾记载：“当是时，帝耽于燕乐，群小乱政，屡致灾谴，……有星西流，化白气，声如雷，帝颇惧，诏求直言。俊率六科诸臣上疏曰：‘夫爵以待有德，赏以待有功也。今或无故而爵一庸流，或无功而赏一贵倖；祈雨习者得美官，进金宝者射厚利，……方士道流如左通政、李孜省，太常少卿邓常恩辈，尤为诞

---

① 从历史上看，教化之风的全面崛起当在宋代之后。唐朝时，唐相魏征与李世民言教化之利，还遭到封德彝的非议，认为“三代以还，人渐浇漓，故秦任法律，汉杂霸道，欲化而不能，岂能之而不欲耶？魏征书生，不识时务，信其虚论，必败国家”。(陈宏谋：《从政遗规》卷二)《安徽通志》载胡瑗《松溪县学记》也云：“三代而下，言治者称汉、唐，然未知先王教化之意而人自为学。”可以看出来当时仍受汉儒的影响。

妄,此招天变之甚者。'"要求皇帝"疏斥群小,亲近贤臣;咨治道之得失,究前代之兴亡;以圣贤之经代方术,以文学之臣代方士;则必有正谊足以广圣学"。这段话揭示的关键之处,并不在于王者思想中多少仍保留着汉代崇信方士的残余影响,而是昭示出儒生以一语"以圣贤之经代方术,以文学之臣代方士"宣判了谶纬之术已属群学末流,而几与佛道妖术相并列。也证明方术已难以像两汉那样具有通天地人神的话语控驭功效,从此不入于官学形态之列。两汉儒生依凭政治巫术以知天变,方术与圣学难分,至明代方术已和圣学水火不容,以致使正统儒士鸣鼓而攻,这确是个令人深思的变化。也说明儒学步入地域化之后,对政治轴心文化氛围的人文化改造是卓有成效的。

与谏言之变相呼应的一个历史现象是,宋明以后官学从祀系列发生了引人注目的变化。顾炎武《日知录·从祀》条中曾记载唐代人物的从祀情况,《旧唐书》太宗贞观二十一年二月壬申,"诏以左丘明、卜子夏、公羊高、穀梁赤、伏胜、高堂生、戴圣、毛苌、孔安国、刘向、郑众、杜子春、马融、卢植、郑玄、服虔、贾逵、何休、王肃、王弼、杜预、范宁等二十二人,代用其书,垂于国胄。自今有事于太学,并令配享宣尼庙堂,盖所以报其传注之功"(顾炎武著,黄汝成集释:《日知录集释》卷十四,《嘉靖更定从祀》条)。这里面所列举的配祀从祀之人几乎是清一色的北方经学大师。可知唐代与政治轴心相配合的儒生结构与意识形态仍以承袭两汉模式为主,直至"神宗元丰七年始进荀况、扬雄、韩愈三人"(同上)。荀子乃"私门之儒"。扬雄为两汉学人,韩愈是孟子"道统"的宣示者,此时汉儒以经学传注有功的身份垄断从祀的局面已经开始被打破。"周程张朱五子之从祀,定于理宗淳祐元年,颜曾思孟四子之配享,定于度宗咸淳三年。自此之后,国无异论,士无异习"(同上)。

从宋代官学从祀之人的更替可以观察两方面变化,一是兴盛于南方的理学巨子已初步渗透进王权统治集团核心,实施潜移默化的影响,而且大有替代北方经学巨子地位的趋势。二是原来以北方齐鲁一带经学方术之士为官僚机构主要构成来源的政治轴心,也在逐步考虑改变自身所要依靠的知识群体地域分布结构,类似的趋向在明代从祀的变化中表现得更为突出。《从祀》条称:"嘉靖九年,去戴圣、刘向、马融、贾逵、何休、王肃、王弼、杜预,又改郑众、卢植、郑玄、服虔、范宁,祀于其乡,二十二人之中惟存九人。"(同上)原先作为王权政治轴心思想支柱的两汉经学家,在明代从祀数目骤减,几乎与宋明理学家持平,正说明王权四周儒生结构与文化氛围持续发生着巨大的变化。

宋明"教化之儒"在崛起之后,虽然也不断向王权政治轴心渗透,只是由于其产生之初就拥有世俗化、人文化的特性,故而在价值形态的追求方面以及在基层的社会角色定位方面,仍具有与职业官僚不同的独立意义。宋明之儒常常是既奔逐于科举网络之内以求干禄仕进,在王权轴心与官僚系统既定的框架中承担着行政技术职能;又不时游走疏离于王权吏治的监控之外,成为"士志于道"之古训的传承者;或演化为绅士阶层,加强了社区层次上的社会整合力量;其自身总是处于职业官僚(主体角色)与民间精英(边缘角色)的互动状态。

职业官僚与民间精英双重角色的互动,虽然可借助于诸如科举制的中介渠道,达至其人员流动的平衡点。但是从宋明以后知识阶层与王权轴心之间的对应关系而观,相当一部分经过儒学地域化洗礼的传统知识分子,却仍无法摆脱其边缘化的命运。这一点我们可以从科举制对应试文本的择取及书院私人讲学的兴衰状况中觉察出来。

科举文本的选择至元代起开始引入属于宋代地域化儒学流派的朱熹观点。史称元仁宗皇庆二年(1313 年),酌定科举条制时,规定蒙古色目人第一场经问五条,《大学》、《论语》、《孟子》、《中庸》内设问,用朱熹《章句集注》,人选的标准是:“义理精明,文辞典雅。”规定汉人南人,第一场明经经疑二问,《大学》、《论语》、《孟子》《中庸》内出题,并用朱熹《章句集注》,复以己意结之,限三百字以上。经义一道,各治一经。《诗》以朱熹《集传》为主,《尚书》以蔡沈《传》为主,《周易》以程颐《传》、朱熹《本义》为主。以上三经,兼用古注疏。《春秋》用《左传》、《公羊传》、《穀梁传》及胡安国《传》、《礼记》用古注疏,限五百字以上(《元史》卷八一,《选举志》一)。可见一些属于地域化儒学范畴之内的宗师如程颐、朱熹等人的观点,在元代已基本和汉儒经师分庭抗礼。至清代,科举文本的选择亦依元朝旧例。如顺治三年(1646 年)乡试规定,首场试“四书”三题,“五经”各四题,考生可自选一经。清政府规定的统一注疏标准也主要以朱注为主。如“四书”主朱熹《集注》、《易》主程颐《传》、朱熹《本义》、《书》主蔡沈《传》、《诗》主朱熹《集传》,《春秋》主胡安国《传》、《礼记》主陈澔《集说》,应试绝对不能溢出上述范围,否则就是离经叛道。由此可见,大部分宋明以后崛起的南方地域化儒学流派,如陆学(陆九渊)、岭学(陈白沙、湛若水)、心学(王阳明)等等,都被摒斥于官学正统之外①。这个现象足以证明,宋明“教化之儒”的精神资源虽时常被吸摄进政治轴心,构成吏治运作的文化背景,但在总体形态上仍处于帝国意识形态的边缘位置。这与绅士阶层在基层社区中的地位是相当吻合的。

宋明“教化之儒”从本性上而言颇为厌弃“苛政猛于虎”式的吏胥之治。尽管他们中的一部分已成为王权体系内的职业技术官僚,但从其怀旧复古的心态上讲,他们崇尚的仍是德治仁政的传统

① 朱子学也有一个从地域化形态向官学化形态转型的过程。朱熹在世时,“道学”曾三次遭到攻讦,参阅《宋史纪事本末》卷八十,《道学崇黜》。

模式。“教化之儒”精神资源向王权统治轴心的移动,受到正统意识形态的不断阻隔,迫使其经常采取游历辩难、书院讲学等精英聚会的方式,验证心性人伦之道,进而构成与王权治道原则时相抗衡的私门教化之风。书院的私门讲学课士,常突出两点功能:它一方面为“教化之儒”话语的传播提供体制外的流通渠道;另一方面则为处于边缘状态的非体制内知识群体构成组织化的活动空间。

据历史记载,汉儒中崇尚名节、志于隐逸者已不乏其人。有的学者认为,汉代社会中尚保持着一个“隐士亚群体”,“知识分子”角色在此时仍是主导角色(primary role)(参阅阎步克:《东汉名节论》,载《文化:中国与世界》第三辑,三联书店1987年版,第330—353页)。与宋明“教化之儒”相比,汉儒中的这些“隐士亚群体”也许远较宋明知识分子有更广阔的独立活动空间,但有一点可以肯定,其组织方式是极为松散的,基本上仍处于个体流动的态势。而宋明之儒则往往借助于遍布广大地域之内的私立书院,构成了一个相当庞大的群体流通网络,成为私门授学与“教化之儒”的凝聚象征。书院之名,始见于唐代,初起时为修书之所,尚无讲学聚众之名。五代至北宋之时,书院的性质开始发生变化,除为聚书之地外,已开始延师授学,并具私门养士的风格,《旧五代史·罗绍威传》记罗绍威“工笔札,晓音律,性复精悍明敏,服膺儒术,明达吏理,好招延文士。聚书万卷,开学馆,置书楼”。范仲淹曾记窦禹钧事云其“于宝南构一书院,四十间,聚书数千卷,礼文行之儒,延置师席。凡四方孤寒之士无供需者,公咸为出之,无问识不识,有志于学者,听其自至”(《范文正公文集》卷三,《窦谏议录》,商务印书馆丛书集成本,第21—22页)。此外如孟琪之创办南阳书院及公安书院,以收容流亡学生;又创竹林书院以处襄汉流寓之士。他若陈垲建天门书院以养淮士之颠沛流离者,都证明书院发展至此一阶段已具有十分鲜明的私学色彩,在形式上也颇近似于先秦猎养游士之风。

书院从聚书修书之所发展为私门纳士之地,与儒学地域化之后“教化之儒”游历讲学、切磋驳难的问学风气有密切关联。李贽在《罗近溪先生告文》中曾描述了士人云游讲论的风采:

若夫大江之南,长江之北,招提梵刹,巨浸名处,携手同游,在在成聚。百粤东瓯,罗施鬼国,南赶闽越,滇越腾越,穷发鸟语,人迹罕至。而先生墨汗淋漓,周遍乡县矣。至若牧童樵竖,钓老渔翁;市井少年,公门将健;行商坐贾,织妇耕夫;窃履名儒,衣冠大盗,此但心则受,不问乎由也。……是以车辙所至,奔走逢迎,先生抵掌其间,坐而谈笑。人望风采,士乐简易;解带披襟,八风时至。(李贽:《罗近溪先生告文》,《焚书》卷三,第146页)

这种游历并非散乱而无章法可寻,而是严格地按照地域化儒学流派的风格构成其传承走向的,书院则对这种流动走向起着调控与凝聚的作用。如果把“教化之儒”私门授学的线索视为一张巨大的游动之网,那么“书院”就是这网上的一个个纽结。到了南宋时期,星罗棋布遍及广大地区的书院,几乎都为各个地域化儒学流派所垄断,呈现出“儒分为八”的宏大格局,如程朱派书院有明造、嵩阳、鹤山、岳麓、阳坪、河源、柳湖、蒙斋、南溪、古梅、武彝、深山、斛峰、石峰、芦峰、建安、浮沚、东林、昭文、鄱江、息斋、拙斋、云岩、槐堂。陆象山派书院有象山、曾潭、龙江、石坡、勿斋、归轩、碧沚、楼氏、竹州。吕东莱派书院有丽泽、传贻等等(张正藩:《中国书院制度考略》,江苏教育出版社1986年版,第58页)。明代以后,讲学巨子之门人也常常遍立书院以彰先师之业。《明史·湛若水传》云:“若水生平所至,必建书院以祀献章。”《王文成年谱》曾记载:“嘉靖九年,门人薛侃建精舍于天真山,祀先生。”“十三年,邹守益建复古书院于安福,祀先生。”“十九年,周桐、应典等建书院于寿岩,祀先生。”“二十九年,史际建嘉义书院于溧阳,祀先生。”

与汉儒名节之士比较，宋明书院的林立，特别是其清晰地标帜出地域儒学流派的传承范围和轨迹，显然造成了更为强烈的知识群体聚合效果。其以道抗势的话语力量无形中被规范化、普遍化了，因此书院之设曾屡遭毁禁①，成为基层知识群体与王权冲突与融合的张力交界点。清人陆世仪对书院叛逆之特色曾有议论云："书院之设，非古亦非礼也。此即是学校，在下者岂宜私设，但在上者既不重学，则在下者不得已而私创一格，以存其微意，其为志亦苦矣。乃后王既不能留心学校，而又有并书院而禁之者，斯文一脉，危乎殆哉！"(《桴亭先生遗书》,《思辨录辑要前集》卷二十)黄宗羲也曾把书院与官学的对立揭示得很清楚，"所谓学校者，科举嚣争，富贵熏心，亦遂以朝廷之势力，一变其本领。而士之有才能学术者，且往往自拔于草野之间，于学校初无与也。……于是学校变而为书院。有所非也，则朝廷必以为是而荣之；有所是也，则朝廷必以为非而辱之。伪学之禁，书院之毁，必欲以朝廷之权，与之争胜"(黄宗羲：《明夷待访录·学校》，载《梨洲遗著汇刊》，宣统二年上海时中书局印行)。由此我们颇能感受到书院所起的微妙作用，直至晚清时期，书院仍在湖南、江浙等地区发挥着调适知识分子流动取向，提供非官方意识形态话语资源的功能。

二、儒学地域化的近代回响

"儒家地域化"作为一个"理想类型"(ideal type)的研究概念被抽取出来，大致可以概括出近代以前知识分子"以道抗势"与"以道附势"的双面文化性格。与此同时，"儒学地域化"过程的完成，也

① 明代比较大的几次禁毁书院的行动分别发生在嘉靖十六年，嘉靖十七年，神宗万历三年和天启五年。

使知识分子在空间流动中定位于职业官僚阶层(立足于国家)与民间绅士阶层(立足于社会)的双重角色之中,从而缓解了先秦以来一直困扰着我们的"道统"与"治统"相分离的紧张状态。

揆诸于史,"儒学地域化"虽然是在多元因素的撞击影响下得以完型和延续下来的(如南北文化迁移与佛教的影响),但是在相当长的时间里,"儒学地域化"过程可以说仍基本是在同质文化的自主状态下方得以拓展。我们发现,在处于相对自主性的文化形态中时,"儒学地域化"的结果尽管有可能预埋下促成社会结构变革的种子,也可能为知识分子阶层的空前变化创设先赋性的空间,但却不能在实质意义上达致传统社会结构和观念的转型。原因是有目共睹的,在此之前,西方浪潮的冲击尚未把中国抛入后发型现代化国家的漩涡中。

在西方现代化论者的最初视界里,"中国"常常是作为一个整体单位被动承受西方的挑战的。中国近代知识群体的变化也以这种"整体观"为背景,构成了一幅相当模糊的变革图像。这就是所谓"冲击—回应"说的思想预设之一。

实际发生的历史情况却展示出,即使在承认"冲击—回应"说具有合理性一面的条件下,中国各个地域由于其地理位置、经济发展类型及社会组织与知识群体构成的不同,其回应冲击的方式和强度也会有相当大的差异。从某种程度而言,中国幅员和版图十分辽阔和广大,各个地域经济发展的极端不平衡性当然有可能构成不同地区文化变迁与知识分子思想演变的纵深背景。比如江浙和广东沿海最早开口岸通商,其经济模式发展的多元性有可能影响人们的观念与行为方式的变化程度,与内地封闭区域相比,显得更为剧烈一些。内陆封闭地区知识分子的保守心态,也可能或多或少与其地单一的经济构成形态有关。只是关键问题乃在于,当我们分析基层知识群体变化幅度大小的时候,究竟应以什么样的视角和尺度来衡量这种亘古未有之奇变，才能达到更清晰全面的认识呢？

传统史学观念往往以西方经济冲击及其所造成的中国广大地区自然经济的瓦解和衰落作为重点，去把握测定这种变化的幅度，也许这是比较稳妥的一个切入角度。因为各个地区经济结构变化的不平衡性及其所引起的阶级冲突和分化，往往是知识分子群体思想演变的重要参照系。但是在研究中我们常常发现，某些地区的经济结构并不总是直接决定这些地区的知识分子群体发展的走向，而是间接通过特定的地域儒学传统和社区中介结构对他们的思想施加影响。一个很明显的例子是，当沿海地区已经受到拍岸而来的欧风美雨熏陶数十年后，知识群体作出的第一波实质性回应（不仅仅是思想层面），却首先出现在属于封闭内陆的湖湘地域，它蕴育了曾国藩、左宗棠等第一批从事洋务活动的官僚知识精英。与之相对照的另一现象是，江浙一带随之出现了中国最早的一批洋务思想家，而同一时期湖湘大部分学人却似乎令人费解地长期处于守旧自闭的状态。类似的反差现象当然可以从经济发展不平衡的角度加以基本的诠释，可是要寻求更全面清晰的解释，似宜从地域文化传统影响下各个不同知识群体的边缘行为与心理差异中探究进一步答案。

西方文明与中国社会结构发生冲撞时，无疑是以一种整体形态进行接触的。中国知识分子最初感应西学的冲击时，尚没有能力对作为整体的西方文化各个异质层面进行有效的分疏。尽管如此，近代中国知识界仍会从不同角度和多元层次吸摄西学中于己有用的精华，并付诸于变革行动，从而在中西冲突背景下形成了内在的选择频率和节奏。我们的研究基于这样的认识：近代中国变革的频率与节奏，往往与特定地域知识分子富有个性的话语传布模式有关。这种模式又可溯源于作为历史话语的儒学对知识群体空间流动与组合的影响。如果对近代湖湘知识群体的思维取向进行观察,我们就会感觉到,近代湖湘士子深受朱熹、张栻等地域化儒学大师“居敬穷理”话语规则的控驭,常常把外界的变动作为内心探寻的外在对象和前提。明末清初思想家王夫之更是打通传统概念中的“理”“势”关系,从而把形而上学的“理”诠释为可以把握的客体认知目标。湖湘儒生总是对外界社会政治的变动十分敏感,并有一种把内在感知对象化于政治客体的强烈欲望。受助于这种“政治思想”与话语形构规则,湖湘士子虽然崛起于内地,却首先在行动上对西方坚船利炮的物质器技层面作出反应。大量军工、造船等洋务企业的出现固然部分出于对太平军作战的政治冲突目的,但地域文化背景中固有因素的传承作用及其本身的群体政治军事走向,似也应引起足够的注意。

受岭学长期影响的岭南儒生之思维与湖湘士人相比有更加浓郁的浪漫飘逸色彩。中国近世所谓三大空想话语形态全部诞生于岭南一隅并非偶然。从洪秀全的“神权政治”构想到孙中山的民生主义理想,无不透露着岭南地域文化传统中隐约可见的浪漫精神。明代岭学大师陈白沙弃经书不观,以静坐为悟证之方,使岭学儒生把物内之理收缩为心内之理,把对外界客观政治的变迁常常归结为心灵主体的变动。近代岭南知识分子心灵主体的变动除了具体社会条件的规约外,也多少受这种思维取向的熏染。岭南知识群体常常对思想文化层面的变革做出积极反应,并往往成为思想启蒙运动的先导力量。如康有为在戊戌时期企图恢复两汉“政治神话”的努力,以及梁启超提倡的“新民说”,在当时都成为一种新型意识形态话语构造的尝试。康有为在戊戌变革中寄希望于光绪帝一念之发而变法的“道德决定论”倾向,同样反映了岭南知识群体力图通过思想变动达致社会整体变革目的的独特思路。

有清一代严酷的政治氛围,把江南学术精英挤压进了经书训诂这一“对古代价值进行重建”的狭小范围内，江南知识分子常常把自己学术考证的专门化技能与知识提供给庇护人或地方官吏，他们的学术作用和社会责任已经被职业化了。宋明时期知识群体可以相对自由讲学论道的情景在清代前期已经荡然无存。这种训诂疏证的实证主义理论与方法虽然多少失去了知识分子以往有教无类的世俗化性质，其后期“疑古”“疑经”的探索精神与17、18世纪西方的理性主义与怀疑主义也相去甚远，但江浙学人“非道德化”的思维取向在改变知识群体偏于“尊德性”的思想玄学化传统方面，却有不可磨灭的贡献。考证方法要求江南知识分子努力集中在经典问题的疏证考释上，使解决经典疑难困惑的专门化探索代替了对伦理的反省与形而上学的思辨。结果，考证的认知特性使江浙知识群体陷于一种相对封闭孤立的状态而忽略了许多重要的社会理论问题。与湖湘学派及岭学的思维方式有区别，江南一带知识分子像梅文鼎、王锡阐等人常通过数学归纳改变“理”的意义，使之变为某种易于把握的概念，至少不再使“理”成为宋代新儒家那种超自然的神秘原则。这种对自然科学规律的探究与经典考证的结合，明显受到天主教与基督教传教士的影响。相对封闭的学术氛围使江浙知识群体总是与政治保持一定距离，而埋首于对经典与自然科学的考察，形成了所谓“技术传统”。

在本章第一节中我们曾经分析过，把中国近代的变革划分为“物质→制度→文化”三个层次分明的递进阶段，此论点的优势乃在于它以中国的变革选择目标为参照系，由表及里地剖析归纳出变革的核心内容。其弱点则是过于依赖和信仰西方现代化的普世主义原则，而没有仔细疏理和揭示出目标结构背后中国传统自主性因素的作用。如果稍加分析我们就不难发现，上述框架所昭示的近代变革三大波峰尽管只具有话语形构的价值，然而其每一次的涌动奔腾却大体上与特定知识群体的崛起遥相呼应。湖湘士人以经世致用和“帝王之学”话语为深层作用背景所形成的洋务引进浪潮，与物质器技层面的第一波变革交相叠合；岭南儒生以神秘主义和再造“政治神话”为手段游说皇帝变法，则与制度变革的第二波涌动轨迹颇为合辙；新文化运动与科学观念的变革作为第三波高峰，则几乎为擅长“技术传统”的江浙启蒙知识群体所垄断。这样就形成了三大地域知识群体与三大变革波峰交相呼应的格局。所以所谓“三大阶段论”的划分作为一种经典诠释框架，未尝不具备一定的合理性，只不过我们在借用时，并非是站在历史当事人递次否断的立场上来审视其启动资源，而是把它置于空间叠错的网络中来加以定位的。

如上所述，儒学地域化在近代的回响，常常通过不同区域间知识分子群体的差异表现出来。但是如果我们仅仅停留在对近代知识分子思想歧义性的表达上，而不深究其空间活动的结构，从而在“中观”的意义上① 把儒学的话语分析与社会史沟通起来的话，我们的研究很可能只是以往史学理论的精致翻版而已。一般而言，知识分子作为精英阶层操纵着中国的政治文化生活时，往往具有作为社会领导阶层和国家官僚集团的双重身份。瞿同祖等人曾经提出，精英(elite)必须被理解为包括两个群体，即“士子—绅士”群体和“官僚—绅士”群体。“士子—绅士”指那些得到功名却没有官职的人，他们在家乡区域社会中凭借身份、财富和关系操纵地方事物；而“官僚—绅士”则拥有政府职位，常常离开家乡去外地任职。就功能而言，“士子—绅士”作为民间精英阶层对社会事务的所有

① “中观”研究往往有别于“宏观”与“微观”的研究。本书并不打算面面俱到地探讨各个地区知识分子所处之地理环境、经济结构等这些长时段因素，故不属于“宏观”研究；也不打算细致入微地考证某个知识分子的思想传承渊源及其与社会结构的联系，故不属于微观研究。

方面均施加广泛的、非正式的影响，但他们在形式上却是处于国家政权机构之外而行使其职责的（孔飞力：《中华帝国晚期的叛乱及其敌人》，谢亮生等译，中国社会科学出版社1990年版，第5页，第196页）。

近代以来，随着内忧外患的逐步升级加剧，中国知识分子的角色功能也呈现出分化的趋势。职业技术官僚的功能渐有萎缩的迹象，民间精英阶层利用地方军事化组织的运作占据了近代政治的中心舞台。这样就造成了双重效果，一方面，儒生布衣经常通过非科举正途的渠道登堂入室手握重权，拥有与职业技术官僚相等的中心位置。另一方面，正如孔飞力（Philip A. Kuhn）所说，这批乱世精英烟消云散之后所遗留下来的军事化组织建构方式，却为国家的最终分裂以致陷入军阀混战之境埋下了隐患。所以类似现象的发生又可看作是知识分子走向边缘化的表现形式之一。例如近代湖湘儒生武士化的过程就是一个相当典型的实例。地方精英不仅在社会组织的军事化方面有疏离王权的趋向，而且在基层文化事业的运作方面也显示出边缘化的特征。例如江浙地区绅士对乾嘉考据学的推广，实际上最终在相当广大的区域内形成了与科举的训诫目标相抗衡的教化机制，并成为清末教育体制发生变革的启动因素之一。

关于近代绅士阶层在基层政治与军事组织中所起之作用，中外学者已进行了相当深入的研究。只是有关地方精英如何把地域化儒学的话语传布方式贯彻于一些文化实体（比如书院、乡约）的运作过程，则颇少有人问津。本书后半部分的侧重点主要放在考察地方知识精英如何通过书院功能的变化来界分其区域知识分子之特色，乃至体现其群体流动之走向的，以便为上篇区域儒学话语传布的研究提供一些知识社会学方面的依据。本书选择“书院”作为研究对象还出于以下一点考虑，书院为地方知识精英传播并宏扬地域化儒学提供了中介渠道,并为各种知识环境中选择不同的生存方式构设了体制外的空间。

近代书院的功能在各个地区的表现形式是极不一样的。湖湘一些著名的书院(如岳麓书院)在创设伊始,就被过早地框限进了官学的教化网络之中,从而抑制了书院本应具有的民间化性质。湖湘书院的祭祀系统和学规教本虽然在表面上沿袭湖湘学派的区域传统,但在本质上却与官学话语的要求颇为吻合。“岳麓模式”的放大又不断强化着书院的类似功能,所以湖湘书院为近代绅士阶层凝聚政治权力提供了文化性的运作背景和空间。曾国藩等人正是经由书院教化程序的训练之后,才正式进入政治系统而组织其军事化的网络的。孔飞力曾对此评论说:“湖南精英(elite 译本译作“名流”,不确,此处据英文本改)的紧密的一体化是清代的书院制度和贯穿于整个官场的庇护与效忠网络的产物。对精英们相互关系的考察,显示出这两种因素的相互作用。”(同上)

岭南书院的发展在相当长时期内被控制在岭学势力的笼罩之下。明代湛若水曾为祭祀陈白沙遍设书院于天下,为岭学拓展出了相当宽广的运作空间。湛氏之《大科堂训》强调静坐默省之功,故书院多设置于偏僻幽静的山林地区。岭南曾经形成以罗浮、西樵二山为中心的书院网络。入清以来,岭南书院呈多元化发展的态势,并大致表现出了三个变化趋向:第一个变化是,书院逐步移出僻远之区,其分布网络与城镇聚居点大体吻合,在教化方式与内容上也多以朱学为主,显示出了官学话语的强大渗透作用。第二个变化是,岭南受考据之学南下发展的影响,出现了一些诸如学海堂、菊坡精舍这样的以研习经学为主的书院。第三个变化是,个别地区的书院受内忧外患力量的冲击,逐步转型为军事化的御敌组织。近代岭南书院中最引人注目的复归现象是岭学精神的再次萌动与播衍。康有为创设“万木草堂”,以岭学之思想精髓教化学生,其弟子梁启超更使此精神北传于湖南时务学堂之中，常以“棒喝之法”课士。岭学之思杂以心学之悟，成为启动近代启蒙运动的传统精神源泉。

江浙知识分子在清初严酷的政治压力下步入学术专门化的轨道之后，书院逐渐成为研习考据学的中心。江浙书院的象征意义乃是在于它是作为王权意识形态控制领域的边缘空间而存在的，其课士内容也与科举制的官学程序不尽相符。一般书院为符合应试要求，授课以宋学义理为主，经学虽偶有涉猎，却多处于依附地位，这与科举制的应试程序是比较一致的。而江浙的一批书院课士时却正好颠倒了这个程序，义理之学被认为有屡蹈空言之弊而置于相当次要的地位，这样江浙朴学书院与官学化书院就构成了对峙的格局。类似的对峙格局随着江浙考据之学的传播而扩散为相当普遍的现象，最后为科举制的废除奠定了一种区域性的文化基础。江浙以及其他地区的一些朴学书院还采取了分斋课士之法，从而使趋于专门化的研习内容用制度化的方式固定下来，这对晚清教育的变革有相当深刻的影响，并为西学中自然科学内容以制度化的方式加以引进提供了与旧制度相衔接的渠道。

中国近代史上的新旧冲突也是一个令人十分困惑的问题，这个问题可以从不同角度进行观察与研究，一般论者常常把新旧矛盾归结为抽象概念的中西文化之争。实际上，各个知识群体在观念上的冲突，固然存在着对西方文化理解的不同，但各个群体背后的地域文化背景似乎更应引起注意，从儒学地域化形态在近代的表现来看，知识群体之间行动与思想模式的差异大体可以看作是各个“地域共同传统”之间的一种深层冲突的外在反映。以时务学堂的兴衰为例，时务学堂最初由湖湘绅士与地方官吏联合发起并创办，主要以务实经世、倡导时务为主，颇与湖湘实学传统相合，而当梁启超、韩文举等岭学儒生进入湖南后情况发生了变化，因梁启超等人阐发孟子“心性”之学，实际上宏扬的是岭学一脉的思维方式，岭学强调内心感知的地域特色与湘学强调把认知落实到践履层面的话语取向必然发生冲突，所以当即遭到湖湘士绅的猛烈攻击。叶德辉认为梁启超等人是岭学败类以败湘人，王先谦也再次强调对时务实学的尊崇和对不尚空谈的提倡，争论的结果是岭学儒生及其追随者被最终逐出了湖南，时务学堂之争中确实包含着中西文化观念的激烈对抗，而且其实质的冲突是维新派梁启超等人提倡的“民权”、“自由”理念与传统纲常名教观念的政治冲突。但如果要揭示冲突的另一层文化背景，似乎也宜从地域化儒学在近代的复原，与各地之间所存在的不同地域传统的角度进行探究。

（本文选自杨念群《儒学地域化的近代形态》，三联书店 1997 年版，第 53—106 页。内容略有删节，小标题也略有改动）

杨念群，中国人民大学清史所副教授，主要从事明清史研究。

杨念群《儒学地域化的近代形态》一书，是研究中国近代史上儒学地域化形态的第一部专著，作者以广东、湖湘和江浙三地的知识分子为观照点，考察了儒学地域化的近代形态，审视在中国近现代化过程中，不同地域的知识分子所发挥的不同作用。

中国儒家思想对于日韩越的影响

朱云影

一

孔子的学说，归根结底是一个“仁”字。《论语·颜渊》篇：“樊迟问仁，子曰：爱人。”《中庸》：“仁者，人也。”仁是爱人，就是人道。孔孟思想经纬万端，要以人道主义为出发点。

一　政治思想。儒家与法家不同，提倡人治主义，所以认为政治应从正身做起。《论语·颜渊》篇：“季康子问政，孔子对曰：政者，正也。子率以正，孰敢不正？”《子路篇》：“子曰：其身正，不令而行；其身不正，虽令不从。”“苟正其身矣，于从政乎何有？不能正其身，如正人何？”《孟子·离娄上》：“君正莫不正，一正君而国定矣。”《大学》揭举诚意、正心、修身、齐家、治国、平天下，也是认定治道应从正身出发。因为只有能正其身的人，才会富有仁心。《中庸》：“为政在人，取人以身，修身以道，修道以仁。”《孟子·离娄上》：“惟仁者宜在高位，不仁而在高位，是播其恶于众也。”只有仁者，才能推己及人，“己所不欲，勿施于人”（《论语·颜渊》），才能“以不忍人之心，行不忍人之政”（《孟子·公孙丑上》）。儒家的政治理想，就是实行仁政。

二　经济思想。儒家为了养民裕国，有两种主张：一方面，主张积极的重农，如《书·盘庚上》：“若农服田力穑，乃亦有秋。”《书·

无逸》:“先知稼穑之艰难,乃逸,则知小人之依。”《孟子·梁惠王上》:“百亩之田,勿夺其时。”《尽心上》:“易其田畴,薄其税敛,民可使富也。”都是重农主义的表现。一方面,主张消极的节用,如《易·节》:“节以制度,不伤财,不害民。”《论语·学而》篇:“节用而爱人,使民以时。”《荀子·富国》篇:“足国之道,节用裕民,而善臧其余,节用以礼,裕民以政。”《大学》:“财聚则民散,财散则民聚。”《论语·颜渊》篇:“百姓足,君孰与不足? 百姓不足,君孰与足?”因为只有节省财用,才不致横征暴敛,剥夺人民生活,这是安定农业社会的重要原则。

三 社会思想。儒家重视人与人之间的关系,建立了一套伦理。《易·家人》:“父父、子子、兄兄、弟弟、夫夫、妇妇,而家道正,正家,而天下定矣。”《礼·运》:“父慈、子孝、兄良、弟弟、夫义、妇听、长惠、幼顺、君仁、臣忠,十者谓之人义。”《孟子·滕文公上》:“教以人伦,父子有亲,君臣有义,夫妇有别,长幼有序,朋友有信。”儒家又提出许多道德教条,如《论语·子路》篇:“樊迟问仁,子曰:居处恭,执事敬,与人忠。”《季氏》篇:“孔子曰:君子有九思,视思明,听思聪,色思温,貌思恭,言思忠,事思敬,疑思问,忿思难,见得思义。”《孟子·梁惠王上》:“老吾老以及人之老,幼吾幼以及人之幼。”凡此种种行为规范之建立,都无非欲谋人与人间的关系更趋和谐。

四 宗教思想。儒家重视人文,不尚神秘,敬天尊祖的信仰,乃寄寓于伦理之中,与一般宗教颇有不同。《论语·述而》篇:“子不语怪、力、乱、神。”《雍也》篇:“樊迟问知,子曰:务民之义,敬鬼神而远之,可谓知矣。”《先进》篇:“季路问事鬼神,子曰:未能事人,焉能事鬼。”都可知儒家思想,实以人为本位。又《为政》篇:“子曰:攻乎异端,斯害也已。”这种排斥异端的态度,对于后世的影响尤其深远。

日韩越各国,环绕中国而立国,无一不是由于接触先进的中国文化,才逐渐开化而有今日,所以儒家思想对各国政治、经济、社会、宗教各方面,都曾给予重大的影响。兹试根据各国的历史,分别加以检讨。

二

日本自四世纪末由百济博士王仁传入《论语》,六世纪中叶,五经博士段扬尔、汉安茂、王柳贵等先后东渡,儒学渐受到日本贵族的重视。八世纪初,文武天皇颁布大宝令,规定设立大学,教授儒家经典,自此汉学日盛。奈良王朝和平安王朝前期,都是汉学全盛时代。自镰仓至室町时代,武人当道,文教废弛,但汉学赖五山僧侣之力,仍得维持不坠。江户时代,汉学复兴,幕府采用朱子学说为官学,为时达二百数十年。由于汉学长期的发展,所以儒家思想在日本各方面都曾涂抹相当浓厚的色彩。

政治方面,七世纪初,圣德太子发布十七条宪法,除其中第二条与佛教有关外,都是说明政治要旨和如何安民等事,完全以儒家理想为准绳,其中往往采用经传中的语句,如"以和为贵"(《礼记·儒行》)、"上下和睦"(《孝经》)、"惩恶而劝善"(《左传》成公十八年)、"克念作圣"(《尚书·多方》)、"公(王)事靡盬"(《诗·小雅·四牡》)、"使民以时"《论语》等便是。七世纪中叶,中大兄皇子和中臣镰足又从留唐学生南渊清安"学周公孔子之教"(《日本书记》卷二十四皇极天皇三年条),结果,便发动了划时代的大化革新。所谓"革新",实即意味着模仿中国改造日本。因此,历代天皇多自幼受儒学的熏陶,即位后仍不忘常开经筵,"访治于有识,求道于六经"(《大日本史》卷三十一宇多天皇宽平九年七月条)。试随手抄录史例数则,《大日本史》卷二十四:

淳和天皇天长八年(八三一)八月十日乙亥,行幸神泉苑,召善道真贞等论三传、三礼义。

《读日本纪》卷七：

仁明天皇承和五年(八三八)八月戊子，天皇御紫宸殿，召大学博士学生等十一人，递令论难昨日所讲《尚书》之义，赐禄有差。

《三代实录》卷五：

清和天皇贞观三年(八六一)八月十六日丁巳，天皇始讲《论语》，正五位下行大学博士大春日朝臣雄继侍讲。

《三代实录》卷三十五：

"阳成天皇元庆三年(八七九)四月二十六日乙酉，天皇始读御注《孝经》，从五位上博士兼越中守善渊永贞侍读，民部少辅从五位下藤原佐世为都讲，大臣已下并侍焉。

《大日本史》卷三十一：

宇多天皇宽平元年(八八九)冬十月九日丁卯，天皇受《周易》于博士善渊爱成。

儒家强调为政者应从正身做起，日本于革新政变成功后，孝德天皇发布诏书，即揭示正己正人之重要。《日本书纪》卷二十五：

大化二年(六四六)三月，诏国司曰：凡治人者，若君若臣，当先正己，然后正人。如不正己，何能正人？是以己不正者，不论君臣，将受其祸，可不慎欤！

淳仁天皇也曾下令告诫内外官僚，涵养品德，"修习仁义礼智信之善"，否则，不得任用。《续日本纪》卷二十二：

天平宝字三年(七五一)六月丙辰，勅：如闻治国之要，不如简人，简人任能，民安国富。窃见内外官人景迹，曾无廉耻，志在贪盗，是宰相训导之怠，非为人皆禀愚性，宜加训诲，各立令名。其维城典训者，叙为政之规模，著修身之检括，律令格式者，录当今之要务，具庶官之纪纲，并是穷安上治民之道，尽济世弼化之宜。其滥不杀生,能矜贫苦,为仁;断诸邪恶,修诸善行,为义;事上尽忠,抚下有慈,为礼;遍知庶事,断决是非,为智;与物不妄,触事皆正,为信。……若有修习仁义礼智信之善,举而察之,随品升进。自今以后,除此色外,不得任用。

由于儒家政治思想的影响,所以日皇亦时以仁政为念,如元正天皇养老六年(七二二)四月的诏书,有"遐思千载,旁览九流,详思布政之方,莫先仁恕之典"(《续日本纪》卷九)等语,光仁天皇天应元年(七八一)正月的诏书,有"以天为大,则之者圣人,以民为心,育之者仁后"(前书卷三十六)等语,桓武天皇延历九年(七九〇)闰三月的诏书,有"转祸为福,德政居先,思布仁恩,用致安稳"(前书卷四十)等语。又《文德天皇实录》卷十:

天安二年(八五八)七月甲寅,诏曰:皇天无亲,惟德是辅,人心有邻,唯惠是怀。朕以寡薄,忝临太阶,岂将岩廊为逸,恒以亿兆为念,而人浇俗薄,诚浅伪深,故知方者鲜,趣辟者繁,不能以仁义浸漉,礼让甄陶,秋典日闻于帷幄,弊罪相系于圜室,触纲履挍,既可矜伤,宥过崇恩,弥切心虑,宜洽此恺泽,畅彼氓郁,可大赦天下。

所谓"不能以仁义浸漉,礼让甄陶",显然是自责未能达成儒家的政治理想。自十二世纪末武人创立镰仓幕府,从此王权一蹶不振,经过武人六百数十年的黑暗统治,到江户末年,终于爆发轰轰烈烈的勤王倒幕运动,促成了划时代的明治维新。此一历史事业的完成,固然原因复杂,但其主要的推动力,却是谁也不能忘了朱子代表的儒家思想(参阅本书《中国正统论对于日韩越的影响》)。

经济方面,日本也受到儒家思想相当的影响。如六世纪初,继体天皇发布诏书云:

朕闻一夫不耕,则天下或受其饥,一妇不织,则天下或受其寒,是故帝王躬耕,以劝农业,后妃亲蚕,以劝女功,况在群寮百姓,其可废弃农绩,而能至殷富乎。有司普告天下,令识朕意。(见《日本书纪》卷十七,《大日本史》卷六,两者文字稍有不同,此处引用后者之文)

已显露重农的色彩。七世纪初,圣德太子发布十七条宪法,曾引用《论语》"使民以时"之语,晓谕百官,《日本书纪》卷三十二:

使民以时,古之良典。故冬月有闲,可以使民,从春至秋,农桑之节,不可使民。其不农何食,不桑何服?

大化革新揭幕,即一本儒家"节用爱人"之旨推行其政策,如大化元年(六四五)诏禁兼并土田,有曰:

《易》曰:损上益下,节以制度,不伤财,不害民。方今百姓犹之,而有势者分割水陆,以为私地,卖与百姓,年索其价。从今以后,宜禁私卖地,以杜兼并之风。(《日本书纪》卷二十五)

嵯峨天皇曾本《论语》"百姓足君孰与不足"之旨,免除京畿当年田租。《日本后纪》卷二十四:

弘仁六年(八一五)七月甲子,诏曰:天生黎元,树之司牧,所以阜财利用,化成天下。是以欲济弊俗,达旦不已,思使农夫有稔熟之欢,妇功无杼轴之叹。而去年五月以降,雨水迸溢,田畴不修。夫百姓不足,君孰与足?宜俾左右京畿内无出今年田租,务存优恤,副朕意焉。

文德天皇曾下诏劝农,引《尚书·洪范》,证明农业第一,诏见《类聚三代格》卷八农桑事:

洪范八政,食居第一。《食货志》又云:国无粟而可治者,自古未之闻。然则王政之要,生民之本,惟在务农。顷年诸国所告不堪佃,其数居多,是由国郡官司不勤地利,不重民命之所致矣,甚非所以选择良吏,委付黎元之意也。……

江户时代学者三浦梅园著《价原》①,有曰:

《禹谟》云:德惟善政,政在养民,水火木金土谷惟修,正德利用厚生惟和。水火木金土谷谓之六府,正德利用厚生谓之三事,后世之治平术虽有万法,不出此六府三事也。

三浦强调的六府三事,正是儒家经济思想的结晶。

社会方面,儒家的纲常伦理给日本的影响,更是既深且广。自儒家经典先后传入,经过一二百年的消化,至七世纪初,儒家的三纲五常似已深入人心,如圣德太子定十七条宪法,有曰:“群卿百僚,以礼为本。”有曰:“无忠于君,无仁之民,是大乱之本。”有曰:“信是义本,每事有信。其善恶成败,要在于信。”(《世祖实录》卷二乙亥元年〔一四五六〕九月壬午条)又他所定冠位,分为德、仁、礼、智、义、信、大小各二阶,共十二阶,都充分显露了儒家思想的色彩。当时日本还处在无组织的落后阶段,儒家的纲常伦理提供了一套新秩序,足以安定社会,无怪历代日皇特别重视。如文武天皇庆云三年(七〇六)的诏书谓:“礼者,天地经义,人伦镕范也。道德仁义,因礼乃弘,教训正俗,待礼而成。”(《续日本纪》卷二十)桓武天皇延历十六年(七九七)的诏书谓:“男女有别,礼典彝伦,品类无差,名教已阙。”(《类聚三代格》卷十九禁制事)历代日皇每遇国家大典,总不忘赏赐孝子顺孙义夫节妇,对孝道的提倡,特别卖力。元正天皇养老四年(七二〇)的诏书,有曰:“人禀五常,仁义斯重,士有百行,孝敬为先。”孝谦天皇天平宝字元年(七四九)四月,曾下诏每家藏《孝经》一本。诏曰:

古者治国安民,必以孝理,百行之本,莫先于兹。宜令天下,家藏《孝经》一本,精勤诵习,倍加教授。百姓间有孝行通

① 高田真治撰三浦梅园の学风そ南丰の儒学引(近世日本の儒学页四九四,岩波书店)。

人,乡间钦仰,宜令所由长官,具以名荐,其有不孝不恭不友不顺者,宜配陆奥国桃生,出羽国小胜,以清风俗。(《续日本纪》卷十九)

清和天皇贞观二年(八六〇)十月,也曾下诏推崇《孝经》,诏曰:

哲王之训,以孝为基,夫子之言,穷性尽理,即知一卷《孝经》十八篇章,六籍之根源,百王之模范也……(《三代实录》卷四)

史书记载孝友义行,不一而足。《续日本纪》卷二十九。

信浓国更级郡人建部大垣,为人恭顺,事亲有孝,水内郡人刑部智麻吕,友于情笃,苦乐共之,……并免其田租终身。

《文德天皇实录》卷五:

山田古嗣……幼岁丧母,敬事从母,天性笃孝,尝读《书》《传》,至于树欲静而风不止,子欲养而亲不待,流涕不禁,卷帙为之沾濡。弘仁十二年丁父忧,哀毁过礼。

《三代实录》卷十一:

美作国久米郡人秦丰永,天性孝行,志在恭顺,幼稚之年,致养二亲,父母亡后,常守坟墓,叙位二阶,免同籍课役,表门闾,令众庶知焉。

江户时代的儒学家,也是竭力宣扬孝道,尤其阳明学派特别重视,如大盐后素说:

孔子以《孝经》授于曾子,而谓之至德要道。孟子亦曰:尧舜之道,孝悌而已矣。以是考之,则四书六经所说虽多端,仁之功用虽远大,其德之至,其道之要,只在孝而已矣。故我学以孝之一字贯四书六经之理义,力固不及,识固不足,然求诸心,而真穷心中之理,将以死从事斯文矣,故直曰孔学。(藤泽章次郎撰《大阪の儒学引洗心洞学名》,见《(近世日本の儒学》

页八一二))

又中江藤树论大孝小孝说:

均是顺亲养亲,或为大孝,或为小孝,何也?人之一身,有大体,有小体,以大体顺亲养亲,为大孝,以小体顺亲养亲,为小孝。盖身体发肤,此小体也,仁义礼智,此大体也。身体德性,皆受之父母,而非己所私有,本皆父母也,故以情爱谨身,则顺亲亦以德性,所谓顺灵明之父母者也。是以《孝经》以严父配天为大孝,《中庸》以明善修身为顺亲之道,曰严父配天,曰明善修身,只是在明明德而已矣。明德之爱敬,寂然不动,感而遂通天下之故,无以圣凡馀缺,不以穷达加损,但为气习情欲所蔽,则不啻不通天下之故,于其亲亦不能通,然幸其本体之明,有未尝息者,学者必可知其止,而芟除旧习之葛藤,消化情欲之邪火,以复本体之明,此之谓大孝焉。此乃天下第一等事,学问第一义也。(柴田甚五郎撰《滕树そ蕃山引鉴草》,见《近世日本の儒学》页三〇七)

中江的这段话,可说已把儒家的孝道精义发挥尽致。

宗教方面,由于圣德太子以来历代皇室崇信佛教,儒家排斥异端的思想,在日本并未影响佛教的发展,不过日廷亦曾利用此种思想,禁止邪教妖术。《续日本纪》卷十:

天平元年(七二九)四日癸亥,勅:内外文武百官及天下百姓,有学习异端,蓄积幻术,压魅咒咀,害伤百物者,首斩从流。如有停住山林,详道佛法,自作教化,传习授业,封印书符,合药造毒,万方作怪,违犯勅禁者,罪亦如此。其妖讹书者,勅出以后五十日内首讫。若有限内不首,后被纠告者,不问首从,皆咸配流。

《日本后纪》卷二十二:

弘仁三年(八一二)九月辛巳,敕:怪异之事,圣人不语,妖言之罪,法制非轻,而诸国信民诳言,言上实繁,或言及国家,或妄陈祸福,败法乱纪,莫甚于斯。自今以后,有百姓辄称托宣者,不论男女,随事科决。”

不过江户时代的儒学家,却也有不少排佛的,如藤原惺窝便是一例,其弟子撰藤原先生行状(太田兵三郎撰《藤原惺窩の学的态度引》,见《近世日本の儒学》页二七一)云:

先生以为我久从事于释氏,然有疑于心。读圣贤书,信而不疑,道果在兹,岂人伦外哉。释氏既绝仁种,又灭义理,是所以为异端也。

藤原氏以漠视人伦弃绝仁义的理由排斥佛教,正反映当时若干儒士的看法。

三

朝鲜半岛自中国于四世纪初退出后,成为三国鼎立的局面。高句丽、百济于四世纪七十年代分别设立大学,新罗兴起较晚,为求迎头赶上,也于七世纪中叶开始设立国学。新罗统一朝鲜半岛后,又于九世纪末设立读书出身科(七八八),以《论语》、《孝经》、《礼记》、《曲礼》、《春秋左氏传》等为考试的范围(《三国史记》卷十元圣王四年条),更促成儒学的普及。高丽王朝也于开国之初,创立学院教授儒学,随即开科取士,设明经科选拔人才。继高丽而起的李朝,首先设立成均馆,旋成立五部学堂,讲授儒学,朱子学说支配朝鲜学术界五百年。在此种历史背景之下,所以韩国政治、经济、社会、宗教各方面,都曾受到儒家思想很大的影响。

政治方面,新罗于六世纪初制定国号,即取“新者德业日新,罗者网罗四方”之意(前书卷四智证麻立干四年条),已显示儒家思想的影响。新罗统一朝鲜半岛后,历代国王如武烈王(金春秋)、文武王(金法敏)等,都是醉心中国文化,所以唐玄宗赐新罗王诗,有“衣冠知奉礼,忠信识尊儒”之句。新罗君臣讨论国事,常以经传为指引,如金庾信劝国王伐百济,国王初恐小大不敌,不许,后庾信引经义加以解释,国王便欣然同意。《三国史记》卷四十一《金庾信传》:

庾信知民可用,告大王曰:今观民心,可以有事,请伐百济以报大梁州之役。王曰:以小触大,危将奈何?对曰:兵之胜否,不在大小,顾其人心何如耳。故纣有亿兆人,离心离德,不如周家十乱,同心同德。今吾人一意可与同死生,彼百济者不足畏也。王乃许之。

新罗之后的高丽,其开国始祖王建,死前命人笔记之“训要”,即曾勉子孙治国应取镜经史,其训要之十云:

有国有家,儆戒无虞,博观经史,鉴古戒今。周公大圣,《无逸》一篇,进戒成王,宜当图揭,出入观省”(《高丽史》卷二太祖二十六年四月条)

所以高丽历代国王无不热心经筵,试随手抄录史例数则。《高丽史》卷十四《睿宗世家》三:

十一年(一一一六)十二月庚申朔,御清燕阁,命宝文阁校勘高先柔讲《书》《大禹谟》、《皋陶谟》、《益稷》三篇。壬午,御清燕阁,命内侍良醖令池昌洽讲《礼记》《中庸》、《投壶》二篇,谓宝文阁学士等曰:投壶,古礼也,废已久矣,宋帝所赐,其器极为精备,将试之,卿等可纂定投壶仪并图以进。

同书卷十五《仁宗世家》一:

五年(一一二七)三月癸丑,命政堂文学金富佾讲《书》《洪范》。甲寅,御麒麟阁,命承宣郑沆讲《书》《说命》、《周官》。

同书卷二十二《高宗世家》一:

十四年(一二二七)八月辛亥,太子坐宝文阁,始讲《孝经》。

由于国王多熟读儒家经典,所以常引经义自勉勉人。同书卷四《显宗世家》一:

> 二年(一〇一一)夏四月丁巳,教宰相曰:《语》云:危而不扶,颠而不持,将焉用彼相。《书》曰:惟木从绳则正,后从谏则圣。君臣之义,得不悉心以匡救乎!朕自叨缵服,备历艰危,夙夜竞愧,思勉厥愆,卿等勉辅不逮,且无面从。
>
> 九年(一〇一八)二月乙亥,教曰:《礼记》季春之月省图圄,去桎梏。内外法司,宜遵月令,以导阳和,用为恒式。

同书卷十六《仁宗世家》二:

> 九年(一一三一)六月,制曰:《传》曰:国之将兴也,视民如子,将亡也,视民如草芥,故先王以不忍人之心,行不忍人之政。去冬营宫,三道伐木,民死于役者颇众,宜发官粟,赙其妻子。

李朝号为儒教王朝,儒学具有无上的权威。李世祖时,规定立世子仪式为穿儒服入太学行谒圣礼,自此成为定制,这无异世子宣誓为孔子的弟子,异日执政自当遵守师教。李朝历代君臣讨论政事,都是以经义为最高准则。如李太祖即位之初,司宪府条陈合行事宜十四条,其中之一纳谏诤曰:

> 《经》曰:天子有诤臣七人,虽无道,不失其天下,诸侯有诤臣五人,虽无道,不失其国家,此万世之格言也。人臣之所进谏者,非为利己,乃为国家也。且人主之威雷霆也,人主之势万钧也,冒雷霆,触万钧,以进药石之言,夫岂易哉。一言之从违,而祸福起焉。一事之废置,而利害生焉。故人君常开导而求谏,和颜色而受之,用其言而显其身,士犹恐惧而不敢尽,况震之以威,压之以势,则药石之言,无由而进,壅蔽之祸,不期而至矣。《书》曰:从谏不咈。又曰:后从谏则圣。愿殿下留意焉。(《太祖实录》卷一壬申元年〔一三九三〕七月己亥条)

《英祖实录》卷一：

即位年甲辰(一七二四)九月乙巳，先是咸镜监司李宜晚，以本道杀狱文案抄节论断，附以已见状闻，下刑曹禀处，至是，刑曹覆奏，类多错误。上教曰：刑者王政之重也。故《舜典》曰：钦哉钦哉，惟刑之恤哉，皋陶赞帝德曰：罪疑惟轻，与其杀不辜，宁失不经。三代慎刑，可见其重民命。今有不当放者，混入宥释，当宥释者，亦不明白状闻，不察甚矣，当该堂上推考，改付标以入。宜晚上疏自引。上曰：励日后之意也，勿辞。

儒家强调治国应先正心，李朝君臣无不兢兢以此互勉。《定宗实录》卷二：

元年(一三九九)十一月己酉，司宪府上疏曰：夫人主一心，万化之源，政治之得失，民生之利害系焉。若人主先正其心，无一毫私意行乎处事之间，而政平讼理，则人心和天地泰矣，复何灾异之足患哉。

《世宗实录》卷三十：

七年乙巳(一四二五)十二月己丑，军威县监卢浩辞，上引见问其来历，浩对以成均博士拜当职。上曰：尔为儒生，岂不知治民之道，然予之亲教者，欲其不忘也，守令之政，其目非一，而仁民为重，以此存心，于治民乎何有。

《成宗实录》卷二十二：

三年(一四七二)九月丁酉，领议政申叔舟承命撰《永慕录》以进，其文曰：臣窃谓《曾子》释治国平天下，首言上老老而民兴孝，《朱子》解之曰：上行下效，捷于影响。盖孝者出治之本，而人心之所同也。惟我圣上天性仁孝，即政之初，遂及于是，其哀慕之诚，自无所不用其极，不假营为而感发于人者如是，诚能推此心以孝为治，老吾老以及人之老，则人之观瞻感化将不能自已也。……尧舜率天下以仁，而民从之，桀纣率天下以暴,而民从之,况于人心之所同哉!所谓捷于影响,岂不信哉。……

《英祖实录》卷七:

元年乙巳(一七二五)八月己丑,副司直金榦承召造朝,上问曰:深奥之学非一时可陈,而必有吃紧功夫,须以最紧者开陈也。榦曰:以圣贤之说观之,则正心诚意最为紧切也。上曰:当各别服膺矣,即今国势岌岌,民生困悴,予以否德,莫知攸为,卿之所学,既造高明,凡事皆从学问中出来,何以则国事可措,民生可济乎?榦曰:臣闻先儒之言曰:人心和合于下,然后天意和合于上,若君臣上下相与和合,而天心感应,则生民可苏,而国事可措矣。上称善。

又英祖三年(一七二七),副司直金有庆痛陈时事,亦曾论及正心之重要曰:

噫,殿下以今日朝廷为正耶,为不正耶?如其正也,逆臣遗孽何其布列于左右也?如其不正也,何不思正之之道,而一任其簸弄坏乱,使义理日晦,纲纪日紊耶?臣请言正之之道。古语曰:正心以正百官。又曰:正己而后物正。今日正朝廷之本,惟在于殿下之正己,而殿下正己之要,宜自善继述,懋诚信,严宫闱,杜邪迳始。伏愿殿下念兹在兹,无少忽焉。(《英祖实录》卷十三丁未三年〔一七二七〕十月戊申条)

李朝尊崇儒学,所以历代国王无不重视经筵。每遇经筵,侍讲官亦屡借题发挥正心之重要。如成宗御经筵,一次讲至《孟子》"有放心而不知求",侍讲官李古培启曰:

古之论致治者,莫不以存心为重,故董子曰:人君正心以正朝廷,正朝廷以正百官,正百官以正万民。然正心之要,惟在于敬。敬者,圣学所以成始而成终者也。(《成宗实录》卷十一辛卯二年〔一四七一〕七月壬申条)

又一次经筵，讲至范浚心箴，同知事李承召启曰：

此泛言人心受病耳，若人君心有好恶之偏，则自左右至百执事，各因偏处而中之，如好土功则以土功中之，好田猎则以田猎中之，好佛老则以佛老中之，人君尤当操此存心，不可少有好恶之偏也。（前书同年七月癸酉条）

又一次经筵，讲《孟子》至“有大人者正已而物正者也”，同知事李承召启曰：

自古人君孰不欲得贤人而用之，然汉唐以下用非其人，而危亡者多矣，其始用也多以为比肩周召，而终至于误国者有之，是人主蔽于私欲，而不能察也。是以欲得其人，人主必先正其心，而志气清明，然后能知人而能用之矣。（前书同年七月己亥条）

由此可知儒家政治思想对李朝影响的一斑。

经济方面，韩国也受到儒家思想相当的影响。新罗在二世纪末，便已注意到孟子“不夺农时”之训，《三国史记》卷二《新罗本纪》第二：

伐休尼师今四年（一八七）春三月，下令州郡，无作土木之事，以夺农时。

七世纪末，新罗神文王曾遣大臣致祭祖庙，祈求“矜恤眇末，以顺四时之候，无愆五事之征”（《三国史记》卷八神文王七年〔六八七〕条），所谓“五事之征”，亦即《尚书·洪范》的九畴之八庶征——雨、阳、燠、寒、风。新罗之后的高丽王朝，自始就采劝农政策，尤其高丽成宗特别热心奖励农业，祀神农后稷，躬耕籍田，并依周礼，王后亲行献种。《高丽史》卷三《成宗世家》：

七年（九八八）春二月壬子，左补阙兼知起居注李阳上封事，其一曰：古先哲王奉崇天道，敬授人时，故君知稼穑之艰难，民识农业之早晚，以致家给人足，年岁丰稔。按月令，立春前出土牛，以示农业之早晚，请举故事以时行之。其二曰：躬耕帝籍，实明王重农之意，虔行女功，乃贤后佐君之德，所以致诚于天地，积庆于邦家。按周礼内宰职曰：上春诏王后率六宫之人，生种稑之种，而献之于王。以此言之，王者所举，后必赞之，方今上春祈谷于上帝，吉日耕籍于东郊，君虽有事于籍田，后乃亏仪于献种，愿依周礼，光启国风。……教曰：李阳所论皆据经典，合垂俞允。

高丽显宗鉴于"《洪范》八政，以食为先"，曾下令加严弃本逐末之禁(《高丽史》卷七十九《食货志二·农桑》)。高丽德宗曾严令地方官吏，无夺农时。《高丽史》卷五德宗世家：

"三年(一〇三四)春三月庚辰，教曰：农桑，衣食之本，诸道州县官勉遵朝旨，无夺三时，以宁万姓。

李太祖开国，即本《易经》"节以制度，不伤财，不害民"之旨，申明节用政策。《太祖实录》卷二：

元年(一三九二)十月庚申，贡赋详定都监上书曰：窃闻保国必先爱民，爱民必先节用。崇俭素，去奢侈，节用之大者也。轻赋敛，更弊法，爱民之大者也。古之善治其国者，量地之产而定其贡，量物之入而节其用，此经常之法也。凡为国者必先谨乎此，况创业之初乎。……《易》曰：节以制度，不伤财，不害民。盖节用则薄取而有余，侈用则厚敛而不足，伏惟殿下俭约朴素，始终不渝，节用爱民，以为万世家法。

李世祖御经筵，讲书官金钩奉命讲《河图》《洛书》，却论及《尚书·无逸》"先知稼穑之艰难"。他说：

伏羲则河图画卦，文王周公系卦爻之辞，本占法也，孔子以作十翼，全用义理，欲使人人体《易》而用之。其首乾之为卦，君道也，正当圣上事也，体乾则当体天道。其曰：天行健，君子以自强不息。自强不息，是所谓无逸也。周公作《无逸》

戒成王,首曰:先知稼穑之艰难,乃逸,则知小人之依。则知稼穑之艰难,乃无逸之实也,所以然者,稼穑乃关生民之大命耳,因极言稼穑之苦,至引柳子厚种树郭橐驼传长民者好烦其令之说,反复陈论。(《世祖实录》卷二乙亥元年〔一四五六〕九月壬午条)

李英祖时,因税敛繁重,李光佐曾苦口规劝"大加节损,以为救民活国之道",英祖终为所动,曰:"然,财聚则民散,财散则民聚,国储虽竭,犹胜于民贫也。"(《英祖实录》卷一甲辰即位年〔一七二四〕九月乙丑条)这显然是儒家思想的效果。

社会方面,韩国更受到儒家纲常伦理深深的熏陶。六世纪末,求法僧圆光自华归国,始传儒家的伦理,称为"世俗五戒",《东国通鉴》卷五真平王二十一年(五九九)条:

新罗僧圆光曾入陈求法,……为时人所重。沙梁部人贵山与帚项友善,相谓曰:我辈期与士君子游,而不正心修身,恐不免招辱,盍闻道于贤者。乃诣光曰:俗士颛蒙,无所知识,愿赐一言,为终身之戒。光曰:佛有菩萨戒,其别有十,若等为人臣子,恐不能行,今有世俗五戒:一曰事君以忠,二曰事亲以孝,三曰交友以信,四曰临战无退,五曰杀伤有择,若等行之无忽。贵山等曰:谨受教,不敢失坠。

当时新罗有号"风月主"的,都是容仪端正的少年,"求善士为徒,以砺孝悌忠信"(《东国通鉴》卷五新罗法兴王二十五年〔五三一〕条)。这就是"花郎"的起源。至七世纪中叶,儒家的伦理思想,已普及于全韩上下,如百济国王义慈,号为"海东曾子",便是一项说明。《三国史记》卷二十八《百济本纪》第六:

义慈王,武王之元子,……武王在位三十三年,立为太子。事亲以孝,与兄弟以友,时号海东曾子。

高丽王朝也是竭力维护名教,尤其成宗特别热心,曾"取则六

经,依规三礼”,下令访求孝子顺孙义夫节妇,加以表扬,并免徭役。《高丽史》卷三《成宗世家》:

九年(九九〇)秋九月丙子,教曰:凡理国家,必先务本,务本莫过于孝,三皇五帝之本务,而万事之纪,百善之主也。由是汉皇嘉杨引之尊亲,旌门表里,晋帝奖王祥之至孝,命史书名。寡人幼而藐孤,长亦庸昧,叨承顾托,嗣守宗祧,追思祖考之平生,几伤驹隙,每念兄弟之在昔,益感鸰原,是以取则六经,依规三礼,庶使一邦之俗,咸归五孝之门。顷者遣使六道,颁示教条,恤老弱之饥离,赈鳏孤于窘乏,求访孝子顺孙义夫节妇,有:全州求礼县民孙顺兴,其母病死,画像奉祀,三日一诣坟墓,飨之如生。云梯县祗弗驿民车达兄弟三人,同养老母,车达谓其妻事姑不谨,即以弃离,二弟亦不婚娶,同心孝养。西都牡丹里朴光廉,母亡七日,忽见枯木,宛似母形,负至其家,养之尽礼。南海狼山岛民能宣女咸富,其父死于毒虺,殡于寝室凡五月,供膳无异平生。庆州延日县民郑康俊女字伊,及京城宋兴坊崔氏女,早寡不嫁,孝事舅姑,抚养儿媳。折冲府别将赵英,葬母家园,朝夕祀之。其咸福等男女七人,并令旌表门闾,免其徭役,车达兄弟等四人,免出驿岛,随其所愿编籍州县,顺兴等五人,拟授官阶,以扬孝道!

自此历代国王对于孝子顺孙义夫节妇的表扬,史不绝书,而对不孝不悌者,即常加以严厉制裁,如同书卷十一《肃宗世家》一:

六年(一一〇一)春正月乙酉,刑部奏:注簿同正赵俊明,父没四年,不养其母,不友其弟,使皆失所,请论如法。王曰:朕为政,先孝弟,乃有若人耶!可其奏。

李朝尊崇儒学,维护纲常名教,更不待说。太祖即位,即颁发教令,晓谕军民十二事,其中之一,便是褒奖忠孝节义,教曰:

忠臣孝子义夫节妇,关系风俗,在所奖劝。令所在官司,

询访申闻,优加擢用,旌表门闾。(《太祖实录》卷一壬申元年七月乙巳条)

李世宗曾令集贤殿学士,辑录古今忠臣孝子烈女,作“绘图三纲行实”,发扬儒家精神,书成,笺曰:

人伦之道,固无出于三纲,天性之真,实有同于万世,宜集前人之行实,以为今日之规模。窃观作之君,作之父,作之夫,则本乎天,为之臣,为之子,为之妻,则原于地,惟天经地义之定理,无古往今来之或殊。百世可知,仰宣尼之示训,蒸民有则,思吉甫之作诗,孝为百行之源,仁是五常之首,慈祥恻怛,根于秉彝之良能,爱敬顺承,由乎至情之不已。岂惟在家而尽道,亦可许国而移忠。……臣循稽诸历代,及乎本朝,上自帝王后妃,下至公卿民庶,属三纲而可述,谨类聚而成编。……揭民彝,扶世教,幸亲睹于明时,遵王道,致时雍,期可传于后世。……(《世宗实录》卷五十六壬子十四年〔一四三二〕六月丙申条)

三纲行实共收忠臣孝子烈女百余人,后来李中宗又命金国安,“取历代诸贤处长幼、交朋友可为师法者四十七人,纪事图赞,以补三纲之所未备”,名曰“二伦行实”李正宗时,命将三纲行实与二伦行实合为一书,并加谚文解说,名曰《五伦行实》(《正宗实录》卷四十七丁巳二十一年〔一七九七〕七月丁亥条)。历代儒士,无不以维护名教引为己任,如李成宗时,大司宪韩致亨上疏,论及《周礼》三德、三行、乡三物,而太息长叹世风日下,便是一例。疏曰:

士习不可不美,民俗不可不厚,是以圣帝明王,莫不立三纲,张四维,护风俗如护元气,重名节如重鬼神也。《周礼》师氏之官,以三德教国子,一曰至德,以为道本,二曰敏德,以为行本,三曰孝德,以知逆恶,又以三行教之,一曰孝行,以亲父母,二曰友行,以尊贤良,三曰顺行,以事师长,古之所以教士者,必先于德行也。又以乡三物教万民而实兴之,一曰六德,智仁圣义忠和,二曰六行,孝友睦姻任恤,三曰六艺,礼乐射御书数,古之所以教民者,亦必先于德行也。是以士为己学而不求人,知民以孝悌为心,而淳风蔼如也。如闵子骞闻季氏以己为费宰,曰善为我辞,如有用我者,吾必在汶上。董子曰:正其谊不谋其利,明其道不计其功。其笃志如此。……今之士果如何哉!如王祥之解衣卧冰,而双鲤自跃,孝娥之父溺,哀号而投江抱尸,其孝诚如此。张公艺之九世同居,田真兄弟之不忍分财,其厚俗如此。今之民果如何哉!……(《成宗实录》卷十辛卯二年〔一四七一〕六月己酉条)

由此可知儒家的纲常伦理对朝鲜影响的深远。

宗教方面,朝鲜也曾受到儒家思想重大的影响。新罗于九世纪初,曾严惩左道惑众者(《三国史记》卷十兴德王三年〔八二八〕条),便是由于"子不语怪力乱神"引起的反应。新罗之后的高丽,虽然号为佛教王朝,但因佛教有悖于儒家的三纲五常,高丽末年,已有排佛的呼声,如金貂、郑梦周即其代表。《高丽史》卷一百十七《郑梦周传》:

王御经筵,梦周进言曰:儒者之道,皆日用平常之事,饮食男女人所同也,至理存焉。尧舜之道,亦不外此。动静语默之得其正,即是尧舜之道,初非甚高难行。彼佛氏之教则不然,辞亲戚,绝男女,独坐岩穴,草衣木食,观空寂灭为崇,岂是平常之道!……成均博士金貂上书毁佛,王怒,欲抵以死罪,兵曹佐郎郑擢上疏曰:窃闻金貂排斥异端,极言不讳,上以其破毁先王成典,将置极刑,臣窃为殿下惜之。《书》曰:监于先王成宪,其永无愆。所谓先王成宪者,不过三纲五常,而佛氏皆背之,非貂毁先王成典,乃殿下自毁之也,愿赦貂任直之罪。代言等畏王怒不敢启,梦周与同列上疏曰……臣等以为斥佛氏，儒者之常事。……乞霈宽恩，一皆原宥，示信国人。王从之。

李朝建立，因为功臣都是儒士出身，自始便采限制佛教政策，但儒臣并不感到满足。李定宗时，儒臣全伯英曾据孔子斥异端之旨，攻击佛教。《定宗实录》卷三：

> 定宗二年(一四〇〇)庚辰二月庚申，御经筵，读撮要至襄楷上表言汉桓帝好佛之甚，谓同知经筵事全伯英曰：卿等何故言好佛非耶？伯英对曰：孔子曰：攻乎异端，斯害也已，圣人之道以仁义为重，释氏以无父无君为宗，故臣等以为佛氏之道，非人君所宜好也，自古人君好佛者未有不亡者。上曰：然，贪欲莫甚于僧人，与之则喜，不与则怨之。

李太宗时，司谏院又奏请从严限制佛教，痛禁佛事，丧葬仪式一依朱文公家礼。《太宗实录》卷二十四：

> 十二年(一四一二)十月庚申，司谏院上疏，疏曰：今我盛朝，凡所施为，一遵古昔，生民利害，靡不兴除，独神佛之弊有未尽革者。……佛者去君臣，无父子，乃以浮诞之事，妄托报应之说，惑世诬民，而伤风败俗，吾道之害孰甚于此？在昔唐虞三代之时，历年多而享寿长，此固非佛氏之致然也。汉明帝时，始有佛法，而明帝以后，乱亡相继，运祚不长，降及梁陈元魏之际，事佛尤勤，而年代尤促，至使持戒之王，终有台城之祸，事佛求福，果可信欤！……伏望殿下，特命攸司，丧葬之仪，一依(朱)文公家礼，痛禁佛事！

李世宗时，儒士的排佛呼声更加高唱入云，如世宗三年，司谏院曾上疏痛斥佛教悖于儒家格致诚正修齐治平之教。《世宗实录》卷十二：

> 三年(一四二一)七月辛酉，司谏院上疏曰：臣等窃谓三代以前，未有佛也，至于汉明帝时，其法始行，浸盛于梁陈。其为教也，本以清净寂灭为宗，而外天下国家者也，固悖于圣人格

致诚正修齐治平之教矣。其为徒者,以虚诞诬妄祸福报应之说,称为劝善,横行闾里,诱愚民而取其财,甚者专以檀施之物,归于自利之资,于其师清净寂灭之教又何多哉!所谓一人耕之,十人食之,一人蚕之,十人衣之也,奈之何民不饥且寒也?昔韩愈作《原道》,推明尧舜三王之道,深斥佛氏之非曰:不塞不流,不止不行,人其人,火其书,庐其居,明先王之道,以道之鳏寡孤独废疾者有养也。以为佛氏之徒不塞不止,则圣人之道不流不行,而鳏寡孤独不得其养也。恭维殿下以天纵之圣,缉熙之学,穷性理之源,辨异端之伪,诚千岁一盛际也,斥邪说之诬民,使不得行,驱游手之缁徒,转而缘南亩,永革不绝之余习,挽回三代之治道,正在今日,臣等深有望焉。……

世宗六年,大司宪河演,集贤殿提学尹淮,成均馆生员申处中等,又连续上疏痛斥佛教,尤以尹淮之疏最为痛切,疏曰:

窃谓佛氏之为害尚矣,自汉以来,崇奉愈谨而未蒙福利者,载在史典,固殿下之所洞览也,奚待臣等之言哉!……臣等以为异端之中,佛氏为甚,以夷狄之俗,独居四民之外,而使民穷盗,其罪宜何如也?……古之君子,深言其害者多矣:为国家虑者,则以蠹财惑民排之;为彝伦计者,则以无父无君斥之;为斯文之兴丧著书立言垂教于将来者,则以空虚寂灭罪之。然其说宏阔胜大,易汩人心,故弥漫浸渍,经历数千载,天下之人主几见惑焉,卿士大夫几见陷焉,愚蒙百姓孤儿寡妇几见欺焉,而未之觉悟者,则以道学不明,人心不正,为人君则不能尽精一执中之道,为人臣则未能究格致诚正之学,畏慕罪福,而易陷于因缘果报之说,百姓之无知者,则从厥攸好,观瞻仿效,易流于诳诱,而天下风靡矣。……窃惟盛必有衰,物理之常,福善祸淫,天之道也。尧舜禹汤文武周公,天下之大圣也,功加于时,德垂后世,天下之所共仰赖,而尚且不祀,彼佛何人，以妖诞不经之说，汩乱天常，窃人主之柄，以奔走天下之人，诚禹汤文武之罪人，而反享禹汤文武之所不能享，其罪极矣。……昔者孟轲氏拒诐淫邪遁之说，而犹自谓承三圣之统，后世论其功曰，当不在禹下。伏望殿下荡除夷法，丕变风俗，毁撤塔庙，焚烧经律，阖境僧尼，并令归俗，申命礼官仿文公家礼，定为卿士庶民丧祭之礼，使仪品等级之有差，衣衾器皿之有数，陈列图式，简易明白，下至愚民，皆得易知而可行，则昔日游手坐食之徒，今尽为持锄缘亩之民，昔日事佛求福之辈，今转为报本追远之人，道无二致，国无异俗，人心既正，道学益明，世道淳如也，则亦东周一治之盛也。……(《世宗实录》卷二十三甲辰六年〔一四二四〕三月甲申条)

以后儒士仍不断地抗议，国王中虽不无好佛之主，但在清议的压力下，仍只得废止度牒法，没收寺田，取消僧科，这完全是儒家思想的胜利。

四

越南自秦汉至晚唐，为中国郡县一千余年。越南独立后，历代王朝仍沿袭中国制度，设立学校，开科取士，以五经四书为考试范围，尤其最后的黎朝和阮朝，奖励儒学不遗余力，所以儒家思想在越南政治、经济、社会、宗教各方面，都曾给予重大的影响。

政治方面，儒家主张为政者应该正心诚意，实行仁政，越南历代君臣多受儒学的熏陶，亦时常流露此种思想。如黎太宗时，阮荐曾以“法令不如仁义”进谏，《大越史记实录》卷二：

绍平二年(一四三五)三月，有再犯盗七人，俱年稚。刑官据律当斩。大司徒(黎)察等，见其多杀，心难之，帝以问承旨阮荐。荐对曰：法令不如仁义亦明矣。今一旦杀七人，恐非盛德之举。《书》曰：安汝止。《传》曰：知止而后有定。臣请述知止之义，使陛下闻之。夫止者安所止之谓。如宫中，陛下所安也，时或出幸他所，不可常安，反归宫中，然后安其所止。人君于仁义亦然，以之存心，而安所止，时或威怒，终无可久，愿陛下留心臣言。

黎显宗时，令臣庶直言得失，大学士范阮攸上书，曾强调正心之重要，《越史通鉴纲目》卷四十六：

窃惟当今急务，其节目有四，而大要本乎一心而已。一曰治军……二曰治官……三曰治民……四曰治士……然天下万事本于一心，未有心不正，而能措诸事者，此治心又为万事之源本也。(《越史通鉴纲目》卷四十六黎显宗景兴四十六年〔一七八五〕四月条)

阮世祖在统一越南之前，为了欲以仁政收揽人心，曾谕令缓征广南、广义钱粟，有曰：

赈穷恤乏，仁政所先，昔帝尧不废困穷，文王哀此茕独，皆爱民之至者也。……(《大南实录正编》卷二十五世祖辛酉二十二年〔一八〇一〕十月条)

统一越南后，范如登上疏，有"今人心望治，有如饥渴，当及此际，广推仁政，使天下得蒙其泽"等语，并建议十二事，第一是开经筵以进讲，略谓："自古帝王为治之道，备载于《书》，伏望万机之暇，六日一御经筵，命儒臣更直进讲，以知求治之本。"(《大南列传初集》卷十《范如登传》)同时，阮文诚翻刻宋儒真德秀《大学衍义》，上表请许印行，以广流传。《大南实录正编》卷三十八：

嘉隆八年(一八〇九)六月，北城总镇阮文诚进《大学衍义》书表，略曰：《大学》一书，古者大学教人之法，圣门传授之渊源，其纲，明德新民止至善，其目，格物致知诚意正心修身齐家治国平天下，穷理正心修己治人之道，实备于此。宋儒真德秀作衍义，明儒丘浚补之，皆所以明其要也。前书既推明德之要，以为新民之本，后书则揭新民之要，以收明德之功，其中首以圣贤之明训，参以古今之事迹，附以诸儒之发明，条分缕析，体具用周，非但可备经筵，凡为学者皆不可以不知也。……愿颁许印行，俾天下之人，知圣上所以表章之意，将家传而人诵之，于化民成俗之方，谅非小补云。

阮世祖曾命各府县贮恩恤钱各五十缗，救济行旅之病故者，诏曰：

子育元元，乃王者发政施仁之先务。朕每以不忍人之心，行不忍人之政，每期远近化行，俗归于厚，近闻道路患病之人，所在民既不为收养，又斥逐之，全无相赒相恤之心，凡此皆风俗之浇薄也。自今军民行旅有患病者，村里馆主各随在保养，毋得斥逐，日所赡养，官给之钱，死者给葬，使存没均沾，无一夫不获其所。(《大南实录正编》卷五十世祖嘉隆十四年〔一八一五〕二月条)

所谓“以不忍人之心，行不忍人之政”，正说明了儒家思想的影响。

经济方面，越南独立后，历代仍遵奉儒家重农传统。据越史记载，李太宗通瑞五年(一〇三八)二月，筑坛祠神农，帝执耒欲行躬耕礼，有人劝以帝王何必为农夫事，帝不听，答曰：“朕不躬耕，则无以供粢盛，亦无以率天下。”(《大越史记·本纪》卷二李纪一)原来《孟子·滕文公下》篇也有“无以供粢盛”之语，应该不是偶然的。又据越史记载，李仁宗会祥大庆八年(一一一七)六月，“赴应丰行宫省耕，不雨，祷于行宫。自是省耕省敛，岁以为常”(前书卷三李纪三)。原来《孟子·梁惠王下》篇及《告子下》篇，也两见“春省耕而补不足，秋省敛而助不给”之语，也应该不是偶然的。黎圣宗洪德十六年(一四八五)十一月，定敦礼义课农桑令，有曰：“礼义所以淑民心,农桑所以足衣食。"(《大越史记·本纪实录》卷四黎纪四)更充分反映出儒家思想的影响。襄顺帝洪顺二年(一五一〇),命梁得朋为东阁学士,入侍经筵,梁氏辞不就,条陈治平十四策,其中一策,是"节财用以敦俭朴之风"(前书卷六黎纪六),正是孔子"节用而爱人"之遗意。阮世祖尊崇儒学,在统一越南前十年(一七九二),曾下劝农令,首先引述《尚书·洪范》的八政"以食为先"(《大南实录正编》卷六世祖壬子十三年〔一七九二〕四月条),促醒朝野注意。世祖又曾和儒臣谈到仁政问题,《大南实录正编》卷四十三:

嘉隆十年(一八一一)十二月,帝观古史,因谓范如登曰:汉唐盛世,皆行仁政,轻徭薄赋,天下以之富殷,后人承之,侈心无厌,黩武玩兵,卒致大乱,乃知治乱之分,惟在人主所行何如耳。如登顿首曰:陛下言及此,四海之福也。

嘉隆十二年(一八一三)六月,免全国田租十分之二,诏略曰:

治国以爱民为务,爱民以薄赋为先。(《国史遗编》上集四八页)

阮圣祖明命十九年(一八一〇)三月,命儒臣撰《政要目录》,共二十二条,其崇俭条略曰:

内殿营修,则因旧以省费,宫闱实用,则裁节以去奢,……张灯之费,为民惜之,采石之役,为民止之,凡国计民生之所在,无不曲加撙节,随事告诫。(《国史遗编》中集三一一页)

凡此都无非孔子节用爱人之遗意。

社会方面,越南也受到儒家纲常伦理深深的熏陶。如陈太宗曾以孔子的道德教条勉诸皇子,《大越史记·本纪》全书卷六:

元丰元年(一二五一)春二月,赐诸皇子铭。帝亲写铭文赐诸皇子,教以忠孝和逊温良恭俭。

李太宗天成元年(一〇一〇),定每年二月二十五日,令群臣盟誓于铜鼓神庙,誓书曰:

为子不孝，为臣不忠，神明殛之！（《大越史记·本纪》卷二李纪一）

黎昭宗光绍二年（一五一八），莫登庸上表斥叛臣黎广度背弃纲常，请加诛讨。表文有曰：

三纲五常，扶植天地之栋干，奠安生民之柱石，国而无此，则中夏而夷狄，人而无此，则衣裳而禽犊，自古及今，未有舍此，而能立于覆载之间也。（《大越史记·本纪》卷五黎纪五）

黎宪宗景统二年（一四九九），曾颁诏书，博引儒家经典，强调正风俗之重要，诏曰：

世道隆污，系乎风俗；风俗美恶，系乎气数。《易》曰：君子以居贤德善俗。《书》曰：弘敷五教，式和民则。《诗》曰：其仪不忒，正是四国。《礼》曰：齐八政以防淫，一道德以同俗。圣经垂训，炳炳足征。古昔帝王，御历膺图，抚己酬物，莫不迪兹先务也。（前书卷六黎纪六）

黎玄宗景治元年（一六六三），申明教化十四条，也都不外儒家的纲常伦理，《大越史记·本纪续编》追加黎纪十：

景治元年秋七月，申明教化十七条，其略曰：为臣尽忠，为子止孝，兄弟相和睦，夫妻相爱敬，朋友止信以辅仁，父母修身以教子，师生以道相待，家长以礼立教，子弟恪敬父兄，妇人无违夫子，妇人夫亡无子，不得私运货财，居乡党者长幼相敬爱，利害相兴除……毋以强而凌弱，毋唱讼而行私，豪强不得勘讼事，男女不得肆淫风。

黎裕宗颁布教条，也是勉以儒家的礼义忠信，《越史通鉴纲目》卷三十五：

保泰元年（一七二〇）八月，颁教条于中外，大略曰：士勤学业，礼义忠信，先须讲明，人叙彝伦，同族表亲，毋相混娶，官民礼隔，不得倨傲，民间服用，不可僭越，毋狃弊俗，竞费于盘飨，毋惑异端，相从于游惰，礼节从中，以昭俭俗，丧家相恤，以厚民风。

阮圣祖颁《政要目录》，其中教化条曰：

举贤良方正，以表德行，旌孝顺节义，以明人伦。官八十以上，民百岁以上，无不优加赏奖，所以劝孝也。五代同堂，四代同居，无不旌表，所以劝睦也。徇节之臣，立庙祀之，清白之吏，玺书褒赏之，劝忠良也。春首诏令，申之以礼让，周阙之悬象也。十条训谕，申之以孝忠，皇范之敷言也。（《国史遗编》中集三一一页）

这都不外儒家社会思想的反映。

宗教方面，越南也受到儒家思想很大的影响。越南独立后，实施三教并行政策，但到陈朝末年，开始发生崇儒排佛的运动，张汉超曾以排佛有功，从祀文庙，他撰北江关严寺碑文，有曰：

寺兴而废，既非吾意，碑立而刻，何事（俟）吾言！方今圣朝欲畅皇风，以振颓俗，异端在可黜，圣道当复行。为士大夫者，非尧舜之道不陈前，非孔孟之道不著述，顾乃拘拘与佛氏嗫嚅，吾将谁欺？（《大越史记·本纪》卷七陈裕宗绍丰十四年〔一三五四〕条）

黎朝采取独尊儒学政策，儒家排斥异端的思想逐渐得势。黎昭宗光绍二年（一五一八），莫登庸曾以“子不语怪力乱神”为理由，上表请诛妖人陈公务，表文有曰：

“窃惟仁义中正，圣人之所常行，怪力乱神，圣人之所不语，稽诸往古，厥有明征，黄帝抚时，必谨幽明之分，高阳立极，必绝天地之通，是皆揭标的于当时，所以垂龟鉴于后代。于皇上圣，光启中兴，作之君，作之师，诞任宠绥之贵，化以道，化以德，期臻汾穆之休。……今陈公务，以浮经佛寺，为卖诈之场，以布拜神祠，为藏奸之窟，撒灰作药术行，而老少奔波，咒水飞符计售，而间阎倒影，顾妖怪所为若是，宜士夫出力排之。而承宪官等，曾读圣贤之书，均任师帅之责，当如仁杰毁河南淫祠，以祛他惑，胡颖杖广东僧人，以斥异端，胡彼凡流，不明常理，……一一同归于左道，骎骎几惑于巫风。相惑以怪，相惧以神，既作诪张之态，何儆非刑，何度非法，盍严惩戒之条。帝从之。（《大越史记·本纪实录》卷六黎纪六）

阮福映统一越南前数年，有人以"佛老之害甚于杨墨"进言，福映已立定决心排斥佛教。《大南正编列传》初集卷六《吴从周传》：

嘉定俗尚佛，军兴役重，逃避者多趋之。帝命吏部传示，凡僧年未五十，役与民同，群臣多以为言，帝意未决。从周言于东宫曰：君上辟佛，甚盛举也，群臣不能赞成其美，又为之辞，恐事若中止，彼必猖狂倍于前日矣。夫僧人本非臣之私恶，但佛老之害甚于杨墨，不得不言耳。东宫曰：然。从周乃上疏直诋其非，帝意遂决。

阮福映统一越南不久，即下诏书，痛斥"神佛之奉逾闲僭礼"，严加限制。诏书内容分三部分（《大南实录正编》卷二十三世祖嘉隆三年正月乙卯条）：首先引孔子"敬鬼神而远之"的遗训，指责祭祀神祇城隍，不应浪费铺张，略曰：

神佛之奉，必先成民而后致力于神。《经》曰：渎于祭祀，是谓弗钦。《传》曰：敬鬼神而远之。又曰：非其鬼而祭之，谄也。皆言事鬼神之必有其道也。近者多有谄事神祇城隍，庙宇重门复屋，画栋雕梁，祭器仪仗饰以金银，帷伞旌旗被以文绣，春祈秋报，入席唱歌，多者数十日夜，少者八九日夜，演戏淫歌，赏标无数，丰食崇饮，费用不赀。外此竞渡傀儡百戏，及拣取童男少女斗棋赌牌，名曰事神，实私人欲。……嗣后庙宇如有重修及新造者，只许内祠一间，中堂三间，仪门两柱，不得雕刻丹雘，庙所不得潜称为殿，祭器仪仗不得朱漆金湘，帷伞旌旗只用布帛染彩,毋得文绣。

其次,斥信佛教为“攻乎异端”,禁止以后新造佛寺佛像及一切斋坛法会,略曰:

至如事佛一节,《传》曰:攻乎异端,斯害也已。又曰:获罪于天,无所祷也。事佛者,所以邀福报也。《梵书》之言曰:有缘佛度,无缘佛弗度。又曰:事父母不能到那边,虽日斋僧也何益;忠君王倘能到这里,虽不供佛也不妨。是则有缘者何求佛度,无缘者佛岂能度哉。试观诸成佛祖者,目莲而不能度其母,治佛教者,萧衍而不能保其身,况不忠不孝之人,不知君王现在之佛,轻舍爷娘生成之佛,而妄邀万里无形之佛,以求侥幸未来之福,有是理乎!近有崇奉释典,构作伽蓝,危观层楼,务穷壮丽,铸钟塑像,备极装璜,与斋僧净坛,三元法会供佛饭僧之费,不可殚纪,妄邀福报,自削膏脂。嗣后寺观颓敝,听得修补,其新造佛寺,及铸钟造像斋坛法会,一切并禁。

其次,引礼王制“执左道以乱政,杀”,痛斥巫觋符咒,晓谕人民不可妄信。略曰:

民生各有定命,灾不可以妄免,福不可以力求,祈祷忏解之术,总归无益,从古巫史渎神,而高辛明祀,左道惑众,而王制设诛,皆所以袪惑辟邪,使民俗一归于正。西门豹之投巫女,狄仁杰之毁淫祀,良有定见。今尚鬼之俗蔽锢已深,人家不能静守性命,动辄邀请符咒,媚事巫觋,设坛场,敲金鼓,靡然成风,积习相沿,转胥愚惑挟邪术者,并皆假托幻妄,变乱听闻,飞符画券,藉法案为生涯,赎命返魂,视病家为奇货。甚至附童摄性,诳造神言,断食禁医,驯至病者不可复救,更有纸人草马,掷舍烧家……诚为民生大害。自今民间如有疾病,只宜求医疗治,镇摄起居,切勿听信妖邪,妄行祭祷,诸法门女巫,亦不得崇奉香火,为人禳除,倘狃旧风,必干严宪。

由于阮福映复国，曾接受法国若干援助，所以信仰天主教者日多，有人斥其“无父子之亲，君臣之义”建议加以禁止，阮福映也很表同情，虽然对法人有所顾忌，一时不便禁止，但不久仍下令禁止新造教堂。《大南实录正编列传初集》卷十六《陈大律》传：

> 及典军日，见洋人百多禄骄倨，密疏言：佛老之害甚于杨墨，而爷稣之害更甚佛老，是以攻乎异端，圣人戒以斯害，执其左道，先王示以必诛，盖深恶其乱政诬民，贻祸后世者也。今多禄仗天主之教，以诬惑愚民，无父子之亲，君臣之义，又自恃保护东宫有微劳，恣志骄傲，无所忌惮，今日如此，他日更复何如，此而不诛，何以为法，臣请得上方剑，斩其头悬诸市门，以谢天下，而祛众人之惑。疏入，帝甚嘉之，恐其为所仇，乃爬去其姓名而匣藏之。

阮朝对一切宗教信仰所以采取排拒态度，无疑地是由于儒家人文主义的影响。

五

我们检讨儒家思想给予日韩越各国的历史影响之后，得到几点认识：

一、政治方面，儒家特别重视人的因素，因此主张政治应以正身为出发点，而归结于以不忍人之心行不忍人之政。从各国历史看来，证明了此种思想确曾给予各国相当的影响，虽然各国为政者未必言行一致，所谓仁政或许是一时的弥缝政策，但究不能不承认儒家的政治教育，也曾产生多少效果。

二、经济方面，儒家一方面主张积极的重农政策，一方面主张消极的节用政策，从各国历史看来，此种思想也确曾给予各国相当的影响，不过这也是适应农业社会的客观要求。

三、社会方面，儒家的纲常伦理给予各国的影响，可说同样的又深又广，也许有人认为这是天下之达道，并非儒家可得而私有的（日本江户时代史家赖山阳，主张仁义道德并非儒家可得私有的，见其所著《日本政记》，载《赖山阳全集》第三册），但是儒家思想集中国古典文化之大成，以先知觉后知，逐渐充实各国国民道德的内容，建立各国社会思想的体系，却是谁也不能否认的。

四、宗教方面，儒家排斥异端的思想，给予各国深浅不一的影响。日本自始建国有赖于僧侣的合作，所以此种思想并未发生多大作用，但韩国最后的李朝，越南最后的黎朝、阮朝，却都采取崇儒排佛政策，终于遏止了佛教发展的趋势，尤其是中国文化和印度文化交会点的越南，并未成为泰国、缅甸一样的纯佛教国家，不能不说是儒家思想深入人心，发生制衡作用的结果。

（本文选自《中国文化对日韩越的影响》，台湾黎明文化事业股份公司1981年版，第133—169页，原标题作《中国儒家思想对于日韩越的影响》）

朱云影，台湾学者，主要从事中国传统文化及中外文化交流研究。

本文依据详实的资料，从政治、经济、社会、宗教等方面对儒家思想在日本、朝鲜半岛及越南的传播及其影响作了较为全面的考察。

中日早期儒学的精神向往

——“忠”的比较

李苏平

夫子之道,忠恕而已矣。

——曾参

1945年8月14日,日本宣布投降时,世界目击了这样一个事实,“忠”发挥了几乎令人难以置信的巨大作用。许多具有有关日本的经验和知识的西方人曾认为,要日本投降是不可能的,他们坚持认为要散布在亚洲和太平洋诸岛上的日军和平地放下武器,那是天真的想法。许多日军在当地没有遭到过失败,他们确信他们追求的目标是正义的,日本本土各岛也充满着顽抗到底的人。……在战争中日本人无所畏惧,他们是一个好战的民族。这些美国分析家没有把“忠”的作用考虑在内。天皇一说话,战争也就结束了。在无线电播放天皇的声音之前,顽固的反对者们曾在皇宫四周布置了一条封锁线,企图阻止发表停战宣言。但是停战诏书一经播放,它就被接受了。满洲或爪哇的战地司令官也好,日本国内的东条也好,无一人反其道而行之。我们的部队在机场着陆,受到彬彬有礼的迎接。正如一位记者所写的那样,外国记者们早晨手握着短枪着陆，到中午就收起了武器，到了傍晚他们就外出购买起小商品来了。……日本运用了日本自己的独特能力：在战斗力被摧毁以前把接受无条件投降的沉重代价作为“忠”来要求自己。从日本人的观点来看，这种代价虽然沉重，但却换回了某种它极为珍视的东西：即日本有权利说，是天皇颁布这项命令的，即使这是投降的命令。甚至在战败的情况下最高原则依然是一个“忠”字。（[美]本尼迪克特：《菊花与刀》，浙江人民出版社 1987 年版，第 111—112 页）

以上是美国当代著名的文化人类学家本尼迪克特在其力作《菊花与刀》中对“忠”在日本历史中重要作用的描述。

日本的“忠”渊源于中国儒家思想。在中国历史上，为抗击金兵，岳母为南宋爱国将领岳飞刺“精忠报国”四个大字，已成为古往今来流传于民间的美谈。“忠孝两全”更是中国古代社会人们向往的理想人格。此外，“忠义”、“忠信”、“忠贞”、“忠诚”已成为中国人评价道德水准的价值尺度。

既然中日两国都崇尚“忠”，那么，“忠”的对象、内涵、效益如何？其异同何在？

20 世纪 70 年代以来，人们常把日本人的集团意识和团结精神归结于日本民族对“忠”的无限尊崇。这其间的内在联系是什么？需要作出回答。对此，笔者管见如下——

第一节　仁与忠的伦理精神

儒学是中华民族传统文化思想的主流。它不仅在中国长达二千年的封建社会一直处于正统地位，而且成为东方民族精神的支柱，即使在东亚现实社会中，也可以随处看到它的影响。对中华民族和东方民族具有重要影响的儒学,从历史发展角度考察,它大体经历了四个发展阶段。这就是(一)原典儒学——先秦儒学;(二)经学儒学——两汉至隋唐儒学;(三)理学儒学——宋元明清儒学;(四)新学儒学——近代儒学。其中,原典儒学和经学儒学属于早期儒学发展阶段。作为早期儒学的原典儒学和经学儒学为儒学的鼎盛和更新奠定了基础,所以,早期儒学在中国儒学发展史上占有极其重要的地位。

中国早期儒学的基本特征可以概括为"人学"。这一特征是由中国古代社会的特性决定的。春秋战国时期是中国古代大变革、大动荡时期。其时,"礼坏乐崩"、"礼乐征伐自诸侯出"、"陪臣执国命"、"天下无道"。政局的动荡反映在思想领域中,表现为维护宗法等级制度的"周礼"趋于崩溃。"礼"的起源是原始礼仪基础上的晚期氏族统治体系的规范化和系统化。作为原始礼仪,礼具有重要的社会功能和政治作用。原始氏族正是通过这种原始礼仪活动,将其群体中的每个人组织起来,使他们按着一定的社会秩序和规范进行生产和活动,以维护整个社会的生存。所以,礼对每个氏族成员具有极大的强制性和约束力,相当于后世的法律。至早期奴隶制,这种原始礼仪逐渐变为氏族贵族的专利品。而周礼正是在此基础上发展、形成的西周以来的典章、制度、规矩、仪节。因此,就其实质而言,周礼一方面有上下等级、尊卑长幼明确而严格的秩序规定,另一方面由于经济基础延续着氏族共同体的基本社会结构,所以它在一定程度上又保存了原始的民主性和人民性。为了维护这种周礼,先秦儒学提出了正名、德治、仁爱等方针和措施。所谓"正名",就是要恢复周礼被僭越的"君君,臣臣,父父,子子"(《论语·颜渊》)的等级身份制。因为在宗法制度中,人们受着层层义务的约束,对父来说,我是子;对子来说,我是父;对兄来说,我是弟;对弟来说,我是兄;对君来说,我是臣。这些各种各样复杂的关系都有一套固定的行为准则。这些行为准则的实施,体现了一种人我关系的交流。所谓“德治”,就是用德和礼对民加以感化,以此提高人民的道德水准,使其自觉消除犯罪观念。为此,德治成为先秦儒家的统治术。先秦儒家认为运用德治统治术,可以达到富国、富民的社会效果。“百姓足,君孰与不足?百姓不足,君孰与足?”(《论语·颜渊》)所以,德治反映的仍然是一种人(百姓)我(君)关系。所谓“仁爱”,就是先秦儒家提出的“爱人”。“爱人”的基本含义为:只要你是人,我就要以人——我的同类——之道来看待你,把你与物区别开来,对你怀有一种人对人的亲爱和慈悲。由于人是众多的,所以“爱人”的另一种表达就是“泛爱众”,即最广泛地亲爱众人,而不是只亲爱父母兄弟、君主长官。总之,仁爱就是在处理人我关系时亲爱一切人,与一切人友善,对一切人的不幸怀有恻隐和同情。

随着秦汉帝国的创立,大一统的中央集权封建宗法专制国家需要一套意识形态与之紧密配合。于是,汉代儒学提出了一套天人感应神学体系。这套神学体系的核心是天与人可以互相感应。即“国家将有失道之败,而天乃先出灾害以谴告之,不知自省,又出怪异以警惧之,尚不知变,而伤败乃至。以此见天心之仁爱人君而欲止其乱也”(班固:《董仲舒传》,《汉书》第56卷,中华书局1962年版,第2498页)。天任命圣君也惩罚暴君,天命有予有夺。所以,逆天而行暴政,天便以怪异现象而警惧之,这是“天谴”;顺天而行仁政,天又以祥瑞而祝贺之,这是“天瑞”。天命的予与夺,是通过天瑞和天谴为其预兆,以感应于人。同时,王政之好坏,反转来又感应于天。天人感应说反映了天与人的一种神秘关系。

隋唐时期,佛教盛行。佛教伦理宣扬通过个人的自我修炼,以达成佛的最高境界。为了与这种佛教伦理相抗衡,隋唐儒学以“性情论”使先秦儒学倡导的“内圣”之学复苏。这种“内圣”之学即强调个体的主观精神修养，认为这是引导人们成圣的道路。所以，“内圣”之学表达了一种人人关系，即人与自我的关系。

人我关系阐述的是人与他人的关系，天人关系反映的是人与自然的关系，人人关系表示的是人与自我的关系。这些错综复杂的关系都围绕着一个“人”字，即关于人的主体精神、主观修养、主体与客体的关系、个体与群体的连结等问题。这些问题构成了“人学”的基本内容。

“人学”是中国早期儒学的基本特点，而早期儒学借以反映这一基本特点的基本范畴便是“仁”。诚然，自原典儒学创始人孔子将“仁”加以系统化、哲理化之后，“仁”便成为中国早期儒学的核心范畴，展现“人学”内容的基点。“仁”的本旨可以概括为三个方面：

第一，仁包含了对别人的尊重。

仁的中心思想是“己欲立而立人，己欲达而达人”（《论语·雍也》），自己求立，并使人亦立；自己求达，并使人亦达。究其实质，便是成己成人。所以，仁的根本是“爱人”。爱人的前提是对别人人格的承认和尊重。因此，仁者“爱人”、“好人”，包含着对别人的尊重。

第二，仁揭示了人们道德修养的起点和方法。

这就是以自我为起点，由己及人。孔子说：“仁远乎哉？我欲仁，斯人至矣。”（《论语·述而》）人们在道德上要想达到仁的境界，必须从自己开始作起。所以，《中庸》讲：“力行近乎仁。”为仁必须从自我实在的力行开始，才能立己立人，达己达人。

第三，仁展示了理想人格的价值。

仁是一个极崇高而又很切实的生活理想，达到了仁，就意味着完成了个体人格的塑造，即使个体人格的“仁”达到了一种最高点。“志士仁人，无求生以害仁，有杀身以成仁”（《论语·卫灵公》）；“君子无终日之间违仁，造次必如是，颠沛必如是”（《论语·里仁》）；“苟志于仁矣,无恶也”(《论语·里仁》);“仁者不忧”(《论语·子罕》)。这些仁展示了儒家所追求的理想人格。具备了这种理想人格,便可以“三军可夺帅也,匹夫不可夺志也”(《论语·子罕》);“岁寒,然后知松柏之后凋也”(《论语·子罕》);“可以托六尺之孤,可以寄百里之命,临大节而不可夺也,君子人欤?君子人也”(《论语·泰伯》);“士不可以不弘毅,任重而道远。仁以为己任,不亦重乎,死而后已,不亦远乎?”(《论语·泰伯》)。这些就是儒家所提倡的理想人格的价值之所在。

由此可见,“仁”集中阐述了为人的规范、待人的方式、修己的途径,明显体现了作为人的个体人格的价值、理想、归宿,而究其实质,这些不外乎是儒家所倡导的一种崇高的道德观念、伦理精神。而要把这种道德观念转变为道德行为、伦理精神转化为伦理行为,其中的重要环节便是“忠”。笔者以为,“仁”固然是中国儒学的重要范畴,但是,在强调“仁”重要性的同时,不应该忘记“忠”的重要性,尤其是在早期儒学中的重要作用。

“忠”发端于殷周,至春秋战国时与孝、仁、义、礼等成为重要的伦理范畴。后汉马融撰《忠经》,使之系统化,以演为早期儒学的基本范畴。综观“忠”的意义,可以分解为三。

(一)忠是为仁之道。

如上所述,从人我关系来看,忠是为仁之道,即实践“仁”这一伦理道德的根本途径。要想使仁的美德保存于每一独立的人,同时,又要使个体的人与人之间相互贯通,以使仁爱精神充溢于人间,那么,就必须有一条由自我达他人、由此人通彼人的桥梁。在孔子看来,这条由此达彼的桥梁就是“忠”。因为他给“仁”下的一个明显的界说就是“夫仁者,己欲立而立人,己欲达而达人。能近取譬,可谓仁之方也”(《论语·颜渊》)。这里的“立”是有所成而足以无倚的意思,“达”是有所通而能显于众的意思。所以,通俗地解释“己欲立而立人,己欲达而达人”就是自我既自强不息,又能善为人谋。这就是“仁”的本意。“能近取譬”是为仁的方法。这种方法就是“将心比心”,自己愿意通达,也要使别人通达;自己想要站得住,也要使别人站得住,即由己推人,由近及远,将“仁”这一伦理道德推而广之,使人人自觉遵守。由此,使道德观念的仁转化为道德行为的仁。而实现这一转化的中介环节——“推己及人”(能近取譬)就是“忠”。

正是由于“忠”具有把“仁”这一道德观念转化为道德行为的重要作用,所以,孔子非常重视它。在《论语》中,“忠”作为一个重要范畴,先后出现过18次。孔子对“忠”重视的另一层原因在于“仁”并不是孔子所认为的最高境界,“圣”才是他所追求的最高境界。“圣人”的目标是“博施于民而能济众”(《论语·雍也》),是“修己以安百姓”(《论语·宪问》)。这是说“圣人”的标准是要具有明显的客观业绩,如广泛地给人民以好处,又能帮助大家生活得好;如修养自己以使所有百姓安乐。而“仁”仅仅是一种美好的道德观念,只能停留在主观的理想人格规范之内。要想成为“圣人”,就必须要把美好的道德观念付诸实际,转变为辉煌的社会功绩,这就需要发挥“忠”的作用。所以,在由仁人通往圣人的道路上,“忠”是不可缺少的关键。正是在这层意义上,孔子的学生曾参讲:“夫子之道,忠恕而已矣。”(《论语·里仁》)。这里的“夫子之道”也就是孔子对曾参所说过的“吾道一以贯之”(《论语·里仁》)的“一”。而这“一”,就是“忠”。由此可以明了,“忠”作为贯穿孔子学说的一个基本范畴、一个基本观念,在孔子的整个思想体系中,具有核心作用。

(二)忠是为国之本。

自早期儒学提出“修身、齐家、治国、平天下”之后,这一思想就成为了儒家的政治抱负。而这一政治抱负的实施,也就是“忠”范畴社会功能的展现。这是因为:

“忠”是古代社会生活的至理。这是就“忠”在古代社会生活中的重要性而言。关于“忠”的重要性,《左传》成公二年记载:“忠,社稷之固也。”《忠经》论证说:“昔在至理,上下一德,以征(成的意思)天休(休为吉庆、美善的意思),忠之道也。天之所覆,地之所载,莫大乎忠。忠者中也,至公无私。天无私,四时行,地无私,万物生,人无私,大亨贞。”又说:“忠也者,一其心之谓也。为国之本,何莫繇(繇为由的意思)忠。忠能固君臣,安社稷,感天地,动神明,而况于人乎。忠兴于身,著于家,成于国,其行一也。是故一于其身,忠之始也;一于其家,忠之中也;一于其国,忠之终也。身一则百禄至,家一则六亲和,国一则万人理。”(《忠经·天地神明第一》)这就是说,“忠”从“至公无私”来讲,它是贯彻天、地、人三才的最高原则。对“天”来讲,天行忠则无私,无私则四季行焉;对“地”来讲,地行忠则无私,无私则万物生焉;对“人”来讲,人行忠则无私,无私则大亨贞焉,即忠在古代社会生活中,对君、臣、百姓来说,无论是修己、齐家,还是治国、平天下,都是普遍适用的。只要遵循“忠”这一最高道德原则,修己就能“百禄至”,齐家就能“六亲和”,治国平天下就能“万人理”,真是“何往而不可也”。由此可见“忠”的重要性。

“忠”是处理君臣关系的规范。封建社会中的各种人与人的关系,上下左右,纵横交错,好比一个大罗网,无论什么人都生活在这个罗网之中。而在这个错综复杂的罗网之中,实际上只有两个主要关系,一个是君臣之间的政治关系,一个是父子、夫妇、兄弟、族人之间的血缘关系,这是稳定封建统治秩序的两个基本环节。而早期儒学认为君臣关系(忠)比父子关系(孝)更重要,无“忠”则无以为“孝”。“故君子行其孝必先以忠,竭其忠,则福禄至矣”(《忠经·保孝行章第十》)。竭忠则得福禄,得福禄则可荣亲、养亲,这就是以亲之故得保于孝。所以,巩固封建社会的重要前提是处理好君臣关系，即充分发挥“忠”的规范作用。“忠”作为处理君臣关系的一种道德规范，其作用表现为两个方面。一方面“忠”表现为君臣关系的平等思想和民主色彩。如孔子的“忠”，作为对臣的规范是相对的。定公问曰：“君事臣，臣事君，如之何？”孔子对曰：“君使臣以礼，臣事君以忠。”（《论语·八佾》）这里，“臣事君以忠”是以“君使臣以礼”为条件的，即“忠”以“礼”为前提条件而形成制约、调节君臣上下等级关系的规范。在君对臣以“礼”的条件下，臣才会对君以“忠”。由此可见，通过“忠”的这种作用，使君臣关系具有平等意义。对此，孟子作了进一步发挥。他认为君臣的关系是相对的，“君之视臣如手足，则臣之视君如腹心；君之视臣如犬马，则臣之视君如国人；君之视臣如土芥，则臣之视君如寇仇”（《孟子·离娄下》）。虽然这里没谈到“忠”，但孟子这些具有民主色彩的思想，显然是对孔子“忠”的发展。对孟子这一具有民主色彩思想作进一步发展的是荀子。他说：“故上好礼义，尚贤使能无贪利之心，则下亦将綦辞让，致忠信，而谨于臣于矣。”（《荀子·君道》）荀子的“忠”，仍然是有前提的忠，有条件的忠。所以，早期儒学强调“忠”是在一定条件制约下的道德行为。这是它的一个方面。另一方面，“忠”是君对臣进行监督、管理的规范。“为臣事君，忠之本也。”“夫忠者，岂惟奉君忘身，徇国忘家，正色直谏，临难死节已矣。”（《忠经·家臣章第三》）“在官惟明，莅事（临事）惟平，立身惟清。清则无欲、平则不曲、明能正俗。三者备矣，然后可以理人（管理人事）。君子尽其忠能以行其政令而不理者未之闻也。”（《忠经·守宰章第五》）以上三段论述阐明了制约臣行为言论的“忠”的条件。即臣要作到“明”、“平”、“清”，才是对君进“忠”。这种“忠”具体表现就是为君可以忘身、忘家，对君可以正色直谏，临难死节。

“忠”是辨别贤良人才的标准。早期儒学从治国、平天下出发，主张明君要选用贤良之才，而贤良之才的标准就是“忠”。“大哉忠之为用也。……故明王为国,必先辨忠"(《忠经·辨忠章第十四》)。如用"仁而不忠"者,则会"私其恩";用"知而不忠"者,则会"文其诈";用"勇而不忠"者,则会"易其乱",而用忠良贤臣,则"政教以之而美,礼乐以之而兴,刑罚以之而清,仁惠以之而布,四海之内有太平音"(《忠经·尽忠章第十八》)。由此可见,"忠"是辨别贤良人才的重要标准。

(三)忠是为德之体。

从伦理道德角度来看,"忠"既是中国人在社会生活中形成的一种内向的优秀情操品德,即道德观念,同时又是使人与人的关系达到合理规范的外向表现,即道德行为。正是在道德观念与道德行为统一的基点上,说"忠"是道德之体。

当"忠"作为内向的道德情操时,它表现为"忠诚"、"忠实"、"忠厚"、"忠贞"、"忠义"等高尚品德。如"忠者德之厚也"(贾谊:《新书·大正书》)。"其忠至矣"(《荀子·礼论》)。"忠者,德之正也"(《左传·文公元年》)。这样的"忠",是一种美好的个人道德品尚。

当"忠"作为外向的道德行为时,它表现为"尽心"、"尽己"、"尽力"、"为人"、"竭力"、"无私"、"忠果"、"忠勇"等为人处事的品行。如"忠,内尽其心而不欺也"(《增韵》)。"忠,无私也"(《广韵》)。这是讲尽己之心为他人,无私奉献于他人,就是"忠";"居处恭,执事敬,与人忠"(《论语·子路》)。这是讲居处不动容貌端恭,干起工作严肃认真,与人交接忠诚老实;"居之无倦行之以忠"(《论语·颜渊》)。这是讲身在职位,勤奋不倦,执行其事,实实在在地干,就是"忠";"忠告而善导之"(《论语·颜渊》)。这是说朋友有不是,既尽忠直告,又善为劝说;"公家之事,知无不为,忠也"(《忠经》)。这是说为公家之事,个人要尽力而为,就是"忠"……。这样的"忠"是个人"尽己"、"尽心"、"为人"、"为公"的自内向外的高尚的道德行为,亦是使人与人的关系达到合理境界的根本性道德规范。

基于中国早期儒学的“人学”特点，中国的“忠”是处理一切人际关系的道德规范和政治规范。这是它的基本功能和特征。

第二节 恩与忠的政治理念

中国儒家典籍传入日本，最初是经过朝鲜传入的。根据日本第一部正史《日本书纪》记载：公元 284 年即应神天皇十五年，朝鲜半岛的百济国王派遣一个名为阿直岐的人出访日本。由于阿直岐能够读中国经典，所以太子菟道稚郎子拜他为师。应神天皇问阿直岐：“还有没有比你更高明的博士？”阿直岐回答说：“有个叫王仁的，很高明。”应神天皇即派人邀请王仁。公元 285 年即应神天皇十六年，王仁携《论语》10 卷、《千字文》1 卷来日。太子菟道稚郎子又拜王仁为师，学习中国典籍。应神天皇死后，菟道稚郎子本应继位，但他推让皇位于异母兄大鷦鷯。其理由是大鷦鷯仁孝之名远扬天下，而且年龄大，应即天皇位。大鷦鷯则以父命难违为由，固辞不就。两人互相推让。以致造成天皇空位三年。最后，菟道稚郎子自杀，以示辞让诚意（参阅《日本书纪》应神天皇四十年条、仁德天皇条，《岩波文库》1952 年版）。学习过儒家经典的太子菟道稚郎子与其兄大鷦鷯互相推让皇位之事，很像《论语》所说泰伯辞让君位于其幼弟季历的故事。《论语·泰伯》有：“子曰：泰伯其可谓至德也已。三以天下让，民无得而称焉。”以上是有关中国儒家经典和汉字传入日本的最早记载。

日本人系统学习中国儒家典籍和思想，则是从公元 6 世纪开始。据《日本书纪》记载，513 年（继体天皇七年）日本出于对中国先进文化的渴求，以在朝鲜半岛南端的属地任那的四个县转让给百济国王为代价，换一位名叫段杨尔的五经博士来日，讲授儒家经典。三年之后的 516 年（继体天皇十年），百济又派“五经博士汉高安茂请代博士段杨尔”(参阅《日本书纪》继体天皇十年条)。以后,百济继续以轮换办法向日本派遣五经博士。这样,中国儒学经典和思想,以朝鲜半岛上的百济为津梁,源源不断地流向日本。

儒学直接从中国传入日本,则是7世纪的事。日本从推古天皇十五年(607年)开始,先后三次派遣使者、留学生和学问僧来到中国。这些人来到中国后,热心地学习和研究儒家思想、探求中国文化、奋力攻读儒家典籍,回国时又把大量的儒家典籍和文物带回日本。据记载,平安朝初期传入日本的汉籍已达1579部,16790卷之多。

从儒学传入日本到平安时代(794年—1192年)末期,可称为儒学在日本的早期传播阶段。

自12世纪末,日本进入由武士掌握中央政权的阶段。由于武士要驰骋于矢石之间,出入于生死之门,所以他们对生死如一、立地成佛的禅宗很感兴趣。为适应武士的这种精神需求,在镰仓幕府(1192—1333年)和室町幕府(1336—1573年)期间,禅宗盛行。随着禅宗的流行,中国儒学在日本得到了进一步的传播和发展。如《花园天皇宸记》中曾记载:后醍醐天皇(1288—1339年)即位后的第二年(1319年),曾请僧人玄惠到宫中讲解《论语》。在侧旁听的花园上皇在日记中写道:“今夜资朝、公时等,于御堂殿上谈《论语》。僧等济济交之。朕窃立闻之。玄惠僧都义,诚达道。”(〔日〕西村天囚:《日本宋学史》,东京梁仁堂书店1909年版,第31页)事隔三年,此书又记下了公卿纪行亲讲解《尚书》时的情况。“元亨三年(1322年)七月二十五日癸亥,谈《尚书》,人数同先夕。其义不能具记。行亲义,其意涉佛教,其词似禅家。”(〔日〕西村天囚:《日本宋学史》,第31页)在镰仓和室町时代,儒学主要在朝廷和禅僧中流行。但室町时代后期,儒学逐渐向民间和地方传播。其中,设在关东地区的足利学校,对于儒学的普及,发挥了特殊作用。如足利学校的《校规三条》中规定:学校只能讲汉学,学“三注”(即胡曾的《咏史诗注》、李暹的《千字文注》、李瀚的《蒙求注》)、“四书”、“五经”、《列子》、《老子》、《庄子》、《史记》、《文选》,成为专攻儒学的学府。与此同时,还出现了儒学学派——九州的萨南学派和四国的海南学派。

笔者以为,在日本儒学发展史上,儒学早期传播阶段和镰仓、室町时代的儒学,可称为日本早期儒学。

日本早期儒学是为日本古代社会天皇一尊体制提供政治理念的。天皇制是日本政治制度的表现形式之一。日本天皇制经历了古代天皇制、近代天皇制和现代天皇制三个发展阶段。古代天皇制的形成根源于日本人传统的宗教信仰——神道教。神道教宣扬日本是神国,天皇是天照大神的子孙,是“现人神”。而人的生命是神授予的。因此,日本民族是神的子孙,是世界上最优秀的民族。这样,神、国家、天皇,三位成为一体。“没有天皇的日本不成其为日本”,“没有天皇的日本是不可想象的”,“日本的天皇是日本国民的象征,是国民宗教生活的中心,天皇是超级宗教对象”(〔美〕本尼迪克特:《菊花与刀》,第 28 页)。这就是日本古代社会的天皇一尊体制。

这种天皇一尊体制又是一种严格的等级体制。日本古代天皇制是伴随着日本社会由发展不充分的奴隶社会(初期奴隶社会)向封建社会的转变而形成的。日本奴隶社会的统治者是大王(即后来的天皇)。大王的地位和权力不是依靠他的军事力量和经济力量压倒其他族长使之臣服而取得的,而完全是世袭的专制君主。大王的世袭,是固定不变的,其他任何有力的族长,都不能取而代之。这种世袭的等级身份制成为日本社会的基本结构。在日本古代社会中,每个人的身份都是世袭固定的。天皇及其世袭贵族(公卿)组成宫廷,神圣不可侵犯,是日本等级制度拱门的最高拱顶石。

虽然天皇与世隔绝,没有实权,但即使是掌握日本统治实权的幕府将军,为了抬高自己的地位,增加将军的权威性,仍需要通过"万世一系"的神的后代——天皇授与"征夷大将军"的称号。因此,在名义上天皇永远是日本的最高统治者。这就是日本不像中国那样频繁地改朝换代的原因之一。由此可见,日本人把人与国家的关系建立在严格的等级制度上。这种严格的等级制度表现在家庭中,每个人根据辈份、性别和年龄各占据一个适合于自己身份的地位。父亲作为一家的男主人,吃饭时得把饭菜端给他,洗澡时也是他第一个走进家庭浴室,他对家庭成员恭恭敬敬的行礼只报之以轻微的点头。在日本有一个众所周知的谜语,就是:"想向父母提意见的儿子犹如一个想在头上长出头发的和尚。这是为什么?"回答是:"不管他多么想干也办不到。"每个日本人又把自己在家庭中养成的等级制度习惯运用到经济和政治等更广阔的领域,对那些比自己地位高的、在特定的"适当位置"上的人表示敬意(参阅〔美〕本尼迪克特的《菊花与刀》,第44、47页)。总之,每个人都处在适合于自己身份的等级位置上。等级制度成为日本社会的基本结构。这就是说"日本的社会结合大部分是人身或统治服从的关系,而不是个人与个人之间通过自由意志这一媒介的结合,这已经成为一种常识。但这种关系究竟是由什么样的意识来加以维持的?是由什么规范体系来加以确立的?……这种关系最本质的要素就是两个原理,其一是恩的原理,其二是家族制或(家)的原理"(〔日〕川岛武宜:《评价与批判》,该文为《菊花与刀》附录)。

作为维系日本社会等级身份制的重要原理之一的"恩",其实质是一种"债",即受恩者被动承担的"义务"。在由等级制度构成的日本社会中,每个人都蒙受天皇的恩,这是"皇恩";子女在家庭中要蒙受父母之恩,这是"亲恩";学生要蒙受先生的恩,这是"师恩";仆人或武士要蒙受主君的恩,这是"主恩";……从受恩者的立场来看,每一个日本人要向天皇“偿还”恩情债;子女要主动“偿还”双亲的债;学生要向恩师“回报义务”;仆人或武士要向自己的恩主主动“回报这些义务”;……这样,通过“恩”这条链条,就把天皇与日本人、双亲与子女、先生与学生、主君与仆人、武士……所有的上下等级关系连结在一起。伴随着日本社会等级制度,“恩”作为一种观念,深深地根植于日本人的道德意识中,并在日常生活中被忠实地履行着。

“恩”,作为日本人的一种伦理观念,由来已久。这从日本的早期寓言故事——“仙鹤报恩”中便可得到证明。这个故事讲:

在很久很久以前,有一对贫穷的老夫妇住在山里,每日靠老头上山打柴到城里卖柴为生。有一天,老头又去城里卖柴,路上看到一只美丽的仙鹤,因不慎双腿被绳子捆住不能飞了。于是,老头帮助仙鹤解开了捆腿的绳子,仙鹤愉快地飞走了。仙鹤为了报答老头的救命之恩,便变成一个漂亮的少女,来到老夫妇家里,做干女儿。仙鹤每天晚上都用自己身上的美丽羽毛织成鲜艳的锦缎,叫老头拿到城里去卖。这样,老夫妇靠这些美丽的锦缎,得到了许多钱,生活由贫变富。以后,由于老太婆的好奇心,发现了这个漂亮的少女是只仙鹤,于是,仙鹤不得不含泪离开了恩主家。但它还常常飞来,在恩主的小屋上空久久徘徊,以向恩人谢恩。

这个小故事的寓意是“恩”。仙鹤蒙受了老头的恩,即对恩主老头欠下了恩情债。因此,它认为自己有偿还恩主这笔债的义务。所以,它宁肯用自己身上的羽毛来施以报答。

此外,从公元五世纪出土的金文中也可以证明“恩”的观念在日本人思维中早已有之。如熊本县江田船山古坟出土的大刀铭文,其全文是:“治天下獲□□□齿大王世,奉□典□人名无□弓八月中,用大锴釜并四尺廷刀,八十练六十捃,三寸上好□刀,服此刀者,长寿子孙注得其恩也,不失其所统,作刀者伊太加,书者张安也。”(王家骅:《儒家思想与日本文化》,浙江人民出版社 1990 年版,第 5 页)其中的“长寿子孙注得其恩”显然是对“恩”的论述。

在日本最早的和歌集——《万叶集》中,更集中反映了日本古代社会中人们关于“恩”的观念。《万叶集》博大深广,收集了自公元 4 世纪到 8 世纪四百年间的长短诗歌 4500 首。《万叶集》的作者自天皇、公卿至平民、百姓,所以它深刻全面地反映了日本古代社会中人们的思想、情感、道德、伦理。其中,关于“恩”的诗歌有两大类。一类是对“皇恩”的歌颂,另一类是对“亲恩”的怀念。如“献天皇歌一首”为:

今来山里住,何处有风流。
此刻吾为者,天恩莫见尤。([日]大伴家持编撰:《万叶集》,杨烈译,湖南人民出版社 1984 年版,第 158 页)

“令反惑情歌一首”为:

尊敬汝父母,惠爱汝妻子。
悠悠人世间,此乃大道理。
拘泥在蕃篱,不知越常轨。
或有出家人,弃家如脱履。
是否木石生,汝名应可耻。
汝若去天空,天空任飞翔。
汝若居地上,地上有大王。
日月照临下,天云垂四方。
虾蟆游谷底,周延及遐荒。
遍行此国中,即使到边疆。
岂可任意为,处处有纲常。

(《万叶集》第 173 页)

“反歌二首”为:

母亲不见吾,吾欲别吾母。

不识向何方，茫然三叩首。
一世难重见，难见父母恩。
自今长别后，再见已无门。

（《万叶集》第 191—192 页）

这几首和歌反映了日本古代社会中人们的一种道德观念，即对天皇和双亲之恩绝对的报答。日本人认为天恩浩荡、亲恩悠悠，作为蒙受这些恩的受恩者必须忠于天皇，孝敬父母。这乃是人世间的大道理。这一道理就是纲常，规范着人们的道德行为，不可任意作为。

在日本早期儒学中，“恩”是维系日本等级社会的一种重要观念。将这种观念付诸行动，即“报恩”，也就是受恩者偿还恩主的恩情债、回报恩主的义务，这就是“忠”。“忠”是对“恩”所作的一种无限的义务。这是日本早期儒学对“忠”的理解。

对“忠”的详析，可从以下二个方面阐释。

第一，忠是对天皇和日本国的责任。

在以等级制为社会基本结构的日本古代社会中，天皇站在这个等级制度的顶端。然而，日本天皇的特点在于他是日本国的最高象征，但不是掌有实权的国家元首。这就是说，天皇与世隔绝，远离喧嚣的尘世。唯有如此，天皇才能永远成为日本统一与永存的象征，才能成为日本人敬仰的“神”，也才能使皇统绵延不绝，皇恩浩荡不息。这样，最大的“恩”是皇恩。每一个日本人都受到了作为象征日本国的天皇之恩。因此，报偿皇恩的至高行为，即最大的“忠”，理应奉献给天皇。对天皇的效忠、忠诚和忠信，就是对日本国的效忠、忠诚和忠信，而这又是每一个日本人义不容辞的义务，即每个日本人必须全心全意履行的责任。这种观念根深蒂固，在日本早期儒学中有明确反映。如《万叶集》中对“忠”直接加以赞美的和歌有“藤原宫御井歌”：

大王天之子，如日照瀛寰。
自从造皇宫，藤井在其间。
埴安池有堤，堤上现龙颜。
东望有青山，青青香具山。
春山正繁荣，为国守东关。
西望有瑞山，祥瑞亩火山。
北峰高入云，为国守西关。
北望有神山，神灵耳犁山。
山上生青菅，为国守北关。
南望有名山，名高吉野山。
云居远可望，为国守南关。
天荫在高空，日影不可攀。
映入御井水，井水清且惆。

（《万叶集》第15页）

“藤原宫之役民作歌”：

大王天日子，天子建新猷。
建都藤原宫，号令施诸侯。
高殿祀群神，天地尽神州。
淡海田上山，桧木伐为桴。
放入宇治川，似藻水上流。
役民劳此役，骚扰几时休。
忘家亦忘身，如鸭水面浮。
我等造宫室，运来木与树。
不知从何国，行经巨势路。
唯愿我国家，永世安如素。
神龟负出图，新京永且固。
木筏越泉河，循流行上溯。

鉴此辛与勤，神灵应鼎助。

（《万叶集》第 14 页）

“天皇御游雷岳之时，柿本朝臣人麻吕作歌一首”：

天皇本是神，早住云霄上。
今又上云雷，筑庐营卧帐。
大王本是神，早住云雷上。
宫殿隐云间，今朝来拜望。

（《万叶集》第 62 页）

“或本反歌一首”：

大王本是神，何物不能改。
群树立荒山，化为山上海。

（《万叶集》第 64 页）

“山上忆良作歌一首”：

白浪海边打，苍松立海滨。
纸钱枝上挂，世世敬天神。

（《万叶集》第 10 页）

“大伴家持献天皇歌二首”：

凫鸟潜池水，池水有深心。
我恋吾君意，亦如池水深。
外居难忘恋，长愿住君家。
宫内池中鸭，休栖野水涯。

（《万叶集》第 159 页）

此外，日本早期儒学关于“忠”的论述，还集中反映在圣德太子公元 604 年颁布的《十七条宪法》中[①] 如第三条说：

① 《十七条宪法》并非法律，而是对官吏的道德诫。《十七条宪法》全文见《日本书纪》推古天皇十二年条。

承治必谨。君则天之,臣则地之。天覆地载,四时顺行,万气得通。地欲覆天,则致坏耳。是以君言臣受,上行下靡,故承诏必慎,不慎自败。

第四条说:

郡卿百寮,以礼为本,其治民之本,要在礼乎;上不礼而下非齐,下无礼以必有罪。是以君臣有礼,位次不乱;百姓有礼,国家自治。

第六条说:

佞媚者,对上则好说下过,逢下则诽谤上失。其如此人,皆无忠于君,无仁于民,是大乱之本也。

第十二条说:

国靡二君,民无两主。率士兆民,以王为主。所在官司,皆是王臣。

以上所举和歌和《十七条宪法》的内容集中阐述了:

"忠"是对天皇和日本国的奉献。上引的第一和第二首和歌充分表达了臣民对天皇和日本国的无限奉献精神。其中的"春山正繁荣,为国守东关";"北峰高入云,为国守西关";"山上长青菅,为国守北关";"云居远可望,为国守南关"和"忘家亦忘身,如鸭水面游";"唯愿我国家,永世安如素"等诗句,歌颂了古代日本社会的臣民为了天皇和日本国,不惜献出自己的一切乃至生命的奉献精神。这种无限的奉献,就是"忠"。

"忠"是对神圣首领的偿还。上引的第三、第四首和歌根据日本古代民间传说,把天皇说成是天照大神的后裔,是一种"神"。在日本古代人的思维中,"人"与"神"之间不存在一条不可逾越的鸿沟,所以,天皇是"现人神"。而"神"是"头",即顶端的意思。这样,作为现人神的天皇就是盘踞于日本等级社会顶点的人。因此,臣民对天皇的回报、偿还,是天经地义的事。和歌中"宫殿隐云间,今朝来拜望”和“群树立荒山，化为山上海”两句，就反映了臣民对天皇由衷的偿还之情。这种由衷的偿还，就是“忠”。

“忠”是对天皇的报答。上引第五、六首和歌反映了古代社会的臣民对天皇虔诚的报答之情。“纸钱枝上挂，世世敬天神”，描写了人们世世代代对天皇的虔诚祭祀；“我恋吾君意，亦如池水深”，抒发了人们对天皇的无尽怀恋。这种虔诚的祭祀和无尽的怀恋，就反映了人们对天皇虔诚报答的心愿。这种虔诚的报答，就是“忠”。

“忠”是对天皇履行的义务。《十七条宪法》明确规定了日本古代社会中“君、臣、民”的关系和作用。这就是“君言臣受”；“君臣有礼”；“无忠于君……是大乱之本”；“国靡二君，民无两主”；“所在官司，皆是王臣”。这表明了君(天皇)是日本国最高首领，臣民都要服从于君，即忠于君。这里的“忠”，是指臣民对天皇应尽的义务，即臣受君之言、臣对君有礼、万民从一君等。

归根结蒂，在古代日本社会，臣民对天皇的奉献、偿还、报答和义务一起塑造了一个价值的四位一体。这种四位一体的价值在社会内部维系着天皇与臣民的联系，调节着森严的等级关系，以此构成了对天皇和日本国必负的一种责任。

第二，忠是日本伦理道德的支柱。

在日本早期儒学中，“忠”属于伦理范畴。由于日本古代社会的等级结构，对各种“恩”的偿还也分成了等级，如偿还“皇恩”为“忠”，偿还“亲恩”为“孝”……所以，日本古代社会的伦理道德也显出层次性。基于天皇是等级结构的最高点，因此，偿还“皇恩”的“忠”也成了道德这座拱门的拱顶石。这就意味着“忠”是日本伦理道德的支柱。之所以说“忠”是日本伦理道德的支柱，还因为：

“忠”是一种道德自觉，体现了人伦情感。在日本早期儒学中，把受恩者对恩主施以报恩的行为，称之为“忠”。这表明，受恩者在道德上意识到自己欠下了恩主的债,并愿意以无限的忠诚,乃至自己的生命回报恩主。为此,受恩者主动地向恩主报恩,这是一种道德自觉的具体反映。这种道德自觉来自受恩者的一种亲情,即受恩者对恩主的"爱"。因此,在这层意义上,"忠"又是"爱"的别名。如公元749年,诗人大伴家持写道:

在海洋里,我的躯体在水中沐浴,

在陆地上,我的躯体与丛生的青草为伴,

让我死在我的君主身旁!

我永远不会感到遗憾。(转引自〔日〕森岛通夫:《日本为什么会"成功"》,四川人民出版社1986年版,第11页)

公元753年,一位戍边的武士写道:

从今后,我将不再把家回,

我要成为陛下恭顺的盾牌。(同上)

如果诗人不是出于对天皇的"爱",就不会有死在君主身旁,永不遗憾的"忠"诚;如果武士不是出于对天皇的"爱",也不会有愿以生命为陛下盾牌的无限"忠"诚。由此可见,"忠"体现了人们对天皇的敬爱。

"忠"是一种道德规范,制约着人们的一切行为。在日本早期儒学中,"忠"被视为至美、至善、至高的伦理道德。人们的行为以"忠"为规矩和准绳,凡合于"忠"的,就是好的,就是正确的;凡不合于"忠"的,就是坏的,就是错误的。这正如日本早期儒学典籍《十七条宪法》所云:如果臣民不"忠"于君,则是国家大乱之本。反之,如果臣民按"忠"行事,则国家自治。这样,人们的一切言行都受到"忠"的规范和约束。而这种行为的规范和约束,最终又导致了精神的激变,即对象征日本国统一与永存的天皇的无限忠诚。

"忠"还是日本武士的最高美德。日本武士的道德自平安期已经萌生,但真正将"忠"作为武士的最高道德,则从镰仓时代起。镰仓幕府的第一代将军源赖朝(1147—1199年),在开创幕府的争战中,为获得武士团的永久支持,建立了御家人制度,宣布孝忠自己的武士们为“御家人”。御家人经济上的一切权益受其保护,有功者除拥有原来的土地外,还可以得到新的“恩给地”。由于御家人制度的建立,将军与所属武士结成了以土地和军事为核心的主从一体关系。这种关系以特殊的道德规范相维系:主君对从者施以“恩尝”,武士对将军要“尽忠”。“忠”成了武士必备的一种道德。(参阅魏常海的《日本文化概论》,中国文化书院1987年版,第105—106页)随着幕府将军对天皇神性的仰赖,武士就不仅要“忠”于将军,而且还要“忠”于天皇。这是高层次的“忠”。关于这高层次的“忠”,在《万叶集》中早有明确记载:

武士作人臣,干城壮士身。
大王随任命,闻命只遵循。

(《万叶集》第88页)

这首和歌表达了武士对天皇的无比忠诚。“忠”是武土的最高道德。

根据日本早期儒学是为天皇一尊体制即严格的等级体制服务的特点,就决定了日本的“忠”是臣民对天皇必须真情实意、竭尽身心地履行的责任和义务。这种责任和义务是由衷的情感的表露。所以,日本的“忠”具有浓厚的情感色彩。

第三节 理智型与情感型

忠,这个古老的伦理范畴,在它的发展演变过程中,经历了这样的历程:它在中国发芽,却在日本生根;它在中国开花,却在日本结果。之所以出现这种现象,是由于作为中国早期儒学的重要范畴“忠”与作为日本早期儒学的核心范畴“忠”具有许多相异之处。

这种相异之处,可以从忠的对象、忠的性质、忠的效益三方面加以比较说明。

一、关于“忠”的对象

在中国,“忠”的对象历来是握有生杀大权的专制帝王,即皇帝。中国的皇帝掌有统治中国社会的实际权力,对臣民拥有绝对主宰权、统治权和使用权。因此,中国的皇帝是专制者和独裁者。而臣民对这种专制帝王所表示的“忠”,一半是慑于威力,一半是出于功利。由于中国历史上真正使人甘心情愿效忠的圣明皇帝并不多,所以,专制帝王一旦倒台或死去,则臣民的“忠”也便随之烟消云散了。这种现象就决定了在中国历史上,臣民对皇帝的“忠”,不是始终不渝的。

在日本,“忠”的对象自始至终是象征着日本国统一与永存的日本天皇。日本的天皇不是中国的皇帝,其重要区别是天皇对于日本臣民没有统治实权。在日本历史上,从大化革新到明治维新的一千多年间,天皇是被关白(天皇的主要顾问官)、幕府将军(镇压蛮族的派遣军总司令)、上皇(根据神的意旨退位的皇帝)所控制。他们才是这个国家的真正统治者,而天皇在政治上的权力不过是名义上的。天皇的这种隔绝尘世、远离一切世俗事务的特点决定了日本在它所经历的种种变迁中,从未把社会结构打碎过,它的国家模式是永恒不变的。即日本整个历史上王位始终在唯一的皇室中相传,朝代从未中断过。它不像中国的历史,曾先后出现过三十六个王朝,日本的皇统是万世一系的。为此,日本臣民对天皇的“忠”,也是自始至终,一脉相承的。

由于“忠”的对象不同,决定了“忠”的性质和社会效益的相殊。

二、关于“忠”的性质

中国的“忠”属于理智规范型。在中国,效忠的对象是封建皇帝。而中国的皇帝在历史上不是像日本天皇那样万世一系,而是频繁地改朝易姓。这其中的一个重要原因是由于中国伦理思想的基石是“仁”的缘故。中国人的伦理观把仁作为一块试金石,以此裁决一切人际关系。这就是说,如果统治者是个仁主明君,臣民便拥戴他、效忠他;如果统治者是位昏主暴君,不行仁政,那么达到一定极点时,臣民便会罢黜他。这表明“忠”的基础是“仁”。

而“仁”的核心思想是孔子所说的“克己复礼,为仁”(《论语·颜渊》)。其中,“克己”是从伦理思想讲仁。中国早期儒学试图通过节欲的途径来维护社会秩序,所以大力提倡克制人的情感欲望。只有自觉地克制种种情欲的人,才是“仁人”。这样,“仁”就成了作人的伦理规范。“复礼”是从政治思想讲仁。“礼”是中国古代社会中处理神与人、君与臣、官与民、父与子、夫与妇、兄与弟、朋与友诸种关系的规范体系和制度。中国早期儒学认为凡符合这种“礼”的规范的,就是达到了仁的境界。所以,“仁”又是治国理民的政治规范。归根结蒂,“仁”是一种伦理规范、道德规范、政治规范和社会规范。

由于“仁”具有规范、准则、标准的意义,所以,以“仁”为基础的“忠”,也就具有了规范、准则、标准的性质。而用这种规范性的“忠”去效忠皇帝,就意味着中国臣民对皇帝的“忠”不是发自内心情感,而是“天理良心”的使然。正是在这层意义上,日本学者森岛通夫评价中国的“忠”是“对自我良心的真诚”(〔日〕森岛通夫:《日本为什么会“成功”》,第10页)。这就是说,出于一种道德规范和政治规范的约束,臣民要对皇帝表示忠诚。由于这种“忠”缺乏内在情感的驱动力,所以它不会持久。

日本的“忠”属于人伦情感型。在日本,尽忠的对象是自始不变的天皇。臣民对天皇的“忠”是建立在认恩情与报恩的基础上。日本人将天皇视为“现人神”即现世活着的神,整个日本民族都置于这位神的庇护之下。因此,对日本人来说,皇恩是至高至大的。而蒙受了这种至高至大皇恩的日本臣民,由衷地产生一种报恩之情。不管是“认恩情”还是“报恩”,都是发自人们内心的一种真情实意,是人伦情感的真挚流露。所以,“恩”是具有人伦情感色彩的一个范畴。

“恩”的人伦情感性决定了以“恩”为基础的“忠”的人伦情感性。日本人对天皇的“忠”是由衷的、真诚的、忘我的。这种情感性的“忠”达到了一种宗教般的虔诚和执著。所以,森岛通夫在评论日本的“忠”与中国的“忠”之主要区别时讲:“忠诚的意义在中国和日本也不相同。如前所述,在中国,忠诚意味着对自我良心的真诚。而在日本,虽然它也在同样的意义上被使用,但是它的准确的意义基本上是一种旨在完全献身于自己领主的真诚,这种献身可以达到为自己的领主而牺牲生命的程度。结果,孔子所说的‘臣事君以忠’在中国被解释为‘臣子必须以一种不违反自己良心的真诚去侍奉君主’;而日本则把此话解释为‘家臣必须为自己的君主奉献出全部生命。’”(〔日〕森岛通夫:《日本为什么会“成功”》,第10页)这表明日本的“忠”是一种深沉的“爱”和挚着的“情”。因为只有用“爱”和“情”凝聚起来的“忠”,才能达到“为自己的君主奉献出全部生命”的程度。日本早期儒学中这种人伦情感性的“忠”的观念,一直延续、发展下去,以至发生了使西方人不能理解的虎门事件和震灾时冒死抢救天皇像的事。曾在东京大学执教过的德国人雷德拉教授在其著作《日本与欧洲》中,表示了对日本民族“忠”观念的震惊和不可理解。据他讲,在日本有两件事使他最震惊。一件是大政十二年(1923年)十二月发生的难波大助狙击摄政官裕仁天皇的虎门事件。而他的震惊,与其说是难波大助行为的本身,不如说是这次“事件后的反响”。由于这次事件的发生,当时的山本权兵卫内阁总辞职,上至警视总监、下至警备道路的警官,一连串的“责任者”,受到惩戒免官。不仅如此,犯人的父亲即刻辞去众议院议员之职,在门前扎起竹栅栏,表示从此杜门不出。难波大助的家乡，全村废止了正月的贺典，陷入悲哀之中。就连难波大助上小学时的校长及其班主任，也因大助曾经是他们的学生而引咎辞职。虎门事件之所以会产生如此巨大而无形的社会压力，其原因就在于这种人伦情感性的“忠”。使雷德拉教授感到震惊和不可理解的另一件事是在大震灾时，为从熊熊燃烧的烈火中抢出天皇的像，竟至许多学校的校长为此丧命。这在外国人看来，为不使照片烧毁而牺牲校长的生命，实在是不值得和无法理解的。而日本人之所以要这样做，是出自他们对天皇的“爱”和“情”，即对皇恩的报偿和义务。这种报偿和义务是不可推卸的责任，也就是日本民族特有的那种人伦情感性的“忠”。

三、关于“忠”的效益

这里的效益，指社会效益和历史效益，即对社会发展、历史前进所起的实际作用。

在中国，由于“忠”的对象是历代封建皇帝，中国的皇帝是中国封建专制制度的最大代表和实际维护者，所以中国的“忠”与封建专制主义密不可分。从这层意义上讲，这种“忠”也是造成中国长期停滞于封建社会的原因之一。

这是因为在中国封建社会中，忠君的结果可以在一段时间内起到安定社会秩序，巩固封建皇帝统治的作用。为此，历代帝王为了稳固自己江山的需要，都竭力宣扬忠君思想。所谓忠君，就是以皇帝的意志为意志，以皇帝的话为金科玉律，以皇帝的思想为法律。在这种“忠”的土壤上，很轻易地就播下了个人崇拜、个人独裁、个人迷信的祸根。

另一方面，中国的“忠”是理智规范性的，这就是说中国封建社会中的臣民对皇帝的“忠”，在很大程度上，是迫于伦理和政治的某种规范行为，不得已而使然。久而久之，这种“忠”就演变为一种“愚忠”。在中国封建社会中，这种“愚忠”与个人崇拜、个人独裁、个人迷信思想的配合，导致了中国历史发展的缓慢性。

之所以说这种“忠”是导致中国历史发展缓慢的原因之一，还因为中国人在这种理智规范性的“忠”的约束下，只能按着既定的规范和准则去行动和思考，其结果就会使社会成员丧失内在的驱动力，从而使整个社会缺乏必要的动力机制。这样，人们只知按着“忠”的规范进行修养，以达到“圣人”的境界，而不知如何解放思想，去追求自然科学的繁荣和社会生产力的发展。由此，导致了中国历史的缓慢发展。

诚然，仅就“忠”作为一种对待父母、朋友、兄长的个人品德来讲，忠诚、忠信、忠勇、忠厚、忠实亦是中国人的一种美德，是应该继承和发扬的。

在日本，“忠”的对象是万世一系的天皇。天皇如同是日本民族的一位远离一切世俗事务的神圣父亲，他是日本国尊严、统一和永存的象征。所以，日本人认为他们对天皇的“忠”，就是对日本国的“忠”，就是对日本民族的“忠”。这种统一的、持续的“忠”，逐渐演为一种民族凝聚力，将日本人团结在天皇周围，聚集成为一个整体。这种以“忠”为基轴的民族凝聚力，在正确思想指引下，可以发挥无穷的道德力量，对促进日本的近现代化起了重要作用。如19世纪60年代发生的明治维新运动，是使日本走上近代资本主义道路的关键。这场资产阶级变革运动的指导思想是“尊王攘夷”和“王政复古”。这是由于作为资产阶级革命的维新领导人，利用了传统的日本民族心理——忠于天皇和传统的日本民族道德——效忠天皇是最高美德，从日本社会的权力二元化（即天皇和德川幕府二元化）现状出发，以打倒反对变革和向列强投降的德川幕府为手段，以建立日本的资产阶级近代化为目的的缘故。“尊王攘夷”即忠于天皇，走开国富强之路；“王政复古”即将掌握在幕府手中的统治权奉还给天皇。由此可见，“忠”在明治维新这场资产阶级革命运动中所起到的强大凝聚力和感召力。这也是“忠”这一道德力量的实践化。

又如,由于日本的“忠”是人伦情感性的,所以,就很容易在“忠”的基础上,将某些人结成一个类似家庭的集团。集团内的人团结友爱、齐心协力为集团的利益而奋斗。而这正是战后日本经济现代化的秘诀之一。日本的企业公司是家族式的,在“忠”的基础上,雇员与经理之间、雇员与雇员之间,流行着一种可以称之为具有血缘关系的团结感情。“因此,在这种社会中,不可能有什么西方观念中的劳工合同的概念。劳工不被看作是一种高级商品。忠诚的精神得到珍视。‘忠诚’市场在每个人从学校或学院毕业后的一生中,只对他开放一次。正是在这个市场中,那些能够提供忠诚的人遇到了那些正在寻求忠诚的人,即他们的‘主人’。”这样,在由“忠”组成的公司中,雇员对公司表示了极大的忠诚。“例如,假定公司计划在周末举行一个雇员的运动会,每一个人是否参加应该由他自由选择。在英国,许多雇员将不愿意在周末或平时被拴在公司里,他们就不会参加。这将使公司举办一次成功的运动会的企图受挫,也许干脆就放弃了这个想法。但在日本,一个工人参加这种运动会将证明自己是(同时也被公司看作是)关心公司的忠诚工人。”所以,“在一个儒教的社会中,每一个人都必须努力证明他对自己所属的那个社会的忠诚。他的忠诚的程度是以他准备为这个社会作出牺牲的程度来衡量的。因此,如果他参加了这个运动会,而放弃了已经筹划好了的与自己的家人共享周末的计划,那么这将被看作是他忠于公司的感情的一个确凿的证明。即使公司告诉雇员们,是否参加运动会要由每个人自己决定,情况也不会发生任何变化。表面上公司说这是由自己选择的事情,但实际上,任何忠诚的工人都会考虑到经理特别希望举办一个成功的运动会来显示公司的团结。一旦某个工人掌握了公司的真正意图,并且把其他一切事情放在一边而去参加运动会,那么他就是一个'有道德的'雇员。"(〔日〕森岛通夫:《日本为什么会"成功"》,第170—171页)这就清楚地表明了"忠"对于促进日本经济现代化的重要作用。这也是"忠"这一道德力量的物质化。

在正确思想指引下,"忠"对于日本社会的进步和历史的发展,曾起到了积极作用。但日本的"忠"还具有极其危险性的一面,如果不加以正当运用,又会把日本推向灾难的深渊。第二次世界大战时,日本之所以疯狂地发动侵略战争并遭到惨败的一个重要原因,就是对天皇的无限忠诚成为了日本军国主义的精神支柱。这一血的历史教训,是人们不该忘怀的。

通过中日早期儒学"忠"范畴的比较,可以看到道德力量对社会进步、历史发展所起的重要作用。善的道德会给社会带来巨大的物质文明,成为推动社会发展、历史前进的力量。相反,恶的道德会成为社会和历史向前的阻力。因此,在我们伟大祖国现代化的进程中,要努力发扬中华民族的优良道德,并注意克服不良的道德习惯。精神文明与物质文明一起抓,以精神文明为动力,促进物质文明的发展。

(本文选自李苏平《圣人与武士》,中国人民大学出版社1992年版,第1—30页)

李苏平,中国人民大学哲学系教授,主要从事中国思想史研究。

"忠"是日本伦理道德的最高准则。日本的"忠"渊源于中国儒家思想。但是,日本的"忠"与中国古代的"忠"有很大的不同。本文对中日早期儒学之"忠"的观念作了比较研究,分析了日本早期儒学的"忠"思想形成的社会原因。

朝鲜儒学的特点及其作用

——中朝两国儒学之比较

崔龙水

孔子在历史上的主要贡献是“发现了人”(郭沫若语),建立了以人为中心的学说。在西方,是经历两次发现,才达到人的主体人格的认识。一次是亚里士多德从自然的奴役下发现了人,再一次是人文主义者在宗教神学统治下发现了人。在中国,以孔子为代表的思想家,则从奴隶主统治和天神崇拜的束缚下,一次发现了人。西方哲学是从认识客体自然界开始,归结到认识主体的人及其社会。东方哲学则是从认识主体的人及其社会开始,扩展到认识客体的自然界。

儒学在发展中,经历了几次较大的改造,有复杂而曲折的演变过程。这个长过程可以划分为四个阶段,即先秦子学、汉唐经学、宋明理学、清代实学。发展的不同阶段有不同的特点,同一个阶段又有不同的代表人物。但作为儒学学派来说,有共同的基本特点。这就是,以孔子为儒学的创始人,以“六艺”为经典,从“孝悌”出发,主张“仁政”、“德治”,提倡“中庸”之道,强调伦理道德的教育。从其本质上来说,是一种讨论宗法等级社会里关于人的学说。

儒学的影响深远,不仅影响中国历史两千多年,而且传播到朝鲜、日本、越南等东亚各国,与各国的传统文化相结合,成为各国文化的重要组成部分。儒学传入朝鲜最早,影响也非常深。本文仅从中国和朝鲜儒学的比较中,探讨朝鲜儒学的特点及其作用,提出粗浅的看法。

一

儒学何时传入朝鲜,史书没有明确记载,学者说法不一。以笔者之见,认为公元一世纪前后传入朝鲜的说法是可信的。孔子曾说过:“道不行,乘桴浮于海。”(《论语·公冶长》)从当时的鲁国(今山东省),乘船渡海就是朝鲜。《汉书》据此云:“东夷天性柔顺,异于三方之外,故孔子悼道不行,设浮于海,欲居九夷,有以也夫。”(《汉书·地理志》)但这只是想象,而不是事实。不过,《汉书》的作者班固看来,东夷是“仁义之国”。《后汉书》又云:“秦之亡人,避苦役,适韩国。”(《后汉书·东夷列传》)他们有可能把儒学传到朝鲜。比较可信的是汉代把儒学传到朝鲜,其根据是:“汉初大乱,燕、齐、赵人避地者数百万”(同上书);公元前一世纪,汉朝在朝鲜设汉四郡统治。应该说,朝鲜的三国时期,儒学比较全面地传入朝鲜。作为外来思想的儒学,传入朝鲜后有一个消化吸收的过程。这个过程的特点有:

第一,传入三国时期的儒学主要是汉唐经学。在中国,确定经书、设立儒学博士是从汉代开始的。据《三国史记》、《三国遗事》,有经书、设博士。高句丽在 372 年“立太学”,“书籍有五经”,百济在 375 年“得博士高兴”,新罗在 503 年按儒学方式改国号和年号。七世纪四十年代,高句丽、百济、新罗,派许多留学生赴唐入国学,系统地学习儒学。从三国儒学的内容上看,主要是董仲舒改造过的儒学政治思想,表现在以天人感应论为基础的君权神授说的流行。高句丽把王位的继承看成“天之历数”,强调“畏天忧民”;新罗讲“顺天吊民”。同时,还记载了许多“神雀集”、“黑蛙斗”、“白狐出”等怪异现象,认为这是“天不能谆谆其言,故示以妖怪者”(《三国史记·高句丽本纪》)。还表现在,讲“仁”处虽多,但都是讲“仁”在政治上的运用。高句丽王孙“仁慈爱人,可以嗣祖业”(同上书),王弟子亲,“宜以忠义存心,礼让克己,上同王德,下德民心”(同上书),新罗“其君仁,而爱民,其臣忠以事国”(同上书《列传》)。

第二,儒学在官方的倡导下发展。儒学在中国,首先是从私学开始培养大量人才,然后才得到官方重视上升为国家。在朝鲜,从一开始就在官方的倡导下发展起来的。高句丽官方创立太学教育子弟,“百济王遣阿直岐”去日本送《孝经》、《论语》,新罗“孝悌有异行者,赐职一级”。在三国,都是“王遣子弟”赴唐入国学。因此,在朝鲜先有官方的儒学教育机构,然后才培育出儒学学者。到了七世纪才有自己的儒学家金大问、薛聪、强首等,九世纪有著名儒学大家崔致远。

第三,朝鲜儒学在发展的初期就与佛、道教对立。孔子创立儒学的公元前五世纪,中国还没有佛、道教。佛教是公元 67 年从印度传入中国,道教是公元 142 年在中国建立的。因此,中国的儒学有大约四、五百年时间,不是在与佛、道教的对立中发展,所以在人们的心里深深地扎下了根。在朝鲜,儒学的传入虽比佛、道教要早一些,但三国时期同处于初期,儒、佛、道的冲突更为明显。这种情况在高句丽更为突出,372 年“立太学,教育子弟”,就在当年佛教传入。后来盖苏文强调道教,王“尊道士坐儒之上”。在新罗,儒、佛、道的冲突不太明显。他们在民族固有的传统思想基础上,以儒学为主糅合道、佛思想,形成了统一的指导理念。按新罗著名儒学者崔致远的说法,“国有玄妙之道,曰风流。设教之源,备详仙史,实乃包含三教,接化群生。且如入则孝于家,出则忠于国,鲁司寇之旨也,处无为之事,行不言之教,周柱史之宗也。诸恶莫作,诸善奉行，竺乾太子之化也”（《三国史记·新罗本纪》）。新罗的花郎道，实际上具有朝鲜特点的儒学，为新罗统一三国，培养了大量人才，在历史上起了积极作用。

二

宋明理学是中国儒学发展的最高阶段。宋明理学包括宋明两代的程朱理学和陆王心学。程朱理学由北宋时期的周敦颐开创，张载和程颢、程颐奠基；由南宋时期的朱熹集大成，形成了包括本体论、认识论、伦理学、社会政治思想在内的完整的思想体系。十三世纪末高丽后期传入朝鲜的程朱理学，主要是由朱熹完成了的朱子学。与朱熹生活年代相比较，大约差一个世纪左右。但两国的封建社会发展处在不同的阶段，中国的封建社会进入后期，朝鲜的封建社会尚处在上升时期。但具体的社会条件也有相似之处。在中国，唐末以来，阶级矛盾尖锐，民族矛盾加剧，社会长期混乱；意识形态领域里，佛道盛行，冲击和削弱了儒家的纲常名教。宋明理学就是在这种条件下，适应重整儒家的伦理纲常，建立稳定的封建统治的需要而产生的。在朝鲜，高丽朝处在末期，阶级矛盾也日益尖锐，由于北方的蒙古和南方倭寇的入侵，民族矛盾也很突出。反映在统治阶级内部，世袭大地主与新兴中小地主的斗争加剧。佛教曾在高丽时期，严重地影响了社会的各个方面。代表中小地主阶级利益的革新派，需要朱子学来做他们的思想武器。朱子学传入朝鲜后，在李朝中期达到了高峰。朝鲜最初的朱子学者是安珦。他于1290年在元都燕京，“始得新刊朱子说，潜心笃学，知其为孔孟正脉，遂手录其书，又写其真假而归”（《晦轩年谱》）。高丽时期的著名朱子学者还有白颐正、禹倬、权溥、李穑、郑梦周等人。李朝时期的著名朱子学者有郑道传、权近、赵光祖、李滉、李珥、宋时烈等。朝鲜朱子学的特点有：

第一，注重心性论的研究。宋明程朱理学的主要内容有："太极生两仪"的宇宙形成说、"格物穷理"的认识论、"存天理去人欲"的伦理道德观、"齐家、治国、平天下"的社会政治思想。其中中心内容是"性与天道"。宋明理学内部长期争论的问题是"性即理"与"心即理"的分歧。朝鲜的朱子学，既讲天道，又讲人性，但讲人性多。例如，郑之云作、李滉修改的《天命图》，与周敦颐的《太极图》比较，增加了"四端"、"七情"内容。朝鲜朱子学内部长期争论的"人物性同异"论、"四端""七情"之辨，都是围绕人性问题进行的。李滉和李珥对朱子学的发展，主要体现在以理气解释心性上。

第二，激烈的争论和尖锐的斗争。宋明理学在形成和发展过程中，有过许多派别，发生过争论，发展到党争。但还没形成残酷的政治迫害。在朝鲜则不同。朱子学的传入和传播，与政治斗争紧密地联系在一起。李朝前期，戊午、甲子、乙卯、乙巳士祸，许多朱子学士林派学者受到政治迫害。正统朱子学派内部，围绕"人物性"同异、"四端""七情"、礼讼等问题，展开激烈争论，分裂为许多派别。从湖洛论争到四色党争，都形成政治上的斗争。至于正统朱子学派对所谓的"异端"，政治迫害更为严重。阳明学在中国也视为"异端"，但还可以在宋明理学范围内争论。阳明学在朝鲜只能作为家学秘密流传。古汉学家受到的迫害更为残酷，尹镌被处死，朴世堂被流放。

第三，坚决排斥佛教。程朱理学作为儒学的组成部分，从总体上是与佛教对立的。但它在形成过程中，溶合和吸取了道家的宇宙形成说和佛家的思辨内容。朱子学的创立者朱熹也批评佛教，说佛教"只见得空虚寂无"，"至禅则义理灭尽"。但这种批判，是消极地维护儒学原理，既不主动也不全面。朱子学传入朝鲜时，就用来反对高丽时期占统治地位的佛教。因此对佛教的批判采取了积极而主动的姿态。朱子学者郑道传,写《佛氏杂辨》二十条,从理论上全面批判了佛教思想。他认为,“轮回说”“反不如农夫之生利也”;“因果报应”根本不存在,人的贫富、贵贱、寿夭都是“阴阳五行之所为”,等等。这种全面集中地批判佛教理论,在东方哲学史上是少见的。朝鲜朱子学大家李滉、李珥,也一贯坚持排佛扬儒的立场。

朱子学不论在中国还是朝鲜,本质上属于封建统治阶级的意识形态,总体上是维护地主阶级的宗法制度。但在人类认识史上,丰富了儒学内容,毕竟还是前进了一步。朱子学作为封建社会的理论总结,曾对李朝确立封建制度起了一定的积极作用。当然,随着李朝的没落,朱子学的作用也变为消极、甚至反动的作用。朝鲜朱子学内部长期的烦琐争论和尖锐的派别斗争,也严重地束缚了文化的发展和社会的进步。但也应看到,这种激烈的争论,促进了辩证思维的发展。李滉在四端七情辩论中概括的“分而为二”与“合而为一”相结合的方法论,李珥在反对李滉理气互发论中概括的理气“一而二”“二而一”的辩证方法论,都是难能可贵的,超过了当时中国朱子学者的辩证思维方法论。朝鲜朱子学者一贯而坚决的排佛态度,冲垮了佛教在高丽时期的统治地位,减少了佛教对朝鲜的影响,这也是不能忽视的。

三

清代实学是中国儒学发展的最后阶段。明末李自成的农民起义,摧毁了明王朝统治;清兵入关,建立了清王朝统治。社会的激烈动荡,动摇了朱子学的思想统治。手工业的发展,促进了资本主义商品生产的发展;西方科学知识和新学说的传入,冲击了儒学的传统文化。十七世纪初,明末清初实学思潮的出现,是面对这种历史状况的哲学反思和文化回应。著名的实学者有黄宗羲、顾炎武、王夫之、颜元、戴震、龚自珍、魏源等人。

清代实学的特点是:反省批判宋明理学,主张儒学的改革;反对脱离实际的空谈,主张经世致用;反对君主专制,主张民主"众治";哲学上倾向于气一元论。后期的实学者思想中,还包含了一些资产阶级启蒙思想。

朝鲜的实学思想,也产生于十七世纪。社会历史条件与中国比较,也有相同之处。十六世纪末倭寇的入侵,十七世纪初女真的骚扰,严重地破坏了生产的发展。封建统治阶级乘机兼并土地,人民生活陷入极端的困境。十七世纪中叶以后,战乱减少,出现和平稳定,生产有了一定的发展,资本主义商品经济有了萌芽。加之西方科学知识的传入,促使一些进步学者,深入思考国家的命运和民族的前途,提出了一系列改革方案,形成了实学思想。

朝鲜著名的实学学者有:实学思想的先驱李睟光、提出系统改革主张的柳馨远、奠定实学理论基础的李瀷、实学思想的集大成者丁若镛。韩百谦、安鼎福、洪大容、朴趾源、朴齐家、金正喜等,也为朝鲜实学的发展做出了贡献。他们有的强调经世致用,有的强调利用厚生,有的主张实事求是。但共同的特点是,反对朱子学的空理空谈,注重实用学问的研究;主张改革,实现富国强兵;理气关系问题上大多数倾向于主气论。这些特点与中国实学是一致的,可视为实学的基本特点。因为朝鲜固有的文化传统和民族心理素质不同,朝鲜实学又有自己的特点,可以归纳为如下几个方面:

第一,明确的实学内容。作为实学,都强调实用之学。但朝鲜的实学与中国实学相比,实学内容更为明确。李睟光曾明确指出:"国事日以委靡,朝纲日以紊乱,是则无他,皆坐不实之病也。夫天下事务至广,而操之者诚也。诚则实也,……以实心而行实政,以实功而致实效，使念念皆实，事事皆实，则以之为政，而政无不举，以之为治，而治无不成”。(《芝峰集》)金正喜引用《汉书》河间献王传中提到的“实事求是”，指出“实事求是”是“学问最要之道”，批评“空疏之术”“不求其是”必然与圣贤之道背道而驰(《阮堂集》)。

第二，更大的开放性。实学思潮的出现，实际上是从朱子学教条束缚下解放思想，因此都具有程度不同的开放性，朝鲜实学尤为明显。首先表现在对西方科学知识的极大兴趣。朝鲜的朱子学者都很博学，对天文、力学、数学、生物学等自然科学有相当的研究。例如，李瀷猜测到地球的转动，洪大容撰写数学专著《筹解需用》，朴齐家和丁若镛试验牛痘法，丁若镛制作起重机。其次，提出的改革方案比较全面而系统，既有政治改革，又有经济改革，包括以土地制度改革为中心的各种改革；改革税制，实行货币制，发展工商业；开国通商，促进海外贸易等。

第三，民族的自主意识。实学者忧国忧民力图富国强兵。随着科学的进步，知识的增多，视野在扩展，民族的自主意识在增强。表现在朝鲜朱子学者中更为突出。他们重视本国历史和地理的研究。韩百谦撰写《东国地理志》、《东史纂要后叙》，宣传“檀君与尧并立”的观点。柳馨远也写《东史纲目条例》、《东国历史可考》。洪大容从宇宙无限的观点出发，强调华夷一致，并主张“各亲其人，各尊其君，各守其国”(《湛轩集》)。朴趾源强调要尊重民族文化，说朝鲜“左海虽僻，国亦千乘。罗丽虽险，民多美俗，则字其方言，韵其民谣，自然成章”(《燕岩集》)，不应抄袭汉唐文学。他们高度评价朝鲜人民反击倭寇侵略的义兵斗争，热情颂扬李舜臣等爱国战将的英雄事迹。

实学者的改革主张，因封建统治阶级的压制，没能实现。但思想解放的积极作用不能低估，在一定程度上起了启蒙思想的作用。同时也应该看到许多历史局限性。他们反对朱子学，但并没有摆脱儒学。朝鲜朱子学者中的许多人自称“吾儒”，除弊立新的改革主张的理论根据出自儒学的经典，理想的未来社会是恢复尧舜禹三代。例如李晬光提出的“国以民为本，君以民为天”，出自孟子的“君轻民重”；柳馨远非常赞赏尧舜禹三代，说“三代之制，皆循天理顺人道”。李瀷重视孔子的正名，说“君君、臣臣、父父、子子、兄兄、弟弟、夫夫、妇妇，皆正名而言顺，故由是而施诸事为”（《星湖僿说》），洪大容讲“孝悌”、讲仁义礼智之性，朴趾源以伦理纲常反对天主教。丁若镛是朝鲜实学集大成者，他写五百多卷书，其中一半以上是解释儒学经典的书籍。

四

儒学是不是宗教？中国历史上有不同的看法。孔子创立儒学时，儒学还只是一种学问，儒家是作为学术团体而存在的。孔子“畏天命”，对天的解释有神秘主义的内容，但他明确表示“敬鬼神而远之”。把儒学称作儒教，完全是后来的事。儒教的提法，是伴随着佛教的传入、道教的产生，为了与佛、道教对立而出现的。例如，573 年，北周“帝升高座，辨释三教先后，以儒教为先、道教次之、佛教为后”（《北史·周本纪》）。隋代思想家王通，曾主张儒、佛、道三教合一。《唐书》上有过儒教的提法，更多的是用儒学。至于直接讲孔子创儒教的说法，则始于近代康有为的《孔子改制考》。他对史书上有关提法的考证，有许多牵强附合的失实之处。开始引用《史书》论证“鲁人尽服孔子之教”的一段话是“鲁人皆以儒教”。其实原文紧接着还有一段话为“而朱家用侠闻”（《史记·游侠列传》），这里的“教”与“闻”相对应，都是动词，而不是名词。讲的是鲁国以儒学教化人，不是讲儒学就是宗教。史书上类似的提法还有许多，如“博学洽闻，伏膺儒教”（《晋书·帝纪》），“经纶正体，存重儒教”(同上书,列传)。总之,不能因为有一个“教”字,就把它当成宗教。

总观中国历史,把儒学看成宗教的儒教,来自两个方面的认识:一是封建统治者为了把儒学神圣化为绝对真理,崇拜孔子为教主;二是为了批判儒学的神秘主义,否定孔子是“圣人”,才称儒学为一种宗教。这二种看法都不能正确评价孔子思想及儒学的性质和在历史上的作用。

在朝鲜,历史上的看法,大体上与中国相同。三国的封建统治阶级也曾把儒学当成宗教。例如,642 年高句丽“宝藏王即位,亦欲并兴三教”(《三国遗事·宝藏奉老》),643 年盖苏文向国王提出:“三教譬如鼎足,阙一不可。”(《三国史记·高句丽本纪》)新罗花郎道设教之源,“实乃包含三教”等。到了近代,徐炳斗的《儒教勃兴论》,说“儒教者,剖判以来,一大宗教也”。朴殷植的《儒教求新论》,也把儒学说成儒教。

但问题是当代的朝鲜学术界也把儒学看成儒教。近几十年,朝鲜出版的《朝鲜通史》、《朝鲜全史》、《朝鲜哲学史》(上)、《朝鲜哲学思想研究》,都认为“儒教”在三国时期传入朝鲜。南朝鲜出版的《韩国哲学研究》、《韩国民族思想大系》、《韩国儒学史略》,也持这种观点。甚至中国朝鲜族学者编写的《朝鲜简史》、《朝鲜哲学思想史》,有时也把儒学说成儒教。在两种不同的社会制度下,有那么多的学者,以不同的指导思想来分析,得出共同的看法,不是偶然的,不能不引起人们深思。以笔者之拙见,这首先与朝鲜儒学的特点有关。比较全面地传入朝鲜的儒学是汉唐儒学,那时的汉唐经学已有神秘化倾向;朝鲜儒学形成的初期就与佛、道教对立,为了克服佛、道教,有必要宗教化儒学;朝鲜的历代封建统治阶级都非常重视,尤其在李朝时期朱子学占绝对统治地位,儒学经典宣布为绝对真理。总之,朝鲜儒学的宗教化倾向非常突出,这就是朝鲜儒学与中国儒学不同的总特点。

（本文选自《孔子研究》1990年第4期）

崔龙水，中共中央党校教授，主要从事中国文化史研究。

中国儒学对朝鲜半岛有着深远而持久的影响。本文对儒学在朝鲜传播，在朝鲜社会特征的影响下而形成的特点作了考察。

日本伦理思想的特点及其与日本现代化的关系

吴潜涛

日本伦理思想属于东方伦理思想范畴。这里的东方概念是在相对于西方的意义上使用的，一般来说，在地域上指欧洲以东的亚洲。东方思想指的是位于亚洲的各个民族的思想，也就是说，它不是亚洲某一民族的特殊思想，而是在思维方式上与西方有着质的不同的亚洲整体思想。日本伦理思想建立在日本特有的经济基础之上，在西方伦理的参照系下，它闪烁着东方伦理思想的光环，与亚洲其他民族相比，它又有其自身独特的思想内容、框架体系和发展规律。

一、独立自主的移植性

具有较高文化势能的先进民族，总要用自己先进的制度、技术、习俗、思想去同化、影响落后的民族，而落后的民族自然会为更高级的先进民族的文化所吸引，或者被同化为先进民族文化共同体中的成员，或者吸收融合先进文化因素，使主体文化发展变迁。日本伦理思想的移植性特点是与由高势能到低势能的文化传播模式相一致的，也就是说，日本伦理思想的移植性是日本文化势能较低的体现。虽然早在数万年甚至十数万年以前，日本民族的祖先就劳动、繁衍、生息在日本列岛上，但日本历史在古代与印度、埃及和中国等文明古国相比，在近代与欧美各国相比，的确落后一大截子。当日本列岛尚处在原始公社制时期，与之隔海相望的中国，已开始从奴隶制社会向封建社会转变；当欧美各国已步入资本主义社会的时候，日本民族仍在封建制度的囚笼里缓慢地向前蠕动。日本历史的后进性决定了日本思想文化的侏儒式发展。永田广志曾说过："我国古代没有出现过像希腊从泰勒斯到亚里士多德的时代和古代中国的诸子百家时代以及印度从《奥义书》哲学经过'六师'时期，直到佛教及各学派昌盛时代那样的思想上的蓬勃高涨。中世纪也未能创造出像以托马斯·阿奎那的名字为标志的基督教神学和宋、明时代发展起来的思想体系。"（永田广志：《日本哲学思想史》，第 9 页）因此，日本文化在其自身的历史发展中，必然会出现这样的情况：或者被先进的异源文化同化，或者不得不通过移植先进文化而自我更新。日本民族在漫长的历史变迁过程中，曾多次受到了异源文化的冲撞，然而它既没有采取否定一切的虚无主义，又不是盲目地全盘照搬，而是采取拿来主义态度，对外来的东西进行了有自主性的移植，显示出了自身的独特优秀性。和辻哲郎指出："如果从日本文化中舍去外来文化的话，那么，几乎什么东西也不存在了，但日本人自身的文化内容继续保持了作为摄取者、加工者的独立性。"（和辻哲郎：《日本伦理思想史》，岩波书店 1952 年日文版，第 13—14 页）可以说，整个日本伦理思想史就是一部日本民族消化、融合外来伦理思想的历史。

早在日本的古代，日本人就用自己独特的方式消化、吸收外来伦理，把佛教、儒教中的道德戒律视为超民族的真理以规范日本人的具体行为方式，使本民族古代的朴素道德感情发生了转换。开日本文化新纪元的圣德太子，曾派遣留学生来隋朝学习，直接输入佛教和儒家思想，结合日本具体情况而颁布了"十七条宪法"，为

“大化革新”准备了思想条件。“十七条宪法”既体现了佛教伦理的慈悲思想，又博采了四书、五经中的伦理内容，并且自始至终贯穿着“以和为贵、无忤为宗”的基本准则，为尔后的日本人吸取外来文化，以服务于本民族的现实需要，开了一个良好的端绪。

佛教与日本原始的神道相比，对封建统治者更为有利，而且佛教与传统的神祇信仰也相一致，因而它受到了日本封建统治者的重视和保护，在日本列岛广为流传，在伦理思想领域也曾一度占统治地位。然而移植过来的佛教伦理已不是纯粹的佛教伦理，这种伦理思潮中夹杂、交织着日本原有的伦理意识，我们在平安时代以后出现的“本地垂迹说”中可以清楚地看到这一点。佛教认为，佛陀(本地)为救众生而降世于人间，化身为释迦牟尼(垂迹)，而日本佛教的“本地垂迹说”则认为，佛陀为拯救迷茫中的日本民众而降生到日本列岛，化身为各地的神。这种日本“本地垂迹说”巧妙地把佛教和神祇信仰揉为一体，视佛为“新来的神”，实现了神佛合一。不仅佛教伦理如此，儒教伦理思想在日本也遇到了同样的命运。儒教于公元4世纪时传入日本，当时的日本正值法制统一国家的形成时期，宫廷贵族为了实现统一国家的政治思想，接受了儒教思想。但并非是无批判地兼收并蓄，而是摒弃诸如与尊崇天皇传统权威的信仰相矛盾的儒教中的变革思想。公元718年，集大化革新以后统治经验之大成的《养老律令》是模仿唐律制定的，但其学令所规定的大学教科书目却舍弃了唐令中的《公羊传》和《穀梁传》。因为这二传所含有的变革思想与日本中央集权的封建国家体制不能相容。适应幕藩封建制需要而形成的日本儒教伦理，长期以来对日本产生了相当大的影响，但这种日本儒教伦理与正宗的儒教伦理却有着很大的区别。中国儒教伦理强调仁慈这一道德原则，而日本儒教伦理则强调忠诚。1882年天皇按照儒教伦理为日本军人制定的命令，实质是天皇向全体日本人民颁发的必须遵守的国家法令。这个命令强调忠诚、礼仪、勇敢、信义、节俭等儒教道德原则,但并没有把中国儒教伦理核心美德的仁慈看作日本人民必须恪守的道德律令。这里,也清楚地看出了儒教在日本所得到的改造。明治维新期间,欧洲资产阶级功利伦理思想传播到日本,一时的兴盛大有彻底同化日本传统伦理道德之势,但不久这种来自于西方的异源伦理思潮,在日本同样也被改造、制作,不仅没有使主体伦理意识得到奴化,反而被主体伦理消化、摄取为自身的有机构成要素。日本近代资产阶级伦理学所倡导的国民道德的真髓即"日本精神",实际上是西方伦理学的科学因素与东方儒教、佛教伦理学的要素及国家主义相汇融的结晶。日本近代资产阶级伦理学的集大成者西田几多郎的处女作《善的研究》就是一部以东方伦理思想为基础,以西方伦理思想为材料的名著。战后的日本现代伦理学,虽然受到了西方存在主义的极大影响,但其内容仍然是东西方伦理交融一体的产物。

通过以上简要的论述,我们不难看出,日本伦理思想的历史变迁与改造、吸收外来伦理思想是密不可分的,日本民族若失去了历史上的外部机遇,就不会有今日的日本伦理和日本国民的道德性格。在一定意义上可以说,日本伦理机体内活跃着东方儒教、佛教伦理和西方伦理的血液,日本伦理即移植伦理。从人类伦理思想史上看,本民族伦理文化与异源伦理文化交汇、渗透的事例并不鲜见,对外来伦理文化具有较大受容力与吸收能力的民族也为数不少,但是,像日本那样在漫长历史岁月中,多次受到外部伦理文化思潮的冲击,并依靠这种文化信息的刺激来发展、完善主体伦理文化的民族则的确罕见。不仅如此,这种移植自身的风格更加重了日本伦理这一特点的色彩。日本人在移植异族伦理道德学说时,内心不存在一个以日本传统伦理思想为体、以异族伦理思想为用的先入模式,客观上,在日本近代唯心主义伦理体系确立之前,没有自己独创的伦理学说,因而也不可能有日本为体、异学为用的先入模式。然而日本固有的传统神道伦理在日本却是源远流长的,但是,日本人在吸收异族伦理道德学说来丰富自己的伦理精神生活时,却没有把本民族的传统思想视为中心的主体意识,也就是说,它不是以我为主来进行伦理文化交流的。如果说日本人在外来伦理文化的挑战之前,也有一个先入原则的话,那么,应该说是从善如流和优化组合的原则。当日本民族自己的伦理学说尚未形成时,日本人一旦发现某种外来的伦理意识形态可以解决本国所面临的问题,就会主动地去消化、吸收它,正如吉田茂的《激荡的百年史》中所说,“日本人容易醉心于成为外国文明的模仿者”,甚至会把这种外来伦理学说推到主导的统治地位。佛教、儒教伦理输入日本后,先后在日本伦理思想领域长时期居于主导地位的事实说明了这一点。当日本民族的伦理学说形成的条件具备时,日本人也没有采取自我中心的原则,而是立于本国的现实利益去审视内、外伦理文化的优秀性,坚持择优的宗旨,不分亲疏地用西方的逻辑把东方伦理思想和西方伦理材料融化为一体。日本伦理思想所显现的这种移植性与中国古代传统伦理文化的态度形成了鲜明的对照。中国古代传统伦理文化在外来的佛教伦理文化的输入、挑战面前,尽管也显示了自身的开放性,有效地消化、吸收了佛教伦理文化的积极因素,然而其以我为中心的主体意识也得到了充分的体现,佛教伦理始终难以取代儒教伦理的正统地位。而日本的情况则有所不同,受着具有独特的移植性的伦理思想制约的日本人对异源文化,不抱偏见和抵触情绪,不视其为异端,凡是自己需要的优秀的东西,都不择对象、不分敌友地坦率地加以承认,并敢于主动地接受过来,这对于日本历史的迅速发展,尤其是对于日本的“脱亚入欧”的近代化过程无疑具有积极的促进作用。

二、重为整体献身的"忘我"精神

在以往的文化讨论中,流行着这样一种说法:重个体价值是西方伦理文化的传统模式,而重整体精神则是东方伦理文化的传统模式。导致这种结论的是所谓的文化分析法,即仅从文化源流中去寻求东西伦理的重大差异性。这种方法离开了社会生产方式决定社会文化意识这一唯物史观的基本立场,因而得出的结论难免有失偏颇。要想正确地把握东西伦理文化的特征,只能靠阶级分析和历史分析的方法。

马克思主义伦理学认为,道德具有鲜明的阶级性。无论东方或西方,同一剥削阶级,其道德观在本质上是没有区别的。东方的奴隶主阶级的道德与西方的奴隶主阶级的道德,东方的封建地主阶级的道德与西方的封建地主阶级的道德,在实质上都是相同的。任何统治阶级从本阶级的根本利益出发,都必然会为了社会的长治久安而加强社会控制,必然会在道德意识领域里强调所谓"整体精神",以把个人和整体的关系束缚在统治阶级需要的范围内。整体精神不仅闪现在古希腊伦理和西欧中世纪的宗教伦理之中,而且也贯穿于东方古代传统伦理的始终。因此,那种认为东方伦理文化重整体精神,西方伦理文化重个人价值的提法是不确切的、片面的。当然我们并不否认整体精神的民族差异性,相反,应承认东方的整体精神和西方的整体精神各有其独立的个性。古希腊宗教和古希腊先哲们用分析型的思维方式去考察外部世界,认为每个个体都是上帝创造的,彼此皆是兄弟,应和睦相爱,主张群体中的个体地位平等;而东方诸宗教和古代先哲们却不是用分析型的思维方式从个体角度,而是用综合型的思维方式从整体上观察外部世界,不是把人作为个体的存在,而是视其为普遍者或整体的从属物,认为人的内涵是社会的群体,而且自然与人也是统一和谐的。黑格尔在论述东方思想的特征时曾经说:“在东方诸宗教当中,只有一个实体是真实的,个人是与绝对的有者相对立的,而只能保持自己,其自身无法获得任何价值,只有当个人与这个实体合而为一,它才有真正的价值。但与实体合而为一时,个人就停止其为主体。与此相反,在希腊的宗教和基督教中,主体知道自身是自由的。”(黑格尔:《哲学史讲演录》第1卷,商务印书馆1959年版,第117页)

在个人与整体的关系上,东西方的“裂变”是从近代才开始的。在西方,特别是文艺复兴之后,从伦理道德观上看,比较重视个人的自我发展,强调个人利益和人的需要的获取的正当性,强调民主精神,进而逐步形成了强调个体价值、以个人为中心的近代西方资产阶级伦理学。然而在东方,由于种种原因致使资本主义不能得以充分发展,资产阶级本身非常软弱,他们也曾试图举起“自由”、“平等”、“博爱”的大旗向封建道德挑战,但都以失败告终。东方民族中唯一的后起之秀、迅速跨入西方列强行列的日本国,其资本主义的充分发展是迫于外来压力,在天皇专制主义的统治下,依靠国家的力量来进行的,这就决定了西方的天赋人权说被移植到日本后变异为企业集团主义的伦理。这种企业集团主义,在战后经过了以存在主义为主体的各种外来流派的冲撞,但仍未失去其本来的光辉。可见,在东方,整体精神历经沧桑,虽也有过嬗变,但从未被西方近代的那种个人主义的伦理所摧毁。

根据如上分析,我们有理由作出如下结论:与西方相比较而言,重整体精神是东方伦理思想的一般特征。这主要在于,东方伦理思想中的“整体精神”,在古代强调个体与整体的合一,在近代则与西方的个人主义伦理经纬分明。

重整体精神是东方伦理思想的一般特征,这种一般特性在日本民族那里呈现出具体的形态:为整体而献身的忘我精神。日本国民的这一伦理性格受着天皇信仰的直接制约。随着日本古代国家的形成,日本人在以“家”、“村落”为单元的社会组织中形成的崇拜祖先的宗教感情转移到了天皇身上。人们把天皇作为国之家长,作为神圣不可侵犯的日本国民的统治者进行祭祀,从而使人们感受到自身与天皇和国家的一致,即天皇给了日本国民生存的权利,国民存在的价值在于回报皇恩,为天皇而生,为天皇而死,是国民的义务和职责。这种自我与天皇信仰铸造了日本人伦理生活的基本准则,它强调在天皇大一统思想下的国民的同步和谐,否认自我的独立存在,要求国民为天皇、为集团而献身,把集团的兴衰视为自己分内的事业,忘我地投身于集团之中。在给予日本国民性格以极大影响的日本神道伦理思想和日本儒教伦理思想中,我们可以窥视到这种忠于天皇、忠于集体的伦理内容。作为日本民族宗教的“神道”是由日本原始宗教发展而来的。5—6 世纪中国儒教和佛教相继传入日本后,使以自然精灵崇拜和祖先崇拜为主要内容的朴素的日本原始宗教发生了根本的变化,逐渐形成了比较完整的宗教体系。日本神道信仰多神,尤其崇拜作为太阳神的皇祖神天照大神,称其为日本民族的祖神,并把天皇说成天照大神的后裔,是其在人间的代表,因而皇统就是神统。在日本历史的变迁行程中,日本神道的内容不断更易,但在其伦理思想中居于核心地位的尊皇、忠皇的原则却始终如一。例如,封建幕府衰败时期的著名日本国学家本居宣长在强调尊皇伦理观念这一点上,几乎和原初的神道家毫无二致。他主张日本国是普照四海四方的天照大御神出生的本国,因而它是万国之本源的国家,本朝的皇统,乃是普照世界的天照大御神的后嗣,正如天壤无穷的神教所说,直到万世后代也不动摇,只要有天有地,就一直传续下去。日本人为天皇、国家的利益而自我牺牲的伦理观念,不仅深受日本神道伦理影响,而且与日本儒教伦理的关系极深。为了维护幕藩封建等级制，日本封建统治阶级把中国儒教的伦理准则移植过去以约束人们的行为。日本儒教伦理以“忠”为核心准则，把农民与领主、领主与将军、将军与天皇之间的伦理关系限定在本阶级需要的范围内，通过为主人献身这一媒介，使处于不同等级模式的人们都直接或间接地忠于天皇，忠于国家。日本古学派重要代表人物山鹿素行说：“大凡为士之职，在于省其身，得主人而尽效命之忠，交友笃信，慎独重义。然而己身有父子、兄弟、夫妇等不得已之交接，此亦天下万民惠不可无之人伦，而农工商因其职无暇，不得经常相从以尽其道。士则弃置农工商业而专于斯道，三民之间苟有乱伦之辈，速加惩罚，以待正天伦于天下。”(转引自永田广志:《日本哲学思想史》，第92页)日本神道伦理中的天皇至尊思想和日本儒教的从主思想，对于维系封建天皇制起了举足轻重的作用，同时也铸成了日本国民重整体的献身精神。明治维新后，新政权统治者一方面提倡“神皇一体”、“祭政一致”，另一方面又通过强制教育的方式来传播武士道伦理，从而导致日本历史传统中的重整体精神走向民族主义。二战后，经过民主化运动，日本废除了天皇制，日本国宪法第一章第一条中指出：“天皇是日本国的象征，是日本国民统一的象征，天皇的地位根基于拥有主权的日本国民的整体意志。”这里告诉我们，一体感或整体意志仍然是二战后日本国民性格的根本特征。国外有识之士在探解战后日本经济起飞之谜时，都尤为重视日本人那种忠于集体的企业集团主义伦理思想。赖肖尔在《赖肖尔看到的日本》一书中指出：“日本人的个人还没有像西洋那样形成社会组织的单位。理论上的个人，不能作为单一的个人而存在，只能算是较大的某个集体——家庭、学校、团体、国民——的一员。这里不存在个人的关系，只有父与子、教师和学生、官吏和市民、统治者和居民的关系。社会的财富，不等于每个人社会成员集体财富的总和,社会的取舍,也不单单是综合个人的选择。日本人任何时候都尽可能回避个人的决定和个人的责任;只有集体的决定和集体的责任,他们才认为是维护集体利益的正确途径。"(E·O·赖肖尔:《赖肖尔看到的日本》,德间书店1967年日文版,第175—176页)

然而,日本伦理思想的这一重整体精神的特征作为东方伦理文化的传统模式在日本的具体表现形态,其独立的个性究竟何在呢?这里有必要以中国传统伦理思想为参照系来审视这一问题。重"整体精神"也是中国传统伦理思想的重要特征之一。在中国伦理思想史上,先秦时期的思想家们除老庄主张"贵己重生",忽视甚至否认整体精神外,都强调整体精神的重要。孔子讲"君子喻于义,小人喻于利";墨子曰"义者利也",这里的"义",实质上就是指的社会、国家和人民的公利;商鞅、韩非虽重利贱义,反对儒家的仁义礼智,但目的仍然在于维护剥削阶级的公利。这种重整体的精神,到后来被统一于儒家思想之中,并得到了强化和发展。中国儒家伦理思想体系中的这种重整体精神,同日本伦理思想中的重整体精神极其近似,但并非等同的概念,二者是有差别的。其差别性表现在:第一,日本儒教伦理思想中的重整体精神在道德规范体系中具有根本的意义。中国儒教伦理以仁、义、礼、智、信为重要美德,并以仁慈为本,认为家族内部亲戚之间的慈爱情感是社会道德的基础,当家庭内部成员间的慈爱扩展到家庭之外的人身上时,人性便达到了完美的境界。日本儒教伦理则并非这样,它把个人对整体的"忠诚"视为最根本的美德,这是与日本武士统治相一致的。第二,日本伦理思想中的重整体精神有着更高层次的要求。所谓忠诚,在中国儒教伦理中指的是自我意识上的真诚,即没有虚伪和私心。朱熹界说"忠"说:"尽己之心而无隐,所忠也。以其出乎内者而言也。"(《论语或问》卷一)日本儒教伦理所说的"忠",则是指的一个人要为自己的领主牺牲全部生命。在日本封建社会的人伦关系中,“忠”要求分得王国的诸侯为王尽命,分得诸侯领土的武士为诸侯贡献其身。因此,孔子所说的“臣事君以忠”这一道德准则,在中国被解释为“臣子必须以一种不违反自己的良心的真诚去侍奉君主”,而在日本则被解释为“家臣必须为自己的君主奉献出全部生命”。与“献身”、“尽命”联在一起的日本儒教的“忠”义观念使日本人早就习惯于履行这样的准则:作为超家族集团的国家和其他非亲属集团的利益高于家族本身的利益;而中国儒教伦理中的忠诚观念则使人们往往把家族集团的利益看得最重要,因为从人的内心情感来说,低层次的忠义时常比较高层次的忠义更有强制力。近百年来,日本把政治单位由藩镇扩大到国家的事业,证明了在日本把国家利益置于家庭利益之上,要比中国容易得多,这与近代日本人仍保持着数百年前明确建立起的国家高于家庭的伦理不无关系。第三,日本伦理思想中重整体精神的绝对性。中国伦理思想中处理一切人际关系的道德准则都是相对的、有条件的,任何整体要求个人为其尽义务,应当以仁为基本条件。墨子曰:“为人君必惠,为人臣必忠,为人父必慈,为人子必孝,为人兄必友,为人弟必悌。”如果君不惠,臣不忠,父不慈,子不孝,就是“天下之害也”(《墨子·兼爱下》)。也就是说,如果统治者不仁,那么他的人民就应当讨伐他。天子能否永居皇位,文武百官能否永居官职,均取决于他们能否施行仁政。中国伦理思想中的这种忠义观不仅未被日本人接受,反而遭到了严厉的批判。朱子学家会泽正志坚决反对中国式的改朝换代,强调天皇的神圣性,认为“一君二民者,天地之道也。四海之大,万国之多,而其共尊者不宜有二焉”(转引自永田广志:《日本哲学思想史》,第249页)。本居宣长竭力宣扬天皇的尊严在于神授,认为不必对其进行善恶判断,天皇乃天照大神之子孙,世中万物皆变,唯我天皇的皇统不变。在他看来,个人对于整体,臣对于君,只有绝对地服从,儒教所讲“汤武革命”的学说不仅是不忠不义,而且是罪大恶极,应该坚决禁止。在日本伦理思想中,个人与国家的关系为什么被绝对化了呢?著名日本学者朝河贯一曾经明确地说:“在日本,这些思想显然是与天皇制不相容的。因此,即使作为学说也从来没有被完全接受过。”(转引自本尼迪克特:《菊花和刀》,浙江人民出版社1987年版,第101页)

唯物史观认为,物质生活的生产方式制约着整个社会生活、政治生活和精神生活过程。日本传统伦理思想重整体精神的特质,也是由社会生产方式的个性所决定的。早在一千年前,日本已由原来的多族社会逐渐变为单一的同种族社会,因而日本没有不列颠群岛上的那种根深蒂固的种族分裂。许多世纪以来,日本人一直生活在比西方人口更为密集的狭窄的河谷里,在这种条件下从事农业生产,需要的是小集体间的密切合作,而不是像埃及和中国北部地区的大型水利工程,特殊的环境、人口因素有助于集体意识的形成和发展。在根本上对日本民族重整体精神起制约作用的是日本史上的天皇制。早在4世纪末,日本古代国家形成时,称国家最高统治者为“大王”,6—7世纪时,“大王”被改为“天皇”。自天皇制确立后,按照皇统“万世一系”的规则,王位一直相传在唯一的皇室之中,朝代从未中断过,也就是说,皇统的社会结构从未被打碎过。天皇制作为把天皇置于最高支配地位的统治体制,需要献身天皇、效命国家的重整体精神与其相一致,而且,在漫长的天皇统治期间,日本人也极容易把天皇视为国家的人格化的象征。

日本伦理思想的重整体精神即“忘我”精神的局限性是显而易见的,它把天皇神圣化,具有浓厚的宗教色彩,否认离开天皇而独立存在的个人价值,致使天皇制统治下的日本人的自我意识长期处于远远未开发状态。但是,我们决不能对其采取简单的态度。在日本近代的经济起飞行程中,日本人的忘我精神所发生的强大威力是举世共认的，它不仅使西方实现现代化较早的国家的统治者深感不安，而且引起了正以现代化为目标的东方民族的关注。例如，诺曼·马克雷在探索日本崛起之谜时指出："很遗憾，英国人无论怎样努力和仿效，也不能完全学到日本人那种诚挚的忠于集体的思想。这种忠诚精神，在日本这样的国家里是促进增产提高效力的动力。"(诺曼·马克雷:《日本已经崛起》，竹内书店1967年日文版，第61—62页)这种现象，从马克思主义的立场出发是不难理解的。在资本主义时代，与其相适应的伦理表现出不同的形态，是由于社会关系的不同使然。但是，受天皇意识强烈影响的日本人的"忘我"成了日本经济腾飞的力量源泉，靠自由、竞争意识作动力的西方现代化在日本却与压抑自由个性的集团意识紧密相关，这一点是值得我们深思的。关于对日本伦理思想中的整体精神的思考，前面章节已有阐述。可以肯定地说，这种重整体精神有其合理的因素，只要我们用马克思主义的基本观点加以批判改造，对我们当前的现代化建设必有裨益。

三、重视人伦关系

西方伦理思想家们都具有强调个人权利的倾向，把人类社会看作是单独个人的机械组合，程度不同地忽视了作为一个有机统一整体的社会的实在性和个人的社会义务的正当性。东方伦理思想家们几乎都不把个人看作是一个个体的存在，而是从更为广大的范围来考察个人，把个人当作家族、社会甚至宇宙的成员之一，进而对处于不同社会关系中的个人义务作了较为详细、明确的规定，并努力使之渗透到每个人的心灵之中。因此，一般来说，重人伦关系是东方伦理思想的一个重要特征。

在中国伦理思想史上，最早提出人与人之间应当如何相处的记载,可追溯到《尚书·尧典》中。舜对其大臣说:“百姓不亲,王品不逊,汝作司徒。敬敷王教,在宽。”《论语》中也对人伦关系作了专门论述,子夏曰:“贤贤易色,事父母能竭其力,事君能改其身;与朋友交,言而有信。”孟子从维护封建地主阶级的统治利益出发,探讨和论证了历经一千多年的夏、商、周三朝代传统教育的特点,明确指出“人伦明于上,小民亲于下”,强调对人民施以人伦教育的必要性,并把封建社会人伦关系概括为五伦:“父子有亲,君臣有义,夫妇有别,长幼有序,朋友有信。”西汉后至宋明时期的儒教思想家们,沿袭了先秦儒家重人伦的思想,并各自依据不同的时代背景,对五种人伦关系中的双方的义务和责任作了新的解释和规定。中国儒教传入日本后,其重人伦的思想也被移植到日本列岛上。然而任何一种理论学说,在其被移植到历史和国情不同的他国时,总要发生变形或变异。中国儒家伦理自然也不能超越这种命运。日本民族在接受中国儒教的过程中,不能不基于本国国情有所甄别、去存和制作,因而儒教日本化后,其自身所包容的重人伦思想与中国儒教的重人伦思想就不能同日而语了,二者虽极其类同,但又有所区别。

据《古事记》和《日本书纪》记载,应神天皇十六年(285 年),百济国(朝鲜)国人王仁携《论语》十卷、《千字文》一卷来到日本,开始了儒学经典传入日本的历史。公元 7 世纪后,日本派遣大批使者和留学生来中国学习,儒学大规模地直接向日本输入,并对日本的政治生活产生了影响。圣德太子执政时草拟的“十七条宪法”,作为建立中央集权统治的政治纲领,在形式上近似道德训戒,在内容上讲的是官吏道德准则,其宗旨在于规定与治国平天下有关的君臣、君民、臣民等诸人伦关系中的人的义务和职责,多半条款采自儒学经典名分等级的观念。《宪法》把作为共同体原则的“和”看作是国家存在的根本条件,因而君臣上下之间、民众之间以及君臣与民众之间应“以和为贵”，这是《宪法》的主旋律。《宪法》尤为强调君臣关系，认为君臣关系基于自然之理，处理得好国家才能得以繁荣，因此为臣者要“勿敛百姓”（第 12 条），遇“事不可独断，必与众宜论”（第 17 条），处身行事要不忘“承诏必慎，不谨自败”和“以礼为本”（第 3 条），也就是说，要遵守君命或封建的政治法律制度及其道德规范。关于臣与臣的关系，《宪法》规定，群臣百僚之间不要彼此嫉妒，“我既嫉人，人亦嫉我，嫉妒之患，不知其极”（第 14 条）。君、臣、民之间严格的等级差别是不可颠倒的，“国靡二君，民无两主，率土兆民，以王为主，所任官司，皆是王臣”（第 12 条）。《宪法》还要求司法官要“绝饕弃欲，明辨诉讼”（第 5 条），并把谄、诈、佞、媚视为“大乱之本”，指出“劝善惩恶”是各级官吏的职责。

公元 201 年即日本文武天皇的大宝元年制定了《大宝律定》。律令规定，在大学或国学内，要把儒学作为一门重要课程，以《周易》、《尚书》、《礼仪》、《周礼》、《礼记》、《毛诗》、《春秋左氏传》、《孝经》、《论语》等九种书为教本。于是，儒家的伦常、道德观念逐渐向日本人的日常家庭生活中渗透，不再像以前那样，仅仅局限在政治生活领域。孝谦女皇曾一再要求各级官吏要“事君致命，移孝为忠”，试图弘扬“治民安国必以孝理，百行之本莫先于兹”的思想。公元 757 年，她颁发诏书，“令天下，家藏孝经一本”，奖励“孝子”、“贞妇”，惩罚“不孝”、“不恭”、“不顺”者。

马克思指出：“理论在一个国家的实现程度，决定于理论满足这个国家的需要的程度。”（《马克思恩格斯选集》第 1 卷，第 10 页）因此，在日本社会刚刚步入国家奴隶制时期，尽管贵族统治阶级虔诚地学习中国封建社会的伦理纲常，并以此为摹本制法规发律令，但难免会成为超现实的一纸空文。事实也说明了这一点。在日本奴隶制社会时期，儒教的人伦思想仅仅实行于上层社会，作为贵族阶级的教养而发生作用，并没有也不可能广泛地普及到整个社会生活领域。

公元12世纪末，镰仓幕府的确立，标志着日本封建制度的形成。不久，把中国儒学推到了顶峰的宋明理学也传到了日本①。宋明理学以理为决定世界万事万物的精神本体，并在此基础上建立了一套系统、完整的道德理论。宋明理学继承了儒教传统，重视人伦关系，尤其是君臣、父子、夫妇三伦，但这里的人伦关系已成了一种不平等的尊卑关系。这些理论非常适应幕府的政治需要和封建家族制度的主从联合关系，因而作为宋明伦理纲常的翻版的主从道德便在日本应运而生。镰仓幕府1232年制定的武士法即《贞永式目》明确规定："仆忠主，子孝父，妻从夫。"（转引自《简明日本古代史》，天津人民出版社1984年版，第227页）但是，16世纪以前的日本，佛教在伦理道德思想领域仍居于统治地位，因而那时的儒教纲常只能作为禅宗的伴随物去影响社会生活。

日本社会跨入江户幕府封建制时代，幕府推行严格的身份制度，人们被区分为次序不可颠倒的"士、农、工、商"四个等级，同属武士阶级的人们，又依据其门第高低和权力大小被划分为二十余个等级，百姓、町人内部也有阶层之分。对于维护这种等级森严的封建制度来说，用宋明理学伦理纲常作为其精神支柱是再好不过的了。因此，幕府奉行尊儒排佛政策，推崇儒学为官学，录用儒学者专司文化、学问之事，从而使日本儒学发展成为一种独立的哲学思想，并取代佛教在日本意识形态领域居支配地位。在这种大气候下，日本儒学者一方面驳佛教"以山河大地为假，以人伦为幻妄，遂灭绝义理"，"去君臣弃父子以求道"的出世主义，另一方面竭力

① 宋明理学是由日僧俊芿、园尔辩园传入日本的，俊芿于1199年、1211年两次入宋，园尔辩园于1235年入宋，带回大量书籍，其中有不少是朱熹的著作。

鼓吹“君臣上下，尊卑大小，各尽其分而已，无浸渎之患，则天下治矣”，“人有四等，曰士农工商，士以上劳心，农以下劳力，劳心者上，劳力者下，劳心者心广志大而虑远，农以下劳力自保而已，颠倒则天下小者不平，大者乱矣”(转引自朱谦之:《日本哲学史》，三联书店 1964 年版，第 50 页)。最受当时幕府重用的日本朱子学派代表人物林罗山把日本人分为天子、诸侯、卿大夫、士、庶人五等，强调君臣、父子、夫妻的“上下贵贱之义”的永恒性，主张“君有君道，父有父道，为臣尽忠，为子尽孝，其尊卑贵贱之位，古今不可乱”(《罗山文集》第 68 卷，日文版，第 14 页)。这样，幕府推崇的儒家的人伦思想，经过日本儒学家的传播和强化，广泛而深刻地渗透到了日本社会的各个阶层之中，紧紧地束缚了人们的举止言行。

从中国儒教传入日本到日本儒教形成，其间经历了一个漫长曲折的发展过程。通过历史的纵向考察，我们不难看出，日本儒教的人伦思想是日本国土育成的中国儒教人伦思想之果，因此，它融会着母体即本国历史和国情的基因，使自身带有突出的个性。一般来说，中国封建社会的儒家人伦思想带有人本主义色彩，处于人伦关系中的双方都负有权力和义务，这种双向性的人伦关系只是到了宋明时期才被绝对化了。而日本的情况则并非如此。据上可知，中国儒教虽然早就传入日本，并对日本的社会生活发生了影响，但是，作为日本封建制度精神支柱的独立的日本儒教伦理思想直到江户时代才得以形成，它与宋明理学伦理纲常有着直接的姻缘关系。因此，日本儒教形成之时，就失去了中国儒教原有的那种人本主义特点，人伦关系中的双向性义务变成了下对上、卑对尊的单方面的绝对服从，正常的天伦之情变成了列宁所说的“亚洲式的人身侮辱”(《列宁全集》中文第 2 版第 1 卷，第 202 页)。不仅如此，与宋明理学伦理纲常相比，日本儒教显得更加野蛮、残忍。例如，在日本武士社会中，若有领主死亡，就常有众多武士为主君殉死;父亲对子女操有生杀予夺大权,这被视为最令人恐怖的灾难之一;丈夫战死或殉难,妻子时常抹颈自杀,以示对丈夫的忠诚。

关于日本伦理思想重人伦关系这一特点,中村元在《比较思想论》中作了明确的说明,可资我们参考。他说:“与亚洲其他民族相比,日本思想的一个特别显著的倾向是,重视封闭性的人伦组织,一般说来,日本人重视人伦关系,肯定人伦关系相对于个人来说具有优越性,把有限的人伦绝对化了。”“从过去的历史看,日本思想的这一倾向是以尊重家庭道德、重视等级身份秩序开始的,最终却导致了国家至上主义。此外,日本人对于特定的个人采取绝对服从的态度,这一点也很明显,所以,国家至上主义也表现为崇拜天皇的形式。还有,各宗派、各派系之间的封闭性也很明显。某种人伦组织一旦形成,就要竭力加以维护,由此而形成了武士的勇敢精神。”(中村元:《比较思想论》,第170页)

具有如上特性的日本封建家族制度人伦关系,在进入近代社会以后,不仅没有被完全摧毁,反而在某些方面得到了强化和发展,既使日本民族饱受其害,又使其有所受惠。二战前的日本军国主义政府为保证侵略战争的进行,极力利用家族制度下的儒教人伦关系来束缚人们的手脚,反复强调亲子、夫妇、兄弟之序,是家庭生活之本,是社会充满活力的源泉。在“一切为了天皇”的奴化教育下,日本士兵完全失去了自由意志和理性,变成了生命如同草芥的“武士蚁”,从而使日本民族陷入战败后的灭顶之灾。这是问题的一方面。另一方面,在日本近代工业的发展过程中,家族制度的人伦关系被推广和应用到了生产领域,形成了与西方不同的日本式的经营方式。这种经营方式通过种种手段,在公司内努力造成一种“家族气氛”,让职工对公司有强烈的归属意识和一体感,有下级对上级的信任感和彼此之间的和谐感。日本式经营方式在日本近代工业化中发挥了举足轻重的作用。它所特有的效率性和合理性，已越来越被人们所关注。因此，对于日本伦理思想中的重人伦关系的内容，也决不可采取简单的否定态度。

四、重节俭准则

伦理学中的“节俭”这一概念，属于道德品质范畴，是对人们关心财产的态度所作的抽象。在人类伦理思想史上，诸多思想家都把“节俭”与美德相联而给以褒奖，并对与其相对立的浪费加以贬斥。在剥削阶级社会里，广大劳动人民所创造的物质生活资料遭到了残酷的剥夺，他们在饥寒交迫中度日，在死亡线上挣扎，因而凡代表劳动人民利益的伦理思想家，大多都从劳动人民应付贫困化的需要出发而提倡节俭；少数剥削阶级一方面过着挥霍无度的寄生生活，另一方面有时也要虚假地提倡节俭准则，使其成为欺骗、奴役劳动者的精神桎梏。正如马克思指出的，浪费和节俭、奢华和贫困互为前提。这里，马克思虽然是针对资本主义社会而言的，但对于一切以私有制为基础的阶级社会都具有普遍性的真理性。因此，在任何一个民族的伦理思想中都会有节俭或与其相同含义的德目。当我们把重节俭作为日本伦理思想的特点之一来进行考察时，不能以某个或几个伦理思想家关于节俭的一般论述为依据，而要通过与异族伦理文化的比较分析，从中筛选出在节俭问题上日本伦理的特殊规定。

在西方伦理思想史的不同时期，可以发现关于对节俭或与其内容相关的德目的阐述。希腊时期的伦理思想家们围绕个人与城邦的关系，集中对智慧、公正、勇敢和节制四德目作了见仁见智的解释。希腊时期的节制这一德目，当然与节俭不是同一概念，因为它所涵容的思想要比节俭广泛得多，但节制自身包括了节俭的规定，即人们关心财产的态度。希腊各派伦理思想的集大成者亚里士多德认为,“关于某些快乐和痛苦(不指一切苦乐皆如此,特别是苦痛)的适度就是节制”(《西方伦理学名著选辑》上卷,商务印书馆1987年版,第297页),这种节制或中道是唯一正确的道德范畴。他在《尼可马克伦理学》中详细地论证了许多道德范畴,其中作为挥霍金钱和吝啬的中道的乐施,实质上就是节俭的近义语。西欧封建神学伦理思想体系,适应教会和君王统治的需要,也要求人们通过节欲来摆脱尘世的财富和物质享受的纷扰,甘于清贫受苦。托马斯承袭亚里士多德的四德目的思想,把审慎、公正、节制和刚毅作为实践德性的基本原则,认为节制情欲是人获救,从而得到来世幸福的重要途径之一。当欧洲社会步入资本原始积累时期,节俭才以极其明确的意义出现在资产阶级道德体系中。为了进行资本主义生产,资产阶级首先需要的是摆脱了封建羁绊束缚,能够自由地支配自身、行动和财产并且彼此处于平等地位的人们,其次要求资本的积聚、金钱的增殖。因此,反映了这些要求的资产阶级道德在强调意志完全自由的同时,也把节俭的美德归入自身的道德意识之中,因为节俭可以导致资本的积累;在财富消费方面的限制,自然能够通过生产性资本投资使财富增加。这种道德观清楚地体现在新教伦理精神之中。新教伦理要求人们遵从上帝的召唤去获得更大的利益,但取得财富的目的不应是为了使生活惬意或满足自发享受财富的贪欲,人生的价值和目的在于为上帝而劳动致富,而不能为肉体的罪孽而致富,也就是说,作为一个劳动者,既要把勤劳奉为天职,又要限制消费,节俭,禁欲。这种以节俭为重要内容的新教伦理精神,无疑对近代资本主义工业化起到了有力的杠杆作用。当然,新教伦理所说的节俭无非是吝啬、贪财、贪赃勒索的代名词,同以往剥削阶级主张的节制准则一样,具有鲜明的阶级性。但是,西欧资本主义发展的足迹证实,它作为制约人们言行的一种道德律条,对于促进社会生产的发展第一次显示了巨大的威力。

在中国伦理思想史上，关于节俭的思想是源远流长的。早在西周时代，人们就已经认识到，过分地追求自身物质生活享受，是统治者政权危机的主要祸根，以周公为代表的西周统治者为稳固其政权，总结了以往奴隶主贵族统治的经验教训，认为夏桀“大淫泆”、纣王“诞淫厥泆”分别导致了夏、商的灭亡，因而主张适当节制个人的物质生活欲望，强调、提倡无逸节性这一道德要求。在漫长的封建社会道德意识领域中居于支配地位的儒家伦理，对节俭这一德目一直是非常重视的。孔子把温、良、恭、俭、让等道德条目作为其道德规范体系的重要组成部分，其中的“俭”，即节俭，它要求统治者做到“欲而不贪”。反映西汉时期儒家家族伦理观念的《孝经》，把孝分为五等，并分别做了具体的规定，“庶人之孝”的内容即“谨身节用，以养父母”。成书于隋代的《颜氏家训》，针对魏晋以来借行礼制而奢侈浪费的通弊，推崇“躬俭节用”，旨在形成一种符合封建伦理纲常要求的社会风尚。儒家思想中的节俭内容，只是到了宋明时期，才因道学家的绝对化倾向而被变形为“存天理、灭人欲”的禁欲主义。中国近代戊戌维新时期的思想家，在“冲决伦常之网罗”的同时，并没有把儒教伦理中的节俭思想一同废弃。康有为是主张节欲的。章太炎既否定了宋明理学家封建禁欲主义的虚妄说教，又反对纵欲主义，认为应当适当地节制个人欲望。但是，由于中国的资本主义经济是在中国社会日益半殖民化的过程中产生的，其发展异常缓慢，中国民族资产阶级具有严重的先天弱点，因而节俭作为中国民族资产阶级的道德意识，与西方同时代的资产阶级道德相比，在内容上显得贫乏无力，也没有遇上通过资本积累而完善自身，进而对资本主义工业化发生巨大作用的良机。

上面已经提及，中国儒家经典最初传入日本的时间可追溯到公元 285 年。但是在日本奴隶社会时期，它仅作为贵族的教养影响社会,儒教中固有的节俭思想显现在与贵族阶级“治国、平天下”的政治理想相关联的官吏道德准则之中。到了德川幕府统治时期,日本儒教才最终摆脱了对佛教的依附关系而独立出来,进而对社会诸领域发生作用。日本儒教作为一种独立体系开始形成时,就非常注重儒教伦理中的节俭要求,并以此为武器向佛教发出了猛烈的进攻。林罗山排佛论的重要依据之一,即佛教无视节俭,尽国材民力建立寺院,奢侈浪费。他说,“以材言之,尽国中之各木;以钢言之,尽国中之良钢,其费不知几亿兆”。“劳国内之人,集国内之材而建大殿,果何所用乎?”(转引自永田广志:《日本哲学思想史》,第69页)日本儒教通过武士道教导人民:节俭行为是一种高尚的行为。作为武士道的建树者对后世发生巨大影响的山鹿素行,在《山鹿语类》“武士篇”中,把儒教首先作为维持武士阶层的特权地位和该阶层内部秩序的行为规范之学而加以应用,对武士内在的德性和与外在的威仪相关的衣食住诸问题都作了明确的规定。他认为,衣服、居所不只是防寒的工具,而且是社会秩序和人伦之道的体现,因而必须与身份阶级相适应,依据其身份的贵贱而有所不同,富而不可越轨,贫也不能失去应有的规格。主人的住宅、卧室、客殿等应与其社会地位相称,决不可奢侈浪费,设置与衣食住相关的器具是必要的,然而必须留心节制(参见和辻哲郎:《日本伦理思想史》下卷,日文版,第5篇第4节)。

当日本社会步入18世纪之际,随着商品经济的发展,商人的数目显著增加,越来越多地占有了国家的财富,在经济、文化生活中发挥着不可忽视的巨大作用。但是,由于剧烈的物价变动致使中、小商人在经济上浮沉无常,从而引起了借贷关系的紊乱和违背等价交换原则的盗贼式商业的横行。武士阶级一方面依仗权势对商人赖债不还,另一方面在道义上贬斥商人,说什么商人是没有任何益处的游民,“不耕而食,不织而衣”,因此,当时商人迫切需要从伦理学上对商人活动加以阐明。石田梅岩适应这种需要，创立了商人伦理学。商人伦理学的特点即把俭约提到了根本道德的高度。石田梅岩根据自己经历过的几年商人生活的体验，强烈地感受到，商人的活动对于社会来说是必不可少的，把商人的活动谴责为不道德行为是不公正的，商人取利合于天理，他说："从销售中获取利润是经商之道。我没有听说过，按成本销售叫做经商之道。……商人的经售利润与武士的俸禄一样。在经销中不取利润，就像武士供职而没有俸禄一样。"（转引自上书，第312页）商人和武士的职业虽不相同，但在道义上是无差别的，从天子到庶人皆以修身为本，武士之道和农工商之道是相通的，都通用俭约一理。俭约是政治之大本，"俭约使用财物；其中具有爱人之理。虽欲爱人，如果财用不足，则不可能"（转引自和辻哲郎：《日本伦理思想史》下卷，第314页）。他认为，俭约即恢复天生之正直，正直一行，则世间同归和睦，四海之内皆如兄弟。俭约对于不同职业的人其要求也是不同的，武士清正廉明即为正直，而商人则是以取利为生的，以直取利是商人的正直。以直取利的行为与违背道义的"贪婪"行为是根本不同的。这种以俭约为根本道德的伦理学，给商人的活动赋予了道德的意义，从而满足了商人自尊自重的要求。梅岩的伦理学说在当时引起了强烈的反响，不少思想家和学者极力赞成他对商人的支持，如本居宣长指出："对贸易来说，商人是必不可少的。商人越多，对国家和大众越有好处。"数十万正在产生的中产阶级贸易商和制造商从中得到启示和安慰，在这种道德观的指导下发展日本企业。不仅如此，梅岩的道德学说对后来的日本社会的影响也是不可低估的：他的学说为以后一百年中的武士自身转变为企业家提供了理论基础；明治时代的人们开始建立现代企业基础时，在伦理精神方面也皈依了他的这种原始资本主义的道德观。由于德川时代和明治时代以及第二次世界大战前的日本官方尤其强调无论上层阶级或下层阶级都要厉行节约这一原则，并再三发布节俭令，致使石田梅岩伦理学说中的节俭思想在社会上的影响进一步得以强化，凝结在国民性之中。正是在这种意义上，日本最杰出的思想评论家山本七平在《日本资本主义的精神》一书中，通过探索日本民族勤劳、俭朴精神的起源和发展后得出结论说，石田梅岩是缔造现代日本的思想家。

据上所述，无论西欧、中国或日本伦理思想，都注意到了对节俭问题的研究和探讨，节俭问题是各民族伦理思想中的一个具有普遍性的问题，然而这与我们把重节俭当作日本伦理思想的特征之一是不矛盾的。其一，在希腊，从公元前 4 世纪的亚里士多德起，伦理学就成为一门独立的学科，因而西方伦理思想中的节俭大多是作为道德理论体系的一个概念发生着作用，它虽然有时也具有道德准则的含义，但是，与其深层次的理论意义相比，显得次要得多。当然，欧洲中世纪渗透于社会生活中的宗教戒律，不能不算一种较完整的道德规范体系，然而欧洲中世纪历程的短暂性，使其失去了体现欧洲伦理严密逻辑性这一特征的资格。与此不同，中国古代伦理思想与哲学和政治融为一体，构成剥削阶级社会意识形态核心，它偏重于和世俗秩序的稳定有着直接关联的道德规范体系的构建。中国古代伦理思想中的节俭主要不是作为理论逻辑体系的一个概念，而是作为道德规范体系的一个范畴或德目，对社会发生强烈的影响。在日本奴隶社会和封建社会中，人们还不知道哲学对于实践来说是相对自由的思维的产物，伦理思想是和政治思想紧密地联系在一起的，这一点和中国的情况有类似之处。然而自从中国儒教被作为一种伦理规范制度移植到日本，形成日本儒教之后，节俭就冲破了中国儒教伦理规范的格局模式，在日本儒教规范体系中跃居根本道德准则的地位。其二，在原始资本积累时期，西欧资产阶级是重视节俭的，但是完全出自于多挣钱的功利动机,很少考虑道义问题;而日本商人提倡节俭,虽然也与自己的经济利益相关,但主要则是出于道德上的需要。因此,随着原始资本积累的实现,西欧资产阶级重节俭的道德准则便失去了活力,显得黯然失色,更不用说潜移默化为人们的信仰了;而日本商人所倡导的节俭原则,在其他外在因素的辅助下,作为一种为善之道,渗进了人们的思想、意识、生活、习惯之中,变成了人生价值标准,而对社会产生巨大作用。日本著名学者森岛通夫说:"如果日本人没有把节俭作为自己的信念(这是资本主义的又一个先决条件),那么近代资本主义也肯定不会在日本取得成功。"(森岛通夫:《日本为什么"成功"》,第 127 页)

当然,我们必须承认,在日本伦理思想中的重节俭准则的背后,隐藏着统治者发财致富的奢望,掩盖着广大劳动者被残酷欺诈的血淋淋的事实,然而我们也必须承认其在实现工业化的行程中所散发的宏大能量,正视其合理性的一面。这一点,对于我们今天所从事的现代化建设具有重要意义。无论是资本主义工业化还是社会主义工业化的实现,都需要资金的积累,都需要厉行节俭的原则,这是一条已为实践所验证的普遍规律。列宁曾多次指出,靠本国节约来发展工业的道路,是工业化唯一的道路。

(本文选自吴潜涛博士论文《日本伦理思想与日本现代化》,中国人民大学出版社 1994 年版,第 184—211 页)

吴潜涛,中国人民大学比较文明理论研究所研究员,主要从事中外伦理思想比较研究。

古代日本的伦理思想深受中国传统文化的影响。但是,日本不是被动地照搬,而是用自己独特的方式消化、吸收外来伦理,形成了自己独具特色的伦理思想。日本伦理思想建立在日本特有的经济基础之上,在西方伦理的参照系下,它闪烁着东方伦理思想的光环,与亚洲其他民族相比,它又有其自身独特的思想内容、框架体系和发展规律。本文对日本伦理思想的特点作了较为深入的研究,分析了日本社会对中国伦理思想的改造。

论著目录索引

著　作

傅斯年　战国子家叙论　《傅孟真先生全集》第二册　台湾大学出版社 1952 年

郭沫若　驳说儒　后收入《青铜时代》　科学出版社 1957 年

冯友兰　原儒墨　《中国哲学史》下册　中华书局 1961 年

朱谦之　日本的古学及阳明学　上海人民出版社 1962 年

皮锡瑞　经学历史　中华书局 1963 年

何兆武、步近智、唐宇元、孙开太　中国思想发展史　中国青年出版社 1980 年

朱云影　中国文化对日韩越的影响　台湾黎明文化事业股份有限公司 1981 年

童书业　先秦七子思想研究　齐鲁书社 1982 年

唐满先　论语今译·前言　江西人民出版社 1982 年

孙克宽　元代北方儒学　《儒家思想研究论集》之二　台湾黎明文化事业公司 1983 年

郭沫若　儒家八派的批判　《郭沫若全集》历史编第 2 卷　人民文学出版社 1984 年

金景芳　周礼　《经书浅谈》第 42—50 页　中华书局 1984 年

唐长孺　读《抱朴子》推论南北学风的异同　《魏晋南北朝史论丛》　三联书店 1955 年

杜任之、高树帜　孔子学说精华体系　山西人民出版社 1985 年

任继愈 《中国哲学史》第1册 人民出版社 1985年
蒙文通 议蜀学 廖幼平编《廖季平年谱》 巴蜀书社 1985年
[日]森岛通夫 日本为什么"成功" 四川人民出版社 1986年
何 新 "儒"的由来与演变 《诸神的起源》 三联书店 1986年
[美]本尼迪克特 菊花与刀——日本文化的诸模式 浙江人民出版社 1987年
杨焕英 孔子思想在国外的传播与影响 教育科学出版社 1987年
李启谦 孔门弟子研究 齐鲁书社 1987年
[日]中村元 比较思想论 浙江人民出版社 1987年
胡秋原 古代中国文化与中国知识分子 台湾学术出版社 1988年
武夷山朱熹文化研究中心编 朱熹与中国文化 学林出版社 1989年
钟肇鹏 孔子研究 中国社会科学出版社 1990年
赵吉惠、郭厚安、赵馥洁、潘 策 中国儒学史 中州古籍出版社 1991年
陈谷嘉 张栻与湖湘学派研究 湖南教育出版社 1991年
朱汉民 《湖湘学派与岳麓书院》第四章 教育科学出版社 1991年
吴 江 中国封建意识形态略考 中共中央党校出版社 1992年
杨向奎 宗周社会与礼乐文明 人民出版社 1992年
李苏平 圣人与武士 中国人民大学出版社 1992年
王志民主编 齐文化概论 山东人民出版社 1993年
李锦全等编 岭南思想史 广东人民出版社 1993年
郭克煜等 《鲁文化史》第十三章《鲁国的礼乐传统》 人民出版社 1994年

杨念群　儒学地域化的近代形态　三联书店 1997 年
程民生　宋代地域文化第六章　河南大学出版社 1997 年
丁冠之、蔡德贵　秦汉齐学　齐鲁书社 1998 年
张立文、李苏平主编　中外儒学比较研究　东方出版社 1998 年
粟品孝　朱熹与宋代蜀学　高等教育出版社 1998 年
陈　垣　元西域人华化考　上海古籍出版社 2000 年
何成轩　儒学南传史　北京大学出版社 2000 年
[韩]卢仁淑　朱子家礼与韩国礼学　人民文学出版社 2000 年

论　　文

刘师培　南北学派不同论　《国粹学报》第 2、6、7、9 期　1905 年
周予同　经学史与经学之派别　《民铎杂志》第 9 卷第 1 期　1927 年
胡　适　说儒　《历史语言研究所集刊》第四本第三分　1934 年
李源澄　东晋南朝之学风　《史学集刊》第 1 卷第 2 期　1941 年
郭沫若　论儒家的发生　《学习生活》第 3 卷第 2 期　1942 年
何佑林　两宋学风之地理分布　《新亚学刊》[香港]第 1 卷第 1 期　1955 年
章　群　浙东学派与阳明心教　《新亚校刊》第 6 期　1955 年
何佑林　元代学术之地理分布　《新亚学刊》[香港]第 1 卷第 2 期　1956 年
熊公哲　孟子与所谓齐学之研讨　《孔孟学报》[台湾]1968 年第 6 卷
何佑林　黄梨洲与浙东学派　《书目季刊》第 7 卷第 4 期　1974 年
徐中舒　甲骨文中所见的儒　《四川大学学报》1975 年第 4 期
周予同　从孔子到孟荀——战国时期的儒家派别和儒经传授　《学术月刊》1979 年第 4 期

何兹全　南北朝时期儒学风尚不同的渊源　《史学评林》1983年第7、8期
孔　毅　魏晋南北朝时期南北经学异同论　《云南社会科学》1983年第1期
王文钦　儒、道二家思想的地域特点与最初交融　《孔子研究》1986年第3期
陈俊民　孔子儒家考辨　《孔子研究论文集》　教育科学出版社1987年
牟钟鉴　南北朝经学述评　《孔子研究》1987年第3期
胡孚琛　齐学和道教　《世界宗教研究》1987年第2期
胡孚琛　齐学刍议　《管子学刊》创刊号　1987年
蔡德贵　齐学、鲁学与稷下学宫　《东岳论丛》1987年第3期
安作璋　汉代的山东儒学　《文史知识》1987年第10期
杨志玖　元代西域人的华化与儒学　《中国文化研究集刊》第四辑　1987年
[日]金谷治　孔子学说在日本的传播　《孔子研究》1987年第1期
张富祥　鲁文化与孔子　《孔子研究》1988年第2期
丁原明　齐学与汉初黄老之学　《管子学刊》1988年第4期
陈谷嘉　论张拭本体论的逻辑结构体系——兼论湖湘学派理学思想的特色　《孔子研究》1988年第4期
王载源　儒学东渐及其日本化的过程　《孔子研究》1989年第3期
龚友德　儒学与南诏文化　《孔子研究》1989年第4期
东方木　齐学历史命运　《管子学刊》1989年第2期
王瑞功　临沂人与两汉儒学　《东岳论丛》1989年第2期
赵宗正　略说古代儒学的发展阶段　《儒学国际学术讨论会论文

集》第322—352页 齐鲁书社1989年

李启谦 结合鲁国社会的特点了解孔子的思想 中国孔子基金会、新加坡东亚哲学研究所《儒学国际学术讨论会论文集》第539—562页 齐鲁书社1989年

杨朝明 鲁国的经济特点与儒家的重农思想 《孔子研究》1989年第4期

王志民 孔子与齐文化 《齐鲁学刊》1990年第5期

杨朝明 齐学与西汉今文经学 《管子与齐文化》 北京经济学院出版社1990年 第365—375页

崔龙水 朝鲜儒学的特点及其作用——中朝两国儒学之比较 《孔子研究》1990年第4期

徐远和 略论朝鲜两种性理学说 《孔子研究》1991年第3期

李洪淳 孔子、儒学思想在朝鲜和日本的传播及影响的比较 曲阜师范大学孔子研究会、曲阜师范大学孔子研究所编《孔子儒学与当代社会文集》 齐鲁书社1991年

[韩]李佑成 朝鲜李朝后期实学的实质 《孔子研究》1991年第1期

张 敏 儒学在朝鲜的传播与发展 《孔子研究》1991年第3期

李苏平 中日早期儒学“忠”范围比较 《孔子研究》1991年第4期

龚友德 儒学与大理国文化 《孔子研究》1991年第1期

刘德增 鲁学初论 《齐鲁学刊》1991年第2期

刘德增 儒学的地域变体——齐学 《山东社会科学》1992年第6期

[韩]柳承国 韩国的儒教思想 《孔子研究》1992年第2期

王维坤 试论孔子学说的东传及其影响 《孔子研究》1992年第3期

王凤贤 浙东学术的心学倾向及其社会意义 《孔子研究》1992年第1期

王国轩 宋明以来浙江学术的特色 《孔子研究》1992年第1期

李志林 浙东学派的豪杰精神 《孔子研究》1992年第1期

沈善洪 浙江文化发展的几个特点 《孔子研究》1992年第1期

何 隽 永嘉事功学的形成过程 《孔子研究》1992年第1期

[日]难波征男 楠门学与浙江文化 《孔子研究》1992年第1期

董 平 浙江文化的两大特色 《孔子研究》1992年第1期

潘富恩 吕祖谦与浙东史学 《孔子研究》1992年第1期

任大援 延绵数百年的关中学派 《文史知识》1992年第6期

刘忆江 说儒 《中国社会科学辑刊》1993年第2卷

尤 骥 孔门弟子的不同思想倾向和儒家的分化 《孔子研究》1993年第2期

张 弓 北朝儒释道论议与北方学风流变 《孔子研究》1993年第2期

王晓毅 荆州官学与三国思想文化 《孔子研究》1994年第1期

刘德增 玄学与黄淮地区的区域文化 《齐鲁学刊》1994年第3期

吴龙辉 "儒分为八"别解 《文献》1994年第3期

何成轩 儒学在壮族地区的传播 《孔子研究》1995年第3期

康 健 明代云南儒学文化的地域差异 《原学》第三辑 1995年

傅剑平 儒家起源论 《中国社会科学辑刊》第七辑 1994年

李锦全 岭南江门学派在宋明理学及中国传统文化中的历史地位 《孔子研究》1994年第3期

王晓清 元代关学试探 《孔子研究》1995年第1期

栗品孝 论苏氏蜀学的衰隐的原因 《社会科学研究》1995年第1

期

[韩]柳承国　韩国对儒教思想的吸收和发展　《孔子研究》1995年第4期

李启谦　论孟子思想与邹鲁文化　《烟台大学学报》1995年第4期

阎步克　乐师与“儒”之文化起源　《北京大学学报》1995年第5期

王大建、刘德增　从侏儒说到儒　《山东大学学报》1996年第4期

刘德增　儒学的发生　《山东教育学院学报》1996年第1期

何成轩　先秦儒学在中原的传播及其南渐趋势　《哲学研究》1997年第8期

安作璋、刘德增　论汉代齐学与鲁学　《张维华纪念文集》第88—101页　齐鲁书社1997年

刘德增　受制于区域文化的理学　《东方论坛》1997年第3期

余光贵　四川理学及其特点　《四川大学学报》1998年第3期

陈国灿　南宋浙东事功学派学术思想渊源探析　《孔子研究》1998年第2期

安作璋、刘德增　汉武帝独尊儒术与齐学　中国秦汉史研究会编《秦汉史论丛》第七辑第247—260页　中国社会科学出版社1998年

杨荫楼　陆德明的南学风韵及其对经学的贡献　《孔子研究》1999年第3期

安作璋、刘德增　齐鲁博士与两汉儒学　《史学月刊》2000年第1期

陆建华、夏当英　南北朝礼学盛因探析　《孔子研究》2000年第3期

陈国灿　论宋代“浙学”与理学关系的演变　《孔子研究》2000年第2期